FRANZ ROH

DER VERKANNTE KÜNSTLER

Studien zur Geschichte und Theorie des kulturellen Mißverstehens

Mit einem Vorwort von Wulf Herzogenrath

DUMONT BUCHVERLAG KÖLN

Umschlagabbildung: Franz Roh, *Kritiker zerschmettert Dichterling,* 1938, Holzstichcollage, 13,2 × 17,5 cm

Frontispiz: Fotoporträt Franz Roh, 1946

Die Deutsche Bibliothek - CIP-Einheitsaufnahme

Roh, Franz:
Der verkannte Künstler: Studien zur Geschichte und Theorie des kulturellen Mißverstehens / Franz Roh. Mit einem Vorw. von Wulf Herzogenrath. - Köln: DuMont, 1993
ISBN 3-7701-3135-5

Das Werk erschien 1948 als Erstveröffentlichung im Ernst Heimeran Verlag, München. Die vorliegende Ausgabe wurde um die von Franz Roh vorgesehenen Korrekturen ergänzt.
Satz, Druck und buchbinderische Verarbeitung: Boss-Druck, Kleve

Printed in Germany ISBN 3-7701-3135-5

INHALT

Vorwort zur Neuausgabe
Wulf Herzogenrath 8

Vorwort Franz Roh 13

GESCHICHTLICHER TEIL

Musik
Händel 18
Bach 23
Gluck 27
Übergänge und Haydn 35
Mozart 39
Beethoven 50
Schubert 61
Schumann 64
Brahms 66
Liszt 72
Wagner 76
Bruckner 91
Reger 107
Strauß 117

Dichtung
Klopstock 125
Lessing 130
Goethe 136

Schiller . . . 168
Jean Paul . . . 191
Kleist . . . 202
Hölderlin . . . 210
Grillparzer . . . 219
Hebbel . . . 229
Ibsen . . . 247

Bildende Kunst

C. D. Friedrich . . . 256
Schwind . . . 260
Feuerbach . . . 263
Marées . . . 268
Millet . . . 273
Thoma . . . 277
Cézanne . . . 287
Van Gogh . . . 293
Gauguin . . . 307
Hodler . . . 320

THEORETISCHER TEIL

Die Mißverstandenen

Verschiedene Arten des Verkanntwerdens . . . 328
Was ist der große Mensch in bezug auf Anerkennung? . . . 332
Verkannte Jugend oder verkannte Reife eines Gestalters . . . 334
Zeitgenössische oder nachträgliche Ablehnung? . . . 335
Verfrühte und verspätete Gestalter . . . 337
Gestalter, Nachgestalter, Epigonen . . . 338

Die Mißverstehenden

Das Genie verkennt selber . . . 342
Individualpsychologische Triebfedern des Verkennens . . . 343
Gradweise Bewegtheit der Aufnehmenden . . . 346
Soziale Typen und deren Grenze . . . 347
Typen der Fachkritik . . . 352
Snobismus der Aufnahme . . . 355
Verfallsvorstellungen der jeweils eigenen Zeit gegenüber . . . 357
Staat und Verkennung . . . 359

Sachgebiete der Verkennungen
Architektur - Musik - Dichtung - Wissenschaft - Technik 364

Stilstufen der Verkennungen
Mutmaßliche Verkennung in den großgeschichtlichen Kulturstufen . . 372
Mißverstehen von Naturalismus und Stilisierung 374
Empfang verschiedener Stilstufen untereinander 376
Gesetzmäßigkeiten der Verkennungen zwischen den Stilen? 377
Rezeptionen und Verkennungen 379

Verteidiger des Mißverstehens
Über angebliche Steigerung der Gestalter
durch den Verkennungsdruck 382
Beispiel einer optimistischen Beurteilung des Verkennungsdruckes . . 385
Gegen den Einwand, alle Verkennungen träfen etwas Richtiges . . . 387

Wertungsfragen überhaupt
Das Wertungsproblem 391
Arten der Wertung der Kunst 393
Einschränkung des Wertungsproblems 394
Relativierung ist keine Auflösung der Kunstwissenschaft 396
Der Irrtum der Riegl-Schule 397
Verkennung des Stiles oder der Qualität in diesem? 400
Wertgefühl und Theorie 401
Warum ein Zweifeln an überlieferten Werten fruchtbar ist 404
Der Gegenstand im Verhältnis zu seiner Wertungsgeschichte 406

Der Ruhm und seine Problematik
Sachwirkung, Personenwirkung, Bildungswirkung, Schulebildung
und ihr Tempo 409
Entstehung des Ruhmes 413
Ruhmverzögerung und Ruhmsicherheit 417
Der Glaube an das Urteil der Nachwelt 421
Geltungsdauer der Großen 426
Erhoffte Ausrichtung der Urteile nach Größe hin 429
Über zweierlei Kulturbegriffe 432
Doppelseitige Verpflichtung? 434

Editorische Notiz 439

Vorwort zur Neuausgabe

Hier wird nach fast einem halben Jahrhundert ein Buch wieder zugänglich gemacht, das seine Aktualität hinlänglich bewiesen hat. Der Autor hat seine kunsthistorischen Kenntnisse nicht zu einem trockenen Lehrbuch zusammengefaßt, sondern den Text auf Grund einer mit zeitgenössischen Künstlern erlebten Gegenwart und selbst erlittener Geschichte geschrieben.

Diese seltene Einheit von kompetentem Wissenschaftler und aufgeschlossenem – das Neue nicht nur akzeptierend, sondern mit hohem Einsatz sichtend, fördernd –, interpretierenden Künstlerfreund befähigte Franz Roh zu dieser herausragenden Rolle, die er schon in den 20er Jahren und dann erst recht in der Nachkriegszeit in der jungen Bundesrepublik innehatte. Sein Buch *Nach-Expressionismus – Magischer Realismus, Probleme der neuesten europäischen Malerei* faßte erstmalig (d. h. auch noch vor der berühmten Ausstellung ›Neue Sachlichkeit‹, die Gustav Friedrich Hartlaub 1925 in der Städtischen Kunsthalle Mannheim ausrichtete) die neuen Tendenzen einer »neoklassischen«, »veristischen« bzw. »mystischen« Kunst zusammen – ein kunsthistorisch klares Buch, das Aktualität in den Rahmen der vorhergehenden Entwicklung stellte, auch damals schon einen »Post-Modernismus« konstatierend.

Zugleich setzte sich Roh vehement für die damals noch neue, als künstlerisches Medium noch sehr umstrittene Fotografie ein, schrieb die Einleitung und stellte mit erstaunlich sicherem Blick das Material für eines der bis heute gültigen Standardwerke zusammen: *foto-auge – 76 fotos der zeit,* erschienen 1929 im Akademischen Verlag Dr. Fritz Wedekind, Stuttgart, in der Typographie von und in Zusammenarbeit mit Jan Tschichold. Rohs Text *Mechanismus und Ausdruck – Wesen und Wert der Fotografie* belegt seinen hohen Informationsgrad in der Diskussion. Noch heute erstaunen hellsichtige Gedanken wie beispielsweise die Forderung nach der Aufnahme des Foto-Unterrichtes in die Mittelschule, damit die Menschen nicht – so Roh – visuelle Analphabeten würden, denn die technische Entwicklung erfordere auch für die Kultur eine neue Erziehung, ein neues Sehen, einen neuen Künstlerbegriff.

Franz Roh, geboren am 21. 1. 1890 in Apolda, Thüringen, gehört der Generation jener Kunsthistoriker an, deren noch junge Karriere und Leben auch auf Grund ihres Engagements für die junge Kunst nach 1933 einen Abbruch erlitt. Zugleich stellten diese Vermittler nach 1945 die wichtigen internationalen Netzwerk-Verknüpfungen für die deutschen Künstler und das deutsche Publikum wieder her; Paul Westheim (geb. 1886) redigierte bis 1933 die wohl wichtigste Zeitschrift der 20er Jahre, ›Das Kunstblatt‹, emigrierte 1941 nach Mexiko, um dort in Spanisch zu publizieren; 1961 widmete ihm Roh einen Geburtstagsgruß-Text. Will Grohmann (geb. 1887) schrieb schon in den 20er Jahren über die Zeitgenossen Klee und Kandinsky und konnte auch während der Nazizeit seine internationalen Kontakte zu Zeitschriften zumindest punktuell aufrechterhalten, nebenbei veröffentlichte er Unverfängliches über das 19. Jahrhundert. Nach dem Krieg wurde er zu einer prägenden Figur in der Diskussion um die moderne Kunst, nicht nur in Berlin und Deutschland. Ludwig Grote (geb. 1893) half 1924/25 mit, das Bauhaus nach Dessau zu holen, wo er seiner Entlassung als Gemäldegalerie-Direktor 1933 durch Kündigung zuvorkam. Studien über das 19. Jahrhundert und seine Tätigkeit im Kunsthandel ließen Grote überleben; nach 1945 organisierte er die ersten großen Ausstellungen über den ›Blauen Reiter‹ und das Bauhaus und wurde Museumsdirektor in Nürnberg. In dieses Panorama gehören auch der Engländer Herbert Read und der Schweizer Siegfried Giedion, die alle mit Franz Roh korrespondierten, weil sie wie er kunsthistorische Kenntnisse für die Gegenwart und die lebenden Künstler nutzen wollten.

Franz Roh überlebte diese dunkle Zeit zurückgezogen in München, konnte vom väterlichen Einkommen aus Strickwaren zehren und sammelte Material für sein Lebenswerk *Der verkannte Künstler.* Sein Freund J. A. Schmoll gen. Eisenwerth hat zwei Gründe für diese Themenwahl angeführt: »Im Falle einer überraschenden Haussuchung wären Notizen und Manuskriptteile als harmlos beurteilt worden, andererseits empfand der Autor die Fragestellung als brennend aktuell angesichts der massiven Fehleinschätzungen der für die Kunstpolitik der Nazis Verantwortlichen, was ihrer Meinung nach ›echte‹ und was ›entartete‹ Kunst sei. War in der NS-Ideologie nicht auch eine Art Aufstand der Spießer zu erkennen?« (J. A. Schmoll gen. Eisenwerth, *Annäherungen an Franz Roh,* in: Katalog *Franz Roh – Kritiker, Historiker, Künstler,* hrsg. v. Ulrich Bischoff, Staatsgalerie moderner Kunst, München, München 1990, S. 8.) Das in dieser dunklen Zeit geschriebene Buch *Der verkannte Künstler* wurde auch in einer großen Reihe von Rundfunkvorträgen (1946/47) und deren Publikation vorbereitet, ehe es dann 1948 im Münchener Heimeran Verlag erschien. Parallel dazu verfaßte Franz Roh Texte zu jüngeren Künstlern und Ausstellungen aktueller Kunst. Aber auch Forderungen nach struktureller Verbesserung der Lage der Künstler, den notwendigen Informationen über aktuelle Kunst für die breite Bevölkerung wie die Einrichtung einer Artothek oder das *Gutachten über die Lage der Künste und deren Aufnahme beim Publikum* (1947) beschäftigten Franz Roh neben seiner Lehrtätigkeit an der Münchener Universität.

Bezeichnend für die Bedeutung seiner Position war die Einladung zur Teilnahme an dem berühmt gewordenen »Darmstädter Gespräch 1950« mit dem bewußt nach beiden Seiten hin provozierenden Thema *Das Menschenbild in der Kunst.* Hans Sedlmayr und Willi Baumeister lieferten sich hier emotional engagierte Rededuelle. Neben Gustav Friedrich Hartlaub, Gotthard Jedlicka und Johannes Itten trat auch Franz Roh auf, der seine Position selbst so zusammenfaßte: »Seien wir vorsichtig mit dem gefährlichen Schlagwort ›Verlust der Mitte‹ ... Jedes Zeitalter muß etwas *anderes* als die geheime Mitte seiner Wertvorstellungen ansehen.« (Franz Roh in einem Vortrag *Das Menschenbild in Malerei und Plastik des 20. Jahrhunderts* am 11. 2. 1957 in Bad Nauheim, zitiert nach: *Franz Roh – Kritiker, Historiker, Künstler,* S. 13.)

Auch wenn es sicher richtig ist, daß es Franz Roh durch die Isolierung in der Zeit der Naziherrschaft möglich war, diesen umfangreichen Text mit seinen vielfältigen Recherchen zu schreiben, so muß man doch betonen, daß es sich hier um eine der Grundpositionen seiner Arbeit handelt, die bereits in den frühen 20er Jahren ausgeprägt waren und sogar formuliert worden sind und die aus der gelebten Einheit von Historiker und Künstlerfreund, von Kenner der Vergangenheit und Entdecker der Qualitäten des Neuen resultierten. So hatte er sich schon immer für das »Ineinanderschieben und Verzahnen der Stile«, eben für die »reizvollsten Durchdringungen« des Alten, das sich allmählich durchgesetzt hatte, und des noch umstrittenen Neuen interessiert.

In seinem Vorwort zum *Nach-Expressionismus* bekannte Roh 1925, daß ein Buch über eine neue Richtung nicht *gegen* eine andere formuliert werden müsse, sondern sich die Qualitäten verzahnen, nebeneinanderstehen, aber eben das Neue nicht mit den Kriterien des Alten verurteilt werden dürfe. Und dann folgt die Ankündigung: »Ich will gelegentlich herausrücken mit einer grotesken Liste von Urteilen, wie sie anerkannte Hoch-Zeiten über sich als ›Untergang‹ abgaben. Da sind die typischen Verkennungen alles Neuen, Verkennungen, die oft schon zehn Jahre später in Jubel über das gleiche Phänomen überzugehen pflegen.« (Franz Roh in seiner Einleitung zu *Nach-Expressionimus,* S. 7.)

Erschreckende Urteile fand Roh – mich persönlich hat das auf Boisserée zurückgehende Verdammungsurteil Goethes in bezug auf die Bilder Caspar David Friedrichs mit dem »Zerschlagen der Bilder an der Tischecke« besonders betroffen gemacht (siehe S. 259); zugleich hat es doch immer wieder bei Diskussionen und Führungen zu avantgardistischen Kunstwerken sehr geholfen, weil hier die Generationen mit ihren höchst unterschiedlichen Werturteilen auf höchstem Niveau aufeinanderprallen.

Zur Struktur des Buches, von dem der Leser sich nun selbst ein Bild verschaffen kann, müssen zwei Bemerkungen gemacht werden: Die aktuelle Kunst seiner Generation hat Roh 1948 bei seiner Publikation bewußt ausgelassen, um nicht den Jargon der Nazis, der in den 20er Jahren schon von »entarteter«, »kulturbolschewistischer« etc. Kunst sprach, zitieren zu müssen. Gleichzeitig konnte er mit dieser Beschränkung auf die mittlerweile anerkannte Historie aber auch die Problematik klarstellen. Der zweite Punkt betrifft die Auswahl, die Roh gern weniger deutsch (er wollte die Kapitel: Schumann, Hebbel, Schwind, Feuerbach, Thoma, Hodler streichen) und mehr französisch gestaltet hätte (hinzukommen sollten: Balzac, Hugo, Rimbaud, Mallarmé, Verlaine, Baudelaire, Delacroix, Courbet, Manet, Monet); doch gab es für ihn keine Möglichkeit, in Frankreich zu forschen, weder in der Nazizeit noch in den kargen ersten Nachkriegsjahren. So erschien das Buch, das bewußt unpolemisch gemeint war, in einer Zeit der radikalen

Neuorientierung und zugleich eines schleichenden Fortlebens des braunen Gedankengutes in den Köpfen breiter Bevölkerungsschichten. Doch indem Franz Roh seine These aus dem Tagesgeschrei um die aktuelle Kunst heraushielt, konnte er das Grundproblem verdeutlichen, das zumindest seit dem 18. Jahrhundert zu sehen ist.

Im Laufe der Zeit erweiterte Roh seine Sicht allerdings auch auf seine Zeitgenossen. 1953 schrieb er in einem Brief an Herbert Read, daß er gern einen Vortrag mit zwei Diaprojektoren halten würde, wobei er »immer zugleich zwei Kunstwerke zeigen würde, ein konservatives und ein ›fortschrittliches‹ aus derselben Zeit. Ich möchte dann sagen, wie das erste gelobt und wie das zweite getadelt wurde. Man könnte so ganz anschaulich und systematisch das seelische Trägheitsgesetz herausarbeiten. Alle neuartigen Kunstwerke brauchen ja einige Jahrzehnte, bis ihr Wert vom größeren Publikum empfunden wird«. (Franz Roh, Brief vom 26. 1. 1953 an Sir Herbert Read, London, Archiv Will Grohmann, Staatsgalerie Stuttgart, mit freundlicher Genehmigung des Archivs.)

In großem Umfang und an populärer Stelle kann Franz Roh sein Anliegen dann 1957 in der Ausstellung ›Verkannte Kunst‹ darstellen (mit begleitender Publikation und Abdruck vieler Zitate), die in der Kunsthalle Recklinghausen anläßlich der 11. Ruhrfestspiele stattfand. Hier ist das frühe 19. Jahrhundert mit Friedrich, Blechen, Wasmann und anderen Malern nur angedeutet, der Impressionismus, insbesondere Frankreichs, bildet den ersten Höhepunkt. Für die Ausstellungsdidaktik wohl erstmalig realisiert Roh seine Vortragsidee der Konfrontation der zeitgleichen ›offiziellen‹ und der ›modernen‹ Kunstwerke, und in den *Anmerkungen der Ausstellungsleitung,* die er zusammen mit Anneliese Schröder verfaßte, steht das damals von Vorkämpfern der Avantgarde eher ungewöhnlich objektive Urteil, daß offizielle Kunst – ausgestellt waren unter anderen Werke von Piloty, Grützner, Defregger, Alma-Tadema, Gérôme – nicht nur Kitsch sei; »die hier gezeigten Arbeiten erheischen, wenn nicht Liebe, so Achtung. Grund genug, ihnen nicht den Respekt zu verweigern. Wir verzichten, einen ironischen Bannkreis um sie zu ziehen«. In dem zur Ausstellung erscheinenden Katalog war auch die Nazikunst als Kontrastbeispiel mit einer Abbildung vertreten – undenkbar war es in den 50er Jahren hingegen, diese im Original zu zeigen. Hier konnte Franz Roh seine Kenntnisse der Fehlurteile über die Nabis, die Fauves, Kubisten, die Künstlervereinigungen ›Blauer Reiter‹ und ›Brücke‹ sowie das Bauhaus – also die sogenannte Entartete Kunst – hinzufügen, wie er es zum damaligen Zeitpunkt wohl auch als angebracht empfand.

Die Tatsache, daß Franz Roh auch künstlerisch tätig war, muß hier wie ein Postskriptum angefügt werden; seit 1926 korrespondierte er mit Max Ernst auch über das Prinzip der Collage, das seinem Denken des Miteinanders und der Durchdringung der Gegensätze ›Alt‹ und ›Neu‹ ebenso entsprach wie der Vorliebe für neue künstlerische Techniken. Es entstanden Fotos und Holzstichcollagen (Umschlagvorderseite), die später in zwei Bänden erschienen (*Franz Roh,* hrsg. v. Roswitha Fricke, Retrospektive Fotografie 5, Bielefeld 1981, und *Franz Roh Collagen,* hrsg. v. J. A. Schmoll gen. Eisenwerth, Düsseldorf 1984), die er selbst aber erst 1963, im hohen Alter, in der Wuppertaler Galerie Parnass unter dem Titel *Metamorphosen – gegenständliche Collagen* vorstellte. In seinem Katalogtext, der witzig eigene Collage-Erfahrungen seines Lebens umschreibt, faßt er zusammen: »Auf Collage beruht auch eine glückliche Ehe, die gut verwaltete Stadt, der Staat ...« (Franz Roh, *Metamorphosen – gegenständliche Collagen,* zitiert nach: Katalog *Treffpunkt Parnass, Wuppertal 1949–65,* hrsg. v. Will Baltzer und Alfons W. Biermann, Köln 1980, S. 221.) Ein Trugschluß wäre es und der Persönlichkeit Rohs nicht angemessen, ihn einen innovativen Künstler zu nennen, so qualitätvoll und stimmig seine Fotos und Collagen auch sind. Er sah sich als Kunsthistoriker, der dem Neuen auf dem steinigen Weg half, indem er seine Kenntnisse des Alten nutzte. Denn »ausübende Künstler urteilen über andere besonders ungerecht. Umgekehrt haben sich Nichtausübende finden lassen, die bessere Werturteile finden.« (Franz Roh, *Zur Geschichte und Typologie der Kunstkritik,* in: *Kunst, Wissenschaft oder Propaganda?* [Kunstgespräch 1960 in Frankfurt], Baden-Baden, Krefeld 1960, S. 22.) Auch diese eher unbequeme und in bezug auf die Künstler und ihre Jury-Funktionen nicht positiv wertende Schlußfolgerung aus dem vorhandenen Material der »Fehlurteile« (wie Roh den Buchtitel später gern korrigiert hätte) sollte uns zu denken geben.

Zum Schluß sei die Frage erlaubt, ob Franz Roh in unseren Tagen nicht auch ein Buch über die falschen Elogen, die Hymnen und Lobhudeleien der Kunst schreiben würde, die als Texte in einigen kommerziell abhängigen sogenannten Kunstzeitschriften erscheinen – und doch würde er vor Vorverurteilungen in beiden Richtungen warnen und die Gleichzeitigkeit des Ungleichen als Lebensprinzip verteidigen, denn erst einmal hat der Künstler recht und muß vermittelt, interpretiert und verstanden werden. Bewerten, Aburteilen und Kritisieren sollte in Respekt vor dem Künstler erfolgen. Dies Buch und das Gesamtwerk des Franz Roh könnten Lehrbuch und Vorbild auch heute noch sein.

Wulf Herzogenrath

Für Informationen danke ich Ulrich Bischoff, Gerhard Finck, Richard Hampe, Karin von Maur und Dirk Teuber.

Vorwort

Ich kann diese Kapitel nur als *Studien* zu einer Geschichte des kulturellen Mißverstehens bezeichnen.

Erstens enthalten sie nur Beispiele aus dem 18. und 19. Jahrhundert, während einmal die Gesamtgeschichte, die Menschheitstragödie des dauernden Verkennens jeweils neuer Formen niedergeschrieben werden muß. Mit solchen Untersuchungen, soweit sie systematisch werden, würde ein neuer Zweig der Geisteswissenschaften wachsen, eine *Resonanzgeschichte* menschlicher Größe, nachdem man seit Jahrhunderten die menschlichen Werke selber erörtert hat. Man wird einst eine Geschichte des dauernd sich verändernden *Widerhalles,* des gesamten *Echos* aufzeichnen können, nachdem man die vorausgehenden Rufe menschlicher Kultur erforschte. Jene Resonanzgeschichte aber hätte man später in eine *Typologie* der Resonanzen überzuführen, wozu im zweiten Teil dieses Buches schon Anregungen gegeben werden.

Wir wählen unseren Zeitabschnitt, weil erst in ihm das Zeitschriftenwesen sich voller entfaltet, die Resonanz also faßbarer vorliegt. Außerdem finden in dieser Periode die Loslösungen von der religiösen Einstellung statt, so daß die reinen Formenkämpfe nun deutlicher hervortreten. Sie trugen vorher einen anderen Charakter und waren immanenter. Trotzdem glauben wir, daß man sich auch früher über »neue Manieren« der Kunst zunächst geärgert hat und schon immer latente Kämpfe um die Form im Gange waren. Die zentraler gemeinten, weniger formalen Kulturklagen, die uns aus der Antike, aus dem Mittelalter, danach bei Lucas Moser, Savonarola, Michelangelo überliefert sind, waren unter sich verschiedenen Sinnes, werden aber meistens auch *künstlerische* Elemente in sich getragen haben, obgleich man sich noch nirgends ablösbar formal ausdrückt. Ins 20. Jahrhundert treten wir möglichst wenig ein, weil hier manchmal jene Bewährungsfrist noch fehlt, die uns entgegengehalten werden könnte.

Zweitens haben wir uns, mindestens für Musik und Dichtung, vor allem an *deutsche* Beispiele jenes kulturellen Trägheitsgesetzes gehalten. Hiermit soll aber nicht gesagt werden, daß es in anderen Ländern und Kulturbereichen besser gewesen sei. (Mein Text wurde Ende 1944 abgeschlossen, während der Verwüstung öffentlicher deutscher Bibliotheken.)

Drittens bringen wir hier nur Mißverstehen der jeweiligen *Zeitgenossen.* Es könnte aber auch eine Geschichte nicht der Früh-, sondern der Spätverkennung großer Leistungen geschrieben werden. Zeigten wir, daß die Menschheit jeweils noch nicht *erwacht* war, das Gewaltige zu spüren, so könnten wir auch nachweisen, daß die Menschheit später wieder *einschlief,* nun in ganz anderer Weise Bedeutsames versäumend.

Viertens betrachten wir nur das Gebiet der Künste. Doch war an einen zweiten Band gedacht. In ihm sollten Gebiete der *Wissenschaft* auf jenen Daseinskampf hin untersucht werden. Hier wäre das wahrhafte *Martyrium* zu erhellen, das große *Forscher* erlitten haben, jedesmal wenn es galt, den Bereich der Wahrheit zu *erweitern.* Man braucht hier nur an den zu Tode gequälten Giordano Bruno, an den gehetzten Galilei, an den ins Irrenhaus getriebenen Robert Mayer zu erinnern, um das besondere Fortissimo *wissenschaftlicher* Kämpfe aufrauschen zu lassen. Hiergegen waren gewisse Fehlurteile gegenüber der Kunst nur ein Kinderspiel.

Fünftens geben wir innerhalb der Frühresonanz allein die *Abwehrregungen* des Publikums wieder, nicht aber *jene Zustimmungen, welche die Großen einer Epoche immer auch erfuhren.* Innerhalb des frühen Resonanzkontos führen wir nur das Soll und nicht das Haben auf. Das Haben wurde weithin bekannt gemacht, während das Soll meist in Vergessenheit geriet. So konnte sich die Qual geschichtlicher Prozesse oft in die bekannte Legende vom »goldenen Zeitalter« der Vergangenheit verflüchtigen, mit der man den Aufgaben der Gegenwart ausweichen wollte.

Das Buch bringt eine Art Selbstaufweisung der Besprochenen, eine Selbstaufweisung allein aus der einstigen Opposition. Wir werden die Erregungen, welche die jeweiligen Neuerer erleben mußten, aus jenen Widersprechungen heraus empfangen. Nur aus dieser Resonanz kann man die geistesgeschichtlichen Spannungen in statu nascendi erfahren, das Prozeßhafte der Kunstgeschichte rekonstruieren. Wir sammeln die Leiden großer Meister hier nicht etwa aus rückschauender Sentimentalität. Durch geschichtliche Erkenntnis können wir zwar die ewige Kluft, die zwischen großen Neuerern und Publikum klaffen wird, nicht schließen, aber durchaus etwas verringern. Vielleicht könnte die Verlangsamung positiver kulturgeschichtlicher Prozesse ein wenig gemindert werden. Die Menschheit hat eigentlich keine Zeit zu verlieren. Schwerlich kann sie sich leisten, ihre großen geistigen Produzenten auch nur vorübergehend zu hemmen und das eigene innere Wachsen zu verlangsamen. In wahrer Kultur gehören beide Zonen zusammen: die des Hervorbringens und die des Genießens. Die zweite systematisch zu untersuchen, bleibt entscheidend für die Geisteswissenschaften. Denn die gesamte überbetonte Leistungsethik Europas erhält erst ihren Sinn, wenn ihr gleichsam eine Ethik des genießenden Empfangens gegenübertritt. Erst die Verbindung jener männlichen mit einer weiblichen Sphäre erzeugt wahrhaft kulturelles menschliches Leben.

Im ersten Teile suche ich zu verschwinden, dafür aber möglichst umfassend – bis auf die Gefahr der Wiederholung hin – die seltsamen Frühkritiken für sich selber sprechen zu lassen. Die Quellenangaben, die ich ursprünglich den vielen Zitierungen unten als Fußnoten beigegeben hatte, habe ich schließlich wieder gestrichen, um das Ganze lesbar zu erhalten. Der zweite Teil ist als mein Beitrag zu einer Psychologie des künstlerischen Mißverstehens aufzufassen.

Hier werden nicht etwa nur die Kritiker als eine menschliche Sonderklasse bloßgestellt. Das Problem liegt tiefer. Die Kritiker sind nicht etwa, wie behauptet wurde, schlechter als der überschätzte, sogenannte »Instinkt des Publikums«. Hätte dieser noch mehr schriftlichen Niederschlag gefunden, so wären die Fehlurteile noch weit drastischer ausgefallen. Es handelt sich um die gesamte jeweilige Diskrepanz, die zwischen den Neuerern und dem Beharrungswillen des Publikums waltet. Deshalb können wir dem Rate eines Freundes nicht folgen, der vorschlug, an den Kopf des Buches nur das Motto zu setzen: »Den Herren Rezensenten gewidmet zur Warnung!«

Wir wollen ohne die übliche geistesgeschichtliche Einteilung nun mitten in die Materie hineinspringen.

GESCHICHTLICHER TEIL

Musik, Dichtung und Bildende Kunst im Fehlurteil ihrer Zeit

Musik

Händel

Händel wurde nur teilweise verkannt. Das Leben dieses Titanen, dessen Musik die sieghafte und harmonische Fülle eines Rubens zeigt (von dem er übrigens Arbeiten besaß!), bringt beinah hundert Jahre nach jenem frühbarocken Maler eine zusammenfassende Gestaltung des Hochbarock. Das Hochbarock biegt dann mit Gluck in einen gehaltenen Klassizismus um.

Die vielen Kämpfe, die Händel zu bestehen hat, sind schwer zu entwirren. Persönliche Zwistigkeiten, die er abwehren muß und mit der Kraft seines genußfrohen Körpers besiegt, bedrohen *jeden* schöpferischen Menschen: wenn er durch bloße Überlegenheit – und ohne es zu wollen – kleinere Geister gefährdet, die sich nun zum Gegenangriff sammeln.

Dieses geschichtliche Urphänomen, das *jeder* Bedeutende ertragen muß, wird in meinem Buche wenig hervortreten. Um so mehr aber werde ich von anderen Dissonanzen handeln: von der Spannung, die ein Großer durch neue künstlerische Einstellung erzeugt. Auf dem ersten Felde würde sich nur immer jenes gleichbleibende Geschehen wiederholen, daß neben Begeisterung, die jeder Überlegene entflammt, sich notwendig sofort auch eine Atmosphäre der Angst, der Rivalität und des Neides kleinerer Berufsgenossen ballt.

Sicher wird diese Erscheinung von den Geschichtsschreibern, die meistens die *Tages*geschichte ihres Helden zeigen wollen, oft vernachlässigt. Aber auch unsere *nächtlichere* Darstellung, welche furchtlos die Dämonien alles Lebens aufweisen will, wird sich dieser Disharmonien kaum annehmen, weil sie sich eben zu monoton wiederholen. Jene ganz anderen Mißhelligkeiten aber, die durch neue *Richtungen* entstehen, treten als dauernde Variationen eines *geistigen* Elends auf. Sie sind geeignet, eine lebendige, eine ungeschminkte Wirkungsgeschichte der Künste aufzuzeigen.

Bei Händel ist es besonders schwierig, banale Alltagszwistigkeiten aus den geistesgeschichtlich bedingten herauszulösen, weil er mehr ein Vollender als ein grundsätzlicher Neutöner war. Im Grunde verbindet er nur die ältere, kontrapunktische Vielfalt des Gestaltens, wie wir sie bei Bach in letzter Vollkommenheit antreffen, mit der breithin singenden Harmonie italienischer Formengebung: in einem gigantischen Ausgleichsverfahren, zuerst bezogen auf die Oper, dann auf das große Oratorium, die übrigens einander angeglichen wurden.

Nicht viel bedeutet, daß seine Zeitgenossen, bevor sich in Händel dieser gewichtige Prozeß vollzieht, von seinen Jugendwerken behaupten können: »Lange, lange Arien und schier unendliche Kantaten, die doch nicht den rechten Geschmack, obwohl eine vollkommene Harmonie hatten.« So drückt sich jedenfalls Mattheson, der wichtige gleichzeitige Kritiker und Theoretiker aus. Daß hierbei alle Kontrapunktik als *veraltende* Gestaltungsweise angesehen wird, besagt ein anderer Tadel dieses Beurteilers, der von den frühen Werken Händels weiterhin bemerkt: »Er war stark in Fugen und Kontrapunkten, aber er wußte sehr wenig von der Melodie.« Ähnlich ist wohl zu deuten, daß derselbe Kritiker an dritter Stelle einfach behauptet: »An Form der schönen Kunst gebrichts.« Ein neues Streben nach vereinfachender Melodik, welche sehr bald die wuchtigen Verzahnungen des Hochbarock besiegen sollte, ließ ja eine Generation später Haydn so betonte Aktualität gewinnen: Haydn, der deshalb manchen damaligen Zeitgenossen zunächst als kühner Finder des einfachsten Falles erscheinen mußte, nicht etwa, wie heute viele denken, als lieber Aussager von Selbstverständlichkeiten.

In Rom hatte Papst Clemens XI. die Theater geschlossen und das Verbot von Sixtus V. des Jahres 1588 erneuert, »daß keine Weibsperson fürder bei hoher Strafe auf einem Theatro soll erscheinen oder Musik aus Vorsatz lernen, um sich als Sängerin gebrauchen zu lassen; denn Keuschheit auf dem Theatro zu bewahren, ist ebenso gegen jede Vernunft wie der Vorsatz, in den Tiber zu springen und trockenen Leibes zu bleiben.«

Wie gut war es da, daß das Kastratentum bereits entwickelt war, das Singen mit beschnittenen Männern, deren abstraktere, reinere, glasklare Stimmen zwar der sinnlichen Wärme Händelschen Gefühls entgegenstanden, aber der jubilierenden Reinheit seines Ethos gemäß waren. Händel wurde in die schöngeistige Schäfergesellschaft Arcadia aufgenommen und konnte nun in den Gärten des Equilin weltliche Opernspiele hervorzaubern.

Als Händel dann in London 1713 für die Königin Anna die Geburtstagsode vertonen soll, protestiert gewaltig ein Mr. Eccles, der das Recht zu dieser Arbeit für sich in Anspruch nimmt. Und die Kritik meint nachträglich, diese Ode sei den Welcome songs von Henry Purcell nachgebildet, dem englischen Vorgänger Händels und musikalischen Nationalheros. Und jenes Vorbild sei in der Stimmführung vollkommener und flüssiger.

Unterdessen war man in Hannover, wo Händel von Amts her eigentlich noch hingehörte, sichtlich verstimmt und glaubte, den Komponisten wie jeden Beliebigen zurückpfeifen zu können.

Manches Neue in Händels Tonführung reizt (wie anfangs alles Ungewohnte) zur Karikatur. In London treten bald Parodien von Händels ›Amadigi‹ ans Licht. Und J. Chr. Pepusch aus Berlin, Professor für Musik in London, streitet gegen den überlegenen Barockmeister.

Die zwanzigjährigen Kämpfe, die Händel in London zu bestehen hat, sind es, die ihn von der Oper immer mehr zum Oratorium drängen, in dessen etwas ruhigerem Hafen er sich auch äußerlich dem komplizierten Apparat von Intrigen und Organisationen einigermaßen zu entwinden sucht. Seine Opern werden (nur teilweise mit Recht) lange als ein »durch Rezitativfäden zusammengehaltenes Arienbündel« empfunden, wie noch sein Biograph Chrysander im 19. Jahrhundert meint. In den Oratorien wiederum erregt die machtvolle Anordnung, die wir heute bewundern, öfters Bedenken, so zum Beispiel, wenn ›Israel in Ägypten‹ die Naturereignisse samt dem Jubel des Volkes nur mit 4 Rezitativen und 4 Arien, aber gleich mit 19 Chornummern erklingen läßt. Andererseits erklärt anfänglich der angesehenste zeitgenössische Poet des Lehrgedichtes, der kleine krüppelhafte Pope, Meister der poliertesten Verse: Händels blutvollere und deshalb weit drastischere Musik lasse ihn kalt wie ein Gassenhauer. (Später erst bewundert er den Meister.) Gegen die neue Verbindung von Weihe und Drastik, ja gegen die gesamte hochbarocke Kreuzung zwischen Oper und Oratorium erhebt man Einspruch. Der Bischof von London protestiert gegen ›Esther‹ vom religiösen Standpunkt aus.

Mit dem ›Rinaldo‹ hatte Händel zwar größten Erfolg. Aber nicht in seine, sondern in des Verlegers Tasche wanderten »30 000 Mark« Reingewinn, die allein die Veröffentlichung der beliebtesten Arien aus dieser Oper eingebracht haben sollen. Eine kräftige Gegenpartei verkennt weiterhin Händels Bedeutung, erstrebt eine nationale Oper und ruft dafür John Ernest Galliard aus, eine Größe zweiten Ranges.

Zum ›Theseus‹ schreibt Addison im Spectator: »Zu viel für einen Ignoranten, zu wenig für ein Genie.« Auch Alexander Pope äußert sich spöttisch. Enorm war die Begeisterung über Händels ›Rhadamist‹. Aber Bononcini war als italienischer Opernkomponist berufen worden, und seine leichtere Melodik wurde von Vielen bevorzugt. Es entspann sich im Publikum ein kleinerer, wenn auch ähnlicher Streit, wie wenige Jahre später zwischen Gluck und Piccini. Händels ›Floridante‹ fiel gegen Bononcinis ›Crispo‹ ab. Bononcini verteilt eine Anweisung für Komponisten und Sänger, worin er klagt, daß Händels Orchester zu groß und kostspielig gewesen, die Rezitative zu üppig mit Instrumentalmusik überladen, die Arien zu kompliziert und eher Sonaten ähnlich seien. Plötzlich greift man auch Händel persönlich an. Er begünstige auf der Bühne zu sehr die Welschen und im Orchester die Deutschen (Händels Bläser sind lauter Deutsche).

Sobald das Überlegene oder Neue anzunehmen wäre, erschallt wieder der Ruf nach der »nationalen« Oper. Auch als zu heidnisch gilt Händel in klerikalen Kreisen immer wieder. Andere empfinden sein Vorgehen als zu gelehrt. Der Literat John Bynon dichtet einen Schlager, der Händel als ein Nichts erklärt. »Gegen unsern Bononcini ist der Händel nur ein Ninny.«

1733 bleiben nach einem Kampfe mit der Londoner Presse und den Salons Händels Konzerte ziemlich leer. In ihnen aber führt er gerade seine ersten Oratorien auf, denen er so besonderen Wert beilegt. Schon 1728 tritt in London als eine Gegenunternehmung jene ›Beggars Opera‹ (Dreigroschenoper) des langen Literaten John Gay hervor, eine der beachtenswertesten geistesgeschichtlichen Erscheinungen. Sie ist gegen den italienischen, gewundenen Opernstil gerichtet, trifft aber im Grunde auch den Hoheitsschwung Händels. Sie erscheint in demjenigen Augenblicke der Geschichte, als das Spätbarock mit seinem großen Opernorganismus sich selber überdrüssig wird. Sie bringt – wie Hogarth in seinen gleichzeitigen, höhnenden Stichen gegen die Gesellschaft – mit noch barocken Mitteln ein scharf satirisches Abrücken von der gewaltigen Prunkapparatur der großen Oper.

Das pathetische Accompagnato, die Dacapo-Arien, die Zankduette, die gefühlvollen Abschiedsszenen, alles wird grandios verspottet, indem man es auf verrottetste Kreise, auf Bettler und Verbrecher anwendet und damit die gesamte hochtrabende Herrschaftsschicht ironisiert. Wie es in solchen Übergangslagen zu gehen pflegt, die Aristokraten nehmen mit Vergnügen teil daran, nicht ahnend, daß sich hier – mitten im Genußbetriebe des Hochbarock und der bloßen Oper – Züge der kommenden politischen Revolution ankündigen. Prinz Friedrich von Wales zum Beispiel, Sohn der Karoline von Ansbach, ist für die Bettleroper und gegen Händel. Händel wird in diesem neuen, ironischen Stil teils selber karikiert, teils geplündert.

Der Pathetiker Händel aber verkehrt überlegen-heiter mit dem ironischen Verfasser John Gay, ebenso mit dem bissigen Satiriker Hogarth. Der lange Gay übrigens und der schwere Händel (dieser zwei Zentner wiegend) spielen im Café Batson am Golden Square zusammen Billard, mit Jonathan Swift, dem Verfasser des phantastischen Gulliver.

Händels unbedenkliches Hernehmen von Motiven anderer Meister, das dauernde Umarbeiten und wenig veränderte Einsetzen eigener Erfindungen in andere Werke bekümmert die gelehrten Zeitgenossen gar nicht. Denn das Barock lebt nicht von edlen Einzelheiten, sondern von der gewaltig organisierten Flut, in der die Teile einherschwimmen. Das Tagesgespräch der Gebildeten aber bezieht sich überhaupt nicht auf die Komponisten, sondern auf die Sänger und Sängerinnen, auch dies bezeichnend für ein im Oberflächenglanze schwelgendes Barock. Der Streit zwischen den beiden überbezahlten Stars der Zeit, der Cuzzoni und der Faustina, überschattet alles andere. (Sie prügeln sich auf offener Szene, man muß die Kronleuchter erstrahlen lassen, denn der barocke Parteienkampf hat sich im Schutz des Dämmers inzwischen ins Parterre gewälzt.)

Als Händel in Oxford rauschende Erfolge einheimst, schreibt der Altertumsforscher Dr. Hearner: »Ein Ausländer, wie man hört zu Hannover geboren, sucht mit seiner lausigen Sippschaft in unserer altehrwürdigen Stadt Oxford durch lärmende Musik guten Leuten das Geld abzunehmen.« Die ›Athalia‹ nannte dieser Kritiker »ein funkelnagelneues Oratorium, von einer Bande schwitzender ausländischer Singeleute prostituiert.« Mißachtung erfährt öfters auch Händels überlegene geistige Leitung. Männliche Solisten drängen sich vor, die Sänger Cusanino und Farinelli benehmen sich unerhört.

Händel verkennt natürlich auch selber. Während er vorübergehend in seiner Heimatstadt Halle weilt, schickt J. S. Bach demütig seinen Sohn Friedemann aus Leipzig hinüber, um einen Besuch bei dem gewaltigen Kollegen einzuleiten. Aber Händel, barock selbstherrlich in sich selber kreisend, reagiert überhaupt nicht. Er war übrigens schon abgereist.

1733 fand in London auch die zweite Akademie Händels ein vorzeitiges Ende. Seine Gegner hatten ihm die meisten Sänger abspenstig gemacht. Sie eröffnen eine Gegenoper unter dem Schutze des Prinzen von Wales. Als

Händel für die Erstaufführung des großen Chor-Oratoriums ›Deborah‹ erhöhte Eintrittspreise ansetzt, bricht ein Sturm der Gegner und Neider los: er wolle das englische Volk aussaugen. ›Deborah‹ hat große Schwierigkeiten. Inzwischen erscheint Johann Adolf Hasse, jetzt Gemahl der berühmten Faustina, um den Kampf der neuen Neapolitaner gegen die Händel-Oper fortzuführen, den Kampf, den Porpora zuvor geführt hatte.

1739 hat ›Israel in Ägypten‹ einen glatten Mißerfolg. Die sangliche, elementare Wucht der Chöre scheint abstoßend zu wirken. Der Hymnus der Ouvertüre zündet, »doch dann duckten sich alle Köpfe in Unbehagen und Erschrecken.« 1743 erntet das ›Samson‹-Oratorium Erfolg. Der Prinz von Wales erscheint, aber die Hocharistokratie ist ferngeblieben. Horace Walpole, der Bruder des Premiers, kritisiert: »Mag sein, daß er die Oper besiegt hat, doch mit welchen Mitteln? Er hat sich alle Göttinnen der Farcen gemietet.«

Die Aufführung der ›Semele‹ geht »ohne Störung vor sich . . . Dennoch hat das antike Stück eine starke Partei gegen sich, nämlich die feinen Damen, die petits maîtres, die reichen Nichtstuer . . . Alle Opernleute sind auf Händel wütend, besonders die reiche Lady Brown, welche die neuen Gurgelarien und Sirenenklänge am Haymarket finanziert.«

1741 gehen die Intrigen der Gesellschaft gegen den machtvoll unbekümmerten Händel immer weiter. Man mietet Gassenjungen gegen ihn, welche Händels Konzertplakate auf den Straßen abreißen müssen. Ein Verehrer sieht sich gezwungen, in der Zeitung zu erbitten, »den großen Händel von der grausamen Verfolgung jener kleinen Wichte zu befreien.« 1745 erzählen Bollingbroke und Smollet, daß gewisse Damen der höchsten Gesellschaft, von den Rivalen Händels angestiftet, ihre Feste und Liebhabervorstellungen absichtlich auf diejenigen Tage legen, an denen Händels Aufführungen erklingen sollen. Den ›Messias‹ empfängt man teilweise kühl. Die Geistlichkeit sieht eher Entweihung in ihm. Händel wird bestenfalls wieder ein »großer Heide« genannt.

Zweimal, 1735 und 1745, muß Händel Konkurs anmelden. 1741 gaukelt ein Eingesandt in der London Daily Post von der öffentlichen Unzufriedenheit vieler Herren von Rang und Einfluß gegenüber Händels Betragen, das allerdings von gigantischer Urwüchsigkeit gewesen zu sein scheint. Man nennt ihn – den ungefügen, schweren Musikus – den Bären und präsentiert ihn auf einem Flugblatt, wo er »Pensionen, Pfründe, Adel, Freundschaft« mit Füßen tritt. Auf einem anderen Stich mit dem Titel »Bezaubernde Bestie« sitzt er, bekannt als höchst genießerischer Esser, an der Orgel, aber mit einer Art Schweinekopf und Elefantenschenkeln behaftet. Er hat lauter Feinschmeckereien neben sich versammelt, wobei ihm eine fette Schlemmerrechnung aus der Tasche hängt.

Den Oxforder Ehrendoktortitel soll er beinah mit Hohn zurückgewiesen haben. Man darf das nicht nur als genialische Gebärde deuten, wie sie erst in der Sturm- und Drangzeit der Literatur – und entsprechend bei dem dauernd brüskierenden Beethoven – geradezu Künstlermode werden sollte.

1737 bekommt der Riese Händel Tobsuchtsanfälle. Seine Freunde fürchten um seinen Geisteszustand, was sich 1745 wiederholt, als ihn gewisse Feindschaften gegen seinen ›Belsazar‹ und ›Herakles‹ wieder einmal ruinieren und in Verzweiflung bringen. Händel entgeht mit knapper Not dem Schuldgefängnis.

Solche Umstände beweisen genügend, wie selbst dieser Sieghafteste, dieser Erfolgreichste der neueren Musikgeschichte – dieser Athlet an Lebenskraft – gelegentlich unter dem Drucke des Verkanntwerdens gelitten haben muß, obwohl er doch das Gegenteil jener empfindsam Schaffenden war, die sich durch private Mißklänge ihres Daseins aus der Lebensbahn werfen lassen.

Trotz seiner auch kaufmännisch gewaltigen Opernunternehmungen mißglücken seine beiden einzigen, allerdings reichlich abrupten Heiratsversuche gegenüber reichen Damen der Gesellschaft. Die Mutter der einen behauptet, sie werde niemals zugeben, daß ihre Tochter einen »Fiedler« freie. Die andere verlangt als Vorbedingung sogar Händels Ablassen von seinem Berufe. Wir würden solche Einzelheiten nicht zitieren, wenn sie nicht ein Licht auf die groteske, damals noch übliche Unterschätzung des ganzen Komponistenstandes würfen.

Das ändert sich allgemeiner ja erst mit der französischen Revolution und mit Beethoven, obgleich Händels eigenes späteres Leben schon fürstliche Anerkennung erfährt. Nach der erfolgreichen Aufführung des ›Judas Maccabäus‹ von 1747, den Händel selber für sein vollkommenstes Werk hält, wird er vom englischen König und vom Herzog von Cumberland empfangen. Und die 10 unabhängigen Journale Londons preisen ihn. Wirtschaftlich aber drückt sich eine gewisse Verkennung gelegentlich bei Hofe aus. Händel ist dort eigentlich Unterweiser der königlichen Prinzessinnen mit einem Gehalt von 200 Pfd., kleiner als das des Tanzlehrers. Unbedeutende musikalische Größen rangieren jedenfalls bei Hofe vor und neben ihm.

Hochtrabende, barocke Anerkennungen, die sich natürlich ebenfalls in seinem Leben finden, liegen wie Inseln innerhalb einer umfassenden Brandung. Der Sturm umbraust immer wieder Händels Geltung. Nach Generationen erst (1824) bekennt ein Beethoven: »Händel ist der größte Komponist, der je gelebt hat. Ich würde mein Haupt entblößen und auf seinem Grabe niederknien.«

Bach

Bach und Händel fordern zu kunstgeschichtlichem Vergleich heraus, worauf wir aber verzichten müssen. Sie sind im gleichen Jahre geboren, beide mitteldeutschen Stammes, beide Lutheraner, beide gewaltige Organisten. Sie erblinden beide am Ende ihres Lebens.

Wir finden aber Händels Musik, welche sinnliche, sangliche Kraft ausstrahlt, bereits vor seinem Tode in Deutschland, Italien, England, Irland und Frankreich. Bachs tiefsinnig nach innen gerichtete, kontrapunktisch verschränktere Kunst dagegen wirkt sich bei Lebzeiten allein im Kleinbereiche Thüringens und Sachsens aus. Dem ausgreifenden Opernunternehmer steht der eingezogene, fast beklommene Kantor gegenüber.

Entsprechend unterscheiden sich denn auch jene Bedrängnisse, die Bach erfuhr. Seine Werke werden weniger intrigenhaft umstritten, sie werden mehr als handwerkliche Selbstverständlichkeit und Kirchendienst gebucht. Überhaupt ist weniger Widerhall überliefert. Dennoch können wir aus zwei Kritiken fühlen, daß Bachs polyphone, verwickeltere Stimmführung abwehrend als ältere Schreibweise einer bereits vergehenden Epoche empfunden wird.

Der damals angesehene Johann Adolf Scheibe sagt 1737 in seiner Fachzeitschrift Der kritische Musikus: »Dieser große Mann würde die Bewunderung ganzer Nationen sein, wenn er mehr Annehmlichkeiten hätte, und wenn er nicht seinen Stücken durch ein schwülstiges und verworrenes Wesen (!) das Natürliche entzöge und ihre Schönheit durch allzugroße Kunst verdunkelte ... Alle Manieren, alle kleinen Verzierungen und alles, was man unter der Methode zu spielen versteht, drückt er mit eigentlichen Noten aus, und das entzieht seinen Stücken nicht nur die Schönheit der Harmonie, sondern es macht auch den Gesang durchaus unvernehmlich. Kurz: er ist in der Musik dasjenige, was ehemals Herr von Lohenstein in der Poesie war. Die Schwülstigkeit (!) hat beide vom Natürlichen aufs Künstliche und vom Erhabenen aufs Dunkle geführt, und man bewundert an beiden die beschwerliche Arbeit und ausnehmende Mühe, die doch vergebens angewandt ist, weil sie wider die Vernunft streitet.« Auf diese geschichtlich äußerst interessante Kritik erwidert ein Konservativer, ein Verehrer Bachs, Magister Birnbaum, Dozent für Rhetorik an der Universität Leipzig, Bach sage allen zu, deren Gehör durch »einen neumodischen Geschmack nicht verderbt sei«. In der Musikalischen Bibliothek meint jedoch der Zeitgenosse Miezler: »Bachische Kirchenstücke sind allemal künstlicher und mühsamer, keineswegs aber von solchem Nachdrucke, von Überzeugung und von solchem vernünftigen Nachdenken als die Thelemannischen und Graunschen Werke ...« »Wenn aber Herr Bach die Mittelstimmen vollstimmiger setzet als andere, so hat er sich nach den Zeiten der Musik vor zwanzig und fünfundzwanzig Jahren gerichtet.«

Es wäre laienhaft, in diesen Ansichten angesehener zeitgenössischer Beurteiler nur etwa Torheit winziger Menschen gegenüber einem Giganten sehen zu wollen. Jene Meinungen sind vielmehr Ausdruck damaliger geistesgeschichtlicher Kämpfe. In ihnen meldet sich teilweise der Rationalismus des Jahrhunderts, andrerseits aber auch dasjenige irrationale Vereinfachungsstreben, welchem im weiteren kunstgeschichtlichen Verlauf der Sieg gehören sollte. Wird doch jener hochbarocke Lyriker Lohenstein durch den sparsameren Claudius und Joh. H. Voß ersetzt werden, das vielförmige Barock durch das planere Louis-seize, der dunklere Bach vom durchsichtigeren

Haydn gänzlich verdrängt werden. Noch Joh. A. Hiller sucht, wie später Zelter Goethen meldet, »die Thomaner Muttersöhne mit Abscheu gegen die Kruditäten Bachs« zu erfüllen.

Erst als nach 1800 der Klassizismus abgelaufen war – 1829 führt man gegen Zelters Widerstand die Matthäuspassion auf –, und als sich im 19. Jahrhundert neue Freude an formalem Reichtum und polyphoner Fülle anbahnt, wird Bach eigentlich wieder entdeckt. Und erst nach 1850, in der Zeit eines nunmehr betonten Historismus, erscheint allmählich die Gesamtausgabe. Breiteste Lebenswirkung aber bringt überhaupt erst das Ende des 19. Jahrhunderts: Gründung der Neuen Bach-Gesellschaft.

Wie seltsam verlief seinerzeit das Schicksal des wohl reifsten Alterswerkes jenes wahrhaft großen Menschen. Wenige Jahre nach seinem Tode mußten die Kupferplatten, auf welche ›Die Kunst der Fuge‹ gestochen war, als ... Altmetall verkauft werden. So »umfassend« war das Verständnis seiner musikalischen Zeitgenossen. Doch fühlten die nächsten Generationen hier nicht viel besser, empfanden sie jene überragende Arbeit doch nur als eine Sammlung trockener Lehrbeispiele.

Es gab natürlich auch Zustimmungen, die nicht ganz ausbleiben, man denke nur an Bachs Spiel vor Friedrich dem Großen, der sich wenigstens für den *Virtuosen* interessiert. Daneben finden sich Mißachtungen, die zunächst nur den *Privatmenschen* Bach attackieren. Aber auch *diese* Mißhelligkeiten gehören in unsere trübe Kette der Fehlurteile, indem sie kundtun, daß im Grunde die Zeitgenossen keine Ahnung haben, wer eigentlich vor ihnen steht: nicht die geringste Vorstellung, daß hier ein beinah unerschöpflicher Mensch vorliegt, der ganze Generationen, ja Jahrhunderte bewegen wird.

Als 1703 in Sangerhausen die Kantorenstelle frei wird, meldet sich Bach. Aber man zieht den biederen Kobelius vor.

Wohl nur praktisch gemeint, wenn auch schwer gegen den inneren Reichtum Bachs gerichtet, wirkt dann jener groteske Tadel, den bereits 1706 das gräfliche Konsistorium zu Arnstadt erteilt. »Wir halten ihm vor, daß er bisher in dem Choral viele wunderliche variationes gemacht, viele fremde Töne mit eingemischet, daß die Gemeinde darüber confundieret worden. Er habe ins Künftige, wenn er ja einen tonum perigrinum mit einbringen wolle, selbigen auch auszuhalten und nicht zu geschwinde auf etwas anderes zu fallen, oder wie er bisher in Brauch gehabt, gar einen tonum contrarium zu spielen.«

An gleicher Stelle wettert man: Bach habe um 4 Wochen Urlaub gebeten, sei aber viermal solange ausgeblieben. Er sei schändlicherweise »sonntags unter der Predigt im Weinkeller gangen ...« In Weimar ist dann eines Tages der Unglückselige geradezu »wegen seiner halsstarrigen Bezeugung von zu erzwingender Demission auf der Landrichterstube arretiert worden.«

In Leipzig muß der Beklagenswerte einen Revers unterschreiben, daß doch ja die Musik »nicht zu lange währe« und »nicht operhaftig herauskomme, sondern die Zuhörer vielmehr zur Andacht aufmuntere.« Wie seltsam, daß man seine Tonfolgen als opernhaft empfindet, ja daß man geradezu glücklich ist, wenn es möglichst schnell verhallt. Von geringer Achtung gegenüber

Bach zeugt auch, daß er 1725 bei August dem Starken um eine Verbesserung seiner Leipziger Besoldung betteln muß.

1730 heißt es geradezu drohend, der Kantor habe »sich nicht so, wie es sein solle, aufgeführet.« »Es tue der Kantor nicht allein nichts, sondern wolle sich auch diesfalls nicht erklären, halte die Singstunde nicht, es kämen auch andere Beschwerden dazu ...« Grausam bekundet man schließlich: »Hier wurde resolvieret, dem Kantor die Besoldung zu verkümmern ...«, – »weil der Kantor incorrigibel sei« – und »schlechte Lust zur Arbeit bezeige.«

Von derart vielen Seiten her gequält, bedroht, klagt Bach nun selber laut: daß »eine wunderliche und der Musik wenig ergebene Obrigkeit ist, mithin ich fast in stetem Verdruß, Neid und Verfolgung leben muß.« 1733 jammert der Überragende: »Ich habe einige Jahre und bis daher bei den beiden Hauptkirchen in Leipzig das Direktorium in der Musik gehabt, dabei aber eine und ander Bekränkung unverschuldeter Weise, auch jezuweilen eine Verminderung derer mit dieser Funktion verknüpften Accidentien empfinden müssen ...«

Über seine Totenmusiken äußert sich der große Komponist mit grimmigem Humor. »Meine itzige Station belaufet sich etwa auf 700 Thaler, und wenn es etwas mehrere als ordinärement Leichen gibt, so steigen nach Proportion die Accidentia; ist aber eine gesunde Luft, so fallen hingegen auch solche ...« Wir dürfen zu allen genannten Lebenserschwerungen niemals vergessen, daß das Leipziger Kantorat überhaupt nur deshalb an Bach gelangt war, weil Telemann und Graupner, um die man *vergeblich* geworben hatte, die man also weit höher einschätzte (!), diese Stellung ausgeschlagen hatten.

In solche Richtung weisen auch die Streitigkeiten zwischen Bach und seinem finsteren Rektor Ernesti, welcher die Thomasschüler gegen ihren großen Kantor aufstachelt, jedenfalls dessen Ansehen untergräbt, so daß (wie Bach nunmehr vermeldet) »zu meinem größten Despekt und Prostitution kein einziger Schüler aus Furcht vor Strafe das Absingen über sich nehmen noch weniger die Motette dirigieren wollen.« Bach fühlt sich in seinem »Amte zum höchsten gekränket«, weshalb zu besorgen sei, »daß bei dergleichen fortwährenden unverantwortlichen Unternehmen die Sacra möchten gestöret und die Kirchenmusiken möchten in größten Verfall kommen ...« Untertänigst muß der gewaltige Musikant das Leipziger Konsistorium schließlich bitten, »dem Herrn Rektor Ernesti alle unbefugten Eingriffe zu untersagen, auch daß meine durch gedachten Herrn Rektors Bezeugen bei den Schülern lädierte Ehre wiederhergestellt werden möge ...« Jener Rektor aber, der eben keine Ahnung verspürt, welche europäische Größe vor ihm steht, obgleich er seinen »Untergebenen« doch dauernd musizieren hört, macht bei der obersten Behörde seinerseits eine geharnischte Eingabe, daß jener Bach »zum Gehorsam und Respekt gegen seine Vorgesetzten angewiesen werden möge«. Der Kantor habe »den ganzen Statum Controversiae verdrehet.« Man solle Bach sehr ermahnen, daß er »überhaupt sein Amt mit mehrerem Fleiß abwarten möge.«

Wir müssen zusammenfassend feststellen, daß die verhältnismäßig wenigen Zeichen der Bewunderung, die uns in Deutschland damals überliefert sind (das zeitgenössische Ausland kennt nur einen Händel, aber keinen Bach), mehr dem virtuosen Darsteller gelten als etwa dem Komponisten, in welche Richtung wohl auch sein Auftreten vor Friedrich dem Großen weist. Die geringen Äußerungen wahrer Verehrung stammen vorwiegend aus einem kleinen Kreise engster Fachgenossen. Von der einzigartigen Bedeutung seines Schaffens dringt nichts ins Gesamtbewußtsein seiner Zeit.

Kein Grabstein wurde dem Gedächtnis dieses unersetzlichen Menschen errichtet. Als man wenige Jahre nach seinem Tode auf dem Leipziger Kirchhof eine bescheidene Gedenktafel erwog, wußte man bereits nicht mehr, wo dieser Unausschöpfliche begraben lag.

Anna Magdalena, sein zweites Eheweib, das ihn nur um wenige Jahre überlebt - er hatte mit zwei Frauen 20 Kinder gezeugt -, fand als »Almosenfrau« kärgliche Unterkunft in einer Art Armenhaus, welches der Rat der Stadt Leipzig eingerichtet hatte, um Bedürftige zu unterstützen und um ... dem Straßenbettel vorzubeugen.

Welch trostloses, zusammenfassendes Symbol für die Gesamtverkennung eines der größten Menschen europäischer Geistesgeschichte!

Gluck

Empfinden wir Händels innere Fülle als in Verwandtschaft zu Rubens stehend, so können wir Glucks Gehaltenheit mit der Haltung eines Claude Lorrain oder Poussin vergleichen. Der festigende, antibarocke Klassizismus erreicht - auch bei Corneille und Racine - schon im 17. Jahrhundert seine erste Prägung, um nach Mitte des 18. Jahrhunderts seine gesammelte musikalische Ausformung in Gluck zu finden. Seine bildnerische und theoretische Stützung erhält dieser Klassizismus zu gleicher Zeit in Winckelmann mit seiner berühmten Forderung einer »edlen Einfalt und stillen Größe«. Etwa 1800, im Empire erreicht diese Haltung dann ihren verbreiterten Spätzustand, nachwirkend etwa noch in Münchens mächtiger, streng geschichteter Ludwigstraße, an deren Eingang einstens - höchst bezeichnend - das Standbild gerade Glucks thronte, der inzwischen - nach dem üblichen Ablauf einiger Generationen - ein hoch gepriesener »Klassiker« geworden war.

Glucks Abwendung von der barocken Überlieferung zugunsten unverschnörkelter, wuchtiger, »naturnäherer«, direkter Wirkung auf das menschliche Empfinden zeigt sich auch in allem, was er auf *anderen* Feldern hervorhob. Er liebte also erstens die Antike, und zwar in neuem Sinne, als machtvoll große Vereinfacherin des damaligen Gestaltens. Zweitens aber liebte er auch Rousseau als Rückführer zu naturvolleren Wirkungen. Drittens Klopstock als Vernichter aller Tändelei in der Dichtung, als Erbauer einer neuen Monumentalität.

Damals stand solcher Dreiklang aber gegenüber allen weiterwaltenden, verbindlichen Überlieferungen noch durchaus in Verteidigungsstellung. »Der große Succes seines Orpheus, seiner Iphigenie würde alles hoffen lassen, wenn nicht unüberwindliche Ursachen gerade in jenen Hauptstädten Europas, wo die schönen Künste ihre vornehmen Tempel haben, sich seinen Unternehmen entgegensetzten.« So erlebt z. B. Wieland die damalige Verkennungslage. Herder empfindet die *neue* Tonart ganz, wenn er Glucks Musik eine »heilige« nennt. Den »Trödelkram wertloser Töne verachtend - die Notwendigkeit einer innigen Verknüpfung rein menschlicher Empfindung und der Fabel selbst mit seinen Tönen« herbeizuführen, »daß er nämlich die ganze Bude des zerschnittenen und zerfetzten Opernklingklangs umwirft . . .«

So schnell auch - besonders in Italien - seine unausgesprochenen Früharbeiten Anerkennung finden, so heiß umstritten werden seine entschiedenen Spätwerke, weil nämlich deren musikalische Strenge den meisten Hörern noch als neu und unerhört erscheint. Der Streit um den Meister tritt - ziemlich spät innerhalb seiner Lebensbahn - in demjenigen Augenblick hervor, als Gluck mit allem musikalischen Barock gebrochen hat. Dieser Kampf ist wie alle Fehden um 1750, soweit sie den älteren, herrschaftlich zentralisierten Konventionalschwung vernichten, von grundsätzlicher Bedeutung. Geistesgeschichtlich jedenfalls weit folgenreicher als alle Einzelkämpfe, die ein Bach und Händel zu erdulden hatten.

Zuerst erfährt Gluck nur gelegentliche Abweisungen, wie etwa die von seiten Händels. Er selber verehrt Händel als Haupt der älteren Generation, während Händel, der Glucks entscheidenden Umschwung allerdings nicht mehr erlebt, gegenüber dem jüngeren Gluck behauptet: selbst sein Schuhputzer schreibe einen besseren Kontrapunkt.

An anderer Stelle bekundet Händel, Gluck solle (wenn er z. B. auf die Engländer wirken wolle) lieber »auf irgend etwas Schlagendes und recht aufs Trommelfell Wirkendes sinnen.« Auch hierin drückt sich der Unterschied der Generationen aus. So verhandelt in naiver Weise das ältere Barock mit dem neuen Klassizismus.

Und es verhandelt hier eine Verkennungszone zweiten mit einer solchen ersten Grades. Händel war nur wegen neuer Einzelelemente unbeliebt, Gluck aber wegen neuer Grundsätze. Mozart stellt damals eine dritte Richtung dar. Seine Neuerungen gehen nach anderem Ziel, weshalb er selber auch in anderer Art verkannt wird. Auch ihm aber scheint Gluck nicht ganz geheuer. Jedenfalls gibt Mozarts Vater mehrfach die bezeichnende Losung aus, Gluck sei absolut zu meiden.

Dem reicher in sich verschränkten Barock mußten die ersten Ansätze eines vereinfachenden Klassizismus lahm erscheinen. Sie waren es nur zum Teil (wenn wir der damaligen Übergänge in Malerei, Architektur und anderen Künsten gedenken), solang die nun einsetzende Strenge ihre Gedrungenheit noch nicht erreicht hatte. Wie sehr aber diese neue Einfalt eine neue Kraft und Wucht erstrebte, drückt sich schon in den verachtenden Worten aus, die Gluck nun seinerseits den üblichen, reichgeschwungenen Barockarien gegenüber braucht. Alles ganz gut, meint er, »ma questa non tira sangue!« (aber es zieht kein Blut).

Die umgekehrte Anschauung, daß der Klassizismus blutleer sei, sollte erst im 19. Jahrhundert herrschend werden, und zwar mit Hilfe neuer Naturalismen. Das widersprach durchaus den einstigen Grunderlebnissen der Neuformer. Der Klassizismus selber empfand sich als eine sammelnde Kraft, als Naturnähe gegenüber barocken Konventionen; als direktere Aussage gegenüber einer vielteiligen Umwegigkeit; als einheitlich gegenüber rednerischen Formzerklüftungen. Dies alles kehrt, in Worten ausgesagt, in Glucks eigenen Programmsätzen wieder, wie er sie einigen seiner reifen Werke – auch das wird nun bezeichnend – vorausschickt. Solche neuen Grundsätze eignen nun auch Bildhauern und Malern, zu deren Nachbarkünsten Gluck übrigens nähere Beziehungen unterhält. Wir stehen am Ende der »naiven«, weil überlieferungsgesicherten Gestaltung der Künste, wie sie sich, bruchlos seit der Renaissance, in dauernder Anreicherung gegebener Formenelemente, entwickelt hatten. So ist es denn kein Wunder, daß sich der Problematiker Rousseau, jener Zertrümmerer der alten Herrschaftsformen, in diesen Streit um Gluck einschaltet und hier die neuen Menschheitswerte sieht, so sehr er selber anfangs dieser fremden Tonwelt – zugunsten der französischen und italienischen – mißtraut hatte.

Von nun ab zieht sich ein schwankender Streit weit über eine Generation hin durch die gesamte Geistesgeschichte. Als beliebiges Beispiel des konservativen Lagers in diesem weiteren Kampfe sei hier nur Friedrich der Große genannt, welcher auf verstandesmäßigem Felde gerade noch eine Übergangserscheinung wie Voltaire bejaht, während ihm die neue Klassik Glucks zuwider ist. Friedrich verkennt ja auch die *anderen* Formen einer Verjüngung, wie sie sich etwa in der neuen Ethik Rousseaus zeigten oder sich gar im Sturm und Drang erweisen, der sich bald darauf in der Wiederbelebung Shakespeares und in Goethes ›Götz‹ ausformen sollte. Wir wissen, daß der auf anderen Gebieten so vorurteilsfreie König noch 1780 meinte: alle genannten »neuesten« Werte (auf denen doch die gesamte kommende Kultur beruhen sollte!) bedeuteten Verrohung, »würdig der Wilden Canadas« (!), unwürdig aber eines Kulturvolkes (wie es dann immer heißt).

In seinen *reifen* Opern baut Gluck die Komposition in immer geschlosseneren Blöcken auf, welche durch einen oder zwei symmetrisch aufgestellte Chöre, die wie in der Antike als statisches Element fungieren, zusammengehalten werden. Alles Geschehen ergeht sich nun in monumentalen Schritten. Die Musik umschlängelt ihren Text nicht mehr in frei barocker Weise, sondern paßt sich ihm in einfachster Form auf den Leib, wie der Faltenwurf auf den antiken Körper. Deshalb sind nun ausladende Triller, spielerische Koloraturen auf der einen, langatmige Seccorezitative auf der anderen Seite abgeschafft, und alles wird zu einer einfachen, aber nunmehr geschlossenen Handlung zusammengezogen.

Hiermit wird Gluck bekanntlich zum Begründer des modernen Musikdramas und – nur in dieser einen Hinsicht – sogar zum Vorläufer Richard Wagners. Wie wenig jetzt die Oper aus barocken, glanzvollen *Einzelnummern* bestehen soll, geht bereits aus der neuen Art ihrer Entstehung hervor. »Bin ich einmal mit der Komposition im ganzen und mit der Hauptcharakteristik der Hauptpersonen im Reinen, so betrachte ich die Oper als fertig, obgleich ich noch keine Note niedergeschrieben habe.«

1769 bekundet Gluck in der Partitur seiner ›Alceste‹: »Es war meine Absicht, alle jene Mißbräuche, welche die falsch angebrachte Eitelkeit der Sänger und die allzugroße Gefälligkeit der Komponisten in die italienische Oper eingeführt hatten, sorgfältig zu vermeiden.« Im Vorworte zu ›Paris und Helena‹ (1770) heißt es: »Nur in der Hoffnung, Nachahmer zu finden, entschloß ich mich, die Alceste herauszugeben . . .« – »Ich habe mich überzeugt, daß meine Hoffnung vergeblich gewesen. Die Halbgelehrten, Kunstrichter und Tonangeber, eine Klasse von Menschen, die unglücklicherweise sehr zahlreich ist und zu allen Zeiten dem Fortschritt der Künste tausendmal nachteiliger war als die Unwissenden, wüten gegen eine Methode, welche, wenn sie sich begründet, ihre eigene Anmaßung zu vernichten droht.« – »Einer dieser überspannten Kunstfreunde, deren Seele ihren Sitz nur in den Ohren hat, wird manche meiner Arien zu rauh, manche Passagen zu hart oder zu wenig vorbereitet finden« (lauter Verkennungsvokabeln gegen Klassizismen) . . . »worauf sich bald eine Menge vereinigen wird, diese Musik als wild, barbarisch und überspannt zu verdammen.«

Sobald ein neuer Stil erscheint, macht dieser (mindestens solange er noch ungewohnt) seinen Sinn am ehesten noch dann verständlich, wenn das Werk durch seinen Schöpfer selber interpretiert wird. Damit hängt auch zusammen, daß es dann jeweils endloser Proben und – wie so oft auch in politischen Bezirken – anfangs geradezu einer Diktatur bedarf, bis jede Tonfolge und innere Bewegung aus den Konventionen der vorherigen Stilepoche herausgeschmolzen ist, um bis ins kleinste hinein ein verwandeltes Gefüge anzunehmen. »So ein gutmütiger, lieber Mann«, erzählt der Kontrabassist Kämpfer, »der Herr von Gluck in jedem anderen Lebensverhältnis ist, so macht er doch, sobald er auf dem Platze des Direktors steht, den wahren Tyrannen, der durch den geringsten Schein von Fehler in Harnisch und bis zu den stärksten Äußerungen der Hitze gebracht wird. Zwanzig bis dreißig Male reichen nicht hin, daß er die geübtesten Spieler der Kapelle, unter denen gewiß Virtuosen sind, die Passagen wiederholen läßt, bis sie die von ihm bezweckte Wirkung des Ensembles hervorbringen. Er brüskiert sie alsdann so sehr, daß sie ihm schon oft den Gehorsam aufgekündigt und nur durch Zureden des Kaisers haben bewogen werden können, unter ihm zu spielen.« Und nun spürt man die klassizistische Härtung: »Kein Fortissimo kann ihm an gewissen Stellen stark und kein Pianissimo schwach genug sein.« – »Es ist schwer«, schreibt damals auch der Kapellmeister Reichardt, »von diesen Gesängen nach Glucks Vortragsweise eine deutliche Vorstellung zu geben. Sie schienen fast ganz deklamatorisch, selten nur melodisch zu sein« (!).

Wir kennen solche umständlichen Umschmelzungsprozesse auch an anderen Stilwenden und somit Verkennungszonen der Kunstgeschichte. Ich erinnere nur an die endlosen Bemühungen Goethes als Theaterleiter in jenem *späteren* Zustand des Klassizismus. Sodann an Wagner, der immer wieder das gesamte Opernpersonal unbrauchbar findet. Es handelt sich hierbei aber nicht etwa um schlechte Ensembles, spielen doch bei Gluck und Wagner meist die ersten Sänger und Orchester der Welt. Nicht nur im Parkett, sondern auch auf der Bühne harren eben jeweils ältere Überlieferungen. Man müßte also eigentlich eine »Geschichte des Mißverstehens sowohl *hinter,* als auch *vor* den Kulissen« schreiben, ganz zu schweigen von den sinnlosen Kämpfen der Kritiker, der Kunstphilosophen und des Publikums, jener Menschengattungen, die so gern in ihrer einmaligen, kurzen Jugend- und Lernzeit steckenbleiben.

Wie reagieren nun weiterhin »sachverständige« Zeitgenossen auf Glucks neue Ziele, die sich doch als entscheidend für die Geschichte der Oper erweisen sollten? Billig wäre hier, musikfremde Beurteiler zitieren zu wollen. Wir nannten bereits Friedrich den Großen als hochmusikalischen Flötenspieler und als Komponisten, der den konservativeren J. S. Bach gerade noch zu schätzen versteht, die gänzlich neue Tonart Glucks jedoch streng von sich weist. In diesem Sinne hatten sich alle Fachleute geradezu verschworen gegen eine entscheidende Arie im ›Titus‹ bei Gelegenheit der Uraufführung in Neapel. Hier sollte gemäß der neuen Strenge ein gefestigter Halteton des Sängers gegen das Orchester ruhig, stark und lange durchgehalten werden. Die Kritiker aber behaupten, hier liege ein grober Satzfehler gegen »die Regeln aller Komposition vor«. Sie unterbreiten entrüstet die Partitur dem neapolitanischen Maestro Durante, der allerdings zugunsten Glucks entscheidet.

Die Oper ›Alceste‹ mißfällt der als musikalisch geltenden Kaiserin Maria Theresia, als diese neuartige Tonwelt in Frankfurt zur Krönung des römischen Königs erklingt. Auch sonst verläuft ihre Aufnahme durchaus zwiespältig. Es heißt, was ganz bezeichnend ist für den neuen Stil, der alles Rokoko austilgen will: man hätte anstatt einer Oper ja eine *Seelenmesse* hören müssen. »Ich glaube gar, hier ist es auf Tränen abgesehen, wohl möglich, daß ich deren vergieße aus langer Weile.« Dasselbe Werk aber spiegelt sich bei der entgegengesetzten Partei als »Singspiel ohne Kastraten, eine Musik ohne Solfeggien oder, wie ich es lieber nennen möchte, ohne Gurgelei, ein welsches Gedicht ohne Schwulst und ohne Flatterwitz.« So berichtet das Wiener Diarium von 1776.

Später bekundet Nikolai, wenn auch bei einigem Lobe: »Vieles wollte mir nicht gefallen, Verschiedenes erschien mir sogar unzweckmäßig. Im Ganzen erschien es mir garnicht, als ob mit dieser Musik bisher außerordentliche Wirkungen erreicht werden.« Noch Jahn, der frühe Biograph Mozarts, deutet Glucks bewußte Monumentalität als »Folge einer nicht leichten Erfindungskraft.« Er meint, daß Gluck »in eigentlich thematischer Verarbeitung keine große Geschicklichkeit bewährt, und daß er sogar im Bau der Sätze und selbst in einigen Wendungen eine gewisse Unbeholfenheit« verrate. Typische Fehlurteile gegen Klassizismen überhaupt, vom alt- oder neubarocken Standpunkt aus gegeben.

Ludwig XV. und die Dubarry hängen der älteren italienischen Schule an, wie sich bei Darstellung der ›Iphigenie‹ zeigt. Die Pariser Aufführung dieser Oper scheitert beinah daran, daß sich ein berühmter Tänzer in ihr breitzumachen gedenkt, Sondereinlagen für sich und seinen Sohn fordernd. 1775 wird die ›Iphigenie‹ erneut in Paris gegeben, »und noch immer findet die welsche Partei nichts darin als Spektakel, Einfälle ohne Geschmack, ohne Genie und selbst ohne Ausdruck.« Es ist bezeichnend, daß dem Rokoko jede »antike Art eher rauh« denn elegisch erscheint. So sei die Oper »teils im Pastoral-, teils im Kneipenstil geschrieben. Was man als ›genre nouveau‹ bezeichnet, ist nichts als aufgewärmter Lully.« J. N. Forkel schreibt 1778 zusammenfassend: »Was der Herr Ritter edle Einfalt zu nennen beliebt, ist nach unserm Bedünken nichts als armselige, leere und nackende oder, noch eigentlicher zu reden, unedle Einfalt, die aus Mangel an Kunst und Wissen entsteht; sie ist wie die dumme Einfalt der gemeinen Leute ... dort ist alles plump, mangelhaft und fehlervoll ... Der ganze Einfall des Herrn Ritters, die Musik auf seine Art zu ihrer eigentlichen und wahren Bestimmung zurückzuführen, beweist augenscheinlich, daß er in die innere Natur seiner Kunst noch nicht eingedrungen ist.«

Abbé Arnaud, ein erster Kenner und Anhänger des Neuen (welcher die Gluck-Oper bereits Gesamtkunstwerk nennt und die »Reinheit der Zeichnung in allen Teilen« bewundert), muß bezeichnenderweise ihre Fehlwirkung eingestehen. »Ich weiß, daß Leute von vielem Geist behaupten, es gäbe in dieser Oper keinen Gesang ...« 1775 glaubt sich Voltaire bei der Marquise du Deffan, einer leidenschaftlichen Gluck-Gegnerin, geradezu entschuldigen zu müssen: »Verzeihen Sie mir, wenn ich bei Glucks Schöpfungen einiges Vergnügen empfand. Es ist möglich, daß ich Unrecht gehabt habe, es ist möglich, daß die übrigen Werke des Meisters von weit geringerer Schönheit sein werden ... Indessen werde ich allen Glucks zum Trotze die schönsten Sätze eines Lully nicht weniger lieben.«

Allmählich schwoll nun mit vielen Zeitungsaufsätzen und Broschüren das Für und Wider zu jenem Pariser Streit zwischen den Piccinisten und den Gluckisten an. Marmontel, La Harpe, Ginguené und seltsamerweise auch d'Alembert stehen gegen Abbé Arnaud und Suard. Schon zur Zeit Ludwigs XV. hatte die Dubarry den angesehensten italienischen Opernkomponisten Piccini (Lebenswerk von 149 Opern!) zum Gegner Glucks ausersehen. Er war zwar 14 Jahre jünger als der umstrittene Gluck, gehörte geistesgeschichtlich aber gerade der *älteren* Generation an.

Wenn stilgeschichtliche Spannungen entstehen, pflegen jedesmal die streitenden Parteien bewußt oder unbewußt nach zwei Meistern Ausschau zu halten, welche dann in Übertreibung als die alleinigen Möglichkeiten ausgerufen werden. Wir werden dies im 19. Jahrhundert im Kampfe Wagner-Brahms oder wenige Jahre später im Streite Brahms-Bruckner wieder erleben. Nachträglich aber erscheint dann jeder solche angeblich unversöhnliche Gegensatz immer als aufgehoben, indem nunmehr die generationsgeschichtliche *Verwandtschaft* empfunden wird. Der kleinste geistesgeschichtliche Schritt aber kostete vorher, solange er im Publikum noch nicht nachvollzogen war, immer wieder härteste Kämpfe. Eine Rückversetzung in diese jeweils tragischen Lagen zu ermöglichen, ist eine Hauptaufgabe dieses Buches, das immer wieder dem Märchen vom verklungenen »goldenen Zeitalter« wird abwinken müssen.

Der Piccinisten-Streit bringt eigentlich keine neuen Begründungen. Er benutzt bald die einen, bald die anderen von uns schon angedeuteten Motive. Gluck und Piccini sollen einen ›Roland‹ und eine ›Iphigenie‹ komponieren, um sich aneinander zu messen. Gluck äußert hochmütig, er werde seine Roland-Oper nur abliefern, wenn diejenige von Piccini besonderen Erfolg erziele. Piccini höhnt zurück (aufgefordert, eine Oper Glucks zu hören): »bewahre mich Gott, daß ich mir je durch Glucksche Musik die Ohren verderben lasse.« Wie früher die Dubarry, so steht jetzt Ludwig XVI. auf seiten der älteren Überlieferung, ein vielsagender Nachteil für die neue Richtung. Bezeichnenderweise findet man Gluck stellenweise »geradezu ohrenzerreißend«.

Überhaupt beruft man sich italienischerseits auf »das Ohr«, deutscherseits auf »den Charakter«. Zwei typische Begriffe, weitgehend dem Unterschiede dieser Völker entsprechend. Wir werden diesen Gegensatz aber auch in anderem Verstande durch die Kunstgeschichte hin auftauchen sehen, wobei die Sinne – höchst bezeichnend für die Verkennungspsychologie – immer die jeweils *ältere* Richtung decken sollen, der Charakter oder Geist aber die jeweils neue. Wenn sich aber nach Generationen dann der umstrittene Stil *einbürgert,* pflegt gerade dieser im Zeitbewußtsein als sinnlicher Wohlklang zu fungieren, während die geistigen und intellektuellen Begriffe inzwischen einer *neuen* Richtung zugeordnet werden. Dieses Umbenennen einer und derselben Erscheinung, die sich selber ja nicht ändert, werden wir noch oft antreffen. Wir werden dies geistesgeschichtlich nur als inzwischen erfolgte *Gewöhnung* zu registrieren haben.

Fast jede neue Kulturerscheinung durchläuft ja etwa drei Wirkungszustände. Solange sie noch fremd erscheint, gilt sie als rein *intellektuell* bedingt; danach nimmt man sie als *gemütsmäßig* erbracht dahin; schließlich aber wirkt sie als geradezu *triebmäßig* hervorgequollen. Obgleich zu verschiedenen Zeiten verschiedene Ausdrücke für diese Aufnahmestufen angewandt werden, kehren sie doch meistens wieder, ohne daß daraus gelernt würde.

Die Erstaufführung von Glucks grandioser ›Alceste‹ wird 1776 ausgezischt, sie fällt vollkommen durch. Seine ›Armida‹ nimmt man 1777 sehr kalt auf, wie das Journal de Politique et de Littérature berichtet. La Harpe tadelt, daß die Oper allzuviel Schärfe bringe, welche sich jeden Augenblick wie in der ›Iphigenie‹ und ›Alceste‹ wiederhole. ›Armida‹ verharre geradezu in Dauergeschrei, sie wirke nicht wie eine Zauberin, sondern wie eine Hexe. Wir spüren wieder jene schneidend naturalistische Wirkung, welche anfangs vom Klassizismus ausgeht, solange er sich eben vom Hintergrunde des verbindlicheren Rokoko abhebt. Gluck antwortet der verzärtelten Zeit im Journal de Paris ausführlich. Er behauptet zusammenfassend, daß man die Klagen eines leidenden Menschen eben nicht hören wolle. Armand läßt nach der fünften Aufführung der ›Alceste‹ einen Aufsatz, »La Soirée perdue à l'Opéra«, erscheinen, in dem sich Freund und Gegner streiten. Letzterer meint, Gluck habe keinen Gesang, die Chöre wirkten eintönig, der Meister sei nur zweiten Ranges.

Rousseau hatte sich inzwischen von den Italienern zu Gluck bekehrt, mit jener Entwicklungsfähigkeit, die allein großen Menschen eignet. Aber er ist mit seiner Gruppe eher in der Minderzahl, wenn er im Gegenteil nun findet, daß »Gluck die Melodie aus allen Poren hervorströmt.« Ein Hauptgegner Glucks ist Marmontel. Er nennt den Meister einen »böhmischen Jongleur«. Er läßt ein »Essay sur les Révolutions de la musique en France« ausgehen und stellt fest, daß der ›Orpheus‹ in Italien nicht gefallen habe. Marmontel spielt innerhalb der Mißverstehenden die Rolle jener Leisetreter, die ebenfalls überall erscheinen, wo es Neues zu beurteilen gibt. Sie wollen es mit keiner Partei verderben und stecken voller Wenn und Aber. »Indem er (Gluck) den Ausdruck übertrieb, hat er ihn wenigstens vor einem Übermaß durch das entgegengesetzte Übermaß gerettet.« – »Sein Stil ist der römischen oder gemischten Säulenordnung zu vergleichen.« – »Man gebe ihm Nebenbuhler, dann mag er sich durch die Kraft seines Orchesters und die Heftigkeit seiner Deklamation behaupten, falls er das kann. Mögen seine Nebenbuhler sich durch ebenso leidenschaftliche und ergreifende Musik ... aber reinere und durchsichtigere (!) Harmonie hervortun.«

Die gesamte gebildete Pariser Gesellschaft bleibt dieser Probleme wegen monatelang in Erregung. »Man fragte von einem Menschen nicht mehr, ist er ein Jansenist, Molinist, ein Philosoph, ein Frömmler – man fragte, ist er ein Gluckist oder ein Piccinist, und die Antwort auf diese Frage entschied alle anderen.« Diese zeitgenössische Bemerkung bestand weitgehend zu Recht, denn in derartigen kulturellen Kampfzeiten ist es üblich, an die *weltanschaulichen* Trennungen ganz *andersartige* zu koppeln. Nach der französischen Revolution war ja sogar bestimmend, ob jemand noch den Dreispitz der konservativen Herrschaft trug oder bereits den runden, revolutionären Hut.

Schrieb der Umstrittene aber einmal etwas Leichteres wie ›Echo et Narcisse‹, so hieß es, »daß Gluck stets unterhalb der Mittelmäßigkeit sein werde, sobald er sich vom Kothurn und von den Dolchen der Tragödie entferne.« Dieses Werk erlebte ein völliges Fiasko.

Wir können zusammenfassend sagen, daß Gluck neben viel Anerkennung breitestes Mißverstehen erntete. Er gilt uns heute als Inbegriff harmonischer Gehaltenheit. Daß er als grell und übertreibend erscheinen konnte, rührt an die seltsamsten Geheimnisse menschlicher Reaktion. Es lehrt uns – was zu denken geben sollte –, daß auch für einen *klassischen* Lebenstypus die edelsten menschlichen Entkomplizierungen, falls sie sich nach einer bisher ungewohnten Richtung hinbewegen, als unharmonische Härten empfunden werden.

Biologisch gesichert erscheinende Urteile wie »einfach auf die Nerven gehend« müssen also geistesgeschichtlich vollkommen relativiert werden, wenn wir den jeweiligen Neuansätzen der Kultur nicht immer wieder in den Arm fallen wollen. Was wir »körperlich gesteckte Grenzen der Auffassung« nennen, Gesetze des Ohres, »physikalische Gegebenheiten, die nicht überschritten werden dürfen«, in

Nervenorganisationen liegende Reizgrenzen, aber auch Kunstgesetze u. s. f.: all das sind Urteilsbegründungen, die meistens aufgegeben werden müssen. Oder sie sind mit einer völlig neuen *Vorsicht* zu verwenden, falls wir die *Wandlungsgeschichte* menschlichen Lebens und künstlerischen Ausdrucks erkennen wollen, falls wir die Verstörtheiten gegenüber leisesten Reizverschiebungen, die erst nach vielen Wiederholungen assimiliert werden, verstehen lernen oder gar vermeiden wollen. Was doch unsere menschliche Aufgabe wäre.

Übergänge und Haydn

Zwischen der machtvoll schweren Schreibweise eines Bach und Händel und der neuen knapperen Durchsichtigkeit eines Haydn und Mozart liegt ein tiefer geistesgeschichtlicher Einschnitt. Wir werden die neue Art nicht nur als Verarmung bezeichnen (in bezug auf Polyphonie), sondern auch als bewußte Umbiegung des Kunstwollens (in bezug auf die neue Thematik in der neuen Sonatenform).

Über letzte zusammenfassende Ausläufer eines christlichen Pathos siegt nunmehr eine zarte, leuchtende Serenitas der Aufklärung. Es entsteht eine gesanglich vereinfachende Motivik bei fast solistischer Behandlung der Orchesterinstrumente, bei Pflege des Menuetts und Scherzos.

Dies alles aber sollte sich nach einer weiteren Generation, bei Beethoven etwa, wieder ins Tragische verdüstern: nun aber in die verweltlichte Tragik des Sturmes und Dranges geraten, wo der Einzelmensch titanenhaft und irdisch mit der Umwelt zu ringen beginnt und das dramatische Geschehen nicht mehr in Gott ruht. Weshalb denn auch die Formen Beethovens nicht mehr den allzu gesicherten, den ehernen Gleichschritt bewähren, den wir bei Bach und Händel noch empfinden.

Jene *Zwischenzone* aber, die eine rätselhafte Abneigung vor allem gegen J. S. Bach mit sich bringt, ist ein geschichtlich kurzer, aber bedeutsamer Geistesraum, von vielen Quellen her gespeist. Die ältere Erhabenheit von Bach und Händel, welche tiefsinnige Kreuzungen von jener nachklingend mittelalterlichen Metaphysik und barocken Formelementen brachte, wird durchlichtet, sachlich einfacher gestaltet, gänzlich neu gegliedert und sozusagen auf eine freundliche Erde heruntergeholt, durch folgende, zusammenwirkende, äußere Vorgänge.

Innerhalb der italienischen Oper breitet sich neben der schweren Opera seria die leichtere Schwankoper aus. In England drängt sich die Dreigroschenoper neben das dauernde Majestoso Händels. In Frankreich legt Rousseau feierlich die simultane, thematische Mehrstimmigkeit in Bann (Retournons à la nature, angewandt auf die Musik). Die Mannheimer bringen den durchsichtigen, mehrstimmigen Satz der Sonatenform, in welcher man das Ganze in einen klaren Pluralismus auseinanderlegt, im Gegensatz zum monotheistisch in sich verschränkten, älteren Formenwesen. Alles geht von verwickelterer, vielstimmiger Horizontalanordnung zur einfacheren Vertikalformung über, verbunden mit den schlichteren Möglichkeiten neuer Melodik. In den Lehrschriften mehren sich jetzt Forderungen, man müsse die Natur *nachahmen,* Forderungen, die beinah schon in die Programmusik zielen, meist aber als Loskommen von den köstlichen Komplizierungen des Barock aufgefaßt werden können. Bei Gluck ertönt verwandter Ruf von der *Antike* und ihrer »neuen« Gemessenheit her. So verschlingen sich verschiedene Ansätze zu einem einzigen Gebilde, in das auch manchmal lichte Heiterkeiten des späten Rokoko einstrahlen, das dann auflösend dem Barock seinen letzten Ernst wegnimmt; wo ferner Geßnersche Naturidyllik und bereits beginnende Empfindsamkeit zusammenklingen; wo sodann der Natürlichkeitsbegriff des englischen Gartens und die entsprechende Umstellung Shaftesburys auftaucht. Alles das möge beitragen, die Abneigung gegen die Schreibweise zu erklären, wie sie einst in Bach gegipfelt hatte, dessen Kontrapunkt nun geradezu mit dem geometrischen Zuschneiden der Natur in den Parks der älteren Epoche gleichgesetzt wird. Aus einem naturalistischer werdenden Gefühl empfinden die Neuerer (ganz im Gegensatze zu uns heute) die älteren, rückführenden, gleichsam mathematischen Regelungen der Musik nicht als Vergeistigung, sondern weit mehr als unnatürlich, als gesucht, ja manieriert.

Aber auch diese neuen *Vereinfachungen* erfuhren zunächst ihren Widerspruch. Vor allem von seiten derer, die hierin eine Verweltlichung wittern, ein Abhandenkommen des nötigen Lebensernstes. Haydn, zwar anerkannt, wird, als er seinen eigenen Stil gefunden hat, als übertrieben irdisch bezeichnet. »Ein paar Mal nahm ich mir die Freiheit, zwar nicht das Ohr, aber doch die gewöhnlichen Regeln der Lehrbücher zu beleidigen und unterschrieb die Stellen mit den Worten con licenza. Man schrie laut: ein Fehler.« Ein »humoristisches« Element wird übermäßig in Haydn gesehen, seine pastorale Entspannung als Tändeln empfunden. Nicht aber in dem biederen Sinne, wie wir das heute fühlen würden, vielmehr fast mit dem Beigeschmacke leiser Frivolität. Reichardt berichtet von der Abwehrstellung des Kaisers Josef, der doch durchaus als Kenner galt. Ihn stören die »Spässe« in Haydns Arbeiten, die volkstümlichen Bestandteile, die von der italienischen Richtung bekämpft werden. Haydn beschwert sich gelegentlich über seine altmodischen Kritiker, wie zum Beispiel in Parke's Musical Memoires zu lesen ist. Man empfindet die neue Durchsichtigkeit als Sichherablassen »zur Bequemlichkeit und dem Unvermögen des Volkes«. Das Populare nennt es Mozarts Vater. Gelegentlich wird es sogar in Kompositionen Philipp Emanuel Bachs gesehen, der ebenfalls als Auflöser der *hohen* Form erscheint. Von den Zeitgenossen wird nicht im mindesten empfunden, daß die »Volkstümlichkeit« Haydns etwas mit der gleichzeitigen Formenverknappung eines Claudius, J. H. Voß und Chodowiecki zu tun hat, also teilweise bewußtem Purismus entspringt.

Joh. Babtist Schaul (›Briefe über den Geschmack in der Musik‹) findet 1809 zwar einiges Vergnügen an Haydns Quartetten. »Allein es ist nur oberflächlich, vorüberfließend, es ist ein Vergnügen des Verstandes, willkürliche Auslegung.« (An Mozart findet er noch mehr auszusetzen.) Schiller schreibt später, von seinem gespannteren Zustand aus, über die ›Schöpfung‹: »Haydn ist ein geschickter Künstler, dem es aber an Begeisterung fehlt . . . Das Ganze ist kalt.« In der kurzen Lebensbeschreibung, die Haydn selber verfaßt, heißt es, er mußte sich »in Unterweisung der Jugend ganze 8 Jahre kummerhaft herumschleppen.« Ausdrücklich fügt er hinzu: »Durch dieses elende Brod gehen viele Genies zu Grund, da ihnen die Zeit zum studieren mangelt.« Dieser schlichte, knappe, noch niemals romantisch sehnsüchtelnde Mensch kennt bereits genau die Problematik, die unsere Arbeit ausbreitet. »Was ich bin, ist alles ein Werk der dringendsten Not.« Bezeichnend für die Frühbehandlung vieler großer Menschen ist auch, daß Haydns weniger origineller Bruder Michael weit eher eine feste Anstellung fand, obgleich er fünf Jahre jünger war.

Als Haydn beim Fürsten Esterhazy, wenn auch nicht erster, so doch zweiter Kapellmeister wird, hebt eine glückliche Epoche für sein Schaffen an. Aber Esterhazy ahnt nicht, daß man eine weltgeschichtliche Figur, ein Genie der Durchsichtigkeit vor sich hat. Der Vertrag betont ausdrücklich, daß Haydn einem Gregor Werner »subordinieret sein und von ihme dependieren« soll. Er möge »samt dene Subordinierten allezeit in Uniform und nicht nur er, Josef Haydn selbst, sauber erscheinen.« Er soll ferner »verbunden sein, solche Musikalien zu komponieren, was vor eine Hochdieselbe verlangen werde, sothane neue Komposition mit niemanden zu kommunizieren, viel weniger abschreiben zu lassen, sondern für Ihro Durchlaucht einzig und allein vorzubehalten . . .«. Der vorgesetzte erste Kapellmeister, älterem Stile huldigend, betrachtet die neuen Vereinfachungen verächtlich, nennt Haydn einen bloßen »G'sanglmacher«, einen bloßen »Modehansl«. Mit diesen beiden Ausdrücken protestiert wieder die ältere, nachbarocke Polyphonie gegen die neue, bewußt vereinfachende Sangbarkeit. Der Fürst befiehlt in einem Schreiben Haydn (diesem dauernd Tätigen!), »sich selbst emsiger als bisher auf die Komposition zu legen.« Urlaub bekam er nur schwer, selbst wenn der Fürst gar nicht in Esterhazy weilte. Die ersehnte Reise nach Italien wird ihm nie gewährt. »O könnt ich«, schreibt er an Frau von Genzinger, »nur eine Viertelstunde bei Ihro Gnaden sein, um meine *Widerwärtigkeiten* auszuschütten und von Euer Gnaden Trost einzuhauchen. Ich unterliege bei unserer dermaligen Regierung vielen Verdrießlichkeiten, welche ich aber hier mit Stillschweigen übergehen muß.« Oft weiß er nicht, ob er »Kapellmeister oder Kapelldiener« ist.

Ganz so stetig-glücklich, wie manche späteren Legenden träumen, verlief also das Leben des »sonnigen« Haydn denn doch nicht. »Mein Unglück ist nur mein Aufenthalt auf dem Lande.« – »Das größte Hindernis in allem ist der lange Aufenthalt meines Fürsten in Estoras . . . Sie können sich danach vorstellen, wie ich stets sorgen muß, Hochdenselben zu unterhalten.« Immer noch spielt Haydn (im Gegensatz zu Beethoven dann) die Rolle eines

Amüseurs. »Der arme Fürst verfiel bei Anhörung der ersten Musik über mein Favorit-Adagio in D in eine so tiefe Melancholie, daß ich zu tun hatte, ihm dieselbe durch andere Stücke wieder zu benehmen.«

Haydn aber nahm trotzdem diese Zeit positiv. »Ich konnte als Chef eines Orchesters Versuche machen, beobachten, was den Eindruck hervorbringt und was ihn schwächt, also verbessern, zusetzen, wegschneiden, wagen; ich war von der Welt abgesondert, niemand in meiner Nähe konnte mich an mir selbst irremachen und quälen, und so mußte ich original werden.« Um mit Wien in enge Verbindung zu kommen, sucht Haydn die Mitgliedschaft bei der Tonkünstler-Sozietät. Als bekannter Musiker glaubt er, um Erlassen der 300 Gulden, die ein auswärtiges Mitglied zahlen mußte, bitten zu dürfen. Statt sich diesen seltenen Mann zu sichern, verlangt man in Wien eine schriftliche Verpflichtung Haydns, der Gesellschaft stets mit Arbeiten zur Verfügung zu stehen. Er wird nicht aufgenommen, weil er dies abschlägt. Er antwortet (nun schon im Beethovenstile der folgenden Generation): »Die freien Künste und diese schöne Wissenschaft der Komposition dulden keine Handwerks-Fesseln: Frei muß das Gemüt und die Seele sein . . .«

Ein Leopold Hofmann, Kapellmeister am Stephansdom in Wien, der »(unter uns) elendig komponiert«, sucht »mich bei einer gewissen großen Welt in allen Fällen zu unterdrücken.« Besonders die Welschen bleiben gegen Haydn.

Die Hauptverkennung Haydns aber lag in dichtester Nähe, nämlich in seinem Eheweib. »Ihr ist es gleichgültig, ob ihr Mann ein Schuster oder ein Künstler ist.« – »Mein Weib befindet sich schlecht und ist immer in derselben üblen Laune, aber ich nehme schon gar keine Notiz davon.« Er spekuliert geradezu auf ihren Tod. »Endlich wird diese Plage doch auch ein Ende nehmen.« »Bestia infernale« nennt er sie in einem Brief ganz ruhig. Er, der Stille, Objektive, Wohlwollende.

Seine Messen fand man zu heiter, zu jubilierend. Er antwortet mit dem bekannten Satze, der rührend den optimistischen Deismus des 18. Jahrhunderts offenbart: »Da mir Gott ein fröhlich Herz gegeben hat, so wird er mirs schon verzeihen, wenn ich ihm *fröhlich* diene.«

Auch der kaiserliche Hof zeigt zuerst wenig Verständnis für den neuen, durch Haydn vertretenen »Purismus«. Auf Mozart bezogen schreibt Haydn: »Prag soll den teuren Mann festhalten – aber auch belohnen; denn ohne dieses ist die Geschichte großer Genien traurig und gibt der Nachwelt wenig Aufmunterung zu fernerem Bestreben; weswegen leider soviel hoffnungsvolle Geister darniederliegen.« Noch immer fühlte sich Haydn gelegentlich selber umstritten. »Mich wundert nur, daß die sonst so vernünftigen Herren Berliner in ihrer Kritik über neue Stücke kein Medium haben, da sie mich in einer Wochenschrift bis in die Sterne erheben, in der andern 60 Klafter tief in die Erde schlagen.« Immer wieder mal gilt seine ungewohnt stille Prägung sogar als gesucht, ja bizarr. Man muß sich auch anderweitig über »jenen sonst verdienten Mann wundern, wenn er mit Seekrebsscheren mitten in der Musik das widrige Froschquaken nachahmen will und anderswo die Musik mit

Schellen und obligaten Hetzpeitschen verzerrt. Dergleichen schöne Sächelchen gehören zum musikalischen Possenspiel, woran kein vernünftiger Mann Geschmack findet.« (Hamburger Unterhaltung)

»Wie süß schmeckt doch eine gewisse Freiheit«, schrieb Haydn aus England. Trotz großer Anerkennung aber stellt man ihn in einer Pressefehde als alten, schwachen Mann hin, der nicht mehr imstande sei, etwas zu schaffen. Als Haydn den Geiger Giardini kennenlernen will, sagt dieser, ganz auf die Italiener eingestellt: »Ich mag den deutschen Hund nicht leiden.« Noch in hohem Alter meldet Haydn zurückschauend: »Ich war von Jugend auf dem Neide ausgesetzt, wundre mich demnach nicht, wenn man auch dermalen mein weniges Talent genug zu unterdrücken sucht, allein der Obere ist meine Stütze. Daß ich auch in London eine Menge Neider habe, ist ganz gewiß und ich kenne sie beinahe alle. Die meisten davon sind Welsche.« Der Public Advertiser zeigt, daß auch die Wirkung dieses Begünstigten »nicht so ungetrübt verlief: Haydn und Pleyel sind diese Saison aufeinandergehetzt und beide Parteien sind heftige Gegner.« Übrigens waren diesem wahrhaft Gelassenen die Urteile über sich selber gar nicht gleichgültig. Noch im erfolgreichen Alter freut es ihn sehr, »daß Beethoven so günstig über ihn urteile, denn er beschuldigt diesen eines großen Stolzes gegen ihn« (Bericht von Griesinger). – Alle Befehdungen, die wir hier anführten, mögen aber in die Feststellung ausmünden, daß Haydns langes Dasein viel Erfolg erlebte, hier also *das Verkennungsproblem nur wenig aktuell wird.*

Mozart

Während Bach, Händel, Gluck, Haydn ihre bleibenden Werke erst nach dem vierzigsten Lebensjahr schufen, erbringt Mozart ganz früh, innerhalb der winzigen Zeitspanne seines kurzen Erdendaseins, eine umfassende Verbindung beinahe aller Errungenschaften jener Vorläufer. Er ist bekanntlich gleicherweise wichtig in der Sinfonie und im oratorischen Stil, in der Kirchen- und Kammermusik, vor allem aber in der Oper. Die Menschheit bewundert ihn seit mehr als hundert Jahren als denjenigen Meister, der mit einem Minimum von Mitteln ein gestrafftes Maximum von innerer Wirkung erreichte, immer kristallklar in der Melodie, Verarbeitung und Orchestrierung bleibend. Mozart überträgt den Gehalt der ernsten Oper in die bisher niedere Gattung der Opera buffa. Er leitet der Schönheit der Menschenstimmen eine gleichbetonte Lebhaftigkeit des Orchesters zu und wechselt aus dem Getragenen so oft als möglich ins Schnell-Lebendige hinüber.

Schon diese Neuerungen – von anderen ganz zu schweigen – genügten, um ihm Befehdungen von seiten verblüffter Zeitgenossen zuzuführen. An den

Folgen ist er vielleicht gestorben. Muß man sich doch klarmachen, daß durch die Zurücksetzungen seiner reifen Werke eine dauernde, innere Lebenshetze entstand, mit Nebenbeschäftigungen, die vielleicht daran schuld waren, seinen von Haus aus ganz nervösen, überzarten, kleinen Körper allzuschnell zu verbrennen.

Die frühen ›Kenner‹ beklagten sich über den »Pomp mit Instrumenten«. Und er galt als größerer »Instrumental- denn als Singekomponist«, wie das z. B. Reichardt formuliert. Auch die Grazien (meinte dieser) hätten Mozart gefehlt (!). Bezeichnende Mißurteile gegenüber allem Neuen. Grazie ist ein geistesgeschichtlich schwankender Begriff, andererseits etwas so durchgehend Selbstverständliches, Müheloses, daß sich ihr Erlebnis niemals gegenüber *neuen* Stilen einstellt, deren Ungewohntes immer ja zunächst mit Mühewaltung, mit Gesuchtheiten verwoben scheint. Erst als Beethovens schwere, dämonische Musik erklingt, wird Mozart (und auch damals nur von Wenigen) als Meister des Graziösen empfunden. Aber auch Beethovens Contra hätte jene Umstellung noch nicht erbracht, wenn nicht inzwischen einige Zeit verflossen wäre.

Gehen wir aber den Empfang seiner Arbeiten durch. Als er kaum über 7 Jahre alt ist, also seinen eigentlichen Stil noch gar nicht gefunden hat, erscheinen bereits abstechende Wirkungen. »Ein Andante ist dabei von einem ganz sonderbaren gout«, notiert der Vater erstaunt. Als Mozart 1764-65 in London weilt, wird er, wie schon in Paris zuvor, glanzvoll als Klavierspieler empfangen. Aber das Interesse läßt schnell nach, so daß man ein Konzert dreimal verschieben muß, ohne daß es dann besonderen Zulauf hätte. Selbst die Privatvorstellung im Gasthof, in welchem Mozart mit seinem Vater haust, bleibt beinah leer. Die Jugendoper ›Finta semplice‹ hat 1777 in Wien große Schwierigkeiten zu überstehen. Mozarts Vater schreibt, daß »die ganze Musikhölle sich empört hat, um zu verhindern, daß man die Geschicklichkeit eines Kindes sehen soll. Unter dieser Zeit haben alle Kompositores, darunter Gluck eine Hauptperson ist, alles untergraben, um den Fortgang dieser Opera zu hindern. Die Sänger wurden aufgeredet, das Orchester aufgehetzt und alles angewendet, um die Aufführung einzustellen.« Auch eine Audienz beim Kaiser brachte Mozarts Vater nicht ans Ziel. Die Oper wurde in Wien nicht aufgeführt, nur in der Provinz, in Salzburg, kam es einige Jahre später dazu.

Bald darauf bewirbt sich Mozarts Vater für seinen Sohn um eine Stelle als Hofkapellmeister in Wien. Aber der Italiener Giuseppe Bono wird vorgezogen. Nach einer Audienz bei Maria Theresia heißt es: »Die Kaiserin war sehr gnädig mit uns, allein dies ist auch alles.« Wie leichtfertig und en passant diese Musik (wie allerdings das meiste Tönen dieser kostbaren Zeit) genommen wurde, bekundet Mozarts betonte Freude über jedes konzentrierte Hinhören. Der Graf Salern »versteht doch die Musique, denn er sagte allzeit Bravo, wo andere Kavaliere eine Prise Tabak nehmen, sich schneuzen, sich räuspern oder einen Diskurs anfangen« (während des Musizierens!).

Die frühe Oper ›Idomeneo‹ findet manche Anerkennung. Aber der alternde Sänger Raaf, mindestens so angesehen wie Mozart, verlangt immer wieder

Streichungen oder Sondereinlagen für seine Künste. Mozart berichtet ärgerlich, wie verständnislos dieser Berühmte am Komponisten vorbeiempfindet, immer nur nach den Verzierungen älteren Stiles lechzend. »Er liebt die geschnittenen Nudeln zu sehr (die Koloraturen) und sieht nicht auf die Expression.« Schon ›Idomeneo‹ muß neue, ungeahnte Wendungen gezeigt haben, denn der Flötist Becke berichtet nach Salzburg, es wäre die schönste Musik, aber alles neu und fremd (!). Das erhaltene Pressezeugnis von der Münchener Uraufführung sagt, am Wichtigsten vorübergehend: »Verfassung, Musik und Übersetzung sind Geburten von Salzburg. Die Verzierungen ... waren Meisterstücke unseres berühmten Theaterarchitekten Herrn Hofkammerrates Lorenz Quaglio.« Auch in Wien scheint diese Oper ziemlich mißachtet worden zu sein. 1767 war Vater Mozart mit dem Wunderkind zum zweitenmal nach Wien gekommen. Doch gab es große Enttäuschung für beide. Am Hofe ist man sparsam geworden, Mozart ist schließlich doch nur einer unter anderen. Die Musiker nehmen gegen ihn Stellung. Die frühe Oper, die Mozart dort im Auftrage Josefs I. schreibt, wird als Fälschung, als von Mozarts Vater stammend verdächtigt. Selbst Hasse verkennt die unversiegliche innere Fülle, wenn er nach großen Empfehlungen den üblichen Satz anfügt, der doch allein für *mittlere* Größen zutrifft: »Nur darf der Vater (der doch gerade viel zu streng verfuhr) ihn nicht zu sehr verhätscheln und durch Beräucherung mit übertriebenem Lob verziehen.« In einem zweiten Briefe erst nimmt Hasse diese Bedenken zurück. Gleich darauf hat Mozart mit der Musik zu ›König Thamos‹ eitel Unglück. Auch in München bewirbt er sich vergeblich um Anstellung.

Noch Wilhelm von Kügelgen klagt seinem Bruder: »Ein Menschenherz von Kindheit auf mit nichts als mit Musik und einer gewissen Albernheit ausgefüllt. Es macht traurig zu sehen, wie ein Mensch an allen großen Fragen der Menschheit so gleichgültig vorübergehen kann. Schrecklich, so bloß Musik zu sein wie ein Leierkasten.« 1793 noch, als Mozart bereits zwei Jahre tot ist, schreibt die Musikalische Monatsschrift folgende unglaubliche Sätze nieder: »Noch habe ich ihn von keinem gründlichen Kenner der Kunst für einen korrekten, viel weniger vollendeten Künstler halten sehen, noch weniger wird ihn der geschmackvolle Kritiker für einen in Beziehung auf Poesie richtigen und feinen Komponisten halten.« Und Cramers Magazin für Musik berichtet 1788: »Kozeluchs Arbeiten erhalten sich und finden allenthalben Eingang, dahingegen Mozarts Werke durchgehendst nicht so ganz gefallen. Wahr ist es auch, daß er einen entschiedenen Hang für das Schwere und Ungewöhnliche hat.« Der Stuttgarter Hofmusiker Schaul nennt Mozart einen musikalischen Dädalus, der »große, undurchdringliche Labyrinthe (!) zu bauen gewußt« habe und doch eine Ariadne mit rettendem Faden nicht habe finden können. »Welch ein Unterschied zwischen einem Mozart und einem Boccherini! Jener führt uns zwischen schroffen Felsen in einen stachligen (!), nur sparsam mit Blumen bestreuten Wald; dieser hingegen in lachende Gegenden mit blumigen Auen, mit klaren rieselnden Bächen, dichten Hainen bedeckt.« Der Theaterkritiker A. W. Schreiber meint in den Dramaturgischen Blättern: »Mozarts

Satz, fast immer schwer und künstlich, scheint über die Fassungskraft gewöhnlicher Dilletanten sich hinwegzuschwingen ...«

›Figaros Hochzeit‹, so viel Begeisterung sie anderswo erntet, muß bei der ersten Aufführung in Wien weit hinter der heute völlig vergessenen ›Cosa rara‹ Martins zurückstehen. Vater Mozart berichtet brieflich: »es wird viel sein, wenn er reüssiert, denn ich weiß, daß er erstaunliche Kabalen wider sich hat. Salieri mit seinem ganzen Anhange wird wieder suchen, Himmel und Erde in Bewegung zu setzen!«

Von der ›Entführung aus dem Serail‹ sagt der ›Kenner‹ Kaiser Josef II.: »Es war nichts Besonderes!« Zum Komponisten äußert er selber einschränkend: »Gewaltig viel Noten, lieber Mozart.« Das Honorar für dieses Werk beträgt 50 Dukaten. Der Herrscher hält Mozart etwa für einen mittleren Opernschreiber. Dittersdorf aber berichtet dem Kaiser, »er ist unstreitig ein Originalgenie, und ich habe bisher keinen Komponisten gefunden, der so einen erstaunlichen Reichtum an neuen Gedanken besäße.«

Wir können aus solchem Satze des beträchtlichen Dittersdorf, aus ähnlichen Aussprüchen Haydns und unseren weiteren Zitaten erschließen, wieviel *neue* Formen und Wendungen Mozart ausgeschüttet haben muß (Formen, die uns heute Selbstverständlichkeit wurden). Dittersdorf aber fügt gleich jene *Einschränkung* an, die immer auftritt, wenn sich neue Gestaltungsarten auswirken wollen: »Ich wünsche, er wäre nicht so verschwenderisch damit. Er läßt den Zuhörer nicht zu Atem kommen; denn kaum will man einem schönen Gedanken nachsinnen, so steht schon wieder ein anderer da, der den ersten verdrängt, und das geht in einem so fort, so daß man am Ende keine dieser wahren Schönheiten im Gedächtnis aufbewahren kann.« Der Kaiser meint, Mozart häufe zuviel Noten in seinen Opern, worüber vor allem die Sänger sich beklagten. Denselben Fehler habe sogar Haydn. (Noch Stendhal zog für den Stoff des ›Figaro‹ die gewichtslose Musik von Cimarosa und Fioravanti vor.)

Wüßten wir nicht, wem jene Worte gelten, wir würden sie vielleicht auf Wagner beziehen. Wir sehen wieder, wie sehr auch die *durchsichtigsten* Anreicherungen, solange sie noch ungewohnt, als Überladungen empfunden werden. Immerhin schließt der Kaiser versöhnlich, wenn er Mozarts Werke vergleicht »mit einer goldenen Tabatière, die in Paris gearbeitet, und Haydns Kompositionen mit einer detto, die in London verfertigt ist. Beide sind schön, die erste ihrer vielen geschmackvollen Verzierungen, die zweite ihrer Simplizität und ausnehmend schönen Politur wegen.« Vergeblich aber wendet sich Mozart an Josefs Nachfolger Leopold für die zweite Kapellmeisterstelle, und um den Prinzen Klavierunterricht geben zu dürfen.

Wie sehr man sich von der gelehrten Schreibweise etwa Bachs entfernt hatte, zeigt folgender zeitgenössischer Ausspruch Mozarts, den Michael O'Kellys berichtet: »Melodie ist das Wesen der Musik. Ein guter Melodiker ist einem edlen Rennpferd zu vergleichen, die Kontrapunktiker aber sind Arbeitsgäulen gleichzuachten.« Diese Entgegenstellung entspricht kunstgeschichtlich dem Unterschiede vom reichverzahnenden Barock auf der einen und dem planer geschichteten Louis-seize auf der anderen Seite. Vor allem aber jener ausgekosteten Welt, der man überdrüssig zu werden beginnt, im Gegensatz zu einer neuen, die eben erst hervortritt. Selbst Mozarts doch reichlich leicht beschwingte Frau will Fugen hören, weil sie sich eben mehr dem *älteren* Geschmack zurechnet. »So fragte sie mich, ob ich noch keine aufgeschrieben hätte. Und als ich ihr nein sagte, so zankte sie mich recht sehr, daß ich das Künstlichste und Schönste in der Musik nicht schreiben wollte.«

Mit den Verlegern geht es mäßig. Mozart muß möglichst selber stechen lassen. André in Offenbach, den er persönlich aufsucht, zeigt sich bei Lebzeiten ebenso abweisend wie Breitkopf in Leipzig. Wie sehr Mozart mitten im Strome stilgeschichtlicher *Wandlungen* treibt, empfindet er manchmal. Um Kompositionen seines Vaters zu schonen, sagt er ihm freundlich, er wisse genau, »daß sich der Gusto immer ändert und sich die Veränderung des Gusto sogar bis auf die Kirchenmusik erstreckt hat.«

Es ist bekannt genug, wie ruchlos der Erzbischof von Salzburg Mozarts Bedeutung verkennt, wie er den jungen Könner geradezu verächtlich behandelt. »Ich sei der liederlichste Bursch, den er kenne . . . Er rate mir noch heute, wegzugehen . . ., hieß mich Lump, Lausbub, Fratz etc.« Man weiß, daß es sogar zu körperlicher Mißhandlung kam. »Was glauben Sie«, schreibt Mozart, »wenn ich . . . eine Akademie für mich gäbe, was ich da nicht machen würde? – Allein unser Erzlümmel erlaubt es nicht . . .« Als der Erzbischof dann endlich einen Mozartabend zuläßt, nennt der Komponist das eine ›Scheißmusik‹, die ihn nur darum gebracht habe, bei Gräfin Thun am gleichen Abend dem *Kaiser* vorspielen zu können. Es kommt schließlich zu dem bekannten Brief: »Ich hasse den Erzbischof bis zur Raserei.«

Als Mozart mit seiner Mutter wieder in Paris weilt, möglichst, um nun als Komponist hervorzutreten, wird er dort fast völlig übersehen. Man ist jetzt vom Streite zwischen Gluck und Piccini bewegt, also von der älteren Generation. Man achtet, ja bewundert Mozart als Klavierspieler von seinem früheren Pariser Aufenthalt her, aber als Komponist ist er durchaus umstritten. Le Gros, Leiter des Concert Spirituel, versucht eine neue Sinfonie zu bekommen, obgleich er die früher abgelieferte symphonie concertante überhaupt nicht hat spielen lassen. Bezeichnend ist weiterhin, daß Le Gros von einem Andante behauptet, Mozart moduliere zuviel von einer Tonart in die andere hinüber. Gerade hierdurch aber bekam Mozarts sonst aufs straffste durchgehaltene Form ja ihren geheimen Reichtum, mit dem sie über Haydn weit hinausging. »Mir ist weder kalt noch warm, ich habe an nichts Freude«, schreibt er aus Paris. Bei Aufführung eines Balletts, das er für die Pariser komponiert, taucht nicht einmal sein Name auf. In bittere Not gerät er in dieser Weltstadt. Eine sorgfältig zusammengestellte Gönnerliste des Vaters erweist sich als ziemlich ergebnislos. »Die Leute machen halt Komplimenten und dann ists aus«, antwortete er dem Vater. Bei der Duchesse de Chabot muß er stundenlang im eiskalten Zimmer warten, darf dann auf einem »miserabeln, elenden Pianoforte mehr für Sesseln und Mauern« spielen, da die wenigen Anwesenden um einen großen Tisch sitzen und zeichnen, die Musik überhaupt kaum bemerken. Ohnmächtig, etwas Dramatisches in Paris aufführen zu können, notiert er erregt: »Wenn ich mir öfters vorstelle, daß es richtig ist mit meiner Opera, so empfinde ich ein ganzes Feuer in meinem Leibe und Zittern in Händen und Füßen vor Begierde, den Franzosen immer mehr den Teutschen kennen, schätzen und fürchten zu lernen.«

Die Söhne des großen Stamitz tut Mozart als »elende Notenschmierer und Spieler, Säufer und Hurer« ab. Neue literarische Regungen verkennt er selber aufs gründlichste. Bei Voltaires Tod schreibt er aus Paris nach Hause – triumphierend und sehr rückständig –, daß »der gottlose und Erzspitzbube Voltaire sozusagen wie ein Hund, wie ein Vieh krepiert ist. Das ist der Lohn!« Vor allem mißachtet er, selber verkennend, ganz hingegeben der Musik und anderen Geistesregungen wenig offen, die neuen Töne Lessings, Klopstocks, Goethes, Schillers. Nur zu Wieland, diesem milden Übergangsmeister, hat er einige innere Beziehung.

»Wenn hier ein Ort wäre, wo die Leute Ohren hätten, Herz zum Empfinden, und nur ein wenig etwas von der Musik verständen, und Gusto hätten, so würde ich von Herzen zu allen diesen Sachen lachen. Aber so bin ich unter lauter Viechern und Bestien, was die Musik anlangt.« (1778) Auch der Pariser Gönner Grimm scheint Mozart allmählich immer mehr mißzuverstehen. »Er hat wollen, ich soll immer zum Piccini laufen.«

Wie groß die Spannung zwischen den üblichen Kompositionen und den Neuerungen Mozarts ist, zeigt eine fesselnde Mitteilung seiner Frau (die übrigens eitel, herrisch, unhäuslich war und bis kurz vor seinem Tod kaum wußte, wen sie eigentlich neben sich hatte, wenn sie ihn Nächte hindurch fürs Brot arbeiten ließ): »Die Quartette hatten hier und da ein sonderbares Schicksal. Als der verstorbene Artaria sie nach Italien geschickt hatte, erhielt er sie zurück, weil der Stich gar so fehlerhaft wäre. Man hielt nämlich die vielen fremden Akkorde und Dissonanzen für Stichfehler.« Im Norden erging es so neuartigen Mozartwerken gelegentlich nicht besser. »Der verstorbene Fürst Grassalkowich z. B. ließ einst dieselben Quartette von einigen Spielern seiner Kapelle ausführen. Einmal über das andere rief er, sie spielen nicht recht, und als man ihn vom Gegenteil überzeugte, zerriß er die Noten auf der Stelle.« Noch Oulibischef und Fetis glaubten im kühnen Adagio des C dur Quartetts an Druckfehler. Die Wiener Zeitung schreibt 1787 über die Haydn gewidmeten Quartette, es sei bedauerlich, daß Mozart, nur um neuartig zu sein, sich »zu hoch versteigt«. – »Wobei freilich Empfindung und Herz wenig gewinnen. Seine neuen Quartette sind doch wohl zu stark gewürzt. Und welcher Gaumen kann das lange genug aushalten?«

Welche Warnung an das Gewohnheitstier im Menschen liegt doch in solchem Fehlurteil! Wie milde findet der europäische Gaumen heute jene angeblich »überwürzte« Speise. Wie töricht immer wieder das Erschrecken auch vor kleinsten geschichtlichen Wandlungen in allen kulturellen Kochbüchern der Menschheit! Wie riesig erscheint aus naher Sicht heraus immer wieder solche Änderung, wie sie hier zwischen Haydn und Mozart stattgefunden hat. Vermutlich werden auch die Entwicklungsschritte *moderner* Kunst erst später einmal klein erscheinen.

Aber der konservative Italiener Sarti meint von Mozart, ein Barbar ohne Gehör lasse es sich hier einfallen, Musik zu machen. Als Mozart in Frankfurt 1790 vor einem verdienten Organisten älterer Schule improvisiert, stößt ihn dieser von der Orgelbank und schreit: »Das will ein berühmter Mann sein und macht so grobe Verstöße gegen den reinen Satz.« Begreiflich wird es da, wenn der Zeitgenosse Rochlitz berichtet: »Einwendungen, auch Tadel ließ Mozart sich gern gefallen; nur gegen eine einzige Art desselben war er sehr empfindlich, und zwar gegen die, welche ihm gerade am öftesten gemacht wurde – Tadel wegen allzu feurigen Geistes, wegen allzu ausschweifender Phantasie.«

Als die ›Entführung aus dem Serail‹ entstanden war, erschien 1782 in der Leipziger Zeitung eine Erklärung: »Ein gewisser Mensch namens Mozart in Wien hat sich erdreistet, mein Drama Belmont und Constanze zu einem Operntext zu mißbrauchen. Ich protestiere hiermit feierlichst . . .« Nach der zweiten Aufführung berichtet Mozart: »Könnten Sie wohl vermuten, daß gestern noch eine stärkere Kabale war als am ersten Abend?« Das Hofkassenamt in Wien notiert die klägliche Bezahlung von 100 Dukaten. Das Werk war aber in Wien durchaus nicht übel aufgenommen worden. Daß freilich auch gezischt wurde, können wir heute schwer verstehen. Schon 1783 erschien die ›Entführung‹ in Prag mit beträchtlichem Erfolg. Der Augenzeuge Niemetscheck berichtet aber: »Alles staunte über die neuen Harmonien, über die originellen, bisher unerhörten Sätze der Blasinstrumente.«

Mozarts Möglichkeit, zu sicherndem Ansehen, ja Rang und Einkommen zu gelangen, wurde immer geringer, je mehr er in seinen Werken reifte. Seine Einnahme aus Subskriptionskonzerten, seine Mitwirkung bei Hausmusiken wurde immer unregelmäßiger. Auch sein früheres, großes Ansehen als Virtuose schwand. Mozart ist aus der Not eigentlich niemals herausgekommen (vergleiche besonders seine trostlosen Bettelbriefe an Puchberg). Auch die ehrenvollsten Akademien und Konzerte bringen ihm oft weniger als einer Tagesgröße ein. Dauernd muß er borgen oder mit dem Leihhaus verkehren, trotz der Privatstunden, mit denen er sich abhetzt. Beinah verhungert ist dieser planlos Überbürdete am Ende seines Lebens. Die wirre Bohèmewirtschaft in seinem unruhigen Hause, das Kränkeln Constanzes (immer wieder neue Geburten), der drückende, verhaßte Broterwerb, alles zehrt an Mozarts Gesundheit. Nach England kann er nicht fahren, weil sein Vater sich weigert, die Kinder zu übernehmen.

Die großen Erfolge des ›Don Giovanni‹ in Prag wiegen alle diese Hemmungen kaum auf. Über die Wiener Wiedergabe dieser Oper berichtet der Textdichter Lorenzo da Ponte: »Die Aufführung fand statt und (darf ich es sagen) der Don Giovanni gefiel nicht. Alle außer Mozart glaubten, daß etwas fehle: wir machten Zusätze, veränderten Arien – und der Don Giovanni gefiel nicht. Und was sagte der Kaiser? Die Oper ist göttlich, sie ist vielleicht schöner als der Figaro, aber sie ist keine Speise für die Zähne meiner Wiener. – Ich erzählte das Mozart, welcher ohne Erregung erwiderte, lassen wir ihnen Zeit zum kauen.« Es ist bekannt, wie sehr sich die umstrittene Stellung Mozarts auch wirtschaftlich ausdrückte. Ein Theaterunternehmer Guardasoli zahlte ihm für den ›Don Giovanni‹ nur 100 Dukaten.

Rochlitz berichtet, wie heftig viele Kenner gegen das Werk auftraten. »Dem einen war es zu voll, dem anderen zu chaotisch (!), dem dritten zu unmelodisch, dem vierten zu ungleich gearbeitet.« Nur Haydn meinte »mit seiner gewöhnlichen Behutsamkeit: Ich kann den Streit nicht ausmachen, aber das weiß ich, daß Mozart der größte Komponist ist, den die Welt jetzt hat.« 1787 klagt Haydn weiter, es müßten »die Nationen wetteifern, ein solches Kleinod in ihren Ringmauern zu besitzen!«

Während das Publikum dem ›Don Giovanni‹ teilweise zujubelt, lehnt die Kritik (mit Bildungsnormen überlastet) ihn mehrmals ab. »So erbärmlich das Stück in Rücksicht des Endzwecks ist, um so mehr wundert man sich, daß es noch begehrt werden kann«, sagt einer der zünftigen Beurteiler. Ein anderer gibt zu, daß Mozart ungewöhnlich sei, »allein er hat wenig höhere Kultur und wenig oder vielleicht gar keinen wissenschaftlichen Geschmack!« (Musikalische Zeitung von 1793). Ein dritter Kritiker meint wieder, »daß in diesem Singspiel das Auge gesättigt, das Ohr bezaubert, die Vernunft gekränkt, die Sittsamkeit beleidigt, Tugend und Gefühl mit Füßen getreten wird. Kann man gleichgültig bleiben, wenn man drei volle Stunden Handlungen ansehen soll, von denen eine einzige schon fähig ist, den gerechten Zorn zu reizen.« Bewundert wird der ›Don Juan‹ von Bernhard Anselm Weber, dem angesehenen Hofkapellmeister. Doch fühlt auch dieser sich bemüßigt anzumerken, »daß diese Fülle von Schönheiten die Seele beinahe ermüdet und daß der Effekt des ganzen dadurch zuweilen verdunkelt wird.«

Bei Gelegenheit der Pariser Aufführung zeigt sich genau dieselbe geschichtliche Gesetzmäßigkeit: daß *neue* Reize zunächst nur in *dünner* Verteilung, nicht in normaler Streuungsdichte vertragen werden. »In Don Juan ist zuviel Musik; die außerordentliche Fülle derselben sättigt zu sehr. Die Deutschen haben größeren Appetit und einen stärkeren Magen, sie sind unersättlich in Musik und Harmonie.« Nicht über Wagner oder Bruckner, nein über Mozart wird dies ausgesagt. Die Verlagerung des hier zu spürenden Gegensatzes aus einem zeitlich-stilgeschichtlichen in einen kulturgeographischen, die Verschiebung also des Gegensatzes Haydn-Mozart in den ganz anderen französisch-deutsch, ist ebenfalls eine der beliebten Verdrängungen, die wir immer wieder finden, neuen Erscheinungen gegenüber. Nach Ablauf der nötigen Anpassungszeit erschien Mozart gerade den Franzosen gänzlich frei von einer – von ihrem kühleren Geschmack aus gesehen – allzu deutschen Struktur.

Die groteske Annahme einer Undurchsichtigkeit ausgerechnet Mozartscher Schreibweise setzt sich in anderen Beurteilungen fort. Nach der Berliner Aufführung des ›Don Giovanni‹ sagt man im Journal der Moden (1791): »Die Komposition dieses Singspiels ist schön, hier und da aber sehr künstlich, schwer und mit Instrumenten überladen.« (!) Man zog Dittersdorfs ›Doktor und Apotheker‹ dem ›Figaro‹ und ›Don Juan‹ vor, wie noch Ludwig Tieck berichtet. Ein anderer angesehener Rezensent kommt pädagogisch, nachdem er allerdings Mozart lobt. »Nicht Kunst in Überladung der Instrumente, sondern das Herz, Empfindung und Leidenschaft muß der Künstler sprechen lassen . . .Gretry, Monsigny und Philidor werden davon Beweise sein . . . Das Außerordentliche ist da, aber nicht das unnachahmlich Große! Grille, Laune, Stolz, aber nicht das Herz von Don Juans Schöpfer . . .« Im Musikalischen Wochenblatt heißt es einschränkend, allerdings nach wirklicher Anerkennung, daß Mozart »dem Zuhörer seine Kunst in ganzen Massen zuwirft, wodurch das vortreffliche Ganze beinahe unübersehbar wird.« Jakobi schreibt noch 1792 an Herder: »Wir befanden uns höchst langweilig in der gestrigen Oper; das ist ja ein unerträgliches Ding, dieser Don Juan!« In München wird das Werk als ärgerlich von der Zensur verboten, dann aber auf Allergnädigsten Spezialbefehl doch zugelassen. Noch Wilhelm Heinse berichtet – bei ehrlicher Bewunderung – mit seltsamem, ihm doch sonst fernliegendem musikalischem Purismus, vom »zweckwidrigen Pomp der Instrumente.« Der sächsische Hofkapellmeister I. G. Naumann aber nennt den viel zu kühn erscheinenden Mozart geradezu einen »Sansculotten der Musik«. Bei ›Cosi fan tutte‹ werden die »zu gesuchten Harmonien« angekreidet.

Selbst vom geteilten Empfang des unübertrefflichen Spätwerks, der ›Zauberflöte‹ – neben großen Erfolgen –, wäre mancherlei zu erzählen. Die Schwierigkeiten mit dem Textdichter lassen wir beiseite. Wir wollen nur des stattlichen Theaterzettels der Wiener Erstaufführung gedenken, welcher einfach schreibt: »Die Zauberflöte. Eine große Oper in 2 Akten von Emanuel Schikaneder.« Punktum. Nachdem alle Mitspieler, wie es noch heute üblich, aufgeführt worden, heißt es ganz unten und ganz klein (wie in einer schüchternen Anmerkung), daß die Musik von Herrn Mozart sei, welcher aus Hochachtung für ein gnädiges Publikum, aus Freundschaft für den Verfasser, das Orchester heute selber dirigieren werde. – Welche Verkehrung der Werte nun schon im typographischen Lockbild! Wenn der Geschichtsschreiber hier einwenden darf, daß derartiges im 18. Jahrhundert noch üblich ist, so wird der Fall nur um so schlimmer. Die Verkennung Mozarts wächst sich dann in eine Gesamtverkennung der gigantischen, geistesgeschichtlichen Sonderbedeutung der ganzen deutschen Musik des 18. Jahrhunderts aus.

Welche nichtachtenden Bearbeitungen (Entstellungen des Ganzen bis zur Unkenntlichkeit) mußte sich die ›Zauberflöte‹ dann gefallen lassen, z. B. in Paris. Die Mozartforschung hat festgestellt, daß man die richtige ›Zauberflöte‹ dort erst 1909 kennenlernte.

Von tiefem Mißverstehen der Bedeutung Mozarts zeugt trotz mancher Einzelanerkennung weiterhin der Umstand, daß sich der Meister noch 1791, also kurz vor seinem Tode, um seinen Schulden zu entfliehen, demütig beim Wiener Magistrat bewerben muß, um beim alten Domkapellmeister wenigstens Adjunkt zu werden, ihm »in seinem Dienste an die Hand« zu gehen. Daß sich Mozart in den letzten Jahren seines kurzen Erdendaseins dauernd von Feinden umgeben glaubt, war teilweise nur Einbildung. Denn dieser Frühentwickelte besaß wie alle, die neben ihrer Eigenschöpfung zugleich als Wiedergebende auftreten, von seinem Klavierspiel aus sinnliche Berührung mit der Menschheit, somit immer wieder größten Beifall. Aber auch bei Mozart galt die Zustimmung des Publikums mehr der bloßen *Wiedergabe*. Hinter seinen *Werken* standen die geistesgeschichtlichen Kämpfe, mit *persönlichen* Gegnerschaften nur leicht überlagert. Salieri, als einflußreicher Vertreter des älteren italienischen Opernstils der Überlieferung, war beim Kaiser in Wien in derart gesichertem Ansehen, daß man Mozart am Hofe mehr nur als interessanten Sonderfall betrachtete, den umfassender aufkommen zu lassen eine Art Experiment bedeute, ganz in jener Scheu vor Neuem, die auch bei größten Einzelerfolgen unterirdisch weiterzuwirken pflegt. Salieri stand, wie immer die jeweils ältere Überlieferung, nach dem Trägheitsgesetze menschlicher Entwicklung in so gefestigtem Rufe, daß er es gar nicht nötig hatte, gegen Mozart persönlich zu intrigieren. Mozart aber, Träger des Neuen, verfiel jener bezeichnenden Abwehrhaltung, die sich nun einzustellen pflegt: Da er sich, ganz erfüllt von seiner ungewöhnlichen Art des Komponierens, überhaupt nicht vorstellen kann, daß diese als unnatürlich empfunden wird, sieht er persönlichen Verrat, Neid und Intrigen auch da, wo sie *nicht* stattfinden. So glaubt er ernstlich gegen Ende seines Lebens (als er seinen zarten, überlasteten Körper dahinsiechen fühlt), Salieri und seine Partei hätten ihn vergiftet. Diese quälenden Vermutungen können seinen Tod beschleunigt haben. Ich erwähne dies nur, um aufzuweisen, wie rein *kunst*geschichtliche Gegensätze samt den aus ihnen hervorgehenden Verkennungserscheinungen sich über gesteigertes Mißtrauen in den schwer betroffenen *Körper* bohren können, mitarbeitend an seinem Zusammenbruch.

An der Begräbnisfeierlichkeit kann man innerhalb der *neueren* Geschichte (wenn auch ganz von außen nur) noch einmal ablesen, ob der Entschwundene – was über seinen Wert nicht das Geringste aussagt – von seiten der Umwelt als gesicherter Kulturbesitz betrachtet wurde oder ob er nur als vorübergehendes, vielleicht glanzvolles Kuriosum galt. Bei Mozart finden wir hier ein Finale von schauerlichem Trübsinn. An einem kalten, nassen Dezembertage wird sein Leichnam hinausgetragen: Die Winde heulen so rauh, daß die wenigen Freunde, die mitgezogen sind, unterwegs umkehren. In Todeseinsamkeit senkt man – da Mittel zum Ankauf einer eigenen Stätte fehlen – den Leichnam in die dunkle Erde einer Massengrube hinunter. Niemand wußte, niemand weiß noch heute, wo dieser zarte, durchgeistigte Körper seine letzte Ruhe gefunden hat.

Man überschaue zusammenfassend noch einmal die Ausdrücke der einschränkenden Beurteilung, wie wir sie hier gerade an Mozart, dem formenklarsten Meister aller Zeiten, aufwiesen. Man sollte glauben, derartige Fehlwirkungen könnten nur zustande kommen, wenn jeweils ein neues, ausladendes Barock oder gar ein übersteigernder Expressionismus auftreten. Hieß es doch, um noch einmal zusammenzufassen: zu voll – chaotisch – überladen – zu ungleichmäßig – inkorrekt – in ganzen Massen zugeworfen – künstlich – unübersehbar! Es zeigt sich also unabweislich, daß der formale, d. h. der spezifisch künstlerische Gehalt Mozartscher Werke, weil nur um ein geringes in ein Neubereich sich vorschiebend, oft überhaupt noch kaum gespürt worden war. Denn jene Abwehrausdrücke gebraucht eine enttäuschte Menschheit ja zunächst nur gegenüber dumpfer, ungestalteter Natur oder dem absoluten Chaos. Vor allem sind es Worte für das schlechthin Fremde, weshalb wir sie denn in ganz anderen Zonen der Geschichte wiederentdecken werden, fast bei jeder Umstrukturierung der Kunst-, Denk- und Lebensformen überhaupt. Wir befinden uns bei derartigen Abwehrbegriffen dann jedesmal in einer Gefahrenzone, die allein auf seiten der Aufnehmenden liegt. Sobald diese dumpfen, jammervollen *Abwehrklänge* ertönen, sollte der Lebenskünstler, der Weise, der Gerechte sein Signal auf Vorsicht stellen. Denn er hat, wie schon erörtert, höchstes Interesse daran, die Verkennungsmisere der Menschheit, welche niemals ausgerottet werden kann, wenigstens auf ein *Mindestmaß* zurückzuschrauben. Sind doch die Zeiten, in denen solche Rufe erschallen, meist die Geburtsstunden jener großen Möglichkeiten, von denen das nächste Jahrhundert leben wird.

Man möge hier nicht etwa als Trost einwenden, daß nach einigen Generationen jenen so schlecht empfangenen Gestaltern doch umgekehrt womöglich *Über*schätzung zuteil werde. Mit solcher *verspäteten* Bewunderung pflegt man ja wiederum neue, inzwischen hervorgetretene Werte zu vernichten. Außerdem werden nun nebenbei auch *Zeitgenossen* des unterdessen vergötterten Meisters dermaßen überschattet, daß sie kaum noch ins Licht treten können.

Eines der bezeichnenden Schicksale erscheint sogar innerhalb der eigenen Familie Mozarts. Sein zweiter Sohn, Franz Xaver Wolfgang, körperliches Ebenbild seines genialen Vaters, bringt es zu leidlichem Ansehen als Klavierspieler und Komponist. Indem er nun aber in Rückerinnerungen an seinen Vater schwelgt, mißachtet, ja befehdet er den *neuen* Stil, der sich inzwischen gebildet hat. Er lästert nunmehr Beethoven, Schubert, Weber ganz gewaltig.

Eine spätere Heroisierung Mozarts wurde dann dazu benutzt, um aufs gründlichste diejenigen Regungen abzudecken, die mit Berlioz, Liszt und Wagner ans Licht wollten. Aber auch der andere bezeichnende Fall ereignet sich von Mozart aus. Teile seines Requiems, die von seinem Freund und Schüler Süßmayer stammten, der es zu vollenden hatte, wurden – wie das Benedictus – hochgepriesen, ohne daß diesem Komponisten jetzt auch nur der geringste Nebenruhm gegönnt wurde.

Ob jene verspätete, fast übersteigernde Umkehrung des Urteils, die wie betonte Wiedergutmachung aussieht, eine dauernd wiederkehrende Erscheinung darstellt oder nur vom Individualismus und Denkmalkult des 19. Jahrhunderts getragen war, muß abgewartet werden. Es ist möglich, daß einem späteren Jahrhundert das Gesamtniveau einer vergangenen Zeit einige Grade gleichmäßiger erscheinen wird, als dies dem 19. Jahrhundert und seiner Forschung vorkam, welche das seltene *Einzelindividuum* in seiner Heroisierung suchte, wenngleich meist jämmerlich verspätet.

Beethoven

Beethoven erfüllt die musikalischen Formen seiner Zeit mit neuem, machtvoll ausladendem Gehalt. In anderen Künsten, besonders in der Malerei und Plastik, ist das gefestigte Endergebnis jener Zusammenziehungen, wie wir sie entgegen dem Barock etwa im Stile Louis-seize finden, um 1800 ein gehaltener Klassizismus. Innerhalb der Musikgeschichte aber bricht mit Beethoven gegen 1800 alles wieder kraftgeladen auseinander. Obgleich dies schon in Philipp Emanuel Bach, auch in Spätwerken von Haydn und Mozart, leise und wie von ferne geistert, erbringt der reife Beethoven eine völlig neue Gegensatzfülle und Kontrastspannung, in harmonischer, rhythmischer und orchestraler Hinsicht. Wir können uns die abstechende Kraft der neuen Formengebung heute nicht mehr groß genug vorstellen, heute, wo diese Möglichkeiten zur bewegten Selbstverständlichkeit geworden sind.

Wir finden, wenn wir dem Empfange Beethovens nachspüren, ein seltsames Doppelgeschehen. Einerseits wird er enorm gelästert, andererseits von einer kleinen Gruppe damals sehr moderner Kenner geradezu in den Himmel gehoben. Diese Bewunderung wird wie bei Mozart durch zwei sinnlich-dynamische Formen des persönlichen Hervortretens ermöglicht, wie sie den Malern oder Bildhauern nie gegeben sind: Auch Beethoven erschien schon früh als *Klaviervirtuose* und zwar durchaus hohen Ranges, wenn auch in seiner eigenen, rauhen Art. Ferner improvisierte und variierte er nach aufgegebenen Themen in so bewegender Weise, daß man geradezu behauptete, seine bedeutendsten Hervorbringungen seien überhaupt nicht aufgeschrieben worden. Das *Prozeßhafte* solchen Geschehens, wo man ein Kunstwerk in statu nascendi empfinden darf, pflegt auch diejenigen dunkel hinzureißen, die neuartigen Formen sonst störrisch gegenübertreten.

So ist denn Beethoven nach seinem Einzug in Wien bald anerkannt, ja, in gewissen kleinen Kreisen beinahe Mode, bis man, der Akzenthäufungen müde, zurücksinkt in den weit bequemeren Trott der Cherubini und Rossini, die Beethovens späteres Dasein überschatten. Noch bei seinen Lebzeiten scheint er an manchen Stellen beinah vergessen, wie eine inzwischen erledigte Mode oder ein anregender, aber schnell beiseite geschobener Ismus. Wir erinnern an den erschütternden Bericht Rossinis, der tiefbewegt vom älteren, einsam und ärmlich hausenden, verbitterten Sonderling Abschied nimmt, während ganz Wien entspannt dem Italiener zujubelt.

Wenn man Beethovens Stil aus einer der geistesgeschichtlichen Richtungen jener Zeit verstehen will, der Richtungen, die damals (ganz wie die Ismen der Malerei von gestern) überschnell an der Kulturmenschheit vorüberrauschten, so wird man ihn nicht der Empfindsamkeit, nicht dem Klassizismus, nicht der Romantik zuordnen, sondern am ehesten dem Sturm und Drang mit seinem Neuaufkommen shakespearischer Wucht. Vielleicht ist Beethoven der einzige, der damals solchen gegensatzkräftigen Formen eine menschlich bedeutsame, überdauernde Prägung verlieh. Auch sein Äußeres, sein geradezu brüskierendes Auftreten entspricht jenem dämonischen Stil, wie er dann weit ins 19. Jahrhundert hinein (wenn auch nunmehr veräußerlicht) »Vorbild des Künstlers schlechthin«, vor allem aber des sich wandelnden Geniebegriffes wurde. Erregend übrigens, wie gerade *diese* Lebens- und Empfindungsweise sich trotzig auf dem Boden der älteren eleganten Wiener Adelskaste erhob, die ja die soziologische Grundlage der Wirksamkeit Beethovens geworden war, selber ihrer alten Überlieferungen müde und neuen Regungen zugewandt. Für eine Deutung seiner Kunst aus der Frühromantik war Beethovens Formenwelt zu tathaft männlich, obgleich später auch Einschläge dieser weltschmerzlichen Zone zu verspüren sind.

Für eine Wirkungsgeschichte, wie wir sie in diesem Buche immer nur ausbreiten wollen, sind die großen, voll *zustimmenden* Früherkenntnisse vor allem Bettinas und E. T. A. Hoffmanns, schließlich auch J. B. Rousseaus wichtig, die Beethoven alle noch erlebte. Trotzdem war die Luft um ihn mit Mißverstehen geradezu geladen.

Die geschultesten Kritiker seiner Zeit geraten aus dem Gleichgewicht und stolpern über das Neue seiner Empfindungs- und Ausdrucksweise. Die Allgemeine Musikalische Zeitung berichtet 1800, daß Beethoven Bedeutendes leisten könnte, »wenn er immer mehr natürlich als gesucht schreiben wollte.« »Daß Herr von Beethoven ein fertiger Klavierspieler ist, ist bekannt ... Ob er ein ebenso glücklicher Tonsetzer sei, ist eine Frage, weil er sich z. B. in der Modulation Rückungen und Härten erlaubt, die nichts weniger als schön sind ... Ich mag dergleichen Übergänge ansehen und anhören wie ich will, sie sind und bleiben platt, und sie sind und bleiben es desto mehr, je angekündigter sie sein sollen ...« Die gleiche Zeitschrift nennt die Sonaten, und zwar die verhältnismäßig frühen (!) »mit seltenen Schwierigkeiten überladen« ... »durch feindliche Verhaue alle Augenblicke aufgehalten.« Nicht etwa eine beliebige Stimme aus dem Publikum, sondern ein angesehener Kenner fährt fort: »Was ist das für ein bizarrer mühseliger Gang! Gelehrt, gelehrt und immerfort gelehrt und keine Natur, kein Gesang ...« »Eine Sträubigkeit, für die man wenig Interesse fühlt, ein Suchen nach seltener Modulation, ein Ekeltun gegen gewöhnliche Verbindungen, ein Anhäufen von Schwierigkeit auf Schwierigkeit, daß man alle Geduld und Freude verliert ...« – »Wie sind sie steif und gesucht und welche unangenehmen Stellen darin, wo harte Tiraden in fortlaufend halben Tönen gegen den Baß ein häßliches Verhältnis machen und umgekehrt ...«

Der Musiker Tomascheck ist großer Bewunderer, doch kommen auch ihm (1798) sofort gewichtige Bedenken gegen den Formenreichtum, den wir inzwischen längst zur Einheit zusammenhören. Es »entgingen mir nicht seine öfteren kühnen Absprünge von einem Motiv zum anderen, wodurch dann die organische Verbindung, eine allmähliche Ideenentwicklung aufgegeben wird. Nicht selten wird der unbefangene Zuhörer ... gewaltsam aus seiner überseligen Stimmung herausgeworfen. Das Sonderbare und Originelle schien ihm bei der Komposition die Hauptsache zu sein; auch bestätigt es seine Antwort hinlänglich, die er einer Dame gab, als sie ihn frug, ob er Mozarts Opern öfters besuche: er kenne sie nicht und höre auch nicht gern fremde Musik, da er seine Originalität nicht einbüßen will.«

Wir sehen hieraus erstens, wieviel Gegensatzspannungen Beethoven in die Musik gebracht haben muß, die weit gleichmäßigere Verläufe liebte und der die neue, jähe Leidenschaftlichkeit deshalb verdächtig vorkam. Wir sehen ferner, wie sich der bezeichnende Argwohn auch in höchste Bewunderer einschleicht, der übliche Argwohn: daß hier wieder einmal nicht aus vertiefender Notwendigkeit geschaffen sei, sondern pour épater le bourgeois, was beinah jeder ältere Stil vom neuen meint.

Auch der ruhige Czerny bekennt in seinen Erinnerungen: »in jener Zeit wurden Beethovens Kompositionen vom größeren Publikum gänzlich verkannt und von allen Anhängern der älteren Mozart-Haydnschen Schule mit größter Bitterkeit bekämpft.« In solchen Verkennungsfällen bilden sich jene Lager, die uns später als höchst ungleichwertig vorkommen, den Zeitgenossen aber als sich die Waage haltend erscheinen, weil immer den *älteren,* schon erprobten Formen ein größeres Gewicht und allem Neuen gern der bloße Leichtsinn zugeordnet wird. Czerny berichtet von zwei Parteien, »welche einander mit aller Macht anfeindeten. Hummels Anhänger warfen dem Beethoven vor, daß er das Fortepiano malträtiere, daß ihm alle Reinheit und Deutlichkeit mangele, daß er durch den Gebrauch des Pedals nur konfusen Lärm hervorbringe, und daß seine Kompositionen gesucht, unnatürlich, melodielos und überdem unregelmäßig seien. Dagegen behaupteten die Beethovenisten, Hummel ermangele aller echten Phantasie, sein Spiel sei monoton wie ein Leierkasten, die Haltung seiner Finger sei kreuzspinnenartig, und seine Kompositionen seien bloße Bearbeitungen Mozartscher und Haydnscher Motive.« Die Hummelrichtung galt natürlich als der *ewigen* Musik angehörig, die Beethovensche als eine nur *experimentierende.* Wer damals anders urteilte, hieß modisch, unbeständig, neuerungssüchtig, während er doch gerade das ›ewige‹ vertrat. Man beachte aufs genaueste diesen immer wiederkehrenden Umstand innerhalb der Geschichte menschlichen Urteilsvermögens.

1803 schreibt Beethoven an Breitkopf und Härtel und beklagt sich bitter über eine Kritik, »wo so derb über die Preise, die ich gemacht, gelogen wird und ich so infamiter behandelt bin«. »Wie abscheulich, wie niedrig erlaubt man sich über uns herzufallen . . .« Der Beurteiler hatte in der Allgemeinen Musikalischen Zeitung zum ›Christus am Ölberg‹ angemerkt: »Ich wünsche aufrichtig, daß er (Beethoven) den Kasseninhalt bei dem 2. Versuche ebenso ergiebig, vonseiten der Komposition aber mehr Charakterisierung und einen besser überdachten Plan haben möge.«

1807 richtet Beethoven ein Gesuch an die Wiener Hoftheaterleitung, worin er um feste Anstellung bittet, erhält aber überhaupt keine Antwort. Etwas später brummt er brieflich gegenüber Breitkopf und Härtel, daß diese in ihrem Organ »so schändlich rezensieren lassen.« Das Streichquartett in Es dur, opus 62, war äußerst zweiflerisch besprochen worden. Im gleichen Jahre (1811) startet er weitere Entrüstung gegen diese Verleger. »Es ist mir leid, Ihnen nur ein Wort über die elende Rezension geschrieben zu haben. Wer kann nach solchen Rezensenten fragen, wenn er sieht, wie die elendsten Sudler in die Höhe von solchen elenden Rezensenten gehoben werden ...« Rochlitz hatte einen Chor in Beethovens Oratorium komisch gefunden. Sulpiz Boisserée berichtet 1811, daß Goethe über Runges und Beethovens energische Zeichnung gesagt habe: »Es ist nicht anders möglich, was so auf der Kippe steht, muß sterben oder verrückt werden, da ist keine Gnade.«

1812 schreibt Zelter an Goethe: »Auch ich bewundere ihn mit Schrecken. Seine eigenen Werke scheinen ihm heimliches Grauen zu verursachen, eine Empfindung, die in der neuen Kultur viel zu leicht beseitigt wird ... Das letzte mir bekannt gewordene Werk (Christus am Ölberg) kommt mir vor wie eine Unkeuschheit, deren Grund und Ziel ein ewiger Tod ist.« Zelter findet Beethoven zunächst pervers und seine Anhänger wie die »der griechischen Liebe. Wie wohl man sich dabei befinden kann, läßt sich begreifen, und was daraus entstehen kann, haben Sie in der Wahlverwandtschaft deutlich genug gezeigt.« – Man beachte die Regungen: Grauen, Unkeuschheit, Tod, Perversität. Es sind bezeichnende Vergrößerungen eines bloßen (vorläufigen) Fremdgefühls gegenüber jeder *neuen* Form des Dämonischen.

Schon 1804 behauptet man von der ›Eroica‹: »Es fehlt ihr gar nicht an schönen und frappanten Stellen ... sehr oft aber scheint sie sich ganz ins Regellose zu verlieren. Der Schreiber gehört gewiß zu Beethovens aufrichtigsten Verehrern, aber bei dieser Arbeit muß er doch gestehen, des Grellen und Bizarren allzuviel zu finden, wodurch die Übersicht allzu sehr erschwert wird und die Einheit beinah ganz verloren geht.« Kotzebue, durchaus ein ›Kenner‹, schreibt 1802 über die ›Eroica‹ (im Freimütigen), daß er – was man immer, weise thronend über Neuem, mitteilt – weder zu den blind Begeisterten, noch zu den Hassern rechne; daß aber der Zusammenhang oft ganz zerrissen erscheine. Er fürchtet, »wenn B. auf diesem Wege fortwandelt, so werde er und das Publikum übel dabei fahren. Die Musik könne bald dahinkommen, daß jeder, der nicht genau mit den Regeln und Schwierigkeiten vertraut ist, schlechterdings gar keinen Genuß bei ihr finde, sondern durch eine Menge unzusammenhängender und überhäufter Ideen und einen fortwährenden Tumult aller Instrumente zu Boden gedrückt, nur mit einem unangenehmen Gefühl der Ermattung den Konzertsaal verlasse.«

Die bekannte Stelle des ersten Satzes der ›Eroica‹, wo in den Sekund-Akkord der Geigen plötzlich der machtvolle Schritt des Dreiklangthemas wieder einfällt, erscheint damals den Hörern derart seltsam, daß sie glauben, der Hornist habe an der falschen Stelle eingesetzt. Bei der ersten Probe, neben Beethoven stehend, schreit Ries (wirklicher Kenner und einer der intimsten Freunde Beethovens!) laut auf: »Der verdammte Hornist! Kann er nicht zählen? Es klingt ja infam falsch! – (Ich glaube, ich war sehr nahe daran, eine Ohrfeige zu erhalten. Beethoven hat es mir lange nicht verziehen)«. So berichtet Ries selber. Man sieht, wie groß selbst für die Eingeweihten und nächsten Freunde anfänglich jene Anforderungen waren, die Beethovens Werke rhythmisch und harmonisch stellten. Noch 1822 sagt das Niederrheinische Unterhaltungsblatt, daß von der vierten Sinfonie soeben ein Kenner geschrieben habe, »daß sie mehr Schwulst als Fülle enthalte.« Sonst urteilt die zeitgenössische rheinische Presse verhältnismäßig günstig, oft im Gegensatz zu Wien. Sowie ein Bedeutender seine Heimat verläßt, beginnt ja der Lokalpatriotismus neidvoll und verspätet emporzuschießen.

Beethoven hatte die ›Schlacht von Viktoria‹ Georg IV., dem König von England, gewidmet und ihm zugesandt. Niemals bekam er auch nur die geringste Antwort. Wie Ries niederschrieb, brummte er später: »Der König hätte mir doch wenigstens ein Schlachtmesser oder eine Schildkröte verehren können.« Baron de Trémont berichtet 1809: »Am österreichischen Kaiserhofe galt Beethoven für einen ausgesprochenen Republikaner. Der Hof protegierte ihn durchaus nicht, wohnte vielmehr niemals der Aufführung irgendeines seiner Werke bei.« 1808 will Reichardt Beethoven in Wien besuchen. »Man kümmert sich hier so wenig um ihn, daß mir niemand seine Wohnung zu sagen wußte . . .«

Nicht nur den späteren Werken geht es schlecht. Dolezalek ruft beim Finale der Sonate opus 31 plötzlich erschrocken, ob denn das gut sei. Beethoven antwortet verdrossen: »Freilich ist das gut, aber . . . in deinen harten böhmischen Kopf geht das nicht hinein.« Nach dem Bericht des schon genannten Freundes Ries wurden die 1795 erschienenen Trios zum erstenmale auf einer Soirée des Fürsten Lichnowski vorgetragen. »Auch Haydn sagte viel Schönes darüber, riet aber Beethoven, das dritte in c moll nicht herauszugeben. Dies fiel Beethoven sehr auf, indem er es gerade für das beste hielt . . .« Überhaupt blieb Haydns Urteil – von seiner eigenen Stilstufe her – begreiflicherweise immer zurückhaltend. Dieser Wohlwollende, der Mozart über sich selber stellte, fand Beethoven »eigensinnig und selbstwollend« und nannte ihn immer den Großmogul. Der Musiker Dolezalek berichtet, »die Komponisten waren damals *gegen* Beethoven, den sie nicht verstanden und der ein böses Maul hatte.« Cherubini nannte Beethovens musikalische Formen »brusque«. Noch Weber verspottet die aufregende Neigung zu »Luftpausen«. Und sogar der sonst verehrend zu Beethoven aufblickende junge Schubert, teils unter Einfluß von Salieri, teils aus seinem wohligeren, getrageneren Lebensgefühl heraus, betet noch den Spruch seines Lehrers nach: Beethoven falle allzusehr aus einem Extrem ins andere.

Als Beethoven 1803 mit dem Geiger Bridgetower seine Violinsonate opus 48 vorträgt, lachen die Hörer. Den Streichquartetten opus 59 stehen die Zeitgenossen geradezu fassungslos gegenüber. Fast alle Fachgenossen lehnen hier ab. Die Zuhörer glauben, der Komponist wolle sie verhöhnen. Man spürt die in der Kunstgeschichte immer wiederkehrende Verzweiflungsausflucht ratloser Hörer gegenüber einer Stilwende.

Beethoven antwortet einem Tadler der Quartette: »Die sind auch nicht für Sie, sondern für eine spätere Zeit.« Über das Violinkonzert opus 61 schreibt die Wiener Theaterzeitung: Man »gesteht demselben manche Schönheit zu, bekennt aber, daß der Zusammenhang oft ganz zerrissen scheine, und daß die unendlichen Wiederholungen einiger gemeiner Stellen leicht ermüden könnten.«

Von der Ouvertüre zu ›Fidelio‹ (nicht von den verschiedenen Leonoren-Ouvertüren) hieß es einst: »Alle parteilosen Musikkenner und -freunde waren darüber vollkommen einig, daß so etwas Grelles, Unzusammenhängendes, das Ohr Empörendes schlechterdings noch nie in der Musik geschrieben worden sei. Die schneidendsten Modulationen folgen aufeinander in wirklich gräßlicher Harmonie und einige kleinliche Ideen, welche auch jeden Schein von Ehrbarkeit daraus entfernen, worunter z. B. ein Posthornsolo gehört, das vermutlich die Ankunft des Gouverneurs ankündigen soll, vollenden den unangenehmen, betäubenden Eindruck ...« Die Leipziger Allgemeine Musikalische Zeitung von 1806 berichtet über ›Fidelio‹: »Beethoven hatte bis jetzt so manches Mal dem Neuen und Sonderbaren auf Kosten des Schönen geopfert; man mußte also Eigentümlichkeit, Neuheit und einen gewissen neuen Schöpfungsglanz erwarten ... Und gerade diese Eigenschaften sind es, die man am wenigsten darin antraf. Das Ganze ist ... weder durch Erfindung noch durch Ausführung hervorstechend. Die Ouvertüre besteht aus einem sehr langen, in alle Tonarten ausschweifenden Adagio, worauf ein Allegro in c eintritt, das ebenfalls nicht vorzüglich ist. Den Singstücken liegt keine neue Idee zugrunde, sie sind größtenteils zu lang gehalten. Die Chöre sind von keinem Effekt ...« Im Freimütigen klagt man weiter: »Die Melodien sowohl als auch die Charakteristik vermissen, so gesucht auch manches darin ist, doch jenen glücklichen, treffenden, unwiderstehlichen Ausdruck der Leidenschaft (!), der uns in Mozartschen und Cherubinischen Werken so unwiderstehlich ergreift.« Wie sehr haben wir also auch die Vorstellungen von Leidenschaft kunstgeschichtlich zu relativieren! Ein anderer Beurteiler, Friedrich Treitschke, erzählt, »mit Bedauern empfanden wir, daß das Werk seiner Zeit vorausgeeilt war und von Freunden (!) und Feinden wenig begriffen wurde.«

Beethoven ergrimmte in der früheren Zeit über jedes solche Fehlurteil und sprach mit wildem Hasse von den »Sachverständigen«. Später (so behauptet er wenigstens) sei ihm zurückgebliebenes Urteilen beinah gleichgültig geworden. Immer wieder sich verjüngend und neue Wege einschlagend, teilt er (man denke als Fünfziger!) in Selbstverwunderung mit: »Ist mir doch, als hätte ich kaum einige Noten geschrieben.« Zu gleicher Zeit aber berichtet die Leipziger Allgemeine Zeitung, Beethoven scheine für größere Arbeiten ganz abgestumpft zu sein. Auch in Wien glaubt man, er habe sich ausgeschrieben. Immer wieder von Haydn-Mozart herkommend, stehen die Zeitgenossen vor einem unbezwinglichen Dickicht jähester Formendurchdringungen. Noch in Beethovens Todesjahr berichtet der Rheinische Merkur Entsprechendes, obwohl er gleichzeitig weitblickend feststellt, daß Beethoven »dem Geist seiner Zeit vorangeeilt sei und daß nur kommende Generationen bei immerwährendem Fortschreiten im Studium der Tonkunst« volles Verstehen erlangen würden. Dann aber heißt es, »das Gloria hingegen ist nur stellenweise, manchmal nur taktweise begreiflich.« Die ganze Unfaßbarkeit *neuartiger* Großgefüge wird eindrucksvoll von diesem Zeitgenossen offenbart. »Wie Lichtfunken treten einzelne Takte aus der tiefsten Dunkelheit hervor, verschwinden aber gleich wieder vor einer ungeheuren Masse von Instrumentalfiguren, unmittelbar aufeinanderfolgenden, ganz verschiedenartigen Akkorden, sodaß bei der sehr schnellen Bewegung ein Auffinden und Verfolgen irgendeines melodischen Ganges fast unmöglich ist.«

Infolge seiner Stilverschiebungen, nicht nur wegen seiner unleserlichen Schrift, muß Beethoven auch immer wieder gegen seine Notenschreiber wüten. Hier wiederholt sich wie bei Mozart, daß der Kopist an Stellen, die den gewohnten Tonführungen und Überlieferungen ins Gesicht zu schlagen scheinen, gelegentlich zu wohlgemeinten Änderungen greift, weil er jene Partien nur noch als Schreibfehler glaubt erklären zu können. Nur so wird auch jener gewaltige Schimpfbrief Beethovens an seinen Kopisten verständlich, in welchem er »den Lumpenkerl bei seinen eselhaften Ohren« nimmt, er solle umgehend die richtigen Noten wieder einsetzen. »Dies schickt sich besser, als mich belehren zu wollen. Denn das ist gerade, als wenn die Sau die Minerva lehren wollte.« Welch begreiflicher Grimm über so entstehende, fehlerhafte Ausgaben! In gleichem Sinne wettert Beethoven gegen seine Verleger und Herausgeber. »Der Erzflegel Diabelli«, heißt es da, »die Mainzer Gassenbuben!« (wobei er an Schott und Söhne denkt).

An Breitkopf und Härtel, Besitzer der Leipz. Allgem. Mus.-Zeitung, schreibt er beinahe drohend: »Ihren Herren Rezensenten empfehlen Sie mehr Vorsicht und Klugheit besonders in Rücksicht der Produkte jüngerer Autoren, mancher kann dadurch abgeschreckt werden, der es vielleicht sonst weiterbringen würde.« Stolz rät er aber dem Verleger Hofmeister: »Lassen Sie doch die Leipziger Ochsen reden.«

Das Problem der Verkennung scheint aber selbst dieses gigantische Selbstbewußtsein beeindruckt, ja bedrückt zu haben. Schauerlich wäre, wenn man annehmen müßte, selbst dieser Unbeugsame habe sich gelegentlich abhalten lassen, sein Eigenstes und Letztes aus sich herauszuholen. Einige Äußerungen deuten in diese unheimliche Richtung, die düster mit dem Problem der Verkennung zusammenhängt. Trotz mancher Bewunderung, die Beethoven zuteil wird, schreibt er nämlich folgenden zusammenfassenden Satz nieder: »Auf diese Höhe habe ich es in diesem allgewaltigen ehemaligen Phäakenlande (Österreich) gebracht, daß, um einige Zeit für ein größeres Werk zu gewinnen, ich immer vorher soviel schmieren um des Geldes willen muß, daß ich es aushalte bei einem großen Werke.« Und auf Grund eines Konversationsheftes von 1823 antwortete er reichlich dunkel einem Bekannten, der sich nach einem Oratorium erkundigt, das von Amerikanern in Boston (!) bestellt war: »Ich schreibe nur das nicht, was ich am liebsten möchte, sondern des Geldes wegen, was ich brauche. Es ist deswegen nicht gesagt, daß ich doch bloß ums Geld schreibe. Ist diese Periode vorbei, so hoffe ich endlich zu schreiben, was mir und der Kunst das Höchste ist – Faust!«

Es braucht wohl kaum erörtert zu werden, wie eng das ›Schreiben um des Geldes willen‹ mit der Frage des Mißverstandenwerdens zusammenhängt. Wird nämlich ein Großer bereits richtig eingeschätzt, so fallen Qualitäts- und Gewinnhöhe seiner Arbeiten beinah zusammen. Es entsteht sodann keine Versuchung, daß ein einsam Überragender von seiner bedeutsamsten Linie irgendwie abweiche. Auch ein schöpferischer Mensch ist aber schwerlich ganz so unabhängig, wie es der leichtfertige Geniebegriff des Bürgertums glaubt, wo man sich das Genie um so unverletzbarer vorstellt, je mehr man mäkelnd an ihm herumzerren darf.

Daß sich Beethoven in Wien meist unverstanden fühlt, können wir sehr wohl beweisen. Viele eigene Stoßseufzer sind überliefert. 1811: »Vom Kaiser bis auf den Schuhputzer sind alle Wiener nichts wert.« 1814: »Wie immer voll Verdruß, es ist nicht mehr zu leben hier« ... »Glauben Sie mir, es ist nichts mit der Kunst in gegenwärtiger Zeit.« 1816: »Er erzählte viel von Wien und seinem Leben hier. Gift und Galle wütet in ihm ...« – »Sie wollen, man soll arbeiten, und bezahlen wie die Lumpe und nicht einmal das Verabredete.« 1818: »Er sprach gern von der anmaßenden Eitelkeit und dem verkehrten Geschmack der Wiener Aristokratie, auf die er nie gut zu sprechen war, denn er fand sich eigentlich zurückgesetzt oder nicht genugsam vestanden.« 1820: »Er schalt sich selbst einen Toren, daß er die Einladung der englischen Kunstfreunde nicht angenommen aus Anhänglichkeit an Wien, wo man die Kunst wahnsinnig als eine Mode treibe, ohne die wahre Kunst zu verstehen ...« 1822: »Von mir hören Sie hier gar nichts ... Fidelio? Den können sie nicht geben und wollen ihn auch nicht hören. Die Sinfonie? Dazu haben sie nicht Zeit. Die Konzerte? Da orgelt jeder nur ab, was er selbst gemacht hat. Die Solosachen? Die sind längst aus der Mode und die Mode tut alles.«

Auch 1824 streitet Beethoven gegen Verleger und Publikum. »Für das Gute, Kräftige, kurz für die wahre Musik hat man keinen Sinn mehr ... Rossini und Konsorten, das sind eure Helden. Von mir wollen sie nichts mehr.« 1825 notiert ein Besucher: »Einmal schnitt er ein gewaltig grimmiges Gesicht, als ich seine letzten Sinfonien für unverständlich barock hielt. Sein Augen- und Mienenspiel antwortete mir: Was verstehst Du Tölpel und alle ihr Klügler davon, die ihr meine Werke tadelt!« 1825 heißt es: »Seit die Italiener hier festen Fuß gefaßt haben, ist das Beste verdrängt. Das Ballet ist dem Adel die Hauptsache vom Theater«. 1825 notiert eine Ausländerin: »Zurzeit ziehen sie Carl Czerny dem Beethoven vor. Als Mozart lebte und seine Opern in jener Stadt aufgeführt wurden, bevorzugten Hof und beau monde den Salieri aus Opposition gegen ihn.« 1820 schreibt jemand in Beethovens Konversationsheft: »Die Kapellmeister kennen Ihre Werke zu wenig, sie kennen nur Rossini.« 1824 gelangt eine Arie Rossinis mitten unter ›Missa solemnis‹ und neunter Sinfonie zum Vortrag. Die Aufführungsversuche der Neunten von seiten der Engländer 1824 und 30 verlaufen derart, daß man sie mit der Bemerkung aufgibt: »Der taube Komponist hat das Zeug geschrieben, weil er es nicht gehört.«

1827 ist Beethoven zu Tode erkrankt. Anton Schindler berichtet: »Was ihn sehr kränkt, ist, daß sich hier gar Niemand um ihn bekümmert, und wirklich ist diese Teilnahmslosigkeit höchst auffallend. In früherer Zeit ist man in Equipagen vorgefahren, wenn er nur unpäßlich war; jetzt ist er ganz vergessen, als hätte er gar nie in Wien gelebt.« Schindler berichtet ferner, daß 1825 ein großes Beethovenkonzert auch wirtschaftlich ganz kläglich abgeschlossen habe. »Denn kein einziger der Abonnenten bezahlte ihm für seine Loge auch nur einen Heller und nicht einmal der Hof ließ sich in dieser Akademie sehen . . . obgleich Beethoven alle Glieder des kaiserlichen Hauses persönlich einlud. Bei seinem zweiten Konzert im selben Monat im Redoutensaal mußte die Administration . . . bei 300 fl. draufzahlen.«

Wir führen solche trüben Selbstzeugnisse und erschreckenden Berichte aus nächster Freundesumgebung nur an, um zu zeigen, wie Beethovens Ruhm, der Ruhm seiner frühen und mittleren Jahre, stetig abnahm. Sein Schicksal ähnelt demjenigen Rembrandts, der ebenfalls eine Zeitlang kühne Mode war, von dem man sich aber gänzlich abwandte, als er seinen tiefsinnigen Spätstil gefunden hatte. Hier liegt ein Sondertypus der Verkennung vor. In beiden Fällen wird eine abgründige Gestaltungsweise nach einigem Zagen zwar bejaht, dann aber durch eine spielerische, gefälligere Umgebung ausgelöscht. Rembrandt wird durch die geschmäcklerische, französisierende Richtung der Kleinmalerei Netschers verdrängt, Beethoven durch die Gefälligkeit eines Rossini.

Noch 1860/61 schmäht Louis Spohr die Spätwerke: »Sein stetes Streben, originell zu sein und neue Bahnen zu brechen, konnte nicht mehr wie früher durch das Ohr vor Irrwegen bewahrt werden. War es daher zu verwundern, daß seine Arbeiten immer barocker, unzusammenhängender und unverständlicher wurden? Zwar gibt es Leute, die sich einbilden, sie zu verstehen (!), und sie in ihrer Freude darüber weit über seine früheren Meisterwerke erheben.« Den letzten Satz der Neunten, die er im ganzen tadelt, nennt Spohr geschmacklos und monströs, trivial in der Auffassung von Schillers Ode. Beethoven habe es an wahrhaft ästhetischer Bildung gefehlt. – Wir finden hier einen Niederschlag der weitverbreiteten Legende des 19. Jahrhunderts, daß die Spätwerke wegen der Taubheit ihres Schöpfers gestaltlos seien. Wie lange haben ›Missa solemnis‹ und Neunte auf wirkliches Verständnis warten müssen! Selbst Grillparzer, Bewunderer Beethovens und Verfasser der tiefsinnigen Grabrede, sieht letzten Endes nur *Verfall* in dieser Musik. Er schreibt 1834: »Beethovens nachteilige Wirkung auf die Kunstwelt, ungeachtet seines hohen, nicht genug zu schätzenden Wertes:

1) leidet das erste und Haupterfordernis eines Musikers, die Feinheit und Richtigkeit des Ohres unter seinen gewagten Zusammensetzungen und dem nun gar zu oft eingemischten Tongeheul und Gebrüll.

2) durch seine überlyrischen Sprünge erweitert sich der Begriff von Ordnung und Zusammenhang eines musikalischen Stückes so sehr, daß er am Ende für alles Zusammenfassende zu lose wird.

3) macht sein häufiges Übertreten der Regeln diese als entbehrlich scheinend, indes sie doch die Aussprüche des gesunden, unbefangenen Sinnes und als solche unschätzbar sind.

4) substituiert die Vorliebe für ihn dem Schönheitssinne immer mehr den Sinn für das Interessante, Starke, Erschütternde, Trunkenmachende: ein Tausch, bei dem von allen Künsten gerade die Musik am übelsten fährt.«

Diese bestechende Zergliederung entstand, als 1834 der tiefsinnige Sturm und Drang Beethovenscher Empfindungsweise als überholt betrachtet wurde, teils in spätklassizistischer, teils in elegisch-romantischer, teils in biedermeierlicher Anwandlung. Auch nach 1900 konnte man, jetzt freilich nur noch in speziellen Fachkreisen, Ähnliches lesen, als man abermals von der gegensatzreichen Fülle, nunmehr der Fülle eines Neubarock und dämonischen Naturalismus hinwegwollte. Bei Strauß, Reger und Busoni in ihrer späten Periode konnte man eher Mozart denn Beethoven als letztes Fernziel gepriesen finden. So sehnt Busoni 1921 geradezu einen neuen Klassizismus herbei: »Das Allgemeinwerden der Übertreibung – womit heute bereits der Anfänger debütiert – weist auf Beendigung eines solchen Abschnittes; und der nächste Schritt, den der Widerspruch fördernd herbeiführen muß, ist der, der zur neuen Klassizität lenkt . . . Nicht die Mundwinkel Beethovens und auch nicht das befreiende Lachen Zarathustras, sondern das Lächeln des Weisen, der Gottheit!«

Wir sind darüber wieder hinaus, wie man selbst in Strawinskys neuem Bekenntnis zu Beethoven (in seinen ›Erinnerungen‹) verspüren kann. Wäre jene – eben doch nur puristische – Aussage Grillparzers richtig, so wäre die ganze Entfaltung über Berlioz, Liszt, Wagner, Brahms, Bruckner und Reger als Verfall zu nehmen, in welcher Weiterentwicklung die ›Schrecknisse‹ Beethovenscher Tonsprache ja Selbstverständlichkeit geworden sind, so sehr sie jeweils auch verwandelt wurden.

Will man abschließend die Ausdrücke, mit denen gesagt wurde, wie sehr man sich zu Beethovens Lebzeiten gestört fühlte, einigermaßen systematisieren, so kommt man zu folgendem Schema:

1	2	3	4
platt	bizarr	allzu gelehrt	ohne Übersicht
ohne Feinheit	überladen	lauter Schwierig-	unzusammenhängend
gemeine Stellen	ausschweifend	keiten	zerrissen
	voller Verhaue	unverständlich	
	übertriebene	gesucht	
	Rückungen	keine Natur	

All diese heute toten Abwehrrufe werden verständlich, sowie wir sie von der *vorausgehenden* Stilstufe aus deuten. Die erste Gruppe besagt, daß Beethovens Ausdruck viel direkter war als die frühere Schreibweise etwa Bachs, die dagegen tiefsinnig verklausuliert erscheint. Auch direkter als die Tonwelt Haydn-Mozarts, welche, hieran gemessen, eine restierende Zierlichkeit des 18. Jahrhunderts behielt. Die 2. Gruppe erweist dann Beethovens neubarocken Gegensatzreichtum. Die 3. Gruppe bestätigt zugleich eine neue Festfügung der Beethovenschen Form, die im Gegensatz zu Berlioz-Liszt noch niemals naturalistisch wuchert. Die 4. Gruppe deutet tragisch darauf hin, daß Beethovens gesamte, neue, innere Einheitlichkeit bei seinen Lebzeiten überhaupt noch kaum empfunden wurde. Dieses letzte, als wichtigst geahnte Grundgefühl einer »Notwendigkeit und inneren Ganzheit« kommt ja immer abhanden, wenn eine neue Stilstufe ein entsprechend *verändertes,* noch *ungewohntes* Einheitsgefühl aufruft.

In Zeiten radikaler Umstellungen glaubt man auch immer, der neue Künstler habe jeden letzten *weltanschaulichen* Halt verloren. So soll denn Haydn

Beethoven mit der Begründung abgelehnt haben, er sei ein Atheist. Ist dies auch nicht ganz streng verbürgt, so bleibt es doch wahrscheinlich. Beethovens Musik spendet wirklich nicht mehr jenes alte Geborgenheitsgefühl, das wir bei Bach und Händel noch verspüren. Auch zeigte er immer wieder Neigung zu den Idealen der Französischen Revolution und benahm sich herausfordernd, wir würden heute sagen, wie ein Umstürzler und Kulturbolschewist. Fast immer, wenn sich das Lebensgefühl wendet, sieht man ja weltanschauliche Haltesysteme in Gefahr: Bei Beethoven Religion und Humanität (wie es z. B. gegenüber dem ›Fidelio‹ hieß), bei Wagner (wie wir noch erfahren werden) glaubte man das Deutschtum aufs höchste bedroht. Später gelten dieselben Künstler dann umgekehrt als *Bannerträger* solcher Ideale.

Wir konnten nur eine Auswahl der Frühkritiken Beethovens bringen. Selbstverständlich gab es auch Meinungen, die anerkennend waren. Diese aber behaupteten meist – offen oder zwischen den Zeilen versteckt –, daß derart ›hohe Kunst‹ (und zwar für alle Zeiten) nur von einem winzigen Kreise Auserwählter begehrt werden könne. Auch darin lag eine falsche Voraussage. Dieser einschränkende Glaube taucht immer auf, sobald eine Gestaltungsweise von vereinfachendem zu komplizierterem Zustand übergeht, zwischen welchen Möglichkeiten ja die Künste, wie in einem großen Ebbe- und Flutprozeß, hin und her strömen. Dieser Glaube, daß Anreicherungen die Gefolgschaft dauernd *einschränken* müßten, mag in den *Wissenschaften* richtig sein, wo der Laie nicht etwa bis in den Bereich höherer Mathematik vorzudringen vermag, um gewisse physikalische Probleme zu verstehen. Für die *Künste* aber ist diese verengende Meinung irrig, weil eben die Künste (so sehr sie sich auch komplizieren mögen) immer auf Schau- und Hörbarkeit gestellt bleiben, also im sinnlich Wahrnehmbaren verharren. So hat sich denn gezeigt – und wir werden auch diesen Vorgang später, etwa bei Wagner, wiederfinden –, daß man nach einigen Generationen, falls für Orchesterkonzerte ein gut gefüllter Saal erstrebt wurde, gerade die schwere Kost Beethovenscher Sinfonien bringen mußte. Um 1800 hätten sich dies selbst äußerste Beethoven-Bewunderer nicht träumen lassen. Innerhalb der *Künste* können also nicht nur Vereinfachungszustände, sondern auch Komplizierungsstadien schließlich breitesten Widerhall erreichen.

Noch eine weitere Meinung vom Aufnehmen kultureller Gehalte wäre hier zu berichtigen. Immer wieder hört man sagen, das Neue an sich habe es allerdings schwer, aber die *große Qualität* setze sich doch immer gleich durch, im Gegensatz etwa zu bloßen ›Richtungen‹ mit ihren vergänglichen Formengrammatiken. Und die Nachfahren pflegen dem schöpferischen Menschen gegenüber jeweils verspätet mitzuteilen: *ich* hätte ihn sofort in seinem Wert erkannt! – Welch ungeschichtliches Denken, gänzlich verkennend, wie allseitig die Frage nach der Qualität in die des Stiles verzahnt bleibt. Man übersieht hier völlig jenes geistesgeschichtliche Trägheitsgesetz, nach welchem die Empfänger im Gefüge derjenigen Grundeindrücke befangen bleiben, mit denen sie erzogen wurden, auch wenn ein wahrhaft schöpferischer Gestalter jene Struktur inzwischen längst verändert hat. *Heute* ist es keine Kunst, für die kühne Rhythmik der letzten Beethovensonaten, für die entlegene Harmonik der Neunten oder die irisierende Chromatik des ›Tristan‹ zu schwärmen. Im Augenblick des *Hervortretens* solcher Werke aber war es nur wenigen gegeben, in sich genügend Leichtigkeit und inneren Umschwung zu entwickeln, um neue Wertungen im eigenen Inneren durchzulassen.

Falsch wäre endlich auch zu glauben, wenigstens ein *Genie* sei allenthalben frei von jenem Trägheitsgesetz. Was wir Genie nennen, ist meistens doch nur eine höhere *Teilbegabung*. Friedrich der Große, genial im Politischen und Zivilisatorischen, schnell sich zu Voltaire bekennend (was damals Kühnheit ersten Ranges war), verdammte schlechthin alle Werte, auf denen die kommende künstlerische Kultur Deutschlands erwachsen sollte. Selbst Goethes Allblick blieb verschlossen vor Beethoven, Schubert, Kleist, Hölderlin und vor der mathematischen Physik Newtons. Und gerade auf solchen Errungenschaften sollte später die Weiterentwicklung jener so unterschiedlichen, machtvollen Gebiete beruhen.

Schubert

Bei Schubert glättet sich die Brandung Beethovenscher Formen zugunsten weithin hallender Wogen, die nun ruhiger dahinströmen. Aller Sturm und Drang ist entwichen und noch das düsterste Melos wird zum ruhevoll ausströmenden Gesang. Schuberts Gebilde sind schon motivisch und rhythmisch viel einfacher, ganz auf weithin fließende Melodie gerichtet. So sollte man denn annehmen, daß nunmehr von allen Seiten Zustimmungen gekommen wären, zumal romantisch-volkliche Liedelemente in diese Sinfonien jetzt eingingen. Gewisse Umbildung des Melos aber und eine bisweilen geisternde Abwandlung aus einer Tonart in die andere genügten bereits, um wiederum – für uns Heutige und aus Entfernung angesehen ganz unfaßbar – Teilnahmslosigkeit und Ablehnung hervorzurufen, außer im Kreise engster Freunde.

Goethe und Zelter mißverstehen Schubert, obgleich sie ausdrücklich auf ihn hingewiesen werden. Die Unvollendete, dieses Juwel ungesuchter und dabei tiefsinniger Melodieführung, bleibt unbegehrt bei Schuberts Freunde Hüttenbrenner liegen. Noch 1865 kennt die erste Schubertbiographie von Kreißle diese Kostbarkeit überhaupt nicht. Erst im Dezember gleichen Jahres findet die Uraufführung in Graz statt. Und die C dur Sinfonie seines letzten Lebensjahres muß Robert Schumann ganz verspätet – bei Schuberts Bruder – gleichsam erst entdecken.

Nur durch die praktischen Folgen dieses Mißverstehens wird erklärlich, daß es der Schulgehilfe Schubert – kaum auszudenken, was das hier bedeutete – niemals zum Dauerbesitz eines Klaviers brachte. Daß er ferner trotz Empfehlungen Salieris niemals eine feste Anstellung als Musiker erreichen konnte, obgleich er sie so sehr erstrebte.

Die 1818 aufgeführte Italienische Ouvertüre wurde von der Kritik »befremdend einfach« genannt. Wir sehen nun, verglichen mit Beethoven, eine *entgegengesetzte* Art der Abweisung. Doch wird zugestanden, daß sich die überraschendsten Abwandlungen ergäben. Rosamunde hingegen erhält den Vorwurf der . . . Bizarrerie! Als Breitkopf ein Oktett, zwei Quartette, Klaviersonaten und Lieder angeboten werden, will er statt Zahlung nur Freiexemplare geben. Erst bei weiterem guten Verkauf soll überhaupt etwas vergütet werden. H. A. Probst, nachmals Kistner, in Leipzig bedauert seinerseits, weil er 80 Gulden für jedes Werk »etwas zu hoch angesetzt« findet, unbedingt aber sämtliche Werke des Komponisten Kalkbrenner (!) herausgeben muß.

Als man Chorwerke zur Aufführung vorschlägt, heißt es abweisend, »es wäre zu wünschen, daß die angesagten Stücke des Herrn Schubert nicht zu düster seien.« Der Sammler schreibt 1821 zur ›Zauberharfe‹: »Man hätte hierzu eines Tonsetzers bedurft, der ein Zauberer in der Kunst ist.« Derselbe Sammler stellt 1828 fest, »ein achtstimmiger Chor von Herrn Schubert fiel ganz durch. Die allzugroße Verschwendung der Harmonie und die planlose Anordnung waren daran schuld.« 1827 meint die Leipziger Allgemeine Musikzeitung, »Schuberts Komposition erreicht weder die Reichardtsche noch Zeltersche, obgleich sie an Modulation und Bizarrerie (!) überreich ist.«

1817 aber ereignet sich ein toller Witz der Kunstgeschichte. Ein finsterer, königlicher Kirchenkompositeur Franz Schubert aus Dresden beklagt sich bitter, daß ihm der ›Erlkönig‹ zugeschrieben werde, wogegen er schärfsten Protest einlege. Er werde alles versuchen, herauszubekommen, wer »dergleichen Machwerk« hervorgebracht, »um diesen Patron zu entdecken, der meinen Namen so gemißbraucht . . .«

Über opus 56 und 57 äußert sich 1827 der Frankfurter Allgemeine Musikanzeiger: »Diese Art Gesänge ist zu künstlich für das echte deutsche Lied.« Von den Valses nobles für Klavier opus 77 heißt es, »schlecht sind sie nicht, aber nicht mehr als gewöhnlich«. 1828 befindet die Leipziger Allgemeine Zeitung von der Phantasie opus 159 für Klavier und Violine: »Man könnte darüber füglich das Urteil fällen, der beliebte Tonsetzer habe sich hier geradezu verkomponiert.« Schuberts enorme Neuerungen werden deutlich, wenn ein weiterer Kritiker 1826 feststellt: »Herr Schubert sucht und künstelt nicht in der Melodie, aber in der Harmonie gar sehr, und besonders moduliert er so befremdlich und oft so urplötzlich nach dem Entlegensten hin, wie wenigstens in Liedern und anderen kleinen Gesängen kein Komponist auf dem ganzen Erdboden.« Wir glauben, bereits eine Kritik von 1900 etwa gegen Max Reger zu vernehmen. Ein Zeichen, daß Schuberts Werke in der Modulation von denen etwa Mozarts genau so weit abwichen, wie etwa Reger von Brahms. Daß wir heute den zweiten Gegensatz größer finden, ist wohl nur eine perspektivische Täuschung, gemäß dem Einblick in eine Pappelallee, in der die nahestehenden Bäume weiteren Zwischenraum zu halten scheinen als die entfernteren.

Bezeichnend ist auch, daß für Lenau Schuberts doch so naturnahe, wohlig dahinströmende Musik vor allem durch Pathos und Größe auffällt, weshalb er ihn mit Schiller zusammenstellt (während Zumsteeg Schubert wegen seiner Natürlichkeit gerade mit Goethe verglichen wissen möchte). Später fand Lenau in Schubert zuviel Dissonanzen, die er angeblich nicht harmonisch aufgelöst habe (!).

Geradezu grotesk schlagen sich die heute selbstverständlich gewordenen Erweiterungen, die Schubert brachte, in einem Berichte der Wiener Allg. Mus.-Zeitung nieder, als vom Oktett ›Gesang der Geister über den Wassern‹ die Rede ist. »Ein Akkumulat aller musikalischen Modulationen und Ausweichungen ohne Sinn, Ordnung und Zweck. Der Tonsetzer gleicht in solchen Kompositionen einem Großfuhrmann, der achtspännig fährt und bald rechts, bald links lenkt, also ausweicht, dann umkehrt und dieses Spiel immerfort treibt, ohne auf eine Straße zu kommen.« Jetzt glauben wir geradezu im Jahre 1930 zu stehen und expressionistische Musik vor uns zu haben. Beweis genug, wie stark verkleinert wir heute – unter zeitlichen Verkürzungen – alle *alten* kunstgeschichtlichen Erweiterungen sehen.

Nur durch Hervorholen jener versunkenen Frühurteile lassen sich die enormen Abstände wiederherstellen, welche zwischen den *älteren* Entwicklungsstufen ebenfalls lagen. Nur so kann man die Kämpfe ahnen, welche auch im »goldenen Zeitalter« auszukosten waren. Nur so kann auch die Restlegende vom ewig fröhlichen Schubert ausgerottet werden. Denn nur das kulturelle Mißverstehen war es, das diesen Wohligen in Düsternis versetzte. Geldsorgen, Enttäuschungen, Abweisungen, Überanstrengungen entspringen bei einem derart Lebensfrohen sämtlich wohl aus diesem einen Punkte. Selbst das Unglück gegenüber Frauen ist von hieraus mitbedingt, weil jedes Verkanntwerden sich wieder in einen Mangel an Ansehen und in wirtschaftliche Unsicherheiten umsetzt. So stehen denn drohend Schuberts düstere Worte vor uns: »Jede Nacht, wenn ich schlafen gehe, hoff ich nicht mehr zu erwachen und jeder Morgen kündet mir den gestrigen Gram.« –

Schubert scheint die tief harmonischen ersten Müller-Lieder im Spital liegend komponiert zu haben, an einer schweren venerischen Krankheit leidend. Welch erschütternder Sieg der Klarheit über das Lebenschaos! Die tief *harmonischen* Formen der Kunst um 1800 (Mozart – Schubert) sind genauso köstlicher *Wunschtraum* und freie Setzung wie die tief *dämonischen* nach 1900. Niemals darf man von solchen Kunstformen direkten Rückschluß auf das Leben selber wagen. Weder die damals geschlossene, noch die heute offene Form der Musik ist aus dem jeweils individuellen Lebenslaufe zu erklären. Jedesmal steht eine große Überlieferung des objektiven Geistes dem subjektiven Lebensgefühle *gegenüber*.

Man muß bewundern, wie aus dem gehetzten und brüchigen Leben Mozarts und Schuberts derart abgeklärte Bildungen hervorgingen. Man kann ebenso bewundern, wie aus einem vielleicht harmonisch behüteten Dasein nach 1900 Formen hervortraten, die furchtlos die geheime, letzte *Brüchigkeit* aller menschlichen Existenz bekennen wollten.

Schumann

Schumann wird verhältnismäßig wenig mißverstanden, weil - auf die grandiosen Erweiterungen von Harmonie und Figurenwerk bei Beethoven - die Arbeiten Schumanns mehr nur neue Einzelaufschwünge und Formen bringen. Obgleich Schumann die Polyphonie in neuem Sinne aufnimmt, sind die Errungenschaften Chopins, besonders aber Liszts und Wagners, seiner genauen Generationsgenossen, für die Mitlebenden verblüffender gewesen. Immerhin darf man den strengen Kampf etwa von Wieck (diesem hochgebildeten Musiker) gegen Schumann nicht allein als Kampf gegen einen unliebsamen Schwiegersohn von seiten eines Vaters deuten, der seine Tochter keinem ungewissen Schicksal anvertrauen will. Es handelt sich auch um eine Verkennung von Schumanns Bedeutung als *Komponist* gegenüber viel minderen Größen wie etwa Kalkbrenner, Herz und Hünten. Wieck schreibt und versendet bezeichnenderweise eine Schrift gegen Schumann als bloßen Experimentator.

Gottfried Weber in der Cäcilia nennt opus 1-5 genial, aber »im Treibhaus vorzeitigen Haschens nach Äußerlichkeiten.« Er hofft das Übliche: daß Schumann »aus gegenwärtigem Gewirre abenteuerlicher Tongebilde seinerzeit den Weg zur Einfachheit und Natürlichkeit, und von da zur Höhe der Kunst finden wird.« Gegen die Menschen, die den romantischen Gegensatzreichtum der neuen Stimmungen und Formen nicht zu fassen wußten, hatte ja Schumann seinen Davidsbund contre les Philistins begründet, in welchem er selber in Form dreier kritischer Temperamente auftritt, also viele wichtige Zeiterscheinungen gleich von mehreren Standpunkten aus beurteilend. Daß wirklich eine neue Lage gegeben war, eine neue Lage innerhalb der Generation Schumann - Chopin - Liszt - Wagner, leuchtet immer wieder aus Schumanns Schriften hervor, so früh denn auch diese Altersgruppe auseinanderfallen sollte. »Mozart war ein ebenso großer Bündler als jetzt Berlioz ist«, schreibt Schumann schon 1836. Bezeichnend für das Leidenschaftliche, Schwelgerische, zart Exaltierte des neuen Stiles ist, daß Schumann sich besonders durch Jean Paul und E. T. A. Hoffmann angeregt fühlt, formal jedenfalls von den *Phantasten* innerhalb der Dichtung, die ihm vorausgegangen war. Soweit er Bach verehrt, empfindet er ihn auf eine ganz veränderte Weise, die bezeichnend für die neue Generation ist. »Das Tiefkombinatorische, Poetische und Humoristische der neueren Musik (womit er vor allem sein eignes Schaffen bezeichnen will) hat seinen Ursprung zumeist in Bach . . . Die gesamten sogenannten Romantiker stehen in ihrer Musik Bach weit näher als Mozart, wie diese denn sämtlich auch Bach auf das gründlichste kennen . . .«

1841 beklagt sich Schumann, daß ihn Koßmaly (in einem Aufsatz über das Lied) nur in eine zweite Klasse setze. Es war das bei jenem Betrachter nicht etwa groß gemeint, sozusagen weltgeschichtlich (was ja angehen möchte), sondern im Sinne zeitgenössischer Verkennung, indem Schumann einfach neben Reißiger, Curschmann und Leute geraten war, die heute ganz zu

Recht vergessen sind. Schumann wäre noch weniger gut empfangen worden, wenn seine verhältnismäßig neuen Töne nicht dauernd durch die liebevolle Darstellung seiner Frau, jener damals ersten Pianistin Europas, erklungen wären.

Einer seiner feurigsten Vorkämpfer braucht Ausdrücke, die uns das damals Neue dieser Musik wiedererwecken können, einer Gestaltungsart, die durch die spätromantische Weiterentwicklung inzwischen zur besten Selbstverständlichkeit wurde. Jener Zeitgenosse spricht von berauschendem Duft, von E. T. A. Hoffmann, sogar von Steinen, die Leben gewinnen. Von Strudeln, Chopinschem Esprit, süßem Zauber, Schwermut. »Man lasse sich nicht abschrecken durch die sonderbaren (!) Figuren, durch die närrischen Notenköpfchen, die oft wie Kobolde übereinanderstürzen.« Die Mitlebenden finden weiter: »Das durchaus aristokratische Gepräge seiner Schreibweise ist wohl größtenteils an seiner Unpopularität schuld.« – »So tragen seine Sachen oft den Schein affektierter Gelehrsamkeit – das ist ihm denn von einer gewissen kurzsichtigen Partei oft zum Vorwurf gemacht worden.«

Deshalb mußte sich eine Schumann-Gruppe bilden, die ihn nun gegen die damalige Mendelssohn-Begeisterung zu verteidigen hatte. Mendelssohn ging bekanntlich geebnetere, konservativere Wege. Wie sehr sich nicht nur die Gruppe Berlioz – Liszt – Wagner, von der sich die Partei Schumann–Brahms ja sehr bald sondern sollte, am Aufbruch neuer, noch unverstandener Möglichkeiten glaubte, fühlt man, wenn Schumann in einem Brief an Simon de Sire plötzlich gesteht: »Sonst bin ich von wenigen verstanden . . . Oft bin ich so vermessen zu glauben, die Tonkunst als Sprache der Seele stünde noch in den Anfängen.«

Einen Musikschriftsteller Gustav Schilling muß Schumann streng abwehren als »Erzwindbeutel, der nach meiner Ansicht keine Ahnung von Musik hat.« Und weiter muß er feststellen: »Ungeschickteres und Bornierteres ist mir nicht leicht vorgekommen, als was Rellstab über meine Kinderszenen geschrieben.« Dem gleichfalls angesehenen Musikschriftsteller Käferstein teilt Schumann mit: »Oft habe ich auch gezweifelt, ob Sie an dem Streben der jüngeren Kunstwelt noch Anteil nähmen, den ich früher bemerkt. Eine neuerliche Äußerung in Ihrem Stuttgarter Blatt bestärkte mich in meinem Zweifel.« Dieser rückwärts gekehrte Mensch hatte Bach als bedeutsame Grundlage von Haydn und Mozart genannt, die Neuerer aber wie üblich als in der Luft schwebend bezeichnet, woraufhin Schumann behauptet, daß die Neuen aus Bach nur *andere* Elemente zögen. Schumann legt nun jene romantische Deutung des Thomaskantors nieder, die wir schon oben anführten. Zum Verkennungsphänomen selber und seinen Folgen äußert sich Schumann verantwortungsvoll, und zwar gegen einen jungen Menschen, der Komponist werden will: »Ohne jene äußeren günstigen Verhältnisse (er meint die Finanzen seiner Eltern), wer weiß was aus mir geworden, und ob ich nicht dem Schicksal erlegen, dem mittellose Talente so oft zum Raube werden.« Wir sehen, Schumann hat nicht den kleinbürgerlichen, theatralischen Begriff vom »Genie, das sich unter allen Umständen durchsetzt«. Er empfindet Genie als Zusammentreffen von Höchstbegabung mit gerade noch erträglichen soziologischen Umständen.

Enttäuschung erlebte Schumann 1849 auch mit seinem ›Faust‹. »Der äußere Erfolg war mir vor der Aufführung klar; ich habe keinen anderen erwartet!« 1851 wird er ermahnt, der »komplizierten romantischen Richtung« zu entsagen. Er wehrt sich heftig und antwortet, man möge Bach studieren, »und es wird Ihnen die komplizierteste meiner Arbeiten noch einfach vorkommen.« Als ganz absonderlich sei noch bemerkt, daß das Regensburger Morgenblatt 1881 gegen die Duette für Sopran und Tenor zetert: daß eines davon »den Zuhörern die Schamröte ins Gesicht treiben mußte. – Ein Liebeshandel, so skandalös erzählt und gesungen, daß viele der Anwesenden entrüstet über das schamlose Gesangstück den Saal verlassen haben.«

Galt Schumann den Konservativen als originalitätssüchtig, so erschien er den Radikalen zurückgeblieben und als bloßer Epigone. 1849 muß er seine Werke gegen Liszt verteidigen, der inzwischen kühnere Wege eingeschlagen hatte. Schumann meint, Liszt würde seine Arbeiten »zu leipzigerisch« finden. Liszt hätte es unterlassen sollen, in Bausch und Bogen so ein Urteil über ein ganzes Künstlerleben auszusprechen . . . »Sie waren doch nicht so übel, die in Leipzig beisammensaßen – Mendelssohn, Hiller, Bennet u. a. . . .Gleicht sich aber mancher musikalische Zug in dem, was wir komponiert, so nennen Sie es Philisterei oder wie Sie wollen, – alle verschiedenen Kunstepochen haben dasselbe aufzuweisen, und Bach, Händel, Gluck, später Mozart, Haydn, Beethoven sehen sich an hundert Stellen zum Verwechseln ähnlich . . . Ganz original ist keiner.«

Hier haben wir also den *anderen* Typus von Verkennung. Während das meiste Mißverstehen wegen *neuer* Formen eintritt, gibt es auch Ablehnungen von Schreibweisen, die anderweitig unauffällig vorbereitet sind, deshalb nun als »bekannt« mißachtet werden, ohne daß man empfände, daß jenen Formen vielleicht ein neuer und tieferer Sinn gegeben wird. *Diese* Art des Fehlurteils kommt meistens von Snobs und Novitätenjägern, die zu gewissen Stunden der Geschichte auftreten. Da aber tieferer Gehalt seinerseits an äußere Form gebunden bleibt, wie ja Geist niemals ohne entsprechende Materie erscheinen kann, so wären bei feiner zerlegender Erklärung natürlich auch hier jeweils *neue* Gefüge etwa der Binnenzeichnung aufzufinden.

Brahms

Brahms gehört nicht zu den Umstürzlern der Form. Dennoch brachte seine dunkel weithinschwingende und dabei synkopierte Melodik (wobei zerlegte Akkorde gegen Harmoniewechsel verschoben werden), sein gedrungener, zugleich durchstellter Rhythmus (drei Achtelpaare entgegengestellt zwei Achteltriolen), seine wohlig dumpfe Klangfarbe (Häufigkeit des Moll-Dur) viel Neues. Für mehrere Generationen ist die Brahmsnachfolge das verbreitetste Merkmal neueren Sinfonieschaffens geworden, wobei selbst Reger diese Tonwelt weitgehend in sich aufgenommen hat. Da Brahms 1860 das Manifest unterschrieb, welches sich gegen die »Zukunftsmusik«, den radikaleren Stil Liszt-Wagners richtete (obgleich er Wagner bewunderte und hatte ausnehmen wollen), wurde er in alle Kämpfe gegen diese Gruppe hineingerissen. Gewisse Streitigkeiten brandeten da beinahe genau so heftig, wie einst zwischen Gluck und Piccini.

Schumann hatte Brahms kurz vor seinem eigenen Ausscheiden als den Kommenden, ganz Großen angekündigt. Das Schumannlager aber, nur *gemäßigtem* Fortschritt huldigend, stemmte sich gegen Wagners Partei. All das genügte, um wieder einmal jenen Prozeß heraufzubeschwören, der sich in der Geistesgeschichte so häufig ereignet: Wie Eisenspäne sammeln sich in so zwiespältiger Lage alle Liebhaber und Kenner um zwei Magnete, an denen sie sich übermäßig ballen. Wo nur ein *gradweiser* Unterschied besteht, wurde wieder die übliche *Polarität* ausgerufen. Wagner und Brahms werden zu unversöhnlichen Gegnern erhoben, wie bald darauf auch Brahms und Bruckner. Je mehr wir uns aber von solchen Kämpfen entfernen, desto klarer empfinden wir den *gemeinsamen* Grundzug dieser drei Gestalter: die gewaltige, in machtvollem Faltenwurfe (des Neubarock aus der zweiten Hälfte des 19. Jahrhunderts) dahinströmende, weitausholende, aufrauschende Klage eines genossenen Pessimismus, der einen großen Aufwand innerer Leidenschaft gegen die Grundmächte des Schicksals auslebt. Von dieser Mitte aus wird bald - bei allen Unterschieden - die Zeitverwandtschaft dieser drei bedeutenden Meister klar werden. So deutlich wie die musikalische Verwandtschaft zwischen Händel, Bach und Gluck im 18. oder die malerische zwischen Dürer, Cranach und Grünewald im 16. Jahrhundert.

Wir müssen nun aber immer wieder zeigen, wie auch die geringsten Unterschiede in den formalen Regungen jeweiliger Anfangsmeister den größten (negativen!) Ausschlagswinkel in der Frühkritik verursachen. Wir stoßen immer wieder auf jenes Gesetz, daß im Lebensprozesse der Kulturen die kleinsten Akzentverschiebungen zunächst tumultuarische Wirkungen hinterlassen, bis die entsprechenden Verlagerungen in den Gesamtorganismus der Aufnehmenden eingearbeitet sind. Alles Keimen erscheint - von unserem Gesichtspunkt aus gesehen - zunächst als eine Tragödie, sowohl für jenen Grundkeim selber (der die Neuerung erzeugt) als auch für die ihn umlagernden Zellen. Erst nach mindestens einer Generation sind die entstandenen Stauungen überwunden, dann erst wird ein natürliches Durchströmen aller Säfte wieder fühlbar. Gemeinsame Gefühlskräfte spüren wir heute, falls keine Parteiprogramme mehr hindern, einheitlich in jenem großen geschichtlichen Organismus der riesigen Gemeinde Wagner, Brahms und Bruckner rauschen.

Zu Lebzeiten aber hatte Brahms trotz immer wachsender Gesamtzustimmung doch heftige Fehden zu ertragen, und zwar zunächst von seiten der

»Fortschrittspartei«. Wagner kämpft gegen ihn in seinen Schriften ›Über das Dirigieren‹ und ›Über das Dichten und Komponieren‹. Dort wird von »Sprödigkeit und Hölzernheit« gesprochen, die man »gern etwas mit dem Öle jener Schule befeuchtet gewünscht hätte« (die eben die Wagnerische war). Es wird an »affektierten Enthusiasmus für mittelalterliche Schnitzereien« erinnert und noch einmal an »steife Holzfiguren«. Von höchstem Interesse ist es, bei Wagner gerade diese Ausdrücke zu finden. Sie machen nämlich deutlich, daß Brahms innerhalb des schweifenden Neubarock des späteren 19. Jahrhunderts verhältnismäßig gedämpft, gehalten, ja schon fast wie ein bewußter Primitivismus wirkt, nachdem doch die Nazarenerzeiten, ja selbst die Präraffaeliten mit ihrer Liebe zur frühen Kunst, längst verklungen waren. Als dann später, lange nach 1900, eine allgemeine, neue und nunmehr betonte Freude am *Blocke* eingesetzt hatte (besonders in der bildenden Kunst), empfand man in Brahms – nun genau umgekehrt – nicht mehr das karg Geschnitzte mittelalterliche Plastik, sondern – wiederum übertreibend – das Geölte, Wogende, nun also den *neubarocken* Einschlag seiner eigenen verflossenen Zeit, während ja gerade im Beieinander solcher Gegensätze sein bleibender Reiz liegt. Wagner sprach von seinem Standpunkt aus weiterhin von »Enthaltsamkeitsschule, Mäßigkeitsverein, muckerhaftem Wesen, dogmatisch gewordenen Maximen, zäher Melodik, kleinlichem Melodien-Hächsel.« Brahms sei der Komponist des letzten Schumanngedankens. »Widerliche Sekte« heißt es an anderer Stelle. Auf die Ehrungen, die Brahms erlebte, anspielend, meint Wagner noch: »Schlimmer wird es erst, wenn viele Leute, – Vorsteher und dergleichen – durch die Maske wirklich getäuscht werden und etwa Hamburger Festbankette und Breslauer Diplome hieraus hervorgehen.« In einem offenen Brief an Wolzogen heißt es, daß Brahms trotz großer Fülle immer langweilig bleibe. Gegen ihn zielt auch der Satz: »Was mich von den jetzigen Komponisten unterscheidet und sie mir überlegen macht, ist, daß ich nicht komponieren kann, ohne einen Einfall zu haben, sie aber könnens.« Um einen gänzlich trüben Zustand zu bezeichnen, schreibt Wagner dann an Liszt, er komponiere jetzt den ganzen Tag wie Raff und Brahms.

Liszt verhält sich anfangs wohlwollend, dann aber auch immer abweisender gegen Brahms. Auch Nietzsche hat behauptet (so berichtet wenigstens Brahms an Specht), »daß ich nur durch Zufall berühmt geworden sei: ich sei von der Antiwagnerpartei als Gegenpapst nötig gebraucht worden.« Cornelius vermißt »die Einheit in der Gedankenreihe, ihre Stetigkeit und Fülle, vor allem den Pulsschlag des Herzens (!). Der Verstand wird befriedigt, aber das Gemüt geht zumeist leer aus.« (Alles noch Fremde nennt man ja zunächst verstandesmäßig.) Der erstaunliche Hugo Wolf, generationsgeschichtlich doch nahe mit Brahms verwandt, aber Wagnerianer im Fortissimo, wütet wie ein Berserker gegen seinen Zeitgenossen. Wolf behauptet im Wiener Salonblatt bei der Erstaufführung der dritten Sinfonie, sie sei mißraten, »weil man von einem Beethoven Nr. 2 (das ging gegen Schumanns Prophezeiung) alles verlangen muß, was einem Dr. Johannes Brahms gänzlich fehlt: Originalität. Brahms ist ein Epigone Schumanns, Mendelssohns und übt als solcher auf die Entwicklung der Kunstgeschichte etwa einen Einfluß aus, wie der verstorbene Robert Volkmann«, nämlich keinen. »Schumann, Chopin, Berlioz, Liszt, die Führer der revolutionären Musikbewegung nach Beethoven ... sind an unserem Symphoniker spurlos vorübergegangen; er war oder stellte sich blind, als der erstaunten Menschheit die Augen vor dem strahlenden Genie Wagners auf- und übergingen.« Er ist »ein Überbleibsel uralter Reste und kein lebendiges Glied im großen Strom der Zeit. – Wie man anno dazumal Menuett getanzt, beziehungsweise Symphonien geschrieben hat, schreibt auch Herr Brahms Symphonien, mag derweilen vorgefallen sein, was will.«

Über die vierte Sinfonie berichtet Hugo Wolf erbittert: »Auffallend ist der Krebsgang im Produzieren von Brahms. Zwar hat sich derselbe nie über das Niveau des Mittelmäßigen aufschwingen können; aber solche Nichtigkeit, Hohlheit und Duckmäuserei, wie sie in der e moll Symphonie herrscht, ist doch in keinem Werke von Brahms in so beängstigender Weise ans Tageslicht getreten. Die Kunst, ohne Einfälle zu komponieren, hat entschieden in Brahms ihren würdigsten Vertreter gefunden. Ganz wie der liebe Gott versteht auch Herr Brahms sich auf das Kunststück, aus nichts etwas zu machen.«

Weitere Äußerungen Hugo Wolfs wären anzuführen: »Die wahre Größe eines Komponisten wird man immer nur daran erkennen können, ob er jubeln kann. Wagner kann jubeln, Brahms nicht.« Brahms sei ein Mann, der »hie und da aus seiner so bequemen Rolle fällt und sich dann nicht ungern mit fremden Federn schmückt.« – »Herr Brahms ist klug und instrumentiert daher wohl mit Absicht schlecht, um nebenbei auch noch jeden Schein zu vermeiden, als wolle er die Armut seiner Ideen durch eine farbige Instrumentation vertuscheln.« – »Man vermutet Tiefsinn in ihm, unergründlichen, noch nie dagewesenen, hirnversengenden Tiefsinn ...«

»Lächerliche Ernsthaftigkeit, Muster unfreiwilligen Humors.« »Auf der Folterbank erzeugte Produkte.« – »So originelle, kühn und genial erfundene Schöpfungen wie die Liszts, werden von unseren Kritikern mit souveräner Verachtung oder gar mit einer mitleidig spöttelnden Bemerkung abgetan, während Leimsiedereien, diese ekelhaft schalen, im Grunde der Seele verlogenen und verdrehten Symphonien (!) als Weltwunder gepriesen werden ...« Eine der groteskesten Wertverzerrungen der neueren Kulturgeschichte spricht sich in folgendem Satz eines doch so feinsinnigen Geistes wie Hugo Wolf aus: »In einem einzigen Beckenschlage aus einem Lisztschen Werke drückt sich mehr Geist und Empfindung aus als in allen Brahms'schen Symphonien und seinen Serenaden obendrein.« Die zweite Cellosonate nennt Wolf ein Tohuwabohu.

Hans von Bülow wird später Brahmsens Verfechter werden, spricht zuerst aber von »tantalischer Prätension«. Auch Tschaikowsky, von Wagners Musik begeistert, lehnt den Norddeutschen völlig ab. »In der Musik dieses Meisters liegt für das russische Herz etwas Trocknes, Kaltes, Nebelhaftes und Abstoßendes, von unserm Standpunkt aus fehlt Brahms jede melodische Erfindung. (!) Der musikalische Gedanke wird nie ganz ausgesprochen; kaum ist eine melodische Phrase angedeutet, so wird diese schon von allerhand harmonischen Modulationen überwuchert . . .« Rubinstein, der selber mit schwungvollen, wenn auch oberflächlichen Werken hervortritt, schreibt an Liszt: »Pour le salon il n'est pas assez gracieux, pour la salle de concert, il n'est pas assez primitif, pour la ville pas assez général.«

Alle diese Urteile kommen von Schaffenden, die sich Vertreter eines kühneren Stiles dünken. Von hier aus also haben wir die *seltenere* Form der Mißdeutung: Verkennung der scheinbar *konservativen,* somit für erledigt gehaltenen Werte. Joh. Seb. Bach hatte man einst im gleichen Sinne abgetan.

Geht man zur entgegengesetzten Partei über, zu den gemäßigten, konservativen Kreisen, so sollte man glauben, nun auf *Zustimmung* zu stoßen. Daß Brahms aber auch hier auf breiten Widerstand traf, zeigt an, wieviel neue Elemente eben doch in seiner Musik enthalten waren.

Der scharfsinnige Musiktheoretiker Hanslick, der später Brahms verherrlicht, um sich um so wilder gegen Wagner zu wenden, tadelt bereits am Trio op. 8 für Klavier und Streichinstrumente (erste Fassung), einem reizvollen Werke, die »harmonischen Cruditäten« und nennt es »Erzeugnis unausgereifter Künstlerschaft«. Die Schottsche Süddeutsche Musikzeitung wirft Brahms geniale Zerrissenheit vor. Sein erstes Klavierkonzert fällt im Leipziger Gewandhaus einfach durch. Zischen und Lärm erheben sich. Neben guten Kritiken, welche erscheinen, schreibt ein andrer angesehener Berichterstatter von »Würgen und Wühlen, Zerren und Ziehen, Zusammenflicken und Wiederaufreißen, von Phrasen und Floskeln . . . Diese ungegorene Masse muß man in sich aufnehmen und dabei noch ein Dessert von schreienden Dissonanzen und mißlautenden Klängen verschlucken.« Brahms habe den Klavierpart bewußt reizlos gemacht, niemals treffe man auf feine Passagen, »alles werde von einer dichten orchestralen Begleitungskruste niedergehalten und zusammengequetscht.« So dumpf wirkt anfänglich der Orchesterklang des Meisters, weil er nur wenig dunkler war als damals üblich. Brahms selber bestätigt, daß sein Konzert »hier glänzend und entschieden durchfiel . . . Ohne irgendeine Regung wurde der erste Satz und der zweite angehört. Zum Schluß versuchten drei Hände langsam ineinanderzufallen, worauf aber von allen Seiten ein ganz klares Zischen solche Demonstrationen verbot.« Die Verkennung dieses frühen, kühnen Werkes bewirkte, daß Brahms entmutigt sich längere Zeit in kleinen Nebenarbeiten verzettelte.

Auch das B dur Sextett fand weder bei seiner Wiener Uraufführung 1866 noch bei seiner Wiederholung im folgenden Jahre irgendwelchen Widerhall. Ähnlich ging es der Sonate op. 78. Manche Kritiker bauten, wie das so oft zu gehen pflegt, persönliche Beziehungen des Komponisten zu kunstgeschichtlichen Abhängigkeiten aus. So wittert man zum Beispiel immer wieder Schumannschule, während Brahms selber behauptet, von dem verehrten Schumann nichts weiter als Schachspielen gelernt zu haben.

Auch die Übergehung bei verschiedenen Posten, um die sich Brahms bewirbt, kann als Verkennung gebucht werden. »Warum will man uns Poeten nur so zu garnichts gebrauchen?« klagt er seinem Verleger in Winterthur.

Beim fünfzigjährigen Stiftungsfest der Hamburger Philharmonischen Gesellschaft seufzt er: »Hätte man mich zur rechten Zeit gewählt (man hatte damals Stockhausen ihm vorgezogen), so wäre ich ein ordentlicher bürgerlicher Mensch geworden, hätte mich verheiraten können und gelebt wie andere. Jetzt bin ich ein Vagabund.«

Selbst das ›Deutsche Requiem‹ erregt trotz früher Bewunderung auch gelinden Anstoß, den wir nun schon gar nicht verstehen können. Sogar der zustimmende Brahmsfreund Hanslick beklagt sich über den tiefsinnigen Orgelpunkt im dritten Satze, welcher wirke, als ob jemand durch einen endlosen Tunnel fahre. Die Aufnahme dieses dritten Satzes wenigstens war zwiespältig. Cornelius findet »zuviel Reflexion«. Er rühmt hiergegen Liszts ›Heilige Elisabeth‹. Scholz, Wüllner, ja auch Brahms (welche Zusammenstellung!) hätten nicht »das Zeug zu einem selbständigen, großen, poetischen Meisterwerk . . .«

1860 lehnt Breitkopf und Härtel die Annahme eines Klavierkonzertes rundweg ab. Und ein großer Verleger schreibt an Raff: »Von Brahms habe ich nichts genommen, wohl aber denselben gehört und daraus die Überzeugung gewonnen, daß er weder Pianist noch Komponist ist und daß seine Sachen nicht gehen werden.« Das Violinkonzert wird von einem Kritiker als »dreisätziger Saitenkrampf mit Orchesterbegleitung« bezeichnet.

Die vierte Sinfonie findet in Wien zunächst nur knappen Erfolg. Brahms schreibt: »Woanders hätten sie mich längst totgeschlagen, hier (in Wien) werde ich doch wenigstens toleriert.« Selbst seine durchaus verstehende, hochmusikalische Gönnerin Frau von Herzogenberg bekundet, daß sie verspätet erst das Vorurteil überwunden habe, daß die Kompliziertheit »dem Werk zum Schaden gereicht«.

Vom G dur Quintett erzählt selbst Billroth, der berühmte Arzt und immer aufmunternde Freund: »Die Langatmigkeit des ersten Baßthemas und die rhythmisch und harmonisch überreiche, fast möchte ich sagen überladene fünfstimmige Führung macht den Satz doch nur bei starker geistiger Anstrengung genießbar.« Derselbe Freund schreibt von den Klavierstücken: »Ich liebe dieses Genre von Brahms am wenigsten, die Rhapsodie in g moll ausgenommen. Er ist in der von ihm gewählten Form kleiner Klavierstücke nicht mannigfaltig genug, meist zu schwerfällig und nicht pikant genug. Brahms sollte beim großen Stil bleiben.« Hierbei wollen wir nicht entscheiden, ob der Freund in dieser Einzelfrage nicht etwa recht behält.

Brahms werden schließlich gewaltige Ehrungen zuteil: Ehrendoktor von Cambridge und Breslau, pour le mérite, Ehrenbürgerrecht, Mitgliedschaft der Berliner und Pariser Akademie. Dennoch gibt er selber folgende intime, bittere Zusammenfassung seines Lebens, welche mit unserem Problem durchaus in Beziehung steht: »In der Zeit, in der ich am liebsten geheiratet hätte, wurden meine Sachen in den Konzertsälen ausgepfiffen oder wenigstens mit eisiger Kälte aufgenommen . . . Wenn ich in solchen Momenten vor die Frau hätte hintreten, ihre fragenden Augen ängstlich auf die meinen gerichtet sehen, und ihr hätte sagen müssen, es war wieder nichts – das hätte ich nicht ertragen. Denn mag eine Frau den Künstler, den sie zum Manne hat, noch so sehr lieben und auch, was man so nennt, an ihn glauben - die volle Gewißheit seines endlichen Sieges, wie sie in seiner Brust liegt, kann sie nicht haben . . .« Verspätet berichtet sogar noch Max Reger, der so abhängig von ihm war, von der Verkennung des Meisters (1893): »Wenn die Kritik heutzutage schreibt, daß Brahms nicht klaviermäßig ist, so ist das eben einer von den vielen Irrtümern, die sie immer begeht. Ich will nur ein Wort Dr. Riemanns anführen - er wußte keinen Kritiker, dessen Verstand nur bis Schumann reichte. Am allerliebsten würden sie Brahms in Acht und Bann erklären.« Und noch 1896 behauptet Reger zusammenfassend: »Ich gehe eine Wette ein auf 1000 Mark, daß, wenn Brahms heute eine Sinfonie schreibt, und dieselbe unter fremdem Namen herausgibt (sodaß es niemand weiß), daß alle unsere Redaktionen sich über den Anfänger lustig machen.«

Liszt

Liszt war bekanntlich der angesehendste Klavierspieler seiner Zeit. Schon früh hervortretend, zu den Wunderkindern rechnend, huldigten ihm alle Länder Europas, den dämonischen Schwung seines Musizierens bewundernd. Wenn nun aber ein großer Darsteller zu eignem Schaffen übergeht, ergeben sich im Publikum meist Widerstände. Die Hörer haben ihn gleichsam als magischen Durchlaß aller begehrten Werke der letzten Jahrhunderte betrachtet, wobei der Wiedergebende als dauernd sich verwandelndes Wesen bestaunt wird. Ein Wesen, daß bald Pergolese, bald Bach, Mozart, Beethoven oder Chopin ist. Auf einmal aber will dies Wesen ein abgesondertes Ich entfalten, immer sein eigenes Lebensgefühl wiederholend, was nun wie eine Verengung empfunden wird. Als Anmaßung erscheint jetzt, neben den Gehalten ganzer Jahrhunderte sich plötzlich selber vorzudrängen. Die Theoretiker wissen ihn nun nicht mehr einzureihen. Man wird verlegen, falls man einen Epigonen wittert.

Erscheinen nun aber kühne *neue* Formen, so werden diese umgekehrt mit bereits anerkannten älteren Weisen verglichen. Sie werden nun wie alles Neue als gesucht, als bloßes Experiment empfunden. Bricht solcher Versuchscharakter der Klänge in ein und demselben Menschen hervor, neben einem gänzlich gesicherten Ruf als Interpreten, so kann die neue Tätigkeit geradezu als verächtlich erscheinen.

Mit solchen Worten ist Liszts Schicksal als Komponist umschrieben. Ob seine ausgreifenden Erweiterungen (sinfonische Dichtungen statt Sinfonien, Programm-Musik, Ausdehnung des älteren Tonarten- und Rhythmusbegriffes) bleibende Werte darstellen, ist immer noch nicht voll entschieden.

Viele bewundern seine neuen Akkorde, Tonfolgen und Orchesterfarben als imponierend. Andere sehen nur geschichtliche Bedeutung: er habe der Tonwelt Berlioz-Wagner machtvoll die Tore geöffnet und brausend die neuen Ausdrucksmittel hereingelassen.

Wenn er neben bedeutenden Stellen gelegentlich ein bloßes Ausrauschen bringt, so werden wir heute sagen, daß seine Dämonie nicht immer *dicht* blieb. Keinesfalls aber würden wir die neuen Formen überhaupt, die er manchmal zu letzten Folgerungen führte, verdammen, wie es zu seinen Lebzeiten geschah. Haben wir doch inzwischen noch ganz andere Entladungen des Daseinsrausches genehmigt. Wir müßten sonst ja auch Wagner und Bruckner verurteilen, die auf demselben neuen Boden stehen. Sofern sich also jene Frühurteile hier gegen neue *Grundsätze* richten, können wir die heftige damalige Abwehr gegen Liszt weitgehend als Fehlurteil registrieren. Wir schalten hierbei gelegentliche Zweifel Wagners aus, weil Wagner, auf gleichen, neuen Boden tretend, mehr die *Qualität* einzelner Arbeiten als etwa den Stil kritisiert. Ebenso nehmen wir Bemerkungen Brahmsens aus, der von Wagner meist mit Hochachtung redet, aber von gelegentlichen »Sudeleien Liszts« spricht. Gab Brahms ja seinerseits, etwa in seiner ersten Sinfonie, der verdutzten Mitwelt selber genügend Rätsel auf.

Wir packen den Frühempfang gewisser Werke Liszts am besten in den Briefen des Meisters selber, wobei wir sowohl die Kehrtbewegung des von ihm bisher geradezu verzauberten Publikums wahrnehmen als auch die Rückwirkung dieser Reaktion auf den verwöhntesten aller damaligen Europäer. Man mag sich dabei immer wieder vorstellen, was es bedeutete, auf der Höhe des Darstellerruhmes plötzlich verachtet zu werden: weiter bewundert, wenn man andere wiedergibt, verlassen aber, sowie man offenbart, was nun im eigenen Innern wühlt.

Liszt berichtet 1856 einer Freundin, wie der »Festgesang an die Künstler« vor zwei Jahren einen »triumphierenden Durchfall« in Karlsruhe erlitt. »Diese braven Leute können sich nicht an einen energischen und scharfen Ausdruck für die Schillerschen Strophen gewöhnen.« In solchen Worten flammt die Abkehr des dynamischen Naturalismus gegen den verflossenen Klassizismus auf, wenn man sich hier der Ausdrücke aus bildender Kunst und Literatur bedienen darf. »Lindner hat heute Morgen in der Vossischen Zeitung (1855) den langen Artikel veröffentlicht, in welchem klar bewiesen wird, daß ich auf dem Holzwege bin, und daß ich mich nicht daran machen könnte, etwas Vernünftiges zu schreiben. In der Spenerschen Zeitung werden ähnliche Schlußfolgerungen ausgekramt.« Der Komponist berichtet weiter: »Was Mißkredit anbetrifft, so ist der, in welchen mich die Musikkritiker aller Zeitungen ohne Ausnahme gebracht haben, ein sehr sonderbarer Fall.« – »Weder die glänzende Ausfahrt, deren Held ich vor etwa 12 Jahren war, noch die weniger schmeichelhafte Ausweisung, mit der mich die unfehlbare Kritik Ihrer Hauptstadt diesesmal beschenkt hat, werden mich hindern, gelegentlich Berlin wieder zu betreten.«

1856 grübelt Hans von Bülow über solche Ablehnungen. Liszt antwortet, die Formel, die er dafür gefunden habe, sei die treffendste. Denn die »künstlerische Emanzipierung des individuellen Inhaltes vom Schematismus« sei und bleibe ihre Hauptaufgabe.

Man spürt die verblüffende Wirkung der neuen großen Orchesterhandhabung (obgleich ja Berlioz mit seinen Klangwirkungen vorausgegangen war), wenn Liszt bemerkt, daß die »Festklänge selbst unserem Freunde Pohl zu ungestüm durcheinander klangen.« Dann fährt er ironisch fort, »was soll alle diese Canaille von Schlaginstrumenten, Becken, Triangel und Trommel auf dem heiligen Gebiet der Symphonie zu schaffen haben!« Von ihrem »rhythmischen Element ohne die Zutat des rohen Gelärms« spricht er an anderem Orte. 1866 heißt es: »Ich habe mir besonders angelegen sein lassen, mich wegen des ungerechten Vorwurfs zu rechtfertigen, den man mir macht, daß ich die Begriffe der Harmonie, des Rhythmus und der Melodie durcheinanderbrächte. Weit davon entfernt, sie durcheinanderzubringen, glaube ich, sie weiter entwickelt und befruchtet zu haben.« Hier beleuchtet er die immer wiederkehrende Lage: daß man jeweils Untergang wittert, wo nur Umbildung und Weiterausbau vorliegen.

Immer wiederholt sich auch, wenn eine verhältnismäßig neue Formengebung des Ausdrucks vorliegt, daß man diese noch nicht *spielen* kann, wie wir ja schon bei anderen Meistern zu erinnern hatten. Setzen doch die feinsten geschichtlichen Verschiebungen immer entsprechende Umprägung des Vortrags voraus und bedürfen sogar einer neuen *Technik* der Wiedergabe. Geben doch alle Noten nur einen bloßen *Grundriß* wieder, dessen wirkliche Gesamtarchitektur erst sozusagen freie Tat des Spielenden wird. So schreibt denn Liszt 1867, seine Bergsinfonie beunruhige ihn, »nicht etwa, weil ich dieses Werk zu verleugnen hätte, sondern weil mir der Moment noch nicht gekommen scheint, wirklich zu vernehmen, was ich damals im Ohre hatte, als ich es schrieb.«

Das Gesetz der geistesgeschichtlichen Trägheit, aus welcher alle Bekämpfung des Neuen entspringt, ahnt Liszt durchaus, wenn er 1857 mitteilt: »Der Strom der Angewohnheiten . . . ist so bändigend, daß es selbst den Bessergesinnten und Mutigsten, unter welche ich den Stolz habe mich selbst zu rechnen, äußerst schwierig wird, ihr besseres Ich vor all den lüsternen, verworrenen und trotz ihrer großen Zahl unzurechnungsfähigen Wir zu wahren.« Der Kritik spielt er einmal einen Streich, als er von seinen verlästerten Liedern ein »paar Nummern als Nachlaß von Schubert produziert, in einigen mir sehr übel gesinnten Salons Furore machend, wobei das Dacapo verlangt wurde.« Bei der »mißfälligen Dresdner Aufführung« der Dantesinfonie bemerkt er, daß »das gewöhnliche Publikum nur auf höheren Befehl der *Tradition* toleriert.« Vom Totentanz schreibt er an Bülow: »Ich bedaure lebhaft, daß Ihnen dieses unglückliche Werk in Hamburg und im Haag einige Unannehmlichkeiten verursachte . . . Aber da Sie heldenmäßig darüber hinweggegangen sind und Wagner und Cornelius Vergnügen darüber empfunden haben, so erkläre ich mich als vollständig befriedigt.« An Joh. von Herbeck teilt er mit: »Vorläufig möchte ich keinem meiner Freunde die Unannehmlichkeiten aufbürden, welche die Aufführungen meiner Werke mit sich führen.«

1856 wird aufgezeichnet: »Griepenkerl hat hier zwei Vorlesungen über den kunsthistorischen Fortschritt der Musik und Poesie gehalten und in ihnen weder von Wagner noch von Berlioz gesprochen ... und hat mit seiner dicken Pfote einige Schläge ins Wasser gemacht.« Noch 1877 sagt Liszt zusammenfassend über die ganz neue Richtung: »Eine kompakte Gegnerschaft steht hoch obenan; sie führt das große Wort in Zeitungen, Hochschulen, Musikinstituten. Mittelmäßige Talente werden gerühmt und angestellt; weit vortrefflichere bekrittelt und abgewiesen ...« An Richard Wagner schreibt er aus der Ferne: »Die englische Auflage des Philistertums ist um nichts angenehmer als die deutsche, und die Kluft zwischen dem Publikum und uns bleibt immer gleich ähnlich.«

Wir wissen, daß Liszt wegen der Gegnerschaft der Weimaraner gegen Wagner, Cornelius und die neuen Ziele, die er selber erstrebte, sein gesamtes dortiges Amt niederlegte. Bezeichnend für seine bewegte Art ist andrerseits, daß er im Alter noch Borodin, Rimski-Korsakoff und Mussorgsky bejaht, also nicht etwa später, wie so manche anderen Eröffner, nachdem sie alterten, nun etwa die weiteren Folgen seines Tuns *bremsen* will. Wir wissen ferner, daß Liszt, als er nach Rom übersiedelt, sogar die kühne Absicht hegt, die ganze *Kirchenmusik* der neuen Harmonieerweiterung anzunähern, womit sie sich vielleicht wie in älteren Zeiten dem jeweils verwandelten Stile angeglichen hätte. Die Kunstformen des Katholizismus waren aber im 19. Jahrhundert bereits epigonenhaft geworden und rückwärts gekehrt. So scheitert auch dieser kühne Plan. Er scheitert allerdings auch an der inneren Spannung zwischen Sakralem einerseits und dem rauschenden Vitalismus des 19. und beginnenden 20. Jahrhunderts andrerseits, den ja eigentlich Liszts Musik bereits auslebt. Braucht er doch für seine Intentionen gelegentlich schon Worte, wie sie eigentlich erst in der neuen Reizsamkeit um und nach 1900 üblich wurden, wenn er für die Musik vor allem »Leidenschaft, energische Spannkraft, übertragene *Elektrizität*« fordert.

Zu unserm gesamten Thema der Verkennung hat Liszt – ebenfalls in seinen Briefen, an die wir uns bei diesem Virtuosen des unmittelbaren Ausdrucks absichtlich allein hielten – eine gute Zusammenfassung gegeben, wenn er behauptet, »daß alle großen Klassiker in ihrer Zeit als Neuerer und selbst Romantiker, wenn nicht gar als Pfuscher und verrückte Kerls gescholten worden sind.«

»Vermöge der von Joachim gestellten Klausel bei den Novitätenkonzerten – daß nur *solche* Komponisten in den Programmen Berücksichtigung erfahren sollen, deren Ruf als künstlerische Vertreter der deutschen Nation *feststeht* – wären Händel, Bach, Mozart, ja selbst Beethoven in ihrer Lebenszeit schlecht weggekommen.«

Ein Wort von größtem Gewicht, für die jeweilige *»Jugend«* sprechend, zusammenfassend von einem erprobten, 62jährigen Meister ausgesagt. Eine Mahnung damals auch für kommende Musikfeste!

Wagner

Für unsere Fragestellung ist die Erscheinung Wagners die merkwürdigste des 19. Jahrhunderts. Dieser faszinierende Mensch findet bald einen Anhängertrupp, der ihn verteidigt, von Bülow und Liszt bis ›hinauf‹ zu König Ludwig. Doch waren diese Stützen nicht so sicher, als es uns heute aus der Ferne erscheint. Bülow kehrt sich im letzten Augenblicke ab, um sich der andersartigen Geistigkeit von Brahms zuzuwenden. Ludwig II. gibt seinem Volke nach, als es Wagner aus München vertreiben will.

Wagners Leben ist das abenteuerlichste, das ein im Grunde nach innen gekehrter Mensch jemals verbrachte. Auf die frühe Flucht des Revolutionärs aus Dresden folgt Rettung in die Schweiz. Auf ungewisseste Zwischenzeiten folgt königliche Bergung in München. Auf die erneute Flucht vor den erhitzten Bayern folgt schließlich Bayreuth: üppiger Ruhesitz und eigene Bühne.

Vor Erreichung dieses wirklichen Hafens aber fährt sein gesamtes Schaffen wie im Sturm dahin. In dieser Zeit der Sammlung als Dramatiker, Musiker und Theoretiker wird alles immer wieder ungewiß. Die Widerstände und Bekämpfungen scheinen unabsehbar, verglichen mit den Hilfeleistungen seiner Bundesgenossen. Gerade Wagner, hört man heute manchmal, wäre ein Beispiel für den sofortigen Erfolg, von seiner Zeit mehr über- als unterschätzt. Solche Ansicht verwechselt die Generationen. Sie vertauscht die Zeit von etwa 1840 bis 80, in der sich Wagners Schaffen und Kämpfen abspielt, mit der Zeit von 1880 bis 1900, in der ein erster allgemeinerer Wagnerkult erscheint, oder gar mit der Periode von 1900 bis zur Gegenwart, wo die Wirkung ins Breiteste ausgreift, um nun neuere Werte ihrerseits zu erdrücken.

Ob die einheitlich zusammengezogene, neubarocke, tragische Großoper bestehen bleiben wird, haben wir abzuwarten. Jedenfalls hat ihr kein anderer derartig bewegenden, musikalischen Gehalt zugeleitet. Wagners Wirkung scheint räumlich wie zeitlich noch unerschüttert. Niemand hätte bei seinen Lebzeiten gedacht, daß jene weitläufigen, anstrengenden, schwierigen Gebilde, die nur für sehr geschulte Genießer geschrieben schienen, die höchsten Kassenerfolge aller Länder werden würden, von Bayreuth bis New York und Tokio wirkend, aufgesucht von ersten Kennern der Welt bis hinunter zu abseitigen Kohlentrimmern. Nach solcher *Anerkennung* schwer verständlicher, langatmiger Werke ist auch deren Empfangs- und Kampfgeschichte besonders fesselnd. Wir tragen aber in die mächtigen Partiturbögen der damaligen Resonanz nur *gegnerische* Stimmen ein. Man erwarte also – wie auch sonst – keine Gesamtorchestrierung, kein Totalbild jenes Empfanges, der Wagner zuteil wurde.

Wir gruppieren möglichst nach Motiven. Am meisten Anstoß erregt die gewaltige Tonflut seiner orchestralen Mittel, mit der er Stimmungen zum Klingen bringt, die vorher niemals vernommen wurden. Hierbei führen wir nur Leute an, die damals als kunstverständig und musikalisch galten.

Carus, ganz noch dem stillen Welterleben von 1800 zugewandt, nennt Wagners Musik, ja sogar den ›Tannhäuser‹, romantisches Rokoko, womit er Wagners ausladende Bewegtheit treffen will. Paul Heyse schreibt noch 1873: »Das ist das Geheimnis des Erfolges, den dieser große Mann davongetragen, die bis zur Erschöpfung gesteigerte Aufregung, welche die armen, groben Sinne immer an der Nase herumführt, den Appetit beständig reizt,. . . eine Art poetischer Cancan, eine musikalische Haschischbenebelung.« Wir spüren hier den Abscheu gegen die neubarocke, rauschhafte Fülle, der doch die kommende Entwicklung weit über Bruckner hinaus gehören sollte. Wir fühlen die Abwehr von seiten des älteren Spätklassizismus und der italienisierenden Formenwelt, wie sie damals Heyses Lyrik, Sempers Architektur und Verdis Musik (solange sie noch unbeeinflußt war) ausdrückten.

Als weiterer Vertreter gebildeter Schichten möge Otto Ludwig sprechen. »An Wagners Musik verdrießt mich der doppelte Fehler, erstlich, daß seinen Ton- und Akkordfolgen das fehlt, was ich . . . Kausalität oder meinetwegen Logik der Musik nenne, zweitens, daß dieser Fehler so recht die Absicht, die bewußte, kalte Absicht wie ein Horn auf der Stirn trägt . . .« Deutlich sind hier zwei typische Abwehrmotive gegen neues Gefüge: statt einer *veränderten* Art des Schließens sieht man gleich Unlogik überhaupt. Und statt einer veränderten Art des Ausdrucks wittert man gleich kalte Absicht.

Wie aber sollten sich die Aufnahmegefühle nach Jahrzehnten geradezu umkehren! Soweit man *später* von ganz anderem Standpunkt nun noch mal gegen Wagner reagiert, wirft man ihm doch gerade das Gegenteil vor: statt fehlender Kausalität viel zu ausführliche und ausgewogene, logische Verflechtung aller Teile, statt kalter Absicht allzu warmen Dauer-Gefühlsstrom.

Die zeitgenössische Meinung Gustav Freytags sei ohne Erklärung vermerkt. »Wagner ist in der dringenden Gefahr, durch zu starke Benutzung der Kontraste ermüdend, durch gesuchte Originalität des szenischen Arrangements abenteuerlich, durch die Wahl seltsamer Stoffe barock und, was die Hauptsache ist, durch unrichtige Verwendung der musikalischen Mittel lächerlich zu wirken.« Kaulbach schreibt 1863 über den ›Tristan‹, hiermit noch mal einen bezeichnenden Querschnitt durch die gebildetere Gegnerschaft gebend, »Für unsere schwachen Nerven und Ohren ungenießbar. Der Gesang besteht nur in heulenden, schrillen Tönen; sie brüllen, wüten, toben und werden dazu von dem Orchester mit den kunstvollsten Dissonanzen begleitet, Pauken, Trompeten, Cimbeln und noch andere neuerfundene Instrumente steigern sich zu wahrer Raserei.« Etwa 50 Jahre später sollte Richard Strauß im ›Tristan‹ das größte geistesgeschichtliche Ereignis sehen.

Einer der einfühlendsten Menschen jener Tage, J. Burckhardt, meint: »Daß in Paris überall Wagner einreißt, ist ein Zeichen vor dem Ende . . . Der Maestro Defunto hatte enorm viel orchestrales Wissen, auch verrät er (unwillkürlich, versteht sich) tiefe Kunde von Weber, Beethoven. Was er aber gar nicht verrät, ist irgendein Funke von eigenem Schönheitssinn . . .« Hiergegen genügt nicht etwa, wie es üblich wurde, zu behaupten, Burckhardt habe eben den Schönheitsbegriff alles Barocken noch nicht verstanden. Hatte er doch in seinen ›Erinnerungen aus Rubens‹ die überströmende Formenfülle tief genossen. Nur das *moderne,* das gebrochene Barock blieb ihm verschlossen. Weitgehend erklärt sich jenes Urteil Burckhardts, dieses sublimen Kenners, der äußerst musikalisch war, aus seinem (beinahe genossenen!) Kulturpessimismus, der seine rein geschichtliche Lebenseinstellung dauernd begleitet. Er hält grundsätzlich alles Köstliche für bereits ausgeformt und abgelaufen. Er kann sich - typisch 19. Jahrhundert - nicht mehr vorstellen, daß noch etwas Bedeutsames komme. Er verfehlte ja auch die gleichzeitige Verjüngung der Malerei um Courbet und Manet, sich an seinen rückwärts gerichteten Bouguereau klammernd. Sogar für die Vergangenheit wehrt er neuen Wertungen ab. Hiergegen sollte sich später (etwa mit Ende des Historismus) eine Theorie bilden, die da behauptet: wer wirkliches Qualitätsgefühl besitze, bewähre es auch seiner eigenen Zeit gegenüber. Burckhardts Dasein widerlegt diese vereinfachende Behauptung aufs gründlichste.

Ein anderer Großer jener Tage, Friedrich Hebbel, lehnt Wagner aus der Zone seines gehaltenen grüblerischen Spätklassizismus ab. »Ich war, als ich auftrat, weit davon entfernt, ein neues Evangelium zu predigen; ich wollte das alte aus Sophokles und Shakespeare wieder in seine Rechte einsetzen. Wagner hatte aber eine Kunst-Theorie ausgeheckt, die im schreiendsten Widerspruch mit der großen Vergangenheit stand, die das Wesen der Kunst selbst vernichtete und ohne Frage nur das eigene Defizit, den Mangel an Melodien decken sollte.« Genau so wurde aber mit dem Ankläger selber verfahren, als Prutz in seinem Nachruf behauptete, Hebbel habe seine neue Theorie des Dramas nur erfunden, um die Mängel seiner eigenen Begabung zu verhüllen. Wieder einer der üblichen, negativen Erklärungsversuche neuen Einstellungen gegenüber. An anderem Orte äußert sich Hebbel über Wagner noch weit drastischer. Ähnlich urteilen auch Zeitungen. »Ich wage nicht zu entscheiden, ob diese Musik mehr die Seele ergreift oder das Rückenmark schüttelt . . . Das pfeift, zischt, klingelt, rauscht, stürmt, als ob auch die Steine Töne und Summen erhalten hätten. Und man wundert sich nur, daß man beim letzten Taktstrich nicht samt dem Komponisten und dem ganzen Theater in die Luft fliegt.«

Wie begrenzt ist immer die Fähigkeit, neue Reize zu verstehen, die dann zunächst ganz übersteigerte Wirkungen hervorrufen! Man findet hier die typische Frühtäuschung: verwechselt die Anreicherung der äußeren Formungsmittel mit ihrem inneren Gehalt. Innerhalb seiner erregenden, orchestralen Fülle geht Wagner ja gerade auf das melodisch Getragene aus. Ähnliche Verwechslung aus erster Nähe lag etwa vor, wenn Nietzsche Dostojewski als schneidend scharfen, eiskalten Psychologen nahm, während wir heute aus Entfernung den allverstehenden Menschen in ihm lieben. Zur gleichen Zeit spielt sich Entsprechendes gegenüber Rembrandt ab, als seine Werke im 19. Jahrhundert erneut in den Vordergrund treten. Man sieht zunächst nur den furchtlosen Realisten in ihm, während wir heute den Versöhner allen Menschseins empfinden. Entsprechend wird bei Wagner aus der Vielfalt seiner Musik zuerst die *veristische* Struktur vermerkt. »Wagner, dem nie ein musikalischer Gedanke aus der Tiefe der Seele quillt, ist ein kluger Nachahmer wirklicher Vorgänge, seine Musik ist der geschickteste Affe der Realität«, heißt es 1876.

Ebenso wird auch das *Leitmotiv* verkannt, das nun den musikalischen Gehalt gruppiert. Ludwig Speidel, Kritiker an der Wiener Neuen Freien Presse, behauptet vom ›Siegfried‹, die Musik sei »ein ewig wiederkäuendes Ungeheuer, mit einem widerwärtigen Aufstoßen der Leitmotive behaftet.« – »Wie bequem ist die Methode«, meint er von der ›Götterdämmerung‹, »jeder wiederkehrenden Person ein ähnliches Leitmotiv gleichsam als Hundemarke anzuhängen.« Hier wird verkannt, daß im Gegensatz zur additiven Nummernoper ein so riesiger, einheitlicher Gesamtorganismus, wollte er nicht moluskenhaft auseinanderquellen, nunmehr durch solche Wiederklänge eine Gliederung von innen her brauchte, während die *alte* Oper jene Gliederung von außen her erfahren hatte. Auch Auber kämpft gegen das einheitliche Durchkomponieren: »Wagner ist ein hochbegabter Musiker und seine Partitur hat schöne Stellen (Tannhäuser). Aber sie gleicht einem Buche, das ohne Punkte und Kommata von der Einleitung bis zum Schluß geschrieben ist. Man weiß nicht, wo man aufatmen soll, dem Autor droht der Atem auszugehen.« Man bedenke, daß man hier nicht etwa gegen die üblen Weitläufigkeiten Wagners überhaupt, sondern gegen sein Binnengefüge streitet.

Natürlich wird auch Wagners Idee vom Gesamtkunstwerk angegriffen. Diese »organische« Einheit wurde bekanntlich bei Wagner so umfassend genommen, wie sie bei Gluck, der Ähnliches erstrebt hatte, noch nicht verwirklicht war, weshalb sie wiederum als neu und völlig fremd erscheinen mußte. So meint denn der Ästhetiker Fr. Th. Vischer 1887: »Wagners Kunstwerk der Zukunft, eine Oper, worin sämtliche Künste gleichmäßig vorkommen sollen, ist ein Phantom, ein Ungeheuer, eine Strapaze, seine Theorie der theatralischen Allkunst, worin die Einzelkünste aufgehen sollen, ein utopischer Wahn.«

Bekannt ist der Empfang des ›Tannhäuser‹. Schumann, der sich später zustimmender ausdrückt, schreibt 1845, ». . .er kann wahrhaftig nicht 4 Takte schön, auch gut hintereinander wegschreiben und denken. Eben an der reinen Harmonie, an der vierstimmigen Choralgeschicklichkeit fehlt es ihnen allen . . . Die Musik ist um kein Haar besser als Rienzi, eher matter, forcierter!« 1846 erfolgt dann eine briefliche Teilbewunderung. 1847: »Wär er ein melodiöser Musiker wie er ein geistreicher ist, er wäre der Mann der Zeit.« Hier wird aus der geschichtlichen *Umbiegung* des Melos, wie üblich, zunächst ein Nichtmelos überhaupt gemacht. 1853 sagt Schumann, Wagner sei »kein guter Musiker; es fehlt ihm Sinn für Form und Wohlklang.« Man dürfe ihn allerdings nicht nach Klavierauszügen beurteilen. »Genug davon, die Zukunft wird auch über dieses richten.«

Auch wir erkennen in unserer Arbeit die Zukunft weitgehend als Richter an. Wir wollen weder unsren eigenen Standpunkt aufdrängen noch vorausgreifend von den beliebten ›Ewigkeitswerten‹ reden, an deren Festigkeit unsre Arbeit vielleicht ebenso rüttelt, wie sie den schönen Glauben zerstören muß, daß alles wahrhaft Große, im Gegensatz zum Zweitrangigen, sofort einleuchte. Jedenfalls bleibt festzustellen, daß gegenüber Wagner, wie man auch selber zu ihm stehe, die »Zukunft« anders entschieden hat als Schumann, einer der wohlwollendsten Geister des 19. Jahrhunderts, dachte, dessen Einstellung somit als Fehlurteil zu gelten hat.

Über die berühmte Auspfeifung des ›Tannhäuser‹ in Paris berichtet Berlioz 1861: »War das eine Aufführung! Die zweite war noch schlimmer als die erste. Man lachte nicht mehr soviel, man war wütend; gepfiffen wurde in ohrenzerreißender Weise trotz Anwesenheit des Kaisers und der Kaiserin. Den Kaiser (Napoleon III.) amüsierte das.«

Man bekundet nun nicht etwa nur weiter (wie etwa Schumann sagte), Wagner sei unmelodiös. Man dringt wie bei den meisten Neuerungen eines Ausdrucksgefüges zu dem bekannten Urteil »Unkunst überhaupt« vor. Es ist wie in entsprechenden Fällen des *Denkens,* wo sofort von »unwissenschaftlich überhaupt« geredet wird. Oder wie bei Umschaltungen des sittlichen Gefühlslebens einer Zeit, wo mit »unmoralisch überhaupt« geantwortet zu werden pflegt. So heißt es nun geradezu, Wagner habe »die Welt mit dem Lärm der Afterkunst erfüllt« (Breslauer Morgenzeitung 1887). »So durchlöchern sich die Grundsätze für die Wagnersche Afterkunst immer mehr, und alle Agitationen sind nur Beweis, mit welchen krampfhaften Mitteln die Wagner-Torheit erhalten werden soll« (Neue Freie Presse 1877). »Ein Berg von Albernheit und Torheit in Wort, Gebärde und Musik sind die Meistersinger« (Signale). »In Berlin wuchert üppig die ohrenquälende Musik von Bayreuth.« – Wo sie sich als ein »Bastard von Ton und Wort einbürgert, ist die Musikbewegung von vornherein negiert« (Mehr Licht 1879). Die Deutsche Musikzeitung von Wien schreibt 1860, daß Wagners Werke »uns zwar als Ausdruck der Zeit und einer bestimmten, energisch ringenden Individualität interessieren, uns aber nicht im mindesten Kunstgenuß gewähren«. Über den dritten Akt des ›Tristan‹ zetert Kalbeck witzig in der Wiener Presse 1883: »Ähnliches gilt von dem auf dem englischen Horn Trübsal blasenden Ochsen-, Schaf- oder Sauhirten und seiner traurigen Weise, die neben dem g ein verruchtes ges in der Schalmei stecken hat und sich von keinem der beiden Töne trennen mag. Der Gedanke, daß dieses vierzig Takte lang andauernde monotone Getute auf Schloß Kareol nicht die böswillige Erfindung eines Einzelnen, sondern ein sich von Hirt zu Hirt fortpflanzendes Erbstücklein ist . . . kann ein schwaches Gemüt zu stillem Wahnsinn bringen.«

Handelt es sich hier nur um die Vorstellung von Unkunst gegenüber einem kleinen Ausschnitt, so setzt sich dies Abwehrmotiv auch im Großen fort. M. Hauptmann klagt schon 1846: »Die Thannhäuserouvertüre halte ich für ein ganz verunglücktes, ungeschickt konzipiertes Produkt.« An anderer Stelle schreibt er, daß Wagner »in den Akkorden herumfaselt,. . . das Kunstnichts müßte auch dem Borniertesten offenbar werden . . .« Tolstoi nennt 1898 in der Revue de Paris den Text zum Nibelungenring »plumpste Pseudopoesie, sie streift geradezu ans Lächerliche.« – »Nachher kam die Introduktion zum Lohengrin mit ihren still siedenden Teemaschineneffekten«, berichtet 1860 verständnisvoll die Niederrheinische Musikzeitung. Der Pariser Figaro stöhnt 1876 über Bayreuth: »Die Werke, die ich gesehen habe, sind verabscheuungswürdig im ganzen; man kann sie (welche köstliche Voraussage!) auf keiner Bühne der Welt aufführen, weil sie eben bühnenwidrig sind ... Das Unternehmen von Bayreuth ist zum Tode verurteilt ...«

»Ich kann Sie versichern«, sagt ein Brief von H. Esser an Schott, »daß mir Siegfried als eine ganz schauderhafte Verirrung mit Mangel jeder natürlichen Empfindung erscheint, und da tut einem die Beschäftigung mit Beethoven und Weber, selbst Rossini so wohl wie ein lindernder Balsam auf entzündeter Haut.« Ein weiterer Zeterbrief (von einem Otto Kade) mag noch 1899 von einer – nunmehr zur Minderheit zusammengeschmolzenen – Partei Zeugnis ablegen: »Der scheußlichste, widerwärtigste Tag meines ganzen Lebens war der 3. oder 4. September 1873, wo ich im Dresdner Hoftheater in glänzendster Ausführung mitten unter den berühmtesten Künstlern der Malerakademie wie Rietschel, Bendemann, Ludwig Richter u. a. die Meistersinger anstandshalber zum ersten Male hören mußte, und schließlich Alle in das einstimmige Urteil ausbrachen: wo eine solche, roh materialistisch-naturalistisch sich über alle Kunstgesetze wegsetzende Richtung in Geltung kommen dürfte, ist der Untergang jeder höheren Kunstleistung unwiderruflich ausgesprochen.«

Aus der negativen Bestimmung »Unkunst« muß natürlich die positive »Chaos« hervorgehen. »Chaos von kombinierten Klangwirkungen«, heißt es in bezug auf ›Lohengrin‹ im Artikel ›Liszt‹ der Biographie universelle. »Das Chaos von Ideen, das jetzt jene Bretter in Bayreuth aufschlägt«, zitiert Gutzkow 1875 im ›Rückblick auf mein Leben‹. »Das Vorspiel und der Schlußsatz aus ›Tristan und Isolde‹ erschien meinem Ohr als nichts denn ein wüstes Chaos von Tönen«, meint auch die Tribüne 1873. »Es war, als sei eine Bombe in ein großes musikalisches Werk geworfen, und nun spiele das Orchester die Unordnung gewissenhaft ab« (!). Die Nationalzeitung stellt – bei Besprechung der ›Meistersinger‹ – 1860 endgültig die Musikentwicklung fest: »Zum *Ende* aller Musik sind wir hier gelangt, denn unmittelbar vor uns liegt das Chaos.« Wilhelm Lübke sagt 1882 in der Gegenwart: »Überhaupt tritt die Dissonanz im ›Parsifal‹ hervor, daß man Wagner – der dem ernsten Brahms den Doktortitel so sehr mißgönnt – füglich zum Doktor der Kakophonie ernennen könnte.« Und der Figaro redet 1869 von der »sogenannten Zukunftsmusik mit ihren Effekten, wie sie Kasserolengerassel und zusammenstürzendes Porzellan (!) hervorbringen.« – »Höhere Katzenmusik« vernimmt H. Dorn im ›Tristan‹. Ein weiterer Kritiker zetert 1870 im Sporn: »Eine grauenvollere Katzenmusik könnte nicht erzielt werden (als Wagner in seinen ›Meistersingern‹ erreicht), wenn sämtliche Leiermänner Berlins in den Renz'schen Zirkus gesperrt und jeder eine andere Walze drehte.« Die Leipziger Nachrichten von 1878 kamen sich hiergegen wahrscheinlich zurückhaltend vor, wenn sie erklärten, »wer den Siegfried für mehr hält als ein fünfstimmiges Konglomerat ..., für dessen Urteilskraft und Aufrichtigkeit ist uns bange.« Über Land und Meer äußert sich 1865 zum ›Tristan‹: »Dissonanzen zerschmelzen in Dissonanzen, nirgends Ruhe, Ordnung, Gesetz.« Speidel redet von »geistig und technisch liederlichem Machwerk« (Wiener Fremdenblatt 1876). »Das ganze Bühnenweihfestspiel gemahnt uns wie eine unfreiwillige Parodie auf das unverfängliche Epos Wolframs. Derbe Unflätigkeit und bombastischer Schwulst, das sind die Pole, um die sich die Muse Wagners bewegt« (Leipziger Nachrichten 1878). »Auf Mozarts Fahne prangt die Devise Wohlklang und künstlerische Veredelung der Wirklichkeit; auf Wagners dagegen Mißklang und krasser Realismus«, meint das Berliner Fremdenblatt anno 1870. Noch 1901 klagt die Danziger Zeitung mit dem typischen geschichtlichen Vergleich nach rückwärts: »Einer, der das Glück oder Unglück hat, täglich am Klavier mit Meistern der Form umzugehen wie Chopin, Beethoven, Brahms, Bach, erträgt je länger je schwerer diese schwimmende, im günstigsten Falle farbenreiche Moluske von Musik.« In anderen Zeitungen werden nacheinander ›Rienzi‹, ›Meistersinger‹ und ›Nibelungen‹ »musikalisches Monstrum« gescholten. Vom ›Rheingold‹ sagt Schletterer in einer Sonderschrift, es »wogt die Musik, ohne je einen Ruhepunkt zu finden, einen Abschluß zu gewinnen, in steter Motivhetze, von Trugschluß zu Trugschluß taumelnd.« In der Berliner Montagszeitung wird 1874 erschrocken gemeldet: »Im Münchner Hoftheater wird auf Allerhöchsten Befehl Tristan und Isolde, ohrenzerreißenden Angedenkens, wieder zur Aufführung kommen. Der Tenorist, Herr Nachbaur, soll keineswegs aus Angst vor der Cholera, sondern vor dieser Aufführung von München geflohen sein.« Der überlegte Hanslick nennt Wagners Lehre von der unendlichen Melodie »die zum Prinzip erhobene Formlosigkeit, den gesungenen und gegeigten Opiumrausch.« In London schimpft man 1885 »Porzellanscherbeneffekte . . ., d. h. Sachen, die jeder leicht hervorbringen kann, wenn seine Kühnheit seiner Exzentrizität ebenbürtig ist.« Aus Karlsruhe berichtet man zum ›Tristan‹: »Grauenvolle Musik. Der Eindruck läßt sich schwer beschreiben, den dieses chaotische Tongewirre von herzzerreißenden Akkorden, dieses Meer von dahinsichwälzenden Dissonanzen . . ., dieser Rattenkönig unaufgelöster, sich selbst mordender Tonfolgen auf den verblüffenden Zuhörer gemacht haben. So ungefähr mag die Musik lauten, womit in der ewigen Verdammnis musikalische Bösewichter zur Strafe gepeinigt werden.«

Man kann sich nicht ausführlich genug in diese alten Urteile vertiefen. Sie können das ganze Grauen hervorrufen, das in der Menschheit immer aufsteigt, sowie durch einen weit vorauseilenden Gestalter neue Formen hervorgezaubert werden. Immer wieder glaubt das Gewohnheitstier Mensch dann gleich, vor absoluten *Abgründen* zu stehen. »Endlose Sandwüste, musikalische Scheusale, mephistisch giftige Höllendünste, ohrenmarterndes, nervenmergelndes, haarwurzeltötendes Tohuwabohu, vernichtende Folterkammer, aussaugender Vampyrorganismus . . .« sind weitere Schreckbilder, welche die nervenschwachen, schwer erschütterten Rezensenten gespenstisch an die nächtlichen Wände werfen, um ihre eigene Zerrüttung abzureagieren. Knirschen, Miaulen, Heulen, Kreischen sind *Klang*bezeichnungen, die gleich in einer einzigen Rezension vorkommen (La Presse), als nämlich ein großer Pariser Skandal im Konzert Pasdeloup vorüberrauscht.

Selbst bei der melodisch geschlossenen Tannhäuserouvertüre hatte Hanslick angstvoll vom »wohlfeilen Spektakelschluß des geigenumheulten und -umwinselten Pilgerchors« geschrieben.

Ein weiterer Einwand, mit dem man gegen jede neue Kunstform vorzugehen pflegt, heißt bekanntlich *Dilettantismus.* Schon Mendelssohn zitierte gegen Wagner dieses Wort. Bei Schumann heißt es in einem Brief von 1853: »Die Musik, abgezogen von der Darstellung ist gering, oft geradezu *dilettantisch* . . .«

Laube nennt die Meistersingerdichtung »Text eines Dilettanten voll grimmiger Ecken und Härten« (wir würden sie heute eher zu rundlich, wulstig nennen). Otto Jahn behauptet ganz allgemein, Wagner sei »ein Repräsentant des auf unsrer heutigen Bildung ruhenden Dilettantismus, wenn man diesen Ausdruck im allgemeinen nimmt.« Hanslick schreibt bei Besprechung des ›Fliegenden Holländers‹ von Armut seiner Erfindung und Dilettantismus seiner Methode. Ein Kurbrief aus Wiesbaden (Signale 1860) meint, daß ihm die natürliche Anlage zum Musiker, das nicht Anzulernende fehle. Rellstab behauptet in seiner Schrift über die Gestaltung der Oper seit Mozart: »Wagner steht als Dichter nur auf dem gebildeten Dilettantenstandpunkt . . . Die dichterische Handhabung des Thannhäuserstoffes verrät nur Dilettantenhand.« Stelle man ein Vorspiel oder Finale Wagners Mozart oder Beethoven gegenüber, »so erscheint uns das erstere doch nur als Erzeugnis des allerdings bis zur höchsten Fähigkeit potenzierten Dilettantismus.« Und die Kölnische Zeitung klagt 1871: »Wie Wagner in allen möglichen Dingen herumdilettiert hat, in der Politik, in der Philosophie, in der Ästhetik, so ist er auch in musikalischen Dingen nicht über diesen Standpunkt hinausgekommen.« Speidel findet ebenfalls, in Wagner habe »nur der *Dilettantismus* die höchste Meisterschaft errungen.« Selbst Nietzsche bekennt Entsprechendes in einem Brief: »Ich gebe Otto Jahn recht, insbesondere darin, daß er Wagner für den Repräsentanten eines modernen, alle Kunstinteressen in sich aufsaugenden und verdauenden Dilettantismus hält.«

Das alles sind Fehlurteile, *selbst wenn wir Wagner gänzlich ablehnen.* Wir sehen immer wieder, wie vorsichtig man gerade mit dem Worte Dilettantismus sein müßte. Ohne diesen Begriff aufheben zu wollen, wird man bekennen müssen, daß er bei geistesgeschichtlicher Betrachtung stark relativiert werden muß, weil er seinen Sinn immer erst durch Beziehung auf ein als geheiligt geltendes, älteres, bereits erprobtes Kultursystem erhält, aus dem ein Kanon von Formenwerten entstanden war, von dem aus alles andere zunächst ungekonnt erscheint.

Seltsamerweise tritt in der Phänomenologie des Mißverstehens auch das *umgekehrte* Fehlurteil auf. Sahen die Kritiker des letzten Abschnitts zu *wenig* Kunst, so sehen andere gleichsam zu *viel,* so daß sie auf allzugroße *Verstandes*anwendung schließen. So schreibt zum Beispiel P. Scudo (Paris 1861): »Ein wenig Dichter, ein wenig Literat, ein Demokrat und großer Sophist mit schwacher poetischer wie literarischer Fähigkeit, will R. Wagner etwas aus der Kunst hervorbringen, was diese nie enthalten kann, ohne ihr eignes Wesen zu verleugnen: reine *Begriffe* und *Symbole.*« Daß bei Wagner alles verstandesmäßig erklügelt sei (wie man so gern von allem Neuen sagt, weil es eben unsrer Seele noch fremd ist), meint auch das Echo 1877, wenn es von Wagners »Musiklaboratorium« spricht, wird doch in solchen Instituten rein verstandesmäßig Neues ausgekocht.

Besonders verführen seine theoretischen Erklärungen und Programme, alles nunmehr als rationale Mache zu erklären. Man pflegt in solchen Fällen immer zu behaupten, wenn die neue Kunstform wirklich bedeutsam wäre, würde sie keiner theoretischen Erklärung bedürfen, sondern aus sich selber heraus alle Menschen entflammen. So wird denn jeweils dem Künstler der Vorwurf gemacht, er habe den *instinktiven* Weg verlassen. Betrachten wir aber die großen Gestalter, die neben ihren Kunstwerken theoretische Schriften hinterließen, so zeigt sich meistens, daß jene Vorwürfe aufs Publikum selber zurückschlagen. Mindestens in der neueren Kunstgeschichte entspringen diese Begleittheorien nämlich gerade dem Nichtmitgehen jenes Publikums, so daß der Künstler sich nunmehr gezwungen sieht, auf rationalem Wege zu sprechen, nachdem seine irrationalen Zeichen nicht verstanden wurden. Bei Leonardo und Dürer dienen die theoretischen Aufzeichnungen zum Teil noch der bloßen Selbstklärung. Doch kann auch dann nicht auf ein Manko an ursprünglichem Gestaltungstrieb geschlossen werden, vielmehr auf eine Doppelbegabung, welche die irrationalen, eigenen Vorbefunde nachträglich auch *verstandesmäßig* gliedern wollte. Bei Gluck, Goethe, Schiller aber wächst bereits die Absicht, mit diesen Theorien das Publikum zu führen, es von älteren, aufhaltenden Überlieferungen abzuziehen und *neue* Verständigungsmöglichkeiten einzuleiten. Erst recht ist das bei Wagner der Fall, der viele theoretische Schriften unterlassen hätte, wenn seine künstlerischen Absichten verstanden worden wären.

Kann man eine umwälzende Erscheinung nicht mit der Bemerkung, hier liege eine bloße Theorie vor, vernichten, so versucht man's nun mit einer *geschichtlichen* Kategorie, indem man sagt, man habe es hier mit einer *bloßen Mode* zu tun, welche sofort vergehen werde. Auch dieses Motiv kehrt in den menschlichen Abwehrbewegungen wieder. J. Burckhardt sagt von entsprechender Architektur: »Vielleicht schon in 10 Jahren mag diese Erker, Voluten, Obelisken usw. weder Hund noch Katze mehr fressen und mit der Wagnermusik könnte es ebenso gehen.« Kaulbach meint 1863 reichlich dreist: »Mit diesen drei Aufführungen wird wohl Tristan sich ins Privatleben zurückziehen müssen.« Nachdem Wagner in Wien 1864 in einem Konzert das Meistersingervorspiel und Teile aus ›Tristan‹ dirigiert hat, wissen die Signale bereits: »Jedes Musikstück enthält das unvollständige Zeugnis, daß der Komponist am Ende seines Lateins steht.« Und schon 1860 meint ›abschließend‹ die Deutsche Musikzeitung, man solle das Vorspiel zu ›Tristan‹ »als den Sargdeckel des Zukunftsthemas betrachten und in der Hoffnung auf den späteren Leichenstein beruhigt von ihm Abschied nehmen.« Nur der augenblicklichen Reklame habe Wagner seine »ganz vorübergehenden« Erfolge zu danken, wissen andere Kritiker genau. Vom ›Ring‹ heißt es 1883: »Und wenn erst der

Lärm des Tages verhallt ist, wenn sich die nervöse Rührigkeit erschöpft hat und das kaltblütige Urteil in seine Rechte tritt, so werden diese Götter und Heiden *sehr schnell* in die Nacht und den Nebel zurücksinken, aus welchem sie nur die zähe Energie ihres Schöpfers gehoben hat.« Der Pariser Figaro weiß sofort, daß die Bayreuther Festspiele natürlich »Der Anfang seines Sturzes seien«. Bald »wird in Bayreuth wieder Schweigen herrschen, aus dem Tempel macht man ein Fouragemagazin«, prophezeit ein weiterer Kritiker bereits 1875 (!). A. Schroot behauptet in Wissenschaft und Leben: »Die durch Wagner, Rubinstein, Offenbach (typisch schiefe Zusammenstellung aus zu naher Sicht) vertretene Richtung hat nur durch den Applaus der Emporkömmlinge der Börse und der Konjunktur zu dieser lächerlichen Geltung kommen können.« Und die Breslauer Morgenzeitung bemerkt 1877 aus Wien: »Glauben Sie ja nicht, daß die Walküre mehr als einen Spektakelerfolg, daß sie einen ehrlichen, *dauerhaften* Erfolg errungen habe«, sie werde »rasch verblassen und verduften.« Schon in den fünfziger Jahren hatten die Leipziger Signale trompetet, daß es mit jenem ›Lohengrin‹ nunmehr vorbei sei. Und das Berliner Echo stellt 1858 bereits fest, »diese Oper hat es nirgends zu einem dauernden Erfolg gebracht«. Die Berliner Börsenzeitung weiß 1881 ganz genau, daß »eine etwaige Lebensfähigkeit« des Tristan doch »nur durch eine 50 Prozent betragende Gliederamputation erreicht werden könne.« 1879 wird tief betrauert, daß selbst Lilli Lehmann Wagner gesungen habe, »denn es muß einer Dame schwer fallen, sich dem Modeteufel ganz und gar zu entziehen.« Paul Heyse aber meint, »austoben muß ein Zeitgebrechen.« Auch das Wort Zukunftsmusik wird als bloß modisch begriffen. Natürlich arbeitet auch Hanslick mit dem Begriffe einer bloßen Mode. Für ihn sind die ›Meistersinger‹ nur ein »geistreiches Experiment«, und er verkündet, »mit Wagner wird voraussichtlich das Bayreuther Festspielwesen erlöschen.«

Auch wenn man die ganze Wagnerwelt heute wieder für vergänglich hält, so liegt diesen Frühurteilen doch eine grobe Verwechslung von Mode und Stil zugrunde. Später pflegen ›Kenner‹ mit Überlegenheit vom ›selbstverständlichen‹ *Unterschiede* dieser beiden Begriffe zu sprechen. Eine vorsichtigere, exaktere Forschung wird diesen Gegensatz aber weit schwieriger finden. Stil ist diejenige Mode, die in Zeit und Raum genügend Anhänger findet, also ein breiteres Bestehen erfährt und länger dauert. Keinesfalls ist, so verführerisch dies auch erscheint, der Begriff des Stiles von der Qualität abhängig zu machen, im Gegensatz zur Mode. Sonst gäbe es ja keine schlechten, keine Verfallsstile. Von unserm Problem der Verkennung aus, wo wir neue Regungen in statu nascendi zu belauschen haben, erkennen wir jedenfalls, daß man im jeweiligen Anfang durchaus nicht wissen kann, ob nur eine Mode oder ein neuer Stil im Entstehen ist. Da alles noch fremd Erscheinende zunächst als ›äußerlich‹ empfunden wird, kann jene Verwechslung immer wieder Platz greifen. So werden wir diesem typischen Fehlmotiv denn auch bei anderen Gestaltern begegnen.

Während man eine Mode wenigstens eine Zeitlang dulden will, sucht man einen Neutöner noch tiefer zu verwunden, indem man seine Gebilde *krankhaft* nennt. Da man mit diesem Ausdruck bereits ins medizinische Bereich hineingreift, steigert man nicht nur die *Gleichgültigkeit* der Zeitgenossen, sondern sogar deren *Furcht,* mit deren Hilfe nun – bewußt oder unbewußt – geradezu eine kulturelle *Panikstimmung* gegen das Neue erzeugt werden kann. Auch dieses Motiv fand reichlich Anwendung. Ed. Scheller schreibt 1865 über ›Tristan‹: »Das Gedicht ist in jeder Beziehung eine Absurdität, die Musik mit Ausnahme einiger Partien das raffinierteste Gebräu einer abgelebten, *krankhaften* Phantasie.« Hanslick verzeichnet 1868 gelassen: »Wir zählen die Meistersinger zu den interessantesten, musikalischen Ausnahme- oder *Krankheits*erscheinungen.« Überhaupt findet er »die meisten Wagnerschen Werke gerade in ihrem von glänzender Hülle umgebenen dramatischen Kern *krank* ...« St. Victor in Presse (Paris) sagt 1861, der zweite Teil der Tannhäuserouvertüre zeige, daß »die Violinen das delirium tremens zu haben scheinen, man kann sich das Accompagnement zum Veitstanz dabei denken.«

Die Nationalzeitung klagt 1882: »Gleich dem Tischrücken, dem Spiritismus, müssen wir auch das Wagnerfieber zu den geistigen *Epidemien* zählen.« Spitzer berichtet 1877 über die ›Walküre‹ in Wien: »So haben denn die olympischen Festkrämpfe bereits stattgefunden. Alles war wahnsinnig. Der Text, die Musik, die Wagnerianer und die Eintrittspreise.« Berlioz behauptet 1861: »Wagner est évidemment fou. Il mourira, comme Julien est mort l'an dernier, d'un transport du sang au cerveau.« Auch H. Prévost meint 1869 in seiner ›Etude sur R. Wagner‹: »W. est un fou.« Für Stradina ist Wagner 1875 ein Mensch mit »bis zum *Wahnsinn* gesteigertem Selbstbewußtsein.«

Später pflegt man jenes unverbrüchliche Selbstbewußtsein bedeutender Neuerer »grandios gesund« zu nennen, indem man nun erkennt, daß gerade hier jener naturnotwendige Antrieb liegt, mit dem sich diese originellen Menschen allein über Wasser zu halten wissen, inmitten einer von allen Seiten her anbrandenden Sturmflut der Schmähungen.

Senta gilt Hanslick als hysterisch gewordene Agathe. »Auf 5 Notenlinien verschriebenes melodisches Nervenfieber.« Schletterer findet 1876 die Geigen, Trompeten und Posaunen *hysterisch.* Die Frankfurter Zeitung nennt Wagner 1874 einen »in allerdings genialem Anfluge rasend gewordenen Narren.« Von Paroxysmus redet die niederrheinische Musikzeitung. Selbst Rubinstein findet den ›Tristan‹ anfangs *»total verrückt«.* Als Verdi, der doch später ebenfalls von Wagner beeinflußt werden sollte, zuerst die Tannhäuserouvertüre in Paris hört, schreibt er 1865: »Wagner ist wirklich verrückt geworden.« H. Dorn nennt die Schalmei-Phantasie des Hirten im ›Tristan‹ »ein Virtuosenstück für einen im maison de santé eingesperrten englischen Hornisten.«

Noch in den 90er Jahren jammert Max Nordau in seinem maßlosen Werk über Entartung von völliger *Krankhaftigkeit* aller Wagnermusik, nicht etwa von neubarock-schwülstiger Überladung, was ja verständlich bliebe. »Er zeigt in Verfolgungswahn, Größenwahn und Mystizismus, in seinen Trieben verschwommene Menschenliebe, Anarchismus, Auflehnungs- und Widerspruchssucht, in seinen Schriften alle Merkmale der Graphomanie, nämlich Zusammenhanglosigkeit, Gedankenflucht und Neigung zu blödsinnigen Kalauern, und als Grundlage seines Wesens die kennzeichnende Emotivität von gleichzeitig erotomanischer und glaubensschwärmerischer Färbung.« – »Er ist ein Leben lang ein Erotiker im Sinne der Irrenheilkunde (!) gewesen . . .« – »Er fanatisiert sich für Jägers Flanell-Leibchen und das selbstgemahlene Schrotmehl der Vegetarier. Er gerät in heftige Emotion bei Kneipps Wasserbegießungen und barfüßigem Herumlaufen auf nassem Grase. Zwischendurch regt er sich in krankhafter Tierfreundlichkeit wegen der Leiden des bei physiologischen Versuchen benutzten Frosches auf.«

Merkwürdiger ist ein weiteres Motiv der Gegnerschaft, das man allem noch Fremden immer wieder anheftet: das Neue gilt als *unmoralisch.* Hier waltet unbewußt die bekannte unterirdische Wortgleichung: Fremdling gleich Barbar. Im Unterbewußtsein des homo sapiens ist immer das Fremde auch das Verdächtige gewesen. Es wird dies von gewissen Denkern für ein Ewigkeitsphänomen gehalten, das negativ als Natur des Gewohnheitstieres Mensch, positiv als Schutzinstinkt gegen Überflutung durch ewig neue Eindrücke zu deuten sei. Ob es sich nur um eine Erscheinung *bisheriger* Menschheitsstufen handelt, die später einmal verschwinden wird, kann man schwer untersuchen. Aus andersartigem Verhalten einzelner, bereits höher entwickelter Individuen darf aber wohl geschlossen werden, daß diese Verkrampfung sich einmal lösen wird.

Aus so ›moralischem‹ Blickpunkt heraus wurde damals gründlich übersehen, daß Wagner glutvoller ins Sinnliche greift, weil er andererseits auch dringlicher, als es in früheren Opern geschah, ins Übersinnliche strebt. Da nun der eine Faktor schon gefühlt, der andre aber noch nicht gespürt wurde, erscheint Wagner sittlich unausgewogen.

Anfangs leitet man Wagners neue Formen vom ›verruchten‹ Jahre 1848 ab, sittlichen Umsturz und Atheismus witternd. Für die Wagnerianer wendet man im Laufe der Zeit folgende phantasievolle Namen an, die sich sämtlich belegen lassen: Frömmelnde Atheisten, unzüchtige Moralisten, allgemeiner Bildungspöbel, Janhagel der modernen Sozietät, entnervte Korybanten, Zeloten, moderne Hussiten. Die moralische Entrüstung der Leute ist köstlich. Joachim nennt Wagner ein anrüchiges Element in der Gesellschaft der Künste. Über die umgearbeitete Szene des Venusberges im ›Tannhäuser‹ keift H. Dorn wie ein altes Weib: »Diese abgefeimten Spitzbübinnen wissen sehr wohl, daß alles Vorhergehende nicht genügen konnte, um ein ausgemergeltes Liebespaar zu neuem Sinnengenuß aufzurütteln; so predigen sie denn unverzagt den Dienst des Gottes Priapus . . .« Ein zeitgenössisches Buch über Dresden und die Dresdener nennt ›Tannhäuser‹ die »wohllüstig gemeinste Musik, die mir je vorgekommen«. Wie sinnlich erregend müssen die neuen Klänge anfänglich gewirkt und wie sehr müssen sich unsre Klanggefühle seitdem versinnlicht haben, daß wir das alles heute als höchst harmonisch empfinden!

Köstlich die Erwägungen des Echo von 1853: »Wenn eine Frau sich zum Mittelpunkte eines solchen Treibens hergibt, so ist sie eine venus vulgivaga der abgefeimtesten Sorte, und ein Thannhäuser, den nicht schon der bloße Ekel aus ihren Armen fernhält, wäre wohl nicht wert, daß man seinethalben eine große Oper schreibt.« Wie verschiedenartig blinzelt aus allen solchen Urteilen die süßlich verlogene »Moralität« des 19. Jahrhunderts. Hanslick wettert 1875 über den ›Tannhäuser‹: »Solch zügellose Entfesselung der Begierde, wie sie hier in Massen-Evolutionen grinsender und ächzender Liebespaare sich produziert, dürfte selbst für den liberalsten Geschmack zu weit gehen.« Die Berliner Montagszeitung findet 1876 einfach: »Außer dem konzessionierten Ausschank von Spirituosen (Akt I, Szene 2) haben wir auch diesmal in dem Drama keine weitere Handlung bemerkt.« Andernorts wird dieses Werk »Ehebruch mit Pauken und Trompeten« genannt. Und im Bayrischen Vaterland ruft man entrüstet: »eine Oper voll von wiehender Lüsternheit, Unzucht und Ehebruch als Totenfeier . . .«

Zur Prügelszene in den ›Meistersingern‹ höhnt 1870 die Berliner Morgenzeitung: »Wenn Musik stinken könnte, so würde man sich bei dieser Ecocherie in Noten die Nase zuhalten müssen.« Eva sei »liebessiech und mannstoll, dem Auserkorenen mit offenen Armen entgegenstürzend, von krankhafter Brunst getrieben« (Neue Freie Presse 1877). Zum Nibelungenring wettert 1879 ein Eingesandt im Berliner Fremdenblatt: »Die ganze Handlung ist eine so widersinnige Gemeinheit, daß es Wunder nimmt, daß sie aufgeführt werden darf.« Die Berliner Tribüne fragt 1879 jammernd, »wie oft wir durch allen Unflat sittlicher Verkommenheit waten müssen, um einige geistreiche Tonkombinationen und reizende Akkordfolgen zu erjagen.«

Die Signale aber melden 1869, der Opernsänger Vogel, »dessen Frau im Rheingold die Partie einer der 3 Rheintöchter singt, hat gegen den Redakteur des Münchner ›Vaterland‹, welcher das in der ersten Szene vorkommende Innere des Rheins als Huren-Aquarium zu bezeichnen sich bemüßigt fand, Klage wegen Beleidigung seiner Frau erhoben.« Ein anderer Kritiker, Heene am Rhyn, fände den Grundgedanken des ›Rheingold‹ gut, »wenn nicht die Nixen mehr badenden Demimonde-Damen als Gestalten des Volksmärchens glichen.« Er nennt sie munter »Wagelaweia-Chansonetten«.

Selbst ›Parsifal‹ wird stellenweise als unsittlich empfunden. »Den zweiten Akt, besonders die Szene, wo sich die Mädchen um die Gunst Parsifals bewerben, darf niemand verteidigen, dem ein Schatten des Bewußtseins innewohnt von dem Unterschied zwischen sinnlicher Leidenschaft und überfeinerter Lüsternheit« (Über Land und Meer 1882). An anderer Stelle: man sehe, daß Wagner die Schilderung »wilden Wohllusttaumels oft Zweck ist; das versteht er auch virtuos zu machen, und mit faunischer Lust schwelgt er in solch aufregenden Tongemälden. Dadurch aber wird seine Kunst zu einer unsittlichen und verderblichen . . .« (Schletterer 1876). Die Grenzboten zetern noch 1882 vom »aufdringlich-lüsternen Weibsvolk, das von unreiner Brunst erfüllt, sich um einen jungen strammen Burschen streitet!«

Unmoralisch findet Wagner noch gegen Ende des Jahrhunderts jener Max Nordau in seinem wüsten Werke über Entartung: »Die schamlose Sinnlichkeit, die in seinen Bühnenwerken herrscht, ist allen Kritikern aufgefallen. Es gereicht der Sittlichkeit des deutschen Publikums wirklich zu hoher Ehre, daß Wagners Opern öffentlich aufgeführt werden können, ohne das tiefste Ärgernis zu erregen. Wie unverdorben müssen Frauen und Mädchen sein, wenn sie imstande sind, diese Stücke anzusehen ohne vor Scham in die Erde zu versinken.«

Unmoralisch nennt man auch die theoretische und organisatorische Propaganda, die Wagner, von seiner Sendung besessen, für das neue Gesamtkunstwerk treibt. Gutzkow fragt 1874: »Wie ist der Cagliostro der Tagesmusik so emporgekommen? Gewiß teilweise durch sein Talent. Am meisten aber durch die Konsequenz, mit der er selbst, ipse ipsissimus, seine Werke für Meisterwerke erklärte. Man rief Zetermordio über den Dünkel, der sich so in die Brust werfen konnte, man warf mit Steinen auf den, der sich selbst vergötterte. Aber der musikalische Heliogabal blieb dabei, sich den größten Namen aller Jahrhunderte beizugesellen. Die Methode hatte Erfolg. Man lachte anfangs, wütete und -- jetzt gibt man die Hauptsache zu.« Im Sinn der Moral glaubt auch Bauernfeld vom »Dämon des Egoismus und der rücksichtslosen Gewaltsamkeit« schwätzen zu müssen. Hanslick denkt natürlich ebenso. »Die maßlose Selbstvergötterung hat hier einen Gipfel erstiegen, auf dem ein Mensch mit gesunden Gehirnfunktionen nicht mehr zu atmen vermag. Man muß unwillkürlich an den alttestamentlichen Vorgänger Wagners, König Nebukadnezar, denken, der sich solange für einen Gott hielt, bis er sich in einen gewöhnlichen Ochsen verwandelte, Heu fraß und von Verdi in Musik gesetzt wurde.« Franz Hille jammert 1877 (Wiener Sonn- und Feiertagszeitung): »Ist dieser R. Wagner nicht ein Dämon, der alles aufkeimende Leben vergiftet?« 1882 behauptet das gleiche Blatt: »Was auf volkswirtschaftlichem Gebiet die Gründer sind, das ist auf dem Gebiete der Musik der Meister von Bayreuth, ein kühner Spekulant, der die Einfalt und Leichtgläubigkeit des Publikums ausbeutet und sich dabei ins Fäustchen lacht.« Die Tonhalle verkündet 1872: »Über die Bayreuther Grundsteinlegungsfeier werden wir keinen Bericht bringen, trotzdem uns mehrere zugegangen sind. Wir halten dieselbe für eine Farce, für eine mit echt Wagnerschem Raffinement in Szene gesetzte Komödie, nur darauf berechnet, sich persönlich verhimmeln zu lassen.«

Der Pariser Figaro redet 1879 von einem »méchant petit homme de talent«. Lübke zetert in der Neuen Freien Presse: »Den fanatischen Baalspriestern der Zukunftsmusik ist es gleich, ob auf dem Altare ihres Molochs die besten Stimmen, die frischesten Talente, die schönsten Kräfte hingeschlachtet werden.« H. Dorn behauptet 1873 (Spenersche Zeitung), die alten Athener hätten einen Mann wie Wagner als Volksverführer ausgewiesen. Die Berliner Volkszeitung fordert 1871, »es ist Sache der Gegner zu zeigen, wie schroff der Gegensatz bei ihm zwischen Künstler und Mensch, wie tief die Kluft zwischen wahrem Genie und eitler Selbstüberhebung ist. Ein Periat dem Dünkel incarnierter Unfehlbarkeit.« Und um der Sache eine praktische Wendung zu geben, fährt man gleich fort: »Gesinnungsgenossen belieben ihre Adressen sub X 499 abzugeben in der Expedition dieses Blattes.« Die Stettiner Ostseezeitung sieht sich 1872 bemüßigt, einen Sonderaufsatz ›Über den Wagnerschwindel‹ zu bringen. »Wagner ist der größte musikalische Reklamator, der je existiert hat und existieren wird; er verfügt auf diesem Gebiet über einen Reichtum der Erfindung . . ., welcher selbst die berühmtesten Meister der Reklame, wie z. B. Barnum, Ullmann gegen ihn als blöde Anfänger, mit einem Wort als reine ABC-Schützen erscheinen läßt.«

Alle derartigen Texte wirken nach einigen Generationen komisch, sobald das Gegenteil, der übertriebene *Heilungsprozeß* vollzogen ist. Die nun eintretende Umkehrung z. B. des letzten Zitates lautet dann in entgegengesetzter Übertreibung: Kaum faßbar - und nicht genügend zu bewundern - wie die Innerlichkeit solchen Genies auch noch Organisierungskräfte entfaltete, mit denen es sein Werk auch noch nach außen sicherstellen konnte.

Will man einer Neuerscheinung in der *Zeit* kein Gewicht zugestehen, weshalb man sie immer wieder als bloße Mode abtut, so will man sie auch im *Raume* nicht dulden. Die Abwehrgeste gegenüber dem auszustoßenden Werk heißt in der neueren Geistesgeschichte dann - mindestens seit Erwachen des Nationalismus, in Gefolgschaft bereits der Romantik -, daß hier eine *undeutsche* Erscheinung vorliege. Wieder eine gefährliche Täuschung aus der nahen Sicht, die nicht bedenkt, welchen Veränderungen die Nationalkonstante selber unterliegt. Es ist entscheidend, dies gerade an Wagner klarzumachen, weil er später als Inbegriff des *Deutschtums* galt. Zwar hatte man selten seine *Stoffe* als undeutsch bezeichnet, aber das Gefüge seiner Dichtung und Musik, ja seines ganzen Weltempfindens anfangs durchaus als fremdstämmig empfunden. Einst wunderte man sich, daß die Wagneranhänger in solcher »patriotischen Täuschung« befangen wären und »sich in den Glauben locken ließen, hier etwas Deutsches und Heimisches zu schauen.« Speidel spricht geradezu von einer »Fahnenflucht vor den höchsten Idealen des germanischen Geistes.« Das Üppige der Dramatik und Orchestrierung Wagners wird nicht als allgemeines Neubarock empfunden, sondern als welsche, narkotische oder exotische Schwelgerei. »Wenn das deutsche Volk imstande wäre, dauernd an solcher musikdramatischen Unnatur Gefallen zu finden, so wäre es nicht wert, Meister wie Gluck, Mozart, Beethoven, Spohr und manche andere zu besitzen«, predigt im ersten Schrecken Wilhelm Lübke, einer der Kunstpäpste der Zeit.

Die Nationalzeitung meint 1877, die Bayreuther Bühne »zu einem nationalen Unternehmen aufbauschen zu wollen, ist der dreistetste Hokuspokus.« Die Danziger Zeitung schreibt noch 1901: »Wagners ganzes Denken und Trachten ging anscheinend darauf aus, das Institut der Ehe, wie es in Deutschland ist, zu schänden . . . Durch alle seine Dichtungen zieht sich wie ein blutigroter Faden die brutale Idee der prima vista-Heirat (einschließlich Ehebruch) . . ., und das soll dann noch nicht welsch, sondern erst recht deutsch sein . . .« Inzwischen findet man vom Ausland her Wagner gelegentlich deutsch im üblen Sinne. Nach dem Fiasko des ›Lohengrin‹ in Mailand schreibt z. B. der Pirat: »Es ist keine Musik für Italien; solche algebraische Harmonien können höchstens in Deutschland, und auch nur in Deutschland reüssieren.« Speidel wettert 1876 noch einmal zusammenfassend: »Das deutsche Volk hat mit dieser nun offenbar gewordenen musikalisch-dramatischen

Affenschande nichts gemein, und sollte es am falschen Gold des Nibelungenringes einmal wahrhaftes Wohlgefallen finden, so wäre es durch diese bloße Tatsache ausgestrichen aus der Reihe der Kulturvölker des Abendlandes.«

Selbst in hohen Regionen, nämlich bei Nietzsche, finden wir den *vaterländischen* Einwand. Obgleich Nietzsche, der sich ja bald von Wagner abgewandt hatte, sinnvoller kämpft, wenn er bloße Schwüle und christliche Büßersucht befehdet, gibt auch er – dem ›Parsifal‹ gegenüber – seiner Anklage eine nationale Wendung:

> Ist das noch deutsch?
> Aus deutschem Herzen kam dies schwüle Kreischen?
> Und deutschen Leibs ist dies Sich-selbst-Zerfleischen?
> Deutsch ist dies Priester-Hände-Spreizen?
> Und deutsch dies Stürzen, Stocken, Taumeln,
> Dies zuckersüße Bimbambaumeln?
> Dies Nonnen-Äugeln, Glockenbimmeln,
> Dies ganze falsch verzückte Himmel-Überhimmeln?
> Ist das noch deutsch?

Bruckner

So wenig wir der bereits gestrigen Mode huldigen wollen, in Bruckner die Krönung europäischer Musik zu sehen (einen Meister, neben dem Brahms geradezu ins Nichts zusammensinke), so sehr glauben auch wir, daß hier ein wahrhaft bedeutender Musiker vorliegt. Ohne jede seiner ›göttlichen Längen‹ heiligen zu wollen, müssen wir feststellen, daß auch er von seinen Zeitgenossen mit Vorwürfen überhäuft wurde, die uns heute sinnlos erscheinen. Vorwürfe, die wir also wieder als Verkennungen registrieren müssen, wobei wir solche, die vielleicht nach seinen wirklich verwundbaren Stellen zielten, außer acht lassen können.

In Bruckner vollzieht sich eine machtvolle Synthese mindestens zweier – auch geschichtlich – weit auseinanderliegender Welten. Von Schubert übernimmt er die unendliche Einfachheit, den unerhörten Wohllaut, die weithin hallende Sanglichkeit eines naturvollen Melos. Dies aber kreuzt er geheimnisvoll mit der demonstrativ aufrauschenden, ausladenden, dabei gebrochenen, teilweise chromatischen Stimmführung, mit der gesamten neuen Instrumentation Richard Wagners, welcher für Bruckner, wie er immer wieder betonte, höchste Offenbarung seines Lebens wurde. Unmöglich, diese zweite Sphäre wegleugnen zu wollen, wie dies diejenigen Bruckner-Verehrer tun, die Antiwagnerianer sind. War doch der ›Tristan‹ mit seiner gänzlich neuen Klangwelt das größte geistesgeschichtliche Ereignis in Bruckners Leben. Bekannte er doch immer wieder, wie unauslöschlich ihn diese neue Tonwelt durchglüht habe, wie wichtig ihm sein Pilgern nach Bayreuth gewesen sei; nach jener Stätte, wo er Wagner demütig seine Sinfonien vorlegt und diesen wählen läßt, welche er ihm widmen dürfe; wo ihn das höchste Glücksgefühl erfüllt, als »der Meister« die dritte annimmt und bewundert. Bruckner hat eindeutig bekannt, daß die Nachricht vom Tode Wagners die größte irdische Trauer seines Lebens ausgelöst habe und die erregendsten Tonfolgen gebar (7. Sinfonie). Derartige eigene Winke des Jüngers einfach beiseite zu schieben, wäre Verwegenheit nachträglicher Interpretation, einer Deutung, die im Parteienkampfe den Überblick gänzlich verlor.

Wir hatten schon an andrer Stelle anzumerken, daß in bewegten Zeiten künstlerischen Schaffens Streitigkeiten auszubrechen pflegen, wobei die kämpfenden Anhänger ihre meist ganz nahe beieinander liegenden Bezirke zu Polaritäten auseinanderzuspannen lieben, wie dies auch in unserm Fall geschah. Je weiter wir nachträglich aber blicken, desto mehr innere Verwandtschaft solcher Zeitgenossen können wir erkennen: hier ein gemeinsames, aufrauschendes Neubarock der zweiten Hälfte des 19. Jahrhunderts, das gerade bei Bruckner seine tiefsinnigste (sonst oft mit Recht gelästerte) Ausformung erfuhr. In der Versöhnung der damals *neuesten* Gestaltungsmöglichkeiten mit der naturnaheren, schlichteren Wohligkeit eines Schubert, andrerseits mit der noch älteren nachmittelalterlichen Kirchenmusik, liegt wohl die bleibende Bedeutung Bruckners.

Innerhalb der Verkennungsgeschichte zeigt sich nun aber, daß eine Gruppe der Vorwürfe deutlich mit denjenigen Einwendungen zusammenfällt, welche die Mitlebenden auch Wagner gegenüber vorbrachten, der ja zeitlich vorausgeht.

Betrachten wir die Mißachtungen, die Bruckner während seines Lebens auszuhalten hatte. Als junger Schulgehilfe in Windhaag wird er wie »ein niedriger Dienstbote« gehalten (Selbstbericht). Sein Jahresgehalt (bei freier Kost natürlich) betrug 12 Gulden im Jahr, wofür der ganze Schul- und Kirchendienst einschließlich Feldarbeit zu leisten war. Im Sommer hatte er früh um 4, im Winter um 5 Uhr das »Taganläuten« durchzuführen. Dann kam »Weinholen, Pfarreranziehen, Ministrieren, Orgelschlagen«. Dann die »Kleinen praktizieren«, »viel Notenschreiben«, Versehgänge machen, »Schulhalten«, Heu umwenden, »Erdäpfelgraben«, Dreschen, Ackern, Hußaus-Läuten, Essen mit dem ›Mensch‹, der Magd. – Doch sind dies alles noch keine eigentlichen Verkennungen, denn seine künstlerische Kraft muß sich ja erst bewähren.

Aber schon der ziemlich frühen d moll Messe werden trotz mancher Anerkennung »allzu gewaltsame Schlüsse und grelle Dissonanzen« angekreidet. »I hab mi net traut«, gesteht der Meister, als man ihn fragt, warum er so verhältnismäßig spät mit seinem eigenen Stil hervorgetreten sei. Schon dieses verängstigte Wörtchen spricht vom Verkennungsdruck, der auf dem frommen, ungelenken Mann gelegen haben muß, von diesem bezeichnenden Druck, den man so gerne wegleugnet. In einem Brief dieser Zeit nennt sich Bruckner »grundsätzlich von aller Welt zurückgezogen und auch verlassen«.

1866 schreibt er dem Hofkapellmeister Herbeck: »In Ihre Hände lege ich mein Schicksal und meine Zukunft. Bitte innigst, retten Sie mich, sonst bin ich verloren.«

Trotz origineller Späße, die Bruckner machte, fanden die Eingeweihten bald schwere Krisen in diesem Sonderling, die mit dem besprochenen Mißverstandenwerden in Zusammenhang zu stehen scheinen. Bruckner muß sich wegen Nervenüberreizung in die Kaltwasserheilanstalt nach Kreuzen begeben. Er darf für längere Zeit nicht mehr allein gelassen werden. Lange verbleibt ihm die Wahnvorstellung, er müsse die Blätter aller Bäume, alle Sterne und alle Sandkörner zählen, oder er habe die Donau auszuschöpfen. Überhaupt kippt sein innerer Schwung bald in drastisches Vergnügtsein, bald in melancholische Zaghaftigkeit um. Gewissen Kritikern gegenüber leidet er fast an Verfolgungswahn. Der schöne Publikumsglaube, daß bedeutende Neutöner so sehr von ihrer inneren Sendung getragen seien, daß ihnen jedes Urteil der sachverständigen Mitwelt gleichgültig bleibe, niemals an ihren Nerven reißen könne, bewährt sich bei genauerer geschichtlicher Betrachtung leider beinah niemals. Dieser Glaube verwechselt immer wieder das sieghafte Ergebnis weiterer großer Werke mit dem Begleitprozesse schwerer innerer Stauungen und Verdrängungen des Gestalters, der, um ganz innen bei sich selber bleiben zu können, meist nur so *tut,* als interessierten ihn zeitgenössische Urteile nicht. Wir wissen sogar von einem so souveränen Gemüte wie Goethe, daß er, selbst nahen Freunden gegenüber, finster verstummte, wenn auch nur im Gespräche eines seiner Werke lieblos kritisiert wurde. Viel stärker aber beunruhigte den gutgläubigen, ehemaligen oberösterreichischen Schulgehilfen jedes abfällige Urteil, zumal er geneigt war, ganz naiv alles Gedruckte für schwerwiegend, ja unantastbar zu halten. So nahm seine Angst vor gewissen Kritikern teils die Form des Verfolgungswahnes an, teils die der Liebedienerei. Beides auch gegenüber der unbeschränkten Macht des grundgescheiten Hanslick, der Bruckner zwar dauernd öffentlich am Zeuge flickte, ihm persönlich aber beinahe wohlwollte. »Bitte übrigens Hanslick ja nicht meinetwegen zu tadeln«, schreibt Bruckner demütig und ganz verscheucht, »denn sein Zorn ist schrecklich; er ist imstande, einen zu vernichten.« Genau so tief erschrecken den Verängstigten die Kritiken von Kalbeck, Heuberger und Dömpke. Selbst der restlose Bewunderer Mayfeld hält der Messe gegenüber für erforderlich, daß »es Herrn Bruckner gelingt, seine Phantasie zu bändigen, und in dieser Gattung Musik allzu gewaltsame Schlüsse und grelle Dissonanzen zu vermeiden, dagegen seine Themata freier und harmonischer auszuströmen ...« Als Bruckner 1870 die d moll Messe in Salzburg selber dirigiert, schreiben die Sänger Schmähungen in ihre Stimmen. »Schauderhaft« ist da zu lesen, oder »jetzt lauf ich aber bald fort«.

Feindliche Gegenströme der Widersacher treffen auf den großen Schaffenden, selten sich an dieser Stelle verlaufend. Meist stauen sie sich am Selbstgefühl des Schaffenden auf, für ihn bedrohlich wie an Dämmen anschwellend. Bei Bruckner finden sich deshalb zwei Nervenkrisen: die eine vor seiner Wiener Berufung, die andere später, als vielleicht schon jene Krankheit entstand, die einst auch Beethoven und Liszt dahingerafft hatte (Wassersucht).

Nicht nur bei Brahms, auch bei Bruckner zeigt gerade die erste Sinfonie die kühnsten Ausmaße. Bruckner fleht bei den Linzer Proben immer wieder das verständnislose Orchester an. Er weint sogar vor ihm. Doch den Geigern erscheint ihr Part meist seltsam ungriffig, den Bläsern stellenweise geradezu unausführbar. Sollten doch die braven Linzer Orchestermusiker eine der schwersten Partituren zum Tönen bringen, die bisher jemals geschrieben war. Als dann das Riesenwerk 1868 im spärlich besetzten Linzer Redoutensaal erklingt, erntet es leidlichen Erfolg. Doch fühlt sich Bruckner niedergeschmettert. Die Linzer Kritik sieht viele Schönheiten, findet aber zu großes »Streben nach Effekt«. »Ob Herr Bruckner - von den drei formellen Gesichtspunkten, Instrumentierung, Architektur, Verknüpfung, aus - Vollkommenes erreicht hat, darüber mag die Meinung geteilt sein.« Immerhin wird anerkannt, »daß er auch von diesen Gesichtspunkten aus Großes geschaffen, ja daß gerade hieraus seine große und wirkliche Begabung abzuleiten ist.«

Aber es gab auch reines Entsetzen, selbst noch bei späteren zeitgenössischen Aufführungen dieses Werkes. Noch 1891 schreibt das Illustrierte Wiener Extrablatt: »Diese erste Brucknersche Sinfonie zeigt die charakteristische Hilflosigkeit des Komponisten im künstlerischen Aufbau seiner Werke im erhöhten Maße. Die Themen, zum großen Teil von unleugbarer, gigantischer Energie, wirbeln, nacheinander vom Streichorchester, vom Blech und vom Holz zumeist unmotiviert und stockend übernommen, durch die Luft, wie wenn ein Briarius eine in tausend Trümmer zerschlagene Erzstatue des Michelangelo jonglierend durcheinanderschleudern würde. Hier ein Kopf, dort die Stücke eines Armes, da ein Fragment des Fußes ... alle Elemente und Glieder für einen organischen Leib; nur schade, daß keines am anderen fest, keines an richtiger Stelle sitzt. Ein derartiges Sinfoniegestotter konnte nur ein Fiasko erreichen, das durch die lärmenden Ovationen der Brucknergemeinde nicht übertäubt zu werden vermag.« Dieser Bericht ist insofern von Interesse, als er einmal wieder zeigt, daß Neuformen zunächst immer als Unformen angesehen werden. Die Wiener Montags-Revue des gleichen Jahres meint: »In Anton Bruckners erster Sinfonie ist beinahe alles Inspiration und beinahe nichts Arbeit.« Womit die Abwehr nun aus den Bereichen des objektiven Geistes in diejenige der Herstellungspsychologie abgleitet. 1892 meint die Stuttgarter Neue Musikzeitung: »Der Erfolg des Werkes war dank Parteinahme hiesiger akademischer Kreise ein äußerlich großartiger, der Gesamteindruck dem ungeachtet nur der einer Verblüffung, die mit einigem Wohlgefallen und vielem Befremden gemischt war.« Die Neue Zeitschrift für Musik meint 1892 gönnerhaft: »in kleineren Formen wird es dem Komponisten möglich, sich beim gesamten Publikum verständlich zu machen, und so fand auch in dieser Sinfonie das formrichtig gearbeitete Scherzo den meisten Beifall. Die anderen Teile konnten jedoch wegen ihrer sprunghaften Logik und ihrer nur selten aus dem thematischen Inhalt sich ergebenden und fast immer zu lärmenden Instrumentation nur die Freunde und Verehrer des Komponisten erfreuen, die sich auch in demonstrativem Beifall ergingen.«

Bruckner nennt wegen aller erfolgten Einwände seine Erste »s kecke Beserl«. Er behauptet, »so kühn und keck bin ich nie mehr gewesen . . . der ganzen Welt warf ich den Fehdehandschuh hin . . .« Durch gegnerischen Außendruck und nur zum Teil durch eigene innere Abklärung geführt, arbeitete Bruckner bekanntlich manche seiner Werke später um. Die Erste fällt nicht unter seine »Angstkürzungen«, sondern wurde vorwiegend nur in der Instrumentierung abgeändert, wobei Beträchtliches gewonnen wurde, aber auch manches Köstliche verlorenging. »S kecke Beserl muß erst ausputzt wern«, verkündet der Beklommene vor jener Umarbeitung.

Aber noch ganz andere Ausdrücke sollten auf den scheuen Meister niederprasseln. »Impotenter Römling, nach Ketzerfleisch duftendes Tedeum«, hieß es von seiten des Liberalismus. »Traumverwirrter Katzenjammerstil, Betrunkenenmusik«, höhnte der konservative Formalismus. Während Max Kalbecks Protestantismus in Bruckner einen dunklen Jesuiten wittert, sieht Hanslick in ihm einen gefährlichen Formenzertrümmerer.

Als »schwere Heimsuchung« empfand der rührend Unbeholfene dann – in seiner neuen Stellung zu Wien (wohin er aus Linz übersiedelt war) – eine Sittlichkeitsaffäre, mit der er gequält wurde. Eine reizvolle Musikschülerin hatte er jählings umarmt und ›lieber Schatz‹ genannt. So harmlos, unwillkürlich, hatte der Schüchterne das getan, wie er männliche Lieblingsschüler ›Viechkerl‹ oder ›Hallawachel‹ anzureden pflegte. Selbst in einer so äußerlichen Episode mit ihrem komischen Beigeschmack rumort das geistige Verkennungsphänomen: Hätte jene Bäckerstochter nämlich auch nur von ferne geahnt, wer eigentlich vor ihr gestanden, sie hätte sich jener Zärtlichkeitsaufwallung nur gerühmt. Trug doch z. B. Hans Richter den später zu erwähnenden, beleidigenden Taler, den ihm Bruckner nach einer Probe in die Hand drückte, sehr bald stolz an der Uhrkette.

1868 vollendet Bruckner in Wien seine f moll Messe. Sein Freund und Schüler Göllerich erzählt, daß bald darauf eine Probe in der Augustinerkirche angesetzt wurde. Aber Bruckner galt damals bei den meisten Kollegen als vollendeter Narr, so daß nur zwei Musiker zu erscheinen für nötig hielten. Nach einer später abgehaltenen Probe verzagte auch der Dirigent und Gönner Herbeck. Bruckner solle zugeben, daß er sich mit dieser Messe geirrt habe, wie vor einiger Zeit Wagner mit seinem ›Tristan‹ und – der Dirigent mit seiner eigenen Sinfonie. Erst 1872 konnte Bruckner dieses Werk selbst aufführen, dann aber sogar unter ausnahmsweiser Zustimmung Hanslicks.

Was sagte nun ein entschiedener Neuerer wie Hugo Wolf zu Bruckners Arbeiten? Wir berichteten bereits, wie heftig er als Kritiker im Wiener Salonblatt gegen Brahms ankämpft, den er als dumpfen Reaktionär bezeichnet, welcher sich sinnlos gegen die Verjüngungen Wagnerscher Musik verhärtet habe. Wolf steht Bruckner bewundernd gegenüber, ja trägt entscheidend mit zu jener überscharfen Parteienformung bei, die auf der einen Seite bloße Rückbildung wittert (Brahms), auf der anderen aber eitel Vorwärtsdrängen

(Wagner). Während Hans von Bülow jählings von der einen zur anderen Gruppe übergeht, bleibt Hugo Wolf strikt auf der Seite des angeblichen Fortschrittes. Trotzdem unterliegt seine Hochschätzung Bruckners gewisser Wandlung. Selbst dieser allen Neuerungen geradezu entgegenlechzende Beurteiler gesteht anfangs: »Von der ersten Sinfonie verstand ich gar nichts, bis auf das Scherzo und einiges aus dem ersten Satz. Ja der letzte Satz hat mich geradezu empört. Es soll aber kolossal sein . . .« Nun folgen bei Wolf Jahre höchster Bruckner-Verehrung, während am Schluß leise Entfremdung platzgreift, wohl aus Eifersucht von seiten Wolfs. In den entscheidenden Zwischenjahren entwirft Wolf einmal ein anschauliches Bild der Lage, in der sich Bruckner damals befand. 1884 heißt es im Salonblatt: »Bruckner? Bruckner? wer ist er? wo lebt er? was kann er? Solche Fragen kann man in Wien zu hören bekommen und zwar von Leuten, die regelmäßig die Abonnementskonzerte der Philharmoniker und die der Gesellschaft der Musikfreunde besuchen. Trifft sich nun einer, dem der Name nicht ganz fremd ist, so erinnert er sich wirklich, daß Bruckner Professor der musikalischen Komposition am hiesigen Konservatorium ist, und Orgelvirtuose, ergänzt vielleicht ein andrer und wirft dem Halbgebildeten einen triumphierenden Blick zu, während ein dritter bereits glaubt, ein vierter schon weiß, ein fünfter sogar behauptet und ein sechster endlich darauf schwört, daß Bruckner auch Komponist sei, freilich kein besonderer, kein klassischer Komponist; ein Kenner meint und schüttelt sein edles Haupt, daß er kein formgewandter Komponist sei. Ein Liebhaber beklagt die Verirrtheit des musikalischen Gedankenganges in seinen Kompositionen, ein andrer die schlechte Instrumentation, die Herren Rezensenten finden aber alles scheußlich und somit basta.« Hugo Wolf aber schließt mit dem Ausruf: »Es lohnt sich wohl der Mühe, diesem genialen Stürmer etwas mehr Aufmerksamkeit, als dies bisher geschehen ist, zuzuwenden, und es ist ein wahrhaft erschütternder Anblick, diesen außerordentlichen Mann aus dem Konzertsaal verbannt zu sehen, er, der unter den jetzt lebenden Komponisten (Liszt natürlich ausgenommen) den ersten und größten Anspruch hat, aufgeführt zu werden.«

Als dieser Aufruf von seiten eines genauen Beobachters aus nächster Nähe nötig ist, liegen bereits 7 Sinfonien Bruckners vor, also der größte Teil seines gesamten Lebenswerkes.

1869 skizziert Bruckner seine zweite Sinfonie. Sie wartet zunächst vergeblich auf eine Aufführung. Auch in ihm selber sind große innere Stockungen eingetreten. Die Wiener Musiker, darunter Hellmesberger und Hanslick, raten ihm dringend, anders zu formen. »Jetzt hab i mi gar net mehr traut, a urdentlichs Thema aufz'schreibn«. Er wirft sich nun immer mehr auf Orgelspielen, womit er in Paris Erfolge erntet. In London spielt er 1871 zur Weltausstellung in der zu diesem Zweck erbauten Royal Albert Hall. Die ehrende Aufforderung, die an ihn ergeht, schmeckt aber sehr nach Industrie und bloßem Technizismus. Die Handels- und Gewerbekammer ist es, die ihn dorthin entsendet, Herr zu werden über die damals angestaunte, in ihrer Art größte Maschine der Welt, dieses überwältigende Ungeheuer, in welchem (wie der

Morning Advertiser berichtet) eine Dampfmaschine mit 20 Pferdekräften die Luft erdröhnen lasse. Das Publikum, schon vorberauscht und ebenso ermüdet durch die unendlichen Maschinenhallen der Gesamtausstellung, wird wohl nur halben Ohres hingehört haben, auch nicht von ferne ahnend, wessen geheimnisvolle Tonwelt hier erklingt. Das Ganze ein unheimliches Großstadtsymbol: jenes Übertöntwerden der inneren Kultur durch äußere Zivilisation.

Fünf darauf folgende Sonderkonzerte im konstruktiven Weltwunder, dem Crystal Palace, scheinen einen ernsteren Verlauf genommen zu haben, obgleich die Großstadtmenge immer bereit bleibt, ausgreifendes Orgelspiel nur als dröhnenden Instrumentalrausch zu empfinden.

Die zweite Sinfonie sollte Liszt gewidmet werden, noch einmal ein Beleg, wie tief sich Bruckner der damals neuesten Musik verpflichtet weiß. Zugleich meint er (wiederum in Angstgefühlen steckend), daß diese Sinfonie zum Schutze einen »ordentlichen Vater brauche«. Liszt aber läßt die Partitur vor einer eiligen Reise nach Pest einfach liegen, was Bruckner in tiefster Seele kränkt, so daß er bei späterer Drucklegung die Widmung streicht. Er reicht dann das Werk bei den unter Dessoff stehenden Philharmonikern ein, die das Ganze aber 1872 als unspielbar ablehnen. Da greift er zur Selbsthilfe und führt die Arbeit 1873 selber auf, was ihn für seine bescheidenen Verhältnisse viel zu viel kostet. Oft pflegte er nachträglich zu erzählen, wie unwillig, mißtrauisch und spöttisch die Philharmoniker, die das Werk bereits abgelehnt hatten und den Komponisten für närrisch hielten, zu den Proben erschienen seien. Man versetze sich in Bruckners Lage: Vor lauter solchen Gegnern die Arme ausbreiten, die Störrischen durch immer neues Abklopfen und Wiederholenlassen mühselig in sein Gefühlsleben hineinpressen zu müssen, in eine Welt, die ihnen ganz zuwider blieb. (»Mostschädeln raus!« brüllt er gequält bei einem Thema.)

Auch diese zweite Sinfonie erlebt von seiten der Kritik zunächst eine Niederlage, obgleich sie vom Publikum stürmisch begrüßt wird. Selbst Theodor Helm beginnt an Bruckners Berufung zu zweifeln. Hanslick, obgleich im ganzen diesmal wohlwollend, empfindet die Aufführung im Grunde als lästig. »Als aber am Schluß eine enthusiastische Partei im Saale das Klatschen und Rufen mit Gewaltsamkeit übertrieb und immer von neuem wiederholte, da erhob der übrige Teil des Publikums lauten Protest durch anhaltendes Zischen.« So meldet man mit Genugtuung. Die Deutsche Zeitung aber nennt Bruckner »anderthalb Narren«. Ein andres Blatt bekundet dummdreist, man merke deutlich, daß Bruckners Lieblingsspeise Geselchtes mit Kraut sei. Der Musikdirektor Ambros schreibt 1871 in der Wiener Abendpost: »Wo wir eine zusammenhängende, gegliederte, eines durch das andere motivierende Rede wünschen und erwarten, vernehmen wir unaufhörlich Suspensionen, Interjektionen, musikalische Frage- und Ausrufezeichen und Gedankenstriche!«

Wir haben wieder den einfachen Fall: eine leidenschaftlichere, beinahe stammelnde Redeweise wird nicht als gültige Ausdrucksart angesehen, was doch nur für die rationaleren Bezirke etwa der *Wissenschaft* richtig wäre. Der Kritiker zitiert nun jene berühmte, wüste Frühkritik der Beethovenschen

›Eroica‹ von 1805, die in dieser Sinfonie überhaupt keine innere Einheit habe erblicken wollen. So streift der Rezensent den Kern des Verkennungsproblems, ohne ihn aber wirklich zu fassen. Lernt er doch nicht das Mindeste aus seinem Vergleich, behauptet er doch in biederem Stumpfsinn nur, jene Empfindungen habe er eben nunmehr vor Bruckners Werk.

»Höchst pikante Effekte in der Orchestrierung notieren wir eigens und mit Vergnügen, leider begegnen wir daneben immer wieder den allermodernsten, überaus wohlbekannten Wagnerismen, die wir nicht bei Wagner selbst mehr goutieren, dem tobenden Lärmfortissimo, den unleidlichen, nervösen Lohengrin-Dünngeigereien, mit denen uns die Komponisten denn doch endlich mal verschonen sollten . . .« Wir spüren, es wird hier aus dem bekannten Gefühl einer bereits erledigten Mode gesprochen, während es sich doch um einen neuen *Stil* handelt, der für mehrere Generationen maßgebend sein sollte. Zugleich wird der andere, übliche Verkennungsfehler begangen, das *allgemein* Neuartige in eine bloße Personenabhängigkeit hinabzudeuten. »Wir haben in dem neuen Werke Züge und Dinge gefunden, die uns geradezu schmerzlich bedauern lassen, daß ein Mann von solchem Talent . . . es vorzieht, hinten aufs Bedientenbrett des Wagnerschen Triumphwagens zu springen und sich so hinaufkutschieren zu lassen – vorausgesetzt, daß der Wagen unterwegs nicht umwirft.« Aber auch ein weiteres Verkennungsmotiv taucht auf: die vor allen Neuerungen jeweils so gern zitierte Verantwortung gegenüber der »großen Lüge der modernsten Kunstzustände«.

Als letztes, nunmehr verallgemeinerndes Motiv folgt die übliche, kulturelle Untergangsprognose. »Wie sich die Sachen anlassen, scheint es, daß wir nicht beim Anfang einer glorreichen neuen Musikepoche stehen, sondern beim *Ende aller Musik überhaupt.*«

Die dritte Sinfonie soll Wagner gewidmet werden, den der Meister wie einen Abgott verehrt. Brieflich wird bescheiden angefragt, ob dies genehm sei. Wagner aber hält es überhaupt nicht für nötig zu antworten. Nun fährt Bruckner nach Bayreuth. Der schüchterne, ehemalige Provinzialschulgehilfe naht in komischem Aufzuge dem eleganten Heim des verwöhnten Weltmannes. Ein livrierter Diener will den Unmöglichen zurückweisen, der aber gerade noch für gut genug befunden wird, seine Partituren dazulassen.

Doch Bruckner siegt. In rührender Weise hat der Wahrheitsliebende später diesen höchsten Triumph seines Lebens beschrieben und ausgekostet. Wir geben diese kindlich klingenden Zeilen wieder, als ausführliches Zeichen der Anerkennungs-Sehnsucht selbst eines so transzendent gerichteten, naiv religiösen Gemütes. Über solche Befriedigung glauben viele Optimisten aalglatt hinweggleiten zu dürfen, womöglich glaubend, in unsren aufgewiesenen Verkennungsketten ruhe überhaupt kein Problem, ja jene aufgezeigten Fehlurteile dienten den Schaffenden nur als ›gesunder Ansporn‹. Für jeden Tiefenpsychologen spricht umgekehrt aus den *Anerkennungs*zeilen ein Ansporn, vorübergehende Befreiung des Verschüchterten von übergroßem Außendruck. Der rührende Brief lautet:

»Es war cirka anfangs September 1873 (Kronprinz Friedrich war eben in Bayreuth), als ich den Meister bat, meine Zweite c moll und Dritte d moll vorlegen zu dürfen. Der Hochselige weigerte sich wegen Mangel an Zeit (Theaterbau) und sagte, er könne jetzt die Partitur nicht prüfen, da selbst die Nibelungen auf die Seite gelegt werden müßten. Ich erwiderte: Meister, ich habe kein Recht, Ihnen auch nur eine Viertelstunde zu rauben und glaubte nur, bei dem hohen Scharfblick des Meisters genüge ein Blick auf die Themen und der Meister wissen, was an der Sache ist. – Darauf sagte der Meister, mich auf die Achsel klopfend, also kommen Sie, ging mit mir in den Salon und sah die zweite Sinfonie an. Recht gut, sagte er, schien ihm aber doch zu zahm gewesen zu sein (denn in Wien hatte man mich anfangs ganz zusammengeschreckt), und nahm die Dritte (d moll) vor; und mit den Worten schau, schau – was, a was!, ging er die ganze erste Abteilung durch (die Trompete hat Hochderselbe besonders erwähnt) und sagte dann: lassen Sie mir dieses Werk hier, ich will es nach Tisch (es war zwölf Uhr) noch genauer besichtigen . . . Recht schüchtern und pochenden Herzens sagte ich dann zum heißgeliebten Meister: ›Meister, ich habe etwas am Herzen, was ich mir nicht zu sagen getraue!‹ Der Meister sagte: ›Heraus damit, Sie wissen doch, wie lieb ich Sie habe.‹ Hierauf brachte ich meine Bitte vor, aber nur für den Fall, daß der Meister einigermaßen zufrieden sein sollte, da ich Seinen hochberühmten Namen nicht entheiligen wolle. Der Meister sagte: ›Abends 5 Uhr sind Sie in Wahnfried geladen, da werden Sie mich treffen, und nachdem ich die d moll Sinfonie bis dahin genau angesehen haben werde, wollen wir dann über diesen Punkt sprechen.‹« – »Mir ist dabei gerade so gewesen wie einem Schulbuben, dem der Lehrer das Heft korrigiert, und jedes schau – schau habe ich für einen roten Strich gehalten. Weil ich aber schon einmal im Bitten darin war, so habe ich halt auch noch das herausgestottert, daß er die Widmung der Sinfonie annehmen möge, denn das sei die einzige, aber auch größte Auszeichnung, die ich von der Welt verlange.« – Nach unruhigsten Stunden des Wartens kehrt Bruckner zurück. »Zuerst hat er garnichts g'redt, nur um den Hals is er mir gfalln und abküßt hat er mich ein übers andre Mal. Ich hab natürlich gleich weinen müssen und das ist auch dann nicht besser geworden, wie er mir endlich gesagt hat: ›Lieber Freund, mit der Dedikation hat es seine Richtigkeit, Sie bereiten mir mit dem Werk ein ungemein großes Vergnügen.‹«

1877 kommt es endlich zur Erstaufführung dieser dritten Sinfonie. Bruckner, ein etwas unbeholfener Kapellmeister, dirigiert selber. Immer mehr Menschen verlassen den Saal, während das Wunderwerk zum erstenmal erklingt. Zum Schluß ist nur noch ein winziges Häuflein Getreuer anwesend. Das Orchester hat ziemlich verständnislos dahingespielt. Einen umfassenden Lorbeerkranz, den die Jünger bereithalten, muß man scheu und möglichst schnell beiseite schleppen, um sich nicht vollends zu blamieren. Bruckner starrt erschrocken in den entleerten Saal, setzt den seltsamen Schlapphut auf seinen kahlen Schädel – und entflieht. Einige Jünger laufen ihm in den Weg und wollen ihn trösten. »Laßts mi aus, die Leut wollen nix von mir wissen«, ist seine dumpfe Antwort (wie uns ein Schüler genauestens überliefert hat).

Da aber tritt wie ein Gespenst in dur ein Fremder hervor. Es ist der Wiener Verleger Rättig, der erklärt, er wolle diese Sinfonie sofort in Druck geben.

Noch 1891 aber, bei Wiederholung der nunmehr veränderten Fassung der Dritten, lästert eine Wiener Kritik: »Etwas Neues hat Bruckner in seiner an die zwanzig Jahre alten, dritten Sinfonie nicht gesagt; es geht nicht vernünftiger und nicht toller in ihr her als in den späteren Werken des Komponisten. Aus ihnen allen schillert die zu- und aneignende Verehrung Bruckners für Wagner deutlich hervor. Wenn man das Allegro der letzten Beethovenschen Sinfonie auf den Kopf stellt, so fallen Anfang und Ende des letzten Brucknerschen Satzes heraus.«

1875 offenbart Bruckner angstvoll, ganz in moll, seine inzwischen übel gewordene wirtschaftliche Lage seinem Gönner Moritz von Mayfeld. »Ich habe nur das Konservatorium, wovon man unmöglich leben kann. Mußte schon im September und später wieder Geld aufnehmen, wenn es mir nicht beliebte, zu verhungern. Kein Mensch hilft mir. Strehmeier (der Unterrichtsminister) verspricht – und tut nichts. Zum Glück sind einige Ausländer gekommen, die Lektionen bei mir nehmen; sonst müßte ich betteln gehen ... Euer Hochgeboren sehen, die Sache wird ernst. Gern gehe ich ins Ausland, wenn ich nur eine ernährende Stellung bekommen könnte ... Ein leichtes wäre es meinen Feinden, mich aus dem Konservatorium zu verdrängen. Es wundert mich, daß dies noch nicht geschehen ist. Studenten der Universität, Konservatoristen und sogar die Dienerschaft entsetzen sich über das Gebaren mit mir. Mein Leben hat alle Freude und Lust verloren ...« In jener Zeit höhnt der Generalsekretär des Konservatoriums, Zellner: »Ihre Sinfonien können Sie auf den Mist werfen, verdienen Sie sich lieber was mit Klavierauszügen, das ist gescheiter.« Und weil Bruckner auch im Orgelspiel neue Bahnen beschreitet, verbreitet derselbe Kollege: »Bruckner ist ja gar kein Organist.«

Im Grunde hält man Bruckner für einen vollendeten Narren, gegen den man im Konservatorium das Licht abdrehen und Sirenen im Nachbarzimmer aufstellen läßt. Man hält ihn für einen Verschrobenen, der sich allenthalben zu großer Formen bediene. Vom viel zu weiten Kragen, der seinen Hals umbaumelt, dem schlotternden schwarzen Anzug übergroßer Nummer, den wegen des Pedalspiels viel zu kurzen Hosen, seinen unförmigen Schuhen, dem umfassenden blauen Schnupftuch, dem riesigen Schlapphut ... bis hinüber zu überdehnten Fanfarenklängen und wulstigen Harmonieballungen seiner Orchesterwerke übertreibe er alles. Obgleich darin sogar ein Körnchen Wahrheit lag, überhört man gänzlich den Gefühlstiefsinn, der hinter seiner Formenwelt schwingt. Sie war teilweise neu, so daß man wieder mal Jahrzehnte brauchte, bis man sich in sie einzuleben verstand.

Auch Brahms verhielt sich damals feindlich. Jedenfalls schreibt Bruckner bitter: »Brahms scheint in Leipzig meine c moll Sinfonie Nr. 2 unterdrückt zu haben.« Diese beiden größten, örtlich und stilgeschichtlich so eng benachbarten Sinfoniker der zweiten Hälfte des 19. Jahrhunderts verkennen sich gegenseitig aufs gründlichste. Wir sehen einmal wieder, daß das Verkanntwerden nicht im mindesten vor dem Verkennen selber schützt. Noch weniger aber schützt hier das Genialsein. Ist doch Genialität des *Verstehens* eine Sonderbegabung, die sich nur selten mit der Genialität des *Schaffens* verbindet. Brahms meint, Bruckner ruiniere die Schüler des Konservatoriums. »Bei Bruckner handelt es sich, wenigstens zunächst, gar nicht um die Werke, sondern um einen Schwindel, der in ein bis zwei Jahren tot und vergessen sein wird.« So äußert sich Brahms. »Ohne mich hätte kein Hahn nach ihm gekräht.« »Glauben Sie denn, daß ein Mensch unter dieser unreifen Masse auch nur das Geringste von diesen sinfonischen Riesenschlangen begreift ...?« – »Und Bruckners Werke unsterblich oder vielmehr sogar Sinfonien? Es ist zum lachen!«

Die vierte Sinfonie hat einigen Erfolg, als sie 1881 unter Hans Richter zum erstenmal erklingt. Im gleichen Konzert spielt Hans von Bülow Beethovens G dur Konzert und dirigiert seine eigene sinfonische Dichtung ›Des Sängers Fluch‹. »Doch war der Eindruck der beiden, der Liszt-Wagnerschen Richtung angehörenden Kompositionen keineswegs so rein und unbedingt wie der von Bülows Klavierspiel«, meint Hanslick herb einschränkend in der Neuen Freien Presse, obwohl er sich des Brucknerschen Erfolges sogar freut. Bülow aber bespöttelt in seiner zugespitzten Weise den breiten, ungelenken Bruckner immer wieder. Als Helm sein Buch über Beethovens Streichquartette an Hans von Bülow sendet, will dieser den Anhang wegschneiden, weil darin ein Quintett von Bruckner behandelt wird. Höhnend nennt sich Bülow in einem Dankesschreiben »entdeckungsreifer neuer Sinfoniker, auf besonderen Wunsch auch Kakophoniker« und schreibt dazu: »Schüler und präsumptiver Nachfolger von Anton Bruckner«. Später sendet Bülow ein Witztelegramm an den Verleger, das Bruckner auf den erledigten Thron Bulgariens beruft. Er nennt Bruckner »halb Genie, halb Trottel«, spricht von »antimusikalischem Blödsinn dieses Querkopfes« und fragt, ob das noch deutsche Musik sei.

Kalbeck bekundet 96 zur vierten Sinfonie, »... sie heißt jetzt die romantische. Was damit besonders gesagt sein soll, wird uns immer ein Rätsel bleiben ... romantisch wären diese ewigen Verlegenheitstremolos, Rettungstonleitern, Angstpausen, Notsequenzen, Verzweiflungsfanfaren, das ganze Tschingdarassa, Schnedderendeng und Bumbum?« Alles sei »ein Produkt phantastischer Willkür, Überschwenglichkeit und Ichsucht; eine verzückte Schwelgerei in unklaren Gefühlen, die mit fixen Ideen abwechselnde Gedankenflucht«. Noch schlechter kommt in diesem Konzerte Straußens ›Eulenspiegel‹ weg, der im Vorübergehen als »raffinierte Narrheit« erledigt wird.

Rührend immer wieder das jähe Glücksgefühl bei Bruckner, wenn sich irgend jemand seiner Werke annimmt. Schon nach der Probe durch Hans Richter ist er selig. Er dankt auf seine Weise, zückt jenen gewaltigen Maria-Theresientaler, drückt ihn dem weltberühmten Dirigenten in die Hand und murmelt überglücklich: »Nehmens das, und trinkens auf mei Wohl a Krügl Bier« (von Richter in Household words genau erzählt).

Alle Lichtpunkte seiner Frühwirkung verdunkeln sich aber wieder. Bruckner bietet das Werk einem Mainzer Verleger an. Er erhält es »aus Mainz retour und zwar ohne jede Motivierung ... Jezt will selbe Herr G. und meint, ich solle vom Hofe 1000 fl. für Herrn G. erbitten, was ich keinesfalls tun kann. Er soll lieber selbe hinnehmen, ohne mir Honorar zu bieten; habe ja noch nie etwas bekommen ... In Wien ist wieder alles im alten. Daß heuer wieder gar nichts aufgeführt wird, ist mir eher lieber. Alte Freunde sind wieder zu Gegnern geworden, kurz, die vormärzliche Behandlung und Stimmung von allen Seiten! Ohne Hanslick gehts in Wien nicht.«

Wie ein Besessener hatte Bruckner gerade an dieser vierten Sinfonie gearbeitet. Als man dem leicht Entflammbaren von seiten gutmeinender Freunde wieder mal ein Heiratsprojekt vorlegt, stammelt er bekanntlich nur: »Habe keine Zeit, muß meine Vierte schreiben.«

Mitten in diesem Schaffensdrange aber immer wieder ohnmächtiges Zurücksinken. »Alles zu spät.« – »Fleißig Schulden machen und am Ende im Schuldenarrest die Früchte meines Fleißes genießen und die Torheit meines Übersiedelns nach Wien ebendort besingen, kann mein endliches Los werden ... Ich kann meine 4. Sinfonie nicht abschreiben lassen.«

Seine fünfte Sinfonie liebt Bruckner besonders wegen ihrer kontrapunktischen Macht. Sie gibt ihm keinen Anlaß, über ablehnende Kritik zu klagen, aus dem einfachen Grund aber, weil sie bei seinen Lebzeiten überhaupt niemals ertönt. »Ohnmächtiges Einfälle-Mosaik, das alles andere eher als die Bezeichnung Sinfonie rechtfertigt«, behauptet aber später ein Kritiker.

Mit der folgenden, der sechsten Sinfonie kommt Bruckner zum erstenmale auf ein philharmonisches Programm, denn dieses angesehenste Orchester hatte sich bisher noch nicht herabgelassen. Aber nur zwei Sätze werden 1883 aufgeführt, mäßig dirigiert durch Wilhelm Jahn, dessen Lieblingskomponist Massenet war. Die Zuhörer, wenigstens die moderneren, jubeln nun Bruckner zu, die offizielle Kritik aber bleibt zurückhaltend. »Die Rätsel, die uns Bruckner aufgibt, sind dunkel wie ein Abschnitt aus Jakob Böhmes mysterium magnum«, sagt die Wiener Allgemeine Zeitung. Bruckner gestalte wie im Dämmerzustand beim Einschlafen und Aufwachen. »Seiner Phantasie fehlt Logik. Sein Adagio klingt wie ein Traum, den irgendein Meister, meinetwegen der Meister selbst, vom Schlußduett im Siegfried und den Meistersingern gehabt hat ... Zum Scherzo in a moll ein näheres Verhältnis zu gewinnen, ist uns nicht gelungen: die Tongespenster, welche darin umherstreichen, machen es gar zu toll, als hätten Wolfsschlucht und Walpurgisnacht sich ein Rendezvous gegeben, so stampft und tobt, brüllt und wiehert alles wild durcheinander. Die Zukunft, welche ein solches zerrissenes, aus hundert Klüften widerhallendes Tonstück zu genießen vermag, wünschen wir uns fern ...« Mit derart grundsätzlicher Absage schließt einer der kultiviertesten Kritiker, welcher – damals durchaus noch etwas Ungewöhnliches – z. B. Brahms zu verstehen imstande ist. Das zeigt, daß man nur *ruhigere* Gebilde als geformt empfindet, die neue, ausladende Wucht aber hinnimmt, ohne zu spüren, welche mächtigen, organisierenden Kräfte hinter diesem neuen Formenschwalle leben. Wieder ein Fall, der uns so oft begegnet: sobald in der Kunstgeschichte eine Formanreicherung auftritt, wittert man einen auseinanderflutenden Kraftnaturalismus, nichts mehr ahnend von metaphysischen Beziehungen, die hier im Hintergrunde stehen können. Selbst der einfühlende Theodor Helm äußert jetzt Bedenken (im Musikalischen Wochenblatt von 1883), unerklärliche Stockungen, Verlegenheitspausen, mehr Walkürenritt und Rheingold als etwa Bruckner heraushörend, diese zeitgenössische Verwandtschaft also wieder einmal übertreibend.

1885 erklingt zum erstenmale das Streichquintett in F dur, das 1879 entstanden war. Hanslick hört wieder nur den Wagnerschrecken aus dieser Arbeit heraus. Da finde man »den reinen Wagnerstil auf fünf Instrumente abgezogen, die unendliche Melodie, die Emanzipation von allen natürlichen Modulationsgesetzen . . .« Wieder mal jene rückwärts gewandte, somit historisierende, andrerseits absolutistisch sich versteifende Einstellung, welche in jeder Änderung der Modulation, jeder Formenwandlung sofort ein Verlassen aller natürlichen Gesetze wittert. Als ob »natürliche Gesetze« überhaupt verlassen werden könnten!

Der Kenner Gustav Dömpke, dem Hanslick sein geistvolles Buch vom Musikalisch-Schönen verehrt, bewundert das herrliche Adagio voll. Doch findet auch er den ersten Satz krankhaft, die anderen Teile »widerwärtig im Ganzen«. – »Wo sie am unerträglichsten sind, verraten sie wie der erste Satz fast überall die schlimmsten Seiten Wagners.« – »Wir läsen aus den Zügen Bruckners keine so gewalttätige Natur, höchstens das Durchschnittsempfinden einer armen Kapellmeisterseele; und doch komponiert er nichts als Hochverrat, Empörung und Tyrannenmord. Bruckner ist bei weitem der gefährlichste unter den musikalischen Neuerern des Tages.« – Die Neue Zeitschrift für Musik redet von »einem beständigen Holpern und Stolpern . . . aus einem unscheinbaren Embrio ins andere.«

Besonders fesselnd wieder die grundsätzlichen Erörterungen, die z. B. die Wiener Allgemeine Zeitung anstellt, überall Gesamtverfall sehend. »Eine der wichtigsten und schwierigsten Fragen des zukünftigen Musikhistorikers wird notwendig lauten, ob und welche hervorragenden Talente die neudeutsche Schule zugrunde gerichtet habe. Allerdings liegt es in der Natur dieser Richtung, daß sie das sicherste Asyl gerade jener Menge von Halbtalenten bietet . . .« Eine der immer wiederkehrenden Verkennungsformeln, nunmehr ins Pädagogische gewandt. Ist es doch klar, daß eine für schlecht erachtete Einstellung doppelt gefährlich erscheinen muß, wenn sie nun Schule macht und bereits im Erziehungssystem eine Rolle zu spielen beginnt. So behauptet denn Brahms, durchaus auf Bruckner zielend, das Wiener Konservatorium ruiniere seine Schüler völlig. Wir wissen aber inzwischen, daß in jenen Jahren fast alle heute als bedeutsam Geltenden in Wien Brucknerschüler oder Brucknerfreunde waren. Wir wissen dies im Sinne jener Richtigstellung, die sich fast immer zwei Generationen verspätet vollzieht.

Immer aber taucht der Begriff der *Krankheit* auf, wenn neue Formstrukturen ans Licht wollen. »Wir leben in einer sehr ernsten Krisis der musikalischen Begriffe und Sympathien. Sie ist nach Art und Umfang unerhört im Vergleich zu den Kontroversen anderer Künste.« Das glaubt man bei Gelegenheit des

Brucknerquintetts feststellen zu müssen. Und schließlich heißt es wiederum voreilig verallgemeinernd: »Wer die Unnatur der Brucknerschen Harmoniefolgen und seines Satzbaues einmal recht peinlich empfunden hat, wird bald nicht umhinkönnen, auch bei Wagnerscher Musik schärfer hinzuhören . . .« Zusammenfassend wird Bruckner schließlich verloren gegeben. »Von seinem Schaffen eine Klärung zu erhoffen, wäre absurd, denn Bruckner ist ein Sechziger, in der Verehrung seiner Ideale ergraut. Was er der Kunst hätte werden können, wäre er untrüglichen Sternen gefolgt, ist nicht zu ermessen.«

Wirklichen Erfolg hat 1886 das ›Tedeum‹. Dennoch meinte die Alte Presse: »Bruckner gemahnt uns an die schlaue Demut und augenverdrehende Frömmigkeit Overbecks und seiner Nazarener. Wir wissen bei letzteren nicht, wo der fromme Mißbrauch aufhört und der auf Effekt ausgehende Spekulant anfängt.« Welch sinnloser Vergleich zwischen zwei derart verschiedenen Formenwelten! Und wie relativ jegliche Verwendung der Tadelworte ›Mißbrauch, Effekt, Spekulant‹!

Hanslick muß aber eingestehen, daß das ›Tedeum‹ mit »einem grenzenlosen Beifallssturm gefeiert« wurde. Also – wie auch bei Wagner – mehr Verkennung innerhalb der Fachkritik als im Publikum selber.

Unendlich gerührt ist der dankbare Bruckner über eine Aufführung seines ›Tedeums‹ von 1891 in Berlin. Er ist zugegen und umarmt sofort die Damen des Chors, doch mit soviel Unterscheidungsvermögen, daß er, da er ja doch nicht durchkommen würde, die schöneren herausgreift, blitzschnell immer wieder einige andere übergehend. Dem Kapellmeister schreibt er danach zusammenfassend: »daß in Berlin kein abfälliges Blatt war, verdanke ich Ihnen. Ewiger Dank voll Bewunderung sei Herrn Direktor nochmals gebracht.«

Die siebente Sinfonie widmet Bruckner Ludwig II., instinktiv wieder einen Schutzpatron suchend. Sie sollte ihre Uraufführung eigentlich in Wien erleben. Aber ein ergreifendes Schreiben Bruckners, an die Philharmoniker gerichtet, erfleht die Absetzung des Werkes. »Wegen Feindseligkeit maßgebender Wiener Kritik, die meinen Erfolgen in Deutschland gewiß nicht förderlich sein kann.« Welche erschreckende, sich selber schwächende Folge unsrer Verkennungsphänomene, wenn ein Künstler sich nunmehr lieber totstellen, als etwa der Aburteilung aussetzen möchte! Man behaupte nicht immer wieder, daß Gleichgültigkeit, der öffentlichen Meinung gegenüber, ein entscheidendes Merkmal darstelle, an dem erkannt werden könne, ob ein Genie oder nur ein Talent vorliege. Selbst bei Wagner, der seinen Ruhm doch sogar zu *organisieren* verstand, kehren verwandte Regungen wieder, wenn er von Frühaufführungen abrät. Doch fürchtet *er* sich mehr vor unverstandener oder geschwollener Wiedergabe des Werkes, als etwa vor vernichtendem Urteil der Zeitgenossen. So flieht Bruckner mit seiner Siebenten ins Ausland, wenn er sie selbst, nunmehr zugegen bleibend, durch seinen Schüler Nikisch in Leipzig erfolgreich uraufführen läßt. An Nikisch hatte Bruckner teils beschwörend, teils angsterfüllt geschrieben: »Sie sind ja doch der einzige, der mich retten kann . . . (Fällt das Werk durch, so fahre ich bei Nacht und Nebel ab.)« Verkannt und verlassen nennt sich Bruckner in einem anderen Brief an Nikisch.

In Leipzig einen Verleger zu finden mißlingt. In München hatte das Werk im folgenden Jahr vollen Erfolg. Den letzten Satz hatte aber auch der dortige Dirigent erst verstanden, nachdem Bruckner noch selbst gekommen war, ihm diesen Teil persönlich auszudeuten. Erst 86 erfolgte dann jene Wiener Aufführung von seiten der Philharmoniker. Wie richtig aber Bruckner geahnt hatte, zeigt der Bericht Hanslicks, des immer noch maßgebendsten aller damaligen Kritiker. Das Publikum »flüchtete zum Teil schon nach dem zweiten Satz dieser sinfonischen Riesenschlange, flüchtete in hellen Haufen nach dem dritten, sodaß nur ein kleiner Teil der Hörerschaft im Genusse des Finales verblieb ... Ich bekenne unumwunden, daß ich über Bruckners Sinfonie kaum ganz gerecht urteilen könnte, so unnatürlich, aufgeblasen, krankhaft und verderblich erscheint sie mir.« Immerhin muß Hanslick zugeben, »es sei gewiß noch niemals vorgekommen, daß ein Komponist nach jedem Satz vier- bis fünfmal herausgerufen wurde.« Wir haben es bei Bruckner, wie schon früher vermerkt, überhaupt mehr mit der Verkennung durch die Fachkritik als etwa durch das Publikum zu tun.

Dömpke aber zetert in der Wiener Allgemeinen Zeitung noch ganz anders. »Wirklich schaudern wir vor dem Modergeruch, der aus den Mißklängen dieses verwesungssüchtigen Kontrapunktes in unsre Nasen dringt ... Seine Phantasie ist – man weiß durch welche Erzieher und Heilkünstler – so unheilbar erkrankt und zerrüttet, daß etwas wie die Forderung einer Gesetzmäßigkeit in Akkordfolge und Periodenbau für sie überhaupt nicht existiert ... Bruckner komponiert wie ein Betrunkener.«

Kalbeck stellt seiner Besprechung in der Presse ein Gedicht voran, bei dem jede Zeile aus einem anderen Zusammenhang und Werk genommen ist. »Wir glauben so wenig an die Zukunft der Brucknerschen Sinfonie, wie wir an den Sieg des Chaos über den Kosmos glauben.« Selbst das Adagio sei »eine Kopie des Adagios aus Beethovens neunter Symphonie mit freier Benutzung Beethovenscher und Wagnerscher Melodien.« Das Thema des Scherzo dürfte »bei jedem Hoffeuer« ausgezeichnete Dienste leisten. Das Finale sei ein »Gemisch von Großtuerei und Armseligkeit«. Es schließe mit einer »theatermäßigen Apotheose, bei der das bengalische Feuer zwar zum Applaus herausfordert, aber keinen sonderlich feinen Geruch hinterläßt.«

1886 schreibt Bruckner einem Hamburger Anhänger: »Von Hanslick und Brahms sind mir für mich so kränkende Geschichten erzählt worden, daß ich lieber darüber ganz schweige; aber mein Herz ist kummervoll!!! Hanslick diktiert noch zweien Kritikern, über mich zu lästern; ja man versucht auf alle Art den für mich enthusiasmierten Hans Richter abwendig zu machen, denn man kennt Richters Furcht vor der Presse.«

Für die achte Sinfonie sucht Bruckner, der vertrauensvolle Untertan, in einer Widmung gleich den guten Kaiser Franz als Schutzpatron, gar nicht bedenkend, wie fremd natürlich diesem Herrscher jene »radikale, neue« Tonwelt war. Nach der Uraufführung – wir sind nun allerdings bereits im Jahre 92 – gibt es gewaltigen Zuruf und Jubel. Bruckner erscheint, nimmt Lorbeerkränze entgegen, kehrt aber bald dem Publikum den Rücken, um das

Orchester zu beklatschen. Den Dirigenten Hans Richter erwartet er am Ausgang mit 48 dampfenden Krapfen, die er mit ihm verspeisen will. Die Kritik ist positiv. »Krone der Musik unsrer Zeit«, heißt es sogar an einer Stelle. Hugo Wolf bekundet, daß »der erste Satz jede Regung zur Kritik vernichtet«. Dem erschütternden Adagio glaubt er »nichts Ähnliches an die Seite stellen zu dürfen«. Selbst Kalbeck nennt Bruckner diesmal Meister der Instrumentation. Aber Hanslick, auf den es noch immer ankam, gerät nur *vorübergehend* ins Schwanken. »Jeder der vier Sätze, am häufigsten der erste und dritte, reizt durch irgendeinen interessanten Zug, ein geniales Aufleuchten . . .« Es handle sich aber nur um »Übertragung von Wagners dramatischem Stil auf die Sinfonie.« »Es ist nicht unmöglich, daß diesem traumverwirrten Katzenjammerstil die Zukunft gehört, eine Zukunft, die wir darum nicht beneiden . . .« Das Finale erscheint »mit seinen barocken Themen, seinem konfusen Aufbau und unmenschlichem Getöse nur als Muster von Geschmacklosigkeit«. Hanslick hört nur »hinauf- und hinablamentierende Schusterflecken«. Heuberger im Wiener Tageblatt meint, daß sich das Werk »durch spärliche Erfindung« unvorteilhaft von anderen unterscheide. Scherzo und Finale erscheinen ihm bedenklich. Obgleich er das Adagio hinreißend findet, nennt er sich ungläubigen Thomas. »So oft wir auch den Finger in die Wunde legen, gläubig sind wir nicht geworden.«

Die Neue Zeitschrift für Musik lobt das Scherzo, fährt aber fort: »Die übrigen Sätze sprechen viel, aber sagen wenig. Hohles Pathos im ersten Satze, langatmige Sentimentalität im Adagio und lärmender Jubel bei überladener Orchestration im Finale . . . Mangel an Spieleinheit und thematischer Zusammengehörigkeit . . . Dieser Mangel an ausgeprägten Formen ist es aber, der den Fachmusiker unangenehm berührt und ihm das kleinste Tonstück von J. Brahms und M. Bruch (!) künstlerisch reifer erscheinen läßt . . .«

Kapellmeister von Perger, anfänglich gegen Bruckner eingestellt, berichtet reuig, wie Bruckner unter Tränen sein Leid geklagt habe, als man für 1896 das ›Tedeum‹ vorgesehen hat. »Da leb ich ja nimmermehr.« »Sie wissens ja, – mein Herz – Herz – es geht nimmermehr . . . Schauens, da ziehns in ein paar Zeitungen immer so scharf über mich los . . . Ich hab ja den Herren nix getan; warum schimpfens denn alleweil? Sie sollen mich ruhig schreiben lassen.«

Wie Beethoven schließt Bruckner mit einer neunten Sinfonie. Doch bleibt sein spätes Hauptwerk Bruchstück. Es enthält seine letzten inneren Erkenntnisse. Nachdem er in seinen Widmungen bei der Achten bis zum Kaiser Franz emporgestiegen war, gab es keinen höheren Schutzpatron mehr. So widmete er die Neunte »dem lieben Gott«. Welch seltsame und rührende letzte Geste dieses kindlich gläubigen Gemütes! Und siehe, wie durch diesen Schutz wich die Verkennung nun weitgehend von diesem Ängstlichen, Gedemütigten und meistens Mißverstandenen.

Wir werden natürlich diesen Umschwung, der sich schon von weither, wenn auch nur stoßweise angebahnt hatte, rein geschichtlich zu erklären haben. Die Wucht der neuen musikalischen Wogen hatte sich allmählich derart geballt und hochgetürmt, daß der Gegenwall, welchen die Reaktionäre aufgeworfen hatten, nicht mehr widerstehen konnte. Bezeichnend hierbei, daß sich dies erst am Lebensabend eines lange währenden Daseins ereignet, als es schon dunkel um einen Meister wird, der allmählich schwerer Krankheit verfällt, zu der, wie er behauptet, »der viele Ärger« entscheidend beigetragen habe.

Wir wollen nun zusammenfassend nicht etwa behaupten, Bruckners Leben sei ohne Anerkennung gewesen; er hat wie alle Großen früh ein Grüppchen heftiger Verehrer und Mitstreiter; er findet einige begeisterte Kapellmeister, er entdeckt Gönner wie Graf Huyn, erreicht eine Lehrstelle an der Musikhochschule und Universität, erhält die Zustimmung Richard Wagners und wird schließlich Ehrendoktor der Wiener Universität. Trotzdem aber begleitet die Fachkritik das ganze Leben dieses leicht Verzagenden mit einem drohenden Gebell.

Viele Nachrufe erkannten endlich seine Größe. Die mißverstehenden Gegenstimmen waren sehr zurückgedrängt. Erloschen aber waren sie noch immer nicht. Obgleich man einem Abgeschiedenen nur selten noch Kritik ins offene Grab nachruft, tönt (1896) die Neue Freie Presse: »Wunderliches Original ... kein großer Künstler ... ohne eigentliche Freude am Bilden ... seine Melodie ein Wassertrieb aus Beethovenwurzeln ... Talent für das Graziöse nicht verwertet ... sein Orgelspiel wie Makart ... Seine Kirchenmusik nur prunkende Betätigung des Glaubens ... Justament-Sinfoniker der Wagnerianer ... Unmöglichkeit zu sagen, was eigentlich Brucknerisch wäre ...«

Reger

Wir werden uns der Gegenwart nicht weiter nähern. Nicht etwa um aktuellen Erscheinungen auszuweichen und aus Mangel an Mut. Wir schließen hier ab, weil es unsrer Definition von Bewährung entspricht. Wir redeten zwar niemals von »Ewigkeitsphänomenen« und dergleichen, verlangten aber immerhin: mehrere Jahrzehnte müssen verflossen sein, während welcher sich die Urteilsverschiebungen, die jeweils festzustellen waren, gehalten haben müssen, ohne sofort wieder zurückzusinken (was ja bei bloß modischen Erscheinungen gegeben wäre).

Reger kann als eine breite Synthese gefaßt werden. In der melancholischen Grundtönung seiner Melodik bildet er die Möglichkeiten von Brahms fort, von dem er sehr beeinflußt war. Seinem eigenen, bisweilen vage sich dehnenden Melos bringt er nun aber Eindeichung durch Bachsche Kontrapunktik, die er in höchstem Ausmaß aufnimmt, darin zum größten Könner der modernen Musik werdend. Und schließlich zeigt er eine betont chromatische Stimmführung bei dauernden harmonischen Versetzungen, ein ausgesprochenes Changieren der Themen in immer wieder andere Tonarten hinüber.

Mit dem ersten Element hätte er Beifall erreicht, denn inzwischen hatte man sich an den Brahmsstil gewöhnt. Innerhalb des zweiten Einschlags griff er so könnenrisch die bewährten Halteformen des 18. Jahrhunderts auf, daß dies - als Stauung der inzwischen entstandenen Gefühlsseligkeiten - ebenfalls Erfolg gefunden hätte. Erst seine Verbindung mit dem dritten Einschlag, das zwielichtartige Aufleuchten chromatischer Gebilde, brachte dem Publikum jenes oft beschriebene Gefühl, ihm werde der Boden unter den Füßen weggezogen, womit auch andere haltende Elemente in ewiges Schweben und Schwanken geraten seien.

Mehr oder weniger klar ist dieses Gefühl von der Kritik bezeugt worden. Der umfassende Kontrapunkt, der sich bei Reger findet, wird von denjenigen Kritikern, die mehr auf ältere Triebmusik etwa von Liszt oder auf vitale Orchestereffekte von Richard Strauß eingestellt waren, als »allzu gelehrt« und umwegig angesehen.

Die Chromatik und die kühnen Modulationen werden aber direkt als mißtönend, verschroben und gesucht empfunden, da man vorläufig diesen seelisch komplizierenden Anteil des neueren Lebensgefühls nicht nachfühlen konnte. Besonders auch, weil sich wiederum die entsprechende Art der *Wiedergabe* noch nicht herausgebildet hatte - mit jenem schwebenden Tempowechsel an den Umschaltestellen, den Reger bei seinem Klavierspiel aufs köstlichste zeigte. Wir erleben auch hier die entsprechende Erscheinung: wenigstens *teilweise* Bekehrung seiner Widersacher, sobald der Komponist selber ans Klavier oder Dirigentenpult tritt.

Komisch wirkt bereits die Frühverkennung des vierzehnjährigen musikalischen Knaben. »Frau Pate sieht es nicht gern (das Harmoniumspielen). Sie glaubt immer, ich werde etwas ruinieren.« Schon dem Siebzehnjährigen sagten die Hamburger: »der Reger komponiert nicht, sondern berechnet«. 1891 wird seine Violinsonate opus 1 aufgeführt, »hat aber sowohl bei der Kritik als beim Publikum abfällige Aufnahme gefunden«, wie Reger seinem Lehrer Lindner mitteilt. »Allein etwas verteidigen muß ich mich doch. Sie könnten sonst schließlich selbst glauben, ich wäre ein Mensch, der nur darauflos arbeitet, möglichst verrückt zu schreiben.« Im gleichen Jahr meldet der 18jährige vom Trio opus 2, man behaupte, »die Variationen wären alle so gesucht ... Natürlich herrschte wieder allgemein Entsetzen; von Frau Doktor (der Musikerin und Frau des Lehrers Riemann) bekam ich zu hören: Ja, ja, wenn man über Brahms und Beethoven hinauswill, kommt solches Zeug heraus.« 1894, schon verschüchtert (mit 21 Jahren also), teilt Reger »zusammenfassend mit, daß er den Erfolg seiner Arbeiten nicht mehr erleben werde«. »Ich habe mit allen Freunden und Genüssen des Lebens vollkommen abgeschlossen, bin so düster und verbittert ... Ich weiß auch, daß ich nicht lange mehr lebe ... Möge ein Anderer vollenden, was ich begonnen. Hoffentlich halte ich es solange aus, daß ich nicht wahnsinnig werde; denn wer die Schmerzen kennt, unter denen ich meine Kinder gebäre, wer diese durchwachten Nächte kennt ..., der wird die fatale Zerschlagenheit begreifen.« Hier sieht man, wie zerwühlend die Mißverständnisse gerade auf einen Menschen, der das Leben noch vor sich hat, einwirken, im Gegensatz zu der beliebten Meinung, die *jugendlichen* Gestalter fühlten sich dauernd siegesgewiß.

Natürlich war es anfangs mühevoll, irgendwelche Verleger zu finden. Keiner in Deutschland wollte anbeißen, so daß frühe Werke in England erscheinen mußten. Aber auch dort schrieb man, Reger möge den schwierigen Stücken faßlichere folgen lassen, bis schließlich der Vertrag wegen Unwirtschaftlichkeit überhaupt gelöst wurde, allerdings als der Komponist bereits andere Möglichkeiten entdeckt hatte. Man fand, »bei ihm halte die Überfülle des tonartigen Wechsels weder Maß noch Ziel und lasse kein ruhiges Genießen, kein klares Verfolgen zu.«

Bald sprach man sogar von »wüst und wirr oszillierender, unruhiger und unarchitektonischer Modulationssucht«. Man verspürte nicht das System, welches vielleicht nicht architektonisch, wohl aber webend und verknüpfend durch alles läuft, ein System, das Reger später auch theoretisch in seinen ›Beiträgen zur Modulationslehre‹ niederlegte. Auch diese Arbeit konnte er einem Verleger nur mit Mühe aufzwingen, während sie heute, in die meisten Kultursprachen übersetzt, zu den wichtigen Zeugnissen neuerer Musiktheorie zählt.

Die Orgelwerke hielt man immer wieder für unspielbar, auch noch, nachdem Reger und Straube sie zum Klingen gebracht hatten. Auch hier wurde über mangelnde Innerlichkeit geklagt. 1895 schreibt Reger an Busoni, daß seine Werke in Leipzig, das noch ganz unter Reineckes rückschrittlicher Leitung lebe, kein Verständnis finden könnten. Auch in Wiesbaden stehe man ihm feindlich gegenüber. »Es ist eine gar trübe Zukunft; kein Mensch will etwas von meinen Sachen wissen . . .« 1896 teilt er mit, »ich habe überhaupt so einen Ekel vor unsern deutschen Musikblättern . . . Man hat ja sogar im Komitee des Allgemeinen Deutschen Tonkünstlervereins folgendes beschlossen: Das Trio opus 2 von Max Reger wird in Leipzig bei der diesjährigen Versammlung nicht aufgeführt, weil sich Reger zu wenig Verdienste um die Lisztsche Richtung erworben hat . . . Und wie käme man dazu, eine Sinfonie aufzuführen (es ist die in h moll), die als letzten Satz eine Passacaglia hat, an die sich ein Trauermarsch anschließt; eine Sinfonie, die ppp verhallt in h moll . . . Und auf die Sinfonie hin werden sie mich wohl für verrückt erklären.«

1897 meldet Reger zur Aufführung seiner frühen Suite: »Ich habe Kritiken hier, aufgrund deren man eigentlich gerichtlich vorgehen könnte; denn selbst vor den gemeinsten Schmähungen sind die Herren nicht zurückgeschreckt; was ich wollte, wäre nur der Umsturz aller musikalischen Verhältnisse. Gott behüte uns, so schließt man, daß diese extreme rote Richtung jemals zu Worte kommt.« Fesselnd ist hier, wie man immer wieder das Neue der Politik zuordnet, was sich dann meist als irreführend entpuppt.

1898 schreibt die Mutter verbittert: »Mit welchen Hoffnungen ging er vor nun 8 Jahren von uns, und was hat die Welt aus ihm gemacht.« 1899 muß Reger weiter klagen: »Die Kritik hier habe ich schon mit Entsetzen erfüllt mit der Nachricht, daß ich diesen Winter hier konzertiere.« 1900 stellt Reger fest, ein Organist habe ihm wieder mitgeteilt, seine Orgelsachen seien unspielbar.

Man frage ihn, ob er denn seine Orgelwerke wirklich für wert halte, studiert zu werden, aus welchem Urteil man entnehmen müsse, daß man sie überhaupt nicht begreife. Es sei ihm schon längst klargeworden, daß er »in Bayern niemals eine nur annehmbare Stellung bekomme«, da er in der Münchner Akademie »gar keine Freunde, nur Gegner« habe. Opus 27 sei von einem Organisten mit dem üblichen Ausdruck »zu modern« beiseitegeschoben worden. Mit Berserkerwut falle man über dieses Werk her. »Verunglückte Gehversuche«, heiße es. »Ich weiß, daß meine Kompositionen totgeschwiegen werden, unsere Klavierspieler, Sängerinnen etc. wollen von mir nichts wissen.« 1900 meldet Reger auch, daß Wien der ungünstigste Boden für ihn sei. »Wien ist zum Teil sehr konservativ; allein diese Eigenschaft findet man ja überall . . . Ich weiß, daß meine Musik für die, die dieselbe nicht näher kennen, geradezu ein Greuel sein muß – allein niemand kann aus seiner Haut fahren.«

Im gleichen Jahre streift Reger auch die Fehlurteile über Richard Strauß, an dem man damals tadelte, was zu loben, und womöglich lobte, was zu tadeln war. »Mir ist unfaßbar, wie es Musiker geben kann, die sich gegen R. Strauß ablehnend verhalten. Es muß den Leuten doch allein das fabelhafte Können dieses Mannes imponieren . . . Was *ich* unter dieser Urteilslosigkeit zu leiden habe, geht auch schon bis ins Unglaubliche. Mein Streben ist das ernsteste – und trotzdem nimmt sich niemand die Mühe, nur zu untersuchen, was ich eigentlich will.« – »Solange unser deutsches Publikum an meinen Sachen teilnahmslos vorübergeht, solange meine Kollegen (mit wenigen rühmlichen Ausnahmen) meinen Werken nur Mißachtung entgegenbringen, kann ich keine größeren Honorare erzielen . . . Unsere Virtuosen und Sänger bringen ja fast grundsätzlich nichts Neues! Und von jeher war es die beste Reklame, die ein Komponist machen konnte, zu sterben.«

1901 in München angekommen, meldet er wieder, »daß man in Musikerkreisen schon erbärmlich auf mich schimpft, d. h. eben solche, denen etwas Angst ist, weil ich nun hier bin.« Welchen Widerstand seine Erweiterungen auf dem Gebiet der Harmonie hervorrufen mußten, erklärt ein eigenes Bekenntnis von 1902. »Ich gebe zu, daß manche meiner Orgelwerke große Schwierigkeiten bieten. Es sind bei meinen Werken weniger die technischen, als meine harmonische Melodik, welche zum Kapieren Schwierigkeiten macht. Ich sage: die Tonalität, wie sie Fétis vor 50 Jahren festgestellt hat, ist für 1902 zu eng. Ich verfolge den Lisztschen Satz, auf jeden Akkord kann jeder Akkord folgen, eben konsequent«, so heißt es im gleichen Jahre. – »Nach Kunstwart bin ich ein ruheloser Geist.«

In München gab es drei Gruppen, die sämtlich gegen Reger standen und von Wagner ausgingen. Die Neudeutschen der Straußnachfolge, der Lehrkörper der Akademie mit Schillings und Thuille und die Berufskritik mit Rudolf Louis an den Münchner Neuesten. München hatte einst Wagner vertrieben, später Richard Strauß, den enttäuschten Sohn dieser Stadt, ins ungeliebte Berlin ziehen lassen, und nun wurde Reger mißachtet. Man ließ ihn, der sich um einen Posten bewarb, möglichst lange warten, verwöhnte inzwischen aber untergeordnete Köpfe. Endlich konnte Reger für kurze Zeit an der Münchner

Akademie Fuß fassen, obwohl gewisse, gegebene Versprechungen ihm aber keineswegs gehalten wurden. Man *duldete* ihn im Grunde nur, während – bezeichnende Verspätungswendung – heute diese Akademie in der ›Regergesellschaft‹ eine der vornehmsten Vereinigungen sieht, an der auch der kleinste Ordinarius teilhaben möchte.

Zwischen den Schülern Thuilles und denen Regers kam es sogar zu Tätlichkeiten, so sehr erregten die neuen Bahnen des Meisters. Felix Mottl suchte vergeblich zu vermitteln. Schon 1906 mußte Reger sein Amt niederlegen. Auch den Porges'schen Chor, dessen Leiter er geworden war, mußte er wieder aufgeben, da man sein höchst direktes Wesen und die Genauigkeit seines Einstudierens mißverstand. »Tatsache ist, daß ich hier allmählich totgemacht werde.« Nach einem Liederabend schreibt er über die Kritik einer auswärtigen Zeitschrift: »All dies Gejammere über diese seltsamen bizarren Harmoniefolgen ... Dabei sang sie als ›tollstes‹ das Märchenlied opus 51, alle übrigen Lieder von mir waren mehr zahmer Natur. In Breslau opus 52 Nr. 2,27 – na die Kritiken, sie übertrafen sich gegenseitig in Wutgeheule!« 1903 aus München: »Ich sitze hier wie auf einem Pulverfaß.« – »Soviel ich weiß, herrscht über mein Quintett in hiesigen, musikverständigen Kreisen allgemeines Entsetzen, aber wie gesagt, einesteils bin ich ja schon sehr gewohnt, als Kandidat giesingianus (in Giesing ist nämlich die Kreisirrenanstalt) betrachtet zu werden – andrerseits habe ich aber auch zu oft Gelegenheit gehabt, alle die Intelligenzen, die mich für verrückt erklären, auf wirkliches Können so ein bissel mir zu betrachten.« –»Ich werde bald wieder einiges schreiben und zwei Kritiker festnageln, daß es nur so kracht. Es ist schon wert, daß man diese Herren einsalzt und in Essig und Öl präpariert ...« (was wir zum Teil in diesem Buch besorgen).

Als 1903 – mit Reger am Klavier – sein c moll Quintett (opus 64) zum erstenmal erklingt, schreit ein bekannter Münchner Komponist ›pfui Teifel‹ und verläßt geräuschvoll den Saal. Ein ebenso angesehener Pianist aber verspottet danach hämisch alle Mitwirkenden. (»Was hams denn da für an Dreck gespielt?«) 1904 schreibt Reger enttäuscht: »Betreffs Herrn Kretzschmar scheint man sich in Leipzig einer Täuschung hinzugeben. Der Herr ist ja als Musikgelehrter sehr gut – aber für die *lebende* Kunst hat er wenig Verständnis. In seinem Konzertführer finden sich tolle Schnitzer ...« Hier registriert Reger die seltsame *Fernsichtigkeit* der Gelehrten, welche alte, entfernte Erscheinungen gut beobachten, alles zeitlich in der Nähe Liegende aber verschwommen wahrnehmen und deshalb für verzerrt ausgeben. Oft allerdings verschwimmt ihnen auch, was in der *Vergangenheit* dem jeweils neuen Kunstwollen verwandt ist, indem sie es dann als untergeordnet, als »noch nicht gekonnt«, als »bloße Vorstufe« betrachten (und wie alle diese abschiebenden Kategorien heißen). Sie machen es wie etwa J. Burckhardt, der, wie wir schon erörterten, die zeitgenössisch neue Schätzung Tintorettos, des späten Rembrandt und Velasquez als kurzlebige Modesache erklärte.

In einem Text über Hugo Wolfs künstlerischen Nachlaß leuchtet Reger selber in das ewige Verkennungsproblem: »Es gehört zum Wahn der Nachlebenden, daß sich die Tragödie des Genius nicht wiederholen werde.« 1904 klagt er, »ich habe betreffs meines Streichquartetts opus 74 beim Münchner Quartett meine Fühler ausgestreckt. Es war niemand dazu zu kriegen, etwas von mir zu spielen!« Im gleichen Jahre findet er, »es ist ein recht betrübliches Zeichen vom ungeheuren Tiefstand der zeitgemäßen musikalischen Intelligenz, wenn man über die gänzliche Verschrobenheit, unheilbare Krankheit, nervenmordende Unnatürlichkeit meines opus 72 schreiben kann. An dieser Tatsache ist der in jeder Beziehung unheilvolle, philiströse, durch und durch deutschprofessorenhafte Einfluß des Kunstwart eben sehr viel mit schuld.« 1905 schreibt Reger, in München sei es vielen unmöglich zu glauben, »daß ich jemals nur einigermaßen in die Höhe käme, daß man mich überhaupt jemals als Komponisten auch nur im geringsten ernst nehmen könnte.« Er wisse, daß sie im Lehrerkollegium der Akademie ihn fast alle in die Hölle wünschen.

Als er sich mit der Sinfonietta, die heute ganz unproblematisch erscheint, als Orchesterkomponist vorstellt, nimmt man sie als dickflüssigen Tonbrei und wüsten Orchesterlärm. Bei der Münchner Wiederholung (1905) gibt es dann geradezu einen Skandal. Nachdem Rudolf Louis in den Münchner Neuesten das Werk in Grund und Boden verurteilt hat, bringt das kleine Trüppchen von Regerfreunden diesem Kritiker eine nächtliche Katzenmusik. (Woraufhin übrigens der Kritiker am folgenden Tage öffentlich für die liebenswürdige Zugabe neuester Bruchstücke des Meisters dankt.) – Eine geschlossene Anhängerschaft schien Reger zuerst in Rußland zu erstehen, wo er 1906 in Petersburg nahezu Triumphe feiert.

1908 war dann die Stunde gekommen, wo sich der schöpferische Musiker gegen den bloßen Theoretiker Riemann, seinen einstigen Lehrer und Freund, absetzen mußte. Einst hatte Hanslick die ganz natürlichen Wachstumsringe nicht anerkennen wollen, die der Stamm musikalischen Schaffens durch Wagner und Bruckner angesetzt hatte. Jetzt stemmte sich Riemann (im Theoretischen ebenfalls nicht zu verachten) gegen die notwendigen harmonischen Erweiterungen Regers. Beide Beschneidungsneigungen, Abschälungsbestrebungen, Rückschrittsvorgänge hatten die geschichtliche Stunde gänzlich verkannt. Reger protestierte vorwiegend durch seine Werke selber, deren Beweiskraft damals aber unverstanden blieb. Als er sich zu einem theoretischen Wort entschloß, wurde auch dies teilweise mißkannt. Im Musikalischen Wochenblatt sieht er sich jedenfalls »von einem Doktor in unqualifizierbarer Weise angeflegelt.« – »Der Mann spricht mir Anstand, Charakter, Bildung ab ... Meine Sätze gegen Riemann widerlegt er nicht; aber mich persönlich diskreditieren – das versucht er; soeben erfahre ich, daß der Mann ein intimer Schüler von Riemann ist, im Collegium musicum eine Hauptrolle spielte; kurzum, die Sache ist sehr durchsichtig.«

»Herr Max Kalbeck, Verfasser einer Brahmsbiographie, Kritiker in Wien«, heißt es im selben Jahre, »hat nicht umhin gekonnt ... anläßlich der Aufführung meines opus 100 mich wieder einmal gröblich anzurempeln ... In Paris kam es bei Aufführung meines opus 100 zu einem Skandal – einige arge

Patrioten pfiffen toll, weil ihnen mein Germanentum zu sehr auf die Nerven ging . . . Heute in 14 Tagen werde ich wohl so einen kleinen Skandal in Bremen erleben! In Bremen ist man dank der Cliquenwirtschaft des Allgemeinen Deutschen Musikvereins mit Gift und Galle gegen mich geladen . . . Es wäre ja prachtvoll, wenn die Affäre so endigte, wie mal vor zwei Jahren in München, wo man sich in Erregung über eine tolle Sache von mir prügelte im Publikum.« – In einem Brief an Straube heißt es dann, »nun hab ich alle Kritiken zusammen! Es ist rein zum brüllen, wie sehr sich die Hochweisen widersprechen!« Auch diese Erscheinung liegt im Wesen der *Verkennung:* die absprechenden Meinungen aller Frühkritik laufen in ihren Deutungen viel weiter auseinander als die jeweils späteren, *preisenden* Urteile.

Reger besaß eine Sammlung geradezu unglaublicher Berichte über seine Arbeiten. Seine Verachtung der gröbsten Mißversteher kannte keine Grenzen. Berühmt wurde seine Rache in der Violinsonate C dur ›gewidmet den Kritikern‹, wo sich alles um die Töne s-c-h-a-f-e, a-f-f-e gruppiert. »Nichts Dümmeres gibt es, als die jeweilige Mitwelt.« In diesem einfachen Satz sucht Reger später unser ganzes Problem zusammenzufassen. Wie gering er von den Münchner Akademiekollegen dachte, denen er sich überlegen fühlen mußte, geht daraus hervor, daß er bei einer öffentlichen Prüfung ein Fugenthema aufstellen wollte, das weder ein Schüler noch ein einziger der Lehrer würde verarbeiten können.

Inzwischen ist Reger als Lehrer der Akademie und als Universitätsmusikdirektor nach Leipzig berufen. Hierin lag hohe Anerkennung. Überhaupt hatte sich der Kreis seiner Bewunderer durchaus vergrößert. Verkennungen halten dennoch an, wenn sie auch an Dichte geringer werden. Der Pauliner Chor der Studenten, den er zu dirigieren hat, fühlt keineswegs, wer vor ihm steht. Reger sieht sich deutlich gemieden, »weil ich zu wenig die lieben alten Pauluslieder singen lasse, und zu wenig den feucht-fröhlichen Kneipverkehr pflege.« Oktober 1908 klagt Reger dem Rektor: »Kein Programm, das ich aufstelle, paßt den Herren; über den Brahmsabend ist lästerlich geschimpft worden; die Programme wären viel zu ernst . . .« – »Abgesehen davon, daß zu den Proben vielleicht die Hälfte . . . erschien, kamen zum Singen in der Kirche selbst nur zwei! Zwei Bassisten! Unter solchen Umständen kann ich nicht mehr weiter wirken.« Wenige Tage später beleuchtet Reger die Mißachtung noch greller, in welche dieser wahrhafte Meister der Wiedergabe auch fremder Arbeiten geraten war. »Kürzlich gestattete sich ein Pauliner in der Probe, mir vor versammelter Mannschaft unter Gewähr folgendes zu sagen: daß ich erstens absolut garnicht verstünde, ein Programm aufzustellen, zweitens, daß ich zwar als Theoretiker was taugte, aber als Komponist gleich null wäre.« Natürlich steht hier wie bei allen Verkennungen im Hintergrunde ein weit kleinerer Meister, ein Epigonerich, der eingefahrene Gleise für sich hat. »Allen Ernstes wurde mir das Ansinnen gestellt, ich sollte einen Max Bruch-Abend geben . . . Wer die köstlichen Aussprüche Brahms' über Max Bruch kennt, der würde mich geradezu für einen Narren halten, wenn ich einen Max Bruch-Abend machte.«

Nach Ablehnung seines Violinkonzertes äußert sich Reger zur Verkennungsfrage mit vergleichender Methode. »Hat doch auch das Brahmssche Violinkonzert zuerst heftige Gegnerschaft gefunden ... und noch vor 12 Jahren belächelte man in Geigerkreisen mir gegenüber oft genug meine grenzenlose Bewunderung für Brahms' Violinkonzert! Und heute! Nach 12 Jahren, also nach einer Minute in der Entwicklungsgeschichte der Musik, ist das so verpönte Werk direkt populär geworden. Diese Tatsache gibt mir den festen Glauben, daß bei der stets anwachsenden Gründlichkeit und Ernsthaftigkeit unsres Musizierens in vielleicht kürzerer Zeit vielleicht auch *mein* Konzert populär werden wird.«

Im selben Jahre heißt es dann: »Ich würde es mir nicht getrauen, ein modernes, ernsthaftes Werk nach einmaligem Hören zu beurteilen!! Die Kritik kann das! Also können diese Herren viel mehr als unsereiner.« An Straube schickt er Beurteilungen des Trio opus 102. »Köstlich ists, wie der Kritiker vom Scherzo des Trio schreibt: eine kurze, apparte Kantilene. Da hat also dies Urrindvieh nicht einmal gemerkt, daß es ein höchst simpler Kanon im Einklang zwischen Cello und Violine ist!«

Immer wieder Kummer auch in Leipzig. 1909 heißt es, »daß das Endziel ... ist, mich aus Leipzig herauszuekeln.« Im selben Monat skizziert Reger folgendes.

Beitrag zur Charakteristik Leipzigs als Musikstadt:

Mittwoch, 17. 2. 1909 Regerabend:	
Kosten des Konzertes	300 M
Vorverkauf	45 M
Abendkasse	4 M
Defizit	251 M

1910 notiert Reger, »endlich mal wieder einer, der nicht findet, daß bei mir Harmonik usw. unlogisch ist.« Er weiß, daß »die gesamte Kunstlehre elend nachhinkt; wir besitzen bis heute noch keine bis zur Jetztzeit nur annähernd gehende Harmonielehre; mit Kontrapunkt ists ähnlich! Woher soll nun das wirkliche Verstehen für meine Harmonik kommen, die scheinbar so willkürlich und doch so absolut logisch ist?« Das f moll Klavierkonzert opus 114 wird 1910 vom Leipziger Tageblatt als eine »neue Fehlgeburt der in Inzucht verkommenden Reger-Muse« registriert. 1911 behauptet Reger: »Je mehr Erfolge ich auswärts habe, desto schlechter werde ich hier behandelt (in Leipzig).« – »Hier ist jetzt eine Pressehetze gegen mich, daß es nur so eine Art hat.« Reger findet, wir hätten einen Tiefstand in der Kritik erreicht, wie er toller nicht gedacht werden könne. Die Leute, die so schnell den Stab gebrochen hätten, »ahnen gar nicht, wie thematisch gerade im Klavierkonzert alles bis in die äußersten Zweiglein durchgebildet ist.« – »In Leipzig ist man sehr verschnupft, daß ich nun auch als Dirigent loslege. Der Saukerl komponiert, spielt Klavier – und fängt nun gar noch das Dirigieren an!«

Wie einst München, verläßt Reger jetzt auch Leipzig, um sich nunmehr Meiningen zuzuwenden, wo er tatsächlich auch zum Dirigenten ersten Ranges aufblüht. »Weshalb ich aus Leipzig weggehe? Erstens, weil ich hier gar keinen, aber absolut keinen Einfluß in musikalischen Dingen habe. Zweitens, weil ich in keiner Stadt Deutschlands von der Kritik derart angerempelt werde.«

Einige glückliche Meininger Jahre folgen. Aber schon naht der dritte Rücktritt seines Lebens. Dabei hatte er Unendliches auch dort geleistet. Die Neue Musikzeitung beschrieb es, als das Ende kam. »Das Orchester war wie ein Mann, wie ein Solist; diese Phrasierungen, dies Anschwellen der Bläserakkorde, dieses Absetzen und Fallenlassen am Ende einer Phrase. Reinheit und Subtilität, Kraft ohne rumorendes Lärmen. Das war Kammermusik im schönsten Sinne, wie Reger mit den Meiningern eine Mozart-Sinfonie aufführte. Und das soll nun wieder, kaum geschaffen, alles dahin sein?« Aber 1914 meldet Reger aus Meiningen »entsetzlichen Ärger; das Arbeiten mit einem total unmusikalischen, lediglich enorm adelstolzen Oberhofmarschall, das zu ertragen war selbst für meine Nerven nicht möglich.« Nachdem der alte Regent gestorben, teilt Reger mit, er »stehe bei dem jetzigen Herzog Bernhard nicht in Gnade.« Zu einem Gedächtniskonzert für den Verstorbenen erscheinen weder die jungen Herrschaften noch der Hof, angeblich wegen Hoftrauer, doch an der Grundsteinlegung des neuen Offizierskasinos, geistige Lageverkennung ersten Grades, nehmen sie teil. »Die Herzogin von Meiningen hat alle nicht fest angestellten Mitglieder der Hofkapelle sofort entlassen, ohne durch eigene finanzielle Not dazu gezwungen zu sein, sodaß 22 Musiker und deren Familien vollkommen brotlos sind.« So berichtet Reger seinem Freunde Straube. Man spürte noch immer nicht, welch höchste europäische Höhe Regers Konzerte mit den Meiningern erstiegen hatten. »Das Schönste an der ganzen Angelegenheit ist aber, ich werde vom hiesigen jetzigen Hof offiziell nach allen Dimensionen geschnitten – wenn sich aber einer der entlassenen Musiker um Unterstützung an das Hofmarschallamt wendet, wird er von dieser Behörde offiziell an mich verwiesen, wo ich doch mit der ganzen Sache seit 1. Juli (1914) nichts mehr zu tun habe. Jeder Kommentar ist da überflüssig.«

Um seine Orchesterleute vor gröbster Not zu bewahren, setzt er seine Konzerte noch fort. »Welche dummen Hindernisse mir hier betreffs dieser Kirchenkonzerte in den Weg gelegt werden, ist nicht zu glauben! Welche Ratschläge ich hören muß, damit ich ja oben nicht anstoße, ist ekelhaft . . . Die Eintrittspreise 0,50 und 1 Mk. sind den vermögenden Leuten teilweise noch zu hoch. Es ist ein Affentheater, wie es schöner nicht gedacht werden kann!« Man habe sich in Meiningen mehr für die dortige, alte Schauspielüberlieferung als für die neue Musik erwärmt, was sich von Anfang an in mangelnder wirtschaftlicher Unterstützung des Orchesters zeigte. Übrigens soll der Herzog selber, der Reger einst herbeigezogen hatte, beinahe taub gewesen sein. Welch tragikomische Anerkennung der neuen Kontrapunktik, Polyrhythmik und Chromatik! Trotzdem hing Reger an ihm noch am meisten, wenn er eines Tages niederschrieb: »Mit demselben Zuge, mit dem der Sarg unsres Herzogs aus der Meininger Bahnhofshalle gefahren wird, verlasse ich dieses Nest.«

Trotzdem der Meister Hofrat, Generalmusikdirektor, Ehrendoktor geworden war, weiß man im Grunde nicht, mit wem man es zu tun hat. Noch 1913 schreibt Walter Niemann in seiner ›Musik seit Richard Wagner‹: »Man bleibt beim Hören Regerscher Musik innerlich entweder gleichgültig oder gelangweilt, oder man wird von ihr mehr oder weniger abgestoßen.« – »Sie wirkt nicht auf unser Herz, sondern auf unsere Nerven.« (Beliebteste aller Formulierungen gegen das Ungewohnte.) Regers Musik fehle das Erhebende, das Ethos, und zwar im Schaffen wie im Klavierspiel. Ausgeschlossen sei es, seinen Sätzen logisch und organisch zu folgen, noch weniger den einzelnen Verästelungen, er schreibe »dekadent und ungesund«.

Aus Leipzig, wo der Meister weiter unterrichtet, kommen immer noch vereinzelte Schwierigkeiten. Ende 1914 sagte Reger in einem Brief, »es sind in der Gewandhausdirektion Herren, die jeder Aufführung eines neuen Werkes von mir mit gemischten Gefühlen entgegensehen. Ich gelte da als blutroter Anarchist; wer weiß, welch umstürzlerische, extravagante Ideen mir da nachgesagt werden – eine Ironie der Weltgeschichte, der Musikgeschichte, wie sie drolliger nicht gedacht werden kann. Ich kann mit gutem Gewissen sagen, daß ich vielleicht von allen lebenden Komponisten derjenige bin, der am meisten wahre Fühlung mit den großen Meistern unsrer so reichen Vergangenheit hat. Trotzdem aber weiß ich, daß . . . es nicht an männlichen Kassandras fehlen wird, die jammernd und heulend glauben, die geheiligten Traditionen werden in Schutt und Asche verwandelt . . .«

1915 heißt es bündig, »das Gewandhaus Leipzig hat die Aufführung meiner vaterländischen Ouvertüre abgelehnt . . .« So klingen die Regerschen Briefberichte aus, soweit sie sich auf Verkennungsfragen beziehen.

Kraft seines bajuwarischen Humors hinterließen aber solche Fehlurteile nicht immer tiefe Spuren. »Das Schwein und die Künstler haben das gemeinsam, daß man sie erst nach dem Tode schätzt«, pflegte der korpulente Meister geruhsam mitzuteilen. Beklagte sich ein kraftloser Kritiker über ein sanftes Blech im Orchester, so antwortete Reger: »Sie haben Recht, Blech darf man nicht hören, nur schreiben.« War der Saal mal wieder spärlich besetzt, so murmelte er gelassen, das Ganze »sähe halt aus wie a alte Zahnbürschtn«. Einmal will er zur Belebung des Publikums mit angehängtem Vollbart als Maestro Piumosso dirigieren. In Hotelbüchern schreibt er sich als Metzgermeister oder Dienstmann Nr. 100 aus München ein. Gern spricht er von seiner »Sturm- und Trankzeit« oder behauptet: »Frisch gewagnert ist halb gewonnen«.

Im geheimen aber kannte er den ganzen Ernst des Mißverstandenwerdens. »Wie ging es Hugo Wolf. Er erhielt zu seinen Lebzeiten für einen ganzen Band Lieder nur 20 Mk., und als er gestorben war, war dieser Band plötzlich 20 000 Mk. wert.«

Die tiefe schweifende Melancholie aber, die bei aller strengen Kontrapunktik durch Regers Tongebilde geistert, ist schwerlich aus dem Mißverstandenwerden abzuleiten. Sie ist ein verbreiteter, geistesgeschichtlicher Zug dieser Zeit. Erst seit dem späten Strawinsky und anderen neuesten Musikern beginnt man sich allmählich wieder zu härten.

1916 bricht dieser Anerkannte und doch bis ganz zuletzt Umstrittene zusammen. Mit 44 Jahren! Wahrscheinlich als Opfer von Erschöpfung, von dauernder Arbeitsüberanstrengung seines mächtigen Körpers. Der stille Maler Hans Thoma schreibt 1918 der Witwe über den angeblichen Aufrührer: »Ich zweifle nicht daran, daß hier wieder ein großer Künstler, ein echter Deutscher seinen Einzug gehalten. Denn ich kenne meine Deutschen und weiß, daß ihnen deutsches Wesen, wo es in seiner Tiefe sich äußert, im Anfang seines Erscheinens ganz fremd, ja sogar verhaßt ist.«

Strauß

Über der Familie Richard Strauß' stand lange geradezu eine Wolke von Verkennungen. Der Vater als gediegener Orchesterspieler war aufs strengste konservativ eingestellt. Er witterte ein sich zusammenballendes Mißgeschehen bereits bei gewissen enharmonischen Verwechslungen Webers, dessen Schreibweise lange ja als überkühn gegolten hat. Um so begreiflicher ist es, daß ihn die Gestaltungsweise Wagners äußerst erregte. Das Prügelmotiv aus den ›Meistersingern‹ zum Beispiel war dem redlichen Hornisten derart zuwider, daß er, bei einer Orchesterprobe im Münchner Hoftheater spielend, einfach laut in eine Gassenhauermelodie abbog. Wagner fürchtete sich persönlich vor den Widerreden dieses angesehenen Orchesterspielers.

In dieser Verkennungsatmosphäre wächst nun der junge Richard Strauß heran. Über ›Lohengrin‹ schreibt er selber 1879 an Thuille: »Die Einleitung besteht aus einem a dur Gesäusel der Geigen in der höchsten Lage, was zwar klingt, aber furchtbar süß und krankhaft wie die ganze Oper . . .« Vor Thuille macht er in diesen Tagen eine wahrhaft köstliche Prophezeiung: »Du kannst sicher sein, in 10 Jahren weiß kein Mensch mehr, wer Richard Wagner ist.« Nachdem der junge Strauß Wagners ›Siegfried‹ gehört hat, schreibt er klassisch befangen: »Gelangweilt habe ich mich wie ein Mops . . ., es war scheußlich. Die Einleitung ist ein langer Paukenwirbel mit Bombardon und Fagotten, die in den tiefsten Tönen brüllen, was so dumm klingt, daß ich gerade hinausgelacht habe . . . Ich sage Dir, eine Unordnung ist da drin, Du machst Dir nicht den leisesten Begriff. Mir haben die Ohren gesummt von diesen Mißgestalten von Akkorden, wenn man sie überhaupt noch so nennen kann; und der letzte Akt ist langweilig zum Verrecken . . .; nein, dieses grauenhafte Gewinsel von einer Septim in die None herunter, dann wieder hinauf, so gehts immer fort . . . Und wenn Du die ersten Szenen des ersten Aktes gehört hast, hast Du das ganze Gewäsch gehört, denn es wiederholt sich alles wieder . . . Der Anfang des dritten Aktes ist ein Lärm zum Ohrenzerreißen. Die ganze . . . kannst Du in hundert Takten ausdrücken, denn immer das gleiche, und immer gleich langweilig, scheußlich, hundemäßig . . .«

Auch ›Tristan‹ war dem jungen Strauß zunächst ein absolutes Chaos. Das alles ist von größtem kunstgeschichtlichen Interesse. Denn derselbe Strauß sollte später, im Höhepunkte seines Lebens, Wagners Musik zu den geformtesten Äußerungen menschlichen Geisteslebens rechnen, im ›Tristan‹ geradezu den tiefsten Ausdruck der neueren Menschheitsgeschichte verehren.

Der gleiche Verkenner sollte nun, als er mit reifen *eigenen* Werken hervortrat, selber stärkstes Mißverstehen ernten, obgleich er – dies muß sofort zugestanden werden – *sich doch verhältnismäßig schnell durchsetzte.* Hans von Bülow, der sich bald mindestens des *Dirigenten* Strauß annahm, schrieb 1881, »Klavierstücke von R. Strauß haben mir gründlichst mißfallen – unreif und altklug. Lachner ist ein Chopin an Phantasie dagegen. Vermisse alle Jugend in der Erfindung. Kein Genie nach meiner innigsten Überzeugung, sondern höchstens ein Talent, wo sechzig aufs Schock gehen.« Den Klavierpart der Burleske erklärte Bülow geradezu für unspielbar.

Auch als Dirigent wurde Strauß, der inzwischen neue Wege ging, anfangs verkannt. Er sehnte sich nach einer Stellung, »wo man sich nicht immer beim geringsten ritenuto in einer klassischen Oper im größten Widerspruch mit beiden Kapellmeistern und Personal befindet . . .« – »Um so zu dirigieren, wie ich möchte und fühle, muß man die Autorität einer ersten Stelle und einen Intendanten hinter sich haben, an dem man eine unbedingte Stütze hat.« Bülow versteht inzwischen diese Leiden. »Welch niederhuberliche Wirtschaft!« Welch »isarathenische Handwerkerei, beziehungsweise Leimsiederei«, bestätigt er brieflich. Straußens Orchesterführung finden wir heute äußerst objektiv. Damals aber stöhnte man zum Beispiel über »seinen subjektiven Beethoven«. – »Wenn ich nur wüßte, wie ich das ›objektive Dirigieren‹ anfangen sollte! Davon habe ich nun wieder keine Ahnung«, klagt Strauß ironisch in einem Brief von 1892 an Ritter.

Wir sehen also unsere Verkennungsgesetze auch für die Geschichte bloßer Interpretationen gelten. Auch die Wiedergabe *alter* Werke verwandeln sich von Zeit zu Zeit. Hierbei gilt jedesmal die *neue* Deutungsart zuerst als subjektiv, während, sowie sie allgemeiner Stil geworden, genau dieselbe Wiedergabe nun als Inbegriff *objektiver* Gestaltungsweise angespriesen wird. So steht es bei allen Kunstformen, die es mit Interpretation überhaupt zu tun haben: vom Stil bloßen Vorlesens, da sich ja ebenfalls mit neuen Zeiten gründlich zu verwandeln pflegt, bis hinauf zu höchsten Leistungen der Schauspielkunst und des Dirigierens.

Von den Kompositionen Straußens blieb Bülow eigentlich nur der f moll Sinfonie gewogen, in welcher Strauß gerade seine eigene Linie noch nicht fand, während ›Don Juan‹, ›Macbeth‹, ›Tod und Verklärung‹ in Bülow zunächst mehr Abneigung erregen. »Strauß' Burleske entschieden genial, aber nach andrer Seite hin erschreckend«, meldet Bülow 1891 an Brahms.

Andrerseits hatte ›Macbeth‹ 1892 großen Erfolg. 1893, kurz vor seinem Tode, notiert der große Dirigent und scharfe Kritiker Bülow einigermaßen bekehrt, daß nach Brahms in Strauß doch immerhin die reichste Persönlichkeit vorliege. Für 1895 ist dann in München auch ein Erfolg des ›Eulenspiegel‹ festzustellen. – Mit ›Guntram‹ ging es glimpflich. Immerhin stemmte sich das Orchester geschlossen *gegen* diese Oper, obgleich es sie mit großem Pflichtgefühl herunterspielte. »Es ist unglaublich, was Guntram mir für Feinde gemacht hat – ich komme mir schon selber wie ein ganz schwerer Verbrecher vor. Ja, ja, alles verzeihen einem die Leute eher; die frechste Lüge selbst. Aber nur nicht, daß man geschrieben hat, wie einem ums Herz ist«, notiert Strauß 1896 an A. Seidel. Zwei erste Münchner Kritiker hatten die Oper völlig verrissen. Dem Sinfoniker und Dirigenten Strauß wurde inzwischen weiter heftig der kritische Prozeß gemacht. Dem »Bardengesange« ließ in Dresden der dortige Dirigent selber eine böse Besprechung auf dem Fuße folgen.

Wilhelm II. sagte zu Beginn des 20. Jahrhunderts, als er zum ersten Male eine größere Arbeit seines Berliner Opernkapellmeisters anhörte: »Da habe ich eine schöne Schlange an meinem Busen genährt.« Damit gab er durchaus die Meinung des bürgerlichen Durchschnitts jener Tage wieder. (Seitdem nannte man Strauß in Berlin die Hofbusenschlange.) Kalbeck kritisierte das ›Heldenleben‹ nach der Wiener Erstaufführung in falscher Richtung. »Zwei Orchester, die zu gleicher Zeit im selben Lokal verschiedene Stücke in verschiedenen Tonarten spielen, würden denselben Effekt hervorbringen.« Solcher Sätze wegen müssen wir die vielen damaligen Meinungen als reine Fehlurteile aufführen, so wenig wir auch der inzwischen entstandenen *Überschätzung* des Meisters verfallen wollen.

Dr. Max Graf nennt Strauß im Neuen Wiener Journal »den kühnen Abenteurer, der sich mit dem virtuosen Schein von Genialität zu umgeben pflegt, den verwegensten und begabtesten Hasardeur unter den deutschen Musikern.« Die sinfonische Phantasie ›Aus Italien‹ macht »großen Rumor«. »Allgemeine Verblüffung und Wut darüber, daß ich nun meine eigenen Wege zu gehen anfange, meine eigene Form schaffe und den faulen Menschen Kopfzerbrechen verursache.« Solche damals neuen Wege bedenkend, hatte Strauß früher an den noch zögernden Bülow geschrieben: »Ich sehe nicht ein, warum wir uns, bevor wir unsere Kraft erprobt haben, die Kunst vielleicht einen kleinen Schritt vorwärts zu bringen, sofort in *Epigonentum* hineinreden sollen; wenn nichts geworden ist, dann halte ich es immer noch für besser, nach seiner wahren künstlerischen Überzeugung vielleicht auf einem Irrweg etwas Falsches, als auf der alten ausgetretenen Straße etwas Überflüssiges gesagt zu haben.« Ein wichtiger Standpunkt für die ganze Fragestellung unseres Buches.

Die ›Salome‹, *die viel Erfolg brachte,* wurde von der Wiener Hoftheaterzensur einfach verboten. 1910 wurde diese Oper in New York und Chicago verboten. Auch in London fand dies Werk Befehdung, ja Anpöbelung. Man erinnere sich der Schwierigkeiten, die dort die Sängerin Acté als Salome zu überstehen hatte. In New York war es der Kritiker Krehbiel, der in der New York Tribune nunmehr die ›Elektra‹ als Perversität hinstellte, worauf die Oper nach der ersten Aufführung im Metropolitan verboten wurde, bis sie in der Manhattan Opera großen Erfolg errang.

Bronsard, der Strauß persönlich stets gewogen war, bekannte, daß er mit ›Macbeth‹ überhaupt nichts anfangen könne. Auch Lassen war natürlich gegen Straußens Neuerungen. »Wenn ich nur einmal den verfluchten Wohlklang ausrotten könnte!«, klagt Strauß dem gegenüber nun in tragikomischer Verzweiflung (Brief an Ritter). Natürlich wollte er, wie sich das später immer wieder zeigt, nur eine neue *Art* von Wohlklang gegen einen *alten* abgebrauchten setzen. Später konnte Steinitzer in seiner Strauß-Biographie zum Verkennungsproblem feststellen, der Keim zur Abneigung gegen neue Werte liege meistens schon darin, daß sie immer wieder neue Anpassung der Hörer verlange. »Solche (aus den Zeitschriften stammende, negative) häufigen Eindrücke gewinnen dann leicht suggestive Kraft, die umso gefährlicher wird, als wir ihre Herkunft aus der Zeitung, die Entstehung durch Leute, die von einem Werk vielleicht nur den Titel kannten, leicht vergessen, und sie selbst beim Gebildeten und seiner Vorstellung vom Werk haften bleiben. In dieser Vorstellung ist dann alles Negative verallgemeinert ...« Hierzu schreibt Strauß in einem Brief an Fr. von Hausseger: »Wenn man mir vorwirft, ich schreibe zu kompliziert – zum Teufel – noch einfacher kann ichs nicht ausdrücken, und ich strebe nach möglicher Einfachheit; ein Streben nach *Originalität* gibt es bei einem wirklichen Künstler nicht.«

Selbst über den ›Rosenkavalier‹ wurde noch etwas gezetert, so gut er andrerseits nun schon aufgenommen wurde. Die Hosenrolle wurde als pervers beanstandet, obwohl doch ein Siebzehnjähriger nach alter Überlieferung am besten durch eine Frau wiederzugeben war. Obgleich jetzt eine einfachere Linie anfing, wurde, wenn auch seltener nun, doch noch gelegentlich »Straußens Technik als Selbstzweck« gebrandmarkt. Bei seinen komplizierten Werken war immer wieder die bezeichnende Meinung aufgetreten, der Gestalter sei ein bloßer Kalkulator und Verstandesmensch, wie das im Anfangsstadium neuer Formen der Musik, Dichtung und bildenden Künste ja immer vorkommt. Andrerseits aber wurde Strauß – wieder ein bezeichnendes Verkennungsmotiv dem Neuen gegenüber – als instinktiver, raffinierter Lüstling, Herauskitzler und »l'art pour l'art-Mensch« gesuchtester Wirkungen ausgeschrien (weniger freilich, nachdem sich seine Formen schon vereinfacht hatten). Als drittes Motiv nannte man Unrast und modische Neuerungssucht, die später aber weniger auf seiten des Komponisten als vielmehr der Zeitungsschreiber lagen. Kaum ist nämlich etwas Neues geboren, so wird es von überbeweglichen Journalisten schon wieder als »nunmehr erledigt«, altersschwach, »Mode von gestern« beiseite geschoben, womit eine *zweite* Verkennung (nun nach der umgekehrten Richtung hin) einsetzen kann, die kaum geringer als die erste auszufallen pflegt.

Vor allem aber herrscht die grundsätzliche Erscheinung, daß man meistens das neueste Werk tadelt, um das weiter zurückliegende inzwischen gelten zu lassen. Nach diesem weitverbreiteten Meinungsschema müßte sich fast jeder Gestalter im dauernden *Decrescendo* seiner Möglichkeiten befinden. In Wirklichkeit handelt es sich immer nur um den notwendigen Zwischenprozeß von Anpassung und Gewöhnung der Aufnehmenden. »Wie schön war doch die

Prinzessin Salome«, sagte Batka in dem Augenblick, als die ›Elektra‹ hervortrat und er über diese zu berichten hatte.

Strauß, über viele seiner Beurteiler enttäuscht, äußerte in dieser Zeit in einem Brief, wie wichtig es für Kritiker wäre, »im regen Verkehr mit dem Produzierenden den nötigen Einblick in die Werkstatt, in den Ideengang und die Absichten des Schaffenden zu erhalten. Wie soll ein Kritiker beurteilen können, was ein Autor gekonnt hat, wenn er nicht weiß, was er *gewollt* hat.« Beurteiler, wie Thomas-San'Gally, Weißmann, Spanuth, Grundsky, Istel, R. Louis, Fr. Spiro, Fr. Brandes, G. Göhler, H. Riemann, Smolian, Kalbeck, Gräner äußerten sich im ganzen eigentlich mehr gegen als für Richard Strauß. Man könnte das fast unterschreiben, aber sie tadelten – das ist für unsere Untersuchung wichtig – an ganz anderen Stellen und von anderen Gesichtspunkten her, als wir das heutigen Tages tun würden. Im übrigen gehen sie meistens eine gewisse Wegstrecke mit, um vor den jeweils spätesten Werken abzufallen. Einige bejahen nur den frühen, noch nachahmenden Strauß, verneinen ihn aber, sobald er über eigene Formungsmittel verfügt. Brandes und Smolian schreiben über die ›Feuersnot‹ noch mit höchster Achtung, Brandes auch über ›Zarathustra‹ noch. Bei ›Salome‹ fällt Brandes dann ab, Chop bei ›Elektra‹. Grundsky rühmt noch das ›Heldenleben‹, Urban wird Gegner nach dem ›Rosenkavalier‹, Mauke ebenfalls, Riemann berichtet in früheren Auflagen seines ausschlaggebenden Musiklexikons wohlwollend über Strauß. In der siebenten Auflage von 1909 aber meint er über seine neueren Werke, »nur allzu deutlich tritt sein der ernsten Kunst feindliches Streben nach Sensation um jeden Preis unverhüllt hervor. – Mehr und mehr erscheint sein Ruhm als Koloß mit tönernen Füßen.« Es war derselbe Riemann, der auch gegen die tonalen und harmonischen Erweiterungen seines anfänglichen Schülers Reger einschritt, gerade in demjenigen Augenblick, als Reger den Höhepunkt selbständigen Schaffens erreicht hatte. Bei Riemann zeigt sich einmal wieder, wie wenig selbst kenntnisreiche und feinfühlige *Geschichts*schreiber berufen sind, neue, eben eröffnete Bahnen zu beurteilen. Hatte doch auch J. Burckhardt, so einfühlend, ja kühn er im Bewerten älterer Zonen war, seine großen eignen Zeitgenossen Courbet, Manet, Monet, Renoir, Degas gänzlich mißverstanden, bei ihnen Vergreisung findend, wo wir heute nur Verjüngung der Malerei wahrnehmen. Bei Historikern ist eben, so reich und vielgliedrig sie auch werten mögen, das Wertsystem als solches meistens gestrig. Man kann das wohl am besten daraus erklären, daß sie sich mit so umfassender und köstlicher Vergangenheitsmaterie sättigen, daß ihnen jeder Hunger nach *neueren* Gerichten fehlen muß. Was aber ohne Hunger aufgenommen wird, wird auch nur ungenügend verdaut.

Leider schadet bei aller Feinfühligkeit das bereits veraltete immanente Wertsystem dieser Geschichtsschreiber meist auch in ihrer Urteilsbildung gegenüber ferner *Vergangenheit*. Auch bei Riemann bleibt das spürbar, wenn auch nicht so deutlich wie bei Burckhardt, welcher Tintoretto, den späten Velasquez und den späten Rembrandt gänzlich verkennt (wahrscheinlich Grünewald roh, Greco geradezu irrsinnig genannt haben würde, wenn er sich ausführlich zu diesen Meistern hätte äußern müssen).

Spiro spricht vom »kalten Detaillisten R. Strauß, der sich wegen seiner Kniffe ganz ernsthaft für den Nachfolger Wagners ausgibt.« Streng gegen Strauß schrieben vor allem die Signale mit ihrem Kritiker Bernstorf. Auch Detlev Schulz und Spanuth nahmen dort scharf gegen den Komponisten Stellung. Göhler meint sogar, daß Strauß »aus dem Reich der eigentlichen Künstlernaturen ausscheidet.« Brandes weiß in den Signalen sehr genau, Strauß sei »einer, der sehr viel kann - aber einer, der vor der Kunst keine Ehrfurcht hat.« Der Komponist wird mit dem Humoristen Otto Reutter als nur »famoser Spaßmacher« verglichen. Während manche das Neue auch im Falle Strauß als ganz gesucht empfinden, als Snobismus nur für winzige Gruppen, sprechen andere umgekehrt von üblen Zugeständnissen an die Instinkte der Massen. Wir werden diese seltsamen Wechselreden auch an anderen Stellen der Kunstgeschichte wiederfinden. Grundsky meint, »was uns Strauß hier gibt, entnimmt er nicht den Quellen eines lauteren, ehrfürchtigen Gemüts, sondern den Trieben und Bedürfnissen der breiten Masse, die denn auch mit tosendem Beifall und wütendem Kassenandrang antwortet, bis etwas kommt, das noch stärker kitzelt.«

Oft stellt sich auch hier die *Wiedergabe* des Neuen zwischen Werk und Aufnahme. Muß sich doch immer erst ein neuer Stil der *Darstellung* für eine neue Kunstform bilden. Strauß bestätigt diese Bedingung jeder Verständniserweiterung, indem er ganz gelassen einem Tadler gegenüber zugesteht: »Der Mann hat ja ganz recht - wenn man es so spielt.« In einer Vorrede, die Strauß bei Herausgabe der Bände ›Die Kunst‹ verfaßte, stellt er die Rückständigkeit der jeweiligen Ästhetik fest, die an irgendeiner Stelle abschließen will, indem sie jede Weiterentwicklung verneint. Spiro nennt diese Vorrede »wertvoll wegen ihrer unfreiwilligen Komik« und kann vor ihr »nicht eindringlich genug warnen«.

Im Morgen nennt Strauß (bei einem Kampf gegen Draesecke) die offizielle Kritik das größte Hindernis zwischen dem Komponisten und dem Volke selber, das viel besser mitgehe, »sobald ihm nicht vonseiten gehässiger Kritik oder geschäftlicher Konkurrenz Vorurteile eingepflanzt werden«. Liszt habe in Dresden umfassende Erfolge zu buchen gehabt, weil der Kritik die aufgeführten Werke noch nicht bekannt gewesen seien. »Zünftige Fachgenossen, die anfänglich besorgt um ihre eigene Wertschätzung, ohne schöpferische Potenz, lediglich im Besitz einer gewissen Kompositionstechnik irgend einer verflossenen Epoche, eigensinnig und gewalttätig gegen jede Erweiterung der Ausdrucksmittel und gegen jede Ausdehnung künstlerischer Tongebiete sich sträuben, Kritiker, deren Kunstanschauung auf einer erstorbenen Ästhetik vergangener Zeiten basiert, wagen sich als festgeschlossene Reaktionspartei mehr und mehr wieder an die Öffentlichkeit und sind eifriger denn je am Werke, den Weiterstrebenden das Leben sauer zu machen« (Strauß im Morgen).

Als wieder einmal das Problem des Frühurteils und das damit verbundene der Frühaufführungs-Möglichkeiten angeschnitten wurde, meinte der Komponist: »Laßt doch die Zeit richten; ob man einen überschätzt, das macht nichts! Besser zwanzig zu hoch taxiert, als einem den Weg versperrt.« In diesem Wohlwollen ruhen sämtliche Bemühungen unsres Buches, das gewisse

Überschätzungen, welche ja ebenfalls Fehlurteile wären, als harmloser hinnimmt, weil sie wenigstens beschwingend wirken können, selbst wenn sie ihren Gegenstand nun überdeuten, nach jener oft schöpferischen *Überschätzung* verfahrend, welche bekanntlich im fruchtbaren Zustand der Verliebtheit waltet.

Oft ging man gegen Strauß auch vor, wenn er in Konzerten, die er dirigierte, andere Neutöner zu Worte kommen ließ. Hieß es dann, die Sachen seien sämtlich ohne Melodie und Harmonie, so antwortete er meist, daß die Begriffe Melos und Harmonie sich immer wieder änderten. Manches, was man heute auf den Straßen pfeife, habe einst als unspielbar gegolten. Nur Großes und Schund brächen sich sofort Bahn; für Meister zweiten Ranges müsse man tätig sein, meinte er in Selbstbescheidung. Wie optimistisch diese Meinung noch immer bleibt, geht aus unseren Untersuchungen hervor, welche aufzeigen können, daß auch das *Große* (wie es etwa bei Mozart oder Beethoven vorlag) der frühen Stütze bedurfte. Daß es sich kraft seiner Eigengröße *sofort* Bahn breche, erwies sich leider als Legende.

Natürlich lehnte vor allem Hanslick die Werke Straußens (aus falschen Gesichtspunkten!) ab. Er hatte in der Neuen Freien Presse die Wiener Erstaufführungen von ›Don Juan‹ (1892), ›Tod und Verklärung‹ (1893), ›Eulenspiegel‹ (1896), ›Zarathustra‹ (1897), ›Aus Italien‹ (1899) zu besprechen. Mit Paul Heyse beklagt er das Überwiegen des Charakteristischen über das Schöne in der gesamten modernen Kunst, ohne den Sondersinn dieses Gestaltungstypus zu empfinden. In der sogenannten Programmusik, die eigentlich ganz unbetont vorlag, sah er bloße Bilderrätsel, mit denen sich Strauß geistreiche Späße gegen seine Hörer erlaube. Hanslick meint, hier werde mit musikalischen Mitteln nur philosophiert, gedichtet und gemalt, was doch wohl etwas übertrieben ist. Im ›Don Juan‹ sieht er nur »Tumult von blendenden Farbenklecksen, stammelnden Tonrausch, ein großes Talent für falsche Musik, für das musikalisch Häßliche.« »Dazwischen fliegen kleine Melodieansätze Wagnerscher Motive ratlos umher; wir warten vergebens auf eine Entwicklung musikalischer Ideen.« – »Ein meisterloses Schweifen der Phantasie, des organischen Zusammenhanges spottend.« In ›Tod und Verklärung‹ sieht er »Zug um Zug ausmalende Illustration« des Gedichtes von A. Ritter, das aber erst danach entstanden war. Im ›Eulenspiegel‹ empfindet der Kritiker die doch immerhin thematische Einheit überhaupt nur in der Aufschrift. Die »fabelhafte Orchestertechnik« des ›Zarathustra‹ empfindet er nur als Sensationsmacherei und sinnwidriges Umsetzen bloßer Philosophie in Musik. – Soviel man auch heute gegen diese ganze Musik sagen kann, die angeführten Meinungen sind Fehlurteile.

In Berlin schrieb ein Kritiker der Kreuzzeitung vom ›Zarathustra‹, als Nikisch ihn dort aufgeführt hatte, es hätte nicht schlechter klingen können, als wenn jeder Musiker gespielt hätte, was er wollte (!). Noch 1901 brachte die Straßburger Post die Bitte aus dem Publikum, man möge das ›Heldenleben‹ an den Schluß eines Abendprogrammes stellen, damit man vorher herausgehen könne. Die ›Salome‹ fand, wie wir schon sagten, Zustimmung und Abwehr zugleich. Wir haben nur letztere zu zitieren. Zschorlich sagt zur

Leipziger Aufführung: »Die Weise fand ich neu und auch verwirrt.« Brandes schrieb, Strauß verstehe berechnend, »seine Kompositionen zu Tagesereignissen zu machen. Arbeit nach einer verblüffenden, blendenden Schablone. – Durch das Chroma und die Rücksichtslosigkeit der Stimmführung wird die Spannung wie bei einem Naturereignis erzielt. – Alles aufs Übermenschliche, Riesengroße zugeschnitten – ungeheure Wirkung des Massenapparates. – Ein Orchesterstück mit erklärendem Theaterspiel von Opernsängern – Zyklus von sinfonischen Dichtungen.« Brandes findet die Heldin von der Modekrankheit Hysterie behaftet, ohne ihre sonstige Wirkung zu fühlen. Kienzle tadelt den Mangel an Naivität des Werkes, als ob Naivität das Hauptererfordernis eines Kunstwerkes sei. Als ob nicht *alle* neuartigen Werke zuerst als betont unnaiv gegolten hätten. Als ob nicht »Naivität« überhaupt jeweils erst in Späturteilen auftauchte. »Die Sängerin triumphierte als Nachschöpferin über den eigentlichen Schöpfer.« Auch dies meist eine beliebte Ablenkung beim Frühurteile über eine Oper neuen Gepräges. Kleffel sah »mit Entsetzen, daß von der Bühne herab, dem getreuen Spiegelbild unsrer Zeit und unsrer Sitten entsprechend, perverse Entartung und Verworfenheit dem Publikum Vergnügen und sinnlosen Kitzel bereiten dürfen!«

Auch bei der ›Elektra‹ fragen manche, ob es dem Komponisten mit diesem Werke überhaupt ernst gewesen sei. In den Münchner Neuesten Nachrichten beklagt ein S. B. die Entartung der modernen Kunst bei Strauß, der mit ›Elektra‹ in den »trüben Sümpfen menschlicher Verkommenheit mündet«. Andere sprechen wieder von Sensation um jeden Preis und von Geschäftsmache. Geißler (Dresden) schreibt, wenn auch einigermaßen achtungsvoll, wir brauchen Sonne in unsrer Kunst. Die Münchner Zeitung meint, daß ›Salome‹ ein Experiment gewesen sei, ›Elektra‹ aber eine Spekulation. Im März nannte man Strauß einen Barnum (einen Zirkusdirektor) der deutschen Musik. »Augenblickserfolge – wie lange hat Wagner warten müssen –! Massensuggestion durch Reklame!« Man hört hier das Spezialmotiv aufklingen, daß der *frühere* Verkannte (inzwischen endlich verstanden) gegen den *jetzigen* ausgespielt wird.

Gräner bekundet, daß er die »innere Zugehörigkeit zum Dichtungsstoff vermißt. Das Orchester ist das Satyrspiel zur Tragödie der Bühne, – gibt nur eine genaue musikalische Kopie des beweglichen äußeren Gebarens der Handelnden.« Auch ein H. S. aus Dresden hält Nachahmen der Einzelheiten für den einzigen Inhalt dieser Musik. Die Rheinische Musik- und Theaterzeitung meint: »ein Werk, das man gehört haben muß, so unangenehm es auch sein mag. Schnell und hoffentlich für immer verschwindet es dann in der Versenkung!« Selbstverständlich meldeten sich auch Stimmen *zugunsten* dieses Werkes, die aufzuzeichnen aber nicht unsere Aufgabe ist.

Allmählich nahm die Befehdung des Meisters immer mehr ab. An ihre Stelle trat ganz behutsam eher eine *Überschätzung* seiner Werke. Einwände der jüngsten Musikergeneration haben wir nicht mehr anzuführen. Wieweit sie zu Recht bestehen oder aber jene Spätverkennung einleiten, welche nun von neuen Gesichtspunkten her der Frühverkennung gegenübertritt, wird erst die Zukunft entscheiden können.

Dichtung

Klopstock

Unter gewissen Vorbehalten kann man Klopstock der Reihe hoher Geister einfügen, denen Deutschland entscheidende dichterische Antriebe verdankt. Mitten im 18. Jahrhundert gibt er der rational verflachten, pietistisch geschwächten oder barock verklausulierten deutschen Sprache eine Wärme, Fülle und Gefühlsgewalt, die sie plötzlich befähigt, neue Gehalte zu umfassen. In Klopstock entspringt jene dunkle, leidenschaftlich lyrische Aussage, die alles Bisherige als dünn erscheinen läßt, in immer neuen Verwandlungen weiterwirkend: durch scheinbaren Realismus bei Schiller zu geschärftem Pathos verwandelt, bei Goethe durch wohligen Fluß harmonisiert, bei Hölderlin elegisch klagend, bis sie bei Rilke schließlich ins sublim Artistische gelangt. Beinah könnte man eine Klopstock-Auswahl wagen, die heute, ohne Namen auf den Markt geworfen, als kühner Ausdruck der eben verflossenen Generation anmuten würde, von Laien auf etwa 1920 datiert.

> Der Weltraum fernt mich weit von Dir,
> So fernt mich nicht die Zeit.

oder:

> Du duftest Balsam wie die Abendluft
> Der Würze Blume von dem Gestade dampft,
> Daß selbst der Krämer die Gerüche
> Atmender trinkt und nur gleitender fortschifft.

Aus solcher »Heutigkeit« kann man ermessen, welchen Aufruhr diese vorausgreifende Tonart um 1750 machen mußte, in jener Zeit, wo sowieso von allen Seiten »erschreckend« neue Keime aus dem Boden wollten: von England her neue Natürlichkeit, von der Antike her neue Würde (Winckelmann, Gluck, Carstens), der auch Klopstock in seinem scheinbar griechischen Silbenmaß verhaftet war.

Diese verschiedenen Regungen zielten – direkt oder indirekt – gegen die Konvention des Barock, von dessen Anhängern sie deshalb (so verschieden diese auch waren) bekämpft werden mußten. So barock auch manches in den Weitschweifigkeiten Klopstocks anmutet, so war doch sein mystisches Dunkel etwas vollkommen Neues: über »Empfindsamkeit« in manchen Zügen die »Romantik« vorbereitend, nicht nur im verwandelten Tone seiner Frömmigkeit, mit der er im ›Messias‹ und anderweitig neuen Sinnes auf alte christliche Gehalte zurückgriff.

Daß Klopstock mit seinen neuen Bildern, Verknüpfungen und Rhythmen gut aufgenommen wurde (vor allem mit dem ›Messias‹), muß man dem Pietismus danken, der sich hierbei an christliche Tiefe des Gefühles hielt. Klopstocks Erfolge zehrten aber von jener bloßen Sachbindung, welche (wie bei der Kunst des Mittelalters) einen bekannten und geheiligten Gegenstand hernimmt, woraufhin – wie in längst entschwundenen Zeiten – krasse *Formveränderungen* gerade noch ertragen werden von der Umwelt. Je gebundener der Kern, die ikonographische Grundtatsache bleibt, desto leichter kann ja der Künstler mit neuen Formexperimenten durchkommen. Für unsere Verkennungsforschung wäre festzustellen, die Formenkämpfe gegen Neuerer werden in demjenigen Augenblicke der Geistesgeschichte heftiger und unduldsamer, wo jene mittelalterliche, lange nachlebende Thematik endgültig zerbricht, etwa um die Mitte des 18. Jahrhunderts. Nun werden die Formenkämpfe immer drastischer, ihre Höhepunkte in moderner Kunst erreichend.

Mit einem entsprechenden Crescendo des Verkennens neuer Regungen wächst zugleich das Theoretisieren der Künstler. Es bildet den natürlichen Festigungsversuch innerhalb einer schwankender werdenden Bewußtseinslage, ist von tiefer, innerer Notwendigkeit und sollte nicht gescholten werden, so doktrinär dies Theoretisieren nun auch meistens auftritt. Kann doch über das Bewußtsein hin schließlich wieder organische Natürlichkeit wachsen, bei ganzen Völkern wie beim einzelnen Künstler, der nach einer Zeit bewußten Lernens und Regulierens schließlich wieder zu »unbewußten«, spielenden, intuitiven Formen übergeht. Klopstock wird der Weg vor allem durch den Schweizer Bodmer geebnet, welcher (Haupt einer gewichtigen Dichterschule) sofort begeistert ins Horn stößt. Wir kennen das Echo auf Klopstocks Werke, das er niemals theoretisch beantwortet: ein angenehmer Zug, der nun bald schwinden wird. *Wir* haben nur die *negativen* Töne jenes Echos zu verfolgen.

Schon bei Bodmers Genossen Breitinger wird eine Zurückhaltung vernehmbar. Die Berliner Wöchentlichen Berichte von 1749 aber entdecken, trotz Anerkennung, »in dem Pinsel des Dichters, wenn er malet, einige Härte und in dem Gemälde zuviel Schatten«. Die Hamburger Gelehrten Neuigkeiten von 1750 klagen: »Der Barockgeschmack treibt auch die deutschen Poeten schon so weit, daß sie ihre Leier nicht mehr an gerade stehende Bäume, noch nach der Regel der Schwere aufhenken. Sie lieben das außerordentliche, vertrackte und verschrobene, auch sogar in der Aufstellung ihrer Leier.« Ein anderer Kritiker spricht von »Chimären, dabei der Verstand nichts denkt.« »Wir reden heutigen Tages ein deutsch, das nur wenige verstehen.« (Quistorp in ›Gespräch im Traume ... über die neumodische hieroglyphe Schreibart‹ 1750.) Ein Jahr darnach empfindet man »ausschweifende und über Wolken steigende Gedanken, schöpferische Empfindungen von Afterschöpfern. Nova monstra creavit ...« Alles verstoße gegen die Vernunft und beleidige den Wohlklang. Die neuen Forderungen, »schöpferisch schreiben und schöpferisch dichten«, seien geradezu strafbar, eine Beleidigung des *wirklichen* Schöpfers. Wenn das so weitergehe, könne man schließlich »Fiebernde, Irre, Trunkene, Träumer und Mondsüchtige« als schöpferisch bezeichnen. Man fürchtet »dieses itzige fast allgemeine Sinnenfieber«. In gänzlichen Verfall müsse die eben erst durch Opitz gefestigte deutsche Poesie (!) geraten durch »diese sinn-

und reimlosen Gedichte (africanische, unförmliche Wundergeburten)«. Man glaubt, die Kritiker etwa gegen Lyrik von 1918 zu hören: Ein warnendes Beispiel gegenüber der doch immer wachsenden Assoziationskraft menschlicher Auffassung.

Dabei zeigt sich die weitere übliche Erscheinung: viele Zweifler verstummen, sobald der Dichter selbst vorträgt (Klopstocks Vortrag vor den Nonnen). Wir hatten das schon in der Musikgeschichte erlebt (vergleiche Liszts und Regers Erscheinen am Klavier). Auch für Lyrik gilt dies, die, wenn sie neue Struktur annimmt, auf die kleinsten Verschiebungen der Rhythmik angewiesen bleibt. Sie offenbaren sich im flächigen Grundriß des bloßen Buchdruckes noch lange nicht, wohl aber in der vollräumlichen Verwirklichung des Wortes, mit allen neuen Tonschwebungen, Biegungen und Kleinpausen, die einer neuen Sprachmelodie unmerklich zugehören.

Chr. F. Weiße schreibt damals sein Lustspiel ›Die Poeten nach der Mode‹. Von den Figuren Reimreich und Dunkel wird letzterer ein »hochtragender poetischer Narr« genannt, womit auf Klopstockianer gezielt ist. Gottsched, der damals angesehenste Sprachrichter, greift in den Kampf ein. »Was den Zeiten der Finsternis und Unwissenheit . . . zugute gehalten worden, das will man uns itzo als besondere Schönheiten aufdringen, das erkühnt sich ein zürichischer Kunstrichter als Vorboten eines goldenen Zeitalters anzupreisen.« Ein anderer Beurteiler schreibt ein Eingesandt: »Den Beifall der Kavaliere und des Frauenzimmers dürften auch die besten unter diesen reimlosen Stücken noch wohl in hundert Jahren nicht erhalten . . . Ich weiß, daß einigen davon übel geworden ist.« Wieder ein anderer plant »des Herrn Klopstocks Gedichte ins Deutsche zu übersetzen«.

Indem Klopstock auf Reime verzichtet, diese allzu direkten Entsprechungsmittel, weist er ebenfalls weit in die Zukunft, welche immer mehr Wert auf die gesamte *Binnenrhythmisierung* lyrischer Verläufe legen wird als auf ihre jeweiligen Schlußverwandtschaften. Auch dies erregte als etwas verhältnismäßig Neues Anstoß. Bei der sonstigen Kritik, die Gottsched an Klopstocks Versmaß nimmt, *zählt* er altphilologisch noch zu sehr, anstatt in deutscher Weise, auch hierin rückwärts gerichtet, Nachdrücke zu registrieren. Eine andre Stimme fragt sorgenvoll: »Wird noch der Wohlklang in der Dichtung übrig bleiben? Oder hebst Du ihn mit dem Reim ganz auf?« (J. M. Dreyer 1753.) Pauli (›Poetische Betrachtungen‹ 1751) behauptet gar, wenn man das Weglassen der Reime mit den »Alten« begründe, dann könne man auch die Artikel weglassen. Eine andere Stimme nennt reimlose Lyrik die »Poesie der Faulen«.

Im Neuesten zu Breslau wettert man gegen die neue dichterische Mode derjenigen, die jemanden »beinahe vergöttern . . . aus Begierde, was neues zu affektieren«. Es werde diese Dichtart »gleich einem Meteor von keiner langen Dauer sein«. Wir erleben also das bekannte Verkennungsmotiv: das Neue, weil ganz ungewohnt, wird nur als kurze, verblüffende Mode genommen, nicht ahnend, daß es Folgen für viele Generationen hat, daß alles vollere lyrische Erklingen aus diesem neuen Formengut erwachsen wird. Nur diejenigen, »die den Schwindelgeist des Milton haben, denen nichts gefällt, was nicht schwülstig, labyrinthisch und seraphisch geschrieben«, könnten »an solchen Raritäten und Spielwerken sich vergnügen«. Indem derart auch Milton unterschätzt wird, von dem Klopstock beeinflußt war, man also diese gesamte neue Tonart verwirft, verbreitert sich nur noch das Mißverständnis.

Reichsfreiherr von Schönaich, ein von Gottsched preisgekrönter Dichter, äußert sich in seiner Ästhetik: »Einer nehme die neuen Wörter im Messias; der andere die verdrehten Ausdrücke; der dritte die Lügen, die er uns von Gott und Himmel vorschwatzt: Was wird noch bleiben?« Bitter meint dieser Kritiker: »ein jeder Dichter ist ein Schöpfer, unter dessen Händen aus nichts etwas wird; aus Unsinn Wörter, aus Wörtern Rätsel.«

Vor kurzem stellte man bekanntlich für moderne Malerei ein halbes Dutzend Ismen auf, die sich überschnitten und in höchster Schnelligkeit ablösten. Entsprechend empfand Schönaich die Dichtung seiner eignen Zeit. »Wir teilen unsre moderne Dichterwelt in sechs Wirbel, davon einer den anderen dahinreißt und verschlingen würde, wenn nicht ein Seraph jeden in seinem Schwunge erhielte«: den Gleimischen –, den Schäfer –, den Riesen –, den Nimrods –, den Hallerischen Wirbel. »Sechstens kommen wir in den größten aller Wirbel, den messianischen Wirbel. Er reißt wie ein Comet hindurch und schleppt alle oben geschilderten Wirbel in seinem Schwanz donnernd fort.«

Wir verzeichnen noch einige weitere Stimmen, obgleich sie kaum noch andere Einsätze ergeben. Wie unerhört neu die Tonart Klopstocks war, offenbart sich in einem Satze des besonnenen, sogar lobenden, aber etwas ratlosen Haller, der von der Ode über Gott berichtet. »Diese Ode ist von einem besonderen Geschmacke, daß wir uns nichts erinnern, gesehen zu haben, das ihr ähnlich wäre.« Ein F. G. Meier muß eingestehen: »Wiederholte Auflagen haben bewiesen, daß der Messias viele Leser gefunden . . . Es gibt aber noch viele, welche das Verderben des guten Geschmackes beklagen, welches durch den Messias verursacht wird.« Der oben erwähnte Dreyer nennt Klopstock »zu ungelehrt für die Weisen, zu trocken für die Schönen, zu dunkel für die Bürger«. Auch ein gewisser Davus findet den Dichter nur schwülstig und dunkel. In Schleswig-Holstein erachtet man 1752 »die Vermischung der christlichen Religionswahrheiten mit neu ersonnenen Erdichtungen als eine ganz bedenkliche Sache, vergleichbar dem Unkraut im Garten, den Schlacken im Gold, dem Gift im Zucker, ja dem Kot im Heiligtum.« Es gehe nicht an, daß man »die Meinung der Dichter mit Angstschweiß erraten müsse . . .« »Viele Ausdrücke sind schwülstig, viele Verbindungen gezwungen.«

Ein L. F. Hudemann veröffentlicht ›Gedanken über den Messias in Absicht auf die Religion‹ und tadelt das »Spiel der ausschweifenden Phantasie«. Zu einer großartigen Stelle sagt er: »Hier erstaunet ein gesunder Menschenverstand über das widrige Gemisch des aus den Schranken gewichenen Witzes, wendet seinen Blick von einer solch scheußlichen Malerei, worin Licht und Schatten so verworren durcheinander kreuzen.« »Doch wieviel würde ich anzuzeigen haben, wenn ich alle widersinnigen Gedanken und Worte, die mir im Messias aufstoßen, darlegen wollte.« Er kreidet verwegene, moderne Bilder an, wie man sie dann erst wieder bei Rilke oder Mombert finden konnte:

daß z. B. eine Höhe die Hände faltet. Auch J. A. Fabricius behauptet 1755 (in der Kritischen Bibliothek): »Mein lieber Klopstock, wo hat er soviel närrisches Zeug hergenommen? Ich würde so bald nicht fertig werden, wenn ich alle unnatürlich widersprechende, nichtsheißende, wilde, schwülstige Dichtungen und Ausdrücke im Messias prüfen wollte.« H. S. Reimarus soll das Werk für eine »alberne Teufelkomödie« gehalten haben.

1749 bekundet Ramler, daß Friedrich der Große noch immer Canitz für den ersten deutschen Dichter halte. Durch den Direktor der Berliner Akademie, Maupertius, will man dem deutschen König den ›Messias‹ in französischer Übersetzung nahebringen. Maupertius aber dankt kühl für die Übertragung der ersten Gesänge, gibt sie überhaupt nicht weiter und schreibt höflich zurück: »Es scheint mir, Klopstock hat Feuer und Fantasie in diesem Gedicht, das mir dennoch nur eine Nachahmung Miltons zu sein scheint ... Aber ich zweifle, daß er sich in unsrer Sprache halten wird.« Ebenso schlagen Bemühungen um Voltaire fehl, der den ›Messias‹ überhaupt nicht lesen will. Erst Wieland und Herder, noch mehr aber Goethe, verehren unseren Formerneuerer in höchstem Maße. Damit aber kommen wir schon in andere Zeiten, welche vom Berliner Hof in Bausch und Bogen verachtet wurden, obgleich sich doch auf den nun einsetzenden Klassikern die ganze Weltgeltung deutscher Literatur aufbauen sollte. Daß diese Gruppe Klopstock preist, besagt nicht mehr viel. Denn sie rechnet ja schon zur nächsten Generation, die Zeit gefunden hat, jene ungewohnten Tonfolgen auf sich wirken zu lassen. Daß aber Lessing, der genaue Zeitgenosse Klopstocks, diesen bewundert, zeugt von der erstaunlichen Fassungskraft dieses doch so bestimmten, nach allen Seiten sich abgrenzenden Kopfes. Wenn Lessing das Lichte, Knappe, rational Durchschossene gab, so Klopstock das dunkel Schweifende, Gefühlvolle, Ausladende. Trotzdem schreibt Lessing (der angebliche Schulmeister) über seinen Antipoden: »Ich bin Herrn Klopstock in allem Ernst gewogen, so wie ich allen Genies gewogen bin.« – »Ich mußte mich oft genug auslachen lassen, wenn ich sagte, ich wollte, daß er noch ein wenig dunkler wäre.« – »Muß uns denn alles etwas zu *denken* geben?«

So zustimmend Lessing sich zu Klopstocks Dichten verhält, so ablehnend steht er mit Recht gegen sein Philosophieren. Klopstock behauptete wie mancher dunkle moderne Metaphysiker und Existenzialphilosoph: die beste Art des Denkens finde statt, wenn die Seele derart von Gehalten erfüllt sei, daß die Sprache sie nicht ausdrücken könne. Lessing antwortet hiergegen ironisch, aber tief: »Was hat er uns damit neues gesagt? – Wirklich ist etwas neues darin. Dieses nämlich, daß er das Denken nennt, was andere ehrliche Leute Empfinden heißen.« Lessing war jenem tiefsinnigen Rhapsoden »in allem Ernste gewogen«. »So gewogen bin ich ihm freilich nicht, daß ich ihn gern *philosophieren* hörte«, setzt er bedeutsam hinzu.

Lessing

Lessings geschichtliche Bedeutung liegt in der weitgehenden Überwindung des nachmittelalterlichen religiösen Dogmatismus zugunsten irdisch-menschlicher Lebensethik. Auch auf anderen Gebieten sucht er nachmittelalterliche Festlegungen zu zerstören und freiere Sicht zu gewinnen. Seine Reinigungsarbeit auf den Feldern der Künste war damals durchaus befreiend. Die Erweiterungen, die er brachte, hätten vom künstlerischen Standpunkt seiner Zeit aus als erfrischend, als direkterer Griff ins Dasein empfunden werden müssen, auch als Abschüttelung spätbarocker Lehrmeinungen, die sich zwischen Dichtung und Leben geschoben hatten. Die überlieferte, geforderte Einheit des Ortes und der Zeit beim älteren Drama etwa Corneilles wurde als Verirrung entlarvt (›Dramaturgie‹), ferner die Verquickung der Gesetze für Dichtung und Malerei (›Laokoon‹). Den Künsten wurden ihre eigenen Möglichkeiten weitgehend zurückgegeben. Vom heutigen Lebensgefühle aus nicht voll genug, vom damaligen Standpunkt aber schon übermäßig. Aus perspektivischer Täuschung der weiten Sicht heraus können wir auch heute nur schwer verstehen, warum diese uns nunmehr *klein* erscheinenden Schritte Lessing sofort ins Bereich der Einsamkeit führen mußten, ihm Schwierigkeiten über Schwierigkeiten bringend.

Wir müssen uns aber vorstellen, was es im ausgehenden Pietismus bedeutete, wenn Lessing z. B. von Goethes kühnstem Bekenntnis, dem ›Prometheus‹ (dessen Ethos Goethe selber später zu verwegen erschien), ganz gelassen aussagte: »Ich habe kein Ärgernis genommen; ich habe das schon lange aus erster Hand. Der Gesichtspunkt, aus welchem das Gedicht genommen, ist mein eigener Gesichtspunkt. Die orthodoxen Begriffe von der Gottheit sind nicht mehr für mich.« (Bericht von Jacobi.) Lessing empfindet in der Tat das Individuum nicht mehr als gottumschlossen, sondern als auf sein eigenes irdisches Streben angewiesen. Er bereitet damit jenen noch kühneren geistesgeschichtlichen Schritt vor, der Gott überhaupt nicht mehr als gegeben ansieht, sondern als bloße Setzung des Menschen. Diese kühnste Einstellung der bisherigen Menschheit findet sich bekanntlich bei den französischen Enzyklopädisten und breitet sich später bei Nietzsche aus, um dann in einer Neuromantik wieder zurückzusinken. Wahrscheinlich aber zuckte jener Gedanke schon bei Lessing auf, wie ein Blitz mitten im dämmernden Himmel des damaligen Deismus. Dilthey sagt jedenfalls, daß »Lessings Studium des Lebens, des vergangenen in Büchern, des gegenwärtigen unter Menschen ihn auf Resultate führte, die er damals nicht aussprechen durfte.« Lessings Freiheitsgefühl gehört tatsächlich zum entwickeltsten, das wir am Ende des 18. Jahrhunderts finden, nicht aber nur transzendenten Vorstellungen, sondern auch irdischer Lebenspraxis gegenüber.

Lessings Prosa ist die präziseste und lichteste, die das neuere Europa erlebte. Dabei ereignet sie sich nicht als helle aber plane Lehrhaftigkeit der Aufklärung. Dieser gegenüber ist sie anschauungskräftig, wendig, ja innerlich vergnügt, noch heute vorbildlich. Damals aber wirkten die vielen Straffungen und Direktheiten, die er mitten in den spätbarocken, verklausulierten Stil, den auch Kant noch schrieb, brachte, eher als journalistische Dreistigkeiten. Man sah hier vorübergehende Gewitztheit, keineswegs aber grundsätzliche Präzisierung der gesamten deutschen Prosa. Man witterte in Lessing mehr einen verwegenen Tagesschreiber und lästigen Polemiker, der nur am Rande der gediegeneren Grundbezirke zu dulden sei. Niemand hätte sich damals träumen lassen, daß man diesen so wenig vergrübelten, so zeitungsmäßig in die ästhetischen Tagesfragen eingreifenden Schriftsteller später unseren Gymnasiasten als allgemeinen Bildungsstoff vorsetzen würde. Wir wollen hier nicht erörtern, welchen »nur journalistischen« Gemütern des späteren 19. und 20. Jahrhunderts es einst genau so gehen wird, wenn die zeitgenössischen »Gediegenen«, Professoralen längst vergessen sind. Aber Lessing bekam am eigenen Leib zu fühlen, wie beliebt jene vermeintlich scharfe Trennung zwischen sogenannter fachmäßig wissenschaftlicher Behandlung und reizvoll überlegener, beinah fechterischer Erörterung menschlicher Probleme ist, eine Behandlung, welche den Leser als ein ganzheitlich zu belebendes Wesen im Auge behält. Lessing ahnte bereits, daß schulgemäße und freie Erörterung geisteswissenschaftlicher Gehalte gerade um so näher *zusammenrücken,* je tiefer man (bis in die Mathematisierung hinein) den Anspruch streng wissenschaftlichen Denkens faßt, vor dem die ganze Geisteswissenschaft ja sowieso nur ein verhältnismäßig loses Behaupten darstellt.

So geriet denn Lessing sehr bald mit den Zünftigen aneinander. »Wen meine Flügel mit in die Luft schleudern (er empfindet sich als Windmühle, der man nicht zu nahe kommen dürfe), der hat es sich selbst zuzuschreiben; auch kann ich ihn nicht sanfter niedersetzen als er fällt.«

Wie sehr nun äußere Mißhelligkeiten Lessings inneres Schaffen stören sollten, hat er selber ausgesprochen. Ich zitiere nur die Stelle, wo er vom Schreiben um des Geldverdienens willen redet. ». . . diese Notwendigkeit hat natürlicherweise sogar Einfluß auf die *Materien,* wovon ich schreibe. Was eine besondere Heiterkeit des Geistes, was eine besondere Anstrengung erfordert, was ich mehr aus mir selbst ziehen muß als aus Büchern, damit kann ich mich jetzt nicht abgeben . . . Ich muß das Brett bohren, wo es am dünnsten ist.« Er mußte sich gelegentlich in Tagesarbeiten geradezu verzetteln, weil er sich wirtschaftlich nicht leisten konnte, irgendwelche Möglichkeiten auszuschlagen. Wäre seine Anerkennung gesicherter gewesen, er hätte sich schon früher auf höchste Fragen wie etwa die ›Erziehung des Menschengeschlechts‹ – ein rechtes Lessingthema – werfen können. Er hätte auch noch freier ausgesagt. Und er hätte sein Leben wahrscheinlich länger gefristet, somit uns seine letzten, reifsten Früchte nicht vorenthalten. Der schnelle Zusammenbruch seines Körpers, als er die Höhe des Mannesalters erst eben erreicht hat, hängt unter anderem durchaus mit Überarbeitung, schlechter Pflege und Kümmernissen einer um sich greifenden Vereinsamung zusammen.

Schon in Lessings Verhältnis zu seinem ehrenwerten Vater beginnt die Verkennung. Der Jugendliche will zum freien Berufe eines Journalisten und

Komödienschreibers übergehen. Der Vater aber entsetzt sich darüber und häuft Schwierigkeit auf Schwierigkeit. Er sieht nicht etwa die wirklichen Gefahren solcher Tätigkeit, die in Zersplitterung und Bindung an bloße Tagesfragen liegen, er will vielmehr den Sohn in die ererbte Theologie pressen, sowohl die Zeitung wie das Drama für Gebiete weltlicher Verruchtheit haltend.

Als Lessing dann in innere Verbindung mit dem Theaterwesen kommt, nimmt man ihn dort als bloßen Theoretiker. Oder man versucht, ihn nur als Propagandisten der Anstalt und als bloßen Prologschreiber für gefeierte Schauspieler auszunutzen, wenig ahnend von seinen wahren Leistungen, obgleich sie doch bereits vorlagen.

Danach besteht für Lessing eine kurze Aussicht, die Leitung der königlichen Bibliothek in Berlin zu bekommen. Der hervorragende Militärschriftsteller Guichard empfiehlt ihn dringlich an Friedrich den Großen. Niemand konnte für diese Stelle befähigter sein, da Lessing, wenn er wollte, zugleich ein gründlicher Gelehrter war. Der König aber hielt ihn nur für einen vorwitzigen Skribenten, der dazu noch eine bedenkliche Affaire angeblichen literarischen Diebstahls mit Voltaire gehabt habe. Statt des damals bedeutendsten deutschen Schriftstellers wurde eine genehme Durchschnittsgröße, ein Benediktinermönch, geholt. Auch Verhandlungen für eine Professur an der neu gegründeten Universität Moskau schlagen fehl.

Als Lessing endlich an der entlegenen Wolfenbüttler Bibliothek landet, kümmert sich ebenfalls kein Mensch um ihn, so daß er sich im Staube der dortigen Büchermassen oft wie vergraben fühlt. Selbst mit diesem Pöstchen war er nur zweiter Mann. Die Oberaufsicht hatte ein Geheimer Rat und Kanzler von Praun. Auch Lessing gegenüber stößt man auf das berühmte Zaudern: man will den Schöpferischen nur als bloßen Experimentator gelten lassen, als bestenfalls interessanten Schlußschnörkel hinter dem eigentlichen Text des Lebens, statt zu wittern, daß eine Zentralkraft vorliegt, die nur Veraltetes wegsprengen will, niemals aber die Grundlagen des Lebens verwirren (was man bei allen Revolutionären bekanntlich anfangs immer wieder fürchtet). In Wolfenbüttel legt man Lessing nahe, er möchte die Geschichte und Rechte des Braunschweiger Hauses bearbeiten, da ein gewisser Probst Lichtenstein zu Helmstedt verstorben sei, welcher diesen ›wichtigen‹ Stoff bisher beackert habe. Als dann in Mannheim das Nationaltheater errichtet wird, will man sich vorübergehend Lessing sichern, ohne ihn auch hier entsprechend einzusetzen. Man läßt auch hier – nach einigen Zwischenspielen – die unbedeutendere Gegenpartei siegen.

›Sara Sampson‹ nimmt man im ganzen leidlich auf. Doch behaupten andere Stimmen, daß diese Arbeit (wie Lessings Bruder berichtet) »das unregelmäßigste und untauglichste Ding und obendrein aus englischen Romanen und Tragödien zusammengestoppelt sei.«

›Minna von Barnhelm‹ wird in Hamburg zunächst verboten. Erst als die Berliner Zensur das Stück passieren läßt und man es dort mit Erfolg zur Aufführung bringt, bessert sich die Lage auch in Hamburg. Unter Friedrich

Wilhelm III. applaudiert das Publikum bei anzüglichen Stellen, woraufhin der König das Theater verläßt. Man findet überhaupt das Stück zu unvorsichtig gegen Preußen wie Franzosen.

Die Literaturbriefe, an denen Nicolai und Mendelssohn mitgearbeitet hatten, werden anfangs unter Zustimmung von Friedrich dem Großen verboten.

Die Abhandlung ›Vom Zwecke Jesu und seiner Jünger‹ aus dem Sammelwerk ›Zur Geschichte der Literatur‹, die Lessing auch gesondert hatte ausgehen lassen, nennt man gefährlich, weil sie »den Grund der christlichen Religion aufs schlüpfrige setzt«, weshalb der Verlag nichts mehr von Lessing ohne Genehmigung des Ministeriums drucken dürfe. Der 3. und 4. Teil der Beiträge wird beschlagnahmt und der Verkauf der ›Antigoezischen Blätter‹ verboten. Lessings Protest erzielt nur eine Verschärfung: daß er »in Religionssachen überhaupt, so wenig hier als anderwärts, auch weder unter seinem noch anderem Namen ohne vorherige Genehmigung des (Braunschweigischen) Ministerii« etwas drucken lassen dürfe. Auch in Kursachsen hatte die Geistlichkeit den Verkauf seiner theologischen Schriften verboten.

Den ›Laokoon‹ nehmen »die Herren vom Metier, die allein kompetente Richter zu sein glaubten, weil sie allein dafür besoldet wurden«, als eine Überhebung Lessings. »Sie erklärten ihn im Stillen für einen Pfuscher . . . und verwiesen ihn bloß in die Zunft der Dichter und schönen Geister.« Der einzig bedeutende Kopf unter ihnen, Winckelmann, obgleich von anderem Standpunkt kommend, erkennt Lessings Arbeit an. (»Lessing . . . schreibt, wie man geschrieben zu haben wünschen möchte«.)

Gegen Ende von Lessings Leben plant man vorübergehend eine Berufung nach Wien. Aber man holte schließlich den unbedeutenden Riedel. Lessing bleibt halb verschollen im entlegenen Wolfenbüttel sitzen. In seiner ›Dramaturgie‹ glaubt man, als er die französischen Regeln in Acht und Bann erklärt, bei aller Anerkennung doch vorwiegend Neid gegen Voltaire entdecken zu können. Auch hatte Lessing große Unannehmlichkeiten wegen der Nachdrucker. 1767 erteilt der kaiserliche Bevollmächtigte dem Hamburger Senat einen Verweis, daß er sich unterfangen habe, ein Gesuch Lessings um Zensurfreiheit für die ›Dramaturgie‹ überhaupt nur entgegenzunehmen.

Der Streit mit Klotz, der allerdings sehr fechterisch geführt wird, bringt Lessing »in den Verdacht der gelehrten Mißgunst«. – Goeze hat in den theologischen Streitigkeiten eine umfassende Partei hinter sich, die Lessing das Leben schwerzumachen sucht. Goeze galt damals nicht etwa als komische Figur. »Daß Goeze für das Verbrennen der Ketzer und Heterodoxen stimmen sollte, glaube ich nicht . . . Aber daß er darauf bestehen würde, daß Semeler, Basedow und Teller, ein Reisbündel auf dem Rücken, vor seiner Kanzel erscheinen und so widerrufen müßten, das bin ich vollkommen überzeugt.«

Von den ›Fragmenten‹ sagen gewisse Gegner: falls überhaupt *Zweifel* laut werden dürften, so müßten diese in lateinischer Sprache vorgetragen und auf den Kreis der Gelehrten beschränkt bleiben. Nichts konnte Lessing schwerer treffen als dieses theologische Autoritätsgebaren. Zielte doch sein ganzes Ethos dahin, nicht einmal das Heiligste blind hinzunehmen, sondern den

Zweifel als Vater aller Erkenntnis anzusehen. Die Erkenntnis könne sich als Licht nur dann verbreiten, wenn als Vorstadium auch der Zweifel verbreitet werde. Auch die Bibel solle, nicht weniger als Kunst oder Drama, einer unparteiischen Prüfung unterzogen werden.

Auch Lessings lichter, würziger Stil findet bisweilen Tadel. So wirft ihm Goeze vor, er schreibe zu pikant und bediene sich eines beständigen Bilderschmuckes.

Bei ›Emilia Galotti‹ heißt es: »Die Zuschauer lachten oft, wo sie weinen sollten und weinten, wo man ihnen ein bitteres Lächeln nicht hätte übel nehmen können. Den Vornehmen war der Kammerherr anstößig, den Mätressen die Orsina, allen aber Angelo keine tragische Person.« Die französische Kritik nannte die Arbeit ein witziges Ungeheuer. In Hessen-Kassel wurde das Stück verboten, aus denselben Gründen wie Schillers ›Kabale und Liebe‹.

Den ›Nathan‹, diesen freimütigen Abgesang Lessings, empfängt man mit allgemeinem Mißtrauen. »Noch kenne ich keinen Ort in Deutschland, wo dieses Stück schon jetzt aufgeführt werden könnte«, schreibt der Autor selbst darüber. Wie sein Bruder erzählt, teilt ein Freund aus nächster Nähe mit, »daß der Nathan, dies herrliche Lobgedicht auf die Vorsehung, Lessings letzte Tage verbittert, wo nicht gar am Ende sein Leben abgekürzt habe; daß die Kabale aus den Studierstuben und Buchläden in die Privathäuser seiner Freunde und Bekannten gedrungen sei; daß Lessing, der allenthalben willkommene Freunde und Bekannte hatte, allenthalben trockene Gesichter, zurückhaltende, frostige Blicke, kalte Bewillkommnung und frohe Abschiede gefunden; daß er sich endlich von seinen Freunden und Bekannten verlassen und allen Nachstellungen seiner Verfolger bloßgestellt gesehen.« Mag das auch übertrieben sein, so war der ›Nathan‹ immerhin (z. B. in Wien) wegen seiner Relativierung der Religionen ganz unmöglich. 1779 beantragt die sächsische Bücherkommission eine Beschlagnahme des Werkes, wenn auch erfolglos. 1783 kommt ›Nathan‹ in Berlin zur Aufführung, sogar mit Beifall. Aber schon bei der dritten Wiederholung ist das Haus leer. 1810 glaubt auch das Wiener Burgtheater, das Drama endlich aufführen zu können, nachdem es in völliger Umarbeitung unkenntlich gemacht worden ist. Der Zensor fürchtet jedoch, daß diese Entstellung neue Nachfrage nach dem Original erzeugen werde, weshalb die Darstellung verboten wird. Erst 1819 kommt dort dieser »Champignon auf Rousseauischem Dünger«, wie sich ein Gutachten wegwerfend ausdrückt, zur Darstellung, wieder aber in einer neuen, völlig »entgifteten« Bearbeitung. Auch im katholischen Bayern war das Stück unmöglich, obgleich es nicht auf dem Index stand.

Auf diesen aber gerät ›Die Erziehung des Menschengeschlechts‹, wenn auch nur in einer Ausgabe, in der sie als Anhang zu dem französischen Werke ›Religion saint-simonienne‹ erschienen war. Der Catalogus librorum prohibitorum von 1765, 71, 76 verzeichnet noch weitere Schriften Lessings.

Noch 1795, nach seinem Tode, wurde sogar ›Lessings Leben‹ (von seinem Bruder herausgegeben) in Wien verboten (!) und ein Beitrag zu einem Lessing-Denkmal verweigert. Es habe »der Dichter mit seinen Schriften sowohl wider die Religion als wider die souveräne Staatsverfassung so schlechte und irrige Lehren seinen allerorten verbreiteten Schülern hinterlassen«.

Aus kleinen Verwegenheiten Lessings (periodischer Geselligkeitsdrang und Spielerleidenschaft), aus dem siegesgewissen Gesichtsausdruck seiner prachtvollen Bildnisse, aus seiner heiter gespannten, beglückend durchsichtigen Prosa hat man schließen wollen, daß dieses Leben in spielender Überlegenheit dahingeflosssen sei. Was seinen Stil anlangt, so vergaß man hierbei, wie sehr seine schnelle, knappe Schlagkraft einem neuen antibarocken *Kunstwollen* entsprang, keineswegs aber bloße Natur war, vielmehr ganz bewußt einem älteren, schweifenden Stil entgegenstand. In harter Arbeit sind diese kurzgeschliffenen Sätze emporgepumpt worden, wie Lessing einmal selbst gesteht. »Meine Prosa hat mir von jeher mehr Zeit gekostet als meine Verse.«

Einige tragische Selbstberichte gegen Ende dieses Lebens sind auf Kosten der vielen Verkennungen zu setzen, des wachsenden Mißverstandenwerdens, wenn z. B. dieser kühle und zugleich feurige Geist, der schwer zu dämpfen war, noch in gesündesten Tagen berichtet: »Mir aber ist jetzt nicht selten das ganze Leben so ekel – so ekel! Ich verträume meine Tage mehr, als daß ich sie verlebe ... Das alles sind Dinge, die einen so nachteiligen Einfluß auf meine Seele und von da auf meinen Körper haben, daß ich nicht weiß, ob ich krank oder gesund bin. Wer mich sieht, macht mir ein Kompliment wegen meines gesunden Aussehens, und ich möchte dieses Kompliment lieber mit einer Ohrfeige beantworten.« So empfindet jetzt ein Mensch, der vorher mozartisch und ganz im Sinn des optimistischen 18. Jahrhunderts behauptet hatte: »Ich habe es mir zum Gesetze gemacht, vergnügt zu sein, wenn ich auch noch so wenig Ursache dazu habe.«

Jeder Tieferblickende stößt im Grunde dieses erstaunlichen Lebens auf einen ergreifenden Mangel an äußerem Erfolg, auf eine dauernde große Unruhe. So zeigt sich gegen Ende geradezu ein eisiger Geierblick, mit welchem Lessing nun die Menschheit durchschaut. Grauenvoll wirkend bei einem an sich heiteren Manne der Aufklärung, deren tiefsinniges, heute verkanntes, neu zu begründendes Fundament gerade der Glaube an das Gute der menschlichen Natur, an die Aufstiegsmöglichkeit der Gattung homo sapiens war. Aus dieser wachsenden Vereinsamung erlöste ihn bereits mit 52 Jahren eine kurze, schnell schwächende Krankheit.

Auf solchen traurigen Untergang in moll folgt – nach der üblichen Warte- und Anpassungszeit für Schwerbewegliche – ein groteskes, aber beinah typisches Nachspiel in dur: jener »Versuch aus der Totenfeier eines großen Mannes eine Geld-Spekulation zu machen ... Lessings Totenfeier wurde als ein Kassenstück auf der Berliner Bühne 18mal wiederholt.« So behauptet später die Zeitschrift Der Freimütige.

Natürlich hat auch Lessing gewisse Werte verkannt, soweit sie von seinem eigenen Lebensgefühl abweichen oder geistig bereits der kommenden Epoche angehören. So behauptet er von Goethes ›Götz‹, daß der Dichter hier »Sand in Därme füllte und sie für Stricke verkaufte«. Er sei froh, daß ihn die Bühne nicht mehr fessle, sonst liefe er Gefahr, »über das theatralische Unwesen ärgerlich zu werden und mit Goethen trotz seines Genies, worauf er so pocht, anzubinden«. Von ›Werthers Leiden‹ sagt er, vielleicht sogar mit einigem Recht: »Glauben Sie wohl, daß je ein griechischer oder römischer Jüngling sich so und darum das Leben genommen haben würde? . . . Solche kleingroße, verächtlich schätzbare Originale hervorzubringen, war nur der christlichen Erziehung vorbehalten, die ein körperliches Bedürfnis so schön in eine geistige Vollkommenheit zu verwandeln weiß. Also, geliebter Goethe, noch ein Kapitelchen zum Schlusse; je zynischer desto besser!« Über Goethes freie Rhythmik im ›Prometheus‹, dessen Ethos er doch bewunderte, äußert er vom künstlerischen Standpunkt aus, er habe niemals schlechte Verse geschätzt. Ramler (!) fordert er auf, die Dramen Goethes und Lenzens durch ein Meisterwerk zu verdrängen. Wir sehen wieder, wie nichtig jener absolutistische Genialitätsbegriff ist, der den Bedeutenden aus Zeit und Raum wegdenken möchte, an die doch auch die hohen Geister gebunden bleiben.

Nur kuriositätshalber sei noch hinzugefügt, daß noch 1890 ein Paul Albrecht auftritt und Lessing »verschmitzten Plagiarius, literarischen Gauldieb« nennt. »Er liebte literarisch zu fälschen, er fälschte mit Wollust«, »daß eigenhirnige Gedanken in Lessing überhaupt nicht vorkommen.« Eine geradezu groteske Verkennung nun auch des freizügigen, literarischen Arbeitsprozesses vom 18. Jahrhundert, das, besonders auch in Musik und Baukunst, beim Nehmen und Geben niemals auf Eigentum pochte, sondern naiv und beinah kollektiv allein dem Sachgehalte dienen wollte, was für fruchtbare Epochen bezeichnend bleibt. (Hoffentlich war angeführter Paul Albrecht lichtbringender in seiner weiteren Schrift im Selbstverlag, die da heißt: ›Ist bei den Wirbeltieren der Eingang in das Nasengrübchen dem äußeren Nasenloche . . . homolog?‹)

Goethe

Über die Wirkungsgeschichte Goethes liegen unendliche Einzelberichte vor. Der reichlich breiten Goethe-Philologie verdanken wir immerhin, daß auch für unser wichtiges und bisher vernachlässigtes Problem des Frühempfanges der Kunstwerke, ohne dessen Beantwortung jede Geistesgeschichte ja in der Luft hängt, genaueste Materialien bereitstehen. Schon im 19. Jahrhundert wurden von Braun diese Nachrichten zur Frühbeurteilung Goethes zusammengestellt, doch nur Rezensionen, nicht briefliche Berichte, und vieles wurde seitdem gefunden. Sammlungen gibt es für ›Götz‹ und ›Werther‹ (von Blumenthal 1935), diese Arbeit ist aber nur eine Auswahl. Das originell systematisierende Buch von Nollau (1935) gibt weniger die Urteile wieder, als daß es sie ordnet, diesmal nicht nur bis zur Übersiedlung nach Weimar. V. Hehn und A. Köster haben die Gesamtbeurteilung der Zeitgenossen nur kurz überblickt. Je mehr Berichte zu unsrer Fragestellung vorhanden sind, desto mehr lohnt sich, sie nach bestimmten Gesichtspunkten zu raffen, während wir bei geringer überliefertem Widerhall absichtlich jedesmal den harmloseren Lauf der ungefähren Chronologie bevorzugten.

Wir wollen bei Goethe folgende fünf, auf jeden Gestalter anwendbare Wirkungszonen unterscheiden. Sie gruppieren sich um ihn als Mittelpunkt, wie von einem ins Wasser gefallenen Stein, dessen Wellen immer größere Kreise ziehen. Den engsten Umkreis bilden Goethes Freunde und persönliche Bekannte. Sie hören oder lesen seine Werke teilweise schon, noch ehe sie im Druck erschienen sind. Hier steht hinterm bloßen Werk die lebendige Person des Gestalters mit seinem eignen Vortrag, dem Vibrato der Stimme, ausdrucksvollen Bewegungen, sprechenden Blicken. Es wäre lebensfern zu glauben, derartige Zusätze zu den Arbeiten selber sprächen nur zum *anderen* Geschlecht. Gerade von Goethe wissen wir, wie überzeugend seine Gesamterscheinung auch kälteste Männer beeindruckte. Diese erste Art einer Werkwirkung wird immer ungeahnte Zusatzkraft besitzen, sobald ihr Schöpfer sinnlich eindrucksvoll erscheint. Ist das Gegenteil gegeben, so pflegen die Aufnehmenden vom Autor und seiner Umgebung derart enttäuscht zu werden, daß sie dies auf die Beurteilung seines Werkes schlagen. Die abstrakte Herauslösbarkeit einer Arbeit aus dem Gewebe ihrer Darreichung bleibt sowohl auf der Bühne wie beim Dichtervortrag bloßer Wunschtraum der Wissenschaftler. Zu verschiedenen Zeiten spielt aber diese erste Wirkungsweise eine ganz verschiedene Rolle. Wir nennen sie innerhalb der Entstehung seines Ruhmes (mit Lempicki) den bloßen Personenruhm. Gerade im ausgehenden 18. Jahrhundert, aber auch bis über die Romantik hinaus, ist man im idealsten Sinn gestaltersüchtig: man will den Dichter mit eigenen Augen sehen, ihn leibhaft empfinden und selber anreden können. Niemals in der Geschichte sind soviel schwärmerische Reisen von weither gemacht, soviel empfindsame Wünsche ausgesprochen worden. Innerhalb dieser persönlichen Frühaufnahme neuer Gehalte stellt Goethes Wirkung wiederum einen Höhepunkt durch seine äußeren Reize dar (Schönheit, Eleganz, gepflegtes Milieu, ausdrucksvolles Gebaren). Wir werden aber bald bemerken, daß selbst ein Goethe diesen internen Kreis nicht so durchgehend überzeugen konnte, als es manche optimistische Literaturlegende wissen will.

Als zweiten, schon etwas *weiteren* Empfangskreis bezeichnen wir diejenige Zone, die entsteht, wenn persönliche Freunde überzeugend vom faszinierenden Gestalter Kunde tun, so daß nun ein umfassenderer Ring erfaßt wird, immer noch durch die persönliche Wirkung des Schaffenden bestimmt, aber ohne daß dieser zweite Ring mit ihm in Berührung käme. Die Breite dieses weiteren Ringes ist größer, als man zunächst denken sollte.

Erst eine dritte Zone stellt nun den *objektiven* Empfang dar, die Aufnahme allein der *Werke.* Wir meinen hier die Aufnahme durch die künstlerisch interessierte Elite der Zeitgenossen. Hier geraten wir in den eigentlichen *Werkraum* der Wirkung, sowohl bei den Kollegen als auch bei der Fachkritik. Wenn die beiden ersten Zonen verhältnismäßig viel Zustimmung bringen, tobt sich nun das Für und Wider mit jener Heftigkeit aus, mit der gerade die künstlerisch Empfänglichen eines Zeitalters teilzunehmen pflegen, aufnahmesüchtig bald das Ja, bald auch das Nein so übersteigend, daß wir in beiden Fällen später kaum noch aus der Verwunderung herauskommen. Über diese Zone wird später meist mitleidig gelächelt, wobei man (falls eventuelle frühe *Über*schätzung stattfand) den Tiefsinn eines Standpunktes zu vergessen pflegt, der da sagt: Besser in Aufschwung leben als in Teilnahmslosigkeit beiseite stehen, gleichgültig, wofür man sich errege.

Eine vierte Wirkungszone stellt das »weitere« *Publikum* dar, das allmählich, etwas schläfriger und meist verspätet, literarisch teilnimmt, es ist das »größere Publikum«, das aber durchaus liest.

Als fünfte Zone sehen wir jene letzte, manchmal aber noch bei Lebzeiten des Künstlers einsetzende Schicht, die gehört hat, daß der Verfasser nunmehr eine Rolle spielt, so daß man etwas über ihn wissen müsse. Die Zone erlebte z. B. Klopstock noch, dessen erste Wirkungen sich derart früh ereigneten, daß man noch vor seinem Tode sagen konnte, jetzt spreche jeder von ihm, ohne daß man ihn noch lese. Auch Goethes überaus langes Dasein (bei früh einsetzenden Veröffentlichungen) erlebt alle obigen Wirkungswellen. Wir könnten sie also gesondert verfolgen, wollen dies aber nur bei der ersten tun. Die weiteren Wirkungsbereiche werden wir, zumal sie ineinander übergehen, unter anderem Gesichtspunkt zusammenfassen, nämlich nach den Motiven ihrer Abwehr, indem wir fragen, *was* jeweils die Zeitgenossen an Goethes Werk gestört habe.

Befehdung des jugendlichen Goethe

Schon der jugendliche Goethe, eigentlich noch ein Kind, fällt aus dem Rahmen bürgerlichen Herkommens heraus, so daß er teils Begeisterung, teils Abscheu erregt. 1764 schreibt ein Jugendfreund an einen Dritten, »attachieren Sie sich nicht an ihn.« (Er wird als zudringlich empfunden.) Jener Dritte erwidert prompt, »ich erfuhr, daß er der Ausschweifung und vielen anderen, mir unangenehmen Fehlern ... ergeben sei.« Ein weiterer Jugendfreund behauptet, Goethe habe »mehr ein gutes Plappermaul als Gründlichkeit.« Ein anderer Bekannter schreibt 1766 vom 16jährigen, Goethe sei »immer noch der stolze Phantast ... Wenn Du ihn sähest, Du würdest entweder vor Zorn rasend werden, oder vor Lachen bersten müssen ... Er ist bei seinem Stolze auch ein Stutzer, und alle seine Kleider, so schön sie auch sind, sind von einem so närrischen goût ... Sein ganzes Dichten und Trachten ist nur, seiner gnädigen Fräulein und sich zu gefallen. Er macht sich in allen Gesellschaften mehr lächerlich als angenehm. Er hat sich – bloß weil es die Fräulein gern sieht – solche porte-mains und Gebärden angewöhnt, bei welchen man unmöglich das Lachen enthalten kann.«

Eine Sonderaufgabe läge darin, einmal eine allgemeine Geschichte der *Jugend*verkennung zu schreiben, also aufzudecken, wo überall das Vielversprechende übersehen wurde, und wo man umgekehrt große Hoffnungen hegte, die gar nicht berechtigt waren. Eine solche Darstellung würde zeigen, daß die Jugend eine Mißdeutungszone ersten Ranges ist, weil sich das Leben hier noch nicht bewähren konnte. Solche Untersuchung könnte uns anleiten, vom Baume auf seine Früchte schließen zu lernen, bevor sie noch erschienen sind. Es würde sich zeigen, wie primitiv noch immer unsere ganze Jugendpsychologie ist, und schließlich, wie roh und unfruchtbar noch unsere gesamte Pädagogik oder Lebenskunst genialen Jugendanlagen gegenübersteht.

Fesselnd ist das Professorenurteil über den Studenten Goethe. »Dieser junge Mensch ist von seinem Wissen aufgeblasen, namentlich aber auch von einigen Bosheiten des Herrn Voltaire. Man hat jedoch die Güte gehabt, ihm die Drucklegung seines Meisterwerkes zu verbieten ... Man hat ihn ausgelacht und damit war er erledigt.« Mit 21 Jahren gilt Goethe also hier als ausgeschieden. Über den 22jährigen urteilt Herder herablassender: »Goethe ist wirklich ein guter Mensch, nur äußerst leicht und viel zu spatzenmäßig, worüber er meine ewigen Vorwürfe gehabt hat.« Im gleichen Jahre 1772 berichtet wieder ein Universitätslehrer: »Herr Goethe hat eine Rolle hier gespielt, die ihn als einen überwitzigen Halbgelehrten und als einen wahnsinnigen Religionsverächter nicht eben nur verdächtigt, sondern ziemlich bekannt gemacht. Er muß, wie man durchgängig von ihm glaubt, in seinem Obergebäude einen Sparren zuviel oder zuwenig haben.« Vom 24jährigen erzählt ein Bericht an Lavater: »Dein Goethe erscheint in allen seinen Briefen als ein Mensch, der Dich zum Spaß hat, der alles um sich her verachtet.« Und Friedrich Jacobi bekundet seinem Freunde Wieland, daß wir Goethe »nicht zuviel Gutes zutrauen dürfen. Denn er ist und bleibt ein zügelloser, unbändiger Mensch.« Ein Jahr später schreibt Graf Görz eine Fortissimo-Verkennung nieder, sie heißt ganz schlicht: »Dieser Goethe ist ein gemeiner Kerl.« – »Goethe und ich werden uns nie im selben Zimmer befinden.« Diese Gesamtverkennung folgte auf Goethes Satire gegen Wieland. ›Prometheus‹ aber gehöre zu jenen Possen, welche man nur verachten könne. Friedrich Jacobi gesteht schließlich, »anfangs sahen wir ihn als einen feurigen Wolf, der nachts an honetten Leuten hinaufsprang und sie in den Kot wälzte.«

Mit Goethes 25. Jahr mögen die Berichte abgeschlossen sein, die wir als Jugendverkennung bezeichnen. Hierbei erinnern wir wieder, daß es uns nicht obliegt, Zustimmungen und Aufschwünge zu registrieren, die sich natürlich ebenfalls finden. Hat doch dies Buch allein die Aufgabe, eine Geschichte der Sperrungen gegenüber dem Genie zu zeigen. Das menschliche Gegenthema in dur, das auf unsere Melodie in moll einsetzen könnte, würde einer neuen Arbeit bedürfen. Es ist weit bekannter, da die Geschichtsschreiber – in Gefolgschaft eines genialischen Individualismus – lieber von der ausstrahlenden *Macht* des Genius berichten als von der Unsicherheit seiner Bewertung oder der Kümmerlichkeit seiner Frühgeltung.

Mit gewissem Recht hat man behauptet, die direkte, persönliche Gesamtwirkung Goethes sei eigentlich sieghaft verlaufen. Außerordentlich früh wird er an einen regsamen Hof geholt, dort wirtschaftlich sofort gebettet, als schmiegsame, dabei geistvolle Person geschätzt, ja umhegt. Ob an diesem glücklichen gesellschaftlichen Zusammenhang aber seine *Schriften* so sehr teilhatten, wie manche optimistische Literaturgeschichte wahrhaben möchte, uns wieder einmal ›goldene Zeitalter‹ vorspiegelnd, bleibt mehr als fraglich. In manchen Literaturgeschichten wird hier im Kleinen geurteilt, wie im Großen übers Mittelalter, das man wegen seiner grandiosen Dome als allzu geschlossen und harmonisch auslegt, wie man vor 150 Jahren auch mit der griechischen Geisteswelt verfuhr. Wie danach Nietzsche und andere die antiken *Abgründe* aufzeigten, so wird man fürs Mittelalter in Huizingas und anderer Gefolgschaft wieder die Foltergrausamkeit, die Niedertracht, das Seuchenelend und den Aberglauben hart neben die grandiosen Dome stellen müssen.

Entsprechend wäre beim Frühempfang der schöpferischen Einzelmenschen vorzugehen: Man muß das Unmaß des Mißtrauens und der Schikanen deutlich machen, die der Vorausschauende erfährt. Dabei bleibt zuzugeben, daß Goethes Leben und Widerhall immer noch einen der günstigsten Fälle neuerer Kunstgeschichte darstellen. Aber die eigenen Klagen dieses immer harmonisierenden Menschen müssen gleichsam verstärkt werden.

Nur ausnahmsweise beklagt er seinen Gesamtzustand am Hofe. Hier sei ihm »wie einem Vogel, der sich in Zwirn verwickelt hat; ich fühle, daß ich Flügel habe, und sie sind nicht zu brauchen.« Wilhelm Meister läßt er gelegentlich gestehen: »Wie will der Weltmann bei seinem zerstreuten Leben die Innigkeit erhalten, in der ein Künstler bleiben muß, wenn er etwas Vollkommenes hervorzubringen denkt.« Der junge Herzog Karl August hatte Goethe an sich gezogen, um mit diesem lebensvollen Menschen Fesseln abzuwerfen und genußvoller zu leben. Er hatte unter Goethes Einfluß an Steinen, Blumen, Knochen, Medaillen, auch an Dichtkunst Interesse genommen, doch blieb er z. B. fürs Drama bei der veralteten französischen Formung stehen. Am ›Egmont‹ hatte er viel auszusetzen. Goethe antwortet, solche Einschränkungen seien »für den Autor nicht sehr tröstlich.« Daß der Herzog das Gesamtgefüge solcher Dramatik mißversteht, geht aus der (natürlich mildernden) Antwort Goethes hervor. »Einiges, was Ihnen nicht behagte, liegt in der Form und Konstitution des Stückes und war nicht zu ändern, ohne es aufzuheben.« Auch gegen ›Tasso‹ hegte der Herzog Abneigung, der Gegenstand sei zu modern, nicht ›groß‹ genug im Sinne der klassischen französischen Tragödie. Goethe berichtet an Frau von Stein, es »hinderten doch die Knoten im Strange seines Wesens eine ruhige, gleiche Aufwicklung des Fadens.« Noch enttäuschter schreibt er dorthin, »der Frosch ist fürs Wasser gemacht, wenn er gleich auch eine Zeitlang sich auf der Erde befinden kann.« Auf Wunsch des Herzogs sollen Goethe und Schiller möglichst Stücke von Voltaire und Racine übersetzen. Durch Voltaires ›Mahomet‹, nicht aber durch Goethe oder Schiller erhofft der Herzog noch 1800 »eine Epoche der Verbesserung des deutschen Geschmackes.« Der Unterschied zwischen den Verkennungen Friedrichs des Großen (dem Großonkel) und denen des Herzogs ist zwar beträchtlich, aber vielleicht nicht ganz so groß, wie es für die folgende Generation, der doch Karl August angehörte, angemessen wäre. 1817 setzt Frau von Heigendorf unter dem Schutz des Herzogs durch, daß der Hund des Aubry aufs Theater kommt. Goethe nimmt seinen Abschied als Theaterleiter und soll ausgerufen haben: »Carl August hat mich nie verstanden!« – Vielleicht wäre Merck für längere Zeit ein ideales Aufnahmeorgan gewesen, »da er der einzige Mensch ist, der ganz erkennt, was ich tue und wie ichs tue, und es doch wieder anders sieht wie ich, von anderm Standpunkt . . .« (1779). Aber Merck lebte in der Ferne.

Von Frau von Stein dürfen wir uns nicht jenes Bild machen, das Goethe in verzehrender Liebe entwirft. Sie war eine zarte, im Grunde aber ziemlich konventionell empfindende Hofdame, im älteren französischen Literaturgeschmack erzogen. Der ›Egmont‹ mißfällt ihr an entscheidender Stelle, wenn sie die Erhebung Klärchens, der ›Dirne‹, zur Prophetin der Freiheit tadelt. Von ›Wilhelm Meister‹ schreibt sie: alle Frauen darin seien »von unschicklichem Betragen« und alle edlen Gefühle »mit einem bißchen Kot beklebt«. Schon 1776 meldet sie in gänzlich falscher Prophezeiung: »Ich habe erstaunlich viel auf dem Herzen, das ich dem Unmenschen sagen muß. Es ist nicht möglich, mit seinem Betragen kommt er nicht durch die Welt! Wenn unser sanfter Sittenlehrer gekreuzigt wurde, so wird dieser bitter zerhackt. Warum sein beständiges Pasquillieren?? . . . Und nun sein unanständiges Betragen mit Fluchen, mit pöbelhaften niedrigen Ausdrücken.« 1777 wird selbst Wieland vorübergehend irre: »Seine Einbildungskraft scheint erloschen.« 1779 wettert Friedrich Jacobi in einem Brief an Johann Schlosser: »Was Du mir von Goethe schreibst, hat mir den Charakter dieses aufgeblasenen Gecken noch um ein gut Teil ekelhafter und verächtlicher gemacht. Ich kehre ihm auf ewig den Rücken zu, wie fast alle rechtschaffenen Männer unserer Nation lange vor mir schon getan haben.«

Wir notieren nun Anmerkungen Goethes, die durchaus als Seufzer innerer Einsamkeit gedeutet werden müssen. 1780: »Ich stehe vor der ganzen Nation ein für allemal ab, und alle Gemeinschaft, die man erzwingen will, macht was Halbes, indes führ ich mich so leidlich auf als möglich.« Im gleichen Jahre im Tagebuch: »Was ich trage an mir und anderen, sieht kein Mensch. Das beste ist die tiefe Stille, in der ich gegen die Welt lebe und wachse und gewinne, was sie mir mit Feuer und Schwert nicht nehme können.« Vorschnell harmonisierend hat man auch in Goethes Verhältnis zu seinem Amte eitel Wonne sehen woll. »Ich sage immer«, meint er aber 1786, »wer sich mit der Administration abgibt, ohne regierender Herr zu sein, der muß entweder ein Philister oder ein Schelm oder ein Narr sein.« 1782 an Knebel: »Der Wahn, die schönen Körner, die in meinem und meiner Freunde Dasein reifen, müßten auf diesen Boden gesät, und jene himmlischen Juwelen könnten in die irdischen Kronen dieser Fürsten gefaßt werden, hat mich ganz verlassen . . .«

Der ältere Herder sieht in Goethe und Schiller (in ihrem Treiben wie in ihren Werken) geradezu Böses und Dämonisches. Will man sich dies erklären, so muß man daran denken, daß in der Menschheitsgeschichte alle jeweils *neuen* Nuancen des Geistes als unheimlich empfunden werden, wobei es gänzlich gleich ist, ob jene neue Geistigkeit klassisch oder romantisch, statisch oder dynamisch (und wie die Gegensätze alle heißen) auftritt. Wenn man nun aber die damaligen Weimarer Gestalter (Wieland, Herder, Goethe, Schiller, Jean Paul) tiefenpsychologisch durchleuchtet, so zeigt sich, daß Herder selber es war, in dem Dämonisches rumorte. Gerade *er* ists immer wieder (im Gegensatz etwa zum liebenden Skeptizismus Wielands), der nicht ertragen kann, nur eine *zweite* Rolle zu spielen. Gerade in diesem gewaltigen Theologen schwingt Mißverstehen und purer, unchristlicher Neid bei allen Verkennungen mit, ja verursacht manches Mißverstehen erst. Gerade *dämonische* Menschen wittern ja in allem Ungewohnten, soweit es ihnen fremd bleibt, pure Zerstörung.

Aber auch andere Lebenstypen erschauern vorm jeweils Neuen: der magische Mensch erschrak vorm religiösen, als dieser eben in die Weltgeschichte eintrat. Woraufhin die religiöse Epoche die darauffolgende metaphysische zuerst wieder als unheimlich empfand, bis wir heute sehen können, wie eine nachmetaphysische Lebensmöglichkeit von seiten der noch metaphysischen als ganz verderblich angesehen wird.

In Herders ›Briefen zur Beförderung der Humanität‹ wird Goethe geflissentlich nur gestreift und Schiller überhaupt verschwiegen. Die ›Römischen Elegien‹, ›Gott und die Bajadere‹, die ›Braut von Korinth‹, vor allem aber ›Wilhelm Meister‹ findet Herder unsittlich. Einer tiefen Abneigung der Gräfin Baudissin gegen diesen Roman stimmt er nur zu. »Über alles dies denke ich wie Sie . . . und jedes feinere moralische Gefühl, dünkt mich, fühlt also. Goethe denkt hierin anders; Wahrheit der Szene ist ihm alles, ohne daß er sich eben um das Pünktchen der Waage, das aufs Gute, Edle, auf die moralische Grazie weiset, ängstlich bekümmert. Im Grunde ist dies der Fehler bei mehreren seiner Schriften.« Schon 1781 meint er verächtlich: »Kunst, Kunst ist jetzt die Losung, der alles zu Füßen liegt: süßer, mystischer Opiumtraum unverstandener Ideen und Gefühle.« 1789: »Er ist nur in sich und für sich. Anderen schadet er eher, als daß er ihnen helfe.« Im selben Jahre: »Daß Goethe für uns wenig mehr sein kann, wird mir beinahe einleuchtend. Er ists im öffentlichen Bezuge nie gewesen.« Und 1795: »Ich kann es weder in der Kunst noch im Leben ertragen, daß Dem, was man Talent nennt, wirkliche, insonderheit moralische Existenz geopfert werde, und Jenes alles sein soll. Die Marianen und Philinen, diese ganze Wirtschaft ist mir verhaßt.« 1800 schreibt Herders Frau an Knebel, gänzlich unter Einfluß ihres Mannes: »Ach dieser (Goethe) hätte uns die Natur wiedergeben können auf einem edlen und dem rechten Wege, wenn er gewollt hätte. Seine Vergötterung war ihm aber lieber als die Wahrheit.« – »O könnte er nur etwas Gemüt seinen Schöpfungen geben! Und sähe man nicht überall eine Art von Buhlerei! Was hätte er seiner Nation werden können!« An Knebel berichtet sie wieder im Sinne Herders: »Goethe spielt ewig seine Buhlerkünste, wenn er glaubt, jetzt sei ein Augenblick, da ein Anderer außer seiner Clique etwas geleistet hat. O Lieber, uns ekelt dieser Buhlerist. Niedrig, eitel!« 1802: »Es geht nicht mehr an, daß man Alles, was nicht dieser Herren Speichel leckt, so gerade mit Füßen treten kann, und sich deshalb mit dem Elendsten zu verbinden nicht scheut.« 1803 zusammenfassend: »Ach er hat eine Wolfs-Natur!« Herder sei »nur wohl, wenn er aus Weimar heraus ist und es vergessen kann.«

Dieselbe Karoline Herder, der Goethe doch viel Freundlichkeit erwiesen hatte, behauptet noch 5 Jahre nach dem Tode ihres Mannes: »Der Schade, den Goethe durch seine Vergötterung des Dichtertalents gestiftet, ist unberechenbar. Aber die Menschen werden erwachen und nach der Wirkung fragen, die der Dichter auf Geist, Gemüt und Charakter, auf das innigste, wahre menschliche Glück und auf die Jugend, auf die Veredlung der Menschheit gemacht hat. Heil dem Schweizer (gemeint ist Zschokke), der es jetzt schon wagt, nach dieser Wirkung zu fragen.« Wir zitieren solche Urteile schon hier, weil sie von Goethes näheren *Freunden* ausgehen, obwohl diese Meinungen auch ins spätere Kapitel über Goethes »Unsittlichkeit« gehören.

Obgleich die Schlegels nicht als direkte Freunde Goethes gelten können, seien sie hier angeschlossen. Friedrichs Haltung wechselt. Anfänglich stellt er Goethe, aber auch Schiller, den er später so mißachtet, direkt neben die bereits gesicherten Werte Winckelmann und Kant. In den 90er Jahren aber beginnt er manchmal zu schwanken. »Meine Liebe zu ihm, als sich sein Irrationalismus steigert, ist nicht mehr dieselbe. Der Inbegriff seiner Werke ist der Abdruck einer eigennützigen, kalt gewordenen Seele. Werther, Götz, Faust, Iphigenia und einige lyrische Stücke sind der Anfang eines großen Mannes – es ist aber bald ein Höfling daraus geworden.« Immer wieder aber quillt Bewunderung hervor. Der Bruder, gut von Goethe aufgenommen, findet 1801, daß »das Wiederauftreten Goethes in der Gestalt des reifen, selbständigen, besonnenen Künstlers unmittelbar keine sichtbare, bedeutende Wirkung hervorbrachte.«

Die ›Iphigenie‹ erregt im nächsten Freundeskreis kalte Ablehnung, da man, wenn überhaupt neueren Werten zugetan, mehr die verflossenen des Sturm und Dranges zu schätzen weiß. Ist es doch das bezeichnende Los jedes Vorauseilenden, daß seine Freunde meist seine *vorletzte* Periode preisen. (So ging es R. Wagner von seiten seiner ersten Frau. Und ich erinnere mich lebhaft, was mir mit traurigen Augen Franz Marc von der Geschichte seiner Malweisen berichtete.) Goethe schreibt, nachdem er hoffnungsfreudig die ›Iphigenie‹ seinen Freunden vorgelesen, sehr enttäuscht (wenn auch in seiner milden Art, die keine Spannungen ertragen konnte): sie »konnten sich in den ruhigen Gang nicht finden«, die »fast gänzliche Entäußerung der Leidenschaft wollte ihnen kaum zu Sinn.« Als man Iffland die Handschrift anvertraut, empfindet er »seinsollende griechische Simplizität, die oft in Trivialität ausartet, sonderbare Wortführung, seltsame Wortschaffung und statt Erhabenheit oft Kälte.« Eine derart eindeutige Ablehnung aus engster Nachbarschaft ist für den Geschichtsschreiber lehrreich. Sie läßt die *neuen* Werte eines Klassizismus ahnen, für den ein Lob war, was dem Spätbarock oder dem nachfolgenden

Sturm und Drang nur Tadel bedeutete. Die kühlenden, rückführenden Elemente der neuantiken Weise stören. Aber auch die sehr modernen, neuen Bilder und rhythmischen Verbindungen.

Wieviel ratloser erst mußte der lesenden Mitwelt ein so zwischenstufiges, zart abgründiges Werk wie ›Wilhelm Meister‹ erscheinen. Wie sehr mußte es in seiner weiträumigen, mattfarbenen Ruhe und Langsamkeit abstechen gegen die fröhlichen und gefühlvollen Romane von August Lafontaine, an denen sich die Welt ergötzte. Fr. H. Jacobi schreibt 1795 einen Brief, der die Meinung seiner adligen, norddeutschen Umgebung widerspiegelt: »So weit habe ich ihnen Recht geben müssen, daß ein gewisser unsauberer Geist darin herrsche, die Sache aber damit entschuldigt, daß ich dieses Buch als eine besondere, eigene Art von Konfessionen ansähe und man die Entwicklung abwarten müsse. Ich bin nicht damit durchgedrungen.« 1809 berichtet dieser Freund Goethes über die ›Wahlverwandtschaften‹: »Schelling ist davon ganz entzückt; mir ist das Buch im Ganzen ein Ärgernis, ob ich gleich das darin einzeln zerstreute Gute und Schöne wohl zu schätzen weiß.« An Köppen fährt er fort: »In dem ganzen Roman ist keine Figur, an der man ein wahres Wohlgefallen haben könnte . . . Desto ärgerlicher und ekelhafter wird der doppelte Ehebruch, der den Knoten des Stückes ausmacht. Dieses Goethesche Werk ist durch und durch materialistisch (man beachte diese inzwischen beliebt gewordene Verkennungsvokabel!) oder wie Schelling sich ausdrückt, rein physiologisch. Was mich vollends empört, ist die scheinbare Verwandlung der Fleischlichkeit in Geistigkeit, man dürfte sagen, die Himmelfahrt der bösen Lust.« Schon 1780 hatte Jacobi an Knebel berichtet: »Was Goethe von Herder sagte, sagt ganz Deutschland wieder von ihm, er sei aus Eitelkeit und Hochmut zum Narren geworden.«

Vor seiner Rückkehr aus Italien schreibt Goethe (im Sinn der neuen Klassik, die so bedeutsam werden sollte), voll banger Ahnung an seine Freunde: »Ich bringe Vieles mit, wenn Ihr nur im Falle seid, es zu genießen!« Der jüngere Graf Stolberg äußert sich brieflich zum ›Tasso‹. »Mir mißfällt er tout uniment.« Schon 1776 urteilte er äußerst einseitig über die Sturm- und Drangperiode. Er spürte innerhalb des damals neuen Stiles nicht Goethes tiefe Sanftmut, die hinter seiner Angriffslust schwang. »Es ergriff mich ein Grausen, als er . . . von Riesengeistern sprach, die sich auch den ewigen, geoffenbarten Wahrheiten nicht beugen. Dieser unbeugsame Trotz wird, wenn er weiterwuchert, auch sein Herz kalt machen.« A. W. Schlegel sagt zum ›Tasso‹, er »erregt nur eine mit Unmut über sein grillenhaftes Betragen gemischte Teilnahme, und die Prinzessin äußert zu matte, kränkliche Gefühle.« Als wenn man von einem Dekadenzdramatiker nach 1900 spräche. Wie lohnend wäre eine Großgeschichte der sogenannten Dekadenz- und Brüchigkeitsvorstellungen, etwa von der Blüte des Mittelalters ab. Man würde erstaunen, was alles jeweils als bedenklich oder auflösend erschien, Eigenschaften und Zustände, die man später als Selbstverständlichkeiten innerer Kultur ansah.

Als Varnhagen 1824 ein Buch über ›Goethe in den wohlwollenden Zeugnissen der Mitlebenden‹ erscheinen läßt, schlägt Goethe vielsagend vor, einen

Band über die *mißwollenden* Urteile folgen zu lassen. »Die dabei zu übernehmende Arbeit würde den Gegnern leicht werden und zur Unterhaltung dienen ... Denn wie sollte ich mir leugnen, daß ich vielen Menschen widerwärtig und verhaßt geworden, und daß diese mich auf ihre Weise dem Publikum vorzubilden gesucht.« Noch 1830 sagt er zu Eckermann, er entdecke eine »neue Form des alten Hasses, mit dem man mich seit Jahren verfolgt und mir im Stillen beizukommen sucht. Ich weiß recht gut, ich bin vielen ein Dorn im Auge, sie wären mich alle sehr gern los; und da man nun an meinem Talent nicht rühren kann, so will man meinen Charakter. Bald soll ich stolz sein, bald egoistisch, bald voller Neid gegen junge Talente, bald in Sinnenlust versunken, bald ohne Christentum und nun endlich ohne Liebe zu meinem Vaterlande ...« Im gleichen Jahre klagt sein Brief an Schelling über »Tücken, Unarten, Widerwärtigkeiten und Feindseligkeiten.« Selbst aus Bayern käme das »Widerwärtigste, und zwar, was noch sonderbarer scheint, unter der Firma meines werten Verlegers, mit dem ich seit vielen Jahren in freundschaftlichster Verpflichtung stehe.« 1830 notiert von Müller, Goethe habe die weimarische Geselligkeit schneidend und mit epigrammatischer Schärfe kritisiert. »Ich habe keinen Glauben an die Welt und habe verzweifeln gelernt«, habe er bitter bemerkt. Noch 1831, kurz vor seinem Tode also, offenbart Goethe den Verkennungsdruck, der auch auf *seinem* Leben lastete: »Sogar als Dichter, der sein Licht nicht untern Scheffel setzen will, mußt ich verzweifeln, indem ich auf die nächste unmittelbare Teilnahme verzichtet habe. Mein Trost ist jedoch, daß gerade die, an denen mir gelegen sein muß, alle jünger sind als ich und seinerzeit das für sie Bereitete und Aufgesparte zu meinem Andenken genießen werden.« (Brief an S. Boisserée.)

Den ersten Umkreis der engsten persönlichen Verflechtungen, die wir in diesem Abschnitt erörtern wollten, haben wir hiermit noch kaum überschritten. Der größte Trost in Einsamkeitsgefühlen, die Goethes tätiges Leben niemals stark werden ließ, lag in der Freundschaft mit Schiller. Dieser freie, arbeitsreiche Bund zweier Antipoden und ehemaligen Gegner, jeder streng geprägt und abgegrenzt in seinem Sein, ist eines der merkwürdigsten Ereignisse bisheriger Menschheitsgeschichte. Wenn einst vielleicht manche Meinungen und Werke dieser Geister selbstverständlich oder überholt erscheinen werden: dieser Bund wird leuchten, solange die Menschheit empfindet. Nie wieder hat die Geschichte auf gleicher Höhe etwas Derartiges hervorgebracht. Wir werden dies Ereignis um so mehr bewundern, als wir gründlich sehen konnten, mit welchen unabsehbaren Schwierigkeiten die *kleinsten* Stilunterschiede sofort alles menschliche Verstehen belasten. Auf derart jammervollem Hintergrunde wird das Verständnis dieser Männer füreinander beinah unbegreiflich. Aber auch *dieser* Gemeinschaft gingen gewaltige Mißklänge voraus. 1789 hatte Schiller an Körner berichtet: »Öfters mit Goethe zu sein, würde mich unglücklich machen. Er hat auch gegen seine nächsten Freunde keinen Moment der Ergießung. Er ist an nichts zu fassen. Ich glaube in der Tat, er ist ein Egoist in ungewöhnlichem Grade ... Ein solches Wesen sollten die Menschen um sich herum nicht aufkommen lassen.« Wenige Tage danach an eine Freundin: »Dieser Charakter gefällt mir nicht – ich würde mir ihn nicht wünschen, und in der Nähe eines solchen Menschen wäre mir nicht wohl.« Schiller verkennt hier sozusagen seine eigene weitere, innere Laufbahn.

Zeitgenössische Angriffe auf Goethes Kunstform

Indem wir nun den Kreis der engeren Umgebung, die im großen ganzen noch *persönlich* bedingt war, verlassen, treten wir in die Zonen einer weiteren Öffentlichkeit, die wir der Einfachheit halber zusammenziehen. In einer Sonderuntersuchung über den Empfang Goethes wären natürlich diese verschiedenen Zonen einzeln auszubreiten. Die weiteren Einschränkungen und Abweisungen, die Goethe erfuhr, ordnen wir nicht mehr nach seinen Einzelwerken, sondern nach den inneren Antrieben, aus denen der Widerspruch kommt. Goethe ist für uns das Sinnbild geebneten Gleichmaßes geworden, niemals sich zu weit vorwagend, niemals durch ungewöhnliche Formen auffallen wollend. Ein Klassiker eben (wie wir zu sagen pflegen), mit welchem Ausdruck wir in erster Linie meinen, daß alles Übertriebene gemieden sei. Stellen wir uns aber *geschichtlich* ein, so geben uns diejenigen Frühurteile zu denken, welche immer wieder Ärgernis an ungewohnten, der Zeit noch unbekannten Gestaltungsmitteln nehmen. Beurteilen wir den damaligen Abstand Goethes, so stoßen wir wieder auf unsere perspektivische Täuschung. Wir verglichen diese mit dem Einblick in eine Allee, deren Baumabstände nachempfindend: der *nahe* Zwischenraum zwischen der Literatur etwa vor und nach dem Weltkrieg erscheint uns enorm, derjenige ›ganz *hinten*‹ zwischen 18. Jahrhundert und den Neuerungen Goethes kommt uns winzig vor.

Selten hört man von damaligen Zeitgenossen, daß Goethe ausgleichend, harmonisierend wirkte, während es an Klagen über seine Neuerungssucht wimmelt. Lessing befehdet die fürs 18. Jahrhundert umstürzlerische, dramatische Form des ›Götz‹, wo gegen die Regeln der berühmten Einheit des Ortes, der Zeit und der Handlung (wie man sie aus Corneille ableitete) durch Nachahmung und Überbietung Shakespeares vorgegangen wurde. Wir zitierten schon im Lessingkapitel: »Goethe füllt Därme mit Sand und verkauft sie für Stricke, wenn er den Lebenslauf eines Mannes in Dialogen bringt und das Ding für ein Drama ausschreit.« 1775 schreibt Boie an Merck: »Lessing soll mit Goethes und Lenzens theatralischen Freibeutereien ... worin man so wenig Respekt für seinen Aristoteles bezeugt, sehr unzufrieden sein.« Weiße berichtet an Garve, Lessing »wird ihm einmal jählings wie Klotzen auf den Nacken springen; doch da es Goethen auch nicht an Hörnern fehlt, so wird er sich wohl wehren.« Es ist nicht Neid und Eifersucht, wie das z. B. Viktor Hehn vermutet, wenn Lessing derart reagiert, es ist der geistesgeschichtliche Gegensatz zwischen pragmatischem Rationalismus und Sturm und Drang. Als sich später dann die *Romantiker* von Goethe abwenden, ist es ebenfalls kaum Eifersucht, sondern nunmehr die kulturgeschichtliche Spannung zwischen katholisierender Mystik und klassischer Ausgeglichenheit. Natürlich taucht gegenüber so ›ungehemmten‹ Werken wie ›Götz‹ und ›Werther‹ auch die übliche Kategorie des ›reifen Urteils‹ auf, an dem es dem Künstler noch gefehlt habe. ›Werther‹ und ›Götz‹ gelten als ungenügend, »besonders letzterer ist oft sogar roh, widerlich und statt originell zu sein, Nachahmung des Schlechten in Shakespeare« (ein namenloses Urteil noch 1803). Schon 1773 hatte J. J. Bodmer als Schweizer Literaturpapst brieflich über den ›Götz‹ mitgeteilt: »Hier und da etwas von Shakespeares Geist, doch nicht weit her und in Sprüngen. Meine Nationaldramen von Brun, Schöno, Stüßi sind historischer und dramatischer.« – »Wer kann dies verworrene und verwirrende Schauspiel . . . bis zu Ende aushalten«, klagt Bodmer 1774. 1775 vermerkt Iselin, Goethe »gehört zu denen, die eine neue Sekte zu gründen anfangen. Ihre mindeste Absicht ist, alle die Regeln zu zerschlagen, die Boileau, du Bos, Marmontel, Voltaire usw. für das Theater usw. aufgestellt haben.« Und dann tritt ein Motiv hervor, das man besonders beachte, weil es zu allen Zeiten erscheint, soweit man den Sinn einer neuen Formung noch nicht zu fassen vermag. »Ich glaube, daß die Begierde, sich auszuzeichnen, sein erster Antrieb ist, und weil ihm andere bereits voraus sind auf der Straße, die zum Guten und Vollkommenen führt, so hat er einen der hunderttausend Umwege des Paradoxen eingeschlagen, wo ihm nur eine Menge Narren folgen wird . . . So ist es auch den Anhängern des J. J. Rousseau gegangen.« Hier also werden, was sich immer wiederholt, neue Regungen als paradox und eigentlich »erledigt« angesehen, Regungen, die später als tief normal, ja unausschöpfbar gelten werden.

Friedrich der Große schreibt weit drastischer gegen das dramatische Formengefühl Shakespeare-›Götz‹, das nun so aktuell geworden war, und auf welchem die Verjüngung und Kräftigung der neuen großen Dramatik beruhte, selbst wenn sie schließlich wieder in einen Klassizismus umbog. Die Ruhe *nach* bereichernden Gewittern atmet sich anders als die *vorherige* Ruhe ein: der Spätklassizismus eines Goethe und Schiller klingt nun weit lebensnäher als der von Corneille. Friedrich aber schreibt 1780: »Pour nous convaincre du peu de goût, qui jusqu'à nos jours règne en Allemagne, vous n'avez qu'à vous rendre au spectacles publiques. Vous y verrez représenter les abominables pièces de Shakespeare traduites en notre langue, et tout l'auditoire se pâmer d'aise en entendant ces farces ridicules et dignes des sauvages de Canada. Je les appelle telles, parsqu'elles pêchent contre toutes les règles du théâtre. – On peut pardonner à Shakespeare ces écarts bizarres; car la naissance des arts n'est jamais le point de leur maturité. Mais voilà encore un Götz de Berlichingen, qui paraît sur la scène, imitation détestable de ses mauvaises pièces anglaises, et le parterre applaudit et demande avec enthousiasme la répétition de ces dégoûtantes platitudes.«

1773 berichtet der Teutsche Merkur: »Gleich wie die Engländer ihre alten Schauspiele regelmäßiger zu machen anfangen, also können wir wohl unsern Zeiten Shakespeares Zuschnitt ebensowenig anpassen, als den Gang unsrer Fastnachtsspiele oder Staatsaktionen beibehalten. Ferner hätte Lessings Beispiel den Verfasser ermuntern sollen, das Unterscheidende des *deutschen* Dialoges nicht in Rauheit und Nachlässigkeit zu setzen, welcher mit Fleiß gesuchte Fehler der originalisierenden Köpfe unsrer Literatur sehr verderblich werden kann, sondern mit dem Nachdruck auch die klassische Zierlichkeit zu verbinden.« Wie deutlich spricht hier der übliche Kompromißkritiker (es ist der Gießener Professor der Dichtkunst und Beredsamkeit Ch. H. Schmid), der grundsätzlich vor vollen Schritten in Neuland erschrickt und eine Zwischenlösung sucht.

Gegen die freiere Gestaltungsart schreibt 1775 auch das Berlinische Literarische Wochenblatt: »Seit Lessing Orsina und Goethe Werthern schuf, seitdem sind die überspannten Damen und die wahnwitzigen Kerle so gang und gäbe geworden, daß man auf dem Theater nichts anderes zu sehen bekommt als Weiber, die rasen, und Männer, die schwindeln.« Auch diese Kritik klingt wie gegen *heutige* Dramatik, obgleich sie nur den Realismus des 18. Jahrhunderts umschreiben will. In ›Charaktere deutscher Dichter und Prosaisten‹ sagt man 1780 trotz gewisser Anerkennung, Goethe sei auffallend durch »eine unbezwingliche Neigung zum Sonderbaren und Neuen . . ., voll überspannter Empfindungen, übertriebner Launen und ekler Sprachziererei . . . Möchte er unsere Sprache weniger verstümmelt und nach Willkür gemodelt, möchte er seiner Phantasie oder seinem wunderlichen Geschmacke weniger gefrönt und weniger Nachahmerköpfe schwindeln gemacht haben.« Man spürt wieder deutlich, welche Erregung Goethes Neuerungen, aus der Zeitverkürzung heute so harmlos erscheinend, verursacht haben.

Über ›Stella‹ heißt es 1776: »Überall hochtrabende Sprache romantischer Liebe, die nirgends in der Natur ein Liebhaber ausgesprochen . . .« Friedrich Glover findet, »es ist zu bedauern, daß Goethe, wie er selbst gesteht, in seinen früheren Jahren die alte klassische Literatur der Griechen und Römer fast grundsätzlich vernachlässigt und nicht durch anhaltendes Studium derselben seinen Geschmack zu bilden und zu verfeinern gesucht hat.« Die Frankfurter Uraufführung des ›Clavigo‹ wird »lau aufgenommen«. Auch Wieland lehnt das Werk ab. 1774 urteilt man über das Drama: »Fehler über Fehler! Der Goethe kann doch nichts machen, ohne wider die wesentlichsten Regeln zu fehlen! – Und das ist hier weit unerträglicher als im Götz, denn hier sieht man dem Dichter an, daß er gerne regelmäßig schreiben wollte, wenn er nur könnte!« Iffland (wir hatten dies schon in anderem Zusammenhange zu erwähnen) findet, schwer enttäuscht, hier »sonderbare Wortfügung, seltsame Wortschaffung.« Klopstock entdeckt murrend noch in der ›Iphigenie‹ »manche Redensart, die man kaum zu Ende lesen kann . . .«, »es ist eine steife Nachahmung der Griechen«, fügt er hinzu. »Sie wissen, wieweit griechisch und steif auseinanderliegen.« Da sich Klopstock teilweise selber als Grieche empfand, mindestens seinem Versmaß nach, sehen wir in seiner Kritik den spätbarocken gegen den Empire-Klassizismus in begreiflicher Generationenspannung stehen, nicht aber etwa (wie man ohne geisteswissenschaftliches Verstehen manchmal liest) bloße Mißgunst des älteren Meisters gegen den jüngeren. Klopstock verkannte die drei bedeutsamsten neuen Erscheinungen der Zeit seines Alterns: die Französische Revolution, den Kantianismus und die Klassik Goethe-Schillers.

Goethe »hat einen kleinen Vorrat von Favoritphrasen, die er bei allen Gelegenheiten zu Markte bringt«, klagt Glover noch 1823. Neuerungen und Ungewöhnlichkeiten der Sprache gelten ja zuerst immer als direkte Fehler. Vergessen hier die Urteilenden doch immer wieder, daß – im großen gesehen – die deutsche Sprache wie jede andre dauernd in geschichtlicher Wandlung bleibt. Wir nennen Fehler dann, was gegen den Brauch von *gestern* geht: gegen die Grundsätze, die wir aus Schriftstellern vor jeweils etwa 50 Jahren abgezogen haben, bis inzwischen neugeborene ›Unmöglichkeiten‹ möglich, später sogar regelhaft geworden sind. So kann denn jener Glover 1823 die geradezu groteske Bemerkung niederschreiben: »Besonders auffallend sind die grammatischen Fehler, welche man in Goethes Schriften gewahrt. Auch in seiner Biographie kommen viele vor, und einige sind doch wirklich zu arg ...« Grotesker wirkt dieser Kritiker noch, wenn er zusammenfassend zetert: »überhaupt gehört Goethe zu den Ignoranten, welche den grammatikalischen Unterschied zwischen dem Dativ Mir und dem Akkusativ Mich nicht kennen ...«

Bodmer äußert sich zur ›Iphigenie‹ in einem Brief von 1780: »Der Poet hilft sich durch Soliloquien. Die Personen sind sentimentale Leute wie in dem Pult des Dichters ... In der Ausbildung sind neue von goethischer Erfindung, und die Konstruktion hat die modernen Wendungen, durch die man sie steif macht, indem man glaubt, die Gedanken stark zu machen.« 1782: »Es fehlt überall an Ausführung und Ausbildung. Durchgehend herrscht in dem Stil eine Art Phoebus, die aufgelöst Dunst oder Falschheit wird.«

Auch ›Meisters Lehrjahre‹ gehen nicht allen Zeitgenossen ein. »Fast alle neueren Schriften des Verfassers hatten mehr einzelne Schönheiten als ein schönes Ganze, mehr Laune als Gefühl, mehr Beobachtungsgeist als dichterischen Enthusiasmus, eben das möchte man auch vom Wilhelm Meister sagen ... Die lebendige Darstellung und das tiefe Gefühl, das im Werther atmet, sucht man hier vergebens« (1795). Wieder erscheint Goethe, der Gesetzmäßigkeit des Verkennens gemäß, mehr als interessant denn tief, bezeichnend für beinahe jede Erstwirkung überhaupt. Wieder stellt man den *früheren* Entwicklungszustand eines Künstlers über den eben eingetretenen, weil man sich erst an die jeweils *vorletzte* Phase gewöhnen kann. »Die Sprache hat schöne Bilder und vortreffliche Gleichnisse ..., aber in der ganzen Erzählung scheint sie zu wenig gefeilt und nachlässig.« Man verkennt die legere, behäbige Breite des Goetheschen Erzählertones. »Die Perioden sind zu wenig gerundet und man vermißt die gedrängte lebendige Kürze ... Derselbe Fehler der Ungleichheit und des doch zu häufigen Mangels an schöner Kunst herrscht in der Handlung selbst ...« – »Kurz, die durchaus herrschende Feinheit und Menschenkenntnis in Schilderung und Charakterzügen machen das Werk immer zur Arbeit eines vortrefflichen Kopfes, aber im ganzen interessieren weder der Hauptheld noch die Sprache noch die Handlung bis jetzt genug, als daß wir dieses Werk für ... ein vollkommenes Künstlerprodukt halten könnten.« Also gewisse geistige Achtung, aber keine innere Anteilnahme: das bezeichnende Frühurteil über große Werke überhaupt. – 1807 spricht eine andere Stimme von »Mangel an poetischer und psychologischer

Einheit« im ›Meister‹, »gar zu sehr aus dem gemeinen Leben hergeholten Gleichnissen.« Niebuhr tadelt im künstlerischen Sinne, von dem wir hier allein zu handeln haben, »die Unnatürlichkeit des Plans, den Zwang der Beziehungen dessen, was in einzelnen Gruppen meisterhaft entworfen und ausgeführt . . .« 1797 behauptet die Neue Bibliothek der Schönen Wissenschaften und Freien Künste: »Der Verfasser hat, wie man sieht, keinen Plan gehabt, als er zu arbeiten anfing, was auch bei seinem neuesten Werk ›Meisters Lehrjahre‹ und mehreren seiner Produkte sichtbar ist. Seine Entwicklungen sind elend. Es ist keine Haltung in dem Ganzen.« 1798 bekämpfen die Schlegels im Athenäum derartige Rückständigkeit: »Wenn das Kopernikanische System nur nicht so fest stünde, so würde es ihnen sehr bequem sein, Sonne und Gestirn wieder zu Irrwischen und die Erde zum Universum zu machen. Daher wird Goethe, der jetzt der wahre Statthalter des poetischen Geistes auf Erden ist, so gemein als möglich behandelt und schnöde angesehen, wenn er die Erwartungen des gewöhnlichen Zeitvertreibs nicht befriedigt.«

Auch über die *theoretischen* Beiträge und ihren Ton verwundert sich mancher, denn auch sie atmen das ruhig Geheimnisvolle seines Wesens: »Herr von Goethe besitzt eine ganz eigene Gabe, die alltäglichsten Dinge mit einem Anstrich von hoher Bedeutung . . . vorzutragen. Dieser Anstrich, verbunden mit dem Scheine der Ruhe, der Klarheit, der Simplizität im Stile, gibt seinen Schriften auf den ersten Blick das Ansehen klassischer Produkte . . . Rezensent, der sich das nil admirari zum Grundsatze gemacht hat, kann jedoch . . . nur eine Menge oberflächlicher, bekannter und bloß vermöge der Einkleidung neu erscheinender Bemerkungen antreffen.«

Von der ›Natürlichen Tochter‹ sagt man 1803, »die Sprache ist größtenteils steif und präziös.« Gleichzeitig melden die Berlinischen Nachrichten von Staats- und gelehrten Sachen, daß dort »schon bei der zweiten Aufführung das Haus ziemlich leer war«.

Von den ›Wahlverwandtschaften‹ sagt 1810 die Bibliothek der redenden und bildenden Künste: »Das Fehlerhafte ist mit dem Schönen so innig amalgamiert, daß man sich mit ihm aussöhnt und es so wenig wegwünschen kann, wie das viele Tadelnswerte in Rembrandts Gemälden.« (!) Aus diesem Vergleiche sieht man, wie auch mildeste, tief versöhnliche Realismen vom Klassizismus mißverstanden werden.

Über den ›Faust‹ heißt es 1809: »Der Held eines Dramas muß doch Charakter mit Kopf verbinden, obschon Charakterlosigkeit sehr viele Menschen ins Verderben zieht . . . Aber die Anlage ist zu wenig überdacht. Man kann wetten, daß z. B. im Faust Herr von Goethe schon die meisten Szenen aufs Papier geschrieben hatte, bevor er bestimmt wußte, wie sein Stück enden sollte. Erst während der Arbeit suchte er nach einem Ausweg.« Man merkt, wie hier der ältere ›klassische‹ Kunstbegriff etwa Corneilles und dessen Arbeitsweise auf einen inzwischen eingetretenen romantischen Zustand angewandt wird, zu dem man ›Faust‹ am besten rechnen kann. Darf man zwar den antiken Tempel, Raffael und vielleicht die Klassik als ›aus dem Ganzen in die Teile‹ gehend ansehen, so doch nicht die mittelalterlichen Kathedralen, wo sogar immer wieder neue Stile eingeschachtelt werden und nicht Breughel, die Romantik samt dem Surrealismus.

Über ›Dichtung und Wahrheit‹ sagt der Mercure de France: »quel dommage, qu'un homme de génie se plaise à faire un pareil usage de son génie et de ses talents!«

Auch die stille Anspruchslosigkeit von ›Hermann und Dorothea‹ findet Widerspruch, wie ja überhaupt nicht nur das Ausgreifende, sondern auch das in sich Eingezogene befremdet, sowie es neue Schattierungen enthält. Ein Professor Koch spricht 1798 in seinem Compendium der deutschen Literaturgeschichte (Band 2) über Vossens ›Luise‹, die vorausgegangen war und Goethe angeregt hatte: »Jeder Freund der vaterländischen Literatur muß diesem Meisterstück eine würdigere Nachfolge wünschen, als es kürzlich in Hermann und Dorothea erhalten.« Und der sächsische Dichter Rhingulf (Kretschmann) tadelt, »daß doch Ritter Goethe noch immer, so oft er in die Schranken tritt, die Inschrift Sonderbar auf seinem Schilde führt! ... Sonderbar und ganz unerklärlich, folglich ganz in Goethes Geiste, ist bereits der Einfall, daß er jedem Gesang statt des Titels den Namen einer Muse vorsetzt. Welch ein Spiel würde er und sein Klub damit treiben, wenn sonst jemand so etwas gewagt hätte!« Zwei Monate später: »Er hat Vossen nachgeahmt, aber nicht erreicht.« Dieser war übrigens ganz gleicher Meinung (1777). »Die Dorothea gefalle, wem sie wolle; Luise ist sie nicht.« Gleim antwortet dieser Stimme, ein entsprechendes Verslein klingelnd: Luise Voß ist mein, in Lied und in Idyll. / Die andere nehme, wer da will.

In einem weiteren Brief nennt Gleim das Werk »eine poetische Sünde wider den heiligen Voss ... eine gottlose Satire.« Ein Beurteiler in der Neuen Bibliothek der Schönen Wissenschaften und Freien Künste wägt Vorzüge und Mängel des Goetheschen Werkchens gegeneinander ab, tadelt aber den Ausdruck, der vernachlässigt, manchmal sogar platt, oft verworren und dunkel sei, durch Homerische Redewendungen seltsam unterbrochen, mit verhältnismäßig ausgedehnten Abschweifungen durchsetzt. Man mißversteht die behäbige, leise mythologisierende Gesamttonart.

Merkwürdigerweise geht es oft auch denjenigen Neuerungen nicht besser, die in Goethes reiner *Lyrik* auftauchen. »Herr von Goethe weiß nie seine Verse in rechte Harmonie zu bringen«, heißt es zum Gedicht ›An die Erwählte‹. »Es fehlet an allem, was ... den kunstgewandten Dichter erkennbar macht.«

Als Inbegriff eines natürlichen, geruhsamen Sprachablaufes erscheint uns heute:

Füllest wieder Busch und Tal
Still mit Nebelglanz,
Lösest endlich auch einmal
Meine Seele ganz.
Breitest über mein Gefild
Lindernd deinen Blick
Wie des Freundes Auge mild
Über mein Geschick.

Wie kühn aber mußte damals diese Sprechweise wirken, als man ausführliche Tiraden des Nachbarock erwartete. Martin Spann behauptet noch 1831 in seinem Aufsatz über Goethe als Lyriker: »Herr von Goethe apostrophiert allererst den Mond und zwar in der Pöbelsprache, indem er nach Art ungebildeter Menschen in den drei ersten Strophen die Zeitwörter ohne ihre persönlichen Fürwörter, d. h. ohne ausdrückliche Subjektbezeichnung setzet.« Wie ungewöhnlich gedrängt müssen damals Goethes Zeilen gewirkt haben, daß man nicht einmal von ferne empfand, welche gleitende Sanftmut solcher angeblich abrupten Form hier zugeleitet wurde. »Was die Seele lösen heißen soll, bleibt dem Leser zu entziffern.« Seltsam muß also selbst ein solches Wortbild gegenüber veralteten, gewundeneren Gleichnissen gewirkt haben. »Daß der Mond seinen Blick lindernd verbreitet, läßt mutmaßen, daß die Gegend an einer schmerzhaften Krankheit leide.« Wie kühn muß auch dies sanfte Gleichnis gewesen sein, wenn man hier das seltsame Bedürfnis spürte, ein tertium comparationis ›Krankheit‹ nicht nur als Bindeglied *mitzufühlen,* sondern durch Worte einzuschieben, bevor man innerhalb der Assoziationenkette den Sprung zu vollziehen wagte.

Vollendet ruhig heißt es in ›Jägers Nachtlied‹:

Du wandelst jetzt wohl still und mild
Durch Feld und liebes Tal,
Und ach mein schnell verrauschend Bild
Stellt sichs Dir nicht einmal?

Aber gewisse Zeitgenossen stocken auch hier. Martin Spann findet lächerlich, daß ein Bild ›verrausche‹. Es liegt hier in der Tat keine präzise Einzelanschauung vor, sondern weit Kühneres: eine in andere Sphären übergreifende Assoziation, welche wieder vermittelnde Zwischenglieder überspringt, in jener magnetischen Beziehungskraft, wie sie erst gegen 1900 allgemeinverbindlich für die Dichtersprache werden sollte. Deshalb empfindet noch 1893 Eugen Düring (ein Mensch, der nüchtern verknüpft) Goethes ›Harzreise‹, eine seiner weitest vorauseilenden Sprachschöpfungen, als »poetischen Schwulst«. Erst die nachrealistische Epoche neuester Lyrik hat derart kühne Sprachkoppelungen, wie wir sie vor allem im zweiten Teil des ›Faust‹ vorfinden, zur Selbstverständlichkeit werden lassen. Immer aber neigen rückwärts gerichtete Menschen dazu, in der Lyrik (und dichterischen Sprache überhaupt) vor allem Anschaulichkeit zu fordern. Natürlich ist diese erstrebenswert, bedeutsamer ist aber, daß nicht Anschauungen, sondern Gefühle verknüpft werden. Betrachten wir folgende Stelle des ›Faust‹:

Wo faß ich Dich, unendliche Natur?
Euch Brüste, wo? Ihr Quellen allen Lebens,
An denen Himmel und Erde hängt,
Dahin die welke Brust sich drängt –
Ihr quellt, ihr tränkt und schmacht ich so vergebens?

Hier liegen, obgleich wir uns noch im ersten ›Faust‹ befinden, bereits fast surrealistische Elemente vor (falls zur Verdeutlichung einmal in neuestes Bereich gegriffen werden darf). Für äußere Anschaulichkeit sind diese Bilder wirklich auseinanderfallend, und so mußte denn auch sofort Protest entstehen, besonders von der Lessingschen Sprechweise her (um diesmal nicht die barocke, sondern schon eine neuere, knappe Redeweise als damalige Folie anzuführen). »Leider war kein Lessing mehr vorhanden, dessen Riesenkraft allein hinreichend gewesen wäre, diese verderbliche Seuche von der Ehre der deutschen Urteilskraft entfernt zu halten«, erklärt Martin Spann, wieder einmal das Gestern als Autorität gegen das Heute aufrichtend. Wir kennen den Einwurf gegen obige Fauststelle, weil K. A. Böttger sie 1809 als viel zu drastisch und auseinanderfallend aufs Korn nimmt. »Wie ekelhaft, daß Faust die Natur bei ihren Brüsten fassen will. Die Brüste verwandeln sich in Quellen und an diesen hängt Himmel und Erde! Fausts welke Brust drängt sich an diese Brüste der Natur als Quellen allen Lebens; sie quellen, sie tränken, aber dem armen Faust kommen sie nicht zugute. Da ein Dichter wie Goethe solche Verse in die Ausgabe seiner Werke von letzter Hand aufnimmt, darf man sich wohl wundern, wenn die Franzosen den Deutschen den Ungeschmack zum Vorwurf machen?« Alles das findet nicht etwa ein abseits trotzender, kleinlicher Schulmeister, sondern eigentlich das anerkennende Gefühl der Zeit. Denn dieselbe Stimme nennt den ›Faust‹ andrerseits »das Höchste, wenn auch mitunter Bizarrste, was der Genius der deutschen Dichtkunst hervorgebracht hat.«

Man erinnere sich noch folgender sanft hinklagender Verse:

O sähst Du voller Mondenschein
Zum letztenmal auf meine Pein,
Den ich so manche Mitternacht
An diesem Pult herangewacht.

Auch diese Verse gelten als umstürzlerisch und erregen geradezu Wut. »Mein Präzeptor hätte mir den Steiß vollgehauen, wenn ich so schlechte Verse gemacht hätte ... Ein Kranker, der in der Fieberhitze phantasiert, schwätzt lange nicht so albern als unser oder vielmehr der Goethesche Faust«, schreibt 1821 Franz von Spaun, indem er vor allem das Relativpronomen der beginnenden 3. Zeile auf Pein bezogen wissen will, weil es an dieses Hauptwort ja allerdings direkt anschließt. »Wage es überhaupt, daß Goethes Faust kein Meisterwerk sei, und du hast die ganze transzendentale Clique auf dem Nacken ... Je toller die Bocksprünge sind ... desto erhabener ist das Gedicht.« Spaun wurmt es gewaltig, daß »unsre Schlegel, Tieck, Novalis und andere Verhundler der neuesten Zeit Goethes infame Rhapsodie, den Faust, als unnachahmliches Meisterwerk lobpreisen ...« »Es hat sich auf unserm deutschen Parnaß eine Ministerial-Koalition gebildet, welche die Absicht zu haben scheint, den gesunden Menschenverstand, den guten Geschmack und allen echten Kunstsinn aus Deutschland zu verbannen« – »aber (solches pflegt man eben auch in Blütezeiten auszurufen!) die Reklamationen der wenigen *Gerechten* in unserm literarischen Sodom kommen nicht zur Kenntnis des Publikums ... die gröbsten Sprachfehler gelten für poetische Lizenzen.« Wie etwa gegen den Expressionismus liest sich dann die zusammenfassende Bemerkung: »Wenn ein berühmter Mann sich einfallen lasse, den flachsten, langweiligsten Unsinn zusammenzustoppeln, so werde sich doch eine Legion alberner Literatoren und schwindelnder Leser finden, die in diesem plattfüßigen Unsinne tiefe Weisheit und große Schönheit zu finden und herauszuexegisieren wissen werden.« Weiter aber bellt die bloße Schulmeisterei, durch bewußte Neuerungen des gesamten Ausdrucks tief beleidigt: »Die Feder fällt mir aus der Hand ... Diesen Augias-Stall zu reinigen, ist mehr als herkulische Arbeit. Von dem Unedlen der Diktion, von der Erbärmlichkeit der Versifikation werde ich in der Folge schweigen ... Es mögen wohl einige Intentionen im Faust sein; allein ein guter Dichter muß sie nicht hinklecksen; er muß die Kunst verstehen, sie richtig zu zeichnen und sie zu illuminieren. Ein reicherer Stoff ist nicht leicht zu finden, und man wird dem Dichter gram, daß er ihn so jämmerlich verhunzt hat ... Es gibt Leute, von denen schlechte Verse wie Wasser fließen, aber diese Incontinentia urinae poeticae, diese Diabetes mellitus fader Reimlereien befällt nie einen guten Poeten.«

1805 erscheint im Freimütigen ein Aufsatz ›Beweis, daß Herr von Goethe kein Deutsch versteht‹. Dort wird am Nachruf auf Schiller und der Lauchstädter Gedächtnisfeier noch mal die Sprache Goethes durchgenommen. »Ein Läuten, das die Trauertöne schwellt«, sei sehr falsch. Man müsse dann ja auch sagen können, das Läuten verhalle die Töne. Wenn man ferner lese, Schiller habe sich in Weimar »zum Daurenden gewöhnt«, so könne man fragen, ob denn in Weimar das Daurende anzutreffen sei. Stilisierungen des Dichters gelten als bloße Schlamperei, »wobei der Gedanke sich aufdrängt: Goethe verstehe es wohl besser, aber meine, für uns sei alles gut genug, und wenn er niese, so müssen wir niederfallen und anbeten.«

Moralische Verdammung Goethes als Gesamtperson

Von den zitierten Ablehnungen weichen nun solche ab, die nicht mehr gegen künstlerische, sondern gegen *weltanschauliche* Erweiterungen rechten. Auch gegen Goethe ertönt jenes Urmotiv, allen neuen künstlerischen Regungen eine absteigende, kränkelnde Weltanschauung zuzuordnen. Daß wir ihn heute als harmonisch, seine gesamte Lebensansicht als gesund empfinden, ist nur durch jene umfassende Anreicherung der Welt- und Menschenkenntnis ermöglicht worden, die wir inzwischen erfuhren, weitgehend gerade durch ihn selber, gegenüber dem rationalistischeren Lebensschematismus des 18. Jahrhunderts. Immer aber wirken realistische Einblickserweiterungen, umfassendere Einsichten (in den Mitmenschen oder in den Dichter selber) zunächst als auflösend, weil hier der ethische Ordnungswille für einige Zeit zurücktreten darf. Er muß sich nämlich zurückhalten, bis das neue Material auch wirklich aufgesogen wurde, um später Einbau in eine erweiterte, sich wiederum festigende Anschauung zu finden. Goethes breiterer Lebensbegriff erscheint seiner Zeit, im Gegensatz zu Schillers idealistischer Gespanntheit, als ›bloßer Realismus‹. Und Realismen wirken eben, von der vorausgehenden Stufe aus gesehen, als bloße Materialausschüttungen, notwendige ›Ausrichtungen für alle Zeiten‹ verbauend, wie es dann gleich immer heißt. Eine Geschichte der Frühurteile über Realismen würde das zeigen. Die neuen Gestaltungsmaterialien wirken zuerst derart verblüffend und erdrückend, daß neues, in ihnen bereits verborgenes, in Realismen aber immer nur *latentes* Ethos zunächst nicht wahrgenommen wird. Wir führten im Abschnitt der Urteile persönlicher Goethefreunde bereits an, wie z. B. Karoline Herder findet, daß Goethe »einen zu zweideutigen Weg« einschlage. »Das darf der Dichter nicht; wo er uns auch mit seinem Zauberstabe hinführe und verwickele, so muß er uns am Ende immer den wahren und lichten Punkt zeigen, aus der Nacht das Licht heben.« Goethes Ethos war für die meisten Zeitgenossen sowohl zu neu als auch zu umfassend, vor allem aber zu latent, um überhaupt empfunden zu werden. Wir führen zunächst nur Meinungen an, die Goethes Moral im ganzen angreifen. Danach erst werden wir zeigen, wieweit man auch seine Einzelarbeiten sittlich verurteilte.

1775 beklagt sich H. von Bretschneider, Offizier und Verfasser humoristischer Schriften: »Er ist ein schlechter Philosoph und ein Mensch mit unbeständigem Gemüte, der bei keinem System stehen bleibt und der von einem zum anderen extremo überspringt, und der ebenso leicht zum Herrnhuter als zum Freigeist zu bereden wäre, wenn er nicht zum Glück für ihn so eine starke Dosis Stolz besäße, daß er fast alle anderen Menschen außer ihm für schwache Kreaturen hält.« Hierbei ist interessant, wie das Wendige und Gegensätzliche in Goethes reichem Wesen von einem ärmeren Dasein als Haltlosigkeit gedeutet wird. »Es ist in seiner Seele keine männliche, feste Unterscheidungskraft, keine durchdringende Einsicht und Gabe, die Sachen in ihrem wahren Lichte zu sehen. Bloß sein Stolz und die daraus entspringende Begierde, ein Genie superieur zu sein, macht, daß er nicht dem gemeinen Haufen nachläuft.« Hier klingt wieder das Motiv des Gesuchten auf, mit dem man jede überlegene, weiträumigere oder neue Formungsart zunächst einmal zu bekämpfen pflegt.

Ebenfalls 1775 klagt Nicolai als Aufklärer, daß »es mir wehe tut, daß ich einen Mann, den ich so gern hochschätzen möchte, verachten muß . . . Wenn es aber Herrn Goethe einfallen sollte, mit mir zu spielen wie die Katze mit der Maus oder wie er mit Wieland gespielt hat und noch spielet, so dürfte es ihn gereuen . . . Unbändige Eitelkeit hat die ganze Welt wider Wielanden aufgebracht. Hui, daß es Goethen nicht auch so gehet!« Er scheine gleich anfangs der Meinung gewesen, »er dürfe sich alles erlauben«. »Auf seine Leser sieht er von seiner Höhe herab. Er wirft dem deutschen Publikum seine Schriften vor, beinahe wie man Hunden ein Stück Brot vorwirft.« – Auch die patriotische Wendung ertönt, wenn neue Regungen stören: »Aber die Herren haben es auf so mancherlei Art gesagt, daß sie sich schämen, Deutsche zu sein . . .«

Auch Goethes Versöhnlichkeit wird verkannt. »Die Niederträchtigkeit des Menschen ist groß, der die ›Götter, Helden und Wieland‹ geschrieben und itzt den Helden seiner Farce umarmt«, schreibt Bodmer 1776. Wenig später nennt er Goethen einen Schwärmer und Tollhäusler. Dann schreibt er den unsterblichen Satz nieder: »Entweder muß in Deutschland eine notorische Barbarei entstehen oder Wieland, Herder, Goethe fallen.« Und 1777 findet er bezeichnend, daß Goethe mit seinem Herzog zuweilen nächtens durch die Gassen laufe. »Sie sollen einer ehrbaren Frau die Kleider über den Kopf gebunden haben.«

In Weimar schreibt der Minister Freiherr von Fritsch, daß er »in einem Kollegio, dessen Mitglied gedachter Dr. Goethe anjetzt werden soll, länger nicht sitzen kann . . .« Das anfänglich bewegte, genußfrohe Treiben Goethes mit dem Herzog wird verleumderisch übersteigert. »Es geht da erschrecklich zu«, teilt der brave Voß seiner Braut mit. »Der Herzog läuft mit Goethe wie ein wilder Bursche auf den Dörfern herum; er besäuft sich und genießet brüderlich einerlei Mädchen mit ihm . . . Klopstock glaubt, es werde ein blutiges Ende mit Goethe nehmen, denn der Adel ist aufs äußerste gegen ihn erbittert.« Auch der Schriftsteller und Verleger Christoph Bode verkennt den frühen Lebensstil. »Mich soll wundern, ob sich die Szene dort wie eine lahme Farce oder wie ein Trauerspiel endet.« Auch aus dem friderizianischen Potsdam tönt es scharf. Man melde, »Goethe und sein Busenfreund der Herzog führten das ausschweifendste Leben von der Welt; wir würden wohl auch nichts mehr von ihm zu hoffen haben, weil er sich den ganzen Tag in Branntwein besöffe.« (Brief Byrens an Knebel.) 1776 schreibt Iselin an Hirzel: »Ich kann mich nicht in die neue Philosophie dieser Genien finden, an deren Spitze Goethe steht. Mir deucht, es sei da alles außer den Schranken der Ordnung und ein besonderer Schwindelgeist treibe eine Menge Köpfe herum.« 1779 glaubt auch Georg Forster in Gejammer ausbrechen zu müssen: »Ich kenne kein unglücklicheres Geschöpf, als den Menschen, wenn er, von Eigenliebe und Eitelkeit strotzend, keinen neben sich und über sich dulden kann.« Auch Pestalozzi, streng in sich gekehrt, die kühnere neue Geisteslage pädagogisch schlimm vereinfachend und mißverstehend, erhebt den Finger: »Die Kraft seines dem Jahrhundert zugeschnittenen Genies wirkt mit Fürsten- und Herrschergewalt wie Voltaire in seiner Zeit. Und seine unbescheidene, ungläubige, alles Heiligtum der Welt nicht schonende Kühnheit ist wahre Schwäche.« – »Irrlicht zwischen Engel und Satan«, nennt er Goethen zusammenfassend. Auch eine bezeichnende Verkennungsformel, wobei natürlich die älteren Elemente einer Lehre oder Kunstform immer als engelhaft, die neuen aber als satanisch erscheinen. »Niederer Verführer der Unschuld«, fügt dieser innige, doch etwas karge Schulmeister hinzu.

Noch 1780 berichtet Friedrich Jacobi an Heinse, Lessing habe von Goethen gesagt, »wenn er je zu Verstande käme, so würde er nicht viel mehr als ein gewöhnlicher Mensch sein.« Jacobi selber behauptet in diesem Brief, er wolle »mit dem Gecken« nicht mehr geplagt werden. Hält er ihn doch für »einen ausgemachten schlechten Kerl und für einen wahren Hasenfuß.« Und 1780 schlägt sich Gleim an die biedere Brust, wenn er in einem Brief an jenen Jacobi ausruft: »Dank sei meinem Gott, daß ich Goethes Freund nicht ward!« Noch 1783 berichtet ein durch Weimar reisender Theologe Rinck, obwohl ihm der Dichter zusagt, »alles spricht doch hier sehr frei gegen Goethe«. J. F. Reichardt, politischer Aktivist und Verfechter der Französischen Revolution, stemmt sich gegen den Dichter nicht nur wegen seiner unpolitischen

Haltung, was noch zu verstehen wäre. Er wettert gegen Goethes »mutwillige Sinnlichkeit und Laune«. Er erlaube sich, »ohne Schonung frei und froh sein eigen Leben vor aller Welt zu leben.« Viel zu individualistisch also erscheint ihm dieser Mensch.

Der Wiener Schriftsteller von Ayrenhoff, teils im älteren Rationalismus des 18. Jahrhunderts erzogen, teils durch die französische Ästhetik der vorigen Generation, durch Aristoteles, Corneille, Boileau, Voltaire geformt, zählt plötzlich die wahrhaft standhaltenden deutschen Schriftsteller seiner Zeit auf. Gespannt auf diese Reihe eines gebildeten Zeitgenossen, vernimmt man: Hagedorn, Klopstock, Zachariae, Kleist den Älteren, Wieland, Gleim, Uz, Rabener, Mendelssohn und Weiße. Goethe und Schiller kommen überhaupt nicht vor. Noch 1817 sieht er diese als bloße Stürmer und Dränger und definiert sie in unsterblicher Weise: als »die zwei fast gleich großen Genies, die ganz Deutschland . . . preiset und bewundert, von denen der eine am ersten das Arschlecken (Götz) und der Andere das Notzüchtigen (Fiesko) auf die tragische Bühne brachte.«

Wenn Ayrenhoff in seiner Liste großer Zeitgenossen die bedeutendsten einfach streicht, so halte man dies nicht nur für die Marotte eines ausgefallenen, zweitrangigen Geistes. Der erstrangige, gewaltige Geschichtsphilosoph Herder tut ja das Gleiche. Er nennt in einer Rede Uz, Haller, Kleist den Älteren, Klopstock, Lessing, Winckelmann als diejenigen, welche ein junger Deutscher zu kennen habe. Auch hier kein Wort von ›unsern Klassikern‹, welche eben damals noch als unerprobte, bloße Experimentatoren galten.

Moralische Verdammung der Einzelwerke Goethes

Sittliche Beunruhigung erregt vor allem der ›Werther‹! Goethe wird als Anpreiser des Selbstmordes gescholten, bloß weil er sich in den Zustand eines Lebensmüden zu versetzen weiß, hiermit allerdings den allgemeinen Optimismus der ausgehenden Aufklärung entscheidend durchbricht. Nur zwei Gruppen zeitgenössischer Beurteiler sahen hier richtig. Es waren die Menschen, die im weiteren Sinne damals zum neuen Lebensreichtum des Sturm und Drang gehörten (der jüngere Herder, Hamann, Lenz, Moritz usw.); ferner die spätere Gruppe, die überhaupt schon Überblick besaß (z. B. der reife Schiller). Die Verkenner gehören hier zwei anderen Zonen an. Erstens der rückwärts gewandten religiösen Rechtgläubigkeit samt dem Pietismus, der nur in Nebensachen vorwärts schreitet. Und zweitens der Zone eines optimistischen Rationalismus der Aufklärung, aus welchem Bereiche vor allem Lessing zitiert werden mag. Dem ›Werther‹ Achtung abgewinnend, sagt er: »Wenn aber ein so warmes Produkt nicht mehr Unheil als Gutes stiften soll, meinen Sie nicht, daß es noch eine kleine kalte Schlußrede haben müsse? Ein paar Winke hinterher, wie Werther zu einem so abenteuerlichen Charakter gekommen; wie ein anderer Jüngling, dem die Natur eine ähnliche Anlage gegeben, sich davor zu bewahren habe. Denn ein solcher dürfte die poetische

Schönheit leicht für die moralische nehmen und glauben, daß der gut gewesen sein müsse, der unsere Teilnehmung so stark beschäftigt.«

Hier wäre auch an Lichtenberg zu denken, der ›Werther‹ nicht übel ein »Quodlibet an Hasenfuß und Weltweisen« nennt. »Wer sein Talent nicht zur Belehrung und Besserung anwendet«, fährt er nun aber ganz aufklärerisch gegenüber doch einer *Dichtung* fort, »ist entweder ein schlechter Mann oder ein äußerst eingeschränkter Kopf. Eines von beiden muß der Verfasser des Werther sein.« Wir spüren hier, wie das Wesen der Kunst die nachwirkende, menschheitspädagogisch so bedeutsame Aufklärung restlos verfehlt.

Aus dem Kreise der kirchlichen Abwehr zitieren wir den Dekan der theologischen Fakultät der Universität Leipzig, der (1775) »für nötig gefunden, zu sorgen, daß diese Schrift unterdrückt werde . . . zumal jetzo die Exempel des Selbstmordes frequentiv werden«, woraufhin das Buch durch den sächsischen Zensor auch wirklich verboten wird. Vom gleichen Standpunkt aus wettert der Hamburger Hauptpastor Goeze, der bereits mit Lessing angebunden hatte. Werther sei ein Hauptbeispiel »der Ausbrüche des Verderbens unsrer Zeit . . . Und diese giftige Schlange ist von unsern Zeitungsschreibern so häufig angepriesen worden . . . Welcher Jüngling kann eine so verfluchungswürdige Schrift lesen, ohne ein Pestgeschwür in seiner Seele davon zurückzubehalten . . . Und kein Zensor hindert den Druck solcher Lockspeise des Satans?«

Und nun ertönt, gerade in dem Augenblick, als die große 1800-Literatur hervortritt und sich sanft die wunderbarste Blüte Deutschlands öffnet, der beinah zu jeder Zeit hervorbrechende Angstschrei: »Ewiger Gott! Was für Zeiten hast Du uns erleben lassen!« Nicht mal eine nun folgende Beschlagnahme beruhigt aber diesen Don Quichotte der Moral: »Ich weiß wohl, daß dieses Mittel nicht zureicht, dieses so weit ausgestreute Unkraut auszurotten.« Immerhin sei gut, wenn »den leichtsinnigen Rezensenten Zaum und Gebiß angelegt werde, daß sie es sich nicht ferner unterstehen würden, ihre Posaunen zum Lobe solcher Schriften zu erheben.« Der Rasende meint keine Geringeren als Wieland, Merck, Garve, Claudius und Lenz, die alle positiv geurteilt hatten. Er glaubt, daß »der Verfasser offenbar daraufhin arbeitet, das Schändliche und Verdammliche vom Selbstmorde eines flüchtigen und wollüstigen Witzlings abzuwischen und demselben den Anstrich einer heldenmütigen Entschließung zu geben.«

Die Hamburger Freiwilligen Beiträge von 1775 zetern Fortissimo: »Torheiten genug, auch wirkliche Laster, Müßiggang, Abscheu vor Subordination, ausschweifende Eigenliebe, Liebe zur Frau eines anderen, die zwar bloß eine geistige Liebe sein soll, die aber doch zuletzt, da er in Abwesenheit ihres Mannes mit ihr auf dem Kanapé den Ossian lieset, sie in seine Arme schließet und ihrer zitternden Lippen mit wütenden Küssen bedecket, also sehr sinnlich wird . . .«

Etwas milder und weltlicher protestierten Folgende. Bodmer als freier Schweizer meint 1774: »Es ist sonderbar, daß ein Deutscher, der die Untertänigkeit mit der äußersten Unempfindlichkeit erduldet, solche Ideale von

Unerschrockenheit hat. Ist Werther nicht der blödeste, feigherzigste Mann? Aber es scheint, der Verfasser hält die Feigheit, welche den Schmerzen der Liebe durch den Tod entflieht, für Stärke der Seele!« Annehmbarer bekundet J. J. Moche 1780: »Was nützen den mehrsten Menschen allen, die noch Sklaven ihres Temperamentes sind, solche Situationen, wie Goethe sie schildert?«

Der Streit um den ›Werther‹ schwillt immer höher, sich vom Kunstwerk, das meist anerkannt wird, immer mehr wegwendend. Niemals aber ist am Grundprobleme einer Goethedichtung wieder so heftig teilgenommen worden. Wenn Literaturgeschichtler heute bedauern, daß man sich nur um Fragen des Selbstmordes kümmerte, so fühlte sich doch die ganze Umwelt zur Erörterung einer letzten Lebensfrage aufgerufen: zu jener meist verdrängten Frage, ob der Mensch, der doch überall in den Gang der Natur (durch Technik) und in den Lauf der Seele (durch Pädagogik) eingreife, nicht auch über sein eignes Leben verfügen dürfe. Am vorurteilsfreiesten fing wohl Garve alle diese Fragen ab, wenn er 1785 einfach empfahl, »daß der Mensch in wichtigen Dingen, die nicht von ihm herkommen, nicht durch ihn geordnet und erhalten werden, ihm nicht einmal recht bekannt sind, den Lauf der Natur durch unwiederbringliche Veränderung so wenig als möglich stören müsse.« Garve ging hiermit weit über nur kirchliche, ja religiöse Begründung hinaus. Und dennoch hob auch er, selbst ein Beispiel der Problemverkennung liefernd, nicht genügend das bündigste Argument gegen den Selbstmord hervor: seine Unwiderruflichkeit. Alle Menschen, wie Goethe selber, greifen ja dauernd in dunkles, nicht von ihnen kommendes Geschehen ein, wobei doch auch hier niemand weiß, worauf das alles hinauswill. Die Sonderstellung des Selbstmordes aber liegt nur in folgendem. Hätte der *junge* Goethe, der selber oft in Wertherstimmung lebte, sein damals meistens quälendes Dasein abgeschnitten, keine der späteren Glücksmöglichkeiten für ihn und andere wären verwirklicht worden. Aus dem verzweifelnden Lebensgefühl eines jungen Menschen kann aber ein betont harmonisches Dasein werden, wie es ja Goethe selber zeigte.

Aber auch andere Werke Goethes erschienen den Zeitgenossen fragwürdig. Von ›Stella‹ sagt 1776 ein ›Beytrag zum Reichs-Postreuter‹: »Das Ganze ist mit überspannten Empfindungen, mit Selbstgesprächen nach Goethescher Manier trefflich ausstaffiert; bei dem allen aber ist es gleichwohl ein langweiliges Gewäsche ... Von der Moral des Stückes wollen wir nichts sagen.« »Es ist schon bekannt genug, daß sich Herr Dr. G. über diese Kleinigkeit fast immer wegsetzet ... seine Stella ist eine Schule der Entführung und der Vielweiberei!« Auch Goeze tobt natürlich wieder: »Was die heilige Schrift unter dem Namen der Hurerei und des Ehebruchs verdammt«, gehöre für Goethe »zur edlen Freiheit der Menschen ... Die Hurer und Ehebrecher, also noch vielmehr diejenigen, welche Hurerei und Ehebruch schminken und reizend vorstellen, wird Gott richten!« – »Solche Charaktere sollte uns nie ein Dichter aufstellen«, schreibt gleichen Jahres das Berliner Wochenblatt, »wenn er nicht will, daß die Schaubühne ihren heiligsten Endzweck verliert« (so hätten die meisten Zuhörer geurteilt). Nun widerlegt dieser Aufsatz allerdings die irrige Vorstellung, der Dichter sei mit seinen Einzelpersonen oder der abgehandelten Sache gleichzusetzen, wie der Rationalismus teilweise verkürzend annahm. Aber auch die Allgemeine Deutsche Bibliothek ist gegen das Problem der ›Stella‹: »Der Vorsatz, der ihm eigen zu sein scheint, gewisse Rechte oder . . . Einverständnisse der menschlichen Gesellschaft wankend zu machen, bestimmte ihn zu Wahl und Anlage einer solchen Situation.« 1802 sagt die Neue Bibliothek der Schönen Wissenschaften und Freien Künste, die meisten Figuren Goethes seien »schwache, elende Menschen . . . aber verschwendet ist am Ende diese Kunst an ihnen . . .«

Auch andere Werke Goethes erscheinen fragwürdig. Der ›Tasso‹ hinterlasse einen »widerwärtigen Eindruck«. 1803 geht der Freimütige mit Goethe ins Gericht. Schon der Aufsatztitel stellt eine Großverkennung jener Blütezeit dar, denn er heißt ›Einige Ursachen des Verfalls der literarischen Kultur der Deutschen‹. Der Text ist wunderlich genug. »Was fehlt Goethe, der erste deutsche Schriftsteller zu sein? Bescheidenheit und Achtung für das Publikum und seinen eignen Ruhm. Als er den Werther und Goetz schrieb, fehlte es ihm noch an reifem Urteil . . . In der Folge bildete sich dies Genie mehr aus; aber somit glaubte er sich zum Papsttum in der deutschen Literatur berechtigt, sah Wieland mit scheelen Augen über sich, und trachtete ihn herab und sich über alle hinaufzuziehen. Er wollte darum das unsichtbare Oberhaupt einer neuen Geschmacksschule werden . . . Vielleicht glaubte er, es sei besser, daß der zur ewigen Unmündigkeit geborene Haufe der Menschen sich dem ärgsten Mystizismus unbedingt in die Arme werfe und er assoziierte sich mit trüben Schwindelköpfen, denen es nicht gänzlich an Talent fehlte, den großen Haufen wider die Aufklärung und für solchen Mystizismus zu gewinnen . . . Eine Menge Jünger dieser edlen Dichtungsart lallen Goethes Lob in Sonetten, und für sie ist er das unsichtbare Oberhaupt der neuen Kirche . . . Jeder Vernünftige wendet mit Unwillen das Gesicht ab und verzweifelt an der Möglichkeit, eine Nation zu bilden, bei der solche Dinge Bewunderer finden . . . Laßt uns einen glücklichen Ausgang wünschen und unter Lessings Büste schreiben . . . utinam viveres!!!«

Man empfindet nirgends deutlicher das Nachwirken der vorangegangenen Aufklärung, der Goethes dunklere Tonart gleich als grober Mystizismus erscheint. Wieviel mußte später aus der Welt menschlichen Dunkels noch angespeichert werden, wenn derselbe Dichter *heute* umgekehrt als allzu *vernünftelnd* gilt! Gegen viele der zeitgenössischen Beschwerden meinte Goethe noch 1828 sehr gedämpft: »Meine Sachen können nicht populär werden. Wer daran denkt und dafür strebt, ist in einem Irrtum.«

Auch über die Führung des *Theaters* werden Klagen gegen Goethe laut, die sofort seine Menschlichkeit anzweifeln. 1802 schreibt Karoline Herder: »Das neueste Gesetz des Theaters, das hier regiert und täglich unverschämter und frecher wird, setzt die dramatische Kunst auf Repräsentation und Deklamation; der Inhalt des Stücks ist diesen ersten tief untergeordnet . . .« So wirkte also der klassische Stil, als er noch jung war. Herder selber klagt 1800, »hier ist nichts als Theater und theatralisches Werk . . .« Außerdem verschreit man Goethe da als Diktator, wo er wahrscheinlich nur Bestimmtheit walten ließ. 1803 läßt Kotzebue ›Eine Begebenheit, von welcher wir wünschten, daß sie erdichtet wäre‹ im Freimütigen erscheinen. Goethe habe eine abfällige Kritik gegen A. W. Schlegels ›Ion‹ nach Euripides einfach verboten, um gegen seine eigne Gruppe nicht den geringsten Einwand zuzulassen, deren Mitglieder sich (würden wir heute sagen) mit Rückversicherungen gegenseitig schützten. »Andere fragen, wie Herr von Goethe es aufgenommen haben würde, wenn man seine derbe Satire ›Götter, Helden und Wieland‹ oder seine noch derberen Xenien im Manuskript durch einen Machtspruch ohne alle Gründe unterdrückt haben würde.« Er habe die Manieren eines Großwesirs. Wenige Tage später beschwert sich dieselbe Zeitschrift wieder. Fr. Schlegels ›Alarcos‹ habe auf der Weimarer Bühne einfach mißfallen. »Um nun mit Anstand ein gebührendes Klatschen zu bewirken, hat der Herr Direktor sich ungefähr in der Mitte des Parterres einen ausgezeichneten runden Sessel machen lassen, auf welchen er sich wenn nötig setzt, die Arme so hoch wie möglich in die Höhe streckt und so laut wie möglich das Signal zum Klatschen gibt. Da nun der Herr Direktor zugleich in anderer Beziehung bedeutenden Einfluß hat, so geben alle diejenigen auf ihn acht, die seinen Einfluß scheuen oder gern benutzten, und sobald das Signal erschallt, stimmen sie pflichtschuldigst ein.«

Die Menschlichkeit im ›Wilhelm Meister‹ bezweifelt B. Niebuhr 1812 (seine *künstlerischen* Einwände hatten wir an anderer Stelle zu zitieren): »Die durchgehende Herzlosigkeit (wobei man sich noch am liebsten an die ganz sinnlichen Personen hält, weil sie doch etwas dem Gefühl Verwandtes äußern), die Nichtswürdigkeit oder Geringfügigkeit der Helden, an deren Porträtschilderungen man sich doch oft ergötzt, dies alles macht mir das Buch noch immer unangenehm, und ich ärgere mich an der Menagerie von zahmem Vieh.« Derselbe etwas karge, aus dem Dittmarschen stammende Niebuhr vernünftelt dann, halb hochmütig, halb sentimental: »Geht es Dir nicht auch so, daß nichts leicht einen schmerzlicheren Eindruck macht, als wenn ein großer Geist sich seine Flügel bindet und eine Virtuosität in etwas weit Geringerem sucht, indem er dem Höheren entsagt.« Es ist dieselbe Stimme, die da findet, »die moralische Achtungswürdigkeit der Römer verglichen gegen die Griechen ist außerordentlich.« Dieselbe Stimme, die von sich selber eingestehen muß: »Ich bin mit einer inneren Disharmonie geboren.«

Vom Standpunkt des Christentums aus verbrennt der Kreis Stolbergs feierlich den ›Wilhelm Meister‹. Vom Blickwinkel der Aufklärung aus findet Nicolai ihn charakterlos und verschwommen. Meister sei ein »Schlenderwesen, das nebenbei mit jeder weißen Schürze liebelt.« Die mystischen Gefühle im dritten Band würden nur Lächeln »und das viele Begatten wohlerzogenen Frauenzimmern nur Schamröte abnötigen.« Novalis hatte anfänglich im ›Meister‹ eine Offenbarung gesehen. Je mehr Novalis aber mittelalterlich büßerhaft empfand, desto mehr verlor sich seine Achtung. »W. Meisters Lehrjahre sind gewissermaßen durchaus prosaisch und modern . . . Der künstlerische Atheismus ist der Geist des Buches.« Und 1800: »Soviel ich auch aus Meister gelernt habe und noch lerne, so odiös ist doch im Grunde das ganze Buch ... Es ist mir unbegreiflich, wie ich solange habe blind sein können. Der Verstand ist darin wie ein naiver Teufel ... und ich sehe so deutlich die große Kunst, mit der die Poesie durch sich selbst im Meister vernichtet wird.« Von so überschmaler Basis zartester Transzendenz aus konnte man im ›Wilhelm Meister‹, obgleich er doch selber ein Beispiel der Romantik war, nur Züge erblicken, welche schon ins 19. Jahrhundert und seinen irdischen Realismus vorausweisen.

Auch anderes wurde von der romantischen Schule mit eisigem Schweigen aufgenommen. Dorothea Schlegel berichtet 1804: »Alt war der alte Goethe schon längst, sonst hätte er die Eugenie nicht dichten können, aber nicht alle, welche alt werden, sind deshalb so veraltet wie er ... Er hat kein Gemüt und keine Liebe, und wenn es damit nicht richtig ist, kann alles auf die Länge nicht gut werden.« 1805 fährt die Schreiberin fort: »Den *Winckelmann* von Goethe habt Ihr doch gewiß gelesen? Was sagst Du zu dem sächsisch-weimarischen Heidentum? ... mir kommt das Ganze sehr flach, ja gemein, Goethes Stil unerhört steif und prätiös und die Antipathie gegen das Christentum sehr affektiert und lieblos vor.« Und 1813: »Es gibt nicht viele Bücher, die meiner inneren Natur so zuwider sind als seine letzteren, vollends sein sogen. Leben. Was er über die Sakramente, und was er über Ihr (Boisserées) Werk kundtut, ist doch so bei den Haaren herbeigezogen.« 1816 heißt es sogar: platt, bierbrudergemein, antichristlich, Entwürdigung der heiligen Geheimnisse.

Auch Görres' Stellung in diesem romantischen Kreis ist bezeichnend. Heinrich Voß (der Sohn) schreibt an Charlotte Schiller 1807: »Görres predigt den Heidelbergern jetzt die Rungeschen Arabesken mystischen Inhalts, Jean Paul ist sein Heros, Schiller verdient nicht den Namen eines Dichters; Goethe soll einige Anlage gezeigt haben, aber die gemeine Natur hat den Sieg davon getragen. Im Wilhelm Meister herrscht eine niedrig-ökonomische Ansicht des Lebens (dem Novalis nachgesprochen), ein irreligiöser Dualismus.« Man sieht aus dieser Zusammenstellung deutlich jene neue Richtung, die ins Magisch-Überwirkliche züngelt. Selbst der ältere Schlegel schreibt 1807, als sich die Brüder mehr und mehr von Goethe, den sie früher bewunderten, entfernen: »Nur vor *einer* Sünde hütet er sich nicht, die am wenigsten Verzeihung finden kann, nämlich der Sünde wider den heiligen Geist. Sein Winckelmann, das sind wieder verkleidete Propyläen, die also das Publikum doch auf alle Weise hinunterwürgen soll ... Ich habe recht über die barbarische Avantage lachen müssen, die Shakespeare und Calderon bei ihren Stücken gehabt haben sollen ... Man versichert uns, daß Goethe im Gespräch unverhohlen Partei gegen die neue Schule nimmt ...« Mit Händen greift man hier den katholisierenden, neuen Mystizismus, dem Goethe als kalter, rationalisierender, antikisierender Heide erscheint.

Deshalb empört dort auch seine ›Italienische Reise‹, besonders die deutschrömischen Nazarener. Und Tieck meint 1810: »Ich glaube, man müßte von dem realen Nichts und dem realen Wirklichen aus Goethe und so manchen anderen fast logisch zeigen können, wie in ihrer wahren Verehrung der Antike zugleich ein ganz nichtiger, willkürlicher und leerer Aberglaube liegt ... warum sie, auf diesen Standpunkt gebannt, die Kunstwelt, die unerläßlich mit dem Christentum, mit dem wahrhaft Nationalen zusammenhängt, verkennen müssen - und wie jenes Ideal, das ihnen vorschwebt, ein nichtiges Gespenst der Leblosigkeit ist.« Hier leuchtet eine wichtige geschichtliche Einsicht auf, die aber Goethes umfassendere Absichten im Grunde doch vollkommen mißversteht.

Selbst die Balladen (›Gott und die Bajadere‹ und die ›Braut von Korinth‹) erregen Ärgernis. Herder kritisiert, hier »spielt Priapus eine große Rolle, einmal als Gott mit einer Bajadere, so daß sie ihn morgens an ihrer Seite tot findet; das zweite Mal als ein Heidenjüngling mit seiner christlichen Braut, die als Gespenst zu ihm kommt und die er, eine kalte Leiche ohne Herz, zum warmen Leben priapisiert - das sind Heldenballaden!«

Besonders verpönt waren Goethes Werke in Wien. Kaiser Franz II. ist erfüllt vom staatlichen, religiösen und moralischen Autoritätsgedanken. »Vom Worte Aufkärung ist auf dem Theater ebenso wenig Erwähnung zu machen als von der Freiheit und Gleichheit.« Der ›Faust‹, selbst die ›Iphigenie‹ erscheinen der damaligen Zensur als pure Freigeisterei. Wirklich waren ›Faust‹ und ›Egmont‹ in Österreich denn auch verboten, der ›Faust‹ bis weit ins 19. Jahrhundert hinein. Die ›Iphigenie‹ wurde 1800 im Burgtheater einmal, im Kärntner Tor zweimal gegeben, doch nur mit Mißerfolg. Die ›Venetianischen Epigramme‹ und die ›Xenien‹ wurden beschlagnahmt. Auch Goethes vorklassische Werke wie ›Götz‹ und ›Die Mitschuldigen‹ erlitten ähnliche Schicksale. Wir haben das in diesem Abschnitt zu erwähnen, denn vorwiegend *sittliche* Bedenken erzeugten die Verkennungen in Wien. Goethes Pantheismus war hier moralisch unmöglich. Hägelins ›Bemerkungen für die jetzigen Zeitumstände‹ zeigen das deutlich. »Man kanonisiert die Neigungen der Natur und die sogenannte Vernunft, um die positive Religion verdächtig und entbehrlich zu machen. Beiwörter vom religiösen Gebrauche werden zur Schilderung derselben übertragen und auf die Natur angewandt, um das ehrwürdige auf das letztere zu übertragen, daher heißt es oft: die Würde der Natur, heilige Natur oder heilige Triebe der Natur; Vergnügungen, Freuden heißen Seligkeiten.« Mir scheint es fraglos, daß diese Worte, sehr bezeichnend für das neue Lebensgefühl, direkt auf Goethe zielen. Sie verurteilen also jenes pantheistische Naturgefühl, das dem späteren 19. Jahrhundert und uns heute entweder als ergreifend oder selbstverständlich erscheint. Dabei tritt heute bereits eine neue Zeit in Sicht, die jene goethischen Formulierungen nicht etwa als zu *weltlich* bezeichnet, sondern umgekehrt als nicht naturnah genug, als noch zu sehr durchsetzt mit theologisierendem Nachhall, wie alle Pantheismen im Gegensatze zu Monismen.

Vorwürfe vom politischen Standpunkt aus

Das späteste Verkennungsmotiv lautet nun, Goethe sei zu *unpolitisch.* Als ob jeder Dichter politisch sein müsse. Wir wollen keineswegs leugnen, wie bedeutsam hier Entscheidungen sein können, die ja durchaus nicht, wie so oft behauptet wurde, das eigentlich Künstlerische aufzuheben brauchen.

Besonders klagen hier Menschen, die dem politisierten Jungen Deutschland nahestehen oder es vorbereiten. Börne behauptet schroff: »Goethe hatte eine ungeheuer hindernde Kraft, er ist ein grauer Star im deutschen Auge. Seit ich fühle, habe ich Goethe gehaßt, seit ich denke, weiß ich, warum.« – »Das neuste seiner Werke, die Wanderjahre, sagte mir der junge Cotta, sei nur eine Finanzspekulation gewesen; Goethe habe alles alte Zeug hervorgeholt, nur um das Buch anschwellen zu lassen.« Dieselbe Stimme sagt vom ›Tasso‹: »Da ist der ganze Goethe drin mit aller seiner Größe und aller seiner Niedrigkeit.« Ein Nur-Aktivist wie Börne muß natürlich feststellen: »Goethe spricht langsam, leise, ruhig, kalt. – Sein Lehrstil beleidigt jeden freien Mann.« »Goethe hat viele Anhänger, er hat als echter Monarch es immer mit dem literarischen Pöbel gehalten.« – Umgekehrt heißt es anderswo: »Goethe ist der gereimte Knecht, wie Hegel der ungereimte«. Er »hätte ein Herkules sein können, sein Vaterland von großem Unrat zu befreien, aber er holte sich bloß die goldnen Äpfel der Hesperiden ...« »Der Himmel gab Dir eine Feuerzunge, hast Du je das Recht verteidigt?« – »Goethe hasset alles Werden, jede Bewegung, weil das Werdende und das Bewegte sich zu keinem Kunstwerk eignet ...« Die inzwischen erfolgte, zum Teil sinnvolle Umstellung aus der ästhetischen in die politische Welt des Jungen Deutschland zeigt sich, wenn man meint, Goethe »sei so gut weggekommen«, weil die Deutschen, wenn sie ein Leben beurteilen, es »mit der Ästhetik in der Hand« tun. Schließlich heißt er der »zahme, geduldige, zahnlose Genius«. Die Ausbrüche der Revolution hätten ihn nur zu einer *Oper* begeistert, weil er, »statt in der Hofgeschichte eine Weltgeschichte zu sehn, in der Weltgeschichte eine Hofgeschichte sieht.« Nicht alle diese Meinungen halten wir für Fehlurteile.

Die Äußerungen von Wolfgang Menzel, Görres und Gervinus gehen gleichfalls gegen Goethe, weil sie ihn nach Hervortreten des politischen Aktivismus nicht genügend ausgerichtet und entschlossen finden. Selbst die goethegegnerischen Äußerungen von Spaun, Spann, Glover, Grabbe, Müllner, Schütz, Hengstenberg, Knapp stammen bisweilen, wenn auch mit andren Motiven stark durchsetzt, aus jenem Ansatzpunkt. Wir führen noch weitere solcher Urteile an. »Im Jahre 1811 besang er lobpreisend Napoleon und hielt sich noch von der Begeisterung des Jahres 1813 fern, ohne sie mit einem einzigen Liede, ja nur mit einem Worte gutzuheißen ... Was, schien er zu denken, braucht Deutschland Freiheit und Einheit!«, so urteilt Wolfgang Menzel.

»War einst der treue und bescheidene, aber starke und herrliche Held ... das Ideal der deutschen Poesie gewesen, so trat ihm jetzt sein Gegenbild gegenüber in einem weichen Wollüstling, der an nichts dachte, als Leib und Seele behaglich zu genießen. Hinter allen Helden der goethischen Dichtung – Werther, Wilhelm Meister, Faust, Egmont, Weißlingen, Ferdinand in der Stella, Clavigo, Tasso usw. – steckt nichts andres als ein ganz gemeiner nur sentimentaler Don Juan ...« »Der wesentliche Inhalt seiner Dichtungen ist seine eigne Selbstvergötterung. Sein Ideal war er selbst, das herzensschwache, genußsüchtige, eitle Glückskind«, schrieb 1836 Wolfgang Menzel. »In allen seinen Werken, einige wenige reine Nachahmungen ausgenommen, tritt dieses erbärmliche Ideal hervor und wird von ihm mit wahrer Affenliebe gehätschelt. Werther, Clavigo, Fernando in der Stella, Egmont, Tasso, der Mann von vierzig Jahren, Wilhelm Meister, Eduard in den Wahlverwandtschaften und Faust, alle diese sind Spiegelbilder seines Ideals.« Der politische Tadler moralisiert nun folgendermaßen weiter, sich ins Groteske steigernd: »Anfangs scheint er sich noch ein wenig geschämt zu haben, und wenn er auch den Werther, Clavigo und Weißlingen mit großer Vorliebe als höchst liebenswürdig und interessant darstellte, so glaubte er doch unter seinem Publikum noch immer Männer vor sich zu haben, vor denen er erröten müßte, und diesen opferte er wenigstens am Schluß noch seine Helden auf: es ging ihnen unglücklich, sie wurden für ihre Schwächen bestraft. Später als er sah, daß die Weiber und weibischen Männer in seinem Publikum ungeheuer anwuchsen ... genierte er sich auch nicht mehr und brachte seine Helden nicht mehr zum Opfer ..., sondern stellte sie mit all ihrer Schwäche und Eitelkeit siegreich und triumphierend dar, besonders in seinen beiden Hauptwerken, worin er sich ganz gab, wie er eigentlich war, in Wilhelm Meister und Faust.« Derselbe Kritiker berserkert anderen Ortes weiter. »Schwerlich würde die Frivolität sich so rasch eingebürgert haben, wenn sie nicht an der Hand der Sentimentalität gekommen wär. Das Herz diente zum Vorwand. Was der fein egoistische Goethe begonnen, setzte hauptsächlich Kotzebue fort.« Wolfgang Menzel vermißt immer wieder politisches Rückgrat. Unter Goethes Anhängern sieht Menzel lauter Einstellungen, die »als schädlich, feindselig, tödlich für die heiligsten Interessen der Nation« angesehen werden müssen. Der Abschnitt seiner Literaturgeschichte, der Goethe behandelt, heißt gleich ›Poesie des Egoismus‹. Der Abschluß dieses Teiles behauptet: »Alle einzelnen Anhänger Goethes kommen darin überein, die neuere Zeit (auf die Menzel selber hinauswollte) wegen der in ihr hereinbrechenden Barbarei anzuklagen, weil wir angefangen haben, uns nicht mehr ausschließlich mit Kunst und Theater und mit dem Herrn von Goethe, sondern auch mit wichtigeren Dingen zu beschäftigen.« Hier *überschneiden* sich sozusagen die Verkennungen: die älteren Herren aus der kontemplativ ästhetischen Epoche verkennen die aktiv *politischen* Zeitläufe, diese aber umgekehrt den Selbst- und Sondersinn einer *beschaulichen* Periode. Wir stehen hier an einer bezeichnenden Kreuzungsstelle dieser menschlichen Grundhaltungen, die wie Ein- und Ausatmen wechseln, beide ihren Sinn besitzen, sich gegenseitig aber immer mißverstehen.

Goethe gilt als modisch

Auch ein letztes typisches Motiv gegen Goethe erscheint. Man hält seine Neuerungen für kurzlebige *Moden,* für schnell vorübergehende Kunst-ismen: Goethes Wechsel der Einstellungen verkleinert sich für uns natürlich in der *Fernperspektive,* weil alle Unterschiede und geistigen Umformungen dann eng aneinander rücken. Für die Zeitgenossen war dieser Wechsel aber äußerst drastisch und wird, soweit nicht als modische Umstellung, so doch als Angleichungssucht gedeutet. 1795 sagt die Neue Bibliothek (wenn auch noch mit Bewunderung), Goethe sei »der glücklichste, der unübertrefflichste, fast möchten wir den Ausdruck wagen, der unnachahmlichste Nachahmer. Wie täuschend hat er uns nicht in seinen Werken die Manier und den Geist eines Sophokles, Aristophanes, Shakespeare und des Patriarchen der deutschen Meistersinger hergezaubert! Selbst eine Nachahmung des naiven zahmen Florian hat er nicht verschmäht, und hier überrascht er uns abermals mit einem Produkt in einer ganz eigenen, von allen genannten höchst verschiedenen Art, mit einem ... für unsre Zeit lesbar gemachten Reinecke Fuchs.« Im gleichen Sinne Wolfgang Menzel: »Goethe schwamm immer mit dem Strome und immer oben wie ein Kork.« – »So sehen wir G.s Talent wie das Chamäleon in allen Farben wechseln. Heute beschönigt er dies, morgen jenes.«

1776 äußert sich der Reichspostreuther (Altona) zur ›Stella‹: »Das schwächste Produkt der Goetheschen Muse von denen, die bisher das Licht der Welt erblickt haben! Und wie könnte es wohl anders sein, da diese fruchtbare Mutter so oft gebiert, daß ihre Kinder nicht Zeit haben, Nerven und Kräfte zu bekommen, sondern sich gemeiniglich mit einem ausgemergelten, aber doch von bösen Dünsten und Blähungen aufgetriebenen Körper eine zeitlang herumschleppen, bis sie plötzlich wieder aus den Augen verschwinden. Dies Schicksal hatte sein Götz, seiner Stella wird es vermutlich nicht besser gehn.« – Auch ein zeitgenössischer Literaturgeschichtler, K. A. Küttner aus Görlitz, hat es in seinem Werke eilig (›Charaktere deutscher Dichter und Prosaisten‹). Als noch kaum die wahre Wirkung Goethes eingesetzt hatte, versuchte dieser Kritiker, das Neue und Unerwartete so schnell als möglich dadurch abzureagieren, daß er behauptet, »daß nach und nach das überschreiende Lob, welches die trunkenen Bewunderer Goethen zugejauchzt haben, verhallet.«

Jenes quälende Unsicherheitsgefühl, daß alles Neue bloße *Mode* sei, deren Reiz sehr schnell verblassen werde, ist nicht erst eine moderne Erscheinung. Auch 1800 ist sie immer wieder spürbar, ganz gleich (und darin liegt das Traurige), ob es sich nun um untergeordnete oder oberste Werte handelt. In einer Abhandlung ›Über den gegenwärtigen Zustand des deutschen Parnasses‹ heißt es 1773: »Ein originelles Phänomen ist für unsere Bühne erschienen (gemeint ist der ›Götz‹), dem wir gern freudigen Beifall zuriefen, wenn es nicht zu sehr die Merkmale der schon ehemals beseufzten Originalsucht an sich trüge, und man uns also einer zu großen Liebe des *Neuen* anklagen könnte.« Solcher Ansichten wegen jammert ein wirklicher Bewunderer bei Besprechung der ›Wahlverwandtschaften‹: »Der Geschmack unsrer Nation hat durch jene bewunderungswürdigen Kunstwerke nicht eine feste Richtung erhalten; der große Haufe hat darin nur eine Manier gefühlt, die gleich anderen eine vorübergehende Modeliebhaberei erzeugte.« Sich aber sanft in diesem Sinne gegen Goethe wendend, fährt der Verfasser fort: »Indessen hat der überlegene Geist des Dichters seine dadurch erlangte Herrschaft über die lesende Welt behauptet, indem er den Geist seiner Zeit erkannte, demselben vorleuchtete, halb aber auch folgte, immer das gab, was ihrem Geschmacke und ihren Gesinnungen angemessen war, den schwachen Seiten des Charakters schmeichelte ... Aber wohin ist es jetzt mit unserer Nation gekommen, daß der Verfasser dieser Werke glaubt, ihr die Wahlverwandtschaften geben zu dürfen, ohne von seinem Ansehen einzubüßen.«

Ein weiteres Bedenken heißt: »Welchen Stoff zu Romanen gibt ein Zeitalter, worin die Kultur so verbreitet ist, daß die Maurergesellen keine Knittelverse mehr machen können, sondern philosophieren wie der Herr von Goethe. Die Personen aus der höheren Gesellschaft sprechen alle einer wie der andere. Abstrakte Ausdrücke und metaphysische Reflexionen sind allen geläufig ... Aber scharf gezeichneten Charakter? Wer hat den jetzt? ... Wie kann man aus solchen Geschöpfen eine Tragödie machen?« Und nun die dreiste, aber so häufige Steigerung: »Hat der Verfasser ... hier sich selbst oder sein Publikum *verspotten* wollen? ... Im Ernste wird doch Goethe nicht allen Albernheiten des Tages nachjagen, um den Wind zu gewinnen.«

1832 läßt ein Männchen namens Pustkuchen (angesehener Redakteur, Lyriker, Erzähler und Prediger) Worte über Goethe drucken, welche klingen, als wären sie 1940 in Deutschland gegen den wandelbaren Picasso oder die Ismen der neuen Malerei geschrieben: »Die Fremdländelei, diese Abneigung vor dem Glauben, diese moralisierende Schwäche und unmoralische Lizenz, diese Kunstformulare, dieses modische Wechseln zwischen dem Geschmack hektischer Sentimentalität im Werther und Clavigo – burlesker Natürlichkeiten im Goetz – konventioneller Pariserei im Großkophta – weimarischer Griechheit in der Iphigenie – properzischer Lüsternheit in den Elegien – moralisierender Zweideutigkeit im Egmont, der Natürlichen Tochter – höfischer Ironie des bürgerlichen Lebens in Hermann und Dorothea – Naturphilosophischen Dilettantismus in den Wahlverwandtschaften!«

Wolfgang Menzel äußert sich in seiner nun erscheinenden, zweibändigen Literaturgeschichte, wo er Schiller und Jean Paul, leider aber auch Tieck hoch über Goethe erhebt, natürlich auch zu dieser Frage. »Goethe suchte und fand seine Größe einzig darin, dem jedesmaligen Zeitgeschmack des deutschen Publikums zu huldigen, sich vermöge seines raschen Talentes zum ersten Priester dieses jedesmaligen Geschmackes aufzuschwingen ... Wenn man ihn nur las, sang, pries, zu den Sternen erhob, wenn nur das halbe Säculum sich nach seinem Namen nannte ... Während die Zeit ihn machte, glaubte man, er mache die Zeit.« – Selbst der größte ungarische Lyriker Petöfi glaubt 1847 von seinem entlegeneren Standort aus vorschnell triumphieren zu können: »Die Gegenwart huldigt ihm wie einem Götzen, aber die Zukunft wird ihn stürzen wie alle Götzen. Wie gleichgültig er von der Höhe seines Ruhmes herabsah auf die Menschen, so werden bald die Menschen gleichgültig herabsehen auf die in Staub gesunkenen Trümmer seiner Glorie.« »Wisse, daß er mich anekelt wie Meerrettich, der mit Gren angemacht ist.«

Abschließend kann hier die Kabinettsorder von Friedrich Wilhelm III. von 1826 angeführt werden, welche ebenfalls behauptet, daß modische Größen zu hoch erhoben würden: »In der Vossischen Zeitung ist die Feier des Geburtstages des geheimen Rates von Goethe und des Professors Hegel, welche ein hiesiger Verein veranstaltet hatte, mit einem ganz unangemessenen Wortgepränge und mit einer Ausführlichkeit beschrieben, die nicht ausgedehnter sein könnte, wenn die Krönungsfeierlichkeiten eines Monarchen angezeigt würden ... Für Zeitungen paßt höchstens eine kurze Anzeige von einem solchen Feste, und ich beauftrage Sie daher, den Zensor der Berliner Zeitungen danach anzuweisen.«

Schiller

Vergleicht man den literarischen Empfang, der Schiller zuteil wurde, mit demjenigen Goethes, so kehren, trotz des großen individuellen Unterschiedes beider Dichter, ähnliche Motive wieder. Es liegt das in den Umständen der Zeit: Beide machen die Periode des dichterischen Sturm und Dranges als einer gegebenen geistesgeschichtlichen Richtung durch (›Götz‹, ›Räuber‹).

Beide erfahren somit diejenigen Widerstände, die dieser verjüngenden Drastik – von einer verzärtelten Rokokozeit oder einem moralisierenden Pietismus aus oder von der rationalisierenden Aufklärung her – entgegengesetzt werden mußten. Beide Dichter biegen sodann in einen streng stilisierenden, auf Ruhe und Gemessenheit hinzielenden Klassizismus ein (›Iphigenie‹, ›Braut von Messina‹), so daß die trägen Zeitgenossen, immer von der *vorletzten* Gestaltungsmöglichkeit her urteilend, inzwischen vielleicht gerade an den Sturm und Drang gewöhnt, den Sinn nunmehr der tiefen und gewollten *Formenstarre* mißverstehen. Beiden Meistern gegenüber ist jener verschobene kulturelle Rhythmus wahrzunehmen, in welchem sich alles geschichtliche Schaffen vom nachträglichen Aufnehmen abhebt, wo (wie beim Aus- und Einatmen) sich beide Großprozesse kulturellen Lebens niemals decken. Beide Gestalter finden sich schließlich zu einem Schutz- und Trutzbündnis zusammen, führen somit gemeinsame Fehden gegen die verschiedensten Lager (›Xenien‹), so daß sie auch gemeinsam *angegriffen* werden. Selbst für Herder und Wieland, diese großgebauten Menschen, die aber genau zwischen der älteren und der mit Goethe und Schiller anbrechenden neuen Epoche stehen, ist es nicht immer leicht, der neuen Gestaltungsart gerecht zu werden. Bis dieses neue Formengut selber wieder, scheinbar veraltet, nun von den *Romantikern* bemißtraut wird.

Trotzdem entsteht schon bei Lebzeiten hie und da das Gefühl, daß hier zwei bleibende Erscheinungen vorliegen. Auch wird gelegentlich bereits vor 1800 ausgesprochen, wie polar sie sich unterscheiden: daß Goethe ganz auf Natur und Gefühl, Schiller ganz auf Idealität und Ethos gestellt sei, sich also beide eigentlich wie Einfühlung und Abstraktion verhalten.

Versucht man die *Wirkungslinien* dieser Dichter durch ihr Leben hin nachzuziehen, so haben beide heftig umstrittene, aber starke Früherfolge (›Werther‹, ›Räuber‹), woraufhin die gemeinsame Geltungskurve etwas absinkt, um sich nun zu teilen, in Schillers soviel kürzerem Dasein zu erheben, bei Goethe dauernd auf- und abzuschwanken, im Alter trotz seines patriarchalischen Ansehens noch zwiefach bedrängt: sowohl durch die katholisierende Romantik (Novalis, Tieck, Schlegel) als auch durch den politisierenden Aktivismus des Jungen Deutschland (Börne, Görres, Wolfgang Menzel). Was alles mag Schiller einfach nur dadurch erspart geblieben sein, daß seine Lebenskurve im Zenit abbrach! Andrerseits haben Schillers Werke durch die *beleidigendste* Art zeitgenössischer Verkennung zu leiden gehabt: durch bares polizeiliches Verbot, durch ordinärste Beschlagnahme, wie wir zu erörtern haben werden.

Schillers philosophische Schriften, in ihrer tiefsinnig zügigen Schreibweise vielleicht bleibender als manches seiner gestelzten Lehrgedichte, wurden verhältnismäßig wenig angefochten, teils weil sie der (hier freilich umgebogene) Kantianismus stützte, der sich inzwischen durchgesetzt und abgewandelt hatte (wobei allerdings Kant selber gegen Schiller Stellung nimmt), teilweise aber einfach, weil deren irrationalere Gegenstände weniger nachkontrolliert werden konnten, als etwa Goethes Farben- oder Pflanzenlehre. Die damaligen Zeitschriftenurteile über Schiller hat wieder J. W. Braun gesammelt (1882), wieder aber unvollständig, vor allem unter Ausschluß der offensten, aber am tiefsten in den zeitgenössischen Geisteszustand hineinleuchtenden Briefe und Gespräche. Alle Fehlurteile, welche die heute anerkanntesten Werke Schillers erfuhren, könnten wir wie bei Goethe wieder nach Motiven der Abwehr ordnen. Da sich aber gerade hier künstlerische, moralische und modische Abwehrgesten seltsam verbinden, lassen wir sie rein zeitlich ablaufen, indem wir uns an den Werken selber entlangtasten.

Zuerst aber einige Gesamturteile der damaligen Zeitgenossen. Schillers Arbeiten, besonders seine Dramen, werden nach den verschiedensten Richtungen hin gescholten. Bald werden sie als unmoralisch, bald als übermoralisch empfunden, bald als kraß naturalistisch, bald als jäh stilisiert. Bald gilt Schillers Weltanschauung als zu frei, bald als zu überlieferungsgebunden. Diese Gegensätze sind teilweise durch die Verschiedenheit der Lager bedingt, welche Schiller bekämpfen, weitgehend aber auch durch einzelne Entwicklungsperioden des Dichters. Aus dem Gefüge der vorausgehenden Zeit betrachtet, erscheinen diese Fehlurteile aber notwendig, denn Schillers kunstgeschichtliche Leistung beruhte gerade auf einer Verbindung sich scheinbar ausschließender Möglichkeiten. Den Anhängern zum Beispiel Lessings mußte er gleichzeitig zu wirklichkeitskraß und andrerseits zu ethisierend-weltentrückt erscheinen.

Man redete in Schillers Tagen gern vom »jetzigen goldenen Zeitalter« der deutschen Literatur, so z. B. tat dies Wieland oder die Zeitung für die elegante Welt. Darunter verstand man aber wieder die *vorige* Generation: Lessing, Wieland, Klopstock, ja Gleim und Uz. In Händen dieser Generation waren zunächst auch die meisten Journale, gegen die sich später (›Xenien‹) Goethe und Schiller in wilder Weise wehren mußten. 1804 bezeichnet J. F. Reichardt im Freimütigen nur Schillers Arbeiten von 1788–1795 als hochstehend, ganz unsrer Theorie entsprechend, nach welcher die jeweiligen Zeitgenossen immer die *vorletzte* Periode bedeutender Gestalter schätzen. Henriette von Knebel findet – noch gleichsam aus der Leichtigkeit des Rokoko heraus – Schiller immer zu lang; seine »Schwere« sei unerträglich, »womit der die Menschen so quälen kann.« »Ich kann es ihm nie vergeben, wie er mich schon gemartert hat.« Vater Gleim schreibt nach einer mutigen Kostprobe am ›Wallenstein‹: »Ob ich mir das ganze Stück werde vorlesen lassen? Ich glaube nein, ich fürchte mehr solchen Spektakul.« Brentano spottet über die ›Braut von Messina‹. E. T. A. Hoffmann behauptet, es handle sich bei Schiller immer nur um gehaltene Reden. Herder steht völlig beiseite. Seine Frau spricht vom Schillerschen »Irrlicht« mit seinem »Klingklang und Bombast«. – »Und vollends sein aus der Luft gegriffenes Schicksal, ein Popanz, das er so übel verstanden allen seinen Stücken einwebte und dadurch das menschliche Gemüt und Gefühl so widersinnig beleidigte und empörte«, fügt Karoline Herder in ungedruckten Erinnerungen hinzu, die Meinung ihres Mannes zusammenfassend. »Seine Schmeicheleien, die er den Schwachheiten der Fürsten und dem Volke so geschickt machte – die Hiebe und Frechheiten, die er sich gegen die Religion so öffentlich auf dem Theater erlaubte, haben ihn (Herder) entfernt von ihm gehalten.« Im katholischen Deutschland ist man besonders ablehnend. Heinrich von Kleist kann noch 1800, also 5 Jahre vor Schillers Tod, in der Würzburger katholischen Bibliothek nichts von Schiller oder Goethe auftreiben. Aber auch in Grimma sucht ein Geschichtslehrer ängstlich vor seinen Schülern zu verbergen, daß er verwegenerweise die ›Jungfrau von Orleans‹ gelesen hat. Der spätere Schauspieler H. Anschütz konnte nur versteckt und heimlich ›Wallenstein‹, ›Maria Stuart‹ und die ›Jungfrau‹ in die Grimmaer Fürstenschule einschmuggeln. Schillers Gedichte wirken bei der damaligen Jugend mindestens so umstürzlerisch, wie in ganz anderem Sinne etwa Dehmel auf die kurz vor 1900 geborene gewirkt haben mag. Die ›gereifte‹ Generation aber zieht die französische ältere, »gekonntere« Tragödie (älter ist immer gekonnter) bei weitem derjenigen Schillers und Goethes vor. Über den Herzog Karl August, wahrlich einen wohlwollenden Beurteiler, schreibt später Viktor Hehn: »Von Schillers Dramen war ihm keines nach dem Sinn; am Wallenstein fand er nur die ausnehmend schöne Sprache zu loben; die Jungfrau durfte gar nicht aufgeführt werden, weil eine damals beim Herzog allmächtige Schauspielerin aus weiblichen Gründen die Rolle nicht übernehmen konnte und sie doch keiner anderen abtreten wollte; an der Braut von Messina machte er eine Menge Ausstellungen, er klagte über unnützen, bilderreichen Schwulst der Sprache, über unausstehliche Härten in den Versen, die undeutschen Worte und Wortversetzungen, die Knittelverse mitten im Pathos.« Auch die Schlegels und Schleiermacher sind voller Einwände gegen Schiller. Karoline von Schlegel berichtet 1801 lakonisch: »Wallensteins Lager wurde in Weimar gegeben. Jean Paul war mit seiner Jeanette Pauline drin, lief mitten aus dem Stück aus der Loge und rief: Ach was ist das für ein barbarisches Zeug!« Vom eisernen, inzwischen sogar überschätzten

Gedichtbestand unserer ehrenwerten Mittelschulen reden die damaligen Zeitgenossen fortgeschrittenster Bezirke also geradezu haarsträubend: »Über ein Gedicht ›Das Lied an die Glocke‹ sind wir (d. h. der Schlegelkreis) gestern Mittag fast von den Stühlen gefallen vor Lache, es ist à la Voß, à la Tieck, à la Teufel, wenigstens um des Teufels zu werden.«

Wie anders mußten erst die fernstehenden Journale urteilen. Über die ›Räuber‹ schreibt die Literatur- und Theaterzeitung 1782: »Die Unwahrscheinlichkeit der Handlung, die schreiende Beleidigung alles Kostüms und die nachlässige Schreibart sind Flecken, die Jedem auffallen müssen, der nur ein wenig weiß, was zu einem guten Schauspiel gehört ... Das Gefallen bewies nichts; es haben gar manche elende Büchlein in Deutschland auf einige Zeit Glück gemacht.« Dies alles tadelt der Referent, obwohl er gleich fortfährt: »Aber auch nach meinem Gefühl hat der Verfasser viel Genie.« Auch das Pfälzische Museum berichtet über die ›Räuber‹. »Das Werk hat keine einfache Handlung zum Grunde. Wir sind es an unseren Modestücken schon gewöhnt, dies nicht zu suchen ... Die meisten heutigen Werke sehen so buntscheckig aus, daß ich glauben möchte, die Dichter peinigen sich, allen guten Geschmack zu verderben, wenn ich nicht wüßte, wie unendlich viel dazu gehört, Geschmack *zu erlangen.* Auch verfliegen in den paar Stunden unsres Zuschauens wieder Jahre; und böhmische Wälder, Gärten, Schlösser, hüpfen vor unseren Augen wie in einem Guckkasten hin und her.« Hier murrt noch der vernünftelnde Begriff des Dramas, wo man die schon von Lessing nicht mehr geforderten Einheiten des Ortes und der Zeit wieder herbeisehnt. Man glaubt in folgendem wieder einmal die Besprechung eines expressionistischen Dramas vor sich zu haben, derart verwirrend wirkt auf die miterlebenden Zeitgenossen bereits der verhältnismäßig kleine Entwicklungsschritt von Lessing zu Schiller: »... so überladen sie ihre Stücke mit der Menge, plündern alle Tragödien, um ein Schauspiel tragisch zu machen, morden Menschen wie Frösche, pappen Dekorationen zusammen, trommeln, schießen, schlagen Märsche und wenn sie von Genien vom ersten Range sind, so verpfeffern sie ihr Stück mit philosophischem Geplauder, zersplittern recht metaphysisch jede Empfindung, bringen die ertappte Natur aus den Bierstuben, stellen uns Zigeunerhütten her; und damit die Stärke ihres Geistes nicht mißkannt werde, lassen sie den Helden und den Stuhlträger ihres Guckkastenspieles mit einem Potpourri von Metaphern abtreten ... Es kommt soviel schwülstiges Zeug, einige Male wahrer Unsinn vor, daß man in den ernsthaftesten Szenen sich kaum des Lachens enthalten kann.« Welch feurige Absage an den gesamten zeitgenössischen Sturm und Drang! Im gleichen Sinne heißt es anderen Ortes 1784: »Seitdem Lessings Dramaturgie oder die nähere Bekanntschaft mit Englands Schaubühne unserm Geschmack an französischen Trauerspielen das erste Schnippchen schlug, haben die meisten unsrer Theatraldichter mit Shakespeares Kalbe zu pflügen gesucht ... Sie haben mit Bücherpsychologie sich begnügt, ihren Geist mit abenteuerlichen Idealen vollgepfropft und diese in dialogisierten Romanen dargestellt ... Nur sei uns erlaubt zu behaupten, daß eine Lebensgeschichte voll blutiger Auftritte durch die Einteilung in 5 Aufzüge reich an schönen Zügen und doch ein höchst elendes Trauerspiel werden kann.« Vom geistesgeschichtlichen Standpunkt aus ist eine Räuberbesprechung der Erfurthischen Gelehrten-Zeitung von 1781 fesselnder. »Einen gemeinen Maler tadle ich nicht, wenn er ein Historienstück in Rembrandts oder Teniers' Manier malt. Aber von einem Künstler wünsche ich die Geschichte lieber in Mengs' und Raffaels Geschmack zu sehen.« Hier wird gesamtgeschichtlich klar, wie sehr man jedem auch vertieften Realismus noch fremd gegenübersteht, so daß die geheimnisvolle Lebensnähe eines Rembrandt gegenüber der raffaelischen Formgeschlossenheit noch als grundsätzlich zweiten Ranges, ja als unkünstlerisch gilt. Genau entsprechend heißt es weiter: »Die Regeln des Aristoteles sind keine Grillen eines müßigen Kunstrichters, sie sind von den besten Stücken des Altertums abgezogen ... Die Verletzung der Einheiten ist Verletzung der Natur.« Wiederum urteilt man noch vom vorlessingschen Standpunkt aus, indem man zeitgebunden bekundet, es sei bereits eine wilde »Zumutung, in 3 Stunden mit einem Helden einen Zeitraum von Jahren zu durchlaufen.« »Ich weiß es wohl, daß es zum beliebten Geniewesen gehört, auf Regeln als Schulgeschwätz zu schimpfen, Aristoteles und Batteux für Dummköpfe zu halten, über Stock und Stein querfeldein zu springen und Zaun und Hecken niederzutreten. Aber ich weiß auch, daß wir nur noch kurze Zeit so fortfahren dürfen, um alles, was die besten Köpfe seit Jahrhunderten gebaut haben, niederzureißen und mit Sturm und Drang, Sing und Sang in das beliebte Zeitalter der Gothen zurückzukehren.« – Fesselnd ist hier wieder einmal das Gefühl kulturellen Unterganges genau in demjenigen Augenblick, in welchem eine Hochblüte der Literatur im Entstehen ist. Ferner: die Zeit der Gotik (falls hier nicht die Völkerwanderungszeit gemeint ist) noch als allgemeine Barbarei zu sehen.

Die roheste Verkennung des Schillerschen Gestaltungswillens liegt aber in dem bekannten Verbot seines Kurfürsten vor, der nach der ersten Mannheimer Räuberaufführung dem jungen, nunmehr verhafteten Mediziner ein für allemal untersagt, jemals wieder etwas Außerärztliches zu veröffentlichen, was Schiller mit der bekannten Flucht beantwortet. Bereits der wohlwollende Dalberg, Intendant des Mannheimer Hoftheaters, hatte Schiller zu eingreifenden Änderungen seines ersten Dramas gezwungen. Des katholischen Hofes wegen mußte der die Räuber zur Übergabe auffordernde Pater in eine Magistratsperson verwandelt werden, der Pastor Moser aber ganz verschwinden. Noch andere aufrührerische Stellen waren zu mildern, besonders aber die Monologe Karls. Am Schluß erhängt sich Franz Moor nicht mehr, sondern wird von den Räubern gefangen, sie halten brav Gericht über ihn und reinigen sich gleichfalls von ihrer Schuld dadurch. Amalie muß sich selber töten, anstatt als echte Räuberbraut von ihrem Geliebten erstochen zu werden. Keinesfalls dürfen die Räuber in modernem Kostüm erscheinen, sie werden vielmehr in die Ritterzeit zurückverbannt, damit auch hier jede bedeutsame Anspielung auf Gegenwärtiges gelöscht werde.

Auch weiterhin wird das Theaterschicksal dieses Dramas schwer gestört. Ans hohe Wiener Burgtheater gelangt es erst 1850, auch dies aber nur durch äußerstes Betreiben Heinrich Laubes. Die Wiener Frühaufführung an einem kleineren Theater von 1784 wird nur durch noch umfassendere Verharmlosungen möglich. Der Lustspieldichter Rautenstrauch muß – mit Rücksicht auf das vierte Gebot – den Vater Moor in einen Onkel verwandeln. Regierungsrat Hägelin, der Wiener Zensor, salbadert 1795: »Unwesen, wie der ältere Franz Moor siehet der Mittelschlag von Menschen mit Pharisäergleichgültigkeit an . . . Schon grobe Mißhandlungen der Eltern sind bedenklich, sie gehen gegen den guten Geschmack.« Für Berliner Aufführungen muß ein dafür vorgesehener dortiger Theaterdichter Plümicke eine entgiftende Umarbeitung fabrizieren, die sogar 1784 in Stuttgart dargereicht wird. Ein anderer Bearbeiter namens Thomas treibt es noch ärger. Er bringt die Tragödie zu einem höchst gemütlichen biederen Ende, läßt Karl und die Räuber reuig umkehren und Amalie mit ihrem Geliebten glücklich werden. In Danzig aber legt sich die Polizei ins Mittel und verbietet die ›Räuber‹ überhaupt. Leipziger Schlauberger spielen zu Anfang des 19. Jahrhunderts niemals ›Die Räuber‹, sondern nur ›Karl Moor‹, welcher nicht mehr aufreizende Titel auch im Dresdner Hoftheater allein erlaubt ist. Auch in Weimar und Lauchstädt wird – wie bescheiden nun wieder – hierin eine Entgiftung gesehen. 1804 kommt es von seiten der Polizei für Wien zu einem Neuverbot. ›Die Räuber‹ sind »als unmoralisches, alle Bande der Gesellschaft auflösendes, höchst gefährliches Theaterstück weder nach der Idee des Verfassers noch in irgendeiner Umarbeitung zur theatralischen Vorstellung geeignet.« 1814 wird das Drama ins Tschechische übersetzt, darf dann aber nicht erscheinen. Noch 1838 konnte Karl Seidelmann wegen des Königs tiefstem Mißtrauen seine Glanzrolle Franz Moor in Berlin nicht vorführen.

›Kabale und Liebe‹ erntet auch nur geteilte Meinungen. Im Magazin der Philosophie und Schönen Literatur heißt es: »Die ganze Anlage des Stückes ist so unnatürlich, als es nur sein kann . . . Die Farben sind zu grell gemischet, die Töne zu hoch und dissonant, um eine Harmonie hervorzubringen . . .« Mozart gegen Beethoven, silbriger Einheitston der Rokokomalerei gegen Kontrastschärfung im Klassizismus. Die Berlinische Staats- und Gelehrte-Zeitung zetert 1784: »In Wahrheit wieder einmal ein Produkt, das unsren Zeiten Schande macht! Mit welcher Stirn kann ein Mensch doch solchen Unsinn schreiben und drucken lassen, und wie muß es in dessen Kopf und Herz aussehen, der solche Geburten seines Geistes mit Wohlgefallen betrachten kann!« »Aus einigen Szenen hätte etwas werden können, aber alles, was dieser Verfasser angreift, wird unter seinen Händen zu Schaum und Blase. (Kostet in der Vossischen Buchhandlung allhier 10 Groschen!)« Die Allgemeine Deutsche Bibliothek wettert 1784, daß der »zufahrende Beifall ein trauriger Beweis von der flachen ungebildeten Geschmackstheorie des großen Haufens ist, dem alles Starke, sei es auch noch so wild, noch so roh und unnatürlich, tragische Gewalt zu sein dünkt . . . das sich so leicht von eitlen Prahlereien mit Geniekraft ohne Regeln blenden ließ.« – »Mit dieser gewiß nicht vorteilhaften Wendung oder Verkehrung unsres dramatischen Geschmacks ist es nun leider schon so weit gediehen, daß man allen Eifer dawider für Pendanterei, alle

Ausstellung offenbarer Wahnsinnigkeit für Engbrüstigkeit des Kunstgefühles ansieht.« Wieder eine heftige Absage an die Dynamik des neuen Stiles, eine Absage, die teils aus dem verebbenden Rationalismus, teils aus dem nachstrahlenden Pietismus des 18. Jahrhunderts erwächst. Immerhin merkt dieser Kritiker an, ›Kabale und Liebe‹ sei schon befriedigender als die vorangegangenen Werke Schillers. Einsichtig bekundet die Hallesche Neue Gelehrte Zeitung 1786: »Wer Herrn Schillers Räuber, seinen Fiesko, Kabale und Liebe oder seine Gedichte kennt, weiß, daß das Hauptziel seiner prosaischen und poetischen Dichtungen immer höchste Spannungen der Einbildungskraft, Darstellung der gewaltsamsten Zustände der Seele und Häufung der kühnsten Bilder und Worte ist.« Schon fühlt man sich durch treffende Charakterisierung beglückt, als plötzlich drohend fortgefahren wird: ». . . daher denn der ruhige Denker schwerlich mit ihm sympathisieren und die wahre Empfindung der Natur selten in seinen Ton einstimmen kann.«

Dem nächsten Drama Schillers, dem ›Fiesko‹, gegenüber meint, nicht ganz fehlgehend, die Allgemeine Deutsche Bibliothek: »Die Sprache im Ganzen ist zu bilderreich, zu voll von Wortspielen und Gleichnissen. Der Fehler aller neuer seinwollenden Shakespearischen Nachahmer . . . Die jungen Schriftsteller nach neuer Mode glauben immer, was plump ist, wäre stark.« Ein anderer Kritiker versinkt 1786 tief in die typische Kulturuntergangs-Stimmung, wie sie merkwürdigerweise auch in Hoch-Zeiten immer wieder entsteht: »Den Geschmack des großen Haufens nicht allein auf der Galerie, sondern auch in den Logen und im Parterre zu vergnügen, hat sich unsere tragische Bühne in ein Irrenhaus und unsre komische in ein Harlekinshaus verwandelt.« Und weiter klagt man, daß ein Dutzend moderne Musenalmanache sich erhalten könnten, wogegen – hier wird blitzartig der ganz veraltete Ansatzpunkt deutlich – die Meisterstücke eines Ramler kaum noch gingen. Ein anderer Rezensent meint griesgrämig: »Man hat Schillers dramatische Produkte vergöttert und gelästert, bis zum Himmel erhoben und dann wieder unter den Schwall unsrer sogenannten Originalstücke herabgewürdigt. Sie verdienen keines von beiden. Es sind keine vollendeten Meisterstücke, die man im Tempel deutscher Kunst aufstellen könnte.« Dann jedoch heißt es hellsichtig weiter: »aber sie tragen Züge von tiefer Menschenkenntnis, von blühender Imagination, und selbst ihre Auswüchse sind Verirrungen des Genies . . . Schiller will in seinen Trauerspielen nicht rühren, sondern gewaltsam erschüttern, darum häuft er die tragischen Vorfälle bis zum Unnatürlichen . . .« In diesem Typus von Beurteilung, der oft auftritt, kreuzen sich Gefühl für Schillers Eigenart mit der üblichen Naheinstellung, ihn im Grunde als einen der vielen damaligen Gestalter *zweiten* Ranges zu nehmen. Geradezu zermürbt durch die entstehende Blüte der deutschen Literatur fühlt sich 1785 ein empfindsamer Rezensent des Magazins der Philosophie und schönen Literatur: »Der Mann von Geschmack weine über die Trümmer des guten Geschmacks, der Moralität und der schönen Literatur, die (um nur von einer Sache zu reden) die Köpfe der Franzosen volatisiert und bei uns Ungeheuer zur Welt bringt . . . Ein großer Staatsmann (er denkt wohl an Friedrich den

Großen) hat unlängst unter vielen frommen Wünschen für unser Theater über unser Schauspiel die Meinung geäußert, eine zivilisierte Nation könne kein solches Trauerspiel haben.«

Den Höhepunkt in dreister Aburteilung erreicht 1784 die Königlich Privilegierte Berlinische Staats- und Gelehrte-Zeitung: »Es ist ekelhaft, in solchem Schillerschen Wust zu wühlen, aber man muß sich einmal schon durcharbeiten ... (hauptsächlich bezogen auf ›Kabale und Liebe‹). Das Rechten mit der Gottheit ... wird unsinnig und abgeschmackt, wenn es so oft wiederholt wird wie in diesem Stücke, wo es eine elende Zuflucht des Verfassers ist, der wenigstens durch das Gräßliche unser Gefühl betäuben will, da es ihm an der Kunst, das Herz zu rühren, gänzlich fehlt ... Bloß der Unwille darüber, daß ein Mensch (wie Schiller) das Publikum durch falschen Schimmer blendet, ihm Staub in die Augen streuet und auf solche Weise den Beifall zu erschleichen sucht (den sich ein Lessing und andere mit all ihren Talenten und dem eifrigsten Kunstfleiß kaum zu erwerben vermochten), konnte zu dieser ekelhaften Beschäftigung anspornen. Nun sei es aber genug, ich wasche meine Hände von diesem Schillerschen Schmutze und werde mich wohl hüten, mich je wieder damit zu befassen.« Weit milder zetert 1787 – in bezug auf ›Kabale und Liebe‹ – das Tagebuch der Mannheimer Schaubühne: »Frei von schwülstigen Ausdrücken und Anstößlichkeiten ist der Dialog auch in diesem Stücke nicht; und ob man schon sehr vielen Schwulst bei der Vorstellung auf unsrer Bühne gestrichen, so sind doch noch einige Gedanken geblieben, die ganz falsch sind.« Schließlich strömt eine gefühlvolle Dame öffentlich ihre Klage aus. Im Journal des Luxus und der Moden äußert sie sich 1792: »Wüßte der edle Schiller, welche Wirkungen solche Trauerspiele auf die mittlere Klasse der Zuschauer hervorbringen, wie gefährlich diese Schwärmerei der Liebe, von warmem Blut angefeuert, bei Mädchen ist ..., er würde Mitleid mit den Opfern seiner Talente haben. Ich selbst bin ein Weib und weiß, wie schwer es hält, die kalte Wahrheit von der süßen Schwärmerei zu unterscheiden.«

Auch der ›Don Carlos‹ erhält – trotz mancher Bewunderung – zum Teil Kritiken, von denen wir heute nichts mehr ahnen. Jenes Tagebuch der Mannheimer Schaubühne notiert: »Die Aufführung des Stückes befriedigte die Erwartungen nicht ganz, die es rege gemacht hatte. Der Plan ist nicht gut, er ist zu gedehnt; das Interesse ist zu sehr geteilt, und das Schicksal des Don Carlos ist nicht der einzige Punkt, auf den der Zuschauer sieht. Es sind zu viele Szenen eingeflochten, die bloß da sind, um den Charakter des einen oder anderen zu beleuchten, die aber mit dem Ganzen nicht unzertrennlich verbunden sind ... Schade ist es, daß die schönen Züge dieses Stückes gleichsam isoliert und nicht gehörig verbunden sind ... Dieses Stück als literarisches Produkt betrachtet, wird immer in der gelehrten Welt Epoche machen; allein auf der Bühne kann es nie ein außerordentliches Glück erringen.« Wieder einmal ist hier, aus der einfacheren, durchsichtigeren Einheitsvorstellung etwa Lessings heraus, die anreichernde, vielspurige, neue Einheit noch nicht mitempfunden. In gleichem Sinne behauptet 1795 die Bibliothek der Schönen Wissenschaften und Freien Künste: »Wir kennen Männer, die unendlich mehr Tiefsinn besitzen als Herr Schiller, und die gleichwohl seiner Manier (wahrlich nicht aus Gemächlichkeit) nie Geschmack abgewinnen konnten. Wo findet man die meisten neuen, wo die tiefer geschöpften Beobachtungen und Entdeckungen über das menschliche Herz und seine geheimsten Falten, im Nathan oder im Don Carlos? Wie hell und klar ist dort alles; wie hier alles so dunkel, mythisch und rätselhaft! Wie muß man sich hier oft quälen, eine Stelle zu entziffern, die am Ende doch nur einen gemeinen Gedanken enthält, der sich weit besser und zugleich allgemeinverständlich hätte sagen lassen!« Auch die Gothaische Gelehrte Zeitung meint, daß »die strenge eigensinnige Kritik mit der Anlage des Ganzen und der Ausführung im einzelnen, mit der Zeichnung der Charaktere und der Sprache der Leidenschaft« nur wenig zufrieden sein könne. Immerhin wird sie »nicht leugnen dürfen, daß alle diese einzelnen Fehler durch eine Menge ungleich größerer Schönheiten verdeckt und den Augen des Lesers fast ganz entzogen werden.« Wohlmeinend und begönnernd schließt man hier: »Wenn Schiller die Gesetze und Regeln der dramatischen Poesie sich mehr bekanntmachen, oder im Falle er sie kennt, genauer befolgen wollte . . ., so wäre wohl kein Zweifel, daß er uns Stücke liefern könnte, die unseren ersten und besten den Rang streitig machen würde.« Trotz allen Wohlwollens wieder ein bezeichnendes Beispiel übermäßigen Verharrens in den älteren Lehrmeinungen der Zeit.

Auch am einzelnen der Sprache wird gekrittelt: »Warum erhält sich Herr Schiller nicht immer in einem simplen und doch weit eingreifenderen Tone, als in jenem erkünstelten dithyrambischen Schwung des Ausdrucks, jenen verschraubten Metaphern und dem kalten Feuer, das leider im allergrößten Teil des Stückes herrscht? Seine Muse gleicht dem modesüchtigen Mädchen, das die unerkünstelte Schönheit seiner Wangen und der schlanken Glieder durch Schminke und gesuchten Putz mehr verdirbt als erhöht.«

Über Schillers Sprache überhaupt sagt eine Kritik zu ›Thalia‹, »daß die Diktion zwar keineswegs lateinisch ist wie bei Voß, aber dem ungeachtet hier und da gegen die deutsche Grammatik und den Sprachgebrauch verstößt, endlich, daß der Verfasser insbesondere in der Wahl seiner Ausdrücke sich nicht selten vergreift und in der Kunst, das richtige Wort an die richtige Stelle zu setzen, dieser Kunst, die Wieland so vollkommen in seiner Gewalt hat, nichts weniger als Meister ist.« Wieder wird aus der älteren, ebenmäßigeren, polierteren Redeweise Wielands wie vorher Lessings die neue, noch ungewöhnliche Spannkraft Schillerschen Sprechens verkannt, soviel man im einzelnen daran auch aussetzen konnte. Als 1793 Schillers Übertragung der ›Aeneide‹ besprochen wird, wiederholt sich dies. »Nur wenige Stanzen sind so ausgearbeitet, daß Verbesserungen nicht dringend notwendig wären. Häufig sind diejenigen Verse, die durch Mangel des Abschnitts (oder was nicht besser ist, durch übel angebrachten Abschnitt), durch Härten, Hiate, Verstöße gegen die wesentlichsten Gesetze der Grammatik, durch prosaische, dunkle, uneigentliche Ausdrücke oder durch sonst einen Flecken verunstaltet werden . . . Herr Schiller ist offenbar zu sehr Originalgenie, als daß er irgendeines anderen Dichters Sinn, Geist und Manier ganz rein und lauter in sich aufnehmen und nachbilden könnte.« Als 1795 ein ›Versuch einer Theorie des deutschen Stiles‹ besprochen wird, heißt es plötzlich in bezug auf dortige Beispiele: »Wie kommen Sulzer und Schiller unter die erste Klasse unserer Nation?« Der empörte Frager merkt nun an, er schätze die Talente Schillers hoch, unmöglich aber könne er ihn »für den musterhaften Dichter, Geschichtsschreiber und Ästhetiker halten, wofür er besonders in unserer jungen gelehrten und poetischen Welt gilt. Seine Werke, besonders die dichterischen, haben bei einzelnen großen Schönheiten viele und große Fehler, die wie gewöhnlich am eifrigsten nachgeahmt werden, weil sie so leicht zu erreichen sind. Die Musenalmanache, die Journale und die neuen poetischen Sammlungen von Gedichten beweisen zur Genüge, was die zur Mode gewordene Nachahmung seiner Manier (als Manier die unnachahmungswürdigste, die es geben kann) schon jetzt für Folgen gehabt, was für Früchte sie getragen hat und mit welchen Übeln sie noch ferner droht, wenn man dem Unwesen keinen Damm entgegensetzt.« So wird (wie ganz anders als etwa in einer entsprechenden Stillehre des späteren 19. Jahrhunderts) 1795, bezeichnend für beinahe jeden Frühempfang, jene Warnung vor auch nur leisester Schulebildung ausgesprochen. Es handelt sich hier um die typische Furcht von Frühurteilenden, welche immer gern bezweifeln, daß jenes Unheimliche (teils schon Bewunderte, teils noch Fremde) schließlich ein *Allgemeineres* werden könne. Immer soll das noch Undurchsichtige in seiner seltsamen Vereinzelung verharren. Bezeichnend diese immer wiederkehrende, anfängliche, tiefliegende Lebensfrucht, welche die Ausbreitung des Bedeutenderen hemmen will.

Schillers Gedicht ›Die Ideale‹ wird in seinen Versen bewundert: »Aber wir finden auch nicht wenige, die durch gezwungene Ausdrücke, Übertreibungen und seltsame Bilder mißfallen. Welcher Dichter von reinem und edlem Geschmack wird die Natur zu einer Säule machen, um sie mit Liebesknoten umschlingen zu können, und gleichwohl unmittelbar nachher dieser zur Bildsäule gemachten Natur ein Herz geben.« Bei solchem Tadel wird vergessen, daß es sich in diesem Bilde um eine Beziehung zu Pygmalion handelt, vor allem aber, daß diese neue dichterische Entwicklung nicht mehr, wie einst bei Lessing, anschauliche, folgerichtige Gleichnisse, sondern jene weiter auseinanderliegenden Gefühlsbezüge geben will, wie wir diese in unserm Abschnitt über Goethe bei einer scharfen Zeitkritik über ›dunkle‹ Fauststellen bereits zu betrachten hatten.

›Die Würde der Frauen‹ befremdet auch. »Hierbei fehlt es weder an schwankenden, unbestimmten und zweideutigen Stellen, noch an unglücklichen, oft unedlen oder doch kleinlichen Bildern, noch an kantischen Begriffen und hohen Abstraktionen, die sich mitten zwischen diese Bilder eindrängen und daselbst widerlich genug ausnehmen ... Wie wenig es Schiller geglückt ist, über kantische Ideen Herr zu werden, davon gibt ›Das Reich der Schatten‹, die seltsamste Mißgeburt, die jemals aus dem Hirne eines Dichters hervorgegangen, ein unverwerfliches Zeugnis.« Der gleiche spannungsarme, deshalb enttäuschte Zeitgenosse bedauert in üblicher Weise die »rätselhafte, schwankende Sprache, eine übel angebrachte Metaphysik, die er unter die schönsten Gemälde und Bilder mischt, sodaß er den Pfad des Wahren und

Natürlichen alle Augenblicke verläßt und in das Gezierte, Kostbare und Schwülstige fällt.« Es ist wieder – wenn auch teilweise berechtigt – die Klage der älteren Lessinggeneration gegen den nun hervorgebrochenen, zügig pathetischen, zugleich aber symbolischen Reichtum. Dieser mußte der puritanischen Lessinggruppe als Rückfall in Klopstockschen Schwulst erscheinen.

Durch all diese Anwürfe nervös gemacht, verbinden sich 1796 Goethe und Schiller in den ›Xenien‹, um einmal zusammenfassend gegen Fehlurteile und Zurückgebliebenheiten vorzugehen. Diese scharfen und genau gezielten Hiebe, die gegen die hergebrachten literarischen Zirkel, Zeitschriften und deren Urteilsbildung ausgeteilt werden, rufen auf der feindlichen Seite erneute Wut hervor und eine Fülle von Gegenstößen. Die Zeitschrift Deutschland berichtet 1796 von »boshaften Verleumdungen und Grobheiten«, die nur »aus empörter Eitelkeit« stammen, wobei »Herr Schiller sich in seinem drolligsten Dünkel soweit vergißt, die Beleidigten, wenn sie antworten ... mit härterer Züchtigung zu bedrohen ...« Man hält sich durchaus an Schiller als den Herausgeber des Almanachs und fordert ihn laut auf, den Urheber dieser anonymen Verleumdung anzugeben, oder falls er sich selbst dazu bekennt, seine Beschuldigungen öffentlich zu beweisen. Kann er dies nicht, so ist er für ehrlos zu achten. »Ehrlos ist jeder Lügner. Zwiefach aber der Feigherzige, der sich und die Beziehungen seiner Injurien nicht einmal ganz zu nennen wagt.« Es heißt jetzt geradezu, die ›Xenien‹ »hätten das mit den Wanzen gemein, daß sie mehr stänken als stächen.« Der Kosmopolit (Halle 1797) klagt, daß die ›Xenien‹ »verdiente und geachtete Männer geradezu auf eine grobe und platte Weise anfallen oder mit giftigen Skorpionenstichen heimlich verwunden ..., welche gleichwohl entweder plump oder hämisch oder flach und sinnlos, fast sämtlich aber ohne poetischen Wert sind.« Ohne Unterlaß stoße dagegen der Leser auf den gröbsten Egoismus. »Wie nun Herr Schiller dieselben mit seinen Idealen, die er doch stärker und anhaltender als irgendein Ästhetiker in Umlauf gebracht und verfochten, in Harmonie zu bringen gedenkt, oder wie es zugegangen, daß er davon soweit abgewichen ist, müssen wir ihm selbst aufzulösen überlassen.« Im Berlinischen Archiv der Zeit und ihres Geschmacks heißt es 1797 zu dieser Frage: »Geheimrat von Goethe, dessen Wort in unserer Gelehrtenrepublik von so großem Gewicht ist, mißbilligt ungleich bescheidenere Äußerungen gegen ungenannte Schriftsteller und Werke und untersagt sie im 5. Stück der Horen als literarischen Sansculot[t]ismus bei Strafe seiner Ungnade; auch hat Hofrat Schiller gegen dergleichen Verfahren mehr als einmal geeifert.« Beide hätte die angesehensten Zeitschriften »ein Spittel für invalide Poeten« genannt, ein »Rabengekrächze, das Kadaver umgibt«, nur von den kleinsten Männern Deutschlands veranstaltet. Sie hätten geredet: von Waschfrauen, unvernünftigen Leerköpfen, Dummen a priori, diebischen Entwendern fremder Begriffe, von widrigen Heuchlern, groben Baalspfaffen, Schmarotzern der Großen. Selbst Wieland, dieser überlegen abwägende und ruhige Kopf, murrt nunmehr im Deutschen Merkur. Er finde die ›Xenien‹ von »einer Leichtfertigkeit und einem Übermut, wovon schwerlich ein Beispiel in irgendeiner Sprache existiert ... Der Unwille, den das widerliche

Gemisch von Witz, Laune, Galle, Gift und Unrat ... bei allen Arten von Lesern erregt hat, ist allgemein und spricht nur gar zu laut. Wer kann es ertragen, so manchen Gelehrten, der an seinem Platze und in seinem Fache schon anerkannte Verdienste aufzuweisen hat, so manche Zeitschrift, an welcher wenigstens ebensoviel zu loben als zu tadeln ist, auf die gröbste Art mißhandelt, gestäupt, gebrandmarkt oder mit wegwerfender Verachtung in den Kot getreten zu sehen, bloß weil jene Männer sich die Freiheit genommen hatten, ihren Mund gegen die Horen aufzutun ...« »Sagen Sie mir, mit welcher Stirne können die Gelehrten noch einige Achtung von anderen fordern, wenn sie selbst sich gegeneinander so schmählich mißhandeln.« Auch die Erlanger gelehrten Zeitungen greinen: »Die sogenannten Xenien sind nichts anderes als grobe und größtenteils hämische Ausfälle auf würdige Männer.« Die Oberdeutsche allgemeine Literaturzeitung jammert, »in ihrem Übermute geben sie zu erkennen, sie verachten das deutsche Publikum ... daran sind ihre Schmeichler und Klienten Schuld. Vom Weihrauchduft derselben umnebelt, bilden sie sich ein, sie allein wären etwas in der deutschen Literatur wert.« Die Humaniora von 1797 sehen den ganzen Streit aus dem Standpunkt der vorigen Generation, wenn sie nun kundtun, daß Lessing (der doch gegen die neuen Werte Goethes und Schillers sich sehr ungerecht geäußert hatte) ein wahrhaft abgeklärter Richter im Gegensatz zu diesen Neuen gewesen sei. Ganz nach der bekannten Melodie, mit welcher jeweils die *ältere* Generation, an deren Wertungen man sich unterdessen gewöhnte, als die Objektivität selber angesehen wird.

»Nur noch einen kurzen Schritt vorwärts brauchen die Distichenschreiber zu tun und ihre Kurzweil wird nicht mehr ein Gegenstand der Kritik, sondern der Polizei werden.« Sie behaupten »jeden für Schwach- und Querkopf ausschreien« zu dürfen, »der das bessere Zeitalter unserer schönen Literatur schon vorübergestrichen glaubt.« Als allgemeine Zeitklage heißt es nun: »Nimmermehr kann ein Zeitraum der goldene sein, wo Schriftsteller, denen es ganz und garnicht an Lesern fehlt, zu Hilfsmitteln vorliegender Art greifen, bloß um der Gaffer sich noch mehr zu verschaffen.« (Neue allgemeine Deutsche Bibliothek 1797.)

Es bleibt zwar verständlich, daß sich die Zurückgebliebenen zur Wehr setzten. Da sie in den ›Xenien‹ aber nur Neid und Herrschsucht sahen, verkannten sie – und darauf kommt es hier an – wiederum Goethe und Schiller als Persönlichkeiten. Wie einsam und weit vorauseilend ein schöpferischer Mensch sich fühlen muß, mag aus folgenden Worten Schillers hervorgehen, mit denen er sich in schneidender Weise von dem (doch verhältnismäßig hochstehenden) Bürgertum von 1800 absetzt. »Es gibt nichts Roheres als den Geschmack des jetzigen deutschen Publikums ... Die Rohigkeit auf der einen und die Kraftlosigkeit auf der andern Seite erwecken mir, ich gestehe es, einen solchen Ekel vor dem, was man öffentliches Urteil nennt, daß ich mich für sehr unglücklich halten würde, für dieses Publikum zu schreiben, wenn es mir überhaupt jemals eingefallen wäre, für ein Publikum zu schreiben ... Eine direkte Opposition gegen den Zeitcharakter macht den Geist meiner Schriften aus und jede andere Aufnahme als diejenige, welche sie erfahren, würde einen sehr bedenklichen Beweis gegen die Wahrheit ihres Inhalts geben. Daß ein Schriftsteller dieser Art nicht der Liebling des Publikums werden kann, liegt in der Natur der Sache.« (1795 an Fichte.) Wie sehr sollte gerade dieser ›Abseitige‹ der ausgesprochene, ja übermäßige Liebling dann des 19. Jahrhunderts werden! Nur die Gesetzmäßigkeit der *Reaktionsverspätung* läßt diese seltsame Erscheinung verständlich werden.

Über den ›Wallenstein‹ liegen zustimmende, aber auch absprechende zeitgenössische Urteile vor. Merkel schreibt in den ›Briefen an ein Frauenzimmer über die wichtigsten Produkte der schönen Literatur‹ (Berlin 1801): ». . . erinnern wir uns, daß der Wallenstein im Grunde gar keine Handlung enthält, sondern nur aus drei einfachen Reihen von Handlungen besteht; daß das Interesse gespalten und von dem Hauptgegenstande abgeleitet; daß die Katastrophe nur durch eine Nebenhandlung herbeigeführt wurde, daß der Gang des Stückes langsam und schleppend ist, so müssen wir uns wohl gestehen, daß dieses hinreicht, den Wallenstein zu einem sehr schlechten Drama zu machen.« Da dem Kritiker wahrscheinlich der ältere Heldenbegriff etwa Corneilles vorschwebt, fährt er in alter rationalistischer Verengung fort: »Wallensteins Aberglaube, seine Unentschlossenheit, alles, was ihn verkleinert, hätte weggelassen und er hätte gleichwohl in den übrigen Zügen treu gezeichnet werden können.« Derselbe Kritiker, der trotzdem den ›Wallenstein‹ bedeutsam findet, spricht nun ganz einseitig über gebundene Formen überhaupt: »Ein Stück, dem sehr einsichtsvolle Kunstrichter den höchsten Rang unter den deutschen Produkten der tragischen Muse anweisen, Otto von Wittelsbach, tut den ganzen Effekt, den es tun sollte; und gleichwohl ist es in Prosa geschrieben. Dagegen sind fast alle metrischen Trauerspiele, die wir bis jetzt aufzuweisen haben, selbst den Don Carlos mit eingeschlossen, mehr sentimentale Gemälde als Dramen. Was mich betrifft, wenn ich einen Helden mitten im Drange der Handlung, in stürmender Leidenschaft seine Worte nach den Regeln der Metrik ordnen höre: ich glaube jene schwachsinnigen Könige von Frankreich zu sehen, die mit glacierten Handschuhen ins Hochzeitsbett stiegen.« Auch die Allgemeine Literaturzeitung 1801 tadelt: »Die Willkür des Dichters in der ungewöhnlichen Ausdehnung des Stoffes hat sich durch mehrere Fehler in der Ökonomie des Stückes ganz natürlich selbst bestraft . . .« Doch wird das Werk im ganzen bewundert. Die neue, kompliziertere Einheitlichkeit aber wird auch von anderen Beurteilern noch nicht empfunden. »Was hilft am Ende ein großes Gemälde, dem es an Einheit und Interesse gebricht.« Und wieder nach einem älteren Gegenschema: »Wallensteins Größe haben wir vom Hörensagen; seine Schwäche sehen wir vor uns mit jedem seiner Schritte. Alles was er tut, versagt ihm. Der dramatische Charakter hebt den historischen auf, statt mit ihm vereint zu sein.« – »Über die Piccolomini ist unter denjenigen, die einer Aufführung beiwohnten, nur eine Stimme. Das Ganze interessiert nicht genug und ist zu gedehnt. Als dieser Teil des Schillerschen Wallenstein zum 2. Male auf der Bühne erschien, klagte der Geduldigste . . . Und zwar hörte man jene Klagen unter dem gebildeten Teile der

Zuschauer gerade am lebhaftesten. Der große Haufen, der nur insofern befriedigt wird, als er den Eindruck auf sein Gemüt erfährt, ging hier fast ganz leer aus. Der andere Teil, der nicht mit dem Gemüte allein, der auch mit dem Geiste vor der Bühne steht, zählte innige, lichte Augenblicke der einzelnen Meisterstellen, die ihn hier überraschten und mit der höchsten Begeisterung ergriffen. Aber den dramatischen Effekt vermißte er ebenso. Er fand das Drama in dem Drama nicht! ... Der wahre Grund des geringen Eindrucks ... liegt ohne Zweifel in dem Mangel an wahren theatralischen Effekten und wenig interessanten Charakteren ...«

Auch das *äußere* Bühnenschicksal ›Wallensteins‹ ist schwankend. Iffland, der das Berliner Königliche Schauspielhaus dirigiert, setzt dem Dichter auseinander, es sei bedenklich, »in einem militärischen Staate ein Stück zu geben, wo über die Art und Folgen eines großen stehenden Heeres so treffende Dinge in so hinreißender Sprache gesagt werden.« Zugleich beschwört er Schiller, nirgends etwas von diesen Mitteilungen laut werden zu lassen, da sonst »der schreibselige Pöbel« überall mitteilen werde, ›Wallensteins Lager‹ sei in Berlin aus politischen Gründen unterdrückt worden. Bei »der leichtentzündlichen Einbildungskraft« der Gegenwart könne man nicht ermessen, welche Wirkung eine solche Arbeit von der Bühne aus annehmen werde, um so weniger, als die Verse des Vorspiels »oft die jetzige Empfindung vieler« ausdrückten. Hier verschwanden erst 4 Jahre später die Bedenken gegen ›Wallensteins Lager‹. In Lauchstädt findet das Stück 1799 großen Beifall. Als man aber 1800 die Aufführung wiederholen will, verbietet sie der Kanzler des noch zu Kursachsen gehörenden Stiftes Merseburg, wenn nicht »der Pfaffe herausgelassen würde.« »Man hat sich in Dresden darüber beklagt«, schreibt ein Schauspieler an Schiller, »daß man in Lauchstädt einen Ordensgeistlichen aufs Theater gebracht, welcher von den Soldaten verspottet und unter Drohung fortgebracht wäre.« (Im gleichen Jahre verbietet dieser Kanzler für die zart besaiteten Lauchstädter Badegäste auch die ›Räuber‹.) In Dresden wütet der Zensor ebenfalls, wie Körner mitteilt. Als man sich endlich zur Aufführung entschließt, muß der Kapuziner in einen Schulmeister verwandelt werden. Man benutzt eine Bearbeitung, die ein Schauspieler Vogel in Mannheim dreisterweise sogar hatte in Druck gehen lassen. Für Stuttgart hatte Schiller zusagen müssen, eine eigne Umarbeitung vorzunehmen. Trotzdem verbietet Herzog Friedrich – aus Schonung gegen Österreich – die gesamte Aufführung. Für Wien erklärt sich Schiller zu jeder Konzession an die Zensur bereit, wenn nur eine Aufführung zustandekomme. Trotzdem kündigt der Wiener Buchhändler Doll einen billigen Nachdruck an. Die Polizeileitung erklärt, daß »eine allgemeine Verbreitung dieses Buches die öffentliche Meinung verderben und eine Menge Irrtümer und gefährliche Sätze, welche dem Verräter Wallenstein und seinen Anhängern in den Mund gelegt werden, unter die ungebildete Klasse von Menschen bringen könne.« Man fürchtet, Aussprüche Wallensteins (der Krieg verschlinge alles und Österreich wolle keinen Frieden) könnten auf den Minister Thugut, den heftigen Verteidiger des damaligen Kampfes gegen Frankreich, bezogen werden. Obgleich der üble Wiener Nachdruck nun doch erschienen ist, macht sich der dortige Aufsichtsbeamte Escherich an eine Bearbeitung des ›Wallenstein‹, die ganz den Forderungen der Wiener Zensur entsprechen soll. Dennoch erklärt Metternich, der spätere allmächtige Minister seitens der geheimen Hof- und Staatskanzlei, das Stück sei »keineswegs zur öffentlichen Darstellung geeignet.« Erst 1814 darf Schillers Meisterwerk »in Kürze gezogen und für einen Abend eingerichtet« auf dem Burgtheater erscheinen, nachdem Friedrich Gentz, Metternichs rechte Hand, das Werk nun noch einmal »von allen anstößigen Stellen gereinigt« hat. Das ›Lager‹ aber bleibt bis 1848 der Kapuzinerpredigt wegen von den katholischen Wiener Bühnen ausgeschlossen. Wie das Grillparzerjahrbuch (Band 25) berichtet, bestand damals in Wien zum Aushorchen des Publikums ein Theaterspitzelsystem. Einer der anonymen Zuträger (man nannte sie Naderer) schreibt 1840 im Geheimbericht: »Daß im Burgtheater das Schauspiel Wallenstein mit solchem Glanz, Prätension und Affektation gegeben und von der Zensur zugelassen wird, höre ich sehr laut tadeln, weil alle Stücke von Schiller wie von den meisten modernen Dichtern . . . eine revolutionäre, antiösterreichische, antikaiserliche Tendenz haben, die in unserer gegenwärtigen Krisis, wo es sich um die Selbständigkeit Deutschlands handelt, äußerst deplaziert ist.« So war es bereits anno 1827 eine kühne Tat Schreyvogels, die üble Bearbeitung von 1814 beiseite zu schieben und eine neue, bessere zu versuchen. Das Vorspiel und Questenberg waren natürlich nicht zu retten. H. Anschütz erzählt in seinen Erinnerungen, »die Audienz-Szene war nun einmal gegen den Katechismus der Zensur.« Diese Erinnerungen berichten weiter, welchen Widerstand selbst Schreyvogels Bearbeitung erfuhr. »6 Jahre war Wallenstein in dieser Gestalt eingebürgert, als derselbe Kunstkenner, der Grillparzers ›Ottokar‹ beseitigt hatte, auch Schillers chef d'œuvre mit der Bemerkung ›Ah was, wir und Wallenstein, immer diese ungenießbaren Trauerspiele!‹ – auf Jahre in die Registratur verwies.«

Erst die revolutionierenden Ereignisse von 1848, die so manches Werk der deutschen Klassiker wieder befreiten, brachten eine unverstümmelte Gesamtdarstellung der Trilogie. Heinrich Laube berichtet aber, daß die Wiener durch 80jährige strenge Zensur, die niemals einen Priester auf der Bühne duldete, derart eingeschüchtert waren, daß die humorvolle Kapuzinerpredigt nur erschreckte, angstvolle Kopfdrehungen nach Spitzeln auslöste. (»Naderer da!«). Als bald die Reaktion erneut über Österreich hereinbrach, wurde natürlich auch die Kapuzinerpredigt wieder verboten, man half sich nun dadurch, daß man den geheiligten Mönch in eine biedere Magistratsperson verwandelte, ein hierorts üblicher Ausweg, den schon die Zensurgeschichte der ›Räuber‹ aufwies.

Die ›Maria Stuart‹ wird an vielen Stellen gut empfangen. Trotzdem verfehlt man auch hier die neue, reichere Einheit. »Das Tragische im Stoffe dieses Trauerspiels, das Unglück einer jungen Königin, die von einer eifersüchtigen Nebenbuhlerin gefangengehalten und hingerichtet wird, ist allerdings geeignet, durch rührende Situationen zu erschüttern, für den Augenblick zu interessieren und hinzureißen. Aber die Form, in welcher der Stoff im ganzen dargestellt wird, die einzelnen sich widerstrebenden Bestimmungen desselben lassen keinen Totaleindruck zu, den man aus der Vorstellung nachhause nähme. Das gigantische Schicksal ... verwandelt sich in diesem Trauerspiel in die kleinliche Leidenschaft eines elenden Weibes, dem es zwar nicht an Bosheit, wohl aber an Mut fehlt, boshaft zu erscheinen ...« So schreiben Feßler und Rohde verständnislos in der Eunomia 1801.

Für das Theaterschicksal dieses Dramas bildet die Kommunion auf der Bühne den Stein des Anstoßes. Schon Theaterdirektor Goethe schrieb dem Freund und Verfasser: »Der kühne Gedanke, eine Kommunion aufs Theater zu bringen, ist schon ruchbar geworden und ich werde veranlaßt, Sie zu ersuchen, die Funktion zu umgehen.« Für die Berliner Aufführung muß Schiller radikale Streichungen vornehmen. Obgleich die Vossische Zeitung sich über die »viehische Sinnlichkeit« Mortimers aufregt, entfaltet das Werk in der Hauptstadt große Zugkraft. Dennoch hat es öfter vom Spielplan zu weichen, weil es zu den Trauerspielen gehört, die Friedrich Wilhelm III. nun mal nicht leiden kann. In Stuttgart muß 1802 auf Befehl des Herzogs nach der ersten Aufführung die Szene Leicesters (im 5. Aufzug während Marias Hinrichtung) wegbleiben, weil sie die Nerven des Souveräns zu sehr erschütterte. Die Beichtszene wird von vornherein gestrichen. Als während der Revolutionskriege ein Teil der Rheinprovinz französisch ist und man 1802 in Köln das Drama spielt, wird es zwei Tage später vom Maire verboten, weil die Abendmahlszene nicht fortgeblieben war. »Für immer« wird noch 1812 die Aufführung in Aachen untersagt.

Als das Drama 1801 im Druck erscheint, wird es für das katholische Österreich sofort verboten, aber wenigstens der Intelligenz »erga schedam« (d. h. gegen besonderen, nur persönlich ausgestellten Erlaubnisschein) zum Lesen gestattet. In Prag wagt man sich 1804 an eine Wiedergabe, woraufhin sogar der Wiener Polizeipräsident die Aufführung am Burgtheater gestattet, was aber gleich auf den energischen Widerstand des Kaisers stößt, der immer wieder ablehnt (1810, 1812, 1813). Erst 1814 erlaubt der Kaiser die Tragödie unter der üblichen Bedingung, »daß alle in diesem Werke vorkommenden Anstößigkeiten sorgfältig behoben und durchaus gestrichen werden.« – Nur als Kuriosum sei nachgetragen, daß um 1900 im katholischen Arnsberg ›Maria Stuart‹ für den Totensonntag verboten wird, weil »der zu lustige Charakter des Stückes die kirchliche Feier stört.«

Auch die ›Jungfrau von Orleans‹ findet bald lobende, bald tadelnde Besprechungen. Die Göttingischen Anzeigen schreiben 1801: »Was wir von jedem Trauerspiele fordern, ist die Erregung eines lebhaften Interesses an der Handlung und an den Hauptcharakteren ... Dieser Forderung ist in der Jungfrau gar kein Genüge geschehen.« Der Kritiker konstatiert, »... daß solche Spektakelstücke nicht gemacht sind, die dem Verfalle nahe Schauspielkunst bei uns Deutschen wieder zu heben ...« Wie umstritten auch dieses Werk im Grunde war, ersieht man aus einer Bemerkung des Schiller-Anhängers Merkel. »Man hat die Jungfrau bald für sein trefflichstes, bald für sein mißlungenstes Werk erklärt ... Wenn Schiller sich jemals entschließen könnte, der ernste Heldendichter seiner Nation zu werden ...!« Die Berlinischen Nachrichten meinen 1803: »Jeder Zuschauer wird sich wohl selbst bei einigem Nachdenken gestehen, daß das Stück imponiert, die Phantasie aufregt, Bewunderung einflößt, und – das Herz kalt läßt.« Der Freimütige klagt 1804: »Ich wüßte keinen, der an der Schillerschen Jungfrau sein Wohlgefallen hätte, obgleich der große Haufen am Spektakel der sogenannten romantischen Tragödie sich ergötzt und der Kenner an vielen einzelnen Schönheiten des Stücks und einigen trefflich gezeichneten Charakteren, die keine forcierten Ideale, d. h. Zerrbilder sind, sich erfreut.« Dieselbe Zeitschrift nennt die Jungfrau »Eine Närrin ... eine solche mit nur zerrütteter Phantasie, mit fixen Ideen behaftete, von der Natur verwahrloste, entweibte, entmenschte, jetzt kannibalische, jetzt empfindelnde, viraginische, abgeschmackte Karikatur.« Wie drastisch spürt man hier wieder den bereits veralteten, undifferenzierten, einseitig klassizistisch-heroischen Heldenbegriff, von dem aus es unmöglich war, eine Seele in den Mittelpunkt des Dramas zu stellen, welche, wie schon ›Wallenstein‹ (wo man sich ebenfalls gewundert hatte) Bruchstellen, die zum Untergange führen, in sich trägt. Gleich treten Urteile hervor, die Dekadenz wittern (genau wie in unsern Tagen die Schillerianer von Verfall in Shaws ›Johanna‹ munkelten). Gegenüber diesem verkennenden Zeiturteil schreibt Schiller 1802 verzweifelt: »Ich will die ganze lesende Welt auffordern, mir zu sagen, ob die Rezension quaestionis auch nur die geringste Anschauung meines Trauerspieles enthalte, ob der Verfasser derselben auch nur in irgendeinem Stücke in die innere Ökonomie des Stückes eingegangen ist.« Von der Dresdner Aufführung berichtet 1802 Freund Körner traurig: »Die Veränderungen waren zahllos und von einer Art, die Du kaum erraten solltest.« Fürchterlich wird die ›Jungfrau‹ in Wien zugerichtet. 1801 heißt es dort geradezu, das Stück sei verboten und an eine Aufführung nicht mehr zu denken. Dennoch erscheint es 1802 im Burgtheater, allerdings ohne Namen des Verfassers und wie ›Fiesko‹ in einer 6aktigen Bearbeitung von dem berüchtigten Escherich, der »alles getan hatte, um ein anderes Stück herzustellen«. Dreisterweise erscheint auch dieses Machwerk im Druck. Selbst der damalige Polizeiminister ist darüber so empört, daß er das Werk nur unter dem Namen Escherich sehen will, was dieser aber zu verhindern weiß. Wenn Schillers Verfasserschaft hier geradezu verschwiegen wird, kann dies sogar als Rücksicht ausgelegt werden. Melancholisch berichtet Heinrich Laube: »Schiller stand damals auf der Höhe seines Ruhmes. Er lebte nur noch zwei Jahre und einige Monate, und in solchem Augenblicke hatte das Nationaltheater den Mut, ein neues Stück von ihm so umzuändern und seinen Namen wegzustreichen.« Das Werk mißfiel den Wienern in dieser Bearbeitung und wurde 1802 nur fünfmal gegeben. Erst 1820 durfte dort die *wirkliche* ›Jungfrau‹ die Bühne betreten.

Noch stärker befremdete die ›Braut von Messina‹. »Die Stimmen sind sehr geteilt und das große Publikum hat durchaus die Absicht des Dichters, bei diesem ganz nach dem alten Schnitt der Tragödie geformten Stücke, nicht erfassen können ... Das ganze Trauerspiel mit all seiner Griechheit kommt mir vor wie eine Arie, die man eine Nachtigall pfeifen gelehrt. Ach, die Nachtigall singt von Natur so wunderschön.« So heißt es 1803 im Freimütigen. »Sie ist denn an uns vorübergeprunkt, die einheimische Fremdlingin, die griechische Deutsche, und hat den größten Teil des Publikums kalt gelassen. Einige vortreffliche Stellen des Stückes wurden laut applaudiert, die Chöre dagegen rissen viele unwillkürlich zum Lachen hin und am Ende des Stückes ging man sehr ruhig fort ... Wie gesagt, tat der gesprochene Chor mehr eine spaßhafte als imponierende Wirkung.« So berichten 1803 die Berlinischen Nachrichten von Staats- und Gelehrten Sachen. Der Freimütige meint: »Die Braut von Messina hat manchen Tadel veranlaßt, den die alte Tragödie siegreich widerlegt ...« Auch Brentano spottet. Die Göttingschen gelehrten Anzeigen von 1803 meinen, obgleich Schiller sich in seinem Vorwort sogar dahin verstieg, der Chor würde auch Shakespeares Tragödien erst ihre wahre Bedeutung geben: »Wir können uns nicht überzeugen, daß der Chor einen notwendigen Teil des Trauerspiels ausmacht.« 1804 verneint auch die Zeitung für die elegante Welt. »Die allgemeine Stimme ... hat gegen das Stück entschieden ... Schiller ist an einer Klippe gescheitert, an der Unzählige vor ihm gescheitert sind ... und dies nur vermöge seines geistlichen Genies, das ihn vom Antiken ab zum Romantischen hinzieht.« Abweisender die Berlinischen Nachrichten: »Überspannung, unwahrscheinliche Abenteuer, ein Gemische von Antikem und Modernem zu einer Welt, die nie existieren konnte, und rhetorischer Pomp und Szenen voll der höchsten Leidenschaft ... ein Produkt des auf falsche Pfade verirrten Genies, eine wilde Schöpfung der entflammten Phantasie nach mißverstandenen Regeln ...« Wenig später urteilt die gleiche Zeitschrift über eine andere Aufführung vor einem ziemlich kleinen Auditorium. »Sobald die wirklich großen Schönheiten des Details den Reiz der Neuheit verloren haben, müssen die Unnatur und die Unwahrscheinlichkeiten der Charaktere und der Handlung hervortreten. Daher die Kälte des Publikums.«

1804 berichtet die Neue Allgemeine Bibliothek: »Gerade er, der deutsche Tragiker, der unter allen am entscheidendsten gegen die französische Tragödie und die endlosen Tiraden geeifert hat, ist in diesem Stück in denselben Fehler gefallen, und hat nichts als Tiraden gegeben ... Statt eine Handlung zu erfinden, die ihn genötigt hätte, aus sich selbst heraus und in den Charakter der handelnden Personen einzugehen, hat er eine Reihe bewegungsloser Szenen gegeben, die im Lesen ermüdet und, wie die Vorstellung auf der Berliner Bühne und das Geständnis selbst seiner Verehrer hinlänglich bewiesen hat, nicht die geringste theatralische Wirkung hervorbringt ...« Man sieht hier wieder einmal, wie sehr der monumentalisierende antike Stil in seiner neuen, abstrahierenden Strenge verkannt wird, wahrscheinlich deshalb, weil die Forderungen der Lebensnähe, wie sie zuvor der Sturm und Drang entwickelt hatte, inzwischen – mit der üblichen Verspätung – beinahe zum Allgemeingut geworden waren, gerade in dem Augenblick, als man wieder veränderte Gestaltungsmittel einführte.

Für die Dresdner Aufführung wurden somit von Schiller wieder entscheidende Änderungen verlangt. Doch antwortet er, diese seien ohne gänzliche Verstümmelung unmöglich, lieber wolle er auf eine Aufführung verzichten.

In Wien verbietet der Polizeipräsident die Darstellung überhaupt. Hägelins Zensurkatechismus von 1795 hatte ja bereits behauptet, an der *Vorsehung* darf nur dann gezweifelt werden, wenn die handelnde Person sich selbst korrigiert oder von anderen widerlegt wird! (Grillparzer-Jahrbuch 7. 25.)

Auch Schillers letztes vollendetes Drama ›Wilhelm Tell‹ findet sowohl Bewunderung als Ablehnung. Der Freimütige sagt, das Werk ist »nach dem Urteil verständiger Zuschauer, die es in Weimar aufführen sahen, keines seiner vorzüglichsten Produkte. Durch die Halsstarrigkeit, mit welcher Schiller darauf besteht, den Chor auf der deutschen Bühne einzuführen, hat er sich selbst die herrlichsten Situationen verdorben, z. B. die Verschwörungsszene am Rütli.« – »Im 5. Akt (der garnicht zum Stück gehört) sehen wir Schiller als Hofmann, da er den Johannes Paricida als Schreckbild ohne Bedürfnis einführt.« Der Kritiker versteht hier nicht, wie sehr es darauf ankam, dem *heldischen* Morde einen *eigennützigen* entgegenzusetzen. Dieselbe Zeitschrift berichtet: »Es sind verschiedene kaltsinnige, z. T. selbst tadelnde Urteile (über den Tell) bekanntgeworden . . . Das konnte nicht anders sein, denn Schiller selbst hat durch das Genie, mit welchem er die Verirrungen übte, an denen er bisher Gefallen fand, einen großen Teil so sehr bestochen, daß er den Dichter jetzt auf falschem Wege glaubt, weil er ihn nicht auf dem gewohnten erblickt.« Immerhin fügt der Beurteiler hinzu, »nach meiner Ansicht ist das Werk das vollendetste Schauspiel, das Schiller geschaffen hat.« Die Königlich Privilegierte Zeitung aber meint noch 1840 trotz Bewunderung: »Auch Wilhelm Tell ist kein eigentliches Ganzes als Kunstwerk; es steht alles nur nebeneinander, ohne daß es auseinander entwickelt wurde, und der 5. Akt ist wiederum eine überflüssige Zugabe, welche der Zuschauer mit Vergnügen entbehrt habe, wenn die Hauptperson des Dramas am Schlusse des 4. wieder zum Vorschein gekommen wäre. Im Ganzen genommen hat der Dichter die Geschichte der Entstehung der Eidgenossenschaft nur dialogisiert.«

1804 berichtet die Zeitung für die elegante Welt, »daß dieses neueste Produkt allen übrigen Gebilden dieses großen Mannes im höheren Stil weit nachsteht. Ich finde eine Menge schöner Teile und kein Ganzes.« 1805 schreibt die Züricher Isis: »Wilhelm Tell gehört in der Tat nur zu den mittelmäßigen, vielleicht auch nur allzuflüchtig gearbeiteten Werken dieses Dichters. Es ist zu viel und zu wenig shakespearisch, jenes in der Form, dieses im inneren Gehalt. Ein Hauptfehler, wodurch dieses Kunstwerk zuletzt allen erwarteten Effekt verliert, liegt im Plan des Ganzen; es mangelt ihm die Einheit der Handlung . . . So steht des Lesers Aufmerksamkeit ständig geteilt, seine Teilnahme immer unschlüssig zwischen mehreren anziehenden Gegenständen; oft erwärmend und ebenso oft erkaltend, läßt das Ganze zuletzt nur einen verworrenen Eindruck, eine laue Empfindung zurück. Die durch das ganze Gemälde zerstreuten Strahlen, nirgends zu einem Brennpunkt aufgefangen, glänzen, ohne erwärmen zu können . . . Wenn wir in einem Schauspiel alles das Episode nennen, was nicht wesentlich zum Hauptthema gehört, so besteht die Hälfte von Schillers Tell aus einer Zusammenflechtung mehrerer, wenig zusammenhängender Episoden . . . Unser Lavater scheint über Schillern, so viel sich eben aus diesem Stücke schließen läßt, ungemein richtig geurteilt zu haben. Er sagt nämlich von ihm: der Adel seines Geistes atmet aus jeder Zeile, die aus seiner Feder fließt. Er macht (aber) lieber Fragmente, weil ihn die schnell eintretende Erschöpfung seines siechen Körpers nicht ausdauern läßt.« Überall also handelt es sich um einen reicheren, noch unverstandenen Einheitsbegriff.

Auch auf dem Theater war das Schicksal dieses Dramas äußerst ungewiß, vor allem in politischer Hinsicht. In Weimar mußte der ganze fünfte Akt mit Paricida und den barmherzigen Brüdern wegbleiben, weil »wir des Kaisermordes nicht erwähnen wollten«, wie Schiller seinem Freunde Körner mitteilt. Auch die vier ersten Akte wurden verunstaltet, »schwierige und bedenkliche Stellen« weggelassen. Bald darauf erschien in Weimar das Werk dann aber vollständig. Für Berlin wollte Iffland als Theaterdirektor nicht nur die Paricida-Szenen, sondern auch den großen Monolog (»durch diese hohle Gasse . . .«) streichen. Welche anderen Stellen Schiller politisch ebenfalls entgiften mußte, hat Houben verzeichnet. Als 1819 Kotzebue als angeblich russischer Spion erdolcht wurde, erschien Schillers Rechtfertigung politischer Notwehr erst recht bedenklich. Und der ›Tell‹ verschwand nun von der Berliner Bühne, angeblich weil seine Aufführungen zu kostspielig seien. Der Freiheitsheld war dem König, wenn nicht der Regierung, unsympathisch. Und nach der Julirevolution von 1830 war alles, was wie ›Tell‹ oder ›Egmont‹ nach Auflehnung gegen die Obrigkeit aussah, erst recht anrüchig. »Wir sehen keinen Wilhelm Tell auf der Bühne, weil unsere Bergvölker sich empören könnten«, bemerkt 1832 der Berliner Korrespondent des Stuttgarter Morgenblattes.

In Wien bestehen gleiche Bedenken, nur hilft man sich hier gemütlich durch entstellende Umarbeitung. Schon Hägelin hatte hier jede Empörung der Eidgenossen gegen Österreichs Szepter zu den Stoffen gezählt, die keinesfalls zu dulden seien. 1827 gelang es endlich, den ›Tell‹ fürs Burgtheater durchzusetzen. »Was für Kämpfe hat Schreyvogel bestanden«, berichtet Anschütz in seinen Erinnerungen. »Daß er ungeachtet unzähliger Abweisungen seinen Vorsatz immer wieder erneute und endlich die Hydra Zensur überwand, ist nicht sein geringstes Verdienst.« Aber auch hier mußte der durch Verschwörung bewirkte Volksaufstand gegen Österreichs Herrschaft unkenntlich werden. Den echten ›Tell‹ bekamen die Wiener erst unter Laube 1851 zu sehen. 1849 wurde das Werk in einem österreichischen Städtchen aufgeführt, wobei man aber gegen Ende alles entgiftet hatte. Anstelle des Schlußchors: »Es lebe Tell, der Schütz und der Erretter«, ließ man (blitzschnell den ganzen Sinn des Stückes umkehrend) ausrufen: »Es lebe Österreich, Tell ist ein Verräter.«

In Darmstadt durfte ›Tell‹ vor 1848 überhaupt nicht aufgeführt werden, jedoch Rossinis harmlosere Oper gleichen Namens, in der Tell am Ende einen Fehlschuß tut und gefangen fortgeführt wird.

Schillers Gedichte, deren wir zum Schluß gedenken, fanden ebenfalls geteilte Aufnahme. Zunächst steht man der Wucht seiner früheren Verse ratlos gegenüber. »Es fragt sich, ob Schiller wohl daran tat, daß er die wilden

Produkte eines jugendlichen Dilletantismus, wie er sie nennt, zum zweitenmale wieder abdrucken ließ ... Damals, als Schiller mit den Räubern und jenen Poesien auftrat, kränkelte unsere schöne Literatur an Empfindelei, Mondsucht und Erschlaffung, wozu Goethe durch Werthers Leiden wie Herr Vulpius zu den jetzt im Schwange gehenden Mord- und Brand-, Liebes- und Diebesromanen durch seinen Rinaldo Rinaldini Grund gelegt hatte. Da es so leicht ist, von einem Extrem auf das entgegengesetzte überzuspringen, mußten Schillers Wortkatarakte, diese Lohensteinischen Ungeheuer von Metaphern, diese Bizzarrerien, Grotesken und Höllenbreughelischen Karikaturen notwendig starke, allgemeine Sensation hervorbringen.« Man sieht, wie vordringend besonders die dämonisch-phantastischen Elemente, die in Schiller ebenfalls lagen, den Zeitgenossen auffielen, die selten Schiller als lehrhaft-moralisierend empfanden, wie das die neueste Zeit doch tut. Dürfen wir doch nicht vergessen, wie sehr Klassizismus, Romantik und beginnendes Biedermeier sich gerade darin wohlfühlten, immer wieder ethische Richtlinien des Lebens wahrzunehmen, während hundert Jahre später – in umgekehrter Einseitigkeit nunmehr – alles Berühren derartiger moralischer Leitseile merkwürdige Unlust auszulösen pflegte.

»Der Hauptfehler Schillers in früheren Zeiten war grenzenlose, zweckwidrige Verschwendung von Kraft.« Dieser weitere Satz verrät, daß die leidenschaftliche Drastik gerade des jungen Schiller, die uns heute zusagt, durchaus mißverstanden wurde. Sind doch, am Sonderreize seines frühen Stils gemessen, seine Wortkatarakte keineswegs *verschwendete* Kraft.

Auch Schillers Hymnus ›Freude schöner Götterfunken‹ wird getadelt. »Denn der Götterfunke ist etwas lebloses, die Tochter aus Elysium eine prosopopoei.« Wieder wird, wie wir bereits bei Goethes Lyrik auszuführen hatten, der Sprung aus einer Zone in eine andere mißverstanden, weil in dieser neuen Kunst die ebenmäßige *Einsichtigkeit* etwa Lessingscher Bildersprache zugunsten bewegenderer Gefühlswelten verlassen war. So heißt es von diesem lyrischen Gebilde: »Es ist und bleibt trotz vielen einzelnen Schönheiten ein lyrisches Chaos, eine Dythirambe, d. h. ein Produkt, in welchem Phantasie mit den Gesetzen der schönen Kunst nur ein wildes Spiel treibt ...« Ferner behauptet man in bezug auf seine Gedichte, »schon im Jahre 1795 fing die Blüte seines Geistes zu welken an ... Es liegt am Tage, daß Schiller sich von dem Augenblicke, wo er seinen Ruhm völlig gegründet sah, zu vernachlässigen anfing, fest vertrauend, man werde nunmehr selbst seine Fehler preisen, wie denn auch wirklich von einigen Zeitschriften lächerlicherweise geschehen ist. Daher seine sprach- und zweckwidrigen Inversionen, die sich durchaus nicht rechtfertigen, sich nicht einmal als poetische Lizenzen entschuldigen lassen. Dergleichen verworfene Konstruktionen, wie man sie in Schillers neuen Gedichten gar häufig antrifft, vernichten allen beabsichtigten Effekt ... Daher ferner seine um des Reimes willen mit unterlaufenden, unerträglichen Archaismen an die Zeiten erinnern, in welchen Andreas Gryphius seinen Horribilliscribrifax dichtete ... Schillers Lieblingsfigur ist jetzt, ebenfalls um der lieben Bequemlichkeit willen, das Polysyndeton. Oft hängen ganze Seiten bloß durch die Conjunctio copulativa zusammen. Ich rüge dies vorzüglich darum, weil ich bemerkt habe, daß die Dichter minorum gentium, deren Schatten in Musenalmanachen alljährlich zu spuken pflegen, diese Zierlichkeit des ›und – und – und‹ schon nachzuahmen anfangen.« Man verkennt hier gänzlich den ehernen Gleichschritt, der mit jenen nur noch *nebenordnenden,* gerade damit aber *monumentalisierenden* Verknüpfungen gegeben war. Bezeichnenderweise fährt jener klassizistische Kritiker aber fort: »Andere den griechischen und lateinischen nachgebildete Wortführungen, die Schiller und Goethe in neuerer Zeit gewagt haben, würden mit Dank anzunehmen sein.« Jene Behandlung erscheint jedoch zu kühn, denn der Rezensent klagt weiter, »hätten sie dieselben nur geschickter in Anwendung zu bringen gewußt.« Derselbe Mann meint noch 1804, als bereits die Ausdruckskraft des Mittelalters wiederentdeckt war, als schweren Tadel, wenn er von Schillers Versmaß behauptet, »seine selbsterfundenen Metra schmecken oft gewaltig nach dem gothischen Stile in der Baukunst.«

Wie *eigenwillig* aber damals Schillers (uns heute oft monoton vorkommende) Versmaße wirken, zeigen weitere Klagen dieses Kritikers: »Dieses wilde Über- und Durcheinanderstürzen der sogenannten Daktylen, Jamben, Trochäen und Spondeen ohne richtigen Tonfall, wohinter manche tiefe Kunsteinsicht und hohe poetische Weisheit suchen, macht auf mich einen sehr widrigen Eindruck. Mir ist dabei zumute, als hörte ich eine Musik, in der alle Takturen schnell und unaufhörlich wechselten.« Wie stark Schiller einst die deutsche Sprache mit Kraft, die uns heute selbstverständlich wurde, geladen hat, kann man ermessen, wenn man einen weiteren damaligen Ausspruch aufnimmt. »Er möchte gern – schlau genug – das Publikum überreden, seine falsche Manier in dieser Gattung sei die wahre. Glauben wir ihm, so ist der Gesang ein Katarakt.

Er kommt mit Donnersungestüm,
Bergtrümmer folgen seinen Güssen
Und Eichen stürzen unter ihm.

Sollte man nicht denken . . . der Fürst der Finsternis mit allen Heerscharen höllischer Geister sei im Anmarsche und der jüngste Tag breche herein; mittlerweile ist aber bloß von den sanften Tönen eines harmlosen Leiermannes die Rede.«

Während Schiller in den Schulen heute als Normalmaß *schönheitlichen* Schwunges gilt, war damals das Gegenteil der Fall. »Es wird von Tag zu Tag klarer, daß Schiller den alten Ägyptern und Persern gleicht, deren Geist mehr auf das Außerordentliche und Bizarre gerichtet war, als auf das Schöne«, urteilt ein anderer damaliger Kritiker. »Er scheint nicht zu wissen, daß man recht originell sein kann, ohne deshalb grotesk und barock werden zu müssen.« Mit solchem formalen Tadel findet sich Schiller in bester Gesellschaft. Denn die geistesgeschichtliche damalige Lage mit ihren Schranken wird erst vollends deutlich, wenn man weiterliest: Auch dem Shakespeare »wie dem Dante Alighieri und Michelangelo war der Sinn für das Schöne noch nicht ganz aufgeschlossen.« Man fühlt nunmehr, wie sehr gerade Schiller, den wir heute gern als bloßen Klassizisten ansehen, zur kräftigenden Erweiterung des damaligen Welt- und Sprachbildes beigetragen hat. Andrerseits vernimmt man wieder den anderen Unkenruf. »Ich weiß gar wohl, warum Schiller jetzt so sehr griechzt. Das ist nämlich die bequemste Methode, ohne alle Anstrengung einer ermatteten Phantasie neu zu scheinen, wenn man alte Gerichte wieder aufwärmt und Eigentümlichkeiten fremder Nationen in die Heimat verpflanzt, unbekümmert darum, ob sie hier gedeihen.« Alle zuletzt genannten Zitate entstammen dem Freimütigen (Berlin 1804).

Wie aufregend wirkte die machtvolle Dynamik Schillers auf die Menschen des ausgehenden 18. Jahrhunderts, auf die Zeit eines kleinräumigen Deutschland, der idyllischen Postkutsche, des nachklingenden, dünntonigen Spinetts! Zum Schlusse noch ein Trio von zeitgenössischen, nun wieder moralbetonten Eindrücken, gegeben als ein Decrescendo an Urteilsbedeutung. Zunächst – noch mit Teilbewunderung gemischt – ein grandioser Ausspruch von Jean Paul, der uns erinnern kann, wie es entscheidenden Zeitgenossen angesichts jener zügigen, schärfenden Kraft Schillers zumute war. »Schillers Porträt – schlug wie ein Blitz in mich ein: es stellte einen Cherubim mit dem Keime des Abfalls vor und er scheint sich über alles zu erheben, über Menschen, über das Unglück und über die Moral. Ich konnte das erhabene Angesicht, dem es einerlei zu sein schien, welches Blut fließe, fremde oder eigenes, gar nicht satt bekommen.« – Sodann eine Bemerkung Friedrich Schlegels, welche zeigt, wie gefährlich Schiller auch dem mystischen, katholisierenden Einheitsbedürfnis der *Romantik* erschien. »Er ist durchaus im Zweifel stehen geblieben, daher weht uns selbst aus seinen edelsten und lebendigsten Werken bisweilen der Hauch innerer Kälte entgegen.« Und drittens, nochmals eine Stufe primitiver, ein 1821 in Ellwangen und Gmünd erscheinendes Büchlein (›Klopstock und Schiller‹), worin der Verfasser nachspüren will, »ob nicht unter dem glänzenden Firnisse (Schillers) Trug, List, Täuschung, Verführung zum Bösen und allem Verderblichen verborgen liege.«

Wir spüren den bezeichnenden Gegensatz der Früh- gegenüber einer Spätverkennung, wenn wir daran denken, daß Nietzsche später, gegen Ende des Jahrhunderts, umgekehrt Schiller einen Moraltrompeter nennt. Wieder sehen wir, daß das Neue zuerst als revolutionär und zerstörerisch, später aber als glättend und konservierend angesehen wird, ohne daß sich die Sache selber inzwischen auch nur im geringsten geändert hätte.

Schließen wir – in heftigstem Gegensatz zur Spannkraft Schillerscher Verse – mit dem unheimlich *stillen Begräbnis* des Beurteilten, jenem Gradmesser für bereits gewonnene Geltung. Die Zeitung für die elegante Welt gibt 1805 eine ergreifende Schilderung, die ahnen läßt, wie wenig allgemein und gefestigt der Ruhm dieses Menschen bei Lebzeiten gewesen ist. »In der Nacht vom 11. zum 12. wurde er begraben und zwar in der alleräußersten Stille. Handwerker sollten ihn hintragen, aber seine Freunde und Verehrer traten an diesem Abend in aller Eile zusammen, um sich diese Ehre und Pflicht nicht nehmen zu lassen. Es waren einige literarische Männer (Prof. Voß, Dr. Kannegießer, Schütze u. a.), einige Sekretairs und Registrators. Der Zug ging in der Stunde nach Mitternacht durch die ganze Stadt nach dem Jakobskirchhof – langsam und mühsam (es waren der Träger nicht viele), ohne alles Geräusch, ohne alle Zuschauer, ohne alles Gefolge. Ich glaube fast, daß noch kein Mensch auf der Welt in solcher Stille begraben worden ... Es war eine mondhelle Nacht, alles lag im tiefsten Schlaf, umher kein Ton der Klage, keine Stimme der Trauer, nur der Wind, der an dem Dachwerk der Kirche rasselte, war das einzige schauerliche Geräusch, das bei dem Eingange zu den Toten sich hören ließ. Der Mond war eben hinter ein dunkles Gewölk getreten, als der Sarg seitwärts in einem kleinen überbauten Gewölbe eingesenkt wurde.«

Stolberg schrieb jetzt wie erlöst: »Schiller ist tot. Gott habe ihn selig. Für die Philosophie, Religion und den Geschmack des Wahren und Schönen ist sein Tod Gewinn.« Kurz zuvor hatte dieser katholisch Gewordene jene ganze klassische Epoche unserer Dichtung mit dem kleingläubigen Untergangsgefühl beurteilt, das so schnell auftaucht, wenn sich ein bloßer *Stilwandel* ereignet. »Das Reich Jesu Christi war wohl noch nie in so sichtbarem Kampf mit dem Reich der Finsternis«.

Jean Paul

Jean Pauls Gestaltungsweise ist in gewissem Sinne die phantastischste und aberwitzigste, welche um 1800 in ganz Europa hervortritt. Er kann als eine verquerte, höchst seltsame Synthese aller damaligen Möglichkeiten aufgefaßt werden. Hier durchschießen sich in absonderlicher Weise die geistesgeschichtlichen Fäden beinahe aller damaligen Regungen, wenn man die neuantike Einfachheit der Form ausnimmt, welche die Klassizisten anstrebten, die Einfalt und stille Größe. Alles, was um diese an gegnerischen Kräften damals älterer und neuester Art gelagert war, trifft sich in seinen Arbeiten zu einem tiefsinnig bizarren Gewebe: ein großer, wohlwollender Glaube an das Gute im Menschen wirkt aus den Bereichen der Aufklärung nach, verkoppelt sich aber reizvoll mit satirischen Wirklichkeitsdurchblicken. (Jean Paul hatte E. T. A. Hoffmann in die Literatur eingeführt). Die barocksten Formenhäufungen, die uns an Lohenstein gedenken lassen, kreuzen sich mit nüchternster Einzelsicht eines neuen, subjektiven Realismus, wie ihn zuvor vor allem die Engländer Swift, Fielding, Sterne (wie schon Herder feststellte) ausgewirkt hatten. Das höchste Pathos des 1800-Idealismus trifft sich mit krausem und entlarvendem Wirklichkeitssinn, wie ihn das 19. Jahrhundert weiter entwickeln sollte. Romantische Wehmut durchschießt sich mit sarkastischem Galgenhumor. Denkerischer Tiefsinn, der die begrifflichen Einsätze aller damaligen Philosopheme zu verarbeiten scheint, durchwirkt sich mit einer fühlenden, romantischen Verklärung, wie sie auch die musikalischste Lyrik jener Zeit kaum erreicht hat (obgleich gerade Jean Paul nicht eine einzige Zeile Lyrik schrieb). Die präziseste Kleinformulierung sitzt mitten in einem absichtlich hergestellten Gestrüpp von Bezügen, die alles unabsehbar werden lassen wie einen Urwald (bisweilen auch wie Drahtverhau). Die spitzeste Angriffslust nach allen Seiten verbindet sich mit rührender Ergriffenheit vom letzten Einssein aller Kreatur.

Es scheint mir ganz veraltet, Jean Paul einfach als »formlos« zu erledigen. Im Gegenteil: sein Formbegriff ist überladen, überreich und zu verzwickt. Sein romantisches Nachbarock gehört, gesamtgeschichtlich angesehen, zu jenen tiefsinnigen Übertreibungen und Enderzeugnissen übervielfältiger Anschauungsweisen, wie sie am Ausgang des Mittelalters wuchern (besonders in der Spätgotik der Malerei, Plastik und Architektur), wie sie am Ende des eigentlichen Barock wiederkehren, und wie sie sich schließlich am Abschluß der neuzeitlichen Wirklicheitsergründungen nochmals vertausendfältigend zeigen sollten, etwa beim Iren James Joyce. (Es gibt ein Wuchern des Unterbewußten, ein rastloses Fortspinnen bei Jean Paul, wo man bereits von einem James Joyce in liebenswertem dur sprechen möchte.)

Bei solcher Überstürzung durch formale und inhaltliche Eindrücke sollte man nun denken: diesem Meister wird die Frühkritik seiner eignen Zeit am heftigsten mitgespielt haben. Strebte man damals doch weitgehend nach Durchsichtigkeit eines antibarocken Formgenusses, worin ja der tiefere Sinn mindestens des neuantiken weimarischen Wirkens lag. Wie aber Jean Paul als ein unvergleichliches Wunder inmitten seiner Zeit thront, so auch die Gesamtbeurteilung, die er erfährt. Otto Lenz hat sie 1916 dargelegt, und sie verläuft ganz anders, als man denken sollte. Bei andren Meistern ändert sich das zeitgenössische Urteil meist während ihres Lebens. Man stimmt anfänglich zu, wendet sich aber ab, sobald der Meister seine eigne Linie gefunden hat. Oder die Kritik widerspricht zuerst, um sich dann, wenn das Leben des Erzeugers lange währt, allmählich an seine Eigenart zu gewöhnen und nunmehr zuzustimmen. Nichts dergleichen bei Jean Paul.

Im großen ganzen ist hier festzustellen, daß sich – mit geringen Ausnahmen – in der zeitgenössischen Kritik höchstem formalem Tadel immer auch höchstes Entzücken zugesellte, ziemlich gleich, aus welchem der damaligen Lager diese Urteile auch kamen. Fast alle Kritiker wettern über die Verzwicktheiten des Gesamtablaufs, über die Subjektivitäten, die bloßen Lyrismen neben gelehrten, beziehungsreichen Anspielungen, über weit hergeholte Vergleiche. Fast alle Beurteiler aber verlieren an irgendeiner zusammenfassenden Stelle ihres Berichtes ihre gesamten Lehrmeinungen, was sich doch leider viel zu selten gegenüber auch maßvolleren Formengebern ereignet. Beinah alle Kritiker geraten irgendwo in beglückendes Erstaunen über den inneren Reichtum dieses Menschen.

Will man diese seltsame Erscheinung verstehen, so bieten sich folgende Erklärungen an. Jean Paul ist so sehr eine einmalige, komplizierte Gestalt, daß sich überhaupt keine der damals üblichen geistesgeschichtlichen Maßstäbe anwenden lassen, mit denen man ihn hätte kontrollieren können. Weder die Vorstellungen der vergehenden Aufklärung noch die des Sturm und Drang, nicht mal die des Klassizismus oder der Romantik waren hier zuständig, weshalb man für einen prachtvoll ratlosen Augenblick alle jene Gesichtspunkte beiseite legen mußte, das ganze kategoriale Ästhetisieren vergessend, das damals auch bei höchsten Geistern im Schwange war, wie etwa auch bei Schiller und Goethe, die sich ebenfalls ganz abseits hielten.

Zweitens ist festzustellen, daß man mit Streitigkeiten zwischen den literarischen Gruppen derart beschäftigt war, daß man kaum noch Zeit hatte, einen ganz *zwischen* den Parteien Stehenden noch abzutun. So gab man denn oft zu verstehen, daß Jean Paul der richtige Mann wäre, wenn er seine formalen Untugenden ablegen würde.

Drittens hatte Jean Paul selber wenig Kritikertätigkeit entfaltet, jedenfalls sich selber niemals zu einem der bestehenden Lager gezählt, weshalb man ihn auch niemals als exemplarischen Vertreter einer bestimmten Kunstweise, sondern höchstens als Einzelgänger treffen konnte. Viertens aber war es der verknäulte Gegensatzreichtum seiner Schriften selber, der den verschiedensten Kunstansichten etwas geben konnte. Literarische Feinschmecker zitierten seine brillanten Einzelformulierungen.

Trotzdem sind Früherfolge einem originelleren Geiste nie beschieden, wenn nicht schon eine entsprechende Überlieferung vorausgeht, so daß das Publikum einen Übergang, eine unmerkliche Anpassung leichter vollziehen kann. So sehen wir denn auch, daß die zart exzentrische und subjektive Formengebung unsres Dichters in England durch Sterne, in Deutschland durch Joh. Gottwald Müller und Hippel vorbereitet war, so daß er, was nun seinen Früherfolg erklärt, in mancher Hinsicht als ein reiches *Ende,* nicht als ein kühner Anfang angesehen werden darf. Die Empfindsamkeit setzte er fort, wenn er auch auf seiner Leier nun *gegensatzreichere* Akkorde griff, von wilden zu verklärten Tönen reichend. Daß er bei Lebzeiten ein Modeschriftsteller für Frauen wurde, kann uns bei seiner *gefühlvollen* Behandlung nicht wundernehmen. Um so mehr aber versetzt uns in Erstaunen, daß die damalige Damenschaft seine exzentrische Phantastik und strotzende Gelehrsamkeit geliebt haben soll. Wir müssen den literarischen Durchschnitt der zeitgenössischen Frauen entweder sehr hoch ansetzen oder mit anderen Beurteilern der Zeiterzeugnisse annehmen, daß *diese* Seite seines Wesens gar nicht ausgekostet worden ist.

Die Gesamtverkennung Jean Pauls entsteht eigentlich erst im weiteren Verlauf des 19. Jahrhunderts, als der objektivierende Naturalismus immer breitere Gefolgschaft erhält, bis nach seinem Ablauf und mit Neubetonung einer überrealistischen Phantasie der Dichter sozusagen neu entdeckt wird, so problematisch seine köstliche Erscheinung bleiben mag. Wenn der junge Gottfried Keller sagt, »er ist beinah der größte Dichter, welchen ich kenne«, so ist das noch ein später, vereinzelter Nachhall der Wirkung, die er auf Zeitgenossen ausübte. Wenn sehr viel später aber Stefan George ihn »die größte dichterische Kraft der Deutschen« nennt, so wird das nun als Neuentdeckung der Moderne ausgesagt.

Wir haben also für eine Geschichte des Mißverstehens durch die eigne Zeit diesmal nur wenig zu notieren. Fragen wir uns zunächst kurz, wie die Großen auf ihn reagierten. Lichtenberg nennt ihn »zuweilen kaum erträglich ... Er würzt alles mit Cayenneschem Pfeffer ... Er wird, um sich kalten Braten schmackhaft zu machen, geschmolzenes Blei oder glühende Kohlen dazu essen müssen.« Andrerseits finden wir, daß Herder den Dichter anerkennt, ja voll bewundert, Wieland ihn mindestens bestaunt und hochhält. Schiller und Goethe bleiben jedoch abweisend, bis Goethe endlich im ›Westöstlichen Diwan‹, wo er selber vielteilig ins betont Irrationale ausgreift, ihn zu preisen unternimmt. Die Schlegels bleiben etwas kühl, was weniger aus ihrer Einstellung hervorwächst, als vielmehr sich ungewollt aus den satirischen Schilderungen Jean Pauls ergab, die dieser in der Person des Kunstrats Fraischdörfer (im ›Quintus Fixlein‹) gegeben hatte, sicher einen der Schlegels meinend. Waren diese somit unbewußt kritisch (obgleich sie ihn schließlich anerkannten), so wird umgekehrt das Wohlwollen Wielands, besonders aber Herders durch den Umstand beeinflußt, daß diese einen Dichter brauchten, der ein gewisses Gegengewicht gegen die lehrhaften Anweisungen darstellte, die Goethe und Schiller von Weimar ausgehen ließen.

In den Zeitschriften aber zeigt sich beinah jedes Urteil, wie oben schon gesagt, in ziemlich gleichmäßiger Verschränkung von Bewunderung und Tadel, wobei wir nur letzteren zu notieren haben. Nur ganz im Untertone kann man deshalb eine Scheidung jener Kritiken in preisende, mittlere und ablehnende unterschreiben, wie sie nachträglich gemacht wurde. Mit gleichem Untertone nur darf weiterhin behauptet werden, daß Jean Pauls Anerkennung mit dem Erscheinen des ›Hesperus‹ etwa von 1795 bis 1807 sichersteht, um dann aber nachzulassen. Als Grund für jenes leise Abflauen ist anzugeben: die schärfer werdende politische Lage, das Ende der literarischen Empfindsamkeit, das Ablassen des Neuheitsreizes seiner Werke, die nun allmählich ihren Manierismus bloßlegen; schließlich J. Pauls inzwischen erfolgte Angriffe auf Rezensenten, die er, wenn auch nur in Anmerkungen und Vorworten zu Neuauflagen, nun doch nach mancher Richtung hin weidlich gelästert hat.

Wenn wir nun tadelnde Kritiken anführen, so behaupten wir nicht, sie hätten mit ihren Einzelankreidungen Unrecht gehabt, sondern allein, daß sie nicht sahen, wie strukturbedingt jene angeblichen *Gebrechen* waren und welche bedeutsamen Ausdrucksgesetze hinter ihnen standen. 1784 bemerkt – trotz Anerkennung – das Allgemeine Verzeichnis über des Dichters erstes größeres Werk, die ›Grönländischen Prozesse‹: »Allein, die Sucht witzig zu sein, reißt ihn durch das ganze Werkchen zu sehr hin, daß wir nicht zweifeln, die Lektüre desselben wird jedem vernünftigen Leser gleich beim Anfange so viel Ekel erregen, daß er sich selbiges aus der Hand zu legen genötigt sehen wird.« Über die Auswahl aus des ›Teufels Papieren‹ 1789 schreibt die Gothaische Gelehrte Zeitung, obwohl sie später stolz drauf war, ihn früh erwähnt zu haben: »Hin und wieder sind sie mit ziemlich scharfer Lauge gewürzt und etwas weitschweifig.« Von seinem dritten Werk, der ›Unsichtbaren Loge‹,

1793 berichtet Knigge: »Um einen witzigen Einfall anzubringen, führt er die Gelegenheit mit Gewalt herbei und springt daher von einem Gegenstand zum andern über. Dazu nimmt er Veranlassungen, die nicht etwa bloß unerwartet, sondern oft wirklich ganz unpassend sind. Sodann zeigt sich die Sucht, immer etwas Ausgezeichnetes und Bizarres an den Tag zu bringen. Diese offenbart sich in Form und Materie.« Das überrealistische Ausdrucksprinzip, »im Alltagsleben Auseinanderfallendes« in magischen Zusammenhang zu setzen (Hieronymus Bosch in dur), was erst in neuester Zeit wieder so aktuell werden sollte, wird damals nicht geahnt und nachempfunden, vielmehr einer könnerischen Eitelkeit des Dichters zugeschrieben. »Ein üppiges Gemälde verdrängt das andre. Dann wird der Ausdruck wieder plump, platt und unedel, und dann ist wieder in dunkle Worte und Pathos ein dünner, kleiner, armseliger Gedanke eingehüllt.« Der Reiz des absichtlichen Springens aus höchsten Höhen in die kleinsten Kleinigkeiten des Alltagslebens wird nicht genossen; es wird nicht ausgekostet, wie er Hoch und Tief verklammert, das Kleinste mit dem Größten, Mikro- und Makrokosmos verbindend. Das alles nämlich war so neu, daß Knigge fortfährt: »Durchaus ist die Anordnung affektiert, und Manier ist für Originalität unterschoben.«

Da dies neue Prinzip nur selten verstanden wird, sprechen die Würzburger Gelehrten Anzeigen 1796 nichtachtend von »bloßen Possen«. Sie hätten es lieber gesehen, wenn der Dichter »psychologischer und philosophischer zu Werke gegangen wäre«, was doch J. Paul geradezu im Übermaß zu tun pflegte. Die Gothaische Gelehrte Zeitung von 1799 fragt: »Warum mag doch dieser talentvolle und in so vieler Hinsicht vortreffliche Schriftsteller die unwahrscheinlichsten, unnatürlichsten und oft durchaus nicht motivierten Ereignisse, Entschlüsse und Handlungen seiner Personen wählen?« Es ist dieselbe Frage, die man an den Vorgang eines spätgotischen Bildes, eines Bosch oder Breughel, damals gestellt hätte, nicht empfindend, wie sehr die Menschen hier nur Marionetten eines seltsam kosmischen Geschehens sein sollen, das sozusagen durch sie hindurchgeht, nicht aber ihren eignen Wirklichkeitsentschlüssen entspringt. Nur wenn man sich auf jenen *andren* Boden begibt, kann man auch heute die Darstellungen des Dichters voll genießen (so sehr man ihn heute wortknapper wünschen mag, was dann aber eine Frage der äußeren Ökonomie der Kunstmittel wird). Wie er tiefsinnig kapselt, zellenhaft arbeitet, gleichsam fertige Teilstücke montiert, wirkt nur von jener Einstellung aus genußreich. Jedenfalls herrscht geradezu grenzenlose Arbeitslust und Verbesserungswut, keineswegs bloße Bequemlichkeit, mit der er seine Vorstudien, gesammelten Einfälle und Gedanken, was doch behauptet worden war, schnell hätte loswerden wollen. Sein additiver Sammel- und Einschachtelprozeß war umgekehrt Ausdruck eines aphoristisch-zellularen Lebensgefühls, einer bewußt fragmentierenden, sehr modernen Haltung, die sich (fast wie die neueste Physik die Atome) so das Kunstwerk im Größten wie im Kleinsten unstetig und etwas sprunghaft vorstellt, nicht mehr nach den panharmonischen, ausgleichenden Gesetzen der Klassik. Deshalb stieg die Beachtung dieses Dichters in dem geschichtlichen Augenblick wieder, als man nicht mehr Raffaels sixtinische Dresdener Madonna als das erste Bild Deutschlands ansah, sondern hierfür etwa Grünewald oder gar Breughel als Gegenwart zu nennen begann.

Eine gewisse Zackigkeit des Komponierens als bewußtes Kunstprinzip wird von den Zeitgenossen - nunmehr rein inhaltlich - auch dann mißverstanden, wenn - beim jähen Umschalten eines Verlaufs - von plötzlichen Einfällen gesprochen wird, »die wegen ihrer Immoralität (!) so wenig seiner sonst so feinfühlenden und moralisch denkenden Menschen, denen er sie beilegt, würdig sind.« Gerade aber darin lag eine Kostbarkeit des Gestalters, daß er jählings aus dem Zarten ins Drastische umknickt, aus dem Süßen ins Bittere, so jähe beinah, wie im genannten »mittelalterlichen« Bildwerk.

Man könnte denken, daß es sich damals gar nicht um ein zentrales Mißverstehen handelte, weil ja zu gleicher Zeit von der Romantik die mittelalterliche Kunst neu empfunden, ja gepriesen und gesammelt wurde, so daß den Zeitgenossen jenes sprunghafte Gebaren gar nicht fremd gewesen. Betrachten wir aber zur Prüfung damaligen Lebensgefühls die entsprechenden Zeichnungen, etwa der Nazarener und Verwandter, soweit sie das Mittelalter in sich aufnehmen wollten. Wir finden da, daß sie im Mittelalter nur gewisse Einfalt, Strenge und Ruhe suchen. Sie schließen sich deshalb mehr den frühen Italienern an, als etwa der nordischen Vielfalt, jener an- und abbrechenden Gestaltungsart, zu deren fragmentierendem Formprinzip Jean Paul viel eher zu rechnen wäre (so nachbarock geschwellt zugleich, so empfindsamkeitsgeölt, so wortüberladen seine Texte auch bleiben). Wir werden auf derartige Ansatzpunkte zum wirklichen Formverständnis nicht wieder zurückkommen, bitten aber, alle weiteren Zitierungen allein in *diesem* Sinn als Fehlurteile aufzufassen. Es fehlte für ein wirkliches Verständnis die antiklassische, antirealistische Einstellung. Erst auf solchem Boden hätte man dann feststellen dürfen, daß er manchmal zu wortreich, nur bebildernd, statt sachbezeichnend schrieb, bisweilen Verbindungen, Anspielungen und Exkurse brachte, die nur literarisch, im damaligen Zeit- und Cliquenwissen begründet, also nicht elementar gegriffen waren, nicht aber »zu entfernt« gewesen wären. Als solche hätten sie noch weit entlegener sein dürfen. Je entfernter, desto besser sogar: sollten sie doch Wesenheiten in gleichsam montierenden Zusammenhang bringen, die der Alltag nie in Nachbarschaft zeigt, die aber dennoch geheimnisvoll aufeinander zustreben.

Die Neue Bibliothek der Schönen Wissenschaften, richtige Ansatzpunkte einer Kritik verfehlend, kommt zu dem Ergebnis, es fehle »dem Ganzen durchaus an Haltung und Interesse.« »Ein zu abenteuerliches Gewebe eines bald zum Possierlichen, bald zum Platten herabsinkenden Witzes.« 1800 kapituliert aus gleichen Gründen der Rezensent der Nikolaischen Neuen Allg. Deutschen Bibliothek. Er sei »vielleicht der Stimmung gar nicht fähig, die erforderlich ist, um lange genug an den bunten Blättern zu haften und ihnen Geschmack abzugewinnen.« Teilweise mit Recht, teilweise den Strukturzusammenhang ganz mißverstehend, taucht infolgedessen nicht erst um 1900 (wie man bisher meinte), sondern schon im Jahre 1800 (in der Gothaischen

Gelehrten Zeitung) der berühmte, später immer wiederholte Vorschlag auf, man müsse eine bloße Auswahl machen, die alles »Vortreffliche dieses Schriftstellers sehr gut liefern« könne.

Die Würzburger Gelehrten Anzeigen bekunden, daß es ihnen Mühe gekostet habe, hier wirklich durchzulesen. Auch kann sich der Kritiker »noch nicht darein finden, daß ein Buch, das der Verfasser für ein Ganzes ausgibt, nur ein Stück aus einer unendlichen Menge von Büchern sein soll, die teils der Verfasser schon geliefert hat, teils noch liefern will«. In einer entsprechenden, sehr merkwürdigen Behauptung hatte Jean Paul folgerichtig und umfassend denjenigen Typus Kunst gedeutet, der gar nicht aus einem fertigen Ganzen in die Teile empfunden werden soll (divisiv), sondern als zellenhaftes Fortwuchern ins Unendliche, hier geradezu eines ganzen Lebenswerkes (additiv) wie in verschiedenen Stadien auch der Kunst des Mittelalters. (Vergleiche aber auch ›Work in Progress‹ von Joyce.)

1801 behauptet die Oberdeutsche Allgem. Literaturzeitung, »der Mann setzte sich aufs Geratewohl an das Pult und skribelte sein Allerlei ... Jean Paul weiß mit seinen vielen Wörtern nichts anzufangen, als hinter sie die Leerheit realer Beschäftigung zu verbergen. Die faden, nonsensiacalischen Späße kann man selbst nur mit Mühe aus dem Wörterschwall erheben.« Und wieder mißversteht man seine jähen Würzungen inmitten süßester Bereiche: »Unflätereien« erlaube er sich im ›Titan‹.

Auch ein weiterer Kritiker zetert gegen »die genialisch sein sollenden Übergänge vom Platten und Gemeinen zum Erhabenen und Schauererregenden.« Man finde Stellen (es sind oft die phantasievollsten), die »nahe ans Sinnlose grenzen.« Die Grundverkennung seines Kunstwollens mündet immer wieder (so sinnvoll auch andre Beanstandungen seines Wortreichtums bleiben mögen) in die Klage aus, daß er aus einem Extrem ins andre falle, also auf den süßesten Diskant sofort den grimmigsten Baß brummeln lasse. Man machte dies damals auch einem Beethoven zum Vorwurf, wenn man von größeren Ebenmäßigkeiten der Generation Haydn-Mozart ausging. Man kam zu gleichem Fehlurteil, wenn man Jean Pauls gewollte Formenabstürze an der bewußten Ebenmäßigkeit etwa des Stils von Wieland maß. So heißt es denn immer wieder: »Bald wird man in der rührendsten Stimmung durch einen humoristischen Einfall gestört. Bald verdirbt ein gemeiner Gedanke in einer Beschreibung den ganzen Eindruck. Bald sind Spaß und Ernst so seltsam gemischt, daß es zweifelhaft ist, welches Gefühl der Verfasser in den Lesern hervorrufen will.« Gerade hierauf aber beruhte ja der Reiz jener neuen Schreibweise. Des Dichters Mängel lagen auf ganz anderem Felde. Dyks Bibliothek der redenden und bildenden Künste begeht 1806 den alten Fehler, wenn dort »ein unablässiges Überschwenken vom Kräftigen zum Plumpen, vom Edlen zum Gemeinen und vom Großen zum Kleinen« beklagt wird. Und noch im Nekrolog von Döring 1825 wirft man dem Dichter »das Vermischen von anmutigsten und widrigsten Bildern« vor.

Geradezu monumental, teilweise aber richtig, formuliert der große Schimpfer Merkel seine Einwendungen, weist damit aber, wenn auch ohne es zu wollen, auf des Dichters kühne Formen hin. Es würde der bloße Gedanke, »daß man ihn tadeln könne ... hundert schöne Enthusiastinnen ... und ebensoviel schwachsinnige Männer« in Schwung setzen, »grimmig und mit gesträubten Haaren« gegen den Rezensenten aufzustehen. »Der Titan erscheint mir als eins der schönsten und widersinnigsten, der anziehendsten und langweiligsten Bücher.« Und nun wettert man grandios von »Engeln, die auf dem Kopfe stehn, und Meerkatzen, die aus rosigen Morgenwölkchen herabgrinsen, von scharfsinnigen, witzigen, blendenden Bemerkungen, die aus Abenteuerlichkeiten wie Syrenen aus einem Sumpf hervortauen, sich wieder darin versenken und uns mit sich hinabziehen.« – »Im Titan sind alle guten Menschen krank und die gesunden Taugenichtse. Seine edlen Weiber, die kleine Chariton ausgenommen, sind nervenschwache Empfindlerinnen.« Und die Männer? »Die Edlen, Kraftvollen delirieren; die Besonnenen sind Schwächlinge, Narren oder Schurken.«

Zusammenfassend bestätigt Merkel – und damit auch das damalige Zeitbewußtsein – meine früheren (vielleicht zu weit hergeholt erscheinenden) Vergleiche mit der Spätgotik, wenn vom Dichter nun ein Bild im Stil von Bosch gezeichnet wird. »Er ist den kraftvollen Schultern eines Löwen eingesenkt, und diese gehen in den Wanst einer Robbe über, der man Schmetterlingsfüße unterschob.« Schließlich wird aber auch hier der Kritiker *überwältigt,* er vergißt alle seine Einwände und erliegt der faszinierenden Expression des Dichters prachtvoll. »Hat man das Buch einmal in die Hand genommen, so kann man sich nicht mehr entschließen, es niederzulegen, und doch fühlt man sich 1000mal versucht es wegzuwerfen.«

Solche Kritik läßt immerhin die wahre Größe dieses Dichters ahnen, so sehr er sie auch durch zuviel wortreiche Äußerlichkeiten überdeckt. Dies stört selbst in seiner ›Vorschule der Ästhetik‹, seinem theoretischen Werk, das sonst fast ausnahmslos gerühmt wird. Die Neue Allgem. Deutsche Bibliothek tadelt, daß der Dichter »seine eignen ziemlich vergessenen Werklein als Autoritäten zitiert ... Denjenigen, welche nachschauen, wie es mit seinen Zitationen beschaffen ist, wird er nicht in vorteilhaftestem Lichte erscheinen, denn meist ist deutlich zu merken, daß er die Bücher, die er zitiert, nicht selbst gelesen hat.« Ein andrer Kritiker meint zum gleichen Werk: »Seine unzeitige, selten wahre, noch seltner aufklärende Gelehrsamkeit belästigt, und sein unsicherer Geschmack und sein ungeläuterter Kunstsinn verrät sich hier nicht bloß in seiner Darstellung, sondern auch in seinem Urteil über Schriftsteller und Geisteswerke.« Gerade über jenes theoretische Glaubensbekenntnis des Dichters denken wir heute positiv.

Auch der Vorwurf der Dekadenz taucht wieder auf (wenn auch nicht so oft wie gegen Goethe), jener Vorwurf, der anfangs gegen beinah jede neue Darstellungsweise erhoben wird. Der Freimütige von 1804 meint von den ›Flegeljahren‹, des Dichters »Produkte beseelen doch nur selten jemanden durch schönes Gefühl des Daseins zum Fortleben.« Viele Menschen, nicht nur Weiber, sehnen sich, auf diese Werke hin, aus diesem Jammertal des Lebens zurück »in Abrahams Schoß, ja sie verspüren bisweilen gar Anwandlungen von melancholischer Tollheit und Trieb zum Selbstmord.« Der Dichter möge »Menschen, die an Leib und Seele gesund« sind, zeichnen. Selbst Friedrich Schlegel, ein Verfechter des Gegenteils, argumentiert in dieser Art, wenn er Jean Pauls Dichtungen über diejenigen seines englischen Vorläufers Lawrence Sterne stellt, gerade weil des Deutschen »Phantasie weit kränklicher, also weit wunderlicher und phantastischer ist.« Man neigt also in diesen zarten Zeitläuften noch nicht dazu, daß Phantastische als Zeichen dichterischer Kraft zu nehmen. Deshalb ist es begreiflich (wenn auch im Grunde nur ein weiteres Fehlurteil), daß 1799 ein gewisser Bergk in seiner Schrift ›Kunst, Bücher zu lesen‹ ganz einseitig behauptet: »Vorzüglich gelingen ihm Schilderungen von solchen Gegenständen, die groß und erhaben, furchtbar und schrecklich sind. Der Tod, die Ewigkeit, der Donner und alle Schrecken und Grausen erregenden Szenen sind das Gebiet, worin er zuhause ist und worin er mit Macht herrscht.« Wie viel lieblicher sehen wir diesen Poeten heute!

Vorschnell empfindet man auch diesen Dichter wieder nur als modisch. Schon 1807 meint Eichhorns Literaturgeschichte, daß Jean Paul eigentlich bereits vergangen sei. »Jetzt (1807!) gefällt er nur noch exzentrischen Köpfen durch seine Sonderbarkeiten, und den Weibern durch seine treffenden Schilderungen der Natur, des weiblichen Herzens und lächerlicher Charaktere, aber beleidigt den Mann von Geschmack durch seine Geniesucht.« Und schon 1805 hält die N.A.D.B. den Dichter, der doch noch so viel Nachfolge erleben sollte, für erledigt, »sodaß man dreist zwanzig gegen eins wetten kann, daß sogar die hiesigen Plastertreter und witzig sein wollenden Weiblein, die sein Lob vor 4 oder 5 Jahren so laut erschallen ließen, vielleicht nicht 20 Seiten der gelobten Schriften ohne merkliche Anwandlung von Gähnen gelesen haben mögen.« Wieder also spüren wir jenen sich allenthalben wiederholenden Verkennungszug: überschnelle Entdeckung der *Schwächen* eines Großen und somit das seekrank machende Kulturgefühl, daß nur *Modewogen* vorliegen. Der wahre Reichtum, der hinter der Manier schwingt, wird übersehen, so daß es dann ganz unerklärlich bleibt, daß immer wieder neue Wirkungswellen von einer so vertrackten Formengebung ausgehen konnten. 1801 schreibt ein weiterer Zeitgenosse: »Man kann nicht leicht widersprechendere Urteile hören, als von dem lebenden Publikum über Jean Pauls Schriften gefällt werden. Es fehlt, daß, während ein Teil sie Tag und Nacht in Händen hat, auswendig lernt und für das Höchste und Einzige erklärt, ein ebenso großer Teil sie mit Unwillen von sich wirft und sie für unsinnig und wahnwitzig ausschreit.«

Hören wir nun den Dichter selber. Viele Äußerungen verraten seinen »Ekel am ganzen jetzigen (Rezensier)-Wesen.« Die Göttingischen Anzeigen hielten erbärmliches Splittergericht über Dichter und Philosophen. Merkels ›Briefe an ein Frauenzimmer‹ seien bloße »Geschäftsbriefe über die schöne Literatur.« – »Mir und vielen andren ist der Mann ein muntrer Sackgassenkehrer in der Stadt Gottes, der manchen Unrat wegfegt und sammelt, sodaß er allein in der Gasse übrigbleibt.« Bei einem Freunde fragt der Dichter: »Was machen die Rezensier-Dachs-Schliefer, die in meinen Bau hineinbellen? In der A. D. B. boll sehr eine Bestie.« Einem andren Freund berichtet er lakonisch: »In der Allg. deutschen Bibl. hat mich Nikolai bis auf ein paar Knochen aufgefressen. Ich antworte dem Kläffer nichts.«

Er ist sich klar, daß man meist noch ganz im Geiste der vergangenen Aufklärung verharrt. »Die Bibliothek schreibt gewiß in den Fächern, die ich nicht beurteilen kann, ganz gut, nur schließ ich hiervon das philosophische und poetische aus. Hier steht sie fast auf zwei Achillesfersen. Man fühle zuerst die philosophische an: Reste von Wolf (von Leibniz keine), flache Kanzel- und Kandidatenphilosophie, welche wie die gemeinen Leute gerade das alles klar findet, wo die Frage und Dunkelheit erst recht angeht ... Was ihre poetische Seite anlagt ..., ihr Geist hat nie einen poetischen gesehn; kann er mehr oder weniger romantische Werke ... nicht recht tadeln, so sagt er, es werde ihm nicht recht wohl dabei, wie etwa Pferde an Stellen, wo Geister hausen sollen, es durch Unruhe und Scharren verraten sollen.« Ganz klar sieht dieser (angeblich so wirre) Eigenbrötler auch, was seinen Zeitgenossen an ihm so mißfällt. Er numeriert zusammenfassend folgende Punkte:

1) Ungleiche Schreibart,
2) Unzusammenhängende Bilder,
3) Gezierte mit Gleichnissen überladene Schreibart,
4) Weithergeholte Vergleichungen,
5) Schmutzige Bilder,
6) Nichtzitierung der benutzten Bücher.

Diesen Punkten stellt er seine eigne Meinung klar gegenüber. Zu 1 notiert er, wann und warum er »aus der Ironie in die Deklamation« übertrete. Zu 2 heißt es, »die unzusammenhängende Schreibart ist vielleicht zusammenhängend. Es wäre unfein, dem Leser alles das zu sagen, was er sich selbst sagen kann, ihm wie einem Kinde das Buchstabieren zu lehren.« Zu 3: »Warum sollen gewisse Schönheiten nur einzeln etwas wert sein und in Herden verlieren ... Witz und Verstand sind Blutsverwandte ... Der eine stampft wie ein Pferd aus jeder gepflasterten Straße Funken, und der andre braucht ein Feuerzeug, um ein Licht aufzustecken.« Und schließlich meint er in Selbstverteidigung: »Die Amtspflicht des Witzes ist, wie bekannt, entfernte Ideen gleichsam durch Kanäle zu verbinden.«

Der Dichter hatte sich, entgegen seinem eigentlichen Vorsatze, allmählich offenherzig über seine Kritiker geäußert. Schon 1801 klagt der Allgemeine Anzeiger: »Jean Paul fährt sehr vornehm daher und möchte, wenn er Witz und Geist genug dazu hätte, alle Männer, welche nicht in seiner buntscheckigen Hanswurstmanier arbeiten, als elende Kurrentschreiber verächtlich machen. Das gemahnt einen geradeso, als wenn ein wallachischer Veitstänzer mit seinen Kreuz- und Bocksprüngen und ekelhaften Verrenkungen eine Vestris einen Kurrendetänzer nennen wollte.«

Auch zum Problem der Verkennung und des Mißverstandenwerdens hatte sich der Dichter ausgelassen. Wir können ihn als Stütze für unsre eigne Meinung anführen, welche sich immer wieder gegen den bürgerlichen Geniebegriff wendet, der den schöpferischen Menschen zum Gott erheben will, damit dann das beliebte Nörgeln nicht die geringsten Störungen auslöse, ja im

Gegenteil nur steigernd wirke. Jean Paul streitet gegen diese im 19. Jahrhundert üblich gewordene Meinung. »Sogar kräftige Geister macht oft ein elendes Urteil so kraftlos, als sonst das eingebildete Nestelknüpfen die Starken des Mittelalters. Die größten Schriftsteller haben weit mehr achtende Scheu vor dem öffentlichen Urteil als sie eingestehn. So blitzte in die ausbrechenden Blüten des herrlichen Leisewitz ein solcher kritischer Tropf zu unser aller Schaden. So erfolgte trotz der trotzigen Drohungen keine Nachfuhr neuer Xenien (Goethes und Schillers) ... So kennt der Verfasser noch zwei Löwen der Literatur, welche gleich tierischen sich in manchen Werken durch kritisches Hahnengeschrei bestürzt machen ließen; und Herder würde sich noch größere Palmen errungen haben, hätte man ihm nicht erst nach seinem Tode die jetzigen gereicht ... Der Genius, welcher nur sein heiligstes Inneres in einem zweiten niederlegen und wiederfinden will, schreckt vor jeder Abweisung und Aussperrung zurück und wählt gläubig oder ungläubig nur Einkehr in sich. Schwerlich verzärtelt oder verwöhnt ihn, der den schärfsten Kunstrichter in seinem Ideale herumträgt, irgend ein schmeichelnder; und alles Preisen des Werthers verzog Goethen zu nichts als zum Meister. Daher hätte jeder, auch der gerechteste Tadel gegen ... Schiller, welcher Kraft, Leben, eigne und fremde Vorurteile unermüdet der Kunstschönheit opferte, nur mild und scheu, und mehr mit Gefühlen eigner als mit dem Wunsche fremder Schmerzen ausgesprochen werden sollen; aber davon weiß die bellende Undankbarkeit nichts.«

In einem Brief von 1807 bekennt der Dichter, nachdem er von den Heidelberger Jahrbüchern zur Kritikertätigkeit aufgefordert worden war: »Bisher lehnte ich alle Vokationen für solche Richterstühle, die oft selbst nur verdeckte Armesünderstühle sind, aus Achtung und schwerer Pflicht von mir ab. Die schärfste Gerechtigkeit gegen das Buch und heiligste Schonung und Pflege für den Verfasser sind nicht so leicht zu verbinden. Die Kritik kann leichter Meisterwerke zurückhalten als veranlassen. Selbst ein Jahrzehnte lang gelobter Autor ermattet für die Zukunft bei Übertadel. Wie leicht verwelken vollends an einem erst vorkommenden Talent die Herbstblätter unter einem kritischen Sonnenstich.« An andrer Stelle: »Beurteilt, aber vierteilt nicht ein Kunstwerk; zieht aus demselben weder den Plan (denn das heißet das Knochengerippe einer Venus geben, das ebensogut in einer widrigen Bauerndirne stecken könnte) noch einzelne Schönheiten ...«

Zum Schluß sei mitgeteilt, daß sich gegenüber allen zeitgenössischen Einwänden zwei Prophezeiungen finden, die schon damals auf spätere, erneute Wirkung hindeuten. 1810 weissagt Horn in der Latona bei Besprechung des ›Titan‹: »Die Zeit wo jener Himmelsfunke ebenso rein und unwiderstehlich anerkannt werden wird, als wir jetzt z. B. Shakespeare anerkennen: diese Zeit kann, hoffe ich, nicht mehr fern sein. Mich dünkt, es werde dazu selbst im Jahre 1910 (!) keineswegs zu spät sein.« Und 1825 prophezeit eine berühmte Gedächtnisrede auf den eben Entschlafenen: »Ein Stern ist untergegangen und das Auge dieses Jahrhunderts wird sich schließen, bevor er wieder erscheint ... Er aber steht geduldig an der Pforte des 20. Jahrhunderts (!) und wartet lächelnd, bis sein schleichendes Volk ihm nachkomme . . .« Wie ein Wunder klingen diese Weissagungen. Denn tatsächlich wurde genau nach hundert Jahren erneut und eindringlich, von ganz veränderten Gesichtspunkten nun, wieder auf ihn hingewiesen, der inzwischen als völlig veraltet gegolten hatte. Ob man allen diesen Neuverheißungen folgen wird, bleibt abzuwarten.

Kleist

Kleist bringt um 1800 in die milderen Gefilde des Klassizismus und der literarischen Romantik eine gewisse Drastik, einen Realismus, wie er damals noch kaum verstanden werden konnte. Wie sich in der gleichzeitigen Malerei verwandte Einstellungen eines Géricault und Delacroix erst im Verlaufe des 19. Jahrhunderts auswirken sollten, so auch Kleists Gestaltungsweise. Er war für seine eigene Zeit viel zu direkt im Stofflichkeitsgehalte, zu abrupt in seinem Kompositionsgefüge, zu jäh im Sprachrhythmus, zu leidenschaftlich in den dramatischen Verläufen, zu phantastisch innerhalb seines Realismus (›Penthesilea‹). Fast nirgends ergab sich bei seinen Lebzeiten ein volles Aufnehmen seiner Werke. Der Selbstmord Kleists ist Schnittpunkt vieler tragischer Linien seines Daseins: Spaltungsanlage, Maßlosigkeit des eignen Temperaments, gieriger Ehrgeiz, erotische Verknäulung, wirtschaftliche Not, Mißachtung von seiten seiner eignen Adelskaste, Erfolglosigkeit seiner Werke. Wir haben nur diesen letzten grausamen Faden aufzuzeigen, der schließlich schärfstens Kleistens Hals abschnürte. Jenes Verzweiflungsgefühl völliger Ohnmacht entstand, das Willensgierige überkommt, wenn sie mit ihren vulkanisch ausgeworfenen Werken die Mitwelt entflammen wollen, nun aber erfahren müssen, daß sich ihre Arbeiten nur wie Aschenregen auf alle Umstehenden zu werfen scheinen.

Am schwersten hat den Hitzigen sein Verhältnis zum abwartenden Olympier Goethe gepeinigt. Goethe hatte sich gerade jedem eignen Sturm und Drang entwunden, als Schiller an ihn herantrat. Durch theoretische gemeinsame Interessen und Schillers Sinn für alles Maß hatte sich jene Gemeinschaft entwickelt, die eine der merkwürdigsten Erscheinungen der Menschheitsgeschichte darstellt: vollkommene Verbindung zweier absoluter Gegenfüßler. Der spätere Anprall aber, mit dem nun Kleist an Goethe stieß, hinterließ keine fruchtbare Bewegung mehr. Goethes Bedürfnis einer Verschmelzung mit einem grundsätzlichen Fremdwesen war schon gestillt. Sein Lebenskreis hatte sich nach Aufnahme jenes gewaltigen Fremdkörpers bereits geschlossen und wieder abgekapselt. Kleists jähem Lebensgefühl fehlten von vornherein die beiden Eigenschaften, die drüben verbindend gewirkt hatten: besinnlich denkerische Regungen, die Schillers Lebenspathos dauernd begleiten, und das Ethos eines Humanismus, das für Schiller geradezu bezeichnend war. Die dämonische Abgründigkeit Kleistens kennt solche Überbrückungen nicht. So rast denn sein Annäherungsversuch haltlos aus einem Extrem ins andre: von beinah kriecherischer Anrede bis zum schärfsten Pamphlet, während Goethe dauernd auf seiner – den andern immer mehr aufreizenden – mittleren Linie zurückbleibt.

1808 sendet Kleist Goethen das erste Heft seiner Zeitschrift Phöbus. »Es ist auf den Knien meines Herzens (!), daß ich damit vor Ihnen erscheine ...« – »Ich war zu furchtsam, das Trauerspiel Penthesilea, von welchem Euer Exzellenz hier ein Fragment finden werden, dem Publikum im Ganzen vorzulegen ... Es ist übrigens ebenso wenig für die Bühne geschrieben als jenes frühere Drama ›Der zerbrochene Krug‹, und ich kann es nur Euer Exzellenz gutem Willen zuschreiben, mich aufzumuntern, wenn dies letztere gleichwohl in Weimar gegeben wird. Unsre übrigen Bühnen sind weder vor noch hinter dem Vorhang so beschaffen, daß ich auf diese Auszeichnung rechnen dürfte, und so sehr ich auch sonst in jedem Sinn gern dem Augenblick angehörte, so muß ich doch in diesem Fall auf die Zukunft hinaussehn, weil die Rücksichten gar zu niederschlagend wären.«

Goethe mißversteht bereits Kleistens Versuch, den ›Amphitryon‹ zu modernisieren, wittert »Verwirrung der Sinne«, weil »die Antike und Moderne künstlich getrennt« sind. Er sieht in Kleists ›Amphitryon‹ »eine Deutung der Fabel ins Christliche ... Das Ende jedoch ist klattrig ... Sonst ist die Situation der Alkmene peinlich und die des Amphitryon zuletzt grausam.«

Dennoch führt Goethe den ›Zerbrochenen Krug‹ auf. Statt dieses drastische Werk in einem einzigen, kräftigen Zuge herunterzuspielen, zerlegt er es bedächtig in drei Teile. Es gibt nun jenen Mißerfolg, ja geradezu einen Theaterskandal, wie ihn Genast in seinen Erinnerungen beschrieben hat. Goethe selber verzeichnet nur ganz von oben: »Ein problematisches Theaterstück, das gar mancherlei Bedenken erregte und eine höchst ungünstige Aufnahme zu erleben hatte.« 1802 aber bekennt Goethe ganz offen: »Mir erregte dieser Dichter bei dem reinsten Vorsatz einer aufrichtigen Teilnahme immer Schauder und Abscheu, wie ein von der Natur schön intentionierter Körper, der von einer unheilbaren Krankheit ergriffen wäre.« I. D. Falk berichtet dann aus einem Gespräch über Kleist, daß Goethe gegenüber dem ›Käthchen von Heilbronn‹ »die nordische Schärfe des Hypochonders« tadelt. »Ein wunderbares Gemisch von Sinn und Unsinn. Die verfluchte Unnatur. Das führe ich nicht auf, und wenn es auch halb Weimar verlangt.« Vom ›Michael Kohlhaas‹ habe Goethe geradezu gesagt, »es gäbe ein Unschönes in der Natur, ein Beängstigendes, mit dem sich die Dichtkunst bei noch so kunstreicher Behandlung weder befassen noch aussöhnen könne.« Es sind dieselben Vorwürfe, die damals innerhalb der Malerei jenem dämonischen Realismus von Géricault und Delacroix gemacht werden, die wir deshalb vergleichend erwähnten. Goethe habe fortgefahren: »Beim Lesen seiner Penthesilea bin ich neulich gar zu übel weggekommen. Die Tragödie grenzt an einigen Stellen völlig an das Hochkomische ...« Vor anderen entsetzt er sich über die unmögliche Hunde- und Elephantenkomödie, wo sich Amazonen den Busen abreißen.

Bei Kleist schlägt nun die Begeisterung für Goethe jäh in Bitterkeit um. Er verfaßt plötzlich höhnische Epigramme gegen den Verschmähenden, ja er will Goethen wegen Mißhandlung seines ›Zerbrochenen Kruges‹ sogar zum Duell fordern. Kleists Gebaren verdüstert sich immer mehr. Schon 1803 war durch einen Nahestehenden berichtet worden, daß »z. B. ein einziges Wort eine ganze Reihe von Ideen in seinem Gehirne wie ein Glockenspiel anzuziehen schien und verursachte, daß er nichts weiter von dem, was man ihm sagte, hörte und also auch mit der Antwort zurückblieb. Eine andre Eigenheit und eine noch fatalere (weil sie zuweilen an Verrücktheit zu grenzen schien) war diese: daß er bei Tische sehr oft etwas zwischen den Zähnen mit sich selbst murmelte und dabei das Air eines Menschen hatte, der sich allein glaubt oder mit seinen Gedanken an einem andren Orte und mit ganz andren Gegenständen beschäftigt ist.« Man spürt bereits seine Anlage zu Spaltungen. Die allseitigen Verkennungen treiben sich aber nun, wie Todeskeile erweiternd, in jene schon vorhandenen inneren Abgründe, die sich allmählich sonst vielleicht geschlossen hätten. Arnim berichtet: »Eine sehr eigentümliche verdrehte Natur, wie das fast immer der Fall, wo sich Talent aus der alten preußischen Montierung durcharbeitete. Er ist der unbefangenste, fast zynische Mensch, der mir lange begegnet, hat eine gewisse Unbestimmtheit in der Rede, die sich dem Stammeln nähert und sich in seinen Arbeiten durch stetes Ausstreichen und Abändern äußert. Er lebt sehr wunderlich, oft ganze Tage im Bette . . .« Hier ist – höchst anschaulich – nicht nur ein Einzelmensch geschildert, sondern ein zeitloser Typus. Ein Typus, den das große Mißverstandenwerden, das jeder Neuerer auszuhalten hat, so lang aus jeder Gemeinschaft ausgeklammert, bis er – in eigener Vereinzelung – geradezu erstickt.

Tiefen- und individualpsychologisch leuchtet schon 1807/8 ein unbekannter Verfasser in die Keime und frühesten Folgen solchen Mißverstandenwerdens. »Schon seine Kindheit wurde ihm verbittert, da seine Erzieher die eigentümliche Organisation des Knaben zu beachten nicht der Mühe wert hielten und ihn für begangene Fehler straften, an denen ihre Art, ihn zu behandeln, die meiste Schuld trug. Die Folge war ein scheues Zurückziehn des Knaben in sich selbst auf der einen und ein unbändiger Trotz auf der anderen Seite. Beides unnatürlich, denn von Natur war Kleist offen, sanft, träumerisch, edel. Lange vor seinem Tode schon überfielen ihn Verzweiflungsanfälle«. E. von Bülow behauptet (nach Überlieferung von 1807/8), »weil es sich zugleich entschied, daß der Phöbus keinen Fortbestand haben werde, versuchte Kleist schon hier, sich das Leben zu nehmen, und fand ihn sein Freund Rühle eines Herbsttages von einer starken Dosis Opium, die er zu sich genommen hatte, der Besinnung beraubt und auf dem Bett liegen.« Auch sonst spricht Kleist zu diesem Freund von Todesabsichten: »daß man zu Kahne auf ein tiefes Wasser fahre, alle Taschen voll schwerer Steine gepackt, sich auf den Bord setze und das Pistol gegen sich abdrücke, um, wo man sich nicht totschieße, doch jedenfalls ertrinken zu müssen.«

So wenig wir nun etwa alle Verzweiflungsanfälle dieses Lebens aus dem Verkanntsein seiner künstlerischen Absichten herleiten wollen, so sehr möchten wir doch deutlich machen, mit welch unendlicher Schwere sich Fehlurteile und Verkennungen der Werke gerade auf einen solchen vorbelasteten Lebenstypus legen. So fährt denn jener zeitgenössische Dresdener Anonymus fort: »Widerwärtig in allen äußeren Verhältnissen hatte sich somit schon das Leben des Knaben wie des Jünglings gestaltet, und mit dem Eintritt in das Mannesalter änderte sich in dieser Hinsicht nicht nur nichts, sondern neue drückende Sorgen traten ihm entgegen, die Sorge um das Allernotwendigste für seinen Unterhalt . . . Aber die Werke dieses Dichters, obgleich mehrere derselben in Druck erschienen waren, waren noch im Jahre seines Todes vielen seiner persönlichen Bekannten völlig unbekannt. Das größere Publikum schien kaum zu wissen, daß noch ein Dichter Kleist existiere, sondern dachte, wenn dieser Name genannt wurde, höchstens an den Obersten E. von Kleist, der im Siebenjährigen Kriege gefallen war und auch gedichtet hatte. – An das Fabelhafteste grenzt es doch, daß die beste Freundin in Berlin, nachdem sie soeben eines seiner von Weber in Musik gesetzten Lieder gesungen hatte, ihn unbefangen fragte, ob er nicht vielleicht wisse, von wem das hübsche Gedicht sei.«

Befaßten sich die Zeitgenossen nun aber mit dem Dichter, so geschah das immer wieder in der hemmendsten Weise. Der gleiche Dresdener Zeitgenosse erzählt, »wie herzlos das gebildete Berlin sich gegen den genialen, unglücklichen Dichter bewies, wie die kleinlichsten Kabalen angewendet wurde, um selbst den Versuch, seine Dramen auf die Bühne zu bringen, zu hintertreiben; wie seine Zerstreutheit, seine Art zu reden und sich zu fragen ausgebeutet wurde, ihn lächerlich zu machen, ihn als einen halb Wahnsinnigen darzustellen . . .« – »Immerhin kann man behaupten, Kleist sei eigentlich an den Berlinern von 1811 gestorben.« Von andrer Seite wird solche Meinung bestätigt, wenn Marie von Kleist 1811 an König Friedrich Wilhelm III. schreibt, daß Kleist ihr Anfang August mitgeteilt habe, »er wäre so allein, so verlassen in Berlin, er hätte dort keine einzige Verbindung, die einiges Interesse für ihn hätte.« E. von Pfuel aber bekannte im gleichen Jahre: »Er war so gequält und zerrüttet, daß er den Tod mehr lieben mußte als das Leben, das ihm von allen Seiten so sauer gemacht wurde.«

Kleist hatte aber auch zwei Bewunderer, einen aus der älteren und einen aus der jüngeren Generation. Erstaunlich ist hier vor allem der unterschätzte Wieland, der doch einer ganz anderen Geisteshaltung angehörte. Als einer der größten Versteher stimmt er gleichzeitig höchst *verschiedenen* Welten zu. Wieland bewundert zu gleicher Zeit das ethische Pathos Schillers, die Ausgewogenheit Goethes, die milde Phantastik Jean Pauls und die realistische Dämonie Kleists. Nicht ganz so schwer fiel es der *neuen* Generation, Kleist zu begreifen. Doch bleibt auch hier das Mißverstehen noch sehr häufig. Tieck aber bewundert durchaus. Enttäuscht faßt er die Interesselosigkeit der Zeitgenossen zusammen, als er 1821 Kleists hinterlassene Schriften herausgibt. »Wenn er zuletzt auch wohl nicht an seinem Talent verzweifelte, so mußte es ihn doch betrüben und verstimmen, daß die Welt um ihn so wenig Kunde von seinen Arbeiten nahm. Denn auch darin ist der Dichter unglücklich zu nennen, daß in einer Zeit, in welcher sich nur wenig Echtes in unsrer Literatur zeigte, er fast unbemerkt blieb, indessen neben ihm Autoren berühmt wurden, weil sie den krankhaften Bedürfnissen der Zeit frönten, und andre, von denen sich gar nicht angeben läßt, warum ihnen dieser Vorzug wurde.« Welche Verluste wieder einmal die mißverstehende Welt uns Späteren verursachte, dafür zitiert Tieck verschiedene Beispiele. In bezug auf ›Robert Guiskard‹ berichtet er: »In Verzweiflung an sich und der Welt verbrannte er alle seine Papiere und vernichtete auch die Tragödie zum dritten Mal, die er mit besonderer Vorliebe ausgearbeitet hatte . . .« »Kurz vor seinem Tode hat er alle seine Papiere vernichtet. Ein langer Aufsatz, der die Geschichte seines Inneren enthielt, soll vorzüglich intressant gewesen sein.« (Welch unersetzlicher Verlust für die Erkenntnis des problematischen Genies!)

Tieck selber hatte kritisierend zu einer entsprechenden Vernichtung im ›Käthchen von Heilbronn‹ beigetragen. »Kleist mißverstand die Äußerung als Tadel«, berichtet E. von Bülow 1808, »vernichtete die Szene, ohne daß Tieck eine Ahnung davon hatte, und als dieser sie in der Folge im Drucke vermißte, konnte er nicht aufhören, darüber sein Bedauern auszusprechen . . .« Auch Gentz gehörte zu den Aburteilenden. Er finde ›Die Marquise von O‹ übel und flach. Nur Kleists Mitarbeiter und Freund, der genialische Adam Müller, durchschaut vollkommen das Problem des geistesgeschichtlichen Trägheitsgesetztes, wenn er dem einflußreichen Gentz nun antwortet: »Alles recht Göttliche muß wohl dreißig und mehrere Jahre in irdischer Umgebung so forttreiben, ehe es auch nur vom zweiten erkannt wird; dies lehrt die Weltgeschichte, die Bibel und wird auch das Schicksal der Werke lehren, die der Phöbus verbreitet. Vielleicht sind sie etwas zu frühzeitig, und das wäre ihr einziger schöner Vorwurf . . .«

Varnhagen findet jene Erzählung der Marquise reizvoll, »aber – das ist wichtig – gebildet wie die Erzählung eines Weltmanns, nicht gebildet wie die eines Dichters. In diesen wenigen Worten glaube ich Kleists ganzes Wesen bestimmt zu haben . . .« Es müsse schmerzen, »solchen Geist an der Spitze eines Journals zu sehen, das versprochen hat, mit Kunst und Poesie die Nation zu erfreuen.« Das Grundsätzliche dieser Bemerkung müssen wir besonders beachten. Vom Standpunkt eines romantischen Lyrismus erscheint ein dämonischer Verismus zunächst als Unkunst überhaupt. Erst nach Jahrzehnten der allmählichen Umgewöhnung werden unter Umständen solche grundverschiedenen Seinsbereiche und Kunstformen erst wirklich nachempfunden. Bewußt *erkannt* aber werden derart polare Möglichkeiten in ihren Sonderreizen noch weit später. So scharfe Gegensätze dürfen als die gefährlichste Art künstlerischen Verkennens angesprochen werden. Gefährlich deshalb, weil sie den einen Pol ins leere Nichts der Ungestaltung überhaupt hinausschiebt. Es handelt sich dann immer um denjenigen Typus der Verkennung, der zu sagen pflegt: Michelangelo ist kein Maler mehr (im Gegensatz zu Raffael); Beethoven ist jenseits der Musik überhaupt (im Gegensatz zu Haydn); Rodin ist jenseits der Plastik (im Gegensatze zu Hildebrandts ›Problem der

Form‹ als Schichtenablesung von einem Blickpunkt her, worin angeblich das Wesen plastischen Genießens beschlossen liegen soll).

Bei solchen Fällen verhärtet sich die Abwehr ganz besonders, wenn dann die Leute ihr persönliches Meinen aller Subjektivität entziehen und denktheoretisch untermauern wollen. Überall wo uns in diesem Buche diese Sonderform der Ablehnung begegnet, werden wir daran erinnert, wie *frei* wir uns den Großbezirk der Künste halten sollten! Wie die festgeschlossene Stadt des Mittelalters sich allmählich öffnete, so wird das unabsehbare Gebiet ›Gestaltung oder Kunst‹ allmählich aus geschlossenen in offne Formen übergehen müssen. Zielen doch alle feineren Erwägungen seit mehr als hundert Jahren dorthin.

Harmloser wird Kleists Verismus in den Arm gefallen, wenn Ch. G. Körner seinem Sohne – nur rein subjektiv bleibend – in bezug auf die ›Hermannsschlacht‹ etwa mitteilt: »Ich liebe es nicht, daß man meine Dichtungen an die wirkliche Welt anknüpft. Eben den drückenden Verhältnissen des Wirklichen zu entgehen, flüchtet man sich ja so gerne in das Reich der Phantasie«.

Tragen wir weitere zeitgenössische Beurteiler nach: selbst der liebenswürdige, begeisterungsfähige Jean Paul spricht noch zwei Jahre nach dem tragischen Ende des Dramatikers von den »poetischen Un- und Mißformern«, von Shakespeares Boys, womit er vor allem Kleist zu treffen sucht. Grillparzer wiederum kann die kalt erscheinende Dämonie der ›Erzählungen‹ nicht verstehen. »Die Sujets sind intressant, die Erzählung ist gut, zum Teil vorzüglich. Und doch wandelt mich ein äußerst widerliches Gefühl bei der Lesung an. Es ist offenbar die Haltlosigkeit, die Selbstzerstörung des Verfassers, die aus allem hervorleuchtend diesen Eindruck hervorbringt.« Iffland schreibt 1810 über ›Käthchen von Heilbronn‹, »daß ich die bedeutende dramatische Anlage ehre, welche diese Arbeit dartut, daß aber das Stück in der Weise der Zusammenfügung, wie es ist, auf der Bühne sich nicht halten kann. Nach den aus Wien erhaltenen Nachrichten ... hat sich dieses auch also bestätigt.« Noch 1830 bekundet das Morgenblatt zum gleichen Werk: »Unterhaltung für alle, die mit der Vernunft fertig geworden sind. Nichts als Symptome der entschiedensten Querköpfigkeit.« Wolfgang Menzel meint noch 1836: »Der Zerbrochene Krug ist unbedeutend.« Henriette von Knebel ruft schon 1808: »Ein fürchterliches Lustspiel, das wir vorigen Mittwoch haben aufführen sehn und was einen unverlöschbar unangenehmen Eindruck auf mich gemacht hat und auf uns alle ... Wirklich hätte ich nicht geglaubt, daß es möglich wäre, sowas Langweiliges und Abgeschmacktes hinzuschreiben ... Der moralische Aussatz ist doch auch ein böses Übel. Ich glaube, bei diesen Herren hat sich das Blut, was sie im Kriege erhalten haben, alles in Tinte verwandelt. Im nächsten ›Phöbus‹ ... tritt derselbe Autor auch gleich mit einer so abscheulichen Geschichte auf, lang und langweilig im höchsten Grade.« (Gemeint ist nunmehr ›Michael Kohlhaas‹.)

Zum ›Prinzen von Homburg‹ sagen die Jahrbücher der Literatur von 1822: »Eine sehr intressante Begebenheit wird ebenso intressant dargestellt, aber in ihrer Mitte verunstaltet und in ihrem Ende wie eine leere Seifenblase durch die Luft gejagt.« Und 1821 berichtet Schreyvogel, das Stück »ist gänzlich durchgefallen.« Von der ›Penthesilea‹ melden 1811 die Berliner Korrespondenz-Nachrichten, das vorgetragene Bruchstück »langweilte und war zuwider durch verrenkte Sprache und gemeine Malerei im Ausdruck.« – 1808 schreibt Dora Stock an F. B. Weber: »Sein Talent ist unverkennbar, aber er läßt sich von den Heroen der neuen Schule (!) auf einen falschen Weg leiten ... Seine Penthesilea ist ein Ungeheuer, das ich nicht ohne Schaudern habe anhören können. Sein Zerbrochener Krug ist eine Schenkenszene, die zu lange dauert und ewig an der Grenze der Dezenz hinschießt. Seine Geschichte der Marquise von O. kann kein Frauenzimmer ohne Erröten lesen. Wozu soll dieser Ton führen ...? Und doch wollen diese Herren an der Spitze der Literatur stehen und alles um sich und neben sich vernichten.«

Auch Kleists Berliner Abendblätter sind von Mißverstehen und Unglück umwittert, obgleich sie vielseitig redigiert waren. Selbst der Freund Adam Müller schreibt: »Kleist gibt mit ungemeinem Geschick Berlinische Abendblätter heraus, hat schon viel Geld verdient, fängt aber schon wieder an, sein Publikum zum Bizarren und Ungeheuren umbilden zu wollen.« Nach langen, inzwischen erfolgten antiklassizistischen Regungen der Literatur würden wir heute diese Zeitschrift höchstens würzig, niemals aber bizarr und ungeheuerlich nennen. Kleists dortige Angriffe auf Iffland, den Theaterpapst, bringen ihm aber beträchtliche Schwierigkeiten. Als Kleist auch die politischen Bekanntmachungen entzogen werden, die zu veröffentlichen für seine Zeitschrift wirtschaftlich entscheidend war, gerät er mit Fr. von Raumer, Hardenbergs Unterhändler, in heftigen Streit, ja in eine Duellforderung. Im letzten Blatte bedroht der Verbitterte die Regierung mit Veröffentlichung ihrer gebrochenen Versprechungen und aller damit zusammenhängenden Händel – in einer ausländischen Zeitung.

Auch Brentano, der doch viel Sinn für Außergewöhnliches bewies, hat mit dem Unverständnis der gesamten Romantik, der Kleists krasseres Wesen fremd blieb, an diesem Dichter herumgenörgelt. Die poetische Decke sei ihm zu kurz gewesen und er habe sein Leben lang daran gereckt und gespannt. Etwas näher standen Arnim und Fouqué, doch finden auch sie ihn eigensinnig und bizarr. So mußte denn Adam Müller, der oben erwähnte langjährige Weggenosse, abschließend in seinem Nachruf feststellen: »Seine deutschen Zeitgenossen waren ihres eignen Urteils vielleicht nie weniger mächtig, als da seine Werke erschienen: man strebte nach Ruhe, nach gewissen bequemen Empfindungen, nach leichten, schmeichelnden Berührungen des Herzens. Wie konnte ein Dichter gefallen, der selbst keines oberflächlichen Gefühls fähig, die Zukunft zu ergreifen, die Nation für den Schmerz zu erziehen ... also alle Wunden noch tiefer aufzureißen mit jugendlicher Überschwenglichkeit unternommen hatte ... Dies hat ihm das Herz gebrochen, seine Kraft gelähmt, ihn getötet *lange vorher,* ehe er den verbrecherischen Entschluß faßte, den er zuletzt nicht ohne Widerstreben seiner besseren Natur ausführte.«

Blicken wir zum Schluß auf Kleistens eigene Bekenntnisse. Schon 1802 schreibt er verzweifelt aus der Schweiz: »Ihr Weiber versteht in der Regel ein Wort in der deutschen Sprache nicht, es heißt Ehrgeiz. Es ist nur ein einziger

Fall, in welchem ich zurückkehre, wenn ich der Erwartung der Menschen, die ich törichterweise durch eine Menge prahlerischer Versprechungen gereizt habe, entsprechen kann ... Kurz, kann ich nicht mit Ruhm im Vaterland erscheinen, geschieht es nie.« 1803 dann aus Paris: »Der Himmel versagt mir den Ruhm, das Größte der Güter der Erde; ich werfe ihm wie ein eigensinniges Kind alle übrigen hin.« 1807 an Wieland, weit ab von der üblichen klassischen Ausdrucksweise: »Ich habe eine Tragödie (Sie wissen, wie ich mich damit gequält habe) von der Brust heruntergehustet.« 1811 in inneren Zweifeln: »Das Urteil der Menschen hat mich bisher zu viel beherrscht; besonders das Käthchen von Heilbronn ist voll Spuren davon. Es war von Anfang herein eine ganz treffliche Erfindung, und nur die Absicht, es für die Bühne passend zu machen, hat mich zu Mißgriffen geführt, die ich jetzt beweinen möchte.« Überall wird spürbar, wie gefährlich verflochten mit den Urteilen und Vorurteilen des Publikums auch derart selbständige Geister letzten Endes bleiben. Deshalb nun eine Selbstermahnung. »Ich will mich von dem Gedanken ganz durchdringen, daß, wenn ein Werk nur recht frei aus dem Schoße des menschlichen Gemüts hervorgeht, dasselbe auch notwendig darum der ganzen Menschheit angehören muß.« Welch tragischer Optimismus, wie ja dies ganze Buch beweisen kann, wenn hier die »Menschheit der eignen Zeit« gemeint ist! Welcher Hoffnungsruf hingegen, wenn hierbei an die Menschheit der *Nachwelt* gedacht war! Zu den Selbstberichten, die wir von Kleist besitzen, zählt auch die Darstellung seines Empfanges beim Generaladjudanten des Königs von Preußen, als er sich 1804 persönlich beim König um eine Stelle bewirbt. »Wenn er mir die Wahrheit gestehen solle ... so könne er mir nicht verhehlen, daß er sehr ungünstig von mir denke. Ich hätte das Militär verlassen, dem Zivil den Rücken gekehrt, das Ausland durchstreift, mich in der Schweiz ankaufen wollen, Versche (!) gemacht ... Überdies sei des Königs Grundsatz, Männer, die aus dem Militär ins Zivil übergingen, nicht besonders zu protegieren. Er könne nichts für mich tun.«

Noch aus Kleists gelegentlichen Dankbarkeitsbezeugungen klingen die unheimlichen Erschwerungen, die auf ihm lasteten. 1808 schreibt er an den Verleger Cotta, als dieser die ›Penthesilea‹ übernehmen will: »Ich fühle mit völlig lebhafter Überzeugung, daß diesem Ankauf unter den jetzigen Umständen kein andres Motiv zum Grunde liegen kann als der gute Wille, einen Schriftsteller nicht untergehen zu lassen, den die Zeit nicht tragen kann ...« 1811 bewegen ihn finstre Gedanken über die Unsicherheit jeder Geltung überhaupt, indem er diese Frage grandios ins Kosmische weitet: »Wer wird nach Jahrtausenden von uns und unserm Ruhme reden? Was wissen Asien und Afrika und Amerika von unsern Genien? Und nun die Planeten –? Und die Sonne –? Und die Milchstraße –? Und die Nebelflecke –?« Kurz vorher heißt es im gleichen Briefe abgründig (was man auch auf die Mißverstehenden beziehen kann, die ihn umgaben): »Man sage nicht, daß eine Stimme im Inneren uns heimlich und deutlich anvertraue, was recht sei. Dieselbe Stimme, die dem Christen zuruft, seinem Feinde zu vergeben, ruft dem Seeländer zu, ihn zu braten, und mit Andacht ißt er ihn auf.«

Diese tiefsinnigen Unsicherheitsahnungen (mit denen neuartige Lebensregungen oft anheben), die dann in Schopenhauer, Kierkegaard und anderen sich weiter entfalten, mußten bedeutsam jenes ältere kosmische Geborgenheitsgefühl verwunden, ja durchbrechen, jenes Geborgenheitsgefühl, das der nachmittelalterliche Deismus entwickelt hatte, das dann in der klassischen Dichtung von 1800 seinen weltlichen Ausdruck erreichte. Gegen die neu aufbrechende *Fragwürdigkeit* allen Lebens zielt aber jene Kritik, welche auch einem Goethe notwendig erschien. Diese neuen *Unsicherheitsgefühle* hatten aber den Ausdrucksstil Kleists entwickelt, dem eine wohlig gerundete, vertrauensvoll bergende Schreibweise als optimistische Lüge erscheinen mußte. So klagt denn Kleist im gleichen Jahre, nach jeder Richtung hin vereinsamt, wie furchtbar es sei, sich »als ein ganz nichtsnutziges Glied der menschlichen Gesellschaft, das keiner Teilnahme mehr wert sei, betrachtet zu sehen.« – »Meine Seele ist wund, daß mir, ich möchte fast sagen, wenn ich die Nase aus dem Fenster stecke, das Tageslicht wehe tut, das darauf schimmert.«

Angesichts eines solchen, vor allem aus *Verkennungen* stammenden, Gesamtzustandes des Dichters kann es nur tragikomisch wirken, wenn eine biedere literaturgeschichtliche Überlieferung des 19. Jahrhunderts annimmt: Kleist hätte nur den Ausgang der Freiheitskriege abzuwarten brauchen, um in bessere Laune zu geraten.

Am 21. November 1811 krachen am Wannsee jene Pistolenschüsse, mit denen Kleist dem Leben seiner Freundin und dann dem eignen gequälten Dasein ein Ende setzt. Während diese Schüsse bei manchen geistig näher Stehenden wahrhafte Schuldgefühle auslösen, mißverstehen andre auch noch diesen letzten, diesen furchtbarsten Verzweiflungsschritt. »Mich hat es weniger entsetzt als unangenehm berührt; so wie ich Kleist kenne, war hier eine falsche, erkünstelte Exaltation . . .«, schreibt einer seiner nächsten Freunde, E. von Pfuel. Und Theodor Körner (zweitrangig, doch höchst korrekt) schließt mit Eiseskälte: »In der ganzen Geschichte erkenne ich das überspannte flache Wesen des Preußen deutlich ausgedrückt.«

Hölderlin

Nicht nur Kleist, auch Jean Paul und Hölderlin werden von seiten Schillers und Goethes durchaus verkannt in ihrem Tiefenwert. Es ist vor allem Schiller, der Hölderlin als einen entscheidenden Neuerer deutscher Lyrik mißversteht. Er läßt ihn ohne jede innere Hilfe, obgleich ihm Hölderlin die größte Verehrung entgegenbringt. Schiller weist entscheidende Arbeiten Hölderlins zurück: es sind das erste Diotimagedicht, die Strophen an die Natur und ›Sonnenuntergang‹, in denen doch bereits die neue Tiefe aufklingt, die sich von

Schillers eigner Tonart sondert, von der ja Hölderlin einst ausgegangen war. Die Welt wird dunkler, rätselhafter als in der Sprache des Vorbildes. Die Rhythmen erhalten einen niemals zuvor vernommenen, hymnischen, entrückten Klang. Schon diese leise Abwendung genügt, daß alle Verse nun als gesucht empfunden werden.

Schiller bittet Goethen um sein Urteil, ohne auch nur den Verfasser zu nennen. Goethe möge entscheiden, ob solche Strophen in die Horen aufgenommen werden können. »Sehen Sie sie doch an und sagen mir in ein paar Worten, wie Ihnen die Arbeit vorkommt, und was Sie sich von dem Verfasser versprechen. Über Produkte in dieser Manier habe ich kein reines Urteil, und ich wünschte gerade in diesem Fall recht klar zu sehn, weil mein Rat und Wink auf den Verfasser Einfluß haben wird.«

»Den beiden mir übersandten Gedichten«, antwortet Goethe bedächtig, »bin ich nicht ganz ungünstig, sie werden im Publico gewiß Freunde finden.« Goethe meint, man müsse mehr von diesem Gestalter sehen, ehe man Endgültiges sagen könne. Er findet »gute Ingredienzen zu einem Dichter, die aber allein noch keinen Dichter machen.« Schiller erwidert nun: »Er hat eine heftige Subjektivität und verbindet damit einen gewissen philosophischen Geist und Tiefsinn. Sein Zustand ist gefährlich, da solchen Naturen gar schwer beizukommen ist.«

Es wäre billig, hierin eine Vorahnung von Hölderlins späterem Wahnsinn sehen zu wollen, der auf einer körperlichen Krankheit beruhte, sich nirgends aber in den damaligen Werken ausdrückt. Wir haben es in jenem einschränkenden Urteil nur mit den geistesgeschichtlichen Grenzen des Klassizismus selber zu tun, dem alles über sein eignes Maßhalten Hinausgehende ungesund erscheint, mag es sich nun um Jean Pauls innige Phantastik, um Hölderlins tragische Elegie, um Beethovens Dämonie oder C. D. Friedrichs Naturmystik handeln. So antwortet Goethe denn an Schiller, die Gedichte »haben weder die Fülle noch die Stärke noch die Tiefe Ihrer Arbeiten«, was wir heute als ein glattes Fehlurteil ansprechen dürfen, soweit wir Schillers Lyrik vergleichen. Hatte Schiller zuvor dem Verleger Cotta empfohlen, Hölderlins ›Hyperion‹ zu drucken, so wird er, der Angebetete, nun immer abweisender, je mehr Hölderlin die Bahnen Schillers verläßt und jene entrückten Formstrukturen findet, mit denen er ungekannte Zonen der Lyrik eröffnet.

1796 schreibt Schiller schulmeisternd: »Fliehen Sie womöglich die philosophischen Stoffe ... bleiben Sie der Sinnenwelt näher, so werden Sie weniger in Gefahr sein, die Nüchternheit in der Begeisterung zu verlieren oder in einen gekünstelten Ausdruck zu verirren.« Nachdem inzwischen die moderne Lyrik so viel von Hölderlins Geheimnis in sich aufgenommen hat, kann man jene Mahnungen heute völlig umkehren und nun auf Schiller selber zurückwerfen, um nunmehr etwa festzustellen, Schiller verliere in seiner Begeisterung zu selten seine rationale Nüchternheit, er sei zu wenig fähig, sich ins wahrhaft Entlegene zu schwingen.

Schiller fährt fort: »Auch vor einem Erbfehler deutscher Dichtung möchte ich Sie noch warnen, der Weitschweifigkeit nämlich ... Dieses tut Ihrem

Gedicht an Diotima nicht wenig Schaden ... Daher empfehle ich Ihnen vor allem eine weise Sparsamkeit, eine sorgfältige Wahl des Bedeutenden und einen klaren, einfachen Ausdruck desselben.« So sinnvoll solche Ratschläge sein können, so sehr verfehlt Schiller mit ihnen jenes Dunkel-schweifende, den beinah vorbewußten, suchenden Lebenston, mit dem die Hölderlinsche Lyrik steht und fällt. Deshalb stellen auch Schillers rationalistisch anmutende Korrekturen, die er an Hölderlinschen Versen wirklich durchführt, durchaus konventionelle Abflachungen dar. Hölderlin sendet das Gedicht ›Der Jüngling an die klugen Ratgeber‹ 1797 noch einmal ein: »Ich habe es gemildert und gefeilt, so gut ich konnte.« Aber auch diese abgeschwächte Fassung fand Schiller noch absonderlich. Gleiche Verschiebung zeigt die 2. Fassung der Diotima-Reimhymne, deren Abschwächung ebenfalls durch Briefeinwände Schillers bedingt ist.

Hölderlin aber verharrt in dem Gefühl: ich lasse dich nicht, du segnest mich denn. Rührend in seiner Anhänglichkeit schreibt er wenige Jahre später: »Verehrungswürdiger ... Ich erinnere mich noch sehr gut jedes kleinsten Zeichens Ihrer Teilnahme an mir. Sie haben mir auch, als ich noch in Franken lebte, einmal ein paar Worte geschrieben, die ich immer wiederhole, so oft ich verkannt werde. Haben Sie Ihre Meinung von mir geändert? Haben Sie mich aufgegeben? ... Glauben Sie nicht, daß ich feire, wenn ich nicht von meinen Beschäftigungen spreche! Aber es ist schwer, gegen die Niedergeschlagenheit auszuhalten, die einem der Verlust einer Gewogenheit gibt, wie diejenige war, die ich besaß oder mir träumte ... Sagen Sie mir ein freundliches Wort, und Sie sollen sehen, wie ich verwandelt bin.«

An wenigen Stellen der Weltliteratur dürfte ergreifender jene vermeintliche ›Unabhängigkeit des Genies‹ widerlegt werden, dürfte erhellender jene liebende Sucht aufleuchten, mit der sich viele Schöpferische ins Gemüt verstehender Mitwelt eingraben möchten. Und nirgends kann deutlicher werden, wie wenig es sich mit dem Thema unsres Buches etwa nur um »gesammelte Sentimentalitäten« handelt.

Als Goethe 1797 in Frankfurt Hölderlin begegnet, rät er ihm belehrend, in gänzlicher Verkennung aller Umstände, »kleine Gedichte zu machen und sich zu jedem einen menschlich interessanten Gegenstand zu wählen. Er schien noch einige Neigung zu den mittleren Zeiten zu haben, in der ich ihn nicht bestärken konnte.« Schiller aber erledigt in dieser Zeit den ganzen Fall. »Ich möchte wissen, ob diese Schmidt, diese Richter (er meint Jean Paul), diese Hölderlin absolut und unter allen Umständen so subjektivistisch, so überspannt, so einseitig geblieben wären, ob es an etwas Primitiven liegt oder ob nur der Mangel einer ästhetischen Nahrung und Einwirkung von außen und die Opposition der empirischen Welt, in der sie leben, gegen ihren idealischen Hang diese unglückliche Wirkung hervorgebracht hat. Ich bin sehr geneigt, das Letztere zu glauben.«

Der maßhaltende Humanismus von 1800 hat so sehr alles Abgründige von sich entfernt, daß er sich kaum noch vorstellen kann, daß man ganz aus sich heraus im menschlichen Kosmos ein hoffnungsloses Dunkel sehen könne, und daß die Hölderlinsche Tonart Ausdruck der Tiefentrauer eines späteren Jahrhunderts werden wird. Aber noch einige Male wendet sich Hölderlin an Schiller. »Von Ihnen dependier ich unüberwindlich ... manchmal such ich Sie zu vergessen, um während einer Arbeit nicht ängstlich zu werden. Denn ... diese Ängstlichkeit und Befangenheit ist der Tod der Kunst.« Wieder ein ernster Beleg dafür, wie sehr auch *originale* Menschen gewissen Widerhalles bedürfen, wenigstens von seiten der wenigen, die sie für weiträumig genug erachten. Wieder auch ein Beweis, wie sehr das Mißverstehen oder Schweigen nicht etwa nur den Schaffenden privatim betrübt, sondern die Unbefangenheit auch seiner *Arbeiten* aufzufressen vermag. Wieder also ein Wink, wie sehr sich noch immer die Schaffenskraft der Vorauseilenden steigern könnte, wenn wir sie nicht mit Kälte empfingen.

Erst hundert Jahre später stellte man in genauer Untersuchung fest, wieviel organische Verbindungen von Klopstocks Oden zu Hölderlins Hymnen führen, so daß er nicht einmal ganz aus der Überlieferung herausfiel. Immerhin unterschied sich seine neue Tonart von der Klopstocks, wie etwa in der Architektur romantischer Klassizismus vom spätbarocken. Aber wie in jener anderen Kunst genügten auch hier kleinste geistesgeschichtliche Rückungen, um sofort Mißtrauen oder Unverständnis zu erzeugen.

Schiller schweigt nun gänzlich über den vollendeten ›Hyperion‹, für dessen Druck er sich einst eingesetzt hatte. Er lehnt es ferner ab, Hölderlin mit Beiträgen ein wenig beizustehen, als dieser in Verzweiflung eine neue Zeitschrift gründen will. Der Verleger Steinkopf verlangt für dieses Blatt vor allem große und bekannte Namen. Hölderlin schreibt an Diotima ganz kleinlaut: »Nicht nur Männer, deren Verehrer mehr als Freund ich mich nennen konnte, auch Freunde ... ließen mich jetzt ohne Antwort, und ich lebe nun volle acht Wochen in diesem Harren und Hoffen, wovon gewissermaßen meine Existenz abhängt ... Schämen sich denn die Menschen meiner so ganz? ... Die Berühmten, deren Teilnahme mir armem Unberühmten zum Schilde dienen sollte, diese ließen mich stehen ... Jeder, der in der Welt sich einen Namen macht, scheint ja dem ihrigen einen Abbruch zu tun; sie sind dann schon nicht mehr so einzig und allein die Götzen, kurz, es scheint mir bei ihnen, die ich mir ungefähr als meinesgleichen denken darf, ein wenig Handwerksneid mitunter zu walten.«

Von andrer Seite her drängen Hölderlin seine Anverwandten immer wieder, zuerst die bürgerliche Existenz zu sichern. Hangend und bangend lebt er so, vor allem von der Furcht gelähmt, doch noch ein geistliches Amt übernehmen zu müssen. Alles das raubt dem zarten Grübler seine ganze Tatkraft. In Schillers Briefwechsel mit Goethe wird Hölderlin nicht mehr genannt. Indessen liest man in Weimar seine ›Antigone‹. »Was sagst Du zu Hölderlins Sophokles«, schreibt der junge Voß an seinen Freund Abeken. »Ist der Mensch rasend oder stellt er sich nur so, und ist sein Sophokles eine versteckte Satyre auf schlechtes Übersetzen? Ich habe neulich abends, als ich mit Schiller bei Goethe saß, beide recht damit regaliert ... Du hättest Schiller sehen sollen, wie er lachte!«

So verklingt grausam ein letztes Echo, das Hölderlin ersehnt hatte. Eine neue Ära lyrischen Sprechens war aufgebrochen, für das die Klassiker kein Gefühl mehr besaßen. Hölderlin aber versank in die Nacht des Wahnsinns.

Tragen wir weitere Urteile nach, welche nun beweisen mögen, daß das Mißverstehen von seiten Goethes und Schillers nicht mit jener beliebten Entlastungstheorie von der »notwendigen Einseitigkeit der wahrhaft schöpferischen Menschen im Urteil über andere« beiseite geschoben werden darf. Auch bei *kleineren* Geistern findet nämlich Hölderlins neue Tonart sofort Befehdung. (Und die hiermit entstehende Verständnishemmung setzt sich später in die Literaturgeschichten von Gervinus bis Scherer fest). »In den Gedichten von Hölderlin ist Phantasie und Harmonie, aber viel abenteuerliche Stellen und echter Bombast«, sagt 1795 die Neue Bibliothek der Schönen Wissenschaften und Freien Künste, das Organ der vergehenden Aufklärung. Da sich dies Urteil auf die *frühen* Werke bezieht, mag es teilweise zu recht bestehen. Die Nürnberger Gelehrte Zeitung nennt 1793 diese frühen Arbeiten »hinter den Glasfenstern und an dem Ofen des Treibhauses der Kunst entstanden.« Bezeichnende, immer wiederkehrende Abwehrworte gegenüber allem jeweils Neuen, das nun als Unnatur gebrandmarkt wird. Die »Hymne an den Geist der Kühnheit« wird an andrer Stelle angesehen als »eine schwerfällige Deklamation, die man bei der ersten Lektüre nicht versteht und schwerlich geneigt sein dürfte, zum zweiten Male zu lesen«. Selbst Wilhelm von Humboldt schreibt 1795 an Schiller, daß ihm ›An die Natur‹ »doch im Ganzen matt erscheint und so sehr an ›Die Götter Griechenlands‹ erinnert, eine Erinnerung, die Hölderlin sehr nachteilig ist.«

Am ›Hyperion‹ kann der Rezensent der Neuen Allg. Deutschen Bibl. von 1798 nichts weiter finden »als ein buntes Gewebe von Empfindungen, Gedanken, Phantasien und Träumen, die bald mehr, bald weniger wahr, bald mehr, bald weniger verständlich, bald mehr, bald weniger glücklich ausgedrückt sind«. Über die Fortsetzung sagt dieser Kritiker später einfach: »Rezensent findet keine Ursache, sich sein ehemaliges Urteil gereuen zu lassen . . .« Fast nur in Kreisen der eigentlichen Freunde (Conz, Lohbauer, Heinse, Boehlendorf, Sinclair, Charlotte von Kalb) findet der ›Hyperion‹ sofort Bewunderung.

Von ›Heimkunft‹ und ›Wanderung‹ heißt es an andrer Stelle 1802, diese Gedichte »sind ziemlich prosaisch (!), und unsre Leser verlieren wenig, wenn wir sie übergehen«. Wieder einmal arbeitet man mit der Kategorie »Unkunst« (denn dies ist doch gemeint), obwohl doch nur eine neue *Art* von Kunst anhebt. 1802 fährt auch die Neue Allg. Deutsche Bibl. wieder mal auf, von poetischem Plunder redend, »teils matter, teils wahrer Unsinn, der besser ungedruckt geblieben wäre«, es fehle an »gesundem Menschenverstande«. 1805 aber bricht diese Zeitschrift wie ein Ungeheuer aus dem Dickicht: »Pietistischer Phrasenkram und Reimklingklang«, faucht sie angesichts des Willmannschen Almanachs. 1804 zetert die Neue Bibl. der Schönen Wissenschaften zusammenfassend: »Nichts erregt mehr Unwillen als Nonsens mit Prätension gepaart«. Wir können an derartigen Verwünschungen heute ermessen, welch hoher Neuheitsgehalt vorliegen mußte (so gering er uns auch heute in der perspektivischen Verkürzung zeitlicher Entfernung erscheinen mag). Die Jenaer Literaturzeitung fordert 1805 geradezu einen Kommentar zu jedem Gedicht, ein Zeichen für das gleiche Phänomen. Und der Freimütige findet 1804 die reifste Lyrik Hölderlins »höchst lächerlich«, während der Dichter zu gleicher Zeit durch Görres mit Gewalt gefeiert wird, nachdem schon A. W. Schlegel auf ihn hingewiesen hat.

1806 nimmt Matthison Hölderlins ›Wanderer‹ zwar in seine lyrische Anthologie auf, aber so willkürlich geändert und gekürzt, daß anzunehmen ist, ihm sei diese neue lyrische Struktur ganz fremd geblieben. 1808 bezeichnet dann das Sonntagsblatt (Wien) Hölderlins »entsetzlich langen Beiträge« in Seckendorfs Almanach als plumpe Nachahmungen und, was gegenüber der neuen unverstandenen Ausdrucksweise charakteristisch bleibt, als »wahre Vexiergedichte«.

Auch das Motiv der ›längst erledigten *Mode*‹ klingt auf, nach wenigen Jahren Hölderlinscher Einwirkung: jene *weitere* Abwehrregung, mit der man – nun historisierend – eine lästige Erscheinung sozusagen in der *Zeit* loswerden will, nachdem sie innerhalb des kulturellen *Raumes* nicht mehr weggeschoben werden kann. So heißt es (in der Bibliothek der redenden und bildenden Künste) vom 1. Jahrgang des Seckendorfschen Almanachs, in dem sich wahrhafte Perlen Hölderlinscher Lyrik finden: »Reimereien in neuestem Geschmack: denn es scheint, der Verfasser habe noch nicht vernommen, daß dieser neuste Geschmack bereits unter die alten Torheiten gehört.« Man redet weiter etwa so, als wenn der Expressionismus des 20. Jahrhunderts vorläge (der ja an Hölderlinsche Sprechweise wieder anknüpfte). »Herr Hölderlin, der immer aufs neue und immer vergeblich sich martert, in seinen Gesängen das Unaussprechliche zu verkünden, eröffnet die Sammlung mit einem Gedicht die Herbstfeier, das so beginnt:

> Wieder ein Glück erlebt. Die gefährliche Dürre geneset
> Und die Schärfe des Lichts senget die Blüte nicht mehr.
> Offen steht jetzt wieder der Saal, und gesund ist der Garten
> und vom Regen erfrischt, rauscht das glänzende Tal
> Hoch an Gewächsen. Es schwellen die Bäche und alle gebundenen
> Fittiche wagen sich wieder ins Reich des Gesangs.«

Zu diesen wundervollen, allerdings damals höchst ungewöhnlichen Zeilen sagt man weiter: »Man sieht, Herr Hölderlin sinkt zuweilen von seiner Höhe ein wenig herab. Wenigstens hat in dem Ausruf ›Wieder ein Glück erlebt‹ und der Stelle ›Offen steht jetzt wieder der Saal, und gesund ist der Garten‹ die Prosa mehr Anspruch als die Poesie. Das Tal, hoch an Gewächsen rauschet, ist Unsinn, und wo man das Reich des Gesanges, wohin sich alle gebundenen Fittiche wagen, zu suchen hat, mag der Himmel und Herr Hölderlin wissen«. Diese Einzelkritik – von höchstem geistesgeschichtlichen Interesse – wäre mit der entsprechenden an Goethes Lyrik zu vergleichen (Füllest wieder Busch und Tal). Wieder kann man durch solche Einwürfe, die doch von ganz geschulten Häuptern kamen, ermessen, wie ungewöhnlich der ganze neue Sprechstil war, der sich hier hervorwagte. Wie verwirrend wirkte vor allem das plötzliche Hinüberspringen aus einer optischen in die akustische, einer anschaulichen in die abstrakte Richtung, wo doch der ältere nachklingende Rationalismus Einheitsebene statt Vieldimensionierung verlangte, durchgehaltene Anschaulichkeit statt erregender Beziehungsflucht.

Auch ein weiteres übliches Verkennungsmotiv findet sich noch: daß der Gestalter gut *begonnen* habe, aber immer schlechter geworden sei. Bei welchem Argument dann immer das anfängliche Verharren in der Überlieferung gemeint ist (hier derjenigen Schillers), die doch der Dichter später verläßt, um seine eigne Form zu finden. So meint 1807 die Leipziger Literaturzeitung – ganz nach dem Verfahren, das immer den vor- oder vorvorletzten Stil hochhält –, Hölderlin sei doch ein Mann, »der durch seine früheren Versuche wirklich zu nicht gemeinen Hoffnungen berechtigte; in den hier mitgeteilten aber (es ist derselbe Almanach gemeint) ist so viel Verworrenheit, gesuchtes Dunkel, Kostbarkeit und zugleich Nachlässigkeit im technischen Teil der Poesie, daß man durchaus keine Freude beim Lesen finden kann.«

Ganz irrig wäre immer wieder, zu glauben, der schöpferische Mensch lasse alle diese Verkennungen schnell hinter sich, er ziehe unbehelligt, mit nachtwandlerischer Sicherheit seine Bahn. Wir führen wieder einige Selbstzeugnisse gegen diesen schonungslosen Optimismus an.

Es kann Hölderlin mehr als »eine Woche verderben« (Brief an Neuffer), wenn er lesen muß, daß die deutsche Dichtung mit Wielands Werken begonnen habe und mit ihnen untergehen werde. In welche Verzweiflung muß der geraten, der dunkel eine hiervon gänzlich abweichende, neue, unergründliche Lebensmelodie in sich singen fühlt! In einem weiteren Briefe heißt es: »Die Welt hat meinen Geist von früher Jugend an in sich zurückgescheucht, und daran leid ich noch immer.«

1798 schreibt Hölderlin dem Bruder von den Demütigungen, die er auch im Hause Gontard erfährt. »Weißt Du die Wurzel alles meines Übels? Ich möchte der Kunst leben, an der mein Herz hängt, und muß mich herumarbeiten unter den Menschen, daß ich oft so herzlich lebensmüde bin ... Aber sieh, Lieber, dann leb ich wieder im Krieg, und das ist auch der Kunst nicht günstig.« Allen denen, die im Verkennungsdrucke nur ein »härtendes Stahlbad« sehen, das den Gestalter erst wirklich dauerhaft mache, entgegnet Hölderlin im gleichen Schreiben: »Ist doch schon mancher untergegangen, der zum Dichter gemacht war ... darum gedeiht auch unter zehn solchen Pflanzen nur eine ... Sagst Du, ich soll nicht achten, was mich leiden macht, so sag ich Dir, ich müßte einen Leichtsinn haben, der mich bald um alle Liebe der Menschen brächte, unter denen ich lebe«.

Auch die eigenartigen Übertragungskünste Hölderlins finden damals keine Gnade. Sie bilden ein besonderes Kapitel. Mit der seinen erschienen gleichzeitig drei andere Sophokles-Übersetzungen. Manche Fehler, auch Druckfehler, blieben allerdings in Hölderlins Übertragungen stehen (auch in den Anmerkungen). Immerhin ist es unglaublich, daß selbst Schelling 1804 an Hegel schreibt, Hölderlins »verkommenen Zustand drückt die Übersetzung des Sophokles aus«. Besonders erregt gebärden sich hier natürlich die Aufklärer und die Kritiker aus dem Kreise Kotzebues. Sie wüten gegen die dunkle Bezüglichkeit der neuen Sprache. Die ganze Übersetzung sei »eine der possierlichsten Ausgeburten des Pedantismus«, heißt es im Freimütigen. »Ohne Zweifel, daß sein Singen ein heiseres, widerliches Krähen« sei. »Hätte Sophokles zu seinen Atheniensern so steif, so schleppend und so ungriechisch gesprochen, als diese Übersetzung undeutsch ist, seine Zuhörer wären aus dem Theater davongelaufen. Herr Hölderlin darf also auch keinen Anspruch machen, deutsche Leser zu bekommen ... Ein Mann, der von allem poetischen Sinn so leer ist, kann es wagen, sich selbst einen Dichter zu nennen?«

Auch die Bibliothek der redenden und bildenden Künste tritt wieder feindlich auf. Sie findet einfach, daß »Herr Hölderlin die Antigone reden lasse wie einen Wahnsinnigen, der ins Narrenhaus zu wandern sich anschickt«. Während sich Anerkennung bei Achim von Arnim und bei Bettina einstellt, fragt der jüngere H. Voß, der sich mit Goethe zuvor beraten hat (ganz wie in seinem oben zitierten Brief), in der Jenaer Literaturzeitung, »ob Hölderlin durch eine verschleierte Satire auf den verderbten Geschmack des Publikums habe wirken wollen«. Schon das Silbenmaß sei ganz »charakterlos«. Auch dies wieder eine der üblichen Abweisungsformeln gegen jede neue (abgründige) Sprachmelodie überhaupt.

So muß denn Bettina ganz vereinsamt und bekümmert mitteilen: »St. Clair gab mir den Ödipus, den Hölderlin aus dem Griechischen übersetzt hat, er sagte, man könne ihn so übel verstehen, daß man die Sprache für Spuren von Verrücktheit erklärt, so wenig verstehen die Deutschen, was ihre Sprache Herrliches hat.«

In der Neuen allg. deutschen Bibliothek wettert man 1804 (rein auf philologischem Standpunkt verharrend und ohne jedes Gefühl für jene neue, kühnere Umsetzung), »wie sehr die Büchermasse von Jünglingen und Männern vergrößert wird, die ihre Übungsarbeiten noch fein bis zum zehnten Jahr, nach Horazens Regel, im Pulte liegen lassen oder auch wohl nie ins Publikum produzieren sollten ... Herrn Hölderlins Übersetzung der beiden Sophokleischen Dramen Ödipus und Antigone ... ist in jeder Hinsicht unter die schlechten zu zählen. So finden sich schon in den ersten 57 Versen beinah an die dreißig Fehler. In den Chören ist diese Übersetzung noch weit fehlerhafter, umständlicher und schleppender. Aber die höchste Höhe des neueren ästhetischen Unsinns erreichen die Anmerkungen zu beiden Trauerspielen. Da ist keine einzige unter ihnen, welche die Sprache des gesunden Menschenverstandes spräche.« (Hier folgen viele Beispiele.) Wieder glaubt man, eher eine Kritik gegen den *Expressionismus* vor sich zu haben. »Man kann immer zwei Blätter im Lesen umschlagen und man wirds nicht gewahr werden, daß man den Sinn verloren hat. Denn hier ist nirgends einer. Fast sollte man glauben, der Setzer habe, anhangweise, der schönen Übersetzung dieser Tragödie ein lustiges Nachspiel geben wollen, indem er die Buchstaben einmal nach dem blinden Griff sich zu ästhetischen Anmerkungen habe zusammensetzen lassen.«

Für die Geistesgeschichte sind hier vor allem die Worte »unverständlich, schleppend, ohne gesunden Menschenverstand« festzuhalten, in welchen sich der nachklingende Rationalismus über die neue, dunkle Schwere entrüstet, und der einzelscharfe Kleinsinn etwa der älteren Übersetzungen von Voß an der weitausholenden, geheimnisvollen Sprechweise Hölderlins Ärgernis nimmt. Es handelt sich hier um jenen Generationsgegensatz, der sich gleichzeitig auch in den bildenden Künsten zeigt, wenn etwa die Anhänger Chodowieckis sich über den »modernen«, geheimnisvollen Ausdruck Runges wundern.

Die Vorstellung vom Altertume war eben eine andere geworden. Das ›gesunde‹, taghelle Bild, welches die vorige Generation von der Antike hatte, ist nun elegisch ins Nächtliche gebrochen. Ein Abgrund liegt dazwischen, wie er auch (was wir schon sagten) in der damaligen Architekturgeschichte zwischen dem spätbarocken und dem romantischen Klassizismus aufgebrochen war. Blieben dort aber einige Überbrückungsmöglichkeiten, so fehlten sie auf dem Gebiete freiester, lyrischer Aussage.

Trostreiches Verständnis für damals Entlegenes zeigen um 1800 einige erlesene *Frauen.* Charlotte von Kalb trauert mit wahrhaftem Weitblick schon damals über die allgemeine Verkennung. Sie schreibt 1806 an Jean Paul, sie habe Briefe von Hölderlin wieder vorgenommen, die sie aufbewahre. »Einst gab ich sie Ihnen zu lesen, Sie haben sie nicht geachtet, wie ich meine. Dieser Mann ist jetzo wütend wahnsinnig; dennoch hat sein Geist eine Höhe erstiegen, die nur ein Seher, ein von Gott belebter haben kann . . . Der Mann kann es noch weniger ertragen als das Weib, wenn er seinesgleichen um sein Tun nicht findet . . .« Schon 1795 hatte Charlotte von Kalb, die Gebrechlichkeit jener Seele ahnend, vorsorgend an Hölderlins Mutter geschrieben . . . »entfernen Sie alle kleinlichen *Sorgen* von ihm, daß keine unnütze Bekümmernis seine Zeit trübe . . .«

Vor allem aber ist es wieder Bettina, die jenseits aller zeitgeschichtlichen Gebundenheiten nicht nur bei Beethoven, sondern auch bei Hölderlin den neuen, schweren, gänzlich ungewohnten Ton sofort versteht. »Hölderlin mit seinem heiligen Wahnsinn, dessen Schilderungen zu dem Tiefsten und Gewaltigsten gehören, was irgend deutsche Poesie erschaffen . . .« Bettinas Einfühlungsfähigkeit grenzt geradezu ans Unermeßliche, wenn man ihre gleichzeitige Bewunderung für Goethes Maßhalten und Hölderlins Ausschweifen empfindet; wenn man vor allem immer wieder wahrnimmt, wie wenig Verständnisbreite der jeweils überlieferungs- und zeitgebundene Mensch auch hohen Ranges aufbringt (was immer wieder zu erhärten ja der Sinn meiner geschichtlichen Arbeit ist). Wie unsicher, ja null und nichtig das allgemeine Ansehen Hölderlins im ausgehenden 18. Jahrhundert war, geht auch daraus hervor, daß 1799 das ›Verzeichnis derjenigen Teutschen Dichter, deren Geburtsjahre bekannt sind‹, Hölderlin überhaupt nicht aufführt, obgleich die lange Liste 149 Namen, auch damals gewagt moderne, wie Schlegel und Tieck, enthält. Der umfassenderen literarischen Mitwelt ist Hölderlin ein blasser Schemen geblieben, der gelegentlich einmal erwähnt wird, ohne aber greifbare Gestalt anzunehmen. So wird er in verschiedenen Rezensionen zwischen 1808 und 1826 bald ein junger Anfänger, bald ein schon Gestorbener genannt. In der Zeit, wo er als literarisch Abgeschiedener in seinem Krankenzimmer geistert, wird er weder in den damaligen Ästhetiken noch Literaturgeschichten noch Anthologien auch nur mit seinem Namen genannt.

Mit solcher Einstellung in nachträglicher, unterirdischer Verbindung stehend, meint Pfizer - noch 1831 -, »daß damals die Erzeugnisse der Dichtkunst bei Fülle von Talent und Geist kaum eine Ahnung von Natur und Realität enthalten«. Sind doch alle Begriffe von Natur und Wirklichkeit jeweils nur Ausdruck ihrer Träger, ihrer Zeit oder Partei. Auch H. Laube mißversteht in diesem Sinne, wenn er die Grenzen Hölderlins, die wir durchaus nicht leugnen wollen, noch 1840 so formuliert: »Still und bewegt, aber ohne Kraft und Bewußtsein.« Auch Hettners Urteil von 1850 (in seiner ›Romantischen Schule‹) greift an den neuen Werten vorbei, wenn dort behauptet wird, Hölderlin komme wie Jean Paul, Tieck und Novalis aus lauter Idealität und Empfindung nirgends zu einem faßlich anschaulichen Gegenstande (was doch nur von einem naturalistischen Gegenstandsbegriff aus festzustellen wäre). Ähnlich Fr. J. Günther 1853 (›Die deutsche Literatur in ihren Meistern‹). Wenn Charlotte Stieglitz dann bekundet, »ihm fehlen alle Mittelstufen, dazu noch ganz und gar der Humor«, so ist zwar ein richtiges, aber durchaus peripheres Urteil abgegeben.

Hölderlins Wirkungsmöglichkeit wurde überflutet und zunächst ertränkt durch folgende Strömungen, die schnell nacheinander hervorquollen: zuerst durch die deutsche Klassik mit den mächtig auf ihr hertreibenden Einzelwesen Goethe und Schiller. Dann durch die menschlichen Festigungsbestrebungen der idealistischen Philosophie. Dann durch die politisierenden Nöte der Befreiungskriege, die stellenweise alles Dunkle als *hemmend* empfinden mußten. Dann durch die spielende Ironie derjenigen Romantik, der Hölderlins tragisches Lebensgefühl fremd blieb.

Später war es die industrialisierende Nützlichkeits- und Hiesigkeitserquickung, die realistisch an den Oberflächen des Daseins genießen wollte. Erst mit dem Erscheinen Nietzsches erweisen sich alle diese siegesgewissen Optimismen wieder als leichtfertig. Ein neuer Abgrund tut sich auf, ein Abgrund zwischen Sein und Bewußtsein. Danach erst setzt, wenn auch zunächst bei wenigen, ein volles Gefühl für den dunklen Lebensernst Hölderlins ein.

Grillparzer

Es ist bekannt, wie sehr gerade Grillparzer unter mißverstehenden Urteilen litt. Dennoch hat ihn am schärfsten verwundet, statt theoretischer Machthaber vor allem die praktischen der Regierung, der Theaterleitung und Zensurstellen gegen sich gerichtet zu finden, weshalb wir hier vor allem diese sprechen lassen. Keiner ist in diesem Sinne so heillos mißhandelt worden. Schon in seiner Studentenzeit verhindert die Zensurstelle das Erscheinen eines schöngeistigen Journals, das er mit einem Freunde herausgeben wollte. Danach wird die ›Ahnfrau‹, Grillparzers erstes Drama, in Wien mehrfach verboten und erlebt größte Schwierigkeiten, so daß der Dichter dies Werk zurückziehen will. Kaiser Franz soll selber heftig gegen dieses Drama gestritten haben. Scharfe Kritiken und Parodien erscheinen gegen das Werk. Grillparzer ist bald dermaßen verstimmt, daß er sein Amt niederlegen will, worauf ihm aber sein Gönner Graf Stadion klarlegt, daß es »bei den obwaltenden Zensur- und sonstigen Verhältnissen in Österreich für jemanden von seiner Richtung unmöglich sei, von der Literatur zu leben.« Auch für Dresden ist eine Aufführung der ›Ahnfrau‹ schwierig. Hierzu notiert Böttiger, man war dort für »delicta carnalia . . . entsetzlich kitzlich. Ein Ehebruch begründet die Fabel der Ahnfrau auf eine fast empörende Weise. Wenn es auch unser Hof nicht *sieht,* so hört er doch davon.« Trotzdem das Werk dann oft gegeben wird, versichert der Gewährsmann, »jedermann schrie gegen dies Ungeheuer.« Grillparzers Gedicht ›Die Ruinen des campo vaccino in Rom‹, wo es heißt, daß einstige politische Größe kleinlich pfäffischem Geist hätte weichen müssen, verursacht einen Sturm im Katholizismus, woraufhin das Werkchen aus sämtlichen Exemplaren des Almanachs, in dem es erschien, herausgerissen wird. Der Kaiser meint zu Grillparzers Veröffentlichung: »Ein solches Benehmen verrät eine schiefe Bildung des Verstandes, wenn nicht gar ein verdorbenes Gemüt.« Gleichzeitig wird dem Dichter »bei einem abermaligen Rückfall« seine Entlassung als k. k. Beamter angedroht. »Von da an«, versichert Grillparzer später, »glaubte sich jeder Lump an mir reiben, mich angreifen und verlästern zu können. Jeder Wunsch und jede Aussicht wurde durch die stehende Formel von oben, ja, wenn er die Geschichte mit dem Papst nicht gehabt hätte (so beliebte man sich auszudrücken), im Keime vereitelt. Man hielt mich für einen halben Jakobiner und Religionsspötter . . .«

1823 reicht Grillparzer ›Ottokars Glück und Ende‹ dem Wiener Burgtheater ein. Von dort wandert die Arbeit an die Zensurbehörde, die sich zwei Jahre lang überhaupt nicht rührt. Grillparzer wendet sich vergeblich an Hofrat Gentz, die berühmte Feder Metternichs. An jenem Orte wäre das Werk wahrscheinlich einfach verschollen, wenn sich nicht zufällig die erkrankte Kaiserin aus langer Weile Arbeiten zum Lesen erbeten hätte, woraufhin sie die Aufführung beantragt. Das Stück beleidige angeblich Napoleon und die Tschechen, behauptete man. Wie sehr Grillparzer diese Angelegenheit gequält hatte, sehen wir aus seinem Schreiben an Sedlnitzky, dem die Zensur unterstand. »Es gehet ein Gerücht – und nur von zu guter Hand wurde es mir bestätigt – man gehe damit um, mein Trauerspiel König Ottokar zu verbieten. Um E. E. nicht noch einmal persönlich zur Last zu fallen, nehme ich meine Zuflucht zu diesen Zeilen und bitte E. E., ehe Sie etwa ungünstig entscheiden, den vollen Umfang dessen zu überblicken, was Sie zerstören und wie sehr Sie entmutigen . . . Ich habe ein Recht auf Berücksichtigung vonseiten der Zensur. Wenn E. E. meinen Ottokar verbieten, rauben Sie mir die Frucht jahrelanger Arbeiten, meine Aussicht auf die Zukunft, vernichten mich und in mir vielleicht eine Reihe aufkeimender Talente, die mein Beispiel sich zur Warnung nehmen und sich zur Gemeinheit der Journale oder der Leopoldstätter Bühne flüchten werden, von denen mich enthalten zu haben, an mir so hart gestraft wird.« Ein damaliger genauer Kenner der Verhältnisse klagt über die Zustände, »wo jeder Zensor oder Kreishauptmann, ja sogar kleine Polizeikommissäre sich erlauben, die Rezensenten zu machen und Schriftstellern die Pensa zu korrigieren ...«

Nur »mit den erforderlichen Abänderungen« gestattet der Kaiser schließlich die Aufführung. Zu Druck gelangt das Werk nur, weil man erfährt, daß es am Hofe inzwischen Gunst erlangte und weil ein andres Stück desselben Stoffes, das der Patriarch von Venedig geschrieben hat, nicht gut verboten werden kann. Einige Jahre später aber erzwingt die sich beleidigt fühlende böhmische Aristokratie die Beseitigung des Werkes. Nach 1830 empfindet auch die allerhöchste Stelle Widerwillen gegen eine Dichtung, die Störungen verursacht. Seit 1839 verschwindet das Drama ganz von der Burg, um erst 1856 unter Laubes Leitung wieder aufzutauchen. Zu diesem Falle meint schon 1842 Bauernfeld: »Nichts wirkt auf einen geistreichen Mann, der zugleich ein zart besaitetes Gemüt besitzt, entmutigender als die kleinen Quängeleien einer prosaischen Außenwelt, welche die Forderungen, die eine große Seele an sich selbst stellt, auf ihre Alltagsbedürfnisse reduziert haben will.«

1828 zeigt der Hof eine andre Methode, Grillparzers Wirkungsmöglichkeiten auszulöschen. ›Ein treuer Diener seines Herrn‹ ist hier der Anlaß. »Ich sollte mein ursprüngliches Manuskript abgeben, dem Theater würden die Souffleurbücher und einzelnen Rollen abgefordert und das Ganze in der Privatbibliothek des Kaisers aufgestellt werden, der alleiniger Besitzer des Stückes zu sein wünsche, weil es ihm gar zu gut gefallen habe ... Seine Majestät seien sogar zu Opfern bereit. Auf meine Entgegnung: man werde mich doch nicht für so erbärmlich halten, daß ich eine meiner Arbeiten für Geld vom Erdboden verschwinden lassen wollte, erwiderte man mir: die Frage *ob,* wünschten Seine Majestät ganz außer der Behandlung gelassen, es handle sich nur um das wie.« Wie man nun auch über dies Drama denken möge, unglaublich bleibt, daß auch gegenüber einem solchen abgeglichenen Werk die Charaktere »allzu grell« genannt werden (Sedlnitzky an Kaiser Franz 1823). – Wieder werden Grillparzers Absichten gänzlich verkannt, als er 1832 das harmlose Gedicht ›Auf die Genesung des Kronprinzen‹ schreibt. Er berichtet darüber: in der Staatskanzlei »fällt es dem grimmigen Dummkopf Baron B. in die Hand und nun ist der Lärm auf den Beinen. B. trägt auf die Hinrichtung des Verfassers oder doch wenigstens auf einen Verweis an. Die ganze Stadt kommt in Aufruhr und am nächsten Tage kursieren bereits mehrere hundert Abschriften, von denen einige boshafterweise durch Hinzufügen von Gedankenstrichen, Frage- und Ausrufungszeichen zu ärgerlichen Pasquillen geworden sind ...«

1835 bittet ein Verleger Grillparzer um eine Gesamtausgabe seiner Gedichte und Dramen. Der Dichter sieht sich gezwungen, den ganzen Vorschlag abzulehnen. »Bei der vielleicht nur durch vorübergehende Zeitumstände veranlaßten, überstrengen Zensur meines Vaterlandes müßten aus einer Sammlung dieser lyrischen Gedichte notwendig mehrere weggelassen werden, die ich unter die besten rechne . . .« Aus solchem Grunde mußte Grillparzer auch spätere Verlagsanträge ablehnen. So schrieb er 1843 an den Verleger Krabbe nach Stuttgart: »Die bisher ungedruckten Werke mag ich weder der österreichischen Zensur in ihrer gegenwärtigen Verfassung unterziehen, noch durch Übergehen derselben mein mit Macht herannahendes Alter durch Zensurprozesse und herabwürdigende Zurechtweisungen beunruhigen . . .« 1845 muß er feststellen: »Die dramatischen Werke sind ohnehin gedruckt, und mit den lyrischen will ich abwarten bis zu Metternichs Tode. Dann weiß ich, darf man alles drucken lassen.«

Seine grundsätzliche Meinung über diese Beaufsichtigungen formuliert Grillparzer 1844 in einem Aufsatz, als eine Schriftstellerpetition eine Erleichterung der Zensur beantragen wollte. »Diejenigen, welche gegen die Zensur zu Felde ziehn, stellen an die Spitze ihrer Beweisführungen gewöhnlich den Satz: der Mensch habe das Recht zu sagen, was er denkt. Dieses Recht hat er aber nicht. Wenn er etwas Unrechtes, etwas Verkehrtes, allgemein Schädliches denkt, so hat er ebenso wenig das Recht, es zu sagen als es zu tun . . . Es soll also eine Zensur bestehen? Ja, eine gute. Da aber eine *gute* Zensur nicht möglich ist, eine schlechte aber verderblicher als keine, darum keine; aber nur *darum* . . . Die Zensur soll also nur das Wahre (in den Künsten das Schöne, was nach den verschiedenen Gesichtspunkten eins und dasselbe ist) zulassen, das Falsche und Schlechte aber verbieten. Nun frage ich: gibt es nicht ganze Länder, hat es nicht ganze Jahrhunderte gegeben, wo nicht *ein* Mensch lebte, der das Wahre und das Schöne in allen seinen Formen unter allen Umständen zu erkennen fähig gewesen wäre? Ja hat, solange das ganze Menschengeschlecht besteht, nur *ein* Mann gelebt, der diese Unterscheidungsgabe sich in allen Fällen hätte zutrauen können? oder auch nur annähernd . . .? Es kann keine Zensur geben, weil es keine Zensoren gibt.«

Untersuchen wir weiter, was Grillparzer zum »ewigen Markten und Quärgeln der Kritik« niederlegt, wenn er sein Inneres offenbart. Es stehen uns hier (in einem Decrescendo an Gewichtigkeit) drei Quellen zur Verfügung: seine Selbstbiographie, worin er sich genauestens überlegt, was auf die Nachwelt kommen soll, dann seine Briefe, die er, wenn auch unter vergänglicheren, augenblicklichen Stimmungen immerhin noch selber schreibt, und schließlich seine Gespräche, die uns nur durch andere überliefert, also mit gewisser Vorsicht zu benutzen sind.

In der Selbstbiographie heißt es: »Hätte ich nie etwas anderes geschrieben, als wobei es sich darum handelt, ob Hans die Grete bekommt oder nicht, ich wäre der Abgott der Staatsgewalten gewesen; kaum aber ging ich über diese engen Verhältnisse hinaus, so fing die Verfolgung von allen Seiten an.« Als Grillparzer in ein Theaterdepartement versetzt worden ist, muß er wieder Bitteres vermerken. »Da fand ich denn einen Chef, dem nicht allein jede Kunstansicht fremd war, sondern der sogar vom Technischen nicht das geringste verstand, und dabei von so verschmitztem, widrigen Charakter, daß, nachdem sich einmal die Unverträglichkeit unsrer Ansichten herausgestellt hatte, er einen eigentlichen Haß auf mich warf und jede Gelegenheit ergriff, mir zu schaden, was ihm denn auch nur zu gut gelang.« Danach gesteht der Dichter: »Soviele mir ungewohnte Aufregungen, zugleich die sich immer mehr aufdringende Überzeugung, daß meine rein künstlerischen Ansichten mit einer in Deutschland sich mehr und mehr Platz machenden Ideologie in geradem Widerspruch ständen, sodaß auf eine ungetrübte Wirksamkeit nicht zu rechnen sei, griffen meine von Natur schwache Gesundheit bedeutend an.« An andrer Stelle muß er gegen die feindliche Umwelt sagen, »zugleich hat die immerwährende Zurücksetzung und jene insilence office, mit der erbärmliche Menschen nur gar zu gern ihre Amtsautorität gegen mich geltend machten, mein Gemüt verbittert. Als nun noch die Abnahme meiner Geltung in der deutschen Literatur kam, bemächtigte sich meiner ein Gefühl der Verlassenheit, das bei einer hypochondrischen Anlage endlich auch jener Stimmung gefährlich wird, die gerade zur Hervorbringung poetischer Arbeiten erforderlich ist.« Keiner in der ganzen Weltliteratur hat so ausführlich beschrieben, wie die Fremdurteile der Umgebung hemmend wirken können. »Daß unter diesen Umständen im damaligen Österreich für einen Dichter kein Platz sei, wurde mir immer deutlicher. Ich versank immer mehr in hypochondrische Stimmung, in der mich weder ein früher vorbereiteter Stoff zur Ausführung reizte, noch ein neuer hinzukam, welches letztere von da an der Grundtypus meiner poetischen Produktionskraft geblieben ist.«

Schon frühe hatte der junge Grillparzer Goethen gegenübergestanden. »Als ich meine vereinzelte Stellung in Wien beklagte, sagte Goethe, was wir seitdem gedruckt von ihm gelesen haben: daß der Mensch nur in Gesellschaft Gleicher oder Ähnlicher wirken könne. Wenn er und Schiller das geworden wären, als was die Welt sie anerkennt, verdankten sie es großenteils dieser fördernden und sich ergänzenden Wechselwirkung.«

Ein weiterer Beleg, wie ungeheuer sich Grillparzer durch den allgemeinen Verkennungsdruck seiner Zeit und Umgebung gehemmt fühlte, liegt auch in seinem Testament des Jahres 1848. »Von den ungedruckten Schriften will ich jedoch, daß die beiden dem Scheine nach unvollendeten Trauerspiele ›Kaiser Rudolf II.‹ und ›Libussa‹ nicht gedruckt, sondern ohne Durchsicht vernichtet werden. Ich habe sie in den Zeichen des härtesten Geistesdruckes verfaßt, in langen Zwischenräumen, mehr um mich zu beschäftigen, als mit eigentlicher Hingebung und Begeisterung geschrieben. Sie sollten mir mehr den Gedankengang im allgemeinen feststellen, indes ich die Ausarbeitung auf bessere Zeiten verschob. Die besseren Zeiten sind nicht gekommen und ich will nicht, daß mein Name durch derlei leblose und ungenügende Skizzen geschändet werde.« Eine Stelle im Tagebuch kann als klassischer Beleg dafür gelten, wie äußerst abhängig von verstehendem Widerhall ein bestimmter Typus von Gestaltern ist. »Es ist etwas vom Tasso in mir, nicht vom Goetheschen, sondern vom wirklichen. Man hätte mich hätscheln müssen, als Dichter nämlich. Als Mensch weiß ich mit jeder Lage fertig zu werden, und man wird mich nie mir selber untreu finden. Aber der Dichter in mir braucht ein warmes Element, sonst zieht sich das Innere zusammen und versagt den Dienst. Ich habe wohl versucht, das zu überwinden, aber mir nur Schaden getan, ohne das Pflanzenartige meiner Natur umändern zu können.« An andrer Stelle: »Ich sterbe ab, und zwar von innen, was das Schlimmste ist. Ich fühle eine solche Verdrossenheit, daß ich unfähig bin, etwas zu arbeiten.«

Durchmustern wir nun Grillparzers Briefe, so ertönt auch hier sein Klagelied. Schon mit 26 Jahren malt er wieder jenen inneren Zustand, der so bezeichnend wenigstens für den seelisch *gebrechlicheren* Typus der Gestalter bleibt. Deren Schonungsbedürfigkeit sollten diejenigen Nachlebenden sich immer wieder vorstellen, welche, je kleiner sie selber sind, um so rücksichtsloser vom ›Titanentrotz der Großen‹ bramarbasieren. »Wer, wenn er den dornenvollen Pfad der Öffentlichkeit zum ersten Mal beschritt, fühlte nicht bei den Angriffen der Mißgunst, bei den Anmaßungen der Dummheit das Bedürfnis eines Schützers, die Sehnsucht nach einem wahren Kenner verlangend in seiner Brust.« Ein Jahr später legt er ein besonders persönliches, beinah rührendes Bekenntnis nieder. »Von Natur schüchtern und unbeholfen, durch frühes Unglück zur Schwermut und Selbstpeinigung gestimmt, hatte ich früh dem Glauben an meine Dichtergabe und mit ihm der Lust des Lebens entsagt ... Schwer ward mirs, aus dem dumpfig warmen Medium, das meine Phantasie brütend um mich geschaffen hatte, hervorzutreten in den erkältenden aber zugleich erstarkenden Tag. Herrn Schreyvogels väterlicher Sorge gelang es, mein Widerstreben zu beseitigen. Als nun endlich Herrn Schreyvogels Hand jenes beschriebene, in jeder Hinsicht zu früh geborne Wesen aus mir hervorgezogen hatte (gemeint ist die ›Ahnfrau‹) und von allen Seiten die Hunde des kritischen Donners heulend darüber herstürzten, da kehrten alle Qualbilder früherer Tage zurück, da war ich verloren –, wenn nicht Sie, wenn nicht Ihr Wort mich aufgerichtet hätte.«

Zur Frage der Gewöhnungsperiode, deren das Publikum immer bedarf, äußert sich Grillparzer 1821. »Schillers Chor in der Braut von Messina dünkte manchem anfangs fast lächerlich; gegenwärtig verfehlt er seine Wirkung nicht mehr ... Aber im jetzigen Augenblicke hoffe ich noch nicht durchzudringen, wenigstens kaum auf dem Theater, wo der Eindruck des Augenblicks entscheidet.« Traurig der späte Seufzer des alternden Dichters noch 1850 in einem Brief an den Erzherzog Maximilian. »Meine Jahre nähern sich dem Greisenalter. Ich habe unter der Geistesanfeindung des früheren Systems viel gelitten, und die auftauchende neue Epoche kommt zu spät, als daß sie mir selbst noch Frucht bringen könnte.« Es ist kaum auszumessen, welche Lebensenttäuschungen in derart schlichten Sätzen liegen ... Nochmal ins einzelne der Verhältnisse dringend, malt Grillparzer die ganze Sinnlosigkeit damaliger Literaturzustände Österreichs aus (in einem Briefentwurf an Kaiser Franz, der aber niemals abgesandt worden zu sein scheint). »Alle anderen vielleicht höheren Gründe beiseite gelassen, ist schon allein *der* entscheidend, daß bei dem gegenwärtigen Zensurzwange alles für gefährlich Geltende nichtsdestoweniger im Auslande ungehindert erscheint, zu 100 Exemplaren, und als verboten mit doppelter Begierde gelesen, verschlungen wird, indes der inländische Schriftsteller in jeder Wirksamkeit gehindert ist. Österreich kommt in den Ruf eines neuen Böotien, und doch wird gar nicht verhindert, was man dadurch verhindern will. Die Maßregel hat alles Lästige eines Verbotes und gar nichts von seinen Vorteilen. Wäre der Kaiser von Österreich der Herr der Welt oder auch nur Herr von Deutschland, so ließe sich eine solche separatistische Maßregel denken, gegenwärtig aber ist sie ein Unding. Die österreichische Zensur ist ein napoleonisches Kontinentalsystem; die inländischen Kaufleute gehen darüber zugrunde, die auswärtigen ärgern sich höchstens ein wenig, und Kaffee und Zucker kommt deshalb doch nicht außer Gebrauch.«

Auch in Grillparzers Gesprächen, die wir zum Schluß betrachten, kehrt unser Thema immer wieder. 1865 bekennt er seiner Freundin Littrow-Bischoff: »Ich hätte viel mehr tun können ... aber da waren ... meine Arbeitsscheu und dann die Verhältnisse unter Kaiser Franz daran schuld. Es sieht vielleicht nicht gut aus, wenn man auf solche Weise seine Faulheit beschönigen will, aber Sie glauben nicht wie das lähmt, wenn jeder Stoff, den man ergreift, etwas enthält, über dessen Zulässigkeit der Kopf geschüttelt wird. Wie oft ist es mir passiert, daß ich über einer Arbeit zwei, drei Tage in größtem Eifer saß. Da kommt ein Freund daher. Was machst Du ... Bist Du nicht klug geworden? Für wen und wann schreibst Du? Da wird Dir die Polizei schön auf den Hals kommen ... und in der Tat ist es mir ein paarmal geschehen, daß die Polizei wie bei einem Taschendieb in meiner Wohnung Untersuchung hielt.« Zur gleichen Freundin: »Freilich hätte man denken sollen, daß die Dinge für eine spätere Zeit aufbewahrt werden könnten, aber dies Schreiben für die Zukunft ins Ungewisse, das Bewußtsein, kein lebendes Echo zu finden ... und an wen soll man sich, um dieselbe zu erfahren, wenden, als an das Publikum – das hat mich immer entmutigt ...« Als Grillparzer 1860 über die Urteile der Stadt Wien, die er so liebte, nachdenkt, sagt er zu W. von Wartenegg: »Ich hätte dreimal so viel geschrieben, wenn man mich nicht gerade hier an allem gehindert hätte. Jetzt ist es noch gut gegen früher ... Jetzt wird vielleicht unter zehn Büchern eins verboten, damals ist vielleicht unter zehn Büchern eins *erlaubt* worden.«

1866 sagt der Gealterte zu einem Freund: »Der ›Ottokar‹, das war ein österreichisches Stück. Ich hätte wohl noch sechs solche geschrieben, wenn man mir Lust gemacht hätte ... Der Kaiser Franz hatte dafür keinen Sinn.« Das übliche Nachklappen des Verständnisses, das wir auch andern Gestaltern gegenüber immer wieder entdeckten, empfindet der greise Grillparzer besonders. »Während man meine ›Ahnfrau‹ anerkannte, sie überall aufführte, verwarf man mich mit meinen späteren, besseren Dichtungen.« 1868 dasselbe Thema der Ruhm*verzögerung.* »Zur Zeit, da meine Stücke vom Burgtheater verschwunden waren und die Leute nicht wußten, ob ich noch lebte oder nicht, da hätte ich können ins Herrenhaus kommen und wie Aristides gegen mich selbst stimmen aus lauter Gerechtigkeit und Wahrheitsliebe, es wäre gar nicht bemerkt worden. Jetzt kommen sie in der Nacht unter mein Fenster wie zu einer Sängerin oder Tänzerin und wollen, ich soll da hoch oben im 4. Stock in der Nachtluft und Finsternis meinen alten Kopf zum Fenster hinaushalten ... Mein Gott, wenn man sieht, für was man Dank empfängt und für was nicht, so wird man recht undankbar ... und meint, daß man ihn eigentlich dem Zufall zu danken hat.« 1868 äußert er bitter, als man nun um Aufführung der ›Libussa‹ bittet: »Daß ich ein Narr wäre, bei der herrschenden Ungründlichkeit und Gemeinheit der Kritik, die mit Vorliebe sich und nicht das Werk zu zeigen bemüht ist ... Nach meinem Tode können sie geben, was sie von mir vorfinden werden«. Noch 1861 gedenkt die Österreichische Zeitung »der Unbill, die ihm von Stimmführern der deutschen Literatur wie Tieck, Solger, Schlegel« einst zugefügt worden und erinnert an die Angriffe, die vor allem »von kleinen journalistischen Aktuaren im Laufe seines Lebens« immer wieder vorgetragen wurden.

Schon 1853 hatte Heinrich Laube ein umfassendes Gemälde des literarischen Kleinbetriebes leider nicht nur österreichischer Verhältnisse entworfen, »als die geschwätzigen Alltagskritiken wie gewöhnlich sich berufen fühlten, den überraschenden Erfolg eines neuen Stückes in ein Schema einzusargen, um sich von dem lästigen Erfolge einer Neuheit zu befreien, als sie den außerordentlichen Eindruck der ›Ahnfrau‹ mit dem Bannworte Schicksalstragödie zu beseitigen meinten ...« – »Bei allem bereitwilligen Zugeständnis, daß eine freie und strenge Kritik notwendig und heilsam, ja willkommen ist, wird man in der Betrachtung der Grillparzerschen Laufbahn fortwährend und empfindlich an die kritische Überwucherung in unserm Vaterland erinnert. Grillparzers zarterer Dichternatur gegenüber hat diese deutsche Eigenschaft sich offenbar versündigt. Sie hat dem Dichter, sie hat der Nation geschadet, denn jenem hat sie das Schaffen, dieser das Genießen verleidet ... Und endlich trägt an der kritischen Tadelsucht in deutscher Literatur unsre philologische Erziehung einen artigen Teil der Schuld. Man höre nur zu in einem Gymnasium, ja selbst in einem Universitätsauditorium, wie da ein Homer, ein Ovid, ein Theokrit erklärt wird! Es ist vorherrschend ein Umherkriechen unter einem Gestrüpp von Wörtern und Partikeln, ein Verweilen bei kleinlichen Streitfragen. Die Gestalt, den Atem des Dichters wird der arme Schüler gar nicht gewahr, und so wird er von Jugend an gewöhnt an die Klauberei bei Schriftstellern, an die Verzettelung des Eindrucks.« Ein übler literarischer Industrialismus habe sich ausgebildet. »Letzterer besonders in den Enzyklopädien und Konservationslexiken, welche durch Umfang und Verbreitung die gleichsam stereotypierte literarische Kritik in hundertjährige Erbpacht zu nehmen schienen. Da saßen und sitzen denn die hundert kleinen philologischen Schulmeister zu Gericht über die Größen der Nation ... Man sehe, in welch empörender Weise diese Fabrikbücher über Grillparzer berichtet haben!«

Dieser Zeiteinblick ist um so bedeutsamer, als Laube einer anderen als der Grillparzerschen Richtung angehört. Dasselbe läßt sich von Wolfgang Menzel sagen, der 1832 mitteilt, »daß in Österreich unter dem Drucke der Zensur die Poesie nie recht frei ihre Schwingen hat entfalten können und daß offenbar Grillparzer, der durch und durch ein echter österreichischer Dichter ist, bei weitem mehr Anlagen hatte als Theodor Körner oder Collin, ein österreichischer Schiller zu werden; aber wie wurden ihm seine Ideale verkümmert!« Auch Varnhagen in seinen ›Denkwürdigkeiten und Vermischten Schriften‹ sieht diese Lage (1859): »Gewiß war ihm vor vielen Mitstrebenden die reinste Dichterweihe zuzusprechen, und sein hoher Beruf hatte vor allem den festen Grund, der so vielen anderen fehlt, des redlichen und erfüllten Herzens; die Heimat aber, anstatt ihn zu tragen und zu heben, hinderte früh seinen vollen Aufschwung«.

Hier anzuschließen wäre auch eine entsprechende Bemerkung Lenaus, die 1840 aufgezeichnet wurde. »Der beißigste Hund, wenn man ihn bei der Zunge faßt und drückt, zieht den Schweif ein und wird auf immer scheu und feige. Dies Kunststück üben unsre kritischen Schinderknechte mit Lust und Virtuosität an unsern Dichtern.« – Gutzkow berichtet 1845 in seinen ›Wiener Eindrücken‹: »Dieser edle und tiefsinnige Dichter bekleidet die Stelle eines Archivdirektors. Ihn hat das System allmählich stumm gemacht.«

Mögen alle diese Berichte zu weichlich lauten, so hat doch ein ganz Großer, der keine Sentimentalitäten kannte und bei dem es äußerst rauh herging, sich nicht etwa für zu robust gehalten, an diesen Fragen leidenschaftlich teilzunehmen. Entsprechende Antworten zucken wie Blitze durch die dunklen, rätselhaften, sogenannten Konversationshefte Beethovens. Dort nehmen sie seltsame Betonung an und fahren jäh auf den fragenden Titanen zu, dessen vorausgehende, gespannte und ewig dunkel bleibende Fragen an Grillparzer oder seine Freunde man sich freilich ergänzen muß. Enthalten diese Konversationshefte doch die Antworten, die man dem tauben Beethoven nicht mehr zuschreien konnte, also schnellstens niederschreiben mußte, falls man überhaupt noch ›Gespräche‹ mit ihm führen wollte. Im Mai 1823 ist Schindler bei Beethoven. Schindler: »Bei Grillparzer war ich früh, er ist ganz enchantiert über Ihr Schreiben. Er erzählte mir offen alle seine Schicksale, die wahrlich höchst merkwürdig sind.« Beethoven brummte wahrscheinlich von seinen eignen Schwierigkeiten. Schindler: »Das ist aber noch keinem seinesgleichen widerfahren ...« Beethoven erkundigt sich nun wahrscheinlich mürrisch. Schindler: »Das Gedicht, wodurch er in Ungnade fiel, wird er Ihnen lesen lassen. Nicht der Nuntius, sondern ein hiesiger Literator hat die Sache erregt. Der Kaiser schrieb an die Polizei ... Er mußte sich sogar schriftlich bei der Polizei verteidigen ... Die Anstellung als Dichter beim Theater hat er jetzt auch durch Folge dieser Niederträchtigkeit verloren.« Beethoven erregt sich wahrscheinlich. Schindler: »Er hat schon Wien verlassen wollen ... Wo sie nur können, dort schikanieren sie ihn. Nun schreibt er ein großes Trauerspiel Ottokar. Wahrscheinlich wird man ihm viele Prügel unter die Füße werfen, und daß er seine Werke im Auslande auflegen läßt, hat ihm auch schon Feindschaft zugezogen.«

Nach einem andern Konversationsheft vom Mai 1823 muß Beethoven selber zum Thema des Mißverstandenwerdens weit ausgeholt haben. Grillparzer hierauf: »Wenn Sie erst so geplagt würden wie ich! Ich bin sogar Beamter.« Beethoven muß nun gefragt haben, worin gerade Beamtenverkennung liege.

»Muß jedem Dummkopf nachstehn«, schreibt Grillparzer schnell nieder. Als Beethoven vielleicht auf einige verständisvolle Hörer hinweist, schreibt Grillparzer auf: »Und die übrigen Deutschen sind in Pedanterie ertrunken!« Da Beethoven wohl wieder auf jämmerliches Mißverstehen neuer *Musik* ablenken will, vielleicht seine eigene Misere betrachtend, notiert Grillparzer: »Dem Musiker kann doch die Zensur nichts anhaben.« – Wieder ein Heft von 1823 redet von anderen, die es weniger schwer hätten. Grillparzer kritzelt bitter aufs Papier: »Man *versteht* so leicht, was sie tun und machen, das macht ihr Glück von oben.« Und wenig später reicht er Beethoven ein Blatt hinüber, auf dem geschrieben steht: »Ihre Musik bleibt uns doch ganz unbegreiflich«.

Im folgenden Jahre findet sich unterm 25. Januar, schnell hingeschrieben, der Satz Schindlers: »Der arme Grillparzer ist zu bedauern, sein ›Ottokar‹ wird nicht gegeben, weil ihn die Zensur fürchterlich zugerichtet hat . . .« Am 26. und 27. Januar ist Grillparzer selber bei Beethoven. »Die Zensur hat mein Trauerspiel ›Ottokar‹ verboten«. »Sogar den Druck will man nicht erlauben«. Auf interessierte Rückfragen Beethovens notiert der Dichter: »Niemand kann den Grund des Verbotes begreifen!« – Im April 1826 erscheint Grillparzer im Gasthaus zur Eiche. Beethoven muß wieder das große Thema der Verkennung angeschlagen haben. Denn der Dichter schreibt ihm nun den schauerlichen Satz hin: »Die Zensur hat mich umgebracht«. Als Beethoven wahrscheinlich gegenfragt, wo bessere kulturelle Zustände zu treffen seien, notiert der Dichter (1826!) lakonisch: »Man muß nach Nordamerika reisen, um seinen Ideen freien Lauf zu lassen«, schwerlich ahnend, wie dünn der Kreis sofort Verstehender erst recht in jener ›idealen Ferne‹ wäre. Als Grillparzer gegangen, will das Thema verzögertes Verständnis immer noch nicht abreißen. Holz, ein dritter Teilnehmer, der noch zurückbleibt, reicht Beethoven das Schreibheft mit der optimistischen Eintragung hin: »Die Schimpfer verstummen in einem Jahr; ein Kunstwerk lobt sich erst in 5 oder 10 Jahren.« Anfang September 1826 hält derselbe Carl Holz Beethoven wieder ein Gesprächsheft vor die Augen. »Grillparzer ist auf 6 Wochen nach Berlin abgereist. Er hat mit großer Mühe die Erlaubnis erhalten, außer Land gehen zu dürfen.«

Selbst mit seiner Grabrede auf Beethoven sollte Grillparzer noch Anstoß erregen. Nach den Aufzeichnungen des Zensors Zettler vom 29. März 1827 hatte Beethovens Freund Schindler richtig geahnt, als er die Grabrede zuerst der Zensur vorlegte (!). Diese verwies auf das geistliche Konsistorium, welches eine weltliche Leichenrede nur *vor* den Toren des Friedhofs erlaubte, wo denn nun jene ergreifenden Abschiedsworte Grillparzers verlesen werden mußten. Daß diese Worte – bezeichnend für Beethovens geistige Haltung – »aus profaner Feder und aus profanem Munde« kamen, hatte Entrüstung erregt. So verbanden den robusten Musiker und den zartbesaiteten Dichter noch nach Beethovens Tod jene kulturellen Mißhelligkeiten, die originellen Köpfen wie Schatten nachzuschleichen scheinen.

Zum Abschluß notieren wir wieder die Tatsache, daß der Verkannte auch seinerseits gar kräftig verkennt. Grillparzer sagt 1860 über Goethes Altersstil: »So möcht ich nicht schreiben. Er hat lau geschrieben. Sein 2. Teil vom Faust existiert für mich nicht; ich möcht ihn nicht, wenn man mir ihn schenkte. Sei auch Gutes darin, es ist doch wirr, phantastisch, unzusammenhängend ...« ›Les Misérables‹ von Victor Hugo verdammt er völlig. Auch das meist verfrühte Schauermärchen vom jeweils ›jetzigen Kulturuntergang‹ taucht 1863 bei Grillparzer auf. »Wenn Mozart und Schubert noch lebten! Damals hatten wir die Genies und keine Unterstützung für sie; jetzt geben wir die Unterstützung und haben keine Genies.« Wie aber Chopin, Schumann, Wagner, Brahms und Bruckner zeigen, war die enorme Kette der europäischen Musik durchaus nicht abgerissen. 1860 behauptet er, sicher übertreibend: »Man findet vielleicht in ganz Wien kaum 50 junge Leute, die sich ... dem wahren Eindruck der Poesie noch hingeben.« – »Wenn sie im Theater ein Stück gesehn haben, so gehen sie nach Haus und lesen nach bei Herrn Gervinus oder gar bei Vischer um Rat und Urteil.« Selbst Beethovens Musik, die er doch bewundert, erscheint Grillparzer schon als Verfall und untergangsumwittert (1834), wie wir im Beethovenkapitel zeigten. Er nahm die Partei Rossinis, übrigens auch gegen die Neuerungen Webers, dessen ›Euryanthe‹ er geradezu »polizeiwidrig« fand. So verbreitete Grillparzer selber jene Gefühle der Hybris und des Unterganges, die sich beklemmend wie ein Dunst und Nebel um seine eigne Person gelegt hatten, um seine freie geistige Atmung zu behindern. Bezeichnendes Schicksal vor allem *später* Kulturen.

Hebbel

Hebbels äußeres Leben verläuft wie ein Märchen. Alles beginnt in düsterer Tonart, in größter Not und schwer beklommen. Alles aber endet in wohliger Geborgenheit und sorgenlosem Lebensgenuß. Der unterdrückte Handwerkersohn, der in zerschlissenem Röckchen, sich überanstrengend, weil eine Postgelegenheit zu teuer wäre, durch ganz Deutschland wandert, der kümmerlich von Ersparnissen einer kleinen Näherin leben muß, die er aus Not sodann verläßt, landet nach langen Fährnissen im üppigen Wien, heiratet eine der schönsten und angesehensten Burgschauspielerinnen, besitzt ein behäbige Wohnung in vornehmster Lage der Stadt und eine Sommervilla in den Bergen. Selber genießt er in seinen späteren Tagebuchnotizen diesen seltsamen Lauf seiner Lebensmelodie, die sich aus finsterem moll entwickelt und in strahlendes dur ausklingt.

Trotzdem zieht sich durch sein gesamtes Leben jener grübelnde Ernst, jene Abgründigkeit des Empfindens, die in allen seinen Mitteilungen, vor allem aber in seinem Werk erklingt. Es ist durchaus möglich, daß seine zugleich heißen und eiskalten Dramen bald als zeitbedingt empfunden werden. Vielleicht wird dann das Tagebuch als seine bedeutendste Schöpfung gelten.

Dieser karge, unerbittliche Selbstbericht, nicht gebunden an die vergängliche Formenwelt der Nachklassik, wirkt heute schon als einer der seltsamsten Einblicke ins Individuelle, die jemals gewährt wurden. Dieser Dauereinblick reicht von der Jugend bis zum Alter, von der sinnlich nahesten Vordergrundnotiz bis zur verwegensten Spekulation über letzte Fragen, von der tiefsten Lebensenttäuschung bis zum höchsten Lustgefühl. Alle Begebenheiten, sinnlichen und geistigen Befunde sind hier mit derart grausamer Sachlichkeit festgehalten, daß sie zeitlos wie die Natur selber wirken und noch bewegen werden, wenn Hebbels Dramen vielleicht längst als eine tiefsinnige Konvention empfunden sind. Woraus eine gewichtige Lehre zu ziehen wäre, die hier aber nicht entwickelt werden kann. Jedenfalls zeigt sich wieder, daß die offiziellen Formengebungen der ›hohen Kunst‹ zeitbedingter als die ›natürlicheren‹ Äußerungen sind. Man denke z. B. an Dürers privat gemeinte, fast zeitlos wirkende Aquarelle, verglichen mit seinen ›hohen‹ Malereien und Stichen, mit denen er gelegentlich geradezu einer Zeitmanier verfällt.

Während dieses bedeutsame Tagebuch erst nach Hebbels Tod erscheint, treten seine Dramen sofort hervor. Trotz der Düsternis ihrer Problemstellung, trotz ihres ausgeprägten Pan-tragismus, der in jeder Ausbreitung des Lebens überhaupt – nicht etwa nur in der der großen Egoismen – eine Tragik sieht, werden diese Werke nicht so umfassend abgelehnt, wie man es bei der Radikalisierung des Begriffes Tragik, die Hebbel in die neuere Literatur brachte, hätte erwarten sollen. Es lag das wohl an der konservativen, bewußt nachklassischen *Form,* in der diese Werke – ein halbes Jahrhundert nach Schiller und Goethe – dargeboten wurden, obgleich ihr Inhalt nun krassere Spannungen und Wirkungen enthält. Wo Hebbel bereits auf Ibsen und den Symbolismus von 1900 vorauswies, hätte er innerhalb der milderen Überlieferung von 1850 Stürme der Entrüstung hervorgerufen, ja allgemeine Verfemung erfahren, wäre dies alles nicht in jener nachklassischen Einkleidung aufgetreten, welche manche Überlieferungsgebundenen mit dem neuen Körpergefühl aussöhnte, das hier unter älterer Gewandung verborgen lag. Die nachklassische Form allerdings ergrimmte wiederum die Jungdeutschen, die auf das naturalistisch Unmittelbare besonderes Gewicht legten. Daß Hebbel nicht so dauernd gemaßregelt wurde wie etwa Grillparzer, kann aber auch schauerlich banal erklärt werden. Sein erster Biograph, der alles noch miterlebte, vermutet, daß vielleicht nur der dänische Paß, mit dem Hebbel im reaktionären Wien wohnte, ihn vor schlimmerem Zugriff, zum Beispiel der Zensur, behütete.

Immerhin war nach den langen und bewußten literarischen Kämpfen der Zeiten Lessings, Goethes, Schillers und der nachfolgenden Romantik die Kunstkritik ihrerseits vielfältiger geworden, sie hatte reichere, in sich verschiedenartigere Kategorien entwickelt, was ebenfalls mit beigetragen haben mag, daß dieser unerbittliche Hebbel eigentlich noch verhältnismäßig günstig abschnitt. Jedenfalls ist hier einmal das Verbissene, Mißtrauische, Beklommene eines schöpferischen Menschen weniger aus dauerndem Mißverstandenwerden durch die Umwelt abzuleiten. Hebbel brachte seine Düsternis schon mit ins Leben hinein, teils durch die nordische Meereinsamkeit seiner

Heimat, teils durch die überschwere Jugend. Teils aber auch durch die geistesgeschichtliche Lage des Pessimismus, der sich der nachklassischen Periode Europas von Schopenhauer und Kleist bis zu Hebbels Gegenfüßler Otto Ludwig hin bemächtigte, als man gespürt hatte, daß der Idealismus von 1800 oft allzu schwungvoll-harmonistisch am abgründigeren Sein des Menschen vorbeigegriffen hatte.

Trotzdem man sich also Hebbels Lage gegenüber der zeitgenössischen Kritik noch schwieriger hätte denken können, regnet es an Fehlurteilen und Verkennungen. Man bewertet damals die Zeitgenossen Hebbel, Alexis, Auerbach, Feuchtersleben, Freytag, Geibel, Gutzkow, Immermann, Laube, Dingelstedt, Oehlenschläger, Platen, Raupach, Schack, Schwab, Spielhagen, Vischer, Wienbarg, die Hebbel selber übrigens vergleichend an seinem Bewußtsein vorüberziehen ließ, beinahe gleich hoch, ganz anders also, als wir das heute tun würden. Infolgedessen ist auch hier von Vorurteilen der Zeit zu reden, im Sinne jener vorsichtigen Definition, die wir in einem der grundsätzlichen Kapitel geben.

Zitieren wir etwa in zeitlicher Folge zuerst einige der damaligen Zeitschriften, bevor wir Hebbel selber anhören. Über die Berliner Erstaufführung der ›Judith‹, seines frühesten Trauerspiels, haben wir den bezeichnenden Bericht des Freundes Kuh. »Schrecken und Erstaunen, Anerkennung und Widerstreben vereinigten sich zu unbestimmtem Ausdrucke ... Die Männerwelt betrachtete das Drama als eine Herausforderung und ›Judith‹ zumal als einen weiblichen Karl Moor, welcher den Bau des gesellschaftlichen Übereinkommens umstürzen wolle ... Aber auch die Rezensentenmannschaft mit dem ganzen Apparate der Löschanstalten, die sofort aufgeboten werden, wenn irgendwo das Feuer des Talentes ausgebrochen ist, ließ nicht lange auf sich warten. Böswilligkeit, Unwissenheit und Unverstand brachten üblicherweise ihre Anklagen, Einwürfe und Zurechtweisungen vor, belehrten den Dichter über Ein- und Ausgänge, die ein Blinder findet, und über poetische Auskunftsmittel, die sogar einem literarischen Kurpfuscher einfallen.«

Die Hallischen Jahrbücher finden 1840, daß in der ›Judith‹ »mehr eine völkergeschichtliche Anschauung als eine nach der Norm des dramatischen Organismus gebildete Schilderung von Charakteren in der Bewegung der Handlung gegeben« sei. Man spürt bei diesem Urteil schon, daß wahrscheinlich aus einem verhärteten Schulbegriff des Dramas, wie er in der vorigen Generation gebildet worden war, beurteilt wird. Der immer wiederkehrende Vorgang, daß einer neuen Generation mit neuem Kunstwollen die ältere vorgehalten wird, weil man sich inzwischen (nachdem die ältere seinerzeit ebenfalls bekämpft worden war) an diese gewöhnt hat, bestätigt sich denn auch sofort, wenn der Kritiker hinzufügt: »Hier ist bei weitem kein so machtvolles dramatisches Leben wie im Stoffe der Jungfrau von Orleans.«

Das übliche, sehr unbestimmte Motiv, daß der Besprochene zu *modern* sei, folgt ebenfalls auf dem Fuße, wenn der Kritiker nun wörtlich fortfährt: »Hebbel aber ist einen anderen Weg gegangen. Ihm war es um moderne Wirkung und um moderne Effekte zu tun, deshalb hat er den Stoff umgedichtet, neue gestaltet und größtenteils verdorben.« Weiter tadelt man seine »Auffassung, die zuletzt rein ins Kindische gerät.« – »Diese Spielerei mit psychologischen Motiven fand denn auch sogleich bei der Aufführung ihren Richter. Der fünfte Akt fiel total durch, man lachte und zischte zum Schluß.« Gerade diese wiederholte Feststellung läßt uns nochmal die abstechende Kraft des Neuen und gänzlich Ungewohnten, das hier im Aufbau erschien, nachträglich ahnen. »Glaubt Hebbel wirklich«, heißt es weiter, »etwas damit geleistet zu haben; meint er, daß mit seiner Judith eine neue Ära für die dramatische Poesie beginne, so müßten wir ihn ernsthaft warnen, sich von diesem falschen Prinzip loszusagen, wenn wir ihn nicht aufgeben wollen. Wie diese Judith nun ist, wird sie wie in Berlin bei der Aufführung überall durchfallen.« Diese dummdreiste Prophezeiung ist durch die Weiterentwicklung der Dinge bekanntlich Lügen gestraft worden. Die vorherigen Sätze enthalten deutlich das Gefühl, daß hier eine neue Ära hervortritt, ohne daß die Urteilsbildung aber eine entsprechende Umschaltung ihrer Kriterien vorgenommen hätte. Denn es bleibt zu spüren, daß hier (wie auch im einzelnen man über Hebbels Dramen denken möge) eine Art Symbolismus von einer anderen Einstellung her beurteilt und somit verfemt wird, aus deren Perspektive eigentlich jede symbolistische Figur als konstruiert angesehen werden kann. Genauso wie (um in ganz anderes Feld zu springen) ein Menschenkörper in einer mittelalterlichen Malerei, sein Charakter und seine Bewegung, dem Realisten konstruiert erscheinen müßte und im 19. Jahrhundert tatsächlich auch erschienen ist.

Der Ästhetiker Vischer, aber auch August Henneberger, R. Bollmann, Gutzkow, Treitschke finden trotz Einzelbelobigungen die naive Erzählung der Bibel ins moderne Bewußtsein hineingeschraubt, so daß Holofernes nicht mehr ein Held, sondern ein »aufgeblasener Frosch«, und die Judith eine Zerrissene werde. Julian Schmidt nennt den Verfasser krankhaft. Die katholische Kritik rast vor allem gegen Judiths Sinnlichkeit. Selbst die hervorragende Wiedergabe des Werkes habe »den widrigen Eindruck einer unreinen Ausgeburt eines sonst äußerst begabten Dichters« nicht verwischen können. Als die Grenzboten 1847 die ›Judith‹ besprechen, ruft der Kritiker sogleich: »Du bist auf dem Abwege, von dem man noch nicht gewiß weiß, wohin er führen kann.« – »Das ist dieselbe Stimmung, die die romantische Schule Weltironie nannte, dies bewußtlose Bewußtsein des universellen Schwindels, in dem das Festeste gleich dem ewig Wechselnden in träumerischer Flüchtigkeit uns umwirbelt.« Der Kritiker verfehlt mit diesem Satze die Unerbittlichkeit (man möchte beinah sagen, neue Sachlichkeit), mit der Hebbel die Romantik hinter sich gelassen hatte. Nun folgen Behauptungen gegen Hebbels sogenannte Trockenheit, deren Ausdrucksmöglichkeiten grundsätzlich unerkannt bleiben. Bemerkungen, mit denen man dann außer Hebbel auch einem Teil der spätmittelalterlichen und der neuesten Phantasie zuleibe rücken müßte. »Eine solche phantastische Welt kann aber nur wie im Sommernachtstraum durch Heiterkeit, Witz, Humor und ein üppiges Spiel der Phantasie genießbar werden; alles Eigenschaften, von denen man bei Hebbel keine Spur findet. Selbst die Spässe trägt er mit frostiger Leichenbittermiene vor.« Die Feststellung des letzten Satzes ist zwar richtig, verkennt aber den besonderen Ausdruck gerade dieses Gegensatzes, von dem her Hebbel zu beurteilen wäre. »Hebbel steht auf dem Scheidewege«, heißt es zum Schluß, »in einer höchst gefährlichen Stellung«, fügt der einschichtige Kritiker gleich – man möchte beinah sagen, weltängstlich – hinzu.

Bei der ›Genoveva‹ häufen sich die Vorwürfe, trotzdem auch hier gewisse Größe gewittert wird. Vischer findet das einfache Sagenbild zerstört durch den allzu modernen Geist, der mit den Sitten der dargestellten Zeit in grellstem Widerspruch stehe; Hebbel »verpfeffere und versalze«, »daß einem die Augen übergehen«, was wir, inzwischen an ganz andere Würzungen gewöhnt, schwerlich heute noch behaupten werden, so viele Vorwürfe man dem Werk auch machen mag. Den tollen Claus nennt Vischer »symbolischen Kretin, allegorischen Simpel, tragischen Fex, Ahnungstrottel.« Die alte Margarete zitiere Schelling. Bollmann behauptet, »das Ganze ist nichts weiter als eine dialogisierte Sage und bleibt als solche nicht bloß hinter den Anforderungen der Tragödie, sondern auch hinter der rührenden Einfalt der alten Legende zurück«, mit welchen Worten trotz vielleicht richtigen Einsatzes doch weidlich übers Ziel geschossen wird. Julian Schmid findet den Genovevakonflikt willkürlich, Henneberger das Ganze undramatisch, auf die Spitze getrieben, den Schluß »ein Ende mit schreiender Dissonanz.«

Hebbel hatte im Vorwort zu seiner ›Genoveva‹ gesagt: »Übrigens ist ein jedes Drama nur soweit lebendig, als es der Zeit, in der es entspringt, d. h. ihren höchsten und wahrsten Interessen zum Ausdruck dient.« Daß man diese selbstverständliche Wahrheit so sehr betont, zeigt an, daß sich das geschichtliche Drama mit Hebbel auf einen neuen Standpunkt begeben hatte, den man hiermit ausdrücklich verteidigen mußte. Gutzkow in seinem Telegraph für Deutschland reagiert aber ganz ablehnend. »Der Unterzeichnete muß gestehen, daß ihn diese der Vorrede des Trauerspiels entlehnten Worte betrübt haben. Sind sie nicht ein schmerzlicher Protest der Poesie gegen die äußerlichen Zumutungen des Tages? – Wie konnte Fr. Hebbel der Majestät des Dichters so viel vergeben, daß er der Zeitpoetik unserer Tage die Konzession machte ...« Würde man diese beiden Telegraphensätze genau zergliedern, man würde in ihnen das wichtigste Fehlmotiv finden, das immer wieder auftaucht, wenn man angebliche ›ewige‹ Forderungen der Kunst, des Denkens oder Lebens dem jeweils anbrechenden Heute entgegensetzt, ohne zu spüren, daß jene eben stattfindende Umbiegung des Lebensgefühls mit in das festzustellende ›ewig‹ einzubeziehen wäre (was ja die folgenden Generationen dann jedesmal auch prompt zu tun pflegen). Dieselbe Kritik schaukelt nun zwischen Für und Wider (in der üblichen Art einer Frühbeurteilung) hin und her, bis sie ausruft: »Der Schlußeindruck ist unerquicklich und leer. Unbefriedigt fragt man sich: Was soll das Ganze«, womit sich am Ende die völlige Ratlosigkeit vor etwas verhältnismäßig Neuem zu erkennen gibt. Auch Gottschall mißversteht 1855 in seiner Deutschen Nationalliteratur den Gesamtgehalt der ›Genoveva‹.

Auch über Hebbels ›Gedichte‹, die doch wahre Kostbarkeiten enthalten und gelegentlich den Klang von Nietzsches Lyrik vorausahnen, urteilen die Zeitgenossen geteilt, obgleich es gerade hier an Anerkennungen nicht fehlt. Menzels Literaturblatt meint 1843, zum Teil mit Recht, doch übertreibend: »In diesem Dichter treten zwei Naturen auseinander, eine in hohem Grade kindliche, die ihm von Haus aus eigen scheint, und eine in ebenso hohem Grade unkindliche, die ihm auf der Universität durch die Hegelei angekünstelt worden zu sein scheint.« Wieder einmal taucht dann gegenüber neuen Regungen des Lebensgefühls jener moralische (nicht künstlerische) Protest auf, den wir gegenüber anderen Gestaltern schon so oft antrafen. Mit theologisierender Entrüstung wird das Gefühlsleben Hebbels hier als zu irdisch abgetan. »So wird man mit Befremden inne, daß der Dichter in mehreren Gedichten wirklich ein vollendeter Pantheist ist und Gott einerseits nur in sich selbst, andererseits aber in einem hübschen Mädchen sieht, wodurch (!) der kindliche Zauber, den so viele seiner Lieder atmen, plötzlich entweicht.« Das Wesen gerade der Dichtung ganz verkennend, heißt es weiter: »Auch die Dichter sollten nur in heiterer Ironie mit ihm (dem Pantheismus) spielen und nie die Miene annehmen, als ob ihnen dieses lächerliche Überschätzen des lieben Ichs, dieses Überheben des armen Geschöpfes über den Schöpfer, diese närrische Selbstvergötterung des Wurms irgend Ernst wäre.« Ein halbes Jahrhundert seit Goethes ›Prometheus‹ war vergangen und man spürt hier deutlich, wieviel religiöse Reaktion und Mittelalter inzwischen die Romantiker wieder aufgenommen hatten, wenn es jetzt wieder möglich war, den neuen, kühnen Subjektivismus selbst in der Lyrik rein theologisch abzufertigen.

Merkwürdige Einstellung zeigt auch eine Kritik der Blätter für lit. Unterhaltung von 1851. Man erschrickt dort derart vor den »michelangelesken«, kolossalischen Gebilden Hebbels, vor seiner Wucht, daß man sich seltsam windet zwischen Staunen und Abscheu, zwischen Hochachtung und Wut. »Wir haben mit Hebbel ein ernstes Wort zu sprechen. Als Hebbel zum ersten Male auftrat, mit welchem Triumphe wurde er empfangen! Und doch hat er nur eine einzige Tat getan, die den stolzen Hoffnungen entsprochen hat: er hat Maria Magdalena gedichtet. Seitdem erschienen mit Ausnahme des Schnock ... nichts als lauter Ungeheuerlichkeiten. Jede jüngste Schöpfung ist immer widerlicher als die eben vorausgegangene. Die deutsche Kritik hat diesem wüsten Treiben des Dichters bisher zwar schaudernd aber meist schweigsam zugesehen.« Wieder einmal glaubt man inmitten älterer Geschichte das Wettern etwa unsrer Gegenwart gegen die neuesten Auswüchse der Künste zu hören. Man nehme den Ton solcher Sätze und deren Entrüstungsfortissimo genau ins Ohr, um nachträglich ermessen zu können, wie groß damals der Abstand gewesen sein muß zwischen dem Lebensgefühl, das das Publikum gewohnt war, und den neuen, härteren Akkorden, die Hebbel anschlug. Es ist falsch, die damaligen Kritiker für kleinlicher und empfindlicher zu halten, als wir heute sind. Diese wichtige Einsicht der Geschichtswissenschaft kann nicht genügend betont werden, auf daß wir unseren eigenen Dünkel ablegen.

Der Kritiker aber predigt unterdessen weiter: »Nunmehr wird es Pflicht, das scheue Schweigen endlich einmal zu brechen. Gerade weil Hebbel der ursprünglichste Dichter der Gegenwart ist, wirkt sein Beispiel gefährlicher als jedes andere. Und die Gefahr ist um so größer, als Hebbel es sich seit Jahren in ärgerlichster Selbstüberhebung angelegen sein läßt, alle seine entsetzlichen Ausschweifungen und Fehlgriffe durch höchst eigene kritische Orakelsprüche zu neuen, bisher ungeahnten Bereicherungen und Entwicklungsnotwendigkeiten der Kunst selbst stempeln zu wollen.« Hier wird wieder vernehmbar, daß eine ältere Kunstanschauung mit einer zweiten ringt, die sich selber durchaus als etwas Neues empfindet, einer Anschauung vom Drama, die erst um 1900 allgemeineren Widerhall finden sollte, weshalb sich dann um diese Zeit die große Hebbel-Renaissance erhebt, in der sich die damaligen Kräfte krasser Wirklichkeitsschau etwa der Ibsenschule mit dem Symbolismus der Maeterlinckjünger verband, zwei sich kreuzende Elemente feiernd, die Hebbel einst ins Drama gebracht hatte. So liest sich denn die damalige Zeitkritik weiterhin wie eine solche von 1900 gegen die neueste Zeit, wenn es nun heißt (und zwar vom ›Trauerspiel in Sizilien‹): »... außer den beiden Ermordeten sind alle Figuren, die im Stücke auftreten, die abgefeimtesten Schufte ... Und dies wird uns als Tragikomödie geboten ...« Den neuen Ernst, die neue Bitternis des Hebbelschen Komödienbegriffes mißverstehend, heißt es nun vorschnell (aus den süßeren Bedürfnissen der damaligen Zeit heraus): »Eine blutige Katastrophe aus komischen Motiven entsprungen, ist nicht tragikomisch; sie ist überhaupt undramatisch, schlechthin unkünstlerisch ... Das Geheimnis der Hebbelschen Tragikomödie ist die Kriminalgeschichte. Und damit ist dieser neuen, mit soviel Pomp angekündigten Kunstgattung ihr Urteil gesprochen.«

Und nun erscheint das bekannte Motiv, daß man jeweils seine eigene Zeit, soweit sie Unerwartetes und Neues bringt, wegen des zunächst dadurch entstehenden Fremdgefühls für *krank* erklärt, eine Speziallage, die sich durch die Jahrhunderte wiederholt und von der rhythmisch auftauchenden Mutlosigkeit des menschlichen Geschlechtes zeugt. »Traurig genug, aber wenn irgendwo, so kann man an Hebbel die Pathologie unserer Zeit studieren. Eine reiche ursprüngliche Dichternatur, durch falsche Geniesucht zu karikierter Maßlosigkeit, ja fratzenhafter Häßlichkeit aufgestachelt.« Dies 1851 ausgesprochen, in einer Zeit, in der wir heute den Inbegriff des Maßes sehen. Und von keinem Beliebigen dahergewettert, sondern von einem der damals besten Köpfe, dem Literaturgeschichtler Hermann Hettner. Daß hier auch ein Henneberger entsprechend greint, verwundert uns weniger. Eine spätere Periode kann umgekehrt derartige, beinahe zu allen Zeiten wiederkehrende, *Kritiken* als ungesund bezeichnen, wenn man unter Gesundheit jenes Kraftgefühl verstehen will, mit dem wir uns einem neuen Eindrucke hinzugeben wissen, ohne gleich in panischen Schrecken zu fallen. In sich selber widerspruchsvoll aber sind derartige Abwehrurteile immer dann, wenn sie an anderer Stelle zugeben (wie dies auch Hettner tut, ohne daß wir diesen Punkt zitierten), daß der Verfasser ein genialer Mensch sei. Diese Feststellung müßte doch nur den einen Sinn haben, daß wir unsere althergebrachten Maßstäbe für einige Zeit beiseite legen, bis sich aus weiterer Behorchung des ›unheimlichen‹ Werks allmählich vielleicht *neue* Kriterien ergäben. Erscheinen doch fast alle genialen Arbeiten im ersten Augenblick als unheimlich.

An anderem Orte heißt es um dieselbe Zeit, gegen »Aussprüche der Kritik hat sich Hebbel mit zehnfachem Eisen gepanzert und ... spricht in der ›Abfertigung eines ästhetischen Kannegießers‹ im Tone persönlicher Gereiztheit gegen einen Mann (gemeint ist Julian Schmidt), dessen Leistungen auf dem Felde der Literatur und Ästhetik doch einiges Verständnis der einschlagenden Materie präsumieren lassen und Hebbel wohl hätten nachdenklich machen können. Nicht also um Hebbel zu bekehren, sondern im Interesse der Kunst muß die Kritik immer von neuem gegen die Hebbelschen Exzentritäten Protest einlegen ...« Beim ›Trauerspiel in Sizilien‹ wird eine Reaktion des Publikums vermerkt, die man als typisches Zeichen jenes peinlichen, zwittrigen Fremdgefühls ansehen kann, das die Menschen gegenüber ganz ungewohnten Wirkungen zunächst immer wieder beschleicht. »Man möchte vor Grausen erstarren, aber die Lachmuskeln zucken zugleich; man möchte sich durch ein Gelächter von dem ganzen unheimlichen Eindruck befreien, aber ein Frösteln beschleicht uns wieder.« Ein anderer Beurteiler nennt das ›Trauerspiel in Sizilien‹ eine ästhetische Mißgeburt. Treitschke findet es fratzenhaft und monströs.

Man geht nun zu einem anderen Thema über: »*Julia* ist ein Hebbelsches Stück in des Wortes verwegenster Bedeutung. Die seltsamsten, wenn auch mit genialer Konsequenz geführten Charaktere führen einen Hexentanz auf und gelangen zu einer Versöhnung, die schlimmer ist als die schreiendste Dissonanz.« Es sei uns hier erlassen, auf die Wandlung des Disssonanzbegriffes einzugehen, dessen Geschichte einmal geschrieben werden muß, nicht nur in der Musik, wo sie am klarsten zu fassen wäre, wenn man sich etwa erinnert, daß seinerzeit auch Mozart wegen Dissonanzenhäufung angeklagt wurde. Man käme hier vielleicht einem der letzten Geheimnisse menschlicher Empfindung nahe. Die Disharmonien werden wie einst bei Goethe übrigens nicht nur im Stofflichen gesehen, sondern auch ins Formale hinübergespielt, wenn es bei einem andern Kritiker heißt, Hebbel müsse »demselben Tadel unterliegen als der Komponist, der eine Reihe unaufgelöster Dissonanzen hintereinander bringt.« Wir sehen hierin längst keinen musikalischen Tadel mehr.

Treitschke nennt ›Julia‹ ein Drama ohne Abschluß und ohne jegliches Interesse für uns. »Das krankhafte Wesen, die moralische Unklarheit des Dichters ... kommen ... nackt und erschreckend zum Durchbruch.« Rosenkranz spricht von einer »durch das Talent ihres Urhebers bis in die kleinsten Züge hinein verzerrten Tragödie.« – »Wo in dieser das Tragische bleibt, das wird uns Hebbel trotz seiner hochtrabenden philosophischen Introduktion schwerlich nachweisen können«, klagt Gottschall. Julian Schmidt findet nur Exposition, keine Spannung, keine Krisis, nur gekniffene Sprache, krankhaftes Wühlen in Leichenphantasien. Die meisten dieser Kritiken werden rätselhafter, wenn man bemerkt, daß sie, wie oft Hebbel gegenüber, wohlwollend gemeint waren, indem die Rezensenten von seiner Größe überzeugt sind, ohne freilich daraus notwendige Folgerungen zu ziehen. »Wir sagten oben schon, daß das deutsche Theater seit Schiller sich keines Talentes zu erfreuen gehabt habe, welches dem Hebbels gleich käme ... Es tut uns wehe, einen solchen Dichter seine Kräfte an Seltsamkeiten und Monstrositäten verlieren zu sehen.«

Die Blätter für literarische Unterhaltung, die diesen letzten Satz einräumen, besprechen 1856 ›Gyges und sein Ring‹. Sie enden trotz vorheriger Belobigungen in gleicher Weise. »Hebbel versündigt sich an seinem Genius wie an der deutschen Nation, wenn er statt für die letztere zu arbeiten und zu schaffen, seinen literarischen Launen die schönsten Jahre seiner dichterischen Schöpferkraft opfert.« Bei Besprechung seiner Erzählungen schließt dieselbe Zeitschrift, Hebbels bisweilen beinah Breughelsche Doppelbödigkeit ganz mißverstehend, es sei »zu bedauern, daß der Dichter so oft von den Voraussetzungen der romantischen Schule auszugehen scheint, welche die Reinheit des ästhetischen Eindrucks trüben durch die Unangemessenheit der Darstellung zum Inhalt und durch eine, man könnte sagen chemische Vermischung des Tragischen und Komischen, deren Resultat nur ein vergängliches, explodierendes Leuchtgas ist.« Hierbei bleibt amüsant zu hören, daß die beiden damals neuen Errungenschaften in Zusammenhang gesetzt werden: die Hebbelsche doppelbödige Frostigkeit und die neue Londoner Gasbeleuchtung.

Nach Gutzkow ist das Gygesdrama etwas Totgeborenes, dem nicht mal künstlich Leben einzuhauchen ist, da es niemals Leben gehabt haben kann, nicht einmal in seiner bloßen Idee. Für Gustav Kühne sind Kandaules und Gyges »Pinsel der Einfalt«, das Ganze bleibt ein ungelöstes Problem. Von »ungesunder Manier, Krankhaftigkeit und Unstetigkeit« spricht Julian Schmidt in den Grenzboten. Zwischen den Hauptfiguren walte dauernd ein moralischer Konflikt, der nicht der unsrige sei und nicht das geringste Interesse für uns habe. Dem Drama fehle jegliche Bühnenwirkung, wobei dem Tadler natürlich immer das antisymbolistische Theater vorschwebt. »Hebbel schildert nicht Typen, nicht ideale Naturen, sondern exzentrische Menschen, die in ihren Motiven das Gepräge der Willkür an sich tragen, mit einem Worte Originale.« Obgleich hier manchmal Richtiges gestreift wird, verblüfft uns doch die bezeichnende Folgerung des 19. Jahrhunderts: »Originale aber gehören ins Lustspiel ...« Treitschke tadelt das allzu moderne Raffinement der Sprache. Hebbel habe »Empfindungen dargestellt, welche wir Söhne des 19. Jahrhunderts weder nachfühlen noch beurteilen können.«

Bei Besprechung des ›Rubin‹ und des ›Trauerspiels in Sizilien‹ kommt der Rezensent der Grenzboten 1850 der Sache schon näher, wenn er behauptet, »weil die sentimentalen Dichter einen großen Lärm schlagen über Begebenheiten, die nicht der Rede wert sind, bewahrt Hebbel bei den haarsträubendsten Handlungen eine raffinierte, imponierende Kälte, die ebenso gezwungen aussieht als die hohle Deklamation der Empfindsamkeit.« Hebbels Dosierung bleibt natürlich zu kräftig. »Wenn fürchterliche Geschichten auf uns wirken sollen, so müssen wir Zeit haben, den Eindruck in uns zu verarbeiten. Eine ununterbrochen Folge von Schauder stumpft uns ab, wir werden gleichgültig und lachen zuletzt.« Den Sonderreiz des kalt Dämonischen verkennend heißt es weiter: »Wenigstens ist das Entsetzen kein wohltuendes, ist unheimlich, wir möchten immer fragen: ist das Spaß oder Ernst? – Es trifft dieser Vorwurf sämtliche Stücke Hebbels ...« Wir sehen wieder, daß mit den genannten damaligen Kategorien sowohl das Dämonische wie das Groteske als Kunstmöglichkeit von vornherein mißverstanden werden mußte, ganz gleich, ob es nun bei Hebbel immer in der bewegendsten Form vorliege. Von jenem andersartigen Standpunkt werden richtige Feststellungen sofort zum Tadel. »Er schärft die Hitze der Leidenschaft dadurch, daß er das physikalische, tierische, unverständlich trübe und darum geheimnisvoll dunkle Moment über das menschliche hervortreten läßt. So das wesentliche Motiv in Golo und Genoveva, die physikalische Geschlechtslust, jener Zustand, in dem das Licht des Geistes vollständig von den dunklen Mächten der Natur absorbiert wird.« Übertrieben sind auch folgende Bemerkungen: »Sein realistisches Talent wird durch Abstraktionen gestört, und seine Idealität durch forcierte Plastik, sein scharfer zersetzender Verstand durch gewaltsame Erhitzung der Phantasie ins Trübe, Chaotische verleitet; seine Einbildungskraft durch weitaussehende, aber unbestimmte Reflexionen abgeschwächt. Ja in der nebelhaften Atmosphäre seines Skeptizismus werden zuletzt die Motive so subtilisiert, daß seine scheinbar in knöcherner Festigkeit erstarrten Charaktere sich in Staub auflösen und in alle vier Winde verfliegen.« Hier ist die Problematik der Hebbelwerte zwar gesehen, aber es wird nicht vermerkt, daß diese seltsamen Gegensätze – entgegen aller Weisheit der Ästhetiken – bisweilen großartige Verschränkungen ermöglichen (›Verbindungen eingehen‹, wäre zu weich gesagt und widerspräche bereits dem Eigenreize Hebbelschen Kunstwollens).

1851 klagen die Grenzboten: »Was Herr Hebbel seitdem geschrieben hat, zeigt nicht allein, daß er in die hohlste Selbstvergötterung versinkt, sich den Einflüssen der Realität verschlossen und in das Labyrinth seines ungesunden Denkens und Empfindens vollständig verloren hat ... Aus dem krankhaften Gelüst wird Manie oder ästhetisch gesprochen Manier.« Der übliche Vorwurf, der jedem neuen Stil gemacht wird, solange er noch fremd und deshalb gesucht erscheint. Der ältere und fremde Maßstab, der hier herangetragen wird, zeigt sich auch weiterhin. »Das heitere und klare Auge eines Goethe sieht überall das Schöne und Vollkommene, einem kranken Gemüt grinsen von allen Seiten scheußliche Teufelsfratzen entgegen.« Hierbei interessiert weniger die grundsätzliche Verkennung des Dämonischen überhaupt, als vielmehr die Tatsache, daß man Goethe selber, der inzwischen Klassiker geworden war, seinerzeit als disharmonisch empfunden hatte, wie wir an anderer Stelle zeigen konnten. Wie man nach etwa zwei Generationen Wartezeit Goethe nun gegen Hebbel abstellte, so setzte man zwei Generationen nach Hebbel diesen wieder (als ästhetisch formgeschlossen) gegen Ibsen oder die Moderne ab, das alte Spiel wiederholend, daß jedesmal die neueste Kunstform als zerrissen angesehen wird.

Auch die Motive vom Abnormen und von den Grenzen der Kunst tauchen bei Hebbel wieder auf. »Das alles sind Züge, die vielleicht im Leben einmal vorkommen mögen ... die aber nicht mehr in die Grenzen der Kunst fallen, weil sie eine Abnormität sind ... Monstrositäten gehören in die Pathologie, nicht in die Dichtung.« Ebenso findet sich das Motiv, der Gestalter sei durch seine »für immer ganz kleine Clique von Bewunderern« verdorben worden. »Herr Hebbel leidet an dem Schicksal, dem unsere Dichter von Talent ohne Ausnahme ausgesetzt sind. Es drängen sich um sie eine Menge unreifer Dilettanten, die sie mit Lobhudeleien so überschütten, daß ein sehr energischer Verstand und ein sicherer, souveräner Charakter dazugehört, die Wirklichkeit nicht aus den Augen zu verlieren. Herr Hebbel täuscht sich über die Anerkennung, die er im Publikum findet, auf eine sehr verhängnisvolle Weise.« Wiederum die Argumente, die man fünfzig Jahre früher auch gegen Goethe aufgefahren hatte.

Bei Gelegenheit der ›Julia‹, die den letzten Erörterungen vorwiegend zugrunde liegt, gibt auch Gottfried Keller seine Meinung ab. Hettner hatte ihm 1850 geschrieben, daß er Hebbels Zustand geradezu für Beginn des Wahnsinns halte (»Es ist meine völligste Überzeugung, daß Hebbel nunmehr das Schicksal Lenaus und Hölderlins teilt oder nächstens teilen wird«). Ist doch auch dies eine beliebte – und nun die grauenhafteste Meinung, mit der man übergroße Fremdeindrücke einstweilen abzureagieren versucht. Gottfried Keller geniert sich nicht, dasselbe fürchterliche Motiv in seiner Antwort schonungslos erklingen zu lassen. »Nachdem, was Sie über Hebbel schreiben, machen einige Arbeiten von ihm ... einen wahrhaft traurigen Eindruck auf mich, welcher weit entfernt von allem schadenfrohen Spotte ist. Diese Grübeleien, dieses müßige Herausfordern und souveräne Behaupten von Dingen, welche niemand bestreiten wird, sehen aus, wie ein gewaltsames Heraufbeschwören seines jetzigen Zustandes. Ich habe letzthin den Dingelstedt in meinem Herzen verhöhnt, als er bei Anlaß Lenaus in der Allgemeinen Augsburger Wort haben wollte, es seien noch mehrere Zeitgenossen dem Wahnsinn verfallen, und hielt es für gewöhnliche Affektation, welche à tout prix interessant sein will, selbst um den Preis der Verrücktheit. Aber es ist doch etwas Wahres daran, und bald entschlüpft einem der Ausruf ›sauve qui peut‹.«

Auch die Zeitschrift Europa, hinter der wieder ein anderes Lager steht, bringt neben sehr ausführlicher Würdigung schwächliche Einwände, die heute als Fehlurteile gelten müssen. »Daß die Bühne so wenig wie die Gesittung der menschlichen Gesellschaft die ganze Wahrheit ertrage, davon will Hebbel nichts wissen.« An anderer Stelle heißt es: »Hebbels Muse gefällt sich in den Schreckgestalten des Häßlichen, sie findet in der Nachtseite des Dämonischen die tiefsten Probleme der Poesie; nur wo das Leben uns in seiner Gebrochenheit entgegentritt, nur wo der Geist nach dem Ungeheuren trachtet, eröffnet sich für ihn das Bereich der Kunst ... Dem Wiener Publikum, das bei der Aufführung von Herodes und Marianne (das Drama fiel bei seiner Wiener Erstaufführung völlig durch) betäubt zurück wich und den skizzenhaften Rubin ungenießlich fand, räumen wir die Reaktion des gesunden Menschenverstandes willig ein.« Derselbe wohlwollende Kritiker, der Hebbel eigentlich verteidigen will, muß mitteilen: »Hebbels Rubin gilt auf dem Burgtheater in Wien zu den dort selten durchgefallenen Stücken.« Auch dieser Kritiker (der doch *für* Hebbel zeugen will) bleibt wieder befangen in allen Süßigkeits- und Harmoniebedürfnissen seiner soviel milderen Zeit, so daß wir heute, wo wir abgründigeren Fragen gegenüberstehen, uns über soviel verzärtelte Empfindlichkeiten wundern, so wenig wir eine Kritik an Hebbel etwa für überflüssig erachten.

Auch das Deutsche Museum, Sprachrohr wieder eines anderen Lagers, windet sich zwischen wirklicher Bewunderung und Abscheu. »Der Dichter ... konnte die Grenze nicht finden, wo das Erhabene aufhört und das Lächerliche anfängt; das Kolossale ging bei ihm zuweilen ins Fratzenhafte, das Charakteristische ins Häßliche, Neuheit und Prägnanz des Ausdrucks in Schwulst und Übertreibung über. Auch zeigte er bisher bedenkliche Vorliebe fürs sittlich Krankhafte und Ungesunde, gewisse Probleme des modernen Lebens wurden mit einer Schroffheit auf die Spitze gestellt, vor der nicht nur das ästhetische, sondern auch das sittliche Gefühl des Zuschauers zurückschrak.« Auch hier glauben wir bereits eine Kritik gegen den modernen Naturalismus vor uns zu haben, so durchgehend war man um 1850 auf eine nachklassische, milde, ausgleichend einnebelnde Behandlung letzter Lebensfragen eingestellt.

Am meisten Anerkennung fanden die ›Nibelungen‹, teils wegen des nationalen Stoffes, teils weil sie als ein Spätwerk Hebbels nun bereits von der inzwischen einigermaßen erfolgten Anpassung des Publikums Nutzen zogen. ›Agnes Bernauer‹, die auch verhältnismäßig beträchtlichen Beifall erntete, mußte sich immerhin die Vorwürfe Otto Ludwigs gefallen lassen, dieses grundsätzlichen Gegners der Hebbelschen Dramatik. Auch dieses Werk bestehe nur aus Rechenexempeln des Verstandes, aus »epigrammatischen Dialogfragmenten«, womit er allerdings weitgehend Recht behält.

›Maria Magdalena‹ wiederum ist nach Karl Rosenkranz »ein wahrer Rattenkönig von falschen Kontrasten«, nach Bollmann ohne tragischen Konflikt, nach Schücking an Ifflands Sphäre grenzend, nach Laube voll »öder Hoffnungslosigkeit, unrettbarer Verzweiflung«, nach Kühne künstlich errechnet und unnatürlich. Nach Otto Ludwig seien dem Dichter »die Persönlichkeiten nur Zahlen.« – »Schiller gibt seinen Personen gern von seiner Wärme, Hebbel von seiner Kälte.«

So redet auch der abgeglichenere Paul Heyse 1858 im Literatur-Blatt des Deutschen Kunstblattes von den »gesammelten *Novellen,* in denen eine trostlose Welt- und Kunstanschauung das Häßliche mit Bewußtsein in allen Lebensverhältnissen aufspürte und im Gegensatz zur wahren Aufgabe der Poesie, die Widersprüche der Welt in verklärter Gestalt zu versöhnen, es sich angelegen sein ließ, die Ironie eines blind zerstörenden Zufalls als oberste Macht in den irdischen Dingen hinzustellen.« Gegenüber der Lyrik Hebbels fordert dieser trostbedürftige Epigonenstandpunkt dann wehleidig, »daß auch der wildeste Schmerz durch die Schönheit zur Lust verklärt werde.« Gegen sehr moderne, weil vorauseilende Teilwirkungen Hebbelscher Lyrik empört sich der vorschnell harmonisierende Heyse: »Was aber soll man vollends sagen, wenn der Effekt eines Gedichtes darauf hinausläuft, uns in die unbehagliche Aufregung zu versetzen, die das Knacken eines Flintenhahnes hervorruft ...« Heyse spricht von bloßem »Kitzel zu imponieren«, »durch ungelöste Dissonanzen zu erschrecken ...« und stellt die klassizistische These auf: »Der Schauder, der nicht aus dem Gefühl einer ewigen sittlichen Notwendigkeit hervorgeht, ist künstlerisch völlig wertlos.«

Alle mehr oder minder schulmeisterlichen Urteile über Hebbel, die wir anführten, greifen darum fehl, weil sie von einem gar zu milden, gar zu wenig gesteilten Lebensgefühl ausgehen, deshalb immer das Abgründige, Dämonische, Krasse bei Hebbel nicht zu genießen verstehen. Andere Kritiken aber, die den Finger auf die zu bewußte, sentenzenartige, zu philosophische Redeweise seiner dramatischen Personen legen, bestehen zu Recht und wurden bei uns nicht als Fehlbeurteilungen angeführt. Auch Otto Ludwigs grundsätzliche Einwendungen gegen Hebbel behalten teilweise Berechtigung.

Nachdem wir eine Anzahl der Zeitschriften durchmustert haben, müssen wir kurz das Kapitel ›Hebbel und die Zensur‹ betrachten, um uns dann endlich seinen eigenen Stimmungen zuzuwenden, die uns nacherleben lassen, wie aller von uns aufgewiesene Verkennungsdruck nun auf den Dichter selber wirkte. Man sollte nicht glauben, daß die dunklen, ganz nach innen gewandten Dramen Hebbels Anstoß nach außen hätten erregen können, diese von Anfang an unvolkstümlichen, symbolistisch verhüllten Werke, die nur als esoterische, sich nicht aufschließende Seltsamkeiten für literarische Feinschmecker genommen wurden. Dennoch machten diese Dichtungen, die niemals irgendeine Außenpropaganda trieben, schon früh Bekanntschaft mit Zensur und Polizei. Als Hebbel sich in späteren Jahren zu einer Gesamtausgabe rüstet, plant er, eine Blumenlese seiner Zensurerfahrungen vorauszuschicken, »nicht der Piquanterie wegen, sondern um gewisse Kritiker, die mir immer das Anklammern an die reale Bühne predigen, mit den Zuständen dieser realen Bühne bekannt zu machen.«

Schon in seiner Jugend stieß er an die entsprechenden Behörden. Als er sein Gedicht ›Zum 18. Oktober‹ 1835 in den Neuen Pariser Modeblättern veröffentlichen wollte, gab der Hamburger Zensor der Schriftleiterin die Verse mit den Worten zurück: »Wie kann die gute Frau nur glauben, daß ich solche Gedichte passieren lasse.« So ist diese Dichtung denn überhaupt verschollen. Hebbel hatte bis zur Aufhebung der Zensur im Jahre 1848 bereits sechs Dramen veröffentlicht, von denen aber, weitgehend wegen der Zensur, überhaupt nur zwei das Rampenlicht bis zu diesem einschneidenden Jahr erblickten.

Für die Berliner Aufführung der ›Judith‹ müsse die »bei weitem zu durchsichtige« Beschreibung der Hochzeitsnacht im 2. Akt geändert oder gestrichen werden, verlangte die Schauspielerin Crelinger als Sprachrohr der Intendanz und dortigen Zensur, die selber auch ein anderes Ende forderte. Geradezu entsetzt war Hebbel über den »verrückten, ohne sein Zutun in Berlin fabrizierten« Schluß. Für Hamburg mußte Hebbel selber einen veränderten Ausgang liefern, den er sein »eigenes Machwerk« taufte. Die so erzwungene Veränderung der ›Judith‹ bliebt fast ein halbes Jahrhundert in Gebrauch, als ob das Original des Dichters gar nicht vorhanden wäre.

Auch ›Genoveva‹ konnte vorm Geist damaliger Zensur nicht bestehen. Eine Kalenderheilige auf der Bühne des katholischen Hofes war an sich schon beinah polizeiwidrig. Friedrich Halm mußte deshalb die Dichtung weitgehend umfrisieren. »Er hat neulich einige Akte mit mir durchgegangen, ich schauerte«, berichtet Hebbel. Nachdem er später eine eigene, mildernde Umarbeitung unternommen hatte, legte er diese dem Wiener Theaterdirektor Laube vor. Auch mit dieser war man unzufrieden, man forderte unverfroren eine noch stärkere Kürzung, vor allem aber eine Beseitigung alles Kirchlichen. Nachdem der Dichter sich gezwungenermaßen zu weiteren chirurgischen Operationen am Körper dieses Dramas herbeigelassen hatte, wurde das Werk auf ausdrücklichen Wunsch der Geistlichkeit doch noch verboten. Noch einmal später (1853) forderte man einen neuen ›Reinigungsversuch‹. Jetzt wurden alle Namen geändert, und als ›Magellona‹ vermummt, konnte die Umarbeitung endlich auf dem Burgtheater erscheinen. Dieses Sich-Winden der Leitung durch den Einfluß der Zensur habe Hebbel derart mitgenommen, daß er – so wird wenigstens berichtet – Gelbsucht und graue Haare durch diese Angelegenheit bekommen habe.

Auch ›Maria Magdalena‹ bekam den Druck der Zensurbehörden direkt und indirekt zu spüren. Der Hauptschauspieler Anschütz, der den Meister Anton geben sollte, bekundet in seinem Tagebuche folgendes Zwiegespräch mit dem Dichter. »Ich glaube nicht, daß Ihr Trauerspiel von der Zensur zugelassen wird«. – »Warum nicht, man gibt ja Kabale und Liebe.« – »Das wohl, aber fürs erste genießt Kabale und Liebe als ein altes Schillersches Stück, das nicht mehr gefährlich ist, das Bürgerrecht und zweitens ist der Grundton Ihres Dramas ein weit herberer, die Konflikte sind unversöhnlicher Natur, die Charaktere rauh bis zur Wildheit . . .« Die Zensur verbot das Drama wirklich.

Auch auf das Wiener Verlagswesen hatte die Zensur natürlich Einfluß, so daß Hebbel 1846 auch die Verlage »aus Zensurrücksichten als nicht vorhanden betrachten muß«, wie er in einem Briefe mitteilt. Gleich nach Vollendung der ›Maria Magdalena‹ hatte Hebbel mit einer lithographierten Zuschrift das Drama von seiten der Berliner Intendanz als unaufführbar zurückerhalten. Erst 1848 durfte sich das Werk den Berlinern zeigen. Die ›Julia‹ wurde von der Berliner Theaterleitung »aus Scheu vor Anstoß« abgelehnt. Als dann die Revolution gekommen war, schöpfte Hebbel Hoffnung. Als er nach längerer Zeit wieder anklopfte, bekam er zur Antwort, »daß der Geist der Zeit sich inzwischen wieder verändert hatte und daß das Stück sich zu sehr von den gewöhnlichen Formen und hergebrachten Ansichten entferne, um nicht höheren Ortes und bei dem jetzt wieder den Ton angebenden konservativen Publikum Anstoß zu erregen.« Daraufhin ließ Hebbel seine Arbeit im Druck erscheinen, begleitet von jener entrüsteten Vorrede, die von den »Schergen des Absolutismus« spricht, obgleich er jedem Umsturz geradezu feindlich gegenüberstand. Hierbei fällt jener originelle und damals völlig einsame Satz: »Unstreitig findet sich in meiner Julia viel Unvernünftiges und Unsittliches. Ich behaupte aber, daß gar kein Drama denkbar ist, welches nicht in allen seinen Stadien unvernünftig und unsittlich wäre.«

Als dann Hebbel seine ›Agnes Bernauer‹ vollendet hatte, nimmt der Münchner Intendant Dingelstedt das Werk sofort an. Bei der Aufführung wird Hebbel dreimal hervorgerufen, aber am Schluß des 3. Aktes entsteht im Zuschauerraum ein umfassendes Getümmel, als Herzog Ernst seinen Sohn wegen seiner Ehe mit Agnes Bernauer des Thrones verlustig erklärt, dieser Sohn aber Adel und Volk zu Hilfe ruft. Großer Beifall auf den Galerien, wildes Zischen in den Logen, woraufhin das Stück als zu gefährlich beiseite geschoben wird. Eine Einreichung des Werkes erweist sich von vornherein als erfolglos. Nach einigen Wochen erhält der Dichter seine Arbeit mit vielen Strichen und Anmerkungen des Zensors zurück. Selbst die ›Nibelungen‹ entrinnen dem Chirurgenmesser der Zensur nicht ganz.

Da Hebbel allem, was er als Kompromiß empfindet, abgeneigt bleibt, könnte man immer wieder hoffen, daß ihn die Abweisungen, die er erfuhr, im Inneren kaum berührten, zumal er aus weit härterem Holz als etwa Grillparzer geschnitzt war. Befragen wir Hebbels Tagebücher, in denen sich sein ganzes Innenleben offenbart, so zeigt eine ausführliche Antwort, die uns hier zuteil wird, wie sehr den Dichter das Verkennungsproblem als solches beschäftigte, wieviel Schmerzen er in dieser Hinsicht persönlich ertragen hat, und welche Schädigung – das ist ja immer das Entscheidende für uns – sein Schaffen selber hierdurch erfuhr. Notieren wir zuvörderst seine biographischen Bemerkungen, um voll zu spüren, wie es ihm zumute war.

Schon 1838 in München stöhnt er: »Wie ich den Winter durchkommen soll, weiß ich nicht. So ohne alle Anregung und ohne alle Aufforderung zur Tätigkeit bin ich noch nie gewesen. Ich sehe die ganze Woche keinen einzigen Menschen, ich habe keine Gelegenheit zum Sprechen, was mir doch ein Bedürfnis ist; an Mitteilung dessen, was ich etwa arbeiten könnte, ist gar nicht zu denken ... Ich muß auch diesen Zustand aushalten, aber was das mich kosten wird, fühle ich, und ich habe wenig oder nichts mehr zuzusetzen. Ich fürchte diese geistigen Entbehrungen weit mehr als die physischen, obwohl es auch etwas sagen will, daß ich schon seit zweieinhalb Jahren, einen Sommer ausgenommen, nicht mehr warm gegessen habe.« Hier zeigt sich wieder einmal drastisch der grausam soziologische Zusammenhang zwischen geistigem Verkanntsein und körperlicher Not. An andrer Stelle des Tagebuchs erschreckt uns ein knappes, aber um so grauenhafteres Bekenntnis. »In der Tat ists die Furcht zu verhungern, die mich jetzt stündlich quält.« Anschließend eine weit harmlosere, in Wirklichkeit aber ebenfalls abgründige Bemerkung Hebbels: »Mit einem andren Rock wurde ich ein andrer Mensch. Ich bemerke dies ausdrücklich, es mag kleinlich scheinen, ist es aber keineswegs; ich antwortete schon einmal in Heidelberg auf die Frage, wie ich mich befände: wie meine Hose! und wollte nicht witzig sein. Das Kleid weist dem Menschen überall seine Stellung an, und bei denen oft am ersten, die es am schärfsten bestreiten.«

Von der rein geistigen Apathie, die zeitweilig durch Mißverstandenwerden zu entstehen pflegt, berichtet eine Tagebuchstelle des gleichen Jahres. »Es ist nicht recht, daß ich die Arbeit habe liegen lassen, doch solang ich in München bin, hat niemand an dem, was ich machte, mir Teilnahme bewiesen, und es ist unmöglich, immer vom eignen Fett zu zehren.« 1839 heißt es angstvoll: »Woher kämen die wunderlichen Vorschläge der Schoppe (jener hochmütigen Schriftleiterin), daß ich Hauslehrer werden oder in Kiel mich um Stipendia bemühen möge, wenn sie mich in den Bedürfnissen meiner Natur und in dem erlangten Bildungsgrade irgend begriffen hätte?« Und 1840, Hebbel hatte bereits die ›Judith‹ veröffentlicht: »Frau Doktorin Schoppe ... hat noch gestern gemeint, es wäre doch besser, wenn ich Jura studiert hätte!« Im gleichen Jahr in Hamburg: »Da muß ich mich von einem elenden Schauspieldirektor zurücksetzen lassen! ... Oft, wenn mir die Beine beim Gehen so schwer werden, denk ich: warum bist Du nicht so schwer, daß Du in die Erde sinkst. Nein, ich halt es nicht aus, Armseligkeiten quälen mich zu Tode.«

Auch die Verleger verkennen in jener Anfangslage, auf die es doch gerade ankommt. »Von Cotta wegen Judith abschlägigen Bescheid. Ein andrer Kerl in Leipzig, dem ich Erzählungen antrug, antwortete nicht einmal. Gott, ich will ja nicht viel, nur die Existenz!« Bald darauf: »Ich bin den ganzen Tag schläfrig. Und die Sorge! Die Angst vor der Zukunft!« 1842: »Gestern war dann endlich der seit sechs Wochen erwartete Tag, wo Gloy ... meine Genoveva las. Solch einen Abend habe ich noch nicht erlebt, der bei der Madame Hellberg war noch ein köstlicher dagegen. Das Lesen, mit Ausnahme einiger Partien war schlecht, das Auditorium so, als ob man es wie eine Masse Matrosen zusammengepreßt hätte. Auch bei keinem einzigen der Schatten eines Eindrucks. Am Schluß der Akte hin und wieder ein charmant und superb!... Als Dichter entmutigen mich solche Erfahrungen nicht, aber als Bühnendichter allerdings. Wenn dies die Menschen sind, auf die man wirken soll - und Dreivierteile des Publikums sind ihnen gleich - so ist keine Möglichkeit des Erfolges.« Am gleichen Tage: »Was könnte ich nicht alles machen, wenn mich die Sonne auch nur schief bestrahlen wollte!« Und tags darauf: »Hätt ich Geld, könnt ich reisen, vielleicht wär ich zu kurieren, aber ich habe nichts, und was vor mir steht, das ist Not, Mangel, genug das Schrecklichste.« Zwischendurch einmal ein Lichtblick, etwa beim Verleger Campe. »Er hat mich ermutigt und erfrischt. Meine arme Seele wird in der Einsamkeit gar zu dürr.« Schnell erlischt der Lichtschein aber wieder. »Meine Lebenssituation wird immer fürchterlicher, ich habe für mein Kind, ich habe für eine Freundin zu sorgen, die ihr Letztes mit mir geteilt hat und alles, was ich hoffte, worauf ich baute, wird zu Wasser. Campe sehe ich jetzt in seiner wahren Gestalt, er ist ein reicher Mann, der jedem, der ihm nicht frei und unabhängig gegenübersteht, das Blut aus den Adern saugen möchte, und der meine Genoveva für einen Judengroschen an sich zu bringen sucht.« - »Literarisch bin ich fast tot. Von jedem Reimschmied ist die Rede, über meine Gedichte wird kein Wort gesagt ... Geistig bin ich verdummt und verdumpft. Die inneren Quellen springen nicht mehr.« So klagt der Abgewiesene bereits mit dreißig Jahren.

Gänzlich fühlt er sich durch Gutzkow mißverstanden. »Ich will in Golo die Liebenswürdigkeit des Bösen darstellen? Wär das begründet, so würde ich nicht vor ein ästhetisches Forum, sondern vor das Kriminalgericht gehören ...

Doch ich werde schweigen, wenigstens glaube ich, obgleich ich überzeugt bin, daß sich im ganzen Deutschland meiner niemand annehmen wird; nur weil Gutzkow dieses wußte, da er meine völlige Isoliertheit kennt, beeilte er sich so, der erste zu sein, der ein Urteil abgab.«

»Der Dichter muß eine behagliche Existenz haben, ehe er arbeiten kann«, meint Hebbel an andrer Stelle. 1843: »Als Morgengruß ein Brief von Cotta, an den ich mich mit der Anfrage gewandt hatte, ob ihm Reiseschilderungen aus Paris und Italien aus meiner Feder willkommen sein und ob er ein Drama von mir verlegen wolle; die Antwort ist unendlich kühl, da man im Voraus so wenig den Wert als den Umfang meiner Arbeiten kenne, so sei man nicht imstande, mir für dieselben Honoraranbietungen zu machen und da man das Manuskript meines Dramas nicht kenne, so könne man auch auf diesen meinen Vorschlag nicht definitiv erwidern. Ich hörte hier von Leuten, die es wissen konnten, daß die Cottasche Buchhandlung dem faden Dingelstedt, in dem so wenig ein Dichter als ein Mann oder auch nur ein Mensch steckt, für seine koketten Gehaltlosigkeiten monatlich 250 Fl. gezahlt habe; ich dachte als Schriftsteller soviel Achtung zu verdienen, daß allenfalls der Wert meiner Beiträge vorauszusetzen sei.«

1844 schreibt er gegen den Vorwurf, »gesuchte« Fälle zu behandeln, schon wie ein Dichter von 1900: »Das Problematische ist der Lebensboden der Poesie und ihre einzige Quelle, denn alles Abgemachte, Fertige, still in sich Ruhende ist für sie nicht vorhanden, so wenig wie die Gesunden für den Arzt.« Gerade im Dramatischen wird er am wenigsten erkannt, während man Novellen und Lyrik etwas günstiger aufnimmt. »Ich fühle, daß die dramatische Form mir angeboren ist, ich sage leider, denn als Dramendichter will man mich nicht und in eine andere Form kann ich mich nicht gießen.«

1846 klagt er: »Man verbietet nach öffentlichen Blättern in Breslau meine Maria Magdalena. Das heißt doch in Wahrheit die Moral selbst verbieten.« 1847: »Wenn man die sämtlichen Journalisten, wie sie da sind, ins Zuchthaus sperrte, würde man gewiß so viele Unschuldige hineinsperren, als jetzt schon im Zuchthaus sitzen.« Auch dieser Satz spricht Bände der Erbitterung gegen die leichtfertigen, zeitgenössischen Beurteiler. Im gleichen Jahre: »Artikel in der Allg. Zeitung, worin ein gewisser Schücking, Stallknecht bei Karl Gutzkow, Bericht über eine Aufführung der Maria Magdalena abstattet und mich schmählich herunterreißt.« Sofort erblickt er seine eigne Verkennungsmisère auch außer sich selber. »Einen hübschen Posten haben die Deutschen wieder in ihr Schuldkonto bekommen. Dr. Friedrich List, der berühmte Nationalökonom hat sich erschossen, aus Lebensüberdruß und wegen Nahrungssorgen.« »Bei der gründlichen Gemeinheit, die gegen mich mehr und mehr Platz greift, muß ich doch endlich auf Verteidigungsmittel sinnen, da Kunstwerke allein nur für die Zukunft sind.« – »Die Wiener Literaten machten mir im Anfang förmlich den Hof, als sie aber merkten, daß ich meinen Aufenthalt bleibend unter ihnen aufschlagen würde, verwandelten sich die glatten Aale in Schlangen.« – »Da ich mit dem Neid und Haß, den die Wiener Sudler gegen mich hegen, bekannt bin, so kann eine von hier ausgehende Bosheit nicht einmal als pikanter Ausdruck einer subjektiv begründeten Meinung bei mir in Betracht kommen ...« Ein sonst bewundernder Grenzbotenaufsatz von 1847 »prognostiziert, daß ich einst wahnsinnig werden muß. Seltsame Manier, mit einem lebendigen Menschen umzugehn.« Gelegentlich greift Hebbel in allen diesen Fragen auch auf Betrachtung der Vergangenheit über. »Zensurordnung vom 22. Februar 1795. Es darf niemand ein von der inländischen Zensur verworfenes Manuskript mitteilen oder mit Gefahr weiterer Ausbreitung aufbewahren.« 1848 wieder auf seine eignen Fragen zurückkommend, notiert er bitter: »In Wien wurde neunmal gegeben die Maria Magdalena; sie hätte 18mal gegeben werden können, wenn der Direktor als Verfasser von Fridolin nicht gegen alles, was Poesie enthält, eine Antipathie hätte.«

Zu einem einzigen Kernspruch zieht Hebbel unser ganzes Problem der Verkennungsgefahren zusammen, wenn er radikal notiert: »Schlag einem nur auf den Kopf, gleich hört er zu singen auf.« Vor einer Premiere schreibt Hebbel: »Morgen kommt mein Rubin zur Aufführung. Bei der Fremdartigkeit des Gegenstandes und der sich immer mehr vergrößernden Zahl meiner Feinde, die schon jetzt in öffentlichen Blättern gegen das ihnen noch unbekannte Stück zu Felde ziehen, befürchte ich einen schlimmen Ausfall.«

Als nach der 48er Revolution sich in Wien auch die Theaterverhältnisse ändern, die Reaktion zunächst beiseite geschoben ist, hätte man für Hebbel bessre Zeiten erwarten können. 1850 muß er aber ins Tagebuch schreiben, »meine Privatverhältnisse haben sich verschlechtert, seit der Dr. Laube das Burgtheater dirigiert; der Mann ist vom ersten Augenblick an aufs gehässigste gegen mich und meine Frau aufgetreten und sucht uns bis zur Stunde den Boden unter den Füßen wegzuziehen ... Weiter lehnte er die Darstellung der von Holbein (dem Vorgänger) unbedingt angenommenen Julia, ja sogar die Wiederholung des Herodes unter den nichtigsten Vorwänden ab ...« Welchen Zulauf hatten hiergegen die harmlosesten Gemüter! »Ich durchblätterte in diesen Tagen (1856) die Geibelschen Gedichte. Es war die 40. Auflage! Nun, das nenn ich doch Erfolg! Bei solcher Trivialität unglaublich!«

1863 notiert das Tagebuch beklommen: »Für die nächste Woche sind die Nibelungen wieder einmal angesetzt; es ist abzuwarten, ob das Publikum nicht schon erkältet ist, denn ähnliche Unterbrechungen brachten die Genoveva um. Ich notiere mir die einzelnen Vorgänge so genau, weil ich sie sonst vergäße und weil ich sie vielleicht einmal brauche. Habe ich doch lesen müssen, die Judith habe nur durch Ludwig Löwes frappantes Spiel einige Zugkraft gehabt, die Judith, in der meine Frau von Freund und Feind bewundert und die, an dreißig mal wiederholt, dann gewaltsam nebst der Maria Magdalena vom Repertoire heruntergeworfen wurde ...«

Eines Tages schreibt Hebbel an Palleske: »Es existiert in Deutschland kein belletristisches oder politisches Blatt, in welchem ich nicht schmachvoll behandelt worden wäre.« Selbst wenn man die Empfindlichkeit Hebbels hier abzieht, bleiben solche Bemerkungen noch sprechend. 1858 schreibt er der Fürstin Wittgenstein, nachdem er die Umgebung Liszts genossen und dort (wie jeder in *fremden* Lebenskreisen) eitel Harmonie und Publikumsverständnis wittert, über sich selber völlig enttäuscht: »Wie oft habe ich in meinem Leben schon ausgerufen: für die Menschen des 19. Jahrhunderts dichten oder für die Fische malen, ist eines und dasselbe. Wie bitter habe ich es noch diesen Winter bereut, vielfältigem Bitten und Drängen nachgebend, meinen häuslichen Kreis überschritten und mich auf eine Vorlesung von ›Mutter und Kind‹ eingelassen zu haben, obgleich der Beifall kaskadenmäßig auf mich hereinbrach! Wer erträgts, für das Element, das man mit allen teilt, gelobt zu werden, statt für die Form, für das neue Mischungsverhältnis, das man allein hat.« Während die vielen zitierten Äußerungen bestimmten Einzelverwundungen seines Inneren entsprangen, hat Hebbel auch zusammenfassende Gedanken zum Problem der Verkennung niedergelegt, mit denen wir schließen wollen. »Großen Erscheinungen gegenüber regt sich zunächst immer der Selbsterhaltungstrieb; die kleine (Erscheinung), die von ihr verschlungen zu werden in Gefahr steht, muß ihr widerstreben, wenn sie auch, sobald sie wirklich verschlungen ist, die Notwendigkeit und den Nutzen davon erkennt. Der Apfel, der Blut werden und so im Menschen zu Ehren gelangen soll, trotzt noch zwischen den Zähnen.« Gegen den Ästhetiker Vischer stellt Hebbel die tragische Lage des Abweichenden fest. Vischer breche bei »großer Pietät gegen die Vergangenheit ohne Federlesens über Gegenwart und Zukunft den Stab.« Grundsätzliche Äußerungen zu unseren Fragen, die Hebbel so besonders quälten, liegen auch in folgenden Gedanken seines Tagebuches: »Das Genie ist nur darum immer Märtyrer seiner Zeit, weil es beinahe immer feindlich zu seiner Zeit steht, weil es ihr nehmen muß, ehe es ihr geben kann, und weil sie nur Augen hat für das, was es ihr entreißen, nicht aber für das, was es ihr bringen soll. Dies ist der Hauptgrund, weshalb es anfangs ignoriert, dann geschmäht und verfolgt und meistens verkannt wird. Und dieser Grund kann nie aufhören zu wirken, wenn die Menschen nicht aufhören, mehr in der Gegenwart als in der Zukunft zu leben ...«

Ibsen

Nach Verlauf des Idealismus und Klassizismus von etwa 1800 hatten sich in der Literatur des Jungen Deutschland Neigungen zu nüchterner Gestaltung, zu einer Art Realismus entwickelt. Obgleich sich erst in Ibsen solche Strebungen in ganzer Folgerichtigkeit äußerten, hatten jene Jungdeutschen bereits ein entsprechendes literarisches Programm aufgewiesen. 1835 schreibt Gutzkow im Phönix gewisse Sätze nieder, die übrigens beinahe wörtlich immer wiederkehren, wenn ein gesichertes, geregeltes Formenwesen allmählich entstanden ist, sich zu verkrusten beginnt und nun die nachdrängenden neuen Kräfte des literarischen Bodens preßt, so daß von unten her sich ein vulkanischer Durchbruch ankündigt. »Wir emanzipieren uns von der Sitte und Tradition und schaffen uns neu aus unserm Herzblut heraus. Wir haben keine Schule und kein Vorbild; aber wir wissen, daß das, was wir ausatmen, Poesie ist. – Nach dieser Theorie, der Theorie der Natur, braucht Amerika keine Gedichte zu haben, und kann doch poetisch sein.« Auf einer deutschen Studienreise hatte Ibsen 1852 in Hettners Büchlein über das Drama lesen können: »Aristophanischer Inhalt in realistischer Form, das ist die Zukunft der modernen Komödie.«

Ein verwandtes Programm schwebte schon dem Sturm und Drang des 18. Jahrhunderts vor, entfaltete sich dann um 1835 und wiederholte sich im Naturalismus des ausgehenden 19. Jahrhunderts. So viel unsentimental moderner Realismus also bereits in der Luft lag: wer neue Möglichkeiten *folgerichtig* ausbaut, wird die gesamte Wucht von Schmähungen und Verkennungen auf sich laden. Die Neuerer mißverstehen die formenstrengeren, jeweils älteren Tonarten, die sie abschütteln wollen. Und sie werden von den Konservativen mißverstanden, indem ihnen nun vorgeworfen wird, daß sie nur noch Natur ohne jede Form begehrten. Man übersieht hierbei, daß man Kampf-Formulierungen nicht wörtlich nehmen darf und sich der Formbegriff nur wandeln und verjüngen will, nicht aber abzudanken gedenkt.

Ibsens Anfangsarbeiten aber huldigen noch gar nicht diesen Neigungen. Doch schon das Jugendwerk, die ›Herren von Östrot‹, wird kühl und mit Befremden aufgenommen, und die Berliner Aufführungen 1878 und 1880 haben keinen Erfolg. »In erstaunlichem Grade aller Idealität und Poesie bar«, heißt es in der Kritik, »jeder einzelne Charakter trägt den Stempel der Niedrigkeit.« Auch die ›Johannisnacht‹ gefällt trotz des noch immer aufgebotenen romantischen Apparates einer vergangenen Literaturperiode nicht, denn Ibsens Neuromantik war doch schon durchschossen mit den wenig bekannten, kälteren Farben eines Naturalismus, der später dann alles beherrschen sollte. ›Olaf Liljekrans‹, ein weiteres Drama, wurde – nicht zu Unrecht – von der Kritik langatmig und überspannt gescholten (Bergens Tidende), obwohl die Verse gelobt wurden, die für die frühe Zeit Ibsens charakteristisch waren.

Der ›Nordischen Heerfahrt‹ wurde durch C. Rosenberg und manche anderen Kritiker des Nordens und Südens vorgeworfen, einen großen Stoff verdorben zu haben. Und der dänische Dichter Heiberg schrieb als Zensor des Kopenhagener Theaters: »Jegliches Bestreben auf diesem Wege ist nach meiner Meinung ein Mißverständnis und der Weg nur ein Abweg . . . ein nordisches Theater wird kaum aus dem Laboratorium für solche Experimente hervorgehen.« Wir wissen heute aber, daß trotz aller Zeitbefangenheiten des Dichters gerade aus dem Laboratorium Ibsens das nordische Theater *hervorging*. – Immer mehr drängte in Ibsen unterdessen nüchterner Realismus ans Licht, der allmählich hohe gesellschaftskritische Bedeutung erhalten sollte, vor allem aber größte künstlerische Wirkung: Wegfegung aller älteren, allmählich verbrauchten ›poetischen‹ Kunstmittel, an deren Stelle der heilsame Zwang trat, auf direktestem Wege Ausdruckskraft zu entfalten, aus dem modernen Leben selber und seiner eignen Form. Natürlich mußten hiermit sofort zwei typische Verkennungen der Literaturkritik hervortreten. Erstens die Behauptung, daß das Ausdrucksvolle an jene älteren poetischen Konventionen *notwendig gebunden* (nicht etwa nur zeitlich fixiert) gewesen sei. Zweitens die Annahme, daß jede Gesellschaftskritik eine Tendenzdichtung mit sich bringe, jede Tendenzdichtung aber notwendig (nicht etwa nur ›sehr leicht‹, was sich noch hätte hören lassen) ins Ungestaltete und Außerkünstlerische führe. In der geradezu heroischen Bekämpfung dieser beiden Vorurteile hat Ibsen grundsätzlich recht behalten, so veraltet uns heute auch Einzelheiten seiner Gestaltungsart anmuten.

In der ›Komödie der Liebe‹ (1862) verließ Ibsen nicht nur die gehobene Tonart der Verse, sondern behandelte bereits die moderne Eheproblematik, angeregt durch Camilla Collet, eine frühe nordische Frauenrechtlerin, und ihren Roman ›Die Töchter des Amtmanns‹ (1855), eines der frühen und lehrreichen Dokumente der Frauenfrage. In Ibsens Drama wird die Gesellschaftslüge nun bereits aufs Korn genommen, was die verspäteten Romantiker und Klassizisten sehr entrüstet, zumal die altgewohnte Tonart eines ›versöhnlichen Humors‹ oder einer ›verklärenden Edeltragik‹ plötzlich ausbleibt, die Wucht des Lebens selber spricht. Er habe »mit seiner Vergangenheit gebrochen, daß er nun fallen lasse, was er früher behauptet habe, daß er alle Ideale verraten.« – »Der Geist des Spießbürgertums« triumphiere. Ibsen hatte nämlich beide Parteien, die linke und die rechte, verspottet. Unter wildestem Zischen und Johlen ging das erste moderne norwegische Lustspiel über die Bretter. Bei der zweiten Aufführung wurde minutenlang gepfiffen, der Vorhang mußte heruntergelassen und das Gaslicht gelöscht werden. Wir verstehen heute nicht mehr warum, da uns die damals neuen Töne nachträglich längst wieder eine gesicherte Überlieferung geworden sind. Besonderen Ärger erregte der Umstand, daß die Figur Falks etwas verkündet, dann aber gegen diese Verkündung handelt. Vertreter des älteren Idealismus machten Ibsen hier schärfsten Mangel an Folgerichtigkeit zum Vorwurf. Geistesgeschichtlich ist dies von Interesse, denn Ibsen kündigt irrationalere Härte der reicheren, neuen Psychologie an. Als ob Verlassen der Gedankenabsicht einer Person nicht Folgerichtigkeit des Lebens selber sein könne und ein höchst künstlerischer Vorwurf. Die Kritik sieht in dieser Arbeit ein bedauerliches Ergebnis literarischer Unrast; das dramatische Ganze sei abwegig. Ibsens bester Freund Botten-Hansen nennt ihn des »idealen Glaubens und idealer Überzeugung völlig bar.« Die Anschauungen des Werkes (hieß es andern Ortes) seien unwahr, unsittlich und unpoetisch, was bekanntlich von jedem neuen Realismus anfangs behauptet wird. Schon das *Buch* hatte vor der Aufführung einen Sturm der Entrüstung erregt. Unendlicher mündlicher Stadtklatsch Christianias kam hinzu. Ibsens persönliches und eheliches Leben wurde ausspioniert. Er mußte von einem Theater zum anderen übergehen, blieb aber wegen seiner (äußerst kärglichen) Besoldung an diejenige Stadt gefesselt, die ihn verfemte.

Bald gehörte ihm in dieser Zeit kaum noch ein Stuhl seines Zimmers. Einige Jahre zuvor hatte er um ein Reisestipendium aus Staatsmitteln nachgesucht; Björnsen und Vienje erhalten es, Ibsen (der bei weitem bedeutendere) wird bei der Verteilung aber nicht einmal erwähnt. Ein Mitglied der Universitätskommission behauptet sogar, wer die ›Komödie der Liebe‹ geschrieben habe, verdiene Stockprügel statt Unterstützung. Ibsens Freunde denken nun daran, ihm einen kleinen Posten im niederen Zolldienst zu verschaffen, so sehr hat der Vorauseilende in der öffentlichen Meinung verloren. Er selber behauptete, seine Frau mit ihrem untrüglichen Instinkte sei der einzige Mitmensch gewesen, der ihn damals nicht mißbilligt habe. »So wurde ich denn in Acht und Bann erklärt. Alle waren wider mich.«

Bei Gelegenheit der ›Kronprätendenten‹ verwandelt sich der Streit um Ibsens Kunst in einen politischen: den älteren Idealen hingen diejenigen an, welche die Literatur Norwegens weiter unter dänischer Beeinflussung halten wollten, während die Neuerer die Nationalen waren, die in Christiania eine eigene Kunst durchsetzen wollten, wobei beide Parteien, die um Ibsen stritten, gelegentlich auch tätlich gegeneinander vorgingen. Schon beim Entstehen der ›Kronprätendenten‹ hatte der Kummer an Ibsen genagt. »Daß alle wider mich waren, daß ich nun in der umgebenden Welt keinen mehr hatte, von dem ich sagen konnte, er glaubt an mich, das mußte in mir die Stimmung erzeugen, die sich in den Kronprätendenten auslöste.« Auch die ›Nordische Heerfahrt‹ wurde in diesen Strudel gezogen. Ibsen trat nun auch theoretisch als Kämpfer für jenes neue Drama hervor, das mit den norwegischen Angelegenheiten gleichgesetzt wurde. Hierbei sollte er erfahren, was es bedeutet, einen politischen und einen künstlerisch-formalen Kampf *zugleich* zu führen, besonders wenn man auf beiden Feldern noch nicht anerkannt ist. Unehrlichkeit, grenzenlose Eitelkeit wurden ihm vorgeworfen. Da das Werk abgelehnt werde, müsse es unbedeutend sein, behaupten die gänzlich Weltfernen, die vom Probleme der Verkennung besonders wenig Ahnung haben. »Norwegisches Unkraut, norwegischer Plunder«, wird das Stück genannt. »Herr Ibsen ist als dramatischer Dichter eine große Unbedeutendheit.« Gerade in dieser Zeit wirken die Angriffe auf ihn derart, daß er, der immer überkritisch gegen sich gewesen, wiederum anfängt, völlig an seiner dramatischen Sendung zu zweifeln.

Auch ›Peer Gynt‹ wird zuerst weitgehend abgelehnt. Der leitende dänische Kritiker Persen nimmt Anstoß an der »Gedankenschwindelei«, an diesen »Rätseln, die nicht lösbar, weil sie leer sind«. Auch bei dieser phantastischeren Dichtung hieß es wieder einmal vorschnell, daß dies »nicht eigentlich Poesie« sei. Nur selten wurde angekreidet, was wir heute mit *Recht* an dieser Arbeit tadeln würden. Schon die hier vorliegende ungewöhnliche Kreuzung von Phantasie und neuem Realismus stieß auf doktrinären Widerstand. Ibsen entgegnet gekränkt, das Problem der Verkennung durchschauend: »Mein Buch ist Poesie; und ist es keine, dann soll es Poesie werden. Der Begriff Poesie wird sich schon dem Buch noch anpassen.«

Wie sehr selbst ein Ibsen, dieser geradezu harte Mensch, unter dem Verkennungsdruck litt (der zunächst besonders von seiner Heimat ausging), sagt einer seiner Briefe aus der Ferne. »Hier in Italien bin ich vor gar nichts bange;

daheim war ich bange, wenn ich im Knäuel der Herde stand und das Gefühl von ihrem häßlichen Lächeln in meinem Rücken hatte. Ich mußte heraus aus der Schweinerei da oben, um einigermaßen sauber zu werden. Bei uns konnte ich nie ein zusammenhängendes Innenleben führen: so war ich ein anderer in meiner Produktion, ein anderer in der äußeren Welt. Aber so wurde auch die Produktion nichts Ganzes.« Wenn ein derart unbeirrbarer, beinahe starrer Geist solche Sätze niederschreibt, so wird wieder deutlich, wie irrig und grausam die beliebte bürgerliche Meinung der Behüteten ist, Fehlurteile könnten den Großen doch gar nichts anhaben. Weit später noch, als Ibsen bereits in München lebte, ein angesehener Mann war und sich längst gewöhnt hatte, »kritische Gewalttätigkeiten und den ganzen Wahnsinn«, den Werke wie die ›Gespenster‹ hervorriefen, mit Ruhe zu ertragen, selbst dann noch meinte er, in seiner *Heimat* würde er nicht rückhaltlos, in freier Stimmung schreiben können, somit aber in endgültiges Schweigen versinken. Als er später einen Heimatbesuch wagt, muß er berichten, wie es ihm buchstäblich, als er in den Fjord einfuhr, die Brust zusammengeschnürt habe und wie diese Empfindung, einer mißverstehenden Umwelt gegenüberzustehen, während des ganzen Heimataufenthaltes anhielt. »Ich war nicht mehr ich selbst unter all diesen norwegischen, kalten und verständnislosen Augen, die aus den Fenstern und auf den Bürgersteigen mich anblickten.« – »Wenn ich daran denke, wie träg und schwer und stumpf das Verständnis in der Heimat ist, wenn ich das niedrige Niveau ins Auge fasse, auf dem die ganze Anschauungsweise steht . . . Bei uns zuhause braucht man eigentlich keine Werke der Dichter; man behilft sich gerade so gut mit der Storthingzeitung und der lutherischen Wochenschrift. Und dann hat man ja auch die Parteiblätter.« Er nannte Norwegen den »großen Kirchhof«. In seiner Rede, die er 1874 vor norwegischen Studenten hielt, bekundet Ibsen, man werfe ihm vor, daß er Bitterkeit gegen seine Landsleute hege und deren Dasein öffentlich verspotte.

Auch das ehrliche Lustspiel ›Bund der Jugend‹ hatte größte Schwierigkeiten. Ibsen weilt 1869 als literarischer Vertreter Norwegens am Suezkanal zu dessen Einweihung, als ihn dort unter Böllerschüssen und wehenden Fahnen die Nachricht erreicht, jenes Lustspiel sei bei seiner Erstaufführung in Christiania ausgepfiffen worden. Bei der zweiten und dritten Aufführung kommt es zwischen Klatschern und Pfeifern zu offenem Kampfe, der sich teils auf der Straße, teils in den Zeitungsspalten fortsetzt. Die ›Stützen der Gesellschaft‹ werden verhältnismäßig gut empfangen. Bei vielen Beurteilern hinterlassen sie größten Eindruck, besonders in Berlin, wo das Werk gleich in 4 Theatern gegeben wird. Doch behaupten Durchschnittskritiker, die Arbeit habe eine zu gute Aufnahme gefunden. »Rauh, grob und unvermittelt platzen die Charaktere meistens aufeinander« (womit ja eigentlich ganz gut die herbere Art der neuen Handlungsspannungen bezeichnet war). Auch sagte man, die dargestellten Vorgänge entsprächen nicht der Wirklichkeit, die besser sei. Gelegentlich erkannte man immerhin, daß hier in Zeiten sogenannter deutscher Realpolitik auch eine Realpoesie entstanden war. Doch wurde, wie das immer zu gehen pflegt, im neuen Dichter zuerst nur der niederreißende Kritiker erkannt, nicht aber der Ethiker, der doch dahinterstand. Der gesamte Erfolg dieses Werkes aber versank zunächst wieder im Mißgeschicke weiterer Arbeiten.

›Nora‹ wurde in Berlin äußerst zwiespältig empfangen. Spielhagen berichtet sehr ausführlich und weiß lebendig die geladene Atmosphäre festzuhalten, die jeden Theaterabend beherrscht, soweit ganz neue Werte sprechen: »Man muß es eben selbst erlebt, an seinen eigenen Nerven durchgemacht und sympathisch durchgelitten haben: diese sonderbare Unruhe, welche erst ganz vereinzelt, ganz leise hier und da im Hause entstehend, aus dem Hause aufsteigend, sich nur den feineren argwöhnischen Ohren bemerkbar macht, dann größere Kreise ergreift, wieder zu entschlummern scheint, um plötzlich im ganzen Publikum auf einmal zu erwachen – aber nun nicht mehr als schüchterner individueller Zweifel, dem Nachbarn flüsternd mitgeteiltes Bedenken, sondern als souveräne mißbilligende, verurteilende vox populi. Und dann jenes grausame, kaum unterdrückte Lachen an einer Stelle, auf deren tieftragische, ergreifende Wirkung der Enthusiasmus gebaut hatte wie auf einen Felsen, bis er zu seinem Entsetzen bemerkt, daß unter jenem dämonischen Lachen der Granit sich in zerstiebenden, wüsten Sand verwandelt. Es war ein böser Abend, fast so bös als wäre einem selbst ein Stück durchgefallen.« Selbst Spielhagen aber, zwischen den Generationen stehend, zeigt sinnlose Bedenken. Er erklärt sich das Versagen dadurch, daß in diesem Werk nur ein dramatisierter Roman vorliege, weshalb es schwerlich zu weiteren Aufführungen kommen werde. (›Nora‹ wurde eines der meistgespielten Werke neuerer Dramatik.)

Während man in neuester Zeit vereinfachend behauptet, Ibsen lasse seine Personen zu lehrhaft Ideen diskutieren, beklagen sich die Zeitgenossen über das Gegenteil. Sie finden die Figuren in ihrem Ausdruck viel zu dunkel, so daß man nirgend wisse, worauf sie eigentlich hinauswollen, was zwar im Leben, nicht aber in der Kunst gestattet sei. Solche Äußerungen beweisen, wie wenig Ibsen Tendenzdichter war, wieviel Lebensanreicherung gerade er damals ins Drama gebracht haben muß. Die Vossische Zeitung meint deshalb, Ibsen opfere seinem *Natürlichkeitsprinzip* zuviel. Und das Deutsche Tageblatt sagt 1888, Ibsens Gestaltung sei die naturwahrste Verkörperung der Unnatur. Die Nationalzeitung aber sieht in der ›Nora‹ eine Theorie verfochten, »die, wenn sie anerkannt würde, die Welt aus ihren Fugen reißen würde.« Die Norddeutsche Allgemeine Zeitung behauptet, daß Ibsen niemals eine Lösung bringe, »wie es doch Sardou und Dumas nie unterlassen.« Die härtere, tragischere Tonart der neuen Kunst wird also einmal wieder gegen eine ältere, verbindlichere Manier ausgespielt. Ibsen ziehe »mit zynischer Feder alles Ideale in den Staub.«

Besondere Wut erregt natürlich die Folgerichtigkeit des neuen Stiles in den ›Gespenstern‹, die 1887 in Berlin in Szene gehen. Man reimt: Der Ibsen – o großer Jammer, / Macht aus der Bühne Schreckenskammer.

Die Vossische Zeitung glaubt Stellung gegen ihren eigenen Referenten (!), der zustimmend geurteilt hatte, nehmen zu müssen. »Ein Kunstwerk soll uns

Genuß, Freude, Erhebung bereiten, nicht Entsetzen, Qual und was noch schlimmer ist, hoffnungslose Verzweiflung.« Mit diesem beliebten Satz sperrt sich noch einmal eine verbindliche, ältere Generation gegen die neue Schroffheit, ja gegen jede echte Dämonie und Tragik überhaupt. Lag Ibsens geistesgeschichtliche Mission doch darin, jene wärmenden, schützenden Kinderhüllen der Menschheit abzuwickeln, um diese Menschheit endlich nackt der rauhen Luft des Wirklichen auszusetzen und reif zu machen, den Unerbittlichkeiten des Lebens furchtlos ins Auge zu sehen. Falls überhaupt, so wurde dies von seiten zeitgenössischer Kritik nur *pädagogisch* gewertet, aber fast nirgends wurde die kalte *Schönheit* dieser Prozedur empfunden.

Den jeweils wohlwollenderen Typus der Fehlkritik vertritt hier der Börsen-Courier. »Ibsen ist ein reichbegnadetes Genie, aber treibt er nicht vielleicht Mißbrauch mit seinen gottgeschenkten Kräften?« Die Nationalzeitung behauptet simpel, daß man im Leben den Irrsinnigen und Trunkenbolden aus dem Wege gehe; warum solle man sie in der Kunst aufsuchen? Mit diesem üblichen, bequemen Einwand wich man (Verweichlichung des 19. Jahrhunderts!) dem Umstand aus, daß auch das Krankhafte eine Lebensform und damit einen Stoff für die Gestaltung darstellt, schon damit man es besser bekämpfe. Die Post vermißt die »ideale Weltanschauung«. Die Norddeutsche Allgemeine Zeitung behauptet geradezu, Ibsen rüttle in den ›Gespenstern‹ mit frevelnder Hand an den Grundlagen des Staates und trete unsere heiligsten Gefühle mit Füßen.

»Was die krankhafte Phantasie der Franzosen bis jetzt für die Bühne geleistet, ist nicht so gemeingefährlich als dieses eine Stück, dessen Gift durch die Druckerpresse über alle Länder verbreitet wird.« Die Tägliche Rundschau findet es unmöglich, den Inhalt des Stückes überhaupt nur anzugeben, als ein Blatt, das »auf sittlich empfindende Frauen Rücksicht zu nehmen für seine Pflicht hält.« In welchem Satze man deutlich das umhegte, gepolsterte Weibchen des 19. Jahrhunderts spürt, das man vor jeder Zugluft schützen wollte. An anderer Stelle schreibt man einfach, Henrik Ibsen heiße die Kanaille und sei verantwortlich für jedes Wort in den ›Gespenstern‹. Hatte man nacheinander doch beinahe alle Behauptungen, die darin vorkamen, für Anschauungen des Verfassers ausgeschrieen. Ibsen antwortet präzis in einem Schreiben: »Meine Absicht ging dahin, bei dem Leser den Eindruck hervorzurufen, als erlebte er ein Stück des wirklichen Lebens. Aber nichts würde einer solchen Absicht stärker entgegenarbeiten als die Einfügung irgendeiner Anschauung des Verfassers.«

Bevor die Berliner Aufführung wirklich erfolgt, werden dort frühere Versuche polizeilich verboten. Kainz wurde die Hauptrolle persönlich angetragen, doch hatte er sie einfach abgelehnt. Paul Heyse, der älteren nachklassischen Richtung angehörend, meinte schlicht: solche Bücher schreibt man nicht. Fontane schaltete sich ebenfalls in diesen Kampf ein. Sich auf den Zwist zwischen der Vossischen Zeitung und ihrem Berichterstatter beziehend, meinte er in seiner menschenkennerischen Überlegenheit lakonisch, es sei »eigentlich alles geschehen, was geschehen konnte. Paul Schlenther ist dem eminenten Talente des Dichters, die Redaktion der im Publikum vorhandenen – Anschauung gerecht geworden.« Eine weise Betrachtung, wenn man Gestalter und Publikum nun einmal als gegeben ansetzt. Eine üble Unentschlossenheit aber, sobald man das Niveau der beiden Seiten vergleicht. Oder wenn man gar zu fragen beginnt, welche Größe sich nach der anderen richten solle (falls man eine Höherentwicklung der Menschheit erhofft). Fontane sollte sich übrigens noch deutlich für die neue Richtung einsetzen.

Die Bühnen Norwegens zögern über ein Jahrzehnt, bevor sie sich an die ›Gespenster‹ herantrauen. Die konservative Presse Dänemarks und die liberale Norwegens wetteifern in Angriffen. Selbst Ibsens späterer Biograph Hendrik Jäger hält in Christiania Vorträge gegen das Werk. (Als genügend Anpassungszeit verstrichen, veröffentlicht er eine Art Abbitte.) Ein großes dänisches Blatt meint summarisch, die ganze Arbeit gehöre in die Kalkgrube.

›Hedda Gabler‹ ist ein gutes Beispiel, um zu zeigen, wie sehr man allen neuartigen Inhalten und Formen der Kunst Gelegenheit zu *wiederholtem* Anhören geben sollte, wie gefährlich es also immer ist, wenn die Kritik ihre einstweiligen Fremdgefühle *sofort* kundtut und dann dogmatisierend verteidigt. Die Berliner Kreuzzeitung zum Beispiel verlangt 1891, man solle gegen Stücke wie ›Hedda Gabler‹ endlich energisch Front machen. Dasselbe Blatt bewundert aber 1898 (also nach 7 Jahren Anpassungszeit) das Werk. – Die Uraufführung in München verursachte einen Theaterskandal. Teils zischte man, teils bog man sich vor Lachen. Ibsen verließ einige Wochen darauf München für immer. Eine norddeutsche Zeitung meinte, man solle ›Hedda Gabler‹ wie früher die ›Nora‹ abwechselnd mit verschiedenen Aktschlüssen (gut und schlecht ausgehenden) geben, dann werde man schon sehen, ob das Publikum scheußlichen Naturalismus oder eine erhebende Arbeit sehen wolle. Glücklicherweise kam das nicht zustande.

Allmählich war die Anerkennung Ibsens natürlich immer breiter geworden. 1887 kann er verzeichnen: »Mein Besuch in Berlin und alles, was damit zusammenhängt, betrachte ich als ein wahrhaftes und großes Glück für mich. Es hat wunderbar erfrischend und verjüngend auf mein Inneres gewirkt und wird auch ganz sicher in meiner künftigen Dichtung seine Spuren hinterlassen.« – Man sieht wieder einmal, wie beflügelnd alles Verstandenwerden auch auf einen harten, in sich verschlossenen und abgekapselten Geist zu wirken vermag.

Zur Berliner Aufführung von ›Rosmersholm‹ sagt allerdings die Kreuzzeitung, das graue Gespenst der Langenweile sei ins Haus geschlichen und habe sich gähnend auf den Souffleurkasten gesetzt. Aber die Anwesenden nahmen das Werk dennoch mit wahrer Anteilnahme auf. Die ›Wildente‹ wird aber wieder schwer befehdet. Das Kleine Journal stellt 1887 einen Pyrrhussieg der Ibsengemeinde fest. Eine andere Kritik findet, die ›Wildente‹ sei nur ein poetischer Sonntagsbraten für unerschrockene literarische Jünglinge, die sich berufsmäßig die Stimmung verderben und den Glauben an die Welt erschüttern lassen wollen. Die Post behauptet: »Was wir hier zu hören bekamen, übertrifft an nackter Brutalität alles, was in den verrufensten französischen

Sittendramen vorkommt. Dieser Roheit steht ein behagliches Wühlen in den nichtigsten Bagatellen des alltäglichen Lebens zur Seite.« Die Norddeutsche Allgemeine Zeitung bekundet: »Der ganze Schmutz obskurer französischer Bühnenwerke verdiente fast die Bezeichnung reinen Wassers, verglichen mit der Wildente.« – »Ganz abgesehen von der Technik, die ihm gänzlich fehlt, ist in keinem Stück Ibsens auch nur der Versuch gemacht, eine Frage in klarer und faßlicher Weise aufzustellen oder die Lösung irgendeines Problems zu finden.« Aus letztem Satze spricht abstrakter Intellektualismus, der keine Ahnung vom *künstlerischen* Aufbau eines Naturalismus hat. Auch die Volkszeitung behauptet, »Gebrechen und moralische Versumpfung ziehen ihn an, er erhebt uns nicht in die reine Luft des Ideals.« Als ob auch der tiefsinnigste Naturalismus dies jemals tun dürfte.

›Baumeister Solnes‹ erlebte 1873 seine Uraufführung. Obgleich manche Kritiker Verständnis zeigen, bemerkt die Vossische Zeitung, statt ihres Ibsenkenners nun einen *zurückgebliebenen* Referenten vorschickend: »Mystik, Hysterie, Hypnotismus, Telepathie und ganz gemeiner Aberglaube verbinden sich hier zu einem Delirium.« Ein anderer Kritiker wirft die Frage auf, ob Ibsen überhaupt noch ernst zu nehmen sei. Ein weiterer erblickt in diesem Stück den völligen geistigen Bankrott des Dichters. Der Lokalanzeiger bemerkt, daß die Schauspieler »ganz so verrückt wie der Dichter und seine Verehrer es gewünscht« nicht hätten spielen können, denn dazu gehöre die »Naivität tatsächlich Gehirnkranker.« Sämtliche Personen benähmen sich wie Verrückte, sagt eine weitere Kritik.

›Klein Eyolf‹ wird 1895 teils bewundert, teils noch immer verächtlich behandelt. Ein »Mystifikationsdrama, das seine innere Hohlheit und Dürftigkeit durch allerlei Mätzchen verdeckt und auf das Empfinden derjenigen spekuliert, die mit Ehrfurcht allem gegenüberstehen, was sie nicht verstehen.« Karl Frenzel findet in dem Werke nur Gefühlsaufdröselungen, Spitzfindigkeiten und Gedankenspielereien. Einem anderen Beurteiler sind die beiden Hauptgestalten nur Ausgeburten einer krankhaften Phantasie.

›Gabriel Borckmann‹ aber erregt 1897 beinahe überall lebhafte Bewunderung. Immerhin versichert Albert Träger noch immer, »die Schrullen des ›großen‹ nordischen Dichters werden immer größer, seine Stücke immer weniger dramatisch, mit seinen sogenannten Menschen läßt sich nicht leben, man beobachtet sie wie merkwürdige Fälle im Sanatorium.«

Die ibsenfeindliche Börsenzeitung betrauert vor allem, daß solche Werke den »sicher vorhandenen echten Theaterstücken« (wo waren sie?) Luft und Licht rauben.

Aber allmählich *verstummten* jene Stimmen, die wie 1889 im ›Kampf um die neue Dichtung‹ gerufen hatten, Ibsens Dramen sind »nichts als Krankenstubengeschichten voll krasser Unnatur und voll widerlichen Schmutzes. Sie wollen soziale Bilder sein, sind aber nur Zerrbilder einer wüsten, gern im Unreinen wühlenden Einbildungskraft.«

Bildende Kunst

C. D. Friedrich

Für uns ist C. D. Friedrich der am wenigsten umstrittene Maler des beginnenden 19. Jahrhunderts. Innerhalb deutscher Kunstgeschichte ist er beinah der einzige, der damals neue Vertiefung und Innerlichkeit ganz aus sich selber erbrachte, nicht wie die anderen durch Rückkehr zu antiker Zeichnung, Wiederaufnahme altdeutscher Einzelformen oder durch Wiedererweckung stilistischer Elemente der italienischen Renaissance. Gerade aber, weil man damals derartiges Rückgreifen erwartete, die Zeit sich also kaum aus sich selber verwirklichen wollte, wurden Friedrich Vorwürfe gemacht. Schwierigkeiten, die man ihm bereitete, zeigen immer wieder, daß jeder Kulturlage gewisse Normen vorschweben (wenn auch nicht immer rückgewandte), die dann als schlechthin notwendig, als grundnatürlich angesehen werden, so daß derjenige, der vielleicht weit ursprünglicher aus Wirklichkeit und Innenleben schöpft, dann zunächst als »gesucht« erscheint. Jene bildungsgeschichtlichen Überlagerungen der menschlichen Seele werden jeweils Selbstverständlichkeit: neben der ersten also eine zweite Natur. So wirft man diesem Maler denn – kaum ist's zu glauben – *Naturferne* vor, obgleich er doch so besonders genau an alle Außenwirklichkeit der Dinge angesogen war.

Der Tetschener Altar, den Friedrich 1808 in seinem Atelier ausstellt, entfesselt den sogenannten Ramdohr-Streit. Das still geheimnisvolle Bild wird von einem Rahmen umfaßt, den Bildhauer Kühn entwarf und der, beinah altarartig, die Hauptsymbole des Abendmahls zeigt. Von dort aus entfacht Herr von Ramdohr, einer der gebildetsten Menschen seiner Zeit (gerade hier liegt das Erregende), einen literarischen Kampf gegen diese neue, geheimnisvolle Landschaftsmalerei, die als verrucht erklärt wird. »Er hat den ganzen Grund seines Bildes mit einer einzigen Felsenspitze angefüllt. Er hat alle Luftperspektive verbannt; ja, was das Schlimmste ist, er hat sogar eine Finsternis auf der Erde verbreitet und sich dadurch alle die günstigen Wirkungen entzogen, welche der Zufluß des Lichtes darbieten kann. Alle Regeln der Optik sind verletzt ... Was würden Ruysdael und Everdingen zu solchen Tannen sagen! In der Tat, es ist eine wahre Anmaßung, wenn die Landschaftsmalerei sich in die Kirche schleichen und auf Altäre kriechen will.« So scheiden sich am Tetschener Altar sofort die Geister.

Man findet, Friedrichs Landschaften ließen keinen Standort des Malers ahnen, seien ohne richtiges Raumgefühl und an gewissen Stellen zu deutlich. 1809 antwortet der Maler selber: »Wäre Friedrich auf der einmal gebahnten Straße einhergegangen, wo jeder Esel seinen Sack trägt ..., weil die berühmten

Künstler der Vorzeit als Muster und Vorbilder für Jahrtausende da aufgestellt werden, wahrlich, der C. v. R. hätte geschwiegen.« Die neuen Ausdrucksregungen dieser Kunst wurden in der Tat aufs gründlichste mißachtet. Jene sakrale Rahmung hätte man nicht mit dem Gehalt der Landschaftsmalerei gleichsetzen dürfen (so vereinfachungsbedürftig der Mensch in Abwehrstellung auch immer vorgeht). Es war ja möglich, das Verwandlungsgeheimnis pantheistisch in die Natur einzusenken, ohne daß die Malerei als solche zerstört würde. Auch wäre, selbst wenn Friedrich seine Kunst tatsächlich gleichnisartig meinte (wofür allerdings manche Anhaltspunkte existieren), festzustellen gewesen, daß seine Werke – jenseits literarischer Absichtlichkeiten – ganz in sich selber ruhen; daß ihr Gehalt also nicht im mindesten an ein Symbolwissen *gebunden* ist. Sonst könnten wir sie ja heute, wo jenes Vorwissen verfiel, nicht mehr genießen.

Gröblich wurde also verkannt, daß diese Gebilde rein optische Vollkommenheiten sind. Obgleich Kleist und Rühle diese Angriffe abwiesen, blieben Bedenken und Beargwöhnungen gegen Friedrichs Kunst lange bestehen. Eigentlich nur, weil diese Malerei die geschichtlich vorgeprägten Bahnen des ausgehenden *Barock* verschmähte (Baumlandschaft mit Repoussoir, Baumschlag, barocke Gruppenbildung mit bewegungsdurchflutetem Einheitsraum) und eine veränderte Gegenstandswelt mit neuer Art des Komponierens zeigte, ebenso mit neuen Feinheiten der Raumbildung und Farbengebung, so still und behutsam diese Neuerungen auch auftraten. Der Maler Meyer schreibt 1810 an Goethe: »Teils versteht dieser Freund durchaus nicht, was man malen soll und kann, teils hat er gar keinen Begriff von den ihm zu Gebote stehenden technischen Mitteln und wiefern sie ausreichen oder nicht; sodann ist er in der Anordnung schwach und weiß Licht und Schatten nicht zu benutzen. Hieraus entsteht nun, daß er mit ungemeinem Talent und ungemeinem Fleiß und Kunstfertigkeit Bilder verfertigt, die wenig erfreuen, ja nach einiger Zeit sogar lästig werden, wie es mir wirklich mit den fünf in meiner Stube stehenden ergangen ist.«

Welch befremdliches Zeiturteil! Da hat dieser angesehene Kritiker Arbeiten des stillsten Malers, geheimnisvoll leuchtende und dunkelnde Bilder aus dessen Meisteratelier entnommen, merkt aber nicht im geringsten, daß er den tiefsten, dabei genauesten Landschafter seiner Tage ganz ungestört zwischen seinen vier Wänden hat, zum denkbar intimsten, täglichen Betrachten! Wie grotesk mutet gerade in dieser Lage und gegenüber Friedrich jene übliche Verkehrung an, mit der die menschliche Natur antwortet, sobald sie auf *Neues* stößt: daß sie gerade das als modisch empfindet, was später als bleibend angesehen wird, während gerade die modischen Vorurteile der Zeit als »ewige Erfordernisse für jede wirkliche Gestaltung« angesprochen werden. Breithin besetzen solche typischen Fehlurteile einmal wieder die gesamte Kategorientafel: Gegenstandswelt, Technik, Anordnung, Licht- und Schattengebung, alles wird getadelt, nur weil Friedrich in diesen Fragen neuen, *eigenen* Regungen folgt. Als Goethe seinem Freunde Meyer antwortet, sucht er zunächst zu beschwichtigen. »Es tut mir leid, daß wir sie (die Bilder) nicht zusammen haben sehen können; denn wie selten ist das Vollendete! So, daß man es auch in der wunderlichen Art (!) hoch schätzen und sich daran erfreuen muß.« So sehr Goethe auch andernorts Friedrich anerkennt, so sehr bleibt er bei sinnlosen Einschränkungen stehen. In den Annalen heißt es 1808: »Sein schönes Talent war bei uns gekannt und geschätzt, die Gedanken seiner Arbeiten zart, ja fromm, aber in einem strengen Kunstsinne (!) nicht durchgängig zu billigen!« Meyer meldet, er habe den Weimarer Kunstfreunden Friedrichs Arbeiten gezeigt, »allein die Lust scheint vergangen zu sein, und so werde ich den darbenden Friedrich wohl wieder mit seinen Kunstwerken, nicht, wie er gewünscht, mit Geld heimsuchen müssen.« Welche Blamage des hochgebildeten Weimarer Käuferkreises, der hier mit seinen zeitgebundenen Normen das Zeitlose als sonderbar und neuerungssüchtig abweist. Welche Disharmonie des Urteils, wenn man bedenkt, was alles jener Kreis bewunderte und kaufte! So muß denn Luise Seidler den einsamen Maler bedauern: »Geht er nicht schon am Greisenstock und so verdüstert und freudenarm.« »Durch seinen Eigensinn«, setzt aber auch sie hinzu. Friedrich hatte das Bebildern der Goetheschen Wolkenschemata abgelehnt.

Etwas gemildert, wenn auch noch immer mißverstehend, schreibt Meyer dann in Goethes ›Kunst und Altertum‹ (2. Heft 1817). »Auf diesem Wege wird, wie auch gedachtem Runge in seiner Art begegnet ist, eben um der Bedeutung willen, manches Ungewöhnliche, ja das Unschöne selbst gefordert. Darum hat auch Friedrich von Personen, welche die bezielten Allegorien nicht faßten oder nicht billigten, viel Widerspruch erfahren ...« An späterer Stelle heißt es seltsam, »seine Erfindungen haben durchgängig das ehrenwerte Verdienst, daß sie gedacht sind ...« Wie *empfunden* sie sind, wird nicht gespürt. »Weil aber düstere Religionsallegorien anmutiger und schöner Darstellung meistens nicht zusagen, er überdem die Kunst der Belichtung nicht kennt oder verschmäht (!), wie er denn auch bei Anwendung der Farben deren Milderung und Übereinstimmung nicht beachtet, so befriedigen seine sauberen Bisterzeichnungen das Auge besser als die Gemälde, und Friedrich befindet sich wegen Vernachlässigung der Kunstregeln mit allen seinen Geschmacksgenossen, welchem Fach sie auch angehören, in gleichem Nachteil.«

Man fühlt bei solchen Worten, hinter denen Goethe selber steht, erstens, daß eine ganze Kunstpartei getroffen werden soll. Man empfindet zweitens, wie neu gerade die *Farbengebung* Friedrichs war. Die farbreichen seiner Bilder verabschiedeten allerdings die dauernden *Verbindlichkeiten* leuchtender Barocktöne zugunsten vieler in aller Stille spannungsvollerer Farbgegensätze; wobei ganz neue Akkordfolgen hervortraten, welche die Zeitgenossen offenbar als leise stechend empfanden. Kein Zufall ist es, daß Friedrich erst um 1900 emporgehoben wurde, als nämlich der inzwischen hervorgequollene bräunliche Galerieton des 19. Jahrhunderts wieder ausgelöscht, aber auch die Einheitshelligkeit des Impressionismus teilweise wieder überwunden war. Friedrich stand aber nicht in unterirdischer Verbindung mit etwa den Nazarenern, die er tadelt, mit ihrer geglätteten Schärfung der Farben, welche ebenfalls der abklingenden Barocküberlieferung noch nicht als neue Reinheit, sondern nur als Dissonanz erschienen. Erstaunlich bleibt der zeitgenössische Vorwurf: »Was hindert den Künstler, wahres Kolorit, gefällige Beleuchtung, und Formen der schönen Natur gefällig zu gebrauchen?«

Erschreckend wirkt eine stammelnde Tagebuchnotiz, die wir 1815 bei Sulpiz Boisserée finden. »Jetziger Zustand der Kunst - bei vielem Verdienst und Vorzug große Verkehrtheit. - Maler Friedrich seine Bilder können ebensogut auf den Kopf gesehen werden. Goethes Wut gegen dergleichen, wie sie sich ehemals ausgelassen, mit Zerschlagen der Bilder an der Tischecke ... Da habe er sich nicht enthalten können, mit innerem Ingrimm zu rufen, das soll nicht aufkommen, und so habe er irgendeine Handlung daran üben müssen, um seinen Mut daran zu kühlen.« Lassen wir diese geradezu unglaubliche Stelle absichtlich in ihrem aufregenden Dunkel, obgleich sie in einer Sonderarbeit über Friedrich einer genauen Ausdeutung bedürfte.

Nicht nur in Weimar, auch in Dresden wurde für und wider C. D. Friedrich gestritten. Selbst sein Freund, der Landschaftsmaler Dahl, behauptet (trotzdem er Friedrich bewundert), seine Figuren ständen »nur« wie Silhouetten auf antiken Vasen, und er habe die Grenze zwischen Malerei und Poesie oft überschritten, ein Vorwurf, den wir als glattes Fehlurteil erkennen müssen. Denn wir stellten bereits fest, daß bei Friedrich nicht ein einziges Bild zu finden ist, welches nicht - auch ohne bloß gedachte, allegorische Bezüge - bis in den letzten Winkel zu uns spräche. Bleibt doch immer entscheidend, ob eine Art Allegorie nur ein *Hinzukommendes* ist, oder ob ein Kunstwerk mit ihrem verstandesmäßigen Vorwissen steht und fällt. Wie fremd aber muß den Zeitgenossen Friedrichs ganze Malerei geblieben sein, wenn sie trotz Bewunderung der feinen Einzelheiten nicht umgehend spürten, wie sehr das wirkliche Geheimnis dieser Werke sozusagen teils vor, teils hinter der Allegorie liegt, d. h. sowohl in der sinnlichen Schönheit und stillen Ausdruckskraft der Formen als im mystischen Landschaftsgefühl des Malers.

Auch in Berlin gab es ein heftiges, uns heute unverständlich gewordenes Für und Wider.

Solches Mißverstehen hatte auch praktische Folgen. Als in Dresden 1824 der alte Klengel starb und sein Lehrstuhl frei wurde, lehnte man Friedrich als Nachfolger ab. Er wurde, noch während er lebte, so gut wie vergessen. Im Alter geriet er geradezu in Not. »Hätte mein Vater die Fremden nicht regelmäßig auf Friedrich verwiesen und überall Lärm für ihn geschlagen, so würde der bedeutendste Landschaftsmaler der Zeit gehungert haben«, schreibt Kügelgen. Nach Friedrichs Tode war sein Name beinah ausgelöscht. »Friedrich ist vergessen«, schreibt Hagen 1857. In den achtziger Jahre empfand man seine Malereien als Werke, »welche vor lauter Trübseligkeit und gesuchter Gruseligkeit beinahe lächerlich wirken«. Franz Kugler schreibt eine Pommersche Kunstgeschichte und kennt den Namen dieses größten Landsmannes nicht mehr. Auch in Muthers dreibändigem Werk über Malerei des 19. Jahrhunderts ist er nicht zu finden. So brachte erst die Berliner Jahrhundertausstellung von 1906 und die Arbeit Andreas Auberts eine völlige Neuentdeckung.

Schwind

Schwind war keiner der großen Neuerer. Überhaupt darf man ihn nicht überschätzen. Konservativ hielt er an einem halblinearen, idealischen, fast literarischen Stil fest, als die europäische Malerei an anderen Orten schon Anläufe genommen hatte, die optischen Reize des Daseins direkter aus der Umwelt zu holen. Vergleichen wir Schwind mit Runge, so empfinden wir, daß er die gehalten männliche Tonart dieses Frühromantikers in die weiblich bewegte einer Spätromantik verwandelte. Hierbei war die abgründig gleichnishafte und gedrungene Anordnung Runges ins Harmlose, manchmal sogar Humorige und bloß Erzählende auseinandergefaltet worden, besonders wenn man der Schwindschen Vorliebe für Zyklen gedenkt. Nicht nur die gesamte Historienmalerei der Generation Schwinds, selbst seine Märchenerzählungen sind als leises Literarisieren anzusprechen, mindestens als bloßes Illustrieren vorgegebener Kulturgehalte.

Weil das alles aber im Zuge der Zeit lag, ja innerhalb einer sich festigenden Überlieferung auftrat, fand Schwinds Malerei verhältnismäßig gute Zustimmung, so daß man ihn nicht etwa als einen Mißverstandenen hinstellen dürfte. Er ist ein Former, der nur durch einige individuelle Eigenheiten Ärgernis erregt. Für diejenigen z. B., die auf den Normen eines Cornelius aufbauten, war Schwinds Darstellungsweise durch ihren unbekümmert flüssigen Gesamtvortrag auffallend, ferner durch zartgelöste, manchmal schon malerische Sicht der Dinge, mindestens, sobald er unfeierlich mit intimeren Formaten kommen konnte. Keineswegs aber galt er bereits bei Lebzeiten als jener übermäßig gepriesene volkstümliche Märchenerzähler und Romantiker, zu dem man ihn seit Ausgang des 19. Jahrhunderts - in leichter *Über*schätzung nun - gemacht hat. In unserm Verkennungszusammenhang ist Schwind eine höchst harmlose Figur, weshalb nur wenig Nachrichten über ihn angeführt seien. Am frischesten berichtet H. Holland, der alles noch selber miterlebte, bereits 1873 aber eine Gesamtwürdigung erscheinen ließ.

Schwind verkennt selber und zwar gleich im Großen, wenn er bei der altniederländischen Malerei »einen unwiderstehlichen Abscheu vor dem kümmerlichen Wesen« empfindet, nachdem er in der Münchner Glyptothek die gerade entstehenden Deckenmalereien seines Vorläufers Cornelius gesehen hat. In dieser einzigen Bemerkung kann man bereits die ganze, etwas weibische Schwäche diese Zeit erfassen. Weil sie abgeglichener, »harmonischer«, süßer als jene Malerei des späten Mittelalters arbeitet, glaubt sie höher zu stehen. Sie ahnt nicht, wie sehr mit der melodischeren Unanstößlichkeit zugleich die Tiefenkraft der Form und Farbe nachgelassen hatte. Schon der strengere Cornelius war eine bloße Abgleichung gewesen, an mittelalterlicher Malerei gemessen. So sehr er in seinem Streben, saloppe Barockformen abzuschaffen, auf die stählerne Strenge vorbarocker Zeiten zurückgreifen wollte, so sehr hatte auch er die Geistigkeit seiner älteren Vorbilder verkannt; hauptsächlich wegen des ausgleicherischen klassizistischen Zwischenspiels, das aus dem Ende des 18. Jahrhunderts noch schwächend nachwirkte.

Wenn Schwind von einem »Überfluß von überflüssigem Rubens« spricht, auch hier zu starke Reize fürchtend, so verkennt er abermals aus jener allzu milden Haltung heraus. Trotzdem muß er bald selber bezeichnende Einschränkungen des Urteils über seine eigene Individualität erleiden. »Bei einer Bestellung ist mir nie recht wohl, wie sollen die Leute auch etwas anderes begehren, als was sie schon kennen, und wie soll es mich freuen, nichts anderes zu malen, als was schon da ist.« Hier klagt einerseits die Verwöhntheit des Künstlerindividualismus aus dem 19. Jahrhundert, denn die *Alten* fanden, weit bis ins Barock hinein, Auftragsbindungen nur selbstverständlich. Andrerseits wird von Schwind das Verkennen auf seiten des Publikums höchst verständlich gefunden, in liberalster Weise hingenommen. Beides bezeichnend für das eigenwillige und doch geschmeidige Individuum Schwind.

Wie wenig trotzig dieses Lebensgefühl war, geht aus einem weiteren Brief hervor. »Ich bedarf alles Bewußtseins und aller Aufmunterung, wenn ich mein Leben nicht ganz fallen lassen will.« Und wenig später heißt es dann, »ein Kreis von Freunden, dem die Sachen gefallen, ist das allernötigste.« Der junge Schwind ist äußerst arm, auch als sein Können sich bereits erprobt. »Die fatalste aller Nöte ist der Mangel an Wäsche; so ein Hemd wie ein römischer Panzer, unten in Lappen und Bänder zerschlitzt, die ganze Woche im Dienst, sonntags von einer Art Netz abgelöst«. Schwind wird bald allen Mitstrebenden gegenüber äußerst empfindlich und scharf. Nichts aber geht von seiner nun bleibenden Drastik jemals in seine Malerei über, was man bisher als bloßes Lob genommen, aber auch als Tadel fassen könnte.

Bereits 1835 will er aus München nach Wien zurückfliehen. »Not werde ich nicht brauchen zu leiden und ich bin doch das Elend los, immer zu machen, was mich nicht freut. Zimmer malen ist auch eine schöne Kunst und nährt als ehrlicher Mann, nicht als Possenreißer.« 1843 schreibt er an Genelli: »Bedenken Sie, daß der Ritter Kurt elf Jahre lang komponiert war, bis ich endlich soviel aufbrachte, um mit Müh und Schulden anfangen zu können.« 1846 meint er, »ein Maler sein und sein eigner Mäzen ist zuviel verlangt«. Und 1847: »Sie können sich nicht denken, zu was für Zeug ich mich habe zwingen müssen. Sie würden begreifen, daß man es endlich müde wird, seiner Phantasie immer Gewalt anzutun.«

König Ludwig I. von Bayern lag trotz seiner betonten Teutschheit so sehr in Banden des Hellenismus und dessen, was man darunter verstand, daß er »ansehnlichere« Meister wie Cornelius, aber auch Kaulbach und Schraudolph im Grunde vorzog. Schwinds mühevolle, lange Entwurfsrolle zu einer Enthüllung der Bavaria (fürs Treppenhaus der Neuen Pinakothek) verschwindet einfach. König Max ehrt den Maler mehr durch Orden als durch Aufträge. Die ›Künste im Dienste der Religion‹ werden zurückgewiesen. Auch mit dem ›Vater Rhein‹ gibts nur Enttäuschungen. Der ›Symphonie‹ ergeht es ebenfalls übel. Der Nachstich für Mitglieder des Kunstvereins wird von diesen zurückgewiesen. »Vier Jahre lang hat alle Welt die Zeichnung gesehen und gelobt, aber niemand hat mir auch nur 6 Kreuzer dafür geboten.« Schwind spricht nun vom »dummen Geschwätz, daß ich nicht malen könnte.« Wahrscheinlich ging dies von solchen aus, die auf den entstehenden malerischen Naturalismus hinauswollten. Diesem gegenüber redet Schwind, seinerseits hier sehr verkennend, summarisch von »plumpem und kokettem Geschmier, wie es jetzt Mode ist.«

1853 macht man ihm Anstände wegen einer erbetenen Audienz beim Kaiser in Wien, wo er eine neue Arbeit selber erklären möchte. Im gleichen Jahre klagt er neidvoll, »man sehe wie Kaulbach bezahlt wird, und wieviel Bendemann in Dresden leistet!« Auch bei der Ausmalung der Wartburg gibt es manche verständnislose Hemmung. »Frage Du, ob mich der Großherzog haben will, wie ich bin, und halten wie einen Mann, dem er das beste zutraut . . ., soll ich unter Kontrolle arbeiten und meine schöne, schwer errungene Unabhängigkeit vertauschen mit der Verpflichtung, zwei Jahre lang mittelmäßiges Zeug zu machen . . ., so ist es für uns beide besser, wir lassen es sein.« Aus solcher Verkennungsperspektive zitiert Schwind später, der alte Komponist Graun habe Friedrich dem Großen, wenn dieser hineinreden wollte, immer gesagt: »Halten zu Gnaden, in meiner Partitur bin *ich* König«.

Beim ›Zyklus der Elisabeth‹ muß Schwind sogar um Heiligenschein und Blumenkorb des dargestellten Wunders kämpfen, weil das verstandesmäßige Zeitalter und der Thüringer Protestantismus hier schon mittelalterliche Gesinnungen wittern. Für zimperliche Hofkreise muß der Maler gleich mitteilen, »vor Unanständigkeiten . . . kann der Hof *sicher* sein, die Gegenstände geben die Gelegenheit garnicht, und ich zweifle, daß in allen meinen Werken, selbst den im antiken Sinn gemachten, auch nur eine Spur von Obszönität zu finden sein wird.« Als Entwürfe verlangt werden, schreibt er allerdings sehr kühn: »Skizzen mache ich keine, und es ist nur ein Beweis mehr, wieweit die Malerei davon entfernt ist, den gleichen Rang mit den übrigen Künsten einzunehmen, daß überhaupt von Skizzen die Rede ist. Wenn in Weimar eine Skizze von den Wahlverwandtschaften vorhanden ist, so lasse ich mir die Nase abschneiden.«

Obgleich die Wartburgmalereien am Ende mit leidlicher Freiheit durchgeführt werden konnten, sieht man doch, mit welchen Schwierigkeiten selbst ein so gemäßigtes, bürgerliches Gemüt samt seiner unaufrührerischen, milden Malerei zu kämpfen hatte.

Erinnert sei hier noch, daß selbst Waldmüller, dieser stille, gefestigte, naturnahe, geradezu mikroskopisch zeichnende Könner, vor und neben Schwind eine Zeitlang als verdächtig galt. Als er das offene Tageslicht immer folgerichtiger zu malen versuchte, war das den Wienern derart neu, daß ein Teil der zeitgenössischen Kritik ihn geradezu als Tollhäusler verschrie.

Feuerbach

Feuerbachs bezeichnende Arbeiten setzen genau um Mitte des 19. Jahrhunderts ein und erfüllen die ersten drei Jahrzehnte der zweiten Hälfte. Er bringt vereinfachende, beinah statuarische Ruhe in die Malerei, die damals anderen Lebensgefühlen gehorchte. Die Düsseldorfer wie die belgische Schule, welche in Deutschland das Feld beherrschten, liebten theatralische Pointen. Auf entsprechender Folie mußte Feuerbach beinahe simpel, leer, schematisch erscheinen. Denn sein Wirken gehört, so schwer verständlich uns das heute vorkommt, jener beginnenden Vereinfachung an, welche dem überladenden Neubarock des 19. Jahrhunderts, dem geräuschvollen Schwulst (etwa Makarts) entgehen wollte, um ordnend bereits da einzusetzen, wo später Hildebrand (»Schichten – Problem der Form«) und Marées weiter arbeiten.

Feuerbach griff in gewissem Sinne unmerklich auf die Epoche von 1800 und das Empire zurück, während seine Zeit sich eher in einer affektierten, zuspitzenden Abneigung gegen jenen härteren Klassizismus befand. Daß Feuerbach diesen Klassizismus nun aber lyrisch und weichmütig werden ließ, ihn somit den Bedürfnissen des späteren 19. Jahrhunderts anpaßte, das nützte ihm gar nichts. Denn es genügt ein einziges zeitfremdes Element, um bei den Zeitgenossen sofort Verkennungen schärfster Art hervorzurufen. Erfolgen doch sofort Verfemungen, wenn nicht *sämtlichen* Stichworten gehorcht wird, die einer Epoche auf der Zunge schweben. Bei Feuerbach handelt es sich (wie bei dem größeren, derselben problematischen Generation angehörenden Brahms) um Verkennung eines eher konservativen als neuernden Meisters. Wir kennen diese Erscheinung bereits. Hier wird beinah genau so gewaltig gewettert, wie wenn man einem absoluten Revolutionär begegnet wäre. Der Formende soll schön im Gleichschritt einhermarschieren, weder eine Länge voraus noch zurück sein. So erschreckend chorisch verlaufen auch diese Urteilsprägungen der Mitwelt. Man begreift nach einigen Jahrzehnten deren Schlagwortschematismus dann nicht mehr.

Daß der eher rückwärts gewandte Feuerbach andererseits bei Verschmähung jeder inhaltlichen Genrewirkung (wie sie damals üblich war und ›geistvolles Erzählen‹ hieß) vorausblickend – in gewissen Grenzen – eine wohlige Oberfläche kultivierte, also leise an der Erneuerung der Farbkultur teilhatte, auch das nützte ihm nichts. Denn die damals Fortschrittlichen, die Radikalen, die bereits auf den Vorimpressionismus im Sinne einer farbigen Selbständigkeit hinauswollten (wie etwa die Anhänger Corots und Courbets): diese Vorauseilenden konnten Feuerbach ebenfalls nicht brauchen. Denn er blieb – in milder klassizistischer Pose – nun auch hinter *diesen* Forderungen zurück, mit welchen man Natur, Licht und Substanz des Lebens aus erster Quelle begehrte. So erfuhr Feuerbach *doppelte* Ablehnung, wie Brahms von Konservativen und Revolutionären zugleich, wobei jedes Lager aus seinen eigenen Bedingungen heraus sich enttäuscht fühlte. Wir werden also sehen, daß es sich bei solchen bezeichnenden Zwischenmeistern nun nicht etwa ergibt, daß sie glatter als andere durchkämen, weil sie doch vorwärtsdrängende und zurückgreifende Entwickungselemente *vereinen.* Im Gegenteil, jene Kreuzung der Absichten kann die frühen *Beurteiler* vollends verwirren. In die jeweils gegebenen zwei Grüppchen geteilt, wollen sie immer ihr übermorgiges oder ihr vorgestriges Programm gesondert aufsagen.

Feuerbach selber war eigentlich ein armseliges, ganz schwankes Rohr. Daß aber seine Kunst nicht schwankt, vielmehr in milder Monotonie sich selber eher wiederholt, mag sofort bezeugen, wie wenig stichhaltig die naturalistische Theorie ist, die gerade damals aufkam: daß nämlich Kunst die Umwelt gäbe, gesehen durch das eigene Temperament des Gestalters. Wir wissen heute, daß man Kunst öfter als *Ergänzungsform* des eigenen Ichs auffassen kann, unter Umständen als Sehnsucht vom bloßen eigenen Temperamente hinweg, als gewagtes Komplementär des eigenen naturalen Seins. Übrigens wollen wir mit den nun anhebenden Abweisungen durch Zeitgenossen nicht etwa jedes Werk dieses Malers verteidigen. Er war öfters kraftlos, einer elegischen Schwäche hingegeben. In die Verkennungszonen aber gehört die damalige Frühkritik aus dem einfachen Grunde, weil wieder mal gerade das gerügt wird, was wir Entfernteren schätzen, und weil man damals da zustimmt, wo wir umgekehrt heute ablehnen. Würden wir doch keinem dieser Meister der zweiten Hälfte des 19. Jahrhunderts eine zu kalte, starre, gefühllose, bloß konstruierte Großform vorwerfen, wie man das damals gegenüber etwa Wagner, Feuerbach und Brahms getan hat. Würden wir heute doch umgekehrt eher einen sentimentalen *Mangel* an jenen Eigenschaften empfinden. Auch hier sehen wir also, wie sich binnen weniger Jahrzehnte die Skala des Urteilens verändert.

Schon das ›Hafisbild‹, eines seiner frühesten, aber ausgesprochenen Werke war unverkäuflich, nachdem es die meisten Ausstellungen (Kunstvereine) Deutschlands durchlaufen hatte. Bezeichnend ist für Feuerbachs Sonderlage mitten im aufrauschenden 19. Jahrhundert, daß er feststellen muß, »meine Bilder werden, wie ich Dir schon sagte, zu einfach aussehen . . .« (Wir würden heute eher das Gegenteil behaupten.) Schon 1854 wird gemeldet, daß H. Frommel sein Bild in schlechtestes Licht gesetzt habe. Und Prof. Umbreit weist sein ausgezeichnetes Bildnis wegen verknitterter Wäsche zurück, nicht sehend, welche Rolle sie im Bildganzen spielt. Feuerbach meldet: »Ich gehe sogar lebhaft mit dem Gedanken um, die Malerei aufzugeben und irgendwo ein praktischer Mensch zu werden . . .« – »Hier errege ich Ärgernis . . . alle Welt begeifert mich . . .« 1855 ertönt eine weitere Klage. »Wenn mir doch der Verkauf eines meiner Bilder geglückt wäre . . .« Feuerbach empfindet die damals herrschende Kunst als »geschminkte Leichenpoesie«, womit er den blaßtheatralischen Vortrag meint, der seiner stofflichen Ruhe mißverstehend entgegensteht. Selbst aus Italien klagt er in dieser Zeit. »Hätte ich nur so viel, daß ich in Florenz meinen ›Dichtergarten‹ vollenden könnte! Auch das nicht. An den Regenten, der jetzt die Mittel nicht haben wird, wieder schreiben, betteln? Oh, ich will die Herren gewiß nie mehr belästigen . . . Diese Scheinheiligkeit und das Herabdrücken meines Wertes tut sehr wehe«.

Ohne Goldrahmen kann damals ein Verkannter seine Bilder nicht ausstellen. Aber zu jenen Rahmungen fehlt wiederum Geld. »Wenn ich nur einmal soweit bin, daß ich mir selbst in Italien ein Atelier halten und Modellgeld bezahlen kann . . .« Ein wohlhabender Bekannter will etwas kaufen, sowie der Maler ein Atelier haben wird. Bald darauf muß Feuerbach zusehen, wie ein »abgeschmackter Süßling« eine Dame malt, seine eigene, weit noblere Bildniskunst aber wieder leer ausgeht. Nach Rom wird ihm gemeldet, der badische Großherzog sei über seine Richtung unwillig. »Der Großherzog hat mir nicht mal geantwortet auf meine bescheidene Anfrage«. Schwer sei es, »wenn man Monate ohne Geld herumläuft und von dürftigem Kredit leben muß.« – »Ausstellung hier (in Rom) nichts; überhaupt nichts gekauft worden«.

Feuerbach empfindet seine Haltung, die so mit alter italienischer Kunst verbunden war, selber als konservativ, obgleich sie, wie wir schon erörterten, damals eben auch als wirklichkeitsnäherer Widerspruch gegen blasse Theatralik seiner Zeit gedeutet werden konnte. »Das Geld ist auf Seite der Modernen, Kummer und Armut auf unserer Seite . . .« – »Daß meine Richtung in meiner Kunst noch keine geldbringende ist, kann mir nicht zum Vorwurf gemacht werden«. 1858 bekennt er wieder, daß er »mit Juden, Geldmangel, Neid, Kränkung im Leben zu kämpfen« habe. Meist steckt tatsächlich hinter schlechter Bezahlung von seiten der eigenen Zeit ja eine Verkennung. »Herr Dr. Stiebel . . . hat von 80 Scudi für das Porträt seiner Frau gleich auf 50 heruntergehandelt«. 1858 an die gänzlich verarmte Mutter: »Mein sehnlichster Wunsch, Dir tausend Gulden geben zu können, ist zu Wasser geworden, und das Resultat so vieler innerer Kämpfe und Unruhe wird eben das sein, daß ich ein zweites Bild malen muß, damit mir's dann ebenso ergeht wie bei diesem . . .« Bald daraufhin schwankend: »Ist es erlaubt, einer Idee zuliebe so viele Opfer zu verlangen, solche Ansprüche zu machen, einer Idee zuliebe, die vielleicht Illusion ist?. . . Wie oft frage ich mich jetzt, was muß man tun, wie muß man malen?. . .Das Beste muß ich für mich behalten, weil es Vermessenheit gegen die Verhältnisse wäre . . .« Wieder einmal sieht man, wie die Verkennungen nicht etwa nur ins private Gemütsleben des Gestalters eingreifen, sondern in sein Schaffen als solches (auf welche Feststellung es uns unsentimentalerweise immer wieder ankommt).

1859 heißt es: »Eines ist sicher, daß, wenn jetzt mir das Glück von außen lächeln wollte, so würde in meiner Kunst ein Füllhorn schöner Gedanken und Werke herausspringen . . . Draußen (in Deutschland) würde ich es ja doch nicht mehr aushalten. – Nur eines möchte ich, Erfrischung und Wiedergewinnung meiner Courage und Mut, denn mit anderen Waffen kann ich nicht mehr kämpfen . . . Aber leider zerdrückt und verelendet mir das Leben alles . . .« 1861 beschweren sich die Zeitgenossen über die neue Großform, mit welcher Feuerbach immer wieder das Genrehafte seiner Zeit überwinden will. »Der Vorwurf der Frankfurter wegen Kolossalität ist jammererregend . . . Was mich wahrhaft schmerzt (setzt er der Mutter hinzu) ist, daß die Erfolglosigkeit auch zuletzt auf *Dein* Urteil einwirkt«. Andererseits sagen ihm Freunde, »warum vergeuden Sie Ihr göttliches Talent in kleinen Sachen und malen nicht große historische Fakta? Sie wären der erste!« Wozu Feuerbach leider mitteilen muß, »draußen aber können schon Studienköpfe, die für die Wand berechnet sind, nicht untergebracht werden ... Mir ist es in letzter Zeit schlimm ergangen. Ich habe nachts seit drei Wochen kein Auge geschlossen, den Tag gearbeitet und ohne Hoffnung. Ich bin soweit wohl, doch glaube ich, daß früher oder später eine große Krankheit unvermeidlich wird, da die Aufregung manchmal selbst für einen Engel zuviel wäre«. Hier stehen wir wieder an jener bezeichnenden Stelle, wo dauerndes Mißverstandenwerden über seelischen Druck hin in ruinierenden körperlichen Zustand überspringen kann. Ein Endergebnis, das freilich nicht jeder Verkennung nachgesagt werden soll.

Wieder ertönen – von seiten des verniedlichenden 19. Jahrhunderts aus – Vorwürfe gegen Feuerbachs Monumentalität. »Also zu groß sind meine Weiber, es sind freilich Römerinnen, keine Grisetten ... Soll ich meine Natur verleugnen und Dinge malen, die mich nicht interessieren? ... Was ich habe, können sie mir nicht rauben, aber die Maschine ruinieren mit der Zeit, wenns so fort geht«. Eine zartere, nervöse Art des Malers ist in Feuerbach gegeben, jener Typus, auf welchem der Verkennungsdruck besonders schwer zu lasten pflegt. »Ich bin nicht derart, daß ich leicht versinke, aber meine Natur ist zu fein organisiert für manche und jahrelange Kämpfe, und so kommt es mir vor, als bedürfe ich einer gründlichen Medizin ... Ich habe jahrelang innerlich gelitten und immer mich beizeiten aufgerafft zur Arbeit, jetzt bin ich innerlich so unruhig, daß ich nicht zur Arbeit komme«.

1863 zeigt sich wieder, wie wenig auch ein *Gestalter* als in sich abgesondertes Wesen aufgefaßt werden darf, als Wesen, das nur mit seinem Werk verbunden sei, ohne sich mit den Zeitgenossen zu verflechten. Ein Seufzer dieses Jahres an die verarmte Mutter sagt hier viel. »Du hast gelitten meinethalb, und das soll und darf nicht mehr sein. Was ist mir die Kunst, was Rom, wenn es auf Kosten des Heiligsten gehen soll, was Menschen überhaupt verbindet? Vorwürfe, die ich mir mache, Sorgen um Dich machen mich konfus, ich bitte Dich, mir zu sagen, was Dein Herzenswunsch ist, soll ich abbrechen, soll ich weitermachen, ich bin zu allem bereit, zu allem«. Wie wirklichkeitsfern ist die Vorstellung des europäischen »Gebildeten«, der Große müsse allein seinem *Werke* leben. Dies zeigt sich hier sogar bei einem Maler, der viel vom l'art pour l'art in sich trägt. Selbst auf diesen Typus können Verkennungen doppelt wirken: nicht nur den Elan zum Werke bremsen, sondern auch zur geliebten, ernst genommenen Umwelt.

»Wenn ich nicht mir selbst treu bleibe und die Sache groß und nobel fasse, bin ich ein Mensch, der keine zwei Jahre mehr leben wird ... Meine Hoffnungen für das, was Leben heißt, sind begraben ..., wenn ich mich heiter fühle, arbeite ich so rasch und glücklich«. Erschreckend auch eine andere Mitteilung: »Ich habe bis jetzt einen Namen errungen, nichts weiter, und unter welchen Kämpfen, habe andere leiden lassen und fürchte, daß mir der innere und bessere Mensch darüber verloren gegangen ist.« Und wiederum die Wirkung auf das Werk selber: »Ich will jetzt allem, allem entsagen, nur das Nötigste für den nächsten Tag bedenken, kleine Sachen malen und das ganze große Gespinst der Imagination, das mein ganzes Wesen ausmachte, aufgeben.« 1867 zeigt sich, wie sehr auch Graf Schack, angeblicher Gönner, ihn mißverstand. »Wenn ich nicht befürchtet hätte, Dich zu kompromittieren oder unpolitisch zu handeln, so hätte ich schon jetzt mit Herrn von Schack abgeschnitten, das ewige Rücksichtnehmen und doch Sichärgernmüssen und Zukurzdabeifahren muß nun sein Ende erreichen.«

Inzwischen war Feuerbach vorübergehend nach Wien übergesiedelt, wohin er einen Ruf bekommen hatte. Die Ausstellung der ›Amazonenschlacht‹ im österreichischen Kunstverein endete mit beinahe allgemeiner Verhöhnung. Allerdings war hier Kritik wohl angebracht, da der Maler diesem Vielfigurenthema nicht gewachsen war. Lag ihm doch nicht des Rubens tausendfältiger Verbindungsschwung, sondern im Grunde nur die milde Würde einer groß genommenen Einzelfigur. Unterdessen war der rauschhafte Makart öffentliche Konkurrenz geworden: das formenwuchernde Neubarock gegen den gehaltenen Neuklassizismus, den Feuerbach im Grunde meinte.

Weiterhin ist es immer noch die blassere, nachhallende Rhetorik einer älteren Schule, die Feuerbachs Absichten schadet. »Das Kaulbachsche Ding ist unter allem Maßstabe«. Courbet aber findet er, selber nun verkennend, ebenfalls abscheulich, obwohl dieser doch der entgegengesetzten Richtung angehört. In diesem Doppelurteil offenbart sich nochmal Feuerbachs gesamte Zwitterstellung zwischen einem älteren Pathos und einem neuen Natürlichkeitserlebnis. Da er an beiden teil hatte, geriet er selbst ins Hintertreffen und wurde gleich von beiden Lagern abgelehnt, vom theatralisch gewordenen Idealismus wie vom verjüngenden sogenannten Naturalismus aus.

Noch 1874 notiert er, »daß sich nicht ein Arm für meine Bilder erhoben hat, das hat mich mit dem tiefsten Ekel erfaßt«. »Welche Halbbildung in Pechts drittem Kaulbachartikel«. »Erfolg! Wenn ich ordinär empfinde, habe ich ein großes Publikum, denn die Mehrzahl hält sich an Verwandtes«. 1876: »In München hängen meine Bilder im großen Entréesaal der großen Wernerei gegenüber. Der patriotische Hanswurst und der klassische Maler«. So sieht er sich auch noch dem volkstümlichen Anton von Werner gegenübergestellt, dem viele damals zujubeln und dessen »exakte«, fotografische Einzelheiten ein weiteres Verkennungsmotiv darstellen, mit welchem gegen Feuerbachs gelassene Großform vorgegangen wurde.

Man kann zusammenfassend sagen, das ewige Mißverstehen der Umwelt, aus welchem sich dauernde Armut ergab, die sich den äußerst selbstbewußten Ansprüchen Feuerbachs nicht anbequemte, hat diesen stolzen, dabei schwankenden Gestalter geradezu zerstört. Obwohl ihn die Wiener Akademie berufen hatte, stieß er auf Abweisung auch seiner spätesten Arbeiten. In diesen allerdings hatte Feuerbach seinen Höhepunkt bereits überschritten, obgleich das ›Konzert‹, sein letztes Werk, wie eine noble Zusammenfassung seiner Kräfte erscheint. Seine Doppellage aber machte ihm auch in Wien das Leben verhaßt. Er floh nach Venedig, zurück in sein Italien, wo er die vier letzten Lebensjahre verbringt, als eine elegante Ruine, die der Verkennungsprozeß hinterlassen hat. Ein Prozeß, welcher stärkere Menschen niemals so durch und durch auszuhöhlen imstande gewesen wäre.

Im Gasthof Luna zu Venedig kann man ihn diese letzten Jahre sitzen sehen, abseits in einer Ecke, nervös nach der Neuen Freien Presse greifend, unruhig die weiße Zigarette drehend, der er niemals entsagt, den Tisch aber verlassend, sobald ein Fremder, namentlich ein Deutscher, naht. Nobel, aber aufgerieben ...

Wir haben nur noch wenig abschließende Nachrichten aus diesen letzten Jahren. Ludwig II. erwirbt die ›Medea‹ für die Neue Pinakothek, aber bezeichnenderweise gegen heftigen Widerspruch der Ankaufskommission. Bemühungen, Feuerbach anstelle des ausscheidenden Piloty als Leiter an die Münchener Kunstakademie zu bringen, scheitern natürlich. 1877 klagt er seiner Mutter zusammenfassend: »So ist die Welt, das Wahre verkennt man so lange, bis man es auf ewig verloren ...« »Es scheint späteren Generationen vorbehalten zu sein, einzelne Perlen aus dem Miste des 19. Jahrhunderts herauszuscharren.« Er plant eine Racheschrift – und aus entsprechenden Aufzeichnungen ging das »Vermächtnis« hervor –, in welcher besonders mit der Spätverkennung seiner Person abgerechnet werden soll. Es »muß die Wiener Wirtschaft auf alle Zeiten gebrandmarkt werden, das sind wir uns schuldig ...«

Gegen Ende meldet er der Mutter folgenden Grabspruch:

Hier liegt Anselm Feuerbach,
Der im Leben manches malte,
Fern vom Vaterlande, ach,
Das ihn immer schlecht bezahlte.

Marées

Marées' Leben verläuft in ganz absonderlicher Einsamkeit. Fern vom damaligen Kunstgetriebe arbeitet dieser Maler an seinen unbeweglich ruhenden, geheimnisvoll vereinfachten, räumlich ins Dämmer farbgewobenen, dabei ganz statuarischen Gestalten. Sie heben sich von allem ab, was damals im europäischen Kulturbereich geschaffen wurde. Höchstens Puvis de Chavannes könnte als Verwandter gelten, doch nur, soweit auch er der Malerei neue architektonische Würde und freskenhafte Ruhe sichern wollte.

Gegenüber der betulichen Genremalerei, welche noch immer in Blüte stand, mußte Marées' Kunst als gänzlich stumm und wie gefroren erscheinen. Denn jene ältere Genremalerei wollte ein nahes menschliches und möglichst niedliches Geschehen in augenblickliche Handlungen zwängen, auf eine spezielle Pointe hin zuspitzen, um mit dieser dann süß zu kokettieren. Das zeitlose, entfernte Ruhen der Maréesschen Figuren aber, ihr willenloses und gelassenes Stehen wie von ewig her, mußte gerade jener seltsam aufgekratzten Malerei als pures Nichtkönnen erscheinen.

Auch einer zweiten Richtung, die damals tonangebend war, mußte diese Kunst ganz leer vorkommen. Auch Makart wollte von den Niedlichkeiten eines bloßen Genre weg, auch er erstrebte, breithin ganze Wände malerisch zu füllen. Aber er tat dies, indem er aufs *Barock* zurückgriff, das damals seine neue Chance hatte. Veronese, Rubens und Tiepolo schwebten hier vor, ins prunkhaft Überladene veräußerlicht. Wie ärmlich konnte von hier aus die karge Statik eines Marées erscheinen.

Auch eine dritte Gruppe, die sich nun um Lenbach scharte, konnte hier nicht zustimmen, denn sie hatte mit Marées nur gewisses Einbetten der Erscheinungen in bräunliches Dämmer gemein. Im Grunde aber lief sie auf eine oberflächliche Psychologie hinaus. Hier wollte man individualisierte Sondercharaktere bildnisartig herausarbeiten, während Marées anonyme *Typen* des Menschen suchte. Man wollte in virtuoser Manier einen bestimmten Zeitcharakter dargestellter, bloßer *Köpfe* prägen, während Marées das Zeitlose der menschlichen *Gesamtfigur* verwirklichen wollte.

Als vierte, damals *modernste* Erscheinung bestand der Impressionismus um Manet und Monet. Die wenigen Beschauer, die dieser Richtung damals schon zustimmten, mußten sich wiederum von Marées abwenden. Ihnen konnte seine geheimnisvolle Farbendämpfung als matte Armut erscheinen, sein dauernd abendliches Dämmer als dumpf und veraltet. Das Statuenhafte seiner Leiber mußte ihnen als regungsarm, bewegungskarg vorkommen. Vom Standpunkt *dieser* Leute aus war Marées ein Reaktionär, während er doch bereits manches vorausnahm, was später Hodler und Gauguin erstrebten: beginnende Rückführung der lichten, zerstäubenden Einfühlungskunst des Impressionismus zu neuer Formverfestigung.

Bei Marées verkannte man weniger durch heftiges Befehden als vielmehr durch bares Übergehen, glattes Vorbeisehen. Marées zeigte wenig Bilder öffentlich, diese wenigen aber schienen nicht einmal eines Angriffs würdig. So ist denn hier auch gar nicht viel zu berichten, es sei denn, daß es gelänge, die verlegenen, peinlichen Redepausen der Kritik selber nachzubilden.

Der schweigsame, abseitige, ganz unvirtuose Jüngling wurde einst aus der Akademie als unverbesserlich entlassen. Ähnlich muß dann seine Lehrzeit bei Steffeck in Berlin verlaufen sein. Auch dieser scheint den Undurchsichtigen eines Tages einfach vor die Tür gesetzt zu haben. Marées' Vater war zwar hochgebildet, aber auch er maß dauernd an bereits verwirklichter, weit älterer Malerei, auch er betrachtete das Treiben seines rätselhaften Sohnes nur mit höchstem Argwohn.

Im Grafen Schack, dem großen Münchner Sammler, findet Marées nun einen Mäzen. Aber auch hier muß es schließlich zum Bruche kommen. Denn Schack sucht *literarische* Malerei, kann daher für bloßes figurales Sein, das Marées' Bilder ganz bewußt erstreben, auf die Dauer kein Verständnis aufbringen. Deshalb will er den Maler mehr zum bloßen Kopisten alter Meister erniedrigen, während diesem bereits ganz eigene innere Wege vorschweben. »Ich sehe wohl ein, Herr Baron«, schreibt Marées 1865, »daß ich Sie durch eine Anzahl regelrechter Kopien für den Augenblick mehr befriedigen würde; aber wo wird mich das zuletzt hinführen?« Der wohlhabende, enttäuschte Schack vernachlässigt den suchenden, armen Marées bald. Der Darbende schreibt sehr beunruhigt: »Ein Wort von Ihnen nach dieser Richtung hätte mehr getan, weit mehr, als die ferneren pekuniären Fesseln, die Sie mir auferlegten ... Eine Maschine, wenn sie gut arbeiten soll, bedarf der nötigen Heizung und muß von Zeit zu Zeit geschmiert werden ...«

»Allerdings stehen jetzt zehn gegen eins, daß ich zugrunde gehe, und mir bleibt nur noch die Obliegenheit, dies in einer anständigen, meinem Leben entsprechenden Weise zu tun ...« »Ohne Freund, ohne einen Heller Geld, ohne Kredit, ohne Aussicht auf Dach und Fach, ohne Erbärmlichkeit genug, um betteln, ohne Liebenswürdigkeit genug, sich einschmeicheln zu können«, so schildert er dem Grafen nunmehr seine Lage. »Hätten Sie mir nicht versprochen, als ich nicht mehr kopieren wollte, daß ich bequem, anständig und sorgenfrei meiner Kunst leben könne ..., so wäre das Resultat schon ein ganz anderes gewesen. Sie müssen wissen, Herr Baron, daß produzieren mehr, bei weitem mehr Mittel erfordert als kopieren; die Mittel, die Sie mir gewährten, wurden, indem meine Bedürfnisse als Mensch und Künstler zunahmen, geringer von Jahr zu Jahr ... Sie berücksichtigten ja nicht einmal meine Krankheit, wo ich doch so schwach war, daß ich nur mit Mühe die Treppe auf- und niedersteigen konnte, trotzdem ich dabei auf's angestrengteste arbeitete.« Schack hätte in der Tat das Leben dieses Malers auf viele Jahre sicherstellen können, was ihm eine Kleinigkeit gewesen wäre. Aber er fühlte nicht, daß innerhalb des Malerkreises, dessen er sich annahm, gerade Marées der bedeutendste und originellste Künstler war. So mußte es zu gänzlichem Zerwürfnis kommen.

Immer unheimlicher wächst nun die eisige Atmosphäre um diesen auch mit sich selber ringenden Gestalter. Dumpf kämpft es in ihm, und seine Ziele fühlt er nur ganz dunkel. »Wollen und nicht wissen was, da haben Sie das Geständnis, welches sich denn doch meiner geängsteten Seele abringt.« So schreibt er später einem Freunde. Ein tiefsinniger Zögerer war er eigentlich, voller Bedenken, ein dauernder Umarbeiter und Verbesserer längst abgeschlossener Bilder. Und dennoch zog er mit nachtwandlerischer Sicherheit immer wieder seinen Weg, von dem er sich dann nicht um Haaresbreite abbringen ließ.

Während Schack in seiner äußerlichen Art ihn ganz verkennt, findet der Maler einen anderen Mäzen, der seine Eigenart bejaht und ihn nun immer wieder über Wasser halten wird. Konrad Fiedler ist es, dieser äußerst wohlhabende, bedeutende Kunstforscher. Wir können seine Schriften weitgehend als theoretischen Niederschlag des Formgefühls von Marées und als eine frühe radikale Wende gegen den Naturalismus des 19. Jahrhunderts auffassen. Aber auch dem *neuen* Freund schreibt Marées gedrückt. »Von meinen Hoffnungen zerschellte eine nach der anderen mit reißender Geschwindigkeit, trotz enormer Anstrengungen.« Er bezeichnet sich als einen Menschen, »der von frühester Jugend an sich in den schwersten Kämpfen mit seiner Umgebung, mit sich selbst und mit der Existenz befand«. An Hildebrand schreibt er 1868 noch weit finsterer: »Ich bin so mit Schimpf und Schmach überschüttet worden, als es wohl je einem Strebsamen geschehen ist.« Selbst dieser eigenwillige, ja starre Marées empfindet aber, »daß Sympathie das einzige reelle Gut ist, welches ein Mann erringen kann« (Brief an Fiedler).

1869 berichtet Marées nun aus Rom, wo er mit seiner neuen Malerei vollkommen in der Ecke steht. »Es scheint fast, als brächten die Deutschen nur ihre Gehässigkeit und ihr Krähwinkeltum ins Ausland und ließen alle anderen Eigenschaften daheim.« 1870 umreißt er wieder seine innere Einsamkeit. »Außer meinen wenigen Freunden und meinem alten Vater ist niemand etwas an meinem Schicksal gelegen ...« 1871 formuliert er zu seinem stummen Schaffenskampfe eine steile Lehre: »Leben und Wirken für die Freunde, Arbeiten für die Widersacher oder doch die nicht Sympathisierenden. Denn nur wenn man letztere überzeugt, hat man etwas wirklich Gutes geleistet.« Hat hier der Maler wirklich einen ihm eigenen Grundsatz ausgesprochen, so kann von hier aus ganz ermessen werden, welche Qualen ihm die Fehlurteile seiner Zeitgenossen verursacht haben müssen.

Sehr gedämpft macht er zum Verkennungsproblem eine seltsame Bemerkung. Es werden »die Großen stets die *nachgeborenen* Geschlechter ergötzen und befriedigen, doch von ihren Vorfahren würden sie wohl schwerlich verstanden werden. Ein Wilhelm Meister würde z. B. einem Salvator Rosa sehr absonderlich vorkommen, wie ein Rembrandt einem Phidias ein absonderlicher Anblick sein müßte, ja schon einem Raffael.« Mit solcher bloßen Konstruktion, solcher Übersteigerung der Frage nach den Verständnisgrenzen setzt sich Marées aberwitzig mit unserem sehr *wirklichen* Problem in Verbindung. – Von seiner Feinfühligkeit in allen Fragen handelt ein Brief von 1873. »Leider bin ich nun mal so unglücklich organisiert, daß ich nur unter ganz bestimmten Umständen etwas zu leisten imstande bin ... Sobald die Luft, die ich atme, nicht rein ist, ist es mit meinem Schaffen vorbei; äußerlich vermag ich die Verstimmung wohl zu unterdrücken.« Da es immer wieder an Verkäufen fehlt, empfindet er bald scharf, daß er Fiedler wirtschaftlich zur Last falle. »Dieser Zustand, offengestanden, ist für einen Menschen in meinem Alter denn doch unerträglich.« Milder spricht ein Brief von 1873: »Man muß bedenken, daß die Menschen Zeit gebrauchen, das Verdienst des anderen zu erkennen und zu beurteilen.« 1876 aber klagt er abermals, »wenn man einmal wieder mit Menschen zusammenkommt, überfällt Einen eine gelinde Verzweiflung, wenn man sieht, wie sie das, was eigentlich natürlich, was gesunder Menschenverstand ist, nicht sehen wollen. Ich ärgere mich oft, daß ich mit meinen Ansichten nicht mehr hinter dem Zaun halte, umso mehr, da ich weiß, daß das, was nicht von momentanem Erfolge begleitet ist, in der Welt als Verrücktheit erscheint.«

Wie sehr ihn aber immer wieder geheime Fäden an die lebende Umwelt binden, obgleich er nun schon als in sich gekehrter Fanatiker gilt, beweist aufs Rührendste ein Brief von 1877. *»Verstehen und verstanden werden,* in diesen beiden unscheinbaren Dingen liegt ... *die höchste Glückseligkeit, die in dieser Welt zu erreichen ist.«* Dem robusteren Fiedler gesteht er: »Es ist sicher, wenn ich mehr Kollegen, mehr Gesinnungsgenossen hätte, so würde auch meine Wirksamkeit eine ungleich größere und fruchtbarere sein.« Wieder einmal zeigt sich, daß die angebliche Unempfindlichkeit, ein fast abstraktes, gänzlich losgelöstes Insichruhen des schöpferischen Menschen höchst selten bezeugt ist, vielmehr eher eine nachträgliche Erfindung des Publikums darstellt, das damit seine einstigen Fehlurteile nachträglich (und zwar mit einem *übermenschlichen* Bilde vom Genie) zu entschuldigen sucht. Immer wieder haben wir aufzuzeigen, daß die Verkennungen auch auf den Arbeitsprozeß und die subtilsten Schaffensergebnisse einwirken können. Wie ungern will man das freilich Wort haben in Zeiten, wo das Genie nachträglich metaphysiziert wird, gleichsam als säkularisierter, unstörbarer Gottersatz. 1879 wiederholt sich Marées in einem Brief an Fiedler. »Sie wissen, daß mir die Teilnahme, das Einverständnis und schließlich auch das Wohlgefallen der wenigen Menschen, die ich schätze, mehr wert sind als Alles, was die Welt sonst zu bieten vermag«.

Übrigens ist 1879 auch der heute eher überschätzte, geschichtlich viel verbindlichere, weit weniger originelle Adolf Hildebrand noch durchaus unbeliebt. »Daß man Hildebrand so schlecht in München behandelt, wundert mich nicht; ich kenne die Gesellschaft dort noch ziemlich gut.« Dieser zu Marées haltende Freund erschrickt aber selber gelegentlich vor schwierigeren Bildern des Malers. 1885 kritisiert er: »Eine unmögliche, scheußliche Technik, die Sachen in schrecklichem Zustand und nur die dekorative Wirkung gerettet. Zusammengewürgt mit Mühe und Verzweiflung, abgenagt bis zum Gerippe einer Vorstellung ... Jeder Gedanke an Ausstellen ein Unsinn ... Zwei große Bilder sind langweilig, doktrinär, absichtlich ...« So kommt es selbst mit diesem *Nahestehenden* zur Entzweiung.

Am schlimmsten aber wirkt auf Marées, daß selbst sein Verhältnis zu Fiedler für längere Zeit gefährdet wird. Sogar dieser beharrlichste Versteher, dieser unentwegte Helfer glaubt schließlich, daß hier nur die Entwürfe standhalten, die Durchführungen aber wegen des ständigen Verbesserns und Übermalens als mißlungen anzusehen sind, was doch nur in gewissen Fällen zutrifft. 1880 schreibt der Mäzen nun auch, daß ihr »Verhältnis unrettbar zerstört ist«. 1881 gesteht Fiedler allerdings, »mit Bekümmernis sehe ich Sie unter dem Mißverhältnis leiden, welches zwischen der Bedeutung und der Energie Ihres Tuns und der Wirkung besteht, die Ihr Tun auf Ihre Zeit ausübt.« 1883 bekennt Marées zusammenfassend seinem Bruder: »Der wahre Künstler fängt erst dann an, recht zu leben, wenn seine Gebeine längst vermodert sind«. Den Kunsthändler Gurlitt fragt er zögernd, ob dieser sich denn wirklich entschließen könne, »mit diesen gegen alle modernen Anschauungen rücksichtslosen Dingen etwas zu unternehmen. Sie verzeihen, wenn ich für mich noch ein wenig daran zweifle, denn ich weiß, daß ungewöhnlicher Mut dazu gehört«. Dem Bruder weissagt er glatt, daß »auch Du, wenn ich in der Öffentlichkeit erscheine, mehr Leid als Freude erfahren wirst; das kann kaum anders sein. Ich weiche zu sehr von der gewöhnlichen Straße ab, und erst nach langer Zeit wird man meinem Streben gerecht werden«. Aber Marées kennt keine Zugeständnisse. »Zu was eine Annäherung an Lenbach führen soll, kann ich nicht einsehen; es können da nur äußere Beweggründe vorwalten; was uns vor zwanzig Jahren geschieden hat, ist Verschiedenheit der Gesinnung, und diese Kluft kann durch die Jahre nur vergrößert werden«.

1885 bekennt er seinem Bruder aus wirklicher Not in Rom: »Es ist allerdings auch meine Meinung, daß die besitzenden Verwandten Deiner Frau etwas geben müssen, doch eher, als Dein armer Bruder ganz nutzlos zugrunde geht. Ich selbst habe seit dem Jahre 73 keinen Pfennig für meine Bilder eingenommen und mich nie beklagt. Und wenn sich auch die letzten meiner Freunde von mir zurückziehen, so kann ich nur noch das Gewerbe eines Stiefelputzers treiben . . .«

Noch drei Jahre nach Marées' Tode muß Hans Thoma klagen. »Daß die Akademie das Marées'sche Bild zurückweist, wundert mich eigentlich nicht; es liegt dies so in ihrem Wesen«. Und als Fiedler dieser Akademie seine Arbeit über Marées einschickt, sendet sie sogar diese zurück, die sie nicht einmal in ihrer *Bibliothek* besitzen will. Direktor war damals Kaulbach, dessen pathetisch-rhetorische Kunst in schneidendem Gegensatz zu jener geheimen Stille und leisen Abstraktion stand, die Marées in die Malerei gebracht hatte. Ein Defregger aber sei damals, so munkelten die wenigen Freunde, von der Dresdner Sammlung für 50 000 M. angekauft worden. Dieselben Freunde *verschenken* schließlich Marées' Werke an verschiedene staatliche Sammlungen. Die Berliner Nationalgalerie begräbt sie zum Teil in ihrem Depot, die Münchner Neue Pinakothek schiebt die Arbeiten des vielleicht vorausgreifendsten Malers seiner Zeit in die Schleißheimer Filialgalerie ab, in schlecht beleuchtete und feuchte Räume. Karl Voll findet später dort am Boden liegende, zerstörte Farbschichten von Bildern dieses Malers vor. Heute hängen seine Werke in einem Ehrensaal der Münchner Galerie.

Millet

Dieser Maler, der 1814–1875 lebt, braucht lang, bevor er an sein eigenes Werk gerät. Als sein Leben mit 61 Jahren abbricht, hat er sein Ziel erreicht und ist ein anerkannter, übrigens auch hochbezahlter Meister. Aber der Weg dorthin ist mühevoll genug gewesen. Wir spüren heute die gefühlvolle Melancholie seiner Werke, die Zeitgenossen aber sahen nur Rauhes und Häßliches in seinen Arbeiten. Diese sind gänzlich vereinfacht, großformig, gesammelt, wenn man sie auf die damalige, *erzählende* Malerei abstellt, von der aus doch geurteilt wurde. Vor geduckten, still in die Ferne führenden Horizonten stehen aufragende, einsame, schwerknochige Leiber, die später für Meunier,

Segantini und van Gogh so wichtig werden sollten. Deren Werke, so anders sie auch klingen, sind ohne Millet ganz undenkbar, der den gesamten neueren Typ des Bauern und des Arbeiters geprägt hat.

Schon dieser Gegenstandsbereich war anfangs unwillkommen. Die neue *Auffassung* aber wirkte erschreckend, aufreizend, ja geradezu tierisch. Erst von hier aus können wir ermessen, wie verstädtert, wie parfümiert die *vorhergehende* Bauernmalerei war. Andererseits aber dürfen wir empfinden, wieviel rauher und zackiger inzwischen unsere *eigene* Lebenstonart und Malerei geworden ist, wenn wir denselben Vortrag Millets, der damals als brutal erschien, heute als sentimental bezeichnen. So ist denn dieser Meister aus *einer* Verkennung schließlich in die andere geraten. Seinen Zeitgenossen fiel er als eigenwilliger Gestalter auf, der vor allem in Farb- und Formengebung gesucht verfahre, während man doch heute umgekehrt glaubt, er wolle allzusehr durch seine *Gegenstände* rühren. Da seine besten Bilder in Privatsammlungen oder in England und Amerika hängen, leben unsere meisten heutigen Urteile von billigen Abbildungen. Jedenfalls galt er zu seinen Lebzeiten als nur für *Kenner* in Betracht kommend, während er heute allzuschnell als rührselig-volkstümlich abgetan wird. Übrigens ein häufiges Doppelschicksal, vom Standpunkt unserer Fragestellung aus gesehen. –

Im Anfang seines Schaffens wird er, obgleich er seine Gegenstände und großen Formen bereits in sich trägt, immer wieder auf elegantere und gefälligere Stoffe abgedrängt. »Boucher und Watteau sind volkstümlich«, sagt ein Hauptfreund jener Tage immer wieder, »koloriere Abbildungen von nackten Frauen. Mache Pastelle in diesem Stil«. Auch soll er Bildnisse malen (was er auch tat), um sie für 5–6 Fr. zu verkaufen. Auch antik will man ihn haben. »In der Ecole des Beaux Arts ist alles klassisch«, schreibt 1838 Thackeray. »Orestes wird von allen Arten Furien verfolgt, unzählige Wölfe säugen Romulusse, Hektore und Andromachen verstricken sich in die verschiedensten Umarmungen«.

Die Eigenen der Zeit, wie Delacroix, Corot, Rousseau, werden unterdrückt, die Tore des entscheidenden ›Salon‹ sind ihnen verschlossen. Rousseau als späterer Freund Millets heißt geradezu le grand refusé. Als Millet 1840 nun selber dem ›Salon‹ zwei Bildnisse einschickt, wird mit knapper Not nur eines aufgenommen, charakteristischerweise dasjenige, welches er als schwächeres bezeichnet. 1841 malt Millet in Cherbourg kleinere Sachen aus dem Schifferleben seiner Tage. Da sie nicht zu verkaufen sind, hält er sich mit Ladenschildern über Wasser. Ein Pferd für einen Tierarzt, ein Milchmädchen für ein Buttergeschäft, ein Fischer für eine Segelmacherei, eine Kampfszene für einen Zirkus (je 30 Fr. fürs Stück) sind uns bezeugt. Ein Bild des biederen Bürgermeisters, den er schließlich auch malen darf, ist bereits voll so unerwarteter Bildmittel, daß es Entsetzen in dieser Provinzstadt erregt. Selbst sein wohlwollender, alter Lehrer Langlois bezeichnet ihn damals als Barbaren.

1842 werden seine Malereien vom ›Salon‹ zurückgewiesen. Immerhin treten schon jetzt der Kritiker Thoré und der Maler Diaz als Bewunderer auf. In Cherbourg wird ihm sogar ein Lehrstuhl angeboten. Aber sein Unabhängigkeitstrieb zieht ihn nach Paris, wo er nun in größte Entbehrungen gerät.

Damals übermalt er manches ausgezeichnete Werk, weil er sich keine neue Leinwand kaufen kann. Im ›Salon‹ von 1848 weht endlich freierer Wind. Rousseau, Dupré, Delacroix spielen eine gewisse Rolle. Von Millet sind nunmehr zwei Bilder sichtbar. Die Stadt kauft den ›Kornschwinger‹ und Minister Rollin erteilt einen Auftrag. Trotzdem sitzt der junge Maler mit seiner Frau im Dachzimmer ohne Feuerung und Nahrung. Der neue Staat veranstaltet ein Preisausschreiben für eine Figur der Republik. Der stille Millet, dafür sicher geeignet, erhält weder Preis noch Erwähnung, da seine Republik zu wenig kriegerisch dreinschaut. Als die Junirevolution tobt, malt der Sanftmütige unter Flintenschüssen ein Wohnungsschild für eine Hebamme, welches diese ehrliche Frau sofort mit 30 Fr. bezahlt. »Die 30 Fr. waren meine Rettung. Wir lebten 14 Tage davon, bis die Revolution vorüber war«, erzählte er seinem Freund und späteren Biographen Sensier.

Als er für einen Notenhändler zu einer Romanze eine Vignette machen darf, wird dieser grob und erklärt die ungewöhnliche Arbeit für unbrauchbar. Die Platte wird zerstört (es existiert nur noch ein Abzug in Amerika). Die Not der jungen Familie ist nicht zu bannen. Ein Bild geht für ein Bett dahin, sechs Zeichnungen müssen gegen ein Paar Stiefel herhalten, viele der kostbaren Bleistiftskizzen, heute so überhoch bezahlt, werden für 1–5 Fr. verkauft. Und vier hervorragende Bildnisse erwirbt ein Händler, der die Lage auszunutzen weiß, für 20 Fr. – 1850 erscheint im ›Salon‹ der berühmte ›Sämann‹. Dem kleinen Trupp der Lobenden, unter denen sich Th. Gautier befindet, stehen ältere, konventionelle Beurteiler gegenüber, welche hier gleich Kommunismus wittern. Die drohende Gestalt scheine, so heißt es argwöhnisch, statt Korn in die Erde, Schrot gen Himmel zu werfen, aufrührerisch gegen Gott und die Mitmenschen. Der Freund Sensier richtet zugunsten Millets ein Gesuch an den Staat. Die Antwort besagt, man müsse sich erst nach dem Ruf dieses Malers erkundigen. Alles verläuft natürlich erfolglos, denn man bekommt den Bescheid, Millet sei eine anmaßende, exzentrische Persönlichkeit, welche die großen Überlieferungen der Kunst verachte. Zum Glück erfolgt der Auftrag schließlich doch. Trotzdem bleibt des Malers Not bestehen. »Ach das Monatsende ist da«, schreibt er 1856 angstvoll, »wohin soll ich mich nach Geld wenden? Wenn nur die Kinder was zu essen haben. Mein Herz ist dunkel. – Wenn Du wüßtest, wie schwarz die Zukunft aussieht, schon die nächsten Wochen«. Sensier behauptet, Millets Pariser Briefe läsen sich wie eine Geschichte verhungernder Menschen in der Wildnis. Doch scheint das etwas übersteigert. Dieser Sensier kam zu vielen Werken, weil die meisten Sammler lachten, den Maler einen groben Narren nannten und viele Zauderer immer wieder von geplanten Käufen zurücktraten. Millet sah seine Malereien gern etwas im Dämmer an, wenn nur noch die großen Massen hervortraten. »La fin du jour, c'est le preuve d'un tableau«, pflegte er zu sagen. Solche ruhige und große Form war damals aber derart ungewöhnlich, daß sie die Beurteiler nur reizte und als grob empfunden wurde. Fast niemand fühlt die würdevolle Aufteilung der Flächen. Millet fragt damals zusammenfassend: »Wie begünstigt der Staat in unseren Tagen die Kunst? Was tun unsere großen Männer der Wissenschaft für sie? Weniger als nichts. Ich hörte Lamartine sein Lieblingsbild der Ausstellung von 1848 nennen. Seine Wahl wurde nur durch politische und literarische Vorliebe bestimmt. Ein Bild von Rembrandt würde nie in sein Haus gekommen sein.« Wir dürfen hierzu nicht vergessen, daß in den 50er Jahren, als noch eleganter Klassizismus oder gefühlvolle Romantik nachklingen, auch der beinahe magische Realismus Rembrandts als tollkühn angesehen wurde. Selbst »Victor Hugo stellt Louis Boulanger und Delacroix nebeneinander«, fährt Millet klagend fort. »George Sand besitzt die Klugheit einer Frau, begnügt sich mit schönen Worten und musikalischen Phrasen. A. Dumas erkennt Delacroix' Talent wohl an, aber nur weil dieser Maler Goethe und Shakespeare illustriert. Ich habe niemals in den Schriften von Balzac, Eugen Sue, Soullié, Barbier, Méry auch nur eine Zeile gefunden, die wahres Kunstverständnis zeigte«. Proudhon bestaune Courbet als politischen Genossen, besitze aber kein Kunstgefühl und urteile nur vom Standpunkt des sozialistischen Parteiführers aus.

In dieser Generalabrechnung eines Mißverstandenen mit seinen großen Zeitgenossen liegt nicht ein Fehlurteil nun etwa des Malers. Jene Vorwürfe bestehen mindestens gegenüber den optischen Künsten *zu Recht.* Die übliche Malerei der Zeit war literarisiert. Millets Gestaltung aber bedeutete einen ersten Schritt zurück ins Land des Elementaren und Kraftvollen, das von späteren Generationen dann besiedelt werden sollte. Gerade diese geistesgeschichtliche Vorläuferschaft Millets bedingte eine Unsumme von frühen Ablehnungen.

In den Tagen des zweiten Kaisertums sollte sich die feindliche Haltung der eleganten Welt gegen diesen Maler nur noch steigern. Fehlurteile können bald mehr auf einer veralteten und schlecht gewordenen Sinnlichkeit beruhen, bald mehr auf bloßen Assoziationen und Zuordnungen. In jenen Kreisen war es hauptsächlich letzteres. Man bezog die schwere, aller Eleganz abschwörende Gestaltungsweise immer mehr auf einen Sozialismus. Courbet stand einem solchen wirklich nahe, aber Millet war ganz unpolitisch. Er beteuert dies unaufhörlich, aber erfolglos. Beruht doch eines der Verkennungsgesetze darauf, daß sich Abwehrmotive so gern *koppeln,* daß sich also an die Empfindung einer unheimlich erscheinenden (weil neuen) *Form* angeblich auch eine gefährlich erscheinende, neue Sache und *Politik* anschließen werde. 1854 meint Millet, daß es »jetzt kein geeigneter Zeitpunkt ist, mich auf öffentlichen Auktionen zu zeigen, da meine Werke nur in den Augen ihrer Besitzer Wert haben.« 1856 stirbt der Sammler Campredon und seine 18 Millets werden versteigert. Das meiste zu so geringen Preisen, daß sich des Malers Möglichkeiten bei den Händlern eher verschlechtern. Als er im gleichen Jahr für zwei besondere Zeichnungen je 60 M. verlangt, bleiben die Arbeiten liegen. »Werden mir je bessere Tage kommen? ich gebe mich keiner Hoffnung hin. Im Gegenteil, ich habe solche Anwandlungen von Verzagtheit . . .«

1856 entstehen auch die bekannten ›Ährenleserinnen‹. Gerade dieses allzu volkstümlich gewordene Bild erschien dem Maler fragwürdig. »Ich weiß wirklich noch nicht, was das Ergebnis aller Arbeit sein wird. Ich habe Tage, an denen ich glaube, dieses unglückliche Bild hat keinen Wert«. Viele Kritiker mit Saint-Victor an der Spitze erklären sofort, daß das Werk von »gigantischer und anmaßender Häßlichkeit« sei. Einige Journalisten wittern in diesen sanften Gestalten gefährliche Raubtiere, welche den Bestand der Gesellschaft bedrohen. Heute hängt dieses bekannteste aller Gemälde im Schlafzimmer der ängstlichsten und rückständigsten Mütterchen, in den üblichen kleinen, verzuckerten Wiedergaben. Was damals radikal und rauh erschien, lästern viele Künstler heute als süßen Kitsch. Welches Symbol des Zeitenwandels! Und welche Übertreibung hüben wie drüben! – Nach vielen Streitigkeiten erwirbt ein reicher Kaufmann dieses Bild zum Preis von 2000 Fr. 1889 kostete es bereits 300 000 Fr. Später ging es an den Louvre über, der es einstens nicht mal als Geschenk genommen hätte.

Thoma

Wir haben bei unsern Beobachtungen bald mehr die Richtenden, Fehlurteilenden sprechen lassen, bald uns mehr an die Äußerungen, Tagebücher und Briefe der Verkannten gehalten. Beide Verfahren haben ihren Sinn. Das erste läßt die alten Mißtöne selber erklingen und offenbart genau die jeweils veralteten Standpunkte der Fachkritik oder des Publikums, sagt uns aber wenig von der Wirkung auf die abgeurteilten Meister, auf die es uns doch weitgehend ankommt. Wir fassen aber unsere Geschichte der Fehlurteile als eine *beiderseitige* Schädigung auf: das Publikum bringt sich um außerordentliche Genüsse und somit um innere Verjüngungen, der Künstler aber wird in Sorgen, Unruhen, Unsicherheiten gestürzt, in Armut oder gar in Krankheit, womöglich auch zu Abstrichen an seinen Erstfassungen veranlaßt, statt sich möglichst ungestört seinem Lebenswerk hingeben zu können.

In unserer Arbeit stecken also verschiedene große Themen: zunächst eine Geschichte der äußeren und inneren Störungen des Künstlers, dann aber auch eine Geschichte der Selbsthemmung der Zuschauer, eine Darstellung der Kulturangst innerhalb des Publikums. Drittens eine Geschichte des allgemeinen Geschmackwandels überhaupt.

Bei Thoma wollen wir uns besonders an seine Briefe und Tagebücher halten. In seiner milden Art kümmert er sich nur wenig um öffentliche Kritik, so daß man nur durch seinen Selbstbericht erfahren kann, welche von all den Pfeilen, die das gegnerische Publikum auf ihn abschoß, ihn nun wirklich erreichten. Diese Art unsres Vorwissens läßt aber die andere gleichsam mitklingen, da wir aus den Selbstgesprächen wenigstens *erschließen* können, was alles auch objektiv an Fehlurteilen gegen Thoma losgelassen wurde. Die Kritiker Pecht, Pietsch, Rosenberg waren ganz gegen ihn. Natürlich war es mehr als hier vermerkt wird, denn dieser friedsame Maler verhielt sich lebensweise, ausbiegend, nahm also nur verhältnismäßig wenig von jenen Hieben auf.

Wir verzichten ferner auf eine »objektive«, heutige Kritik an Thoma, der neben Werken tiefer Wohligkeit, geruhsamer Geformtheit auch manches Vage und Schwache hinterlassen hat. Wir greifen aber gerade ihn heraus, weil man sich an keinem Maler der letzten Generationen so deutlich die Wandlung unsres Urteils vergegenwärtigen kann. Gerade gegenüber Thomas gelassener Biederkeit, gegenüber seiner ganz ungesuchten, stillen Art kann man sich heute schwer vorstellen, welch revolutionären Wert sie einstens darzustellen schien, wie sehr sie also damals von den üblichen Absichten der Malerei abstach. Immer wieder wollte die Malerei seiner Zeit zugespitzte Handlungen darstellen, wogegen Thoma beinahe bloße Existenzbilder zu geben schien. Die übliche Malerei wollte so pathetisch und theatralisch kommen, daß Thomas Figuren als hölzern und verknöchert erscheinen konnten. Man erstrebte – natürlich unbewußt – selbst im Bauernbilde eine so elegante Wendung des Vorgangs, des Einzelausdrucks, der Stofflichkeit, daß Thomas Art daneben unkomponiert und plump erschien. Erst die seitdem hervorgetretene Gewöhnung an weit abstraktere Formen, an viel urtümlichere Handlung und Farbengebung läßt uns heute das Verbindliche, betont Süße, Liebliche, ja Weichmütige jener angeblich zu bäurischen Arbeiten spüren.

Wir lassen nun einige Aufzeichnungen Thomas in zeitlicher Reihe folgen. Schon 1864 schreibt der 25jährige Bauernsohn aus Karlsruhe: »Schlechte Bilder sind gekauft worden und von reichen Malern. – Ich habe schon geheime Feinde hier, wie ich in letzter Zeit gemerkt habe.« Schwerlich stieß dieser stille Mensch (die wandelnde Gutmütigkeit) persönlich irgend jemanden vor den Kopf. Auch werden die Preise des Anfängers so niedrig gewesen sein, daß er hierin kaum irgendwelchen Neid erregte. Wir können also vermuten, daß man an seiner Malerei bereits grundsätzlichen Anstoß nahm, daß ihn also schon ›idealistische‹ Absichten ›Sachverständiger‹ einzukreisen suchten. »Mancher Mensch, der nach dem Hohen, nach etwas Tüchtigem strebt, ist von den andern Menschen . . . unbeachtet geblieben . . .«, heißt es im gleichen Jahre. 1866 dann: »Ich könnte Dir viel von Kämpfen mitteilen, von geistiger und körperlicher Not, und wie ich fast jeden Winter nach Karlsruhe zurückkehrte und nicht wußte, wovon leben.« 1867 aus Düsseldorf: »Leere, kalte Abschiedsbesuche, die mich verstimmten. In meinem Herzen ists öde, und es will kein Hoffnungsstrahl leuchten . . .« In dieser Zeit liegen bereits reife Arbeiten vor, um die sich das 19. Jahrhundert hätte reißen müssen. Im gleichen Jahre schreibt er dann weiter, ebenfalls aus der üblichen Düsseldorfer Luft der Malerei heraus: »Ich habe jetzt . . ., wenn ich die Preise ganz nieder anschlage, für 700 Taler Bilder auf den Ausstellungen . . . Ich kann Euch gar nicht sagen, wie mir wund und wehe ist, bis ich etwas verkaufe, und zwar hauptsächlich wegen Euch; ich habe immer Angst, daß Ihr Not und Mangel leidet, und ich schaffe, was ich schaffen kann . . .« Man wird bei Thoma immer wieder spüren, wie einfach und liebend auch ein schöpferischer Mensch in die nächste Umwelt verflochten bleibt, hier Thoma in das Leben seiner armen Mutter und Schwester. Auch hier liegt alles anders, als der ruchlose, hochtrabende, ummoralische, herauslösende Geniebegriff des Bürgertums meint, wenn man, von oben herab in den luftleeren Raum hinschwatzend, mitzuteilen pflegt, ein bedeutender Gestalter habe eben alles seinem Werke aufzuopfern. Alle Enttäuschung, die hier vielmehr entstehen kann, bemüht sich Thoma, in seinem milden Lebensgefühl aufzulösen. »Künstlerleben ist ein schweres Leben, und wenn einem Maler das Schaffen nicht soviel Freude machte, die sich kein andrer Mensch denken kann, so wär es oft zum verzweifeln«, schreibt er ziemlich sentimental.

Im selben Jahre äußert er sich wieder zur Verkennungsfrage. »Mit dem, was ich male, geht es mir hier kurios. Hie und da kommt einer zu mir, der findet garnichts dran; es kommt ihm so fremd vor, daß er garnicht weiß, was er davon halten soll. Andre kommen und sind ganz entzückt davon. Das kommt daher, daß alles, was ich male, von der Art wie hier gemalt wird, ganz verschieden ist. Deshalb verkaufen auch die andern, die nicht halb so viel können wie ich, mehr, weil sie malen, wie die Leute gewöhnt sind.« 1868: »Aber ich glaube, jetzt ist es nötig, um wenigstens dem konventionellen Philisterzopf . . . entgegenzuarbeiten, daß jeder, der einigermaßen berechtigt dazu ist, seinen eigenen Stil hat . . . Dazu gehört aber ein gänzliches Freimachen vom herkömmlichen Schulwesen, ein enges Anschließen an die Natur und eine große Klarheit über das Wesen und selbst über die Mittel der Malerei. Das will der heutige Realismus; er ist sehr demokratischer Natur, und wird deshalb besonders in Deutschland das ganze Philistertum gegen sich haben.«

»Paris ist ja auch fast der einzige Ort, wo meine Art von Malerei anerkannt werden kann . . .« Auf der Pariser Reise von 1868 wird Courbet für den Maler entscheidend, aber auch hier erklingt das Verkennungsmotiv. ». . . wir hatten viel über Courbet schimpfen gehört, besonders über seine neuen Arbeiten hörten wir mit Abscheu sprechen. Wie sehr waren aber Scholderer und ich überrascht, als wir diese Bilder sahen! – Wir gerieten in ein wahres Entzücken – und in eine wahre Wut über die Scheusäler von Malern, die die großen Vorzüge dieser Bilder nicht sehen wollten.« Nach seiner Rückkehr schreibt er aus dem Heimatdorfe Bernau: »Es gibt halt in Deutschland leider zuviel Philister, und wie in allen Ständen auch unter den Malern, und wer es wagt, selbst und frei zu denken, wird gedrückt.« Courbet »wird viel von den übrigen Malern angefeindet, er sei ungebildet, seine Bilder seien Aushängeschilder; ich aber sage, er ist ein Künstler, wie sie selten kommen . . . ich war in einem wahren Rausch, als ich das erstemal diese Bilder sah.« Wie schablonenhaft, indirekt und deshalb alle jüngeren Regungen verkennend die üblichen Anschauungen geworden waren, enthüllt ihm gerade Courbet vollkommen. »Da schwanden wie böse Gespenster die verschiedenen Richtungen, von denen man in Düsseldorf wie allenthalben soviel spricht, sich damit entschuldigend.« Gerade die Kunstschulen gelten ihm natürlich als verkennend. ». . . das Handwerk wird nirgends mehr gelehrt und daran sind die Akademien schuld.«

Mit der Kategorie des Handwerks aber arbeiten natürlich immer beide Parteien, auch die Rückschrittler behaupten gegenüber Courbet und Thoma, ihre Unbrauchbarkeit läge im Mangel an Handwerkskönnen. Mitten im Verkennungsspiele sieht man immer wieder, wie veränderbar alle Grundforderungen, also auch die Vorstellungen vom Handwerkskönnen, sind. Erhalten sie doch – was eben der Geistesgeschichtler erkennen muß – ihren Sinn immer erst in Bezogenheit auf ein vorausgesetztes Formenideal. Können sie doch, wie alles technische Vermögen der Malerei, nur von jenen Zielpunkten her verstanden und bewertet werden. Hierin ruht wohl ein Hauptunterschied der Künste gegenüber anderen Seinsbereichen, wo jenseits jener bloßen Teleologie noch objektive Ziele vorliegen.

1869 heißt es: »Meine Bilder machen auf der Ausstellung gegenwärtig sehr viel Aufsehen . . . Es wird aber auch sehr darüber geschimpft. Ich sah Leute vor meinen Bildern, die waren ganz wild darüber . . .« Man nannte den Maler »chinesisch«, womit man »undeutsch« sagen und einen gewissen Exotismus (!) bezeichnen wollte, der immer gewittert wird, wenn jemand aus einer verbrauchten Überlieferung abbiegt. Gegen die braune Tunke des sogenannten Ateliertones, auf den damals jedes Bild heruntergestimmt sein sollte, wirkten bereits die milden Farben Thomas schreiend, ja zerreißend. »Die Gesellschaft nannte einen gewissen Salat Thomasalat«. Der Maler reimte damals:

»Vor rotem Tuche wird der Ochse wild,
Du wurdest es, weil grün mein Bild.«

»Die Philister sind empört über meine Bilder. Kaum hätte ich geglaubt, daß man sie mit Bildern noch in solche Wut bringen könnte . . .« So meldet das Tagebuch des gleichen Jahres. Für eine Auffassungsgeschichte der sogenannten Naturalismen wäre hier fesselnd, daß ein Thoma als zu eigenwillig umsetzend und abstrahierend erscheint. Unter Philister muß man sich natürlich die kunstgebildete Welt vorstellen. Am merkwürdigsten aber mutet der bezeugte Zorn als solcher an. Sollte man doch meinen, Wut könne nur gegenüber besonders herausfordernden, aufwühlenden Gegenständen und Formen entstehen, welche als solche schon zerstörerischen Ausdruck tragen. Die Verkennungserscheinungen zeigen aber, daß jede auch nur um Haaresbreite vom Gewohnten und Erwarteten abweichende Formengebung Wut erregen kann, auch wenn Gestalter, wie das gerade Thoma tat, ins besonders Schonungsvolle, Milde ja beinahe Philiströse abbiegen. Man kann hieraus ersehen: auch das Philisterium ist keine gleichbleibende Erscheinung. Auch die versumpfende, innere Enge hat ihre Geistesgeschichte. Selbst dieses Philisterium macht, wenn auch jeweils verspätet, alle Stile mit, woraus sich nun der seltsamste aller Verkennungsumstände ergibt: daß *ein* Philisterium das andere als revolutionär anklagen kann.

Aber auch sonst bleibt jenes Wüten eigentlich doch seltsam, merkwürdig gegenüber Bildern, die einem doch überhaupt nicht ins eigne Haus gezwungen werden, an denen man in einer Ausstellung doch schnell vorüberhuschen kann. Es scheint sich hier jedoch zu offenbaren, daß die Angriffsfront des Menschen um so größer wird, je mehr seine eigne Enge wächst. Da sich jene

Enge entsubjektivieren möchte, sich deshalb mit Ideologien und ›objektivem Geiste‹ panzert, wird sie natürlich nur noch enger. Diese Menschen sehen nun schnell den Untergang sämtlicher Formen, des Ethos, jeder Menschenwürde an Stellen, wo spätere Zeiten nur eine winzige Strukturverschiebung, nicht mal eine Krise festzustellen vermögen. Wird es gelingen, durch die Einsichten dieses Buches, durch seine breithin ausgegrabenen Materialien und Beweise die Menschheit (wenigstens die gebildete) dahin zu bringen, daß sie im Zweifelsfalle nur noch *Fremdgefühle* feststellt, jedenfalls geruhsam und privatim ablehnt, ohne immer wieder gleich Kulturzerstörung zu wittern? Vielleicht kann eine durchgehende, zusammenfassende Einsicht die lebenhemmenden Begleiterscheinungen ein wenig mindern, wenn auch restlose Aufhebung jener Diskrepanz kaum zu hoffen sein dürfte.

1869 berichtet Thoma aus Karlsruhe sogar, »sie machten eine Eingabe, mir das Ausstellen meiner Bilder im Kunstverein zu verbieten.« Die Kunstschulprofessoren hätten daraufhin den Maler schützen müssen, »wiewohl ich weiß, gegen ihren Willen«.

»Ähnlich wie in Düsseldorf ist alles hier auch«, heißt es nun 1871 aus München. »Eine Sorte von Malern haßt meine Bilder sehr und schimpft arg darüber, es sind dies besonders die älteren Maler; die jüngeren nehmen aber lebhaft Partei für mich, und es ist merkwürdig, meine friedlichen Bilder sind bestimmt, überall Streit hervorzurufen.« – »Ich nehme es niemand mehr übel, wenn ihm meine Bilder nicht gefallen – sie sind eben den meisten zu ungewöhnlich und unverständlich«. Eine Ergebung spricht aus solchen Worten, deren Notwendigkeit die heutige Zeit nicht mehr verstehen kann. Im gleichen Jahre findet sich in München dann das bezeichnende, zweite, schon mildere Stadium der Verkennung. »Meine Bilder haben hier Aufsehen gemacht, aber ich war doch traurig; denn alles sagte mir, ja es sind Kunstwerke, aber kaufen wird sie niemand; sie sind nicht für das Publikum«. Ein drittes Stadium pflegt sich anzuschließen, wenn die Bilder dann ihr Publikum finden. Woraus sich später ein viertes Stadium der Einschätzung entwickelt: die Malereien erzielen hohe Preise, ja stellen festen Marktwert dar.

Thoma sucht nun gewisse geschichtliche Verkennungsgründe und seltsame Auswege aus seiner inneren Not zu finden. Er möchte »jetzt mehr Stoffe wählen, bei denen nicht jeder Philister schreien kann: das habe ich auch schon gesehen, es ist aber in der Natur ganz anders! Ich meine, man könnte durch Stoffe, die fast außer dem Natürlichen liegen, ohne viel Streit mit Kunstphilistern erst recht natürlich oder auch recht malerisch werden. Hinter einem Johannes, einer Magdalena sucht auch der ärgste Philister nicht die deutsche Landschafterluft oder den lessingisch-historisch wahren Hintergrund; auch hat man die 7 Farben Pilotys nicht nötig, also schon viel Freiheit«. Hier lauern einige jener zeitbedingten, damals eigentlich schon veraltenden Sonderforderungen, die man, wie immer, gleich als ewig, als notwendig ansah: der naturferne, theatralische Bühnenrealismus des Landschafters Lessing, der als besonders naturnah galt; und die spannungsarme Farbengebung Pilotys, die schlechthin als Harmonie genommen wurde.

1871 meldet Thoma weiter, daß »die Mutter unter dem Fenster, der Geigerreinhard und die große Landschaft« ausgestellt seien. Es war »schon lange über keine Bilder soviel gesprochen und gestritten worden,. . . obgleich es mir lieber wäre, man wäre still dazu und kaufte sie . . .«. – ». . . einer großen Masse sind sie ein Dorn im Auge; denn wenn meine Bilder gut sind, sind die ihrigen schlecht; – sie sehen nämlich so ganz anders aus als alles andere, was in München gemalt wird, daß es mir selber, als ich sie zuerst auf der Ausstellung sah, etwas unheimlich wurde.« Weiter heißt es: »Das Geschmackspublikum ist wütend, und spricht von Ausstellungsverbot. Der Briefbote brachte mir ein wohlgesetztes, anonymes Schmähgedicht mit dem Schluß, daß ich das Malen aufstecken und Kasten anstreichen soll; die Rezensenten sind in ergötzlicher Unsicherheit, und wissen nicht, was sagen«. Wie wenig fanden sich die führenden Kunstkreise zurecht! Bruckmann geniert sich nicht, Thoma zwar zu verpflichten, aber für eine bloße Kopie von Viktor Müllers ›Romeo und Julia‹. Und er soll den ›Hamlet‹ dieses Malers zu Ende führen, den dieser unvollständig hinterlassen hatte. Thoma muß diesen unwürdigen Vertrag wegen großer Nöte unterzeichnen. Welche Umkehrung der inneren Bedeutung dieser beiden Maler liegt in diesen Maßnahmen eines nunmehr ›führenden‹ Mäzens! Noch weitere solcher Pläne scheint dieser ›Förderer‹ gehabt zu haben. »Für Bruckmann hätte ich noch viel zu arbeiten; aber es sind Arbeiten, die mir wenig Freude machen.« (1872) Über München im ganzen heißt es damals, daß »ich recht viel angefeindet werde, weil ich male, wie ich will. – Die deutschen Schafsköpfe verstehen nichts von meinen Bildern, und in Wien haben sie meine Bilder von der Ausstellung als zu schlecht zurückgewiesen, und ich weiß doch, daß sie besser sind als das meiste was dort ausgestellt ist.« Ein englischer Sammler ist es hauptsächlich, der Thoma damals aus der Not errettet. »Es ist nach allem in Deutschland noch lange keine Aussicht für mich zu verkaufen.« – »Daß ich stiller, sanfter Mensch so zum heftigen Kämpfer werden mußte . . .« Ein Jahr später berichtet er wieder aus München. »Feinde habe ich jetzt ziemlich viele hier und es ist in der nächsten Zeit ziemlich wenig Aussicht, daß ein hiesiger Kunsthändler etwas von mir kauft – die wehren schon ab.« Daß ein notwendiger Bildnisauftrag der Baronin Lerchenfeld nicht zustande kommt, erklärt er »durch das viele Schimpfen meiner Feinde über meine Bilder.« Auf Böcklin zielend, berichtet er dann, »die gleichen Leute sind auch *seine* Feinde und die Zeitungsschreiber schimpfen über seine Bilder fast noch mehr als über meine.«

1875 lernt er Hans von Marées kennen, »auch ein von den deutschen Kunstvereinen zurückgewiesener . . .« – »Sie muntern mich auf zum heiraten, ja wenn ich nicht ein armer und vagabundierender Maler wäre und voraussichtlich auch bleiben werde!! Kunst und Deutschland will sich immer nicht zusammenreimen . . . Haider hat sich verheiratet und hat kein einziges Bild verkauft, ein sicheres Zeichen, daß sie gerade noch so schön sind wie seine ersten.« Im gleichen Jahre: »Ich stehe in der Welt recht einsam und werde von Feinden förmlich verfolgt, in Zeitungen und Kunstvereinen.« 1876 schreibt er aus München an die Mutter, »die Gehässigkeit gegen meine Bilder ist ganz grenzenlos. Eigentlich bin ich jetzt der Einzige, seit Böcklin, Steinhausen und andere meiner früheren Freunde fort sind, den die Kunstkennerbande haßt; deshalb fällt alle Wut auf mich allein.« An die Mutter schreibt er: »In Karlsruhe noch von den sogenannten Vornehmen und Gebildeten bemitleidet und verachtet, mußte ich mir mit Trotz erzwingen, was jeder Lump, der reich ist, schon mit auf die Welt bekommt ... Anerkennung zur Berechtigung. Wo ich am besten und richtigsten tat und handelte, fand ich am meisten Widerspruch, und gerade die Menschenklasse, die den Namen Kunst wie eine Abgötterei im Munde führt, denen die Kunst die Langeweile in ihrem leeren Hirn austreiben soll, waren am eifrigsten, mich daran zu hindern, ein wirklicher Künstler zu werden ...« – »Aber immer kommen die gescheiten Leute, suchen Fehler in den Bildern und kommen nie zum Genusse. – So werden eben meine Bilder nirgends verstanden, weil sie in rein künstlerischer Absicht gemalt sind; ja je besser sie werden, desto weniger werden sie begriffen ...« 1877 will er an Pecht schreiben, der ihn in seinen Berichten (Kunst für Alle) meist verschweigt.

1879 empfindet Thoma vor allem die üblichen Widersprüche, die sich in Verkennungen zu offenbaren pflegen. »...was der eine reich nennt, nennt der andere arm; was der eine naiv nennt, nennt der andere raffiniert; was der eine fein nennt, nennt der andere roh; ja was der eine farbenprächtig nennt, nennt der andere schmutzig. Einige glauben, daß ich zeichnen könnte, aber keinen Farbensinn habe; andere sagen, ich sei ein guter Kolorist, schade, daß ich nicht zeichnen gelernt. – Der eine Kritiker nennt mich zuerst barock aber talentlos und einige Wochen später barock aber geistvoll. Dem barock der einen Kritik setzen andere die Natürlichkeit und Ungesuchtheit meiner Ideen gegenüber.« 1879 bekundet er seinem Freund Gerland, wie wichtig ihm jede Zustimmung sei. Auch Thomas Empfindungsleben, das allerdings besonders zart und zage bleibt, beweist, wie falsch die robuste Meinung ist, die wir schon oft zurückzuweisen hatten, nach der sich ein wahrer Künstler um den Widerhall der Zeitgenossen überhaupt nicht kümmere. Thoma spricht von Stunden absoluter Einsamkeit, »wo Zweifel an mich heranschleichen, wo ich mich selber nicht verstehe, wo ich so bin wie die klugen Leute, die seit Jahren einsehen, daß mein eigensinnig Malen eine Quelle vieler trüber Erfahrungen im Leben sein wird, und daß ich dann frage, warum das denn alles, und daß ich mich mit allen meinen Bildern verstecken möchte. Die Versicherung, daß mein Streben und Malen kein ganz unnützes ist in der Welt, ist mir dann notwendig ...« Im gleichen Jahre heißt es weiter: »Die Notwendigkeit, daß ein Künstler gerade das machen muß, was er macht, sehen wenige ein und halten deshalb gerade das Notwendige für Willkür und eigensinnige Schrullen.« Auch 1880 gesteht Thoma wieder, wie sehr er auf Widerhall angewiesen bleibe. »Ihr Mit-teilnehmen hat den besten Einfluß auf mein Arbeiten; es wird ernst und freudig sein und weniger als bisher durch den Zweifel, ob es nicht ein verlorenes sein könnte, verwirrt.« Er will seinem Freunde die ungünstigen Münchner Tageskritiken senden. »Piloty war bei jeder Gelegenheit feindlich gegen meine Bilder. So hintertrieb er es noch, daß ein Bild von mir zur letzten

Weltausstellung nach Paris angenommen wurde.« Hier sprach nicht etwa persönlicher Neid des älteren Malers, sondern die notwendige Verkennung der neuen schlichten, farbigen Naturnähe durch das ältere, verlogene Pathos.

Gelegentlich muß Thoma feststellen,»der eine meiner wertvollen Engländer ist nach seinen Briefen auch an mir ganz irre geworden . . . Er macht mir Vorwürfe, daß ich so gar keine Schritte tue, mir so gar keine Mühe gebe, dem Publikum in seinem berechtigten Verlangen nach Schönheit entgegenzukommen . . .« Gesprochen wird hier von ›La Giardiniera‹, die Thoma für eines seiner besten Bilder hielt. Unter Schönheit und Volksgeschmack verstand die Kritik wieder einmal nichts weiter als die Überlieferung von vorgestern. Sie ist es ja meist, die unterdessen das gesamte Publikum ergriffen hat und deren inzwischen entstandener Kanon nun als Schönheit schlechthin ausgerufen wird, obgleich lebendige Gestalter längst anderen Formenvorstellungen zueilen. Hätte der Maler auch nur im geringsten jener allgemeinen Forderung nachgegeben, so wäre hiermit ausgelöscht worden, was wir heute als seinen wirklichen Reiz anpreisen, mit dem wir unsrerseits nun aber wahrscheinlich wieder den Schönheitstypus von morgen totzuschlagen versuchen. »Eigentlich sollte man so stark sein«, schreibt er 1881, »garnichts davon zu wissen, was die allgemeine, im Grunde doch nichtssagende Meinung der Welt über Kunst ist; aber es gibt eben eine Seite des Daseins, mit der mancher gar sehr an diese augenblickliche Meinung gebunden ist, von ihr leidet und mir ihr kämpfen muß.« – »In Dresden wurde sogar eine meiner Landschaften von der Jury refüsiert. Das Ausstellen in München brachte nichts weiter für mich als eine ganz gemeine, mich persönlich verdächtigende Kritik in der Frankfurter Presse.«

Noch 1882 tritt man in Italien wieder mit Kopieraufträgen an den Maler heran. »Soll ich in Florenz sitzen und vielleicht einen Monat mit dieser mechanischen Arbeit verlieren, vielleicht sogar auf die Aussicht hin, ob sie dann auch dem Herrn Kommerzienrat gefällt? Gefällt sie ihm nicht, so nimmt er sie nicht und hat dabei noch das beruhigende Gefühl, daß er den Kunstsinn gefördert hat in mir . . . Hildebrand will nichts davon wissen. Er meint, man dürfe doch endlich von mir eine Originalarbeit (zu billigem Preise) annehmen.« Im gleichen Jahre noch bekennt Thoma, daß fast alle seine Gemälde unverkauft aus deutschen Ausstellungen zurückkehren. »Meine Bilder sind immer noch nicht salonfähig.« 1883 tauchen aus Frankfurt wieder zwei Namen auf, von deren veraltetem Geschmacke Thoma die Verkennungen herzuleiten sucht. »Der Piloty-Schwindel hat seine dürren Krallen noch nicht so arg hier ausgebreitet, – obgleich die Knauserei (vom Genremaler Ludwig Knaus her) unter Christen und Juden groß genug ist«. Bald aber heißt es etwas aufatmend, Gurlitt »ist der erste Kunsthändler, der mir soweit freundlich entgegenkommt, daß er einiges persönliche Interesse für meine Bilder zeigt, ich hoffe, daß er nicht abgeschreckt wird durch gar zu weise Kunstrichter . . .« Jetzt wird anerkennenderweise eine Gesamtausstellung seiner Werke in der Reichshauptstadt vorgeschlagen, aber Thoma antwortet kleinlaut. »Ich fühle allzusehr, daß die Zeit für meine Bilder noch gar zu ferne ist, daß sie zu weit vom Wege abliegen, als daß sie in Berlin etwas anderes als Mißerfolg haben könnten.« In Wien sei einst ein verwandter Plan entsprechend mißglückt. »Der Wiener Pecht - ich weiß nicht wie er heißt, - hatte seinen Zorn und Spott über meine Bilder in der Freien Presse ausgelassen. Gerade in einer Gesamtausstellung, die dem Gros, dem Publikum gerade oder noch weniger gefallen wird wie einzelne Bilder, haben es rührige Gegner in der Hand, mich auf lange unschädlich zu machen.« Thoma führt nun aus, wie man jeweils das fruchtbare Heute mit dem fruchtbar gewesenen Gestern totzuschlagen liebt. »Sie haben recht, man kann sich kaum etwas Unehrlicheres denken, als daß man die toten Löwen Luther, Lessing usw., auch Dürer und andere verhimmelt; es scheint Absicht dahinterzustecken, daß ja nichts von ihrer Gesinnung zu lebendiger *Gegenwart* wird.«

1884 steht es teilweise immer noch übel. »Auf materiellen Vorteil bin ich nicht allzusehr aus, wenn ich nach mehr Anerkennung in Deutschland trachte. Aber die Hohlheit der Kunstkennerschaft wird dadurch doch etwas in ihrer festen Stellung erschüttert; denn es ist doch soweit gekommen, daß ich als ein Feind der Kunst, ein Verderber des Schönheitsideals betrachtet wurde ...« 1885 faßt der Maler in einem Brief an Langbehn seine Leidensstationen zusammen. »In Karlsruhe wurde ich doch eigentlich verjagt von den Kunstfreunden, - in Düsseldorf verhöhnt und in München verabscheut - die Dresdener hätten mich wahrscheinlich höflich verhungern lassen, für Berlin hätte ich nicht getaugt und für Hamburg hätten mir die schönen Linien gefehlt.« - »Hoffentlich kommt kein Pecht und kein Pietsch nach Köln (das waren Kritiker), bis das Bild bezahlt ist.« Von seinen einfachen Malereien, die gegen allen damals üblichen Prunk des Arrangierens verstießen, meint Thoma enttäuscht: »Das ist menschlich und die Gesellschaft schämt sich und will nicht erinnert sein an ihr Menschentum ... was für ein Hochmut steckt in der Vielheit Publikum.« Von Hildebrands Problem der Form sagt er, »der Unterschied zwischen kunstgesetzlichem Schaffen und dem modernen Panoramismus ist hierin ungemein realistisch und mit scharfem Verstand ausgesprochen worden.« Eine weitere hemmende, damals noch immer an die Malerei gerichtete Forderung war der »historische Sinn, den ich für die Kunst nicht in Anspruch nehmen mag. Meine Malerei ist für mich Raum und Gegenwart, das ist Stillstand. Hannibal und Scipio usw. gehen mich in Bezug auf bildende Kunst garnichts an ...« 1889 dann aber ein Lichtblick. »Mein bestrefüsiertes Bild, das Paradies, hat Dr. Fiedler gekauft und hält es sehr in Ehren.« 1887 aber muß Thoma sogar melden, daß man seine Bilder pathologisch nennt. Da man alles Neue krankhaft findet (eine bezeichnende Verkennungserscheinung), sagt Thoma: »Burgkmaier, Grien, Schäufelin, von Dürer gar nicht zu sprechen, sind unsterblich ›pathologisch‹. Wie herrlich verrückt war Peter Vischer, als er das Sebaldusgrab machte!«

Aufatmend heißt es auf einmal, »am Städelschen Institut ist der neue Direktor Dr. Thode; das erstemal, daß einer von den dort in Tätigkeit Seienden meine Bilder achtet und liebt. Die Frankfurter sind auch ganz verwundert darüber, daß etwas an mir sein soll.« Auf einen bedeutenden Gefährten übergehend: »Haiders äußere Schicksale sind sehr trübe; es kommt noch hinzu, daß er schwerfällig im arbeiten ist, und nicht viel machen kann, 2, 3 Bilder im Jahr; und auch diese verkauft er fast nie.« Weil Thoma so oft abgewiesen wird, landet er schließlich bei den damals Radikalen, zu denen er eigentlich gar nicht paßt. »Wie ich zu den Sezessionisten gekommen bin? Das macht, daß die Zufriedenen mich jahrelang zurückgewiesen haben, mich den Allerzufriedensten! Die Unzufriedenen waren mir immer milder gesinnt und so wurde ich auf ihre Aufforderung hin korrespondierendes Mitglied.« 1892 vernehmen wir wieder einen Hilferuf, welcher die heroische Theorie widerlegt, daß jeder Maler ausschließlich in seinem Werke ruhe. »Ich kann nichts dafür, daß ich jetzt so verzagt bin und wahrhaft ängstlich vor der Öffentlichkeit – Du weißt es ja schon, daß ich angesichts der Mündungen der Kritik jederzeit kapitulieren würde, wenn ich könnte.« Daß solche Stimmungen gar nicht vereinzelt sind, sagt auch ein Brief an Gräfin Erdödy. »Jeder Nehmende ist dem Schaffenden ein Erlöser; er löst ihn ja von der so oft ihm drohenden Vereinsamung.« Damals scheint Thode eine Geschichte der Thoma-Verkennungen zu planen, wenn er dem Maler mitteilt, daß er daran denke, »was ich in Frankfurt an Dir und an mir erfahren habe, aufzunotieren, und der Nachwelt zu hinterlassen, daß eine Züchtigung ihnen wenigstens zuteil wird.« Wie sehr aber sollte gerade Thode wieder die neuen Werte der folgenden Generation mißverstehen, weil er den Begriff der deutschen Überlieferung, von dem er ausging, viel zu eng nahm, übersehend, daß der Stamm der deutschen Kunst ja selber immer wieder neue Altersringe ansetzt. Thoma macht nun selber nochmal klar, welche zurückliegenden Kräfte das Verstehen seiner Bilder erschwerten, jene Kräfte, die wir wieder sichtbar machen müssen, um den ganzen damaligen Spannungsvorgang nacherleben zu können. »Veraltet sind die einstigen deutschen Größen; sie öden einen an, die Achenbach, Knaus, Werner, Lessing . . .« – »Pecht hat einmal Courbet mit den alten deutschen ziemlich verächtlich zusammengenannt.«

»Der sittlich entrüstete Philister«, heißt es 1895. »Es gibt nichts, was meine ruhige Natur so auseinanderzubringen imstande ist. Schicke also die Bilder nicht nach Baden-Baden . . .« Der deutsche Bildungsspießer »hat die Kunst gepachtet – ein Volk für dieselbe existiert nicht. – Was als Kunst noch ins Volk dringt, ist ekelhafter Abgang vom Tische dieser Philister, zurechtgeknetet von kühlen Spekulanten, die frech zu lügen verstehn, daß sie ihm hiermit das Beste bieten.« Selbst längst verklungenes, weit zurückliegendes Mißverstandenwerden kann (mindestens den *zarteren* Typus des genialen Menschen) noch nachträglich beunruhigen. »Eine längst überwundene Zeit und Situation nahm so lebhaft Gegenwart in mir an, eine Situation, die ich so gern ruhen lasse, kam als Gespenst zu mir – es wollte mir den Hals, den es mir damals halb umgedreht hatte, noch ganz umdrehen . . . Aber so Gespenster üben auch später ihr Recht aus, wenn sie einem einmal begegnet sind . . .« (1895). Noch 1897 heißt es, daß »die meisten unserer Kunstgelehrten ein mitleidiges Lächeln hatten, wenn vom »naiven« Thoma die Rede ist . . . Deutschland bleibt das Land des ewigen Mäkelns, des immerwährenden Verkennens von dem, was Gutes aus seinem eigensten Boden herauswächst.« Aber später, 1902, gerät er vorübergehend selber unter die Verkennenden, wenn er behauptet: »Über Monet, Degas, Munch sogar durfte man ja gar nicht mehr mucksen, wenn man nicht als Barbar gelten wollte, und die Spitzfindigsten unserer Kunstgelehrten gingen auf den Leim.« Andrerseits zeigt sich der alternde Meister 1913 ganz kühn. »Was sagst Du aber dazu, daß ich für die Futuristen was übrig habe? Sie waren in Karlsruhe neulich ausgestellt und ich hörte soviel Schimpfen darüber, daß ich hinging in der Absicht, auch zu schimpfen . . . Ich fragte nicht mehr nach dem Gegenstand, sondern es wurde mir deutlich, daß hier die Subjektivität des *Traumes* zu Worte gekommen ist. Die Traumvorstellung von der Farbe, und auch die Zerrissenheit und Aufgelöstheit der Objekte, wie der Traum sie mit sich bringt. Einige der aus angeborenem Malertalent entstandenen Futuristenbilder erscheinen mir fast wie ein Notschrei nach Befreiung von der ewigen Naturabmalerei . . . Einige der Bilder von einem der Futuristen haben es bis zu einer Schönheit der Erscheinung gebracht.«

Ganz dunkel aber bleibt eine letzte Briefstelle dieses Sanftmütigen und Wohlwollenden von 1914. »Es spielt viel unheimlich Dunkles um mein Dasein herum, und alle feindlichen Kräfte, die je gegen mich waren, scheinen sich zu einem letzten Ansturm zu vereinigen, um mich zu vernichten.« Hier handelt es sich um Einkreisungsversuche gegenüber dem alternden Meister, in dem man – teilweise sogar mit Recht – nunmehr einen Reaktionär sah, der seinerseits das neu aufbrechende Kunstwollen teilweise mißverstand.

Wir wollen abschließend nicht etwa behaupten, Thomas Leben habe sich durch jene Fehlurteile entscheidend verdüstert. Es könnte so erscheinen, weil wir hier allein die *Gegenstimmen* notierten. Ein behäbig-mildes, sanftmütiges Lebensgefühl des Meisters aber besiegte früh das innere Elend. Und er war nicht so revolutionär wie etwa Courbet, der ihm bereits vorgearbeitet hatte. Außerdem verband er gemütlich dessen neuen Farben- und Materialsinn mit älteren deutschen Überlieferungen in einer Weise, die ihm noch bei Lebzeiten wachsende Zustimmung einbrachte. Trotzdem mußten wir ausführlich aufzeigen, welche gern vergessenen Widerstände sich auch in ein sogenanntes *glückliches* Leben einzuschalten pflegen.

Cézanne

Cézanne schwankt zwischen größtem Selbstbewußtsein und tiefster Verzagtheit. Eine seiner Briefstellen lautet: »Meine Haare und mein Bart sind länger als mein Talent.« Andrerseits schreibt er: »Ich beginne mich für viel stärker zu halten als alle, die mich umgeben, und Sie wissen ja, daß ich mir diese gute Meinung erst nach reiflicher Überlegung zulegte.« Wir haben aber hier nur die *Bedrängnisse* zu zitieren.

Als sich der jugendliche Maler zur Aufnahmeprüfung in der Ecole des Beaux-Arts meldet, fällt er einfach durch. Aber schon 1866 schreibt Zola einem Journalisten, »Cézanne arbeitet, er wird immer sicherer auf dem ganz persönlichen Weg, auf den ihn seine Natur getrieben hat ... Übrigens rechnen wir damit, daß er 10 Jahre lang (vom ›Salon‹) abgelehnt werden wird.« Dabei träumt dieser abgewandte Maler sein Leben lang von Zulassung bei offiziellen Größen. Der Salon Bouguereau, wie er ihn nannte, erschien ihm sehr erstrebenswert.

Bereits 1866 aber muß er enttäuscht mitteilen, er wolle »nichts mehr auf Ausstellungen senden«, das Geld für Rahmen sei doch unnütz ausgegeben, er pfeife auf jede Jury. Im gleichen Jahr berichtet eine Freundin, die Bürger von Aix wollten Cézannes Werke zwar sehen, verdammten sie dann aber stets in Grund und Boden. Auch der Museumsdirektor von Aix sieht nur Verfall in dieser Malerei.

Im April 1874 eröffnen die schwer umkämpften Impressionisten eine Gesamtausstellung ihrer Werke in Paris. Pissarro, Sisley, Monet, Renoir, Guillaumin, Berthe Morisot, Degas, Cézanne und andere sind vertreten. Anfang Mai schreibt Pissarro an Muret: »Unsre Ausstellung geht gut, sie ist ein Erfolg. Die Kritik reißt uns nach Kräften herunter und beschuldigt uns, nicht ernst zu arbeiten.« Als Umstürzler und bloße Zerstörer werden diese Maler nun immer wieder gebrandmarkt. Cézanne zeigt dort die Skizze einer »modernen Olympia«, ein Bild, das gegenständlich von Manets berühmter Arbeit angeregt, besonders heftig angegriffen wird. Die Landschaften aber erregen geradezu Wutausbrüche, nicht nur bei zünftiger Kritik, sondern auch beim Publikum. Ihre radikalen, wenn auch zarten, immer noch naturnah bleibenden Abstraktionen erscheinen unerhört. Hatte man doch seit Grecos Landschaften derartiges nicht mehr gewagt. Aber Greco selber war ja damals noch nicht ›entdeckt‹. Wurde doch dessen Größe umgekehrt erst erkannt, als nach Gewöhnung an Cézanne wieder Gefühl entstanden war für dämonisch flammende, dahinhuschende Modellierungsformen von Freiraum, Licht, Schatten und Luft. Läuft doch jede Verkennungskurve *moderner* Prägung wenn nicht parallel, so doch sehr ähnlich der Verkennungskurve *alter* Kunstzonen. Der Unterschied liegt hauptsächlich darin, daß zeitlich entferntere, also bereits *geschichtlich* genommene Werte, wenn sie einmal entdeckt worden sind, schwerer wieder untergehen als entsprechende moderne.

Für Cézanne kam nun hinzu, daß seine Arbeiten weit über die neue Malweise auch der Impressionisten hinausführte. Hatte man sich noch nicht an deren lichte, gleichmäßige Verflockung, an deren malerische Auflösung gewöhnt, so verlangte Cézanne bereits Gefühl für den soeben einsetzenden »Expressionismus«: indem er zart stereometrisierende, halb lineare, halb malerische, leise Rückführungen sphärischer Vorstellungswelt einfügte, darin eher jenem Greco als einem Monet verwandt, weshalb er sich unter den Impressionisten meistens als *Fremdling* empfand. Regten sich doch in ihm schon Ansätze zum späteren Kubismus der Braque und Picasso, welche erst im 20. Jahrhundert Ernst machten mit Cézannes theoretisch vorauseilendem Ausspruch, man müsse die Erscheinungen auf die Urformen von Kugel, Kegel und Zylinder zurückführen. Wie sollte da das Publikum der 70er und 80er Jahre schon folgen können!

So kam es denn, daß man Cézanne als den revolutionärsten, anarchistischsten aller jener Aussteller von 1874 empfand. 1876 berichtet der Maler an Pissarro: »Ich sah unter anderm einen langen Verriß von Herrn Wolf«, der als Kunstkritiker des Figaro der impressionistischen Bewegung streng ablehnend gegenüberstand, und diese – heute in ihrer Art als klassisch anerkannten Meister – geradezu als Tollhäusler bezeichnete. Im gleichen Jahre jammert Cézanne, daß die Malgeschäfte absolut nicht glücken, hält dies aber nur für vorübergehend. »Wenn die Augen der Leute hier tödliche Blicke schleudern könnten, wäre ich schon längst erledigt.«

1877 schreibt er an Zola, »daß eine tiefe Trostlosigkeit im Lager der Impressionisten herrscht. Das Gold fließt nicht gerade in ihre Taschen und die Bilder trocknen ein. Wir leben in unruhigen Zeiten und ich weiß nicht, wann die arme Malerei wieder etwas von ihrem Glanz zurückerhalten wird«, einem Glanz, der ihr inzwischen doch in höchstem Maße zugesprochen wurde. Auch 1877 zeigen sich die Impressionisten wieder im Zusammenhang. Immer noch wird Cézanne zu ihnen gerechnet. Der jugendliche George[s] Rivière, Herausgeber der damaligen, nur in 4 Nummern erscheinenden, als gefährlich geltenden Zeitschrift L'Impressionniste, beschreibt die Lage. »Der am meisten angegriffene, seit 15 Jahren von Presse und Publikum am meisten mißhandelte Künstler ist Cézanne. Es gibt keinen beleidigenden Ausdruck, den man nicht mit seinem Namen in Verbindung brächte, und seine Werke erzielen einen Riesenlacherfolg, der noch immer anhält. Eine Zeitung nennt das Männerbildnis, das er in diesem Jahr ausstellt, Billoir in Chocolade. (Billoir war ein berühmter Lustmörder jener Tage.) . . . Man tritt vor die Bilder des Herrn Cézanne, um sich das Zwerchfell zu erschüttern«. In derselben Zeitschrift aber wird auch *für* Cézanne gestritten. Der Maler Frédéric Cordey prophezeit darin, was in den 70er Jahren Kühnheit ersten Ranges war: obgleich dem Cézanne »die Gegenwart keine Gerechtigkeit widerfahren läßt, wird ihn die Zukunft unter die Ebenbürtigen, ja unter die Halbgötter der Kunst zu erheben wissen.«

Der kleine Pariser Laden von Tanguy war seit 1877 der einzige Ort, wo man äußerst versteckt Gemälde von Cézanne erblicken konnte. Während Kritik und Publikum noch weiterhin spotten, beeindrucken die Bilder von diesen bescheidenen Zimmern aus bereits die fortschrittlichsten jungen Maler innerhalb des riesigen, konservativen Steinmeeres von Paris. Solche intimen Frühbestätigungen pflegen der offiziellen Anerkennung weiterer Kreise ja um Jahrzehnte vorauszugehen.

Der enttäuschte Maler rächt sich für manches, wenn er auf seiner skizzierten ›Apotheose des Delacroix‹ die Kritik als einen kläffenden Hund darstellt. 1878 berichtet er an Zola, »das Verhältnis zwischen mir und meinem Vater ist sehr gespannt und ich bin in Gefahr, meine gesamte Rente einzubüßen.« Man muß hierbei bedenken, daß seinem Vater die Verbindung Cézannes mit einer Frau zuwider war, noch mehr aber die gesamte *Malerei* des Sohnes. Am Ende des Jahres 78 hören die Geldnöte des Malers auf. Er braucht den Jugendfreund Zola nicht mehr in Anspruch zu nehmen, den ehemaligen Schulgenossen, der viel schneller Karriere gemacht hatte, weil seine Arbeiten mehr einem Realismus angehören, also einer schon tiefer ins 19. Jahrhundert zurückreichenden Überlieferung, so übel auch *seine* Werke zunächst wirkten. Cézannes Arbeiten aber rechneten bereits jenem Antirealismus zu, der erst im beginnenden 20. Jahrhundert Ausbreitung erfahren sollte. Dieser geheime Richtungsgegensatz mag mitbedingt haben, daß Zola und Cézanne sich entfremdeten und tieferes Interesse an ihren gegenseitigen Arbeiten verloren. Das Aufhören der Geldnöte Cézannes aber steigerte sofort seine Schaffenskraft, ganz jener romantischen Theorie entgegen, mit der man sich alle äußere Not eines Künstlers als heilsam und verinnerlichend vorzustellen liebt.

Als 1878 wieder eine Arbeit im ›Salon‹ zurückgewiesen wird, meint der Maler in einem Brief an Zola: »ich begreife sehr wohl, daß das Bild nicht angenommen werden konnte, meines Ausgangspunktes wegen, der zu weit von dem zu erreichenden Ziel entfernt ist, d. h. von der Wiedergabe der Natur.« Durch Frühverkennung alles Neuen entstehen oft seltsame Umwege, auf denen die Kunstwerke an die Museen gelangen. So kauft gewisse zurückgewiesene Bilder G. Caillebotte, der selber der umstrittenen Moderne angehört. Bei ihm verschwinden Cézannes Malereien zunächst im Dunkel eines entlegenen Privatbesitzes. Dieser Freund kann immerhin eingreifen, weil seine Privatverhältnisse besonders üppig sind. 1893 bietet er dann dem Staate seine Sammlung an, unter der Voraussetzung aber, daß sie als Ganzes beisammenbleibe. Nach der üblichen Wartezeit wird wenigstens ein Teil der Sammlung angenommen, allerdings immer noch unter heftigen Fehden und Feldzügen der Presse. Dieser Teil aber wandert schließlich – in den Louvre.

1879 mißlingt es dem in der Jury sitzenden Maler Guillemet, ein Bild Cézannes für den ›Salon‹ durchzusetzen. Nur durch eine List gelingt es, er gibt den Meister als seinen Schüler aus. Denn jedes Jurymitglied durfte einen seiner Schüler ohne Urteil der Jury zur Ausstellung bringen. So mußte der reife Maler in diesem Jahre unter dem Schutztitel »Elève de Guillemet« erscheinen. 1880 schreibt Cézanne an Zola, er sende »anbei die Kopie eines Briefes, den Renoir und Monet an den Minister der Schönen Künste richten werden, um gegen die schlechte Hängung ihrer Bilder zu protestieren.« Auch 1884 wird wieder ein dem ›Salon‹ eingereichtes Bildnis abgewiesen. Als Bernard seinen Freund Cézanne in Aix besuchen will, kennt ihn dort niemand. Nur Kinder wissen von dem Sonderling, um ihn zu verhöhnen. So erzählt Bernard in seinen Erinnerungen. »Auf der Straße machten sich einige Gassenjungen über ihn lustig und warfen Steine nach ihm«. – »Das brigantenmäßige Aussehen Cézannes verursachte den Spott der Kinder.« Die wenigen Erwachsenen, die dunkel von ihm wußten, hielten ihn für eine verschrobene, völlig gescheiterte Existenz.

Natürlich verkennt Cézanne auch selber; van Gogh abstrahiert ihm bereits zu heftig. Bernard behauptet, Cézanne habe jene Bilder Werke eines Verrückten genannt, doch widerspricht das anderen Berichten. Camoin erzählt in seinen Erinnerungen, die Werke Cézannes, und zwar die reifen, die er bei Paul [Ambroise?] Vollard ausstellte, lösten bei den Beschauern meist nur Heiterkeit aus. Das Beste, das sich ereignen konnte, war noch, wenn diese Bilder wütende Erörterungen, etwa im Atelier Gustave Moreaus, hervorriefen. 1890 zeigen sich Sisley, Segantini, van Gogh und Cézanne gleichzeitig im ›Modernen Museum‹ von Brüssel, lauter damals noch umstrittene Maler. So grundverschieden sie waren, so kämpften sie durch ihre neue Art der hellen Farbenzerlegung doch sämtlich gegen den älteren, dunklen, am Gegenstande haftenden Realismus des 19. Jahrhunderts. Bezeichnend aber bleibt hierbei, daß gerade Cézannes Arbeiten als ganz vorausgreifend so gut wie nicht beachtet und verstanden werden.

In diesem Jahre unternimmt Cézanne mit Frau und Sohn seine einzige Auslandsreise, die ihn in die Schweiz hinüberführt. War er doch mit neuartigen Gesichten derart erfüllt, daß er es für unnötig hielt, anderen als den heimatlichen Lebenszonen zu begegnen. Der Maler soll im Hotel du Soleil in Neuenburg zwei unvollendete Schweizer Landschaften zurückgelassen haben, die dann von irgendwelchen längst vergessenen Schweizer Künstlern einfach übermalt worden seien. Es ist verständlich, daß Cézannes Mißtrauen gegen alle Menschen, auch gegen Kollegen, ganz gewaltig wurde. Monet berichtet von einer Begegnung auf der Straße, wobei Cézanne getan habe, als ob er ihn nicht kenne, obgleich er dessen Arbeiten durchaus liebte. Eines Tages trifft Cézanne Renoir, Sisley und einige andere Freunde bei Monet. Als dieser sich an Cézanne wendet, ihn herzlich willkommen heißt und die Bewunderung ausdrückt, die der gesamte Freundeskeis für seine kühnen Malereien hege, da soll Cézanne zusammengefahren sein, mißtrauisch äugend, jählings nach Hut und Mantel greifend, entschwindend mit den Worten: »Also selbst *Ihr* macht euch über mich lustig.« Wieviel Verbitterung und innere Verdüsterung einer weit und breit geängstigten Seele setzt diese Reaktion voraus. Was alles muß vorangegangen sein, daß derart abwegige, krankhafte Regungen möglich wurden.

Schließlich aber kam die Zeit, wo der Maler gelegentlich ansehnliche Preise erzielte, die uns hier natürlich nur als Ausdruck keimenden Verständnisses interessieren: 600 bis 800 Franken (anno 1894). Wie unsicher er aber noch immer eingeschätzt wurde, zeigte die gleichzeitige Versteigerung, mit der der Laden jenes inzwischen verstorbenen Tanguy aufgelöst wurde. Die Preise für die 6 Cézannes, die sich hier befanden, bewegen sich (noch 1894 also) zwischen 45 und 250 Francs. 1896 findet Cézanne gegenüber einem jüngeren Freunde die zusammenfassenden Worte: »Ich bin vielleicht zu früh gekommen, ich war mehr der Maler Ihrer Generation als der meinigen«, womit er die übliche Zeitverschiebung und Verschleppung des allgemeinen Urteils feststellt.

Noch 1903 schreibt Henri Rochefort im Intransigeant empört darüber, daß sich in der Versteigerung von Zolas Nachlaß Bilder von Cézanne befänden.

Dem Maler werden nun die revolutionär-politischen Ideen Zolas unterschoben, wie man polemisch ja immer neuen Bildformen neue politische oder soziale Programme zuordnet, um das gewitterige Unheil noch breiter und erschreckender zu machen. Dieser Aufsatz heißt ›Die Liebe zum Häßlichen‹, ganz dem Verkennungsgesetz entsprechend, nach welchem alles Neue immer wieder als schlechthin Unschönes empfunden wird. Im Wohnorte Cézannes, in Aix, freut man sich gewaltig über eine vermeinte Vernichtung jenes Schmierers, den fast die ganze Stadt für verrückt hält. Cézanne berichtet, man habe ihm das Blatt immer wieder triumphierend vor die Tür gelegt. Doch in einer größeren Ausstellung bei Vollard erzielt der Maler nun bessere Beurteilungen. Aber immer noch treten Gegenmeinungen auf. »Unfähig zur Selbstkritik ist er«, meint Thiebault-Sisson noch immer, »außerstande, aus neuer künstlerischer Auffassung Gewinn zu ziehen, den Geschicktere daraus gezogen haben, mit einem Wort zu unvollkommen, um zu verwirklichen, was er zuvor geahnt hat und um in endgültigen Werken sein ganzes Können zu zeigen.«

1899 findet dann die Auktion der Sammlung Cho[c]quet statt, in der 35 Cézannes zum Verkauf kommen, die zusammen nun immerhin bereits 54 555 Fr. einbringen. In der Vente des Comte Armand Doria erreicht der ›Schmelzende Schnee‹ allein 6750 Fr. Noch aber war es möglich, daß hierbei ›Schiebung, Schiebung! wo ist der Käufer?‹ gerufen wurde. Woraufhin kein anderer als Claude Monet sich schüchtern meldete. 1900 waren dann drei Cézanneschen Werken Ehrenplätze in der Exposition Centennale eingeräumt. Immer aber noch zur größten Entrüstung des Publikums und der offiziellen Kunstkreise. Noch 1904 schreibt der Meister an Emil[e] Bernard einen Brief der Enttäuschung. »Es genügt künstlerischen Sinn zu besitzen – und gerade dieser Sinn ist zweifelsohne das Entsetzen des Spießbürgers. Deshalb können die Institute, Pensionen, Ehren nur für Cretins, Hanswürste und Schelme geschaffen sein. Werden Sie nicht Kunstkritiker, sondern malen Sie.« Und 1906 schreibt er seinem Sohne von »der Überheblichkeit der Intellektuellen unsrer Gegend, dieses Haufens von Unwissenden, von Cretins und von Schelmen . . . Ist auf der Erde und im Laufe des Lebens das Gekünstelte und Landläufige am sichersten erfolgreich, oder lassen nur eine Reihe von glücklichen Zufällen unsere Bemühungen überhaupt gelingen?«

Seinem Sohn berichtet er weiter über den »mit Museumserinnerungen vollgestopften Intellektuellen, der die Natur nicht genügend betrachtet; und dabei wär doch der entscheidende Punkt, sich von der Schule und von allen Schulen freizumachen. – Pissarro irrte sich nicht, ging höchstens etwas zu weit, als er sagte, daß man die Kunstmetropolen verbrennen müsse. – Man könnte wirklich eine seltsame Menagerie zusammenstellen mit all den Kunstprofessionellen und ihren Genossen.«

Kein Wunder ist es, wenn Cézanne immer wieder behauptet, daß das ganze Leben schrecklich sei. Glücklicherweise war er wirtschaftlich ganz unabhängig und geriet niemals in äußeres Elend. Gut war es auch, daß er zu jenem dämonischen Lebenstypus rechnete, der nichts als Finsternisse *erwartet,* der selber das Umheimliche gestalten will und mit Baudelaire empfindet: »Les charmes de l'horreur n'enivrent que les forts.«

Der Tod Cézannes bleibt ein Symbol des großen Dennoch, welches dieser kühne Neuerer - dieser Eröffner der gesamten nachimpressionistischen Malerei - der Welt entgegensetzte. Er starb mitten in unablässiger Arbeit, in der Arbeit an seinen Bildern, an diesen freien *Umsetzungen* der Wirklichkeit, diesen Umformungen, die er direkt vor den Gegenständen vorzunehmen pflegte. So endete er schaffend unter freiem Himmel, draußen in der nicht verkennenden Natur. Oktober 1906 muß seine Schwester folgendes berichten. »Er ist während mehrerer Stunden dem Regen ausgesetzt geblieben, man hat ihn auf einem Wäschewagen heimgebracht, zwei Männer mußten ihn in sein Bett hinauftragen. Am nächsten Tage ist er schon frühmorgens in den Garten gegangen, um unter der Linde an einem Bildnis von Vallier zu arbeiten; sterbend ist er heimgekommen.«

Van Gogh

Van Gogh ist eine derart eigenwillige Erscheinung, daß er schon früh Mißtrauen erregt. Die Umstehenden schöpfen Argwohn gegen seine künstlerische Tätigkeit, noch bevor sein eigener Stil sich durchgebildet hat. Seine gesamte Lebensanschauung erscheint auch ethisch derart radikal, daß viele Leute »c'est un fou« sagen. Vincents Vater ist ein rechtschaffener, gutbürgerlicher konventioneller Pfarrer, der sich grundsätzlich vor allen Neuerungen fürchtet. »Wenn Vater mich z. B. mit einem französischen Buch in der Hand sieht von Michelet oder Victor Hugo, dann denken sie an Brandstifter, Mörder und Unsittlichkeit«. - »Wenn ich etwas tun muß«, sagt Vincent in einem andern Brief, »was sie nicht gut finden und was sie oft zu Unrecht kränkt, dann habe ich selbst viel Kummer«. - »Erzähle ich Vater dies und jenes, dann ist es eitel Schall für ihn, doch ebenso empfinde ich seine Predigten und Begriffe über Gott, Menschen, Sittlichkeit und Tugend nur als dummes Geschwätz«.

Man spürt schon hier - noch jenseits aller Malerei - jenen Abgrund zwischen den Generationen, der wieder einmal nicht zu überbrücken sein wird. Dieser Abgrund mußte, von unserm nachträglichen Standpunkt des Verstehens her gesehen, hüben und drüben zu Verkennungen führen. Vincent gilt als bloßer Querulant, der wenig kann und es zu nichts bringen wird. Er bleibt dauernd in kläglicher Abhängigkeit von seinem jüngeren Bruder, dem Pariser Kunsthändler. »Natürlich die reichen Händler«, schreibt van Gogh in dieser Zeit an seinen Freund Rappard, »das sind brave, ehrliche, aufrechte, loyale, feinfühlige Leute, und wir armen Hunde, die wir draußen auf der

Straße oder im Atelier sitzen und zeichnen, manchmal am frühen Morgen, manchmal bis tief in die Nacht, manchmal in Sommerhitze, manchmal im Schnee, wir sind die Menschen ohne Feingefühl, ohne praktischen Verstand, ohne Formen vor allem.« 1885 meldet dieser Freund Rappard, sein Glaube an van Gogh sei erschüttert. »Du bildest keine Ausnahme«, entgegnet Vincent. »Meine Eltern, meine Meister, die Herren Goupil u. Co. (das war die Kunsthandlung, in der der Bruder arbeitete), ferner allerlei Freunde und Bekannte haben mir zum Besten viel Widerwärtiges gesagt . . . Und was Deine Worte anlangt, daß ich jemanden brauche, der mir die Dinge zum Verständnis bringt – kann sein, kann aber auch sein, daß ich selber dieser Mensch bin . . .« Im folgenden Brief an Rappard berichtet er, jene Leute hätten geradezu Abscheu vor seinem Tun gezeigt. Van Gogh muß schließlich diese Freundschaft kündigen. »Die Zeit muß lehren, ob sich Deine Kritik an meiner Arbeit und an meiner Person als begründet erweisen wird«. »Du nennst das Ganze meiner Arbeit äußerst schwach und weisest mir des Langen und Breiten nach, daß die Fehler die Vorzüge überwiegen«, heißt es kurz vor Abbruch dieser Beziehungen, die einst ganz innerlich gewesen waren.

Der ältere, befreundete Kunsthändler Tersteeg meint viel zu früh: »Du mußt unter der Hand mal anfangen, Dein Brot zu verdienen«. Der Maler schreibt seinem Bruder hierzu: »Ich arbeite, was ich kann und schone mich selbst nicht, bin also mein Brot wert, man muß mir keinen Vorwurf daraus machen, daß ich bisher noch nichts verkaufen konnte«. Im nächsten Brief beschwört er den Bruder bereits: »Vergiß nicht, daß ich draufgehe, wenn ich allzuviel Sorge und Spannung habe.« Van Gogh berichtet, daß jener Tersteeg, auf dessen Meinung er viel gab, seine Zeichnungen völlig verurteilt. Tersteeg »muß aus all dem nun mal sehen, daß ich . . . mich nicht zwingen lasse, Arbeiten in die Welt zu senden, die nicht meinen eignen Charakter tragen. Mein eigner Charakter beginnt aber besonders in jenen letzten Zeichnungen und Studien zu kommen, die T. aburteilt«. Man erinnere sich hier, wie Haydn gerade *diejenige* Arbeit Beethovens verwarf, die Beethoven für besonders charakteristisch hielt.

»Besser etwas mehr Mühe auf ernsthaftes Studium verwandt, als etwa chic, um dem Publikum zu schmeicheln . . . Ich werde den Liebhabern oder Händlern nicht nachlaufen.« Da niemand seine Arbeit schätzt, muß Vincent seine Preise äußerst niedrig halten. (Welche gigantische Höhe haben sie inzwischen erreicht!) »Meinen Preis für eine Zeichnung . . . mit Bleistift oder Feder habe ich zu einem Reichstaler angesetzt – kommt Dir das unbillig vor?«, heißt eine geradezu rührende Frage. Nach einem enttäuschenden Besuch daheim notiert er, »daß ich für Vater und Mutter ein halb fremder, halb lästiger Mensch und bitterwenig mehr bin, und ich meinerseits habe zuhause auch ein ödes und einsames Gefühl«. Ähnliche Empfindung kommt ihm sogar im Freundeskreise, »wenn diejenigen wie Mauve und T., auf deren Sympathie ich mehr oder weniger rechnen zu können glaubte, feindlich oder gehässig werden.« 1882 heißt es: »Wenn doch mein Leben mal etwas leichter sein könnte, wieviel mehr und besser würde ich dann arbeiten können«. Immer wieder findet sich gerade bei van Gogh, daß Verkennungen nicht nur sozusagen privat in das *Gemütsleben* eingreifen, sondern direkt in den *Arbeitsprozeß*. Als Mauve, dies angesehene Malervorbild, sich zurückzieht, notiert der enttäuschte Jünger: »Ich habe dies der Unzufriedenheit mit meiner Arbeit zugeschrieben und bin deshalb derart in Unruhe und Spannung gewesen, daß ich ganz herunter kam und krank davon wurde . . .« –

»Unwillkürlich kommt durch Angst und Verdruß etwas Gejagtes und Nervöses in meine Reden und Manieren, und wenn Mauve mich nachmacht . . ., dann antworte ich: mein Lieber, wenn auch Du so feuchte Nächte in den Straßen Londons, so kalte Nächte in der Borinage zugebracht hättest, hungrig, ohne Dach, vom Fieber geschüttelt, dann würdest Du vielleicht auch manchen häßlichen Zug in Gesicht und Stimme zurückbehalten haben.«

Leidenschaftliches Mitgefühl treibt nun van Gogh, sich mit jener verrotteten Halbhure und Proletarierfrau zu verbinden. Zugleich beschwört er den geduldigen Bruder: »Begreif es gut, das Leben dieser Frau, der Kinder und mein eigenes hängt, bis meine Arbeiten zu ziehen anfangen, am Faden von 150 Fr. pro Monat. Reißt dieser Faden vor dieser Zeit, dann – morituri te salutant.« In einem weiteren Brief an den Bruder heißt es dann: »Es ist so entmutigend, so erstickend und trübe, wenn man nicht dann und wann einmal hört, dies oder jenes ist richtig, ist gefühlt und verstanden. Es erfrischt so, wenn man merkt, daß jemand wirklich etwas von dem mitfühlt, was man auszudrücken versuchte.«

»Tersteeg stellt . . . fest, daß ich nichts kann und zu nichts tauge. Das hab' ich aus seinem eigenen Munde . . . Und Du weißt, daß ich meine Kräfte bis aufs äußerste anspannen werde, um dafür zu sorgen, daß ich bald zum Verkauf komme, gerade um Deine Güte nicht zu mißbrauchen. Die Eltern werden immer wieder denken, daß ich's eigentlich nicht kann und daß echte Maler auf ganz andere Manier arbeiten würden.« Deutlich zeigt Vincent hier das Schema, nach welchem die meisten Verkennungen verlaufen, die *ältere* Überlieferung gilt als echt, eine soeben *einsetzende* aber als dilettantisch. Die Eltern sehen »nichts als Farbenkleckse«. Immer wieder sucht er sich nun zu trösten. »Man muß es sich nicht zu Herzen nehmen; die Leute sind doch nicht bösartig, aber sie verstehen nichts davon und denken, wenn sie mich mit großer Kratzerei eine Zeichnung machen sehen, Striche, aus denen sie nicht klug werden können, daß Menschen wie ich wahrscheinlich verrückt sind.« Dann erzählt er rückblickend: »Ich habe mich, als ich in Brüssel war, bemüht, dort bei Lithographen beschäftigt zu werden, wurde jedoch überall abgewiesen.«

Immer wieder erfährt man, wie sehr auch dieser harte, eigenwillige Gestalter eines menschlichen Widerhalles bedurfte, mindestens innerhalb des allernächsten Kreises. »Schreib doch, mein Junge«, heißt es in einem Brief an Theo, »auch wenn Du kein Geld hast, denn ich habe Deine Sympathie nötig, sie ist mir keine geringere Stütze als Geld.«

Übrigens ist im Beginn der 80er Jahre selbst *Daumier* noch unbeachtet, obgleich seine Arbeiten doch bereits einer älteren Generation angehören.

Theo berichtet jedenfalls aus Paris, ein bedeutendes Werk Daumiers sei nirgends anzubringen, selbst wenn man seinen Preis ganz niedrig ansetze.

Vincent antwortet und beschreibt den Zustand des Verkanntwerdens geradezu tiefenpsychologisch, mit einer in der gesamten Kunstgeschichte einmaligen Ausführlichkeit. »Dergleichen ist für manchen Maler etwas Unerträgliches . . ., man will ehrlich sein, man ist es – man arbeitet so schwer wie ein Lastträger – trotzdem kommt man zu kurz – muß die Arbeit aufgeben – sieht keine Möglichkeit sie durchzuführen, wenn man nicht mehr dranwendet, als man dafür zurückerhalten wird; es stellt sich ein Gefühl von Schuld, von Pflichtverletzung ein, von nicht eingehaltenen Versprechungen, man ist nicht so ehrlich wie man sein würde, wenn die Arbeit mit angemessenem und vernünftigem Preis bezahlt würde. Man scheut sich, Freundschaft zu schließen, man hat Furcht, sich zu bewegen, man möchte, wie früher die Aussätzigen, den Menschen schon von weitem zurufen: kommt mir nicht zu nah, denn der Umgang mit mir verursacht Kummer und Schaden. Und mit dieser Lawine von Sorgen auf dem Herzen muß man nun an die Arbeit, muß mit ruhiger Alltagsmiene ohne mit der Wimper zu zucken im täglichen Leben seinen Gang tun, sich mit Modellen herumschlagen, mit dem Mann, der die Hausmiete abholt . . . Man muß kaltblütig die eine Hand am Ruder halten, um die Arbeit fortzusetzen und muß mit der anderen Hand dafür sorgen, daß man Anderen keinen Schaden tut. Und dann kommen Stürme, man weiß nicht mehr, was tun und hat das Gefühl, man werde jeden Augenblick auf eine Klippe stoßen. Man kann sich nicht präsentieren als jemand, der anderen von Nutzen sein kann oder der eine Sache im Kopf hat, die für sich spricht. Nein es ist im Gegenteil vorauszusehen, daß alles auf ein Defizit hinausläuft, und dennoch, dennoch – man fühlt eine Kraft in sich brausen, hat ein Werk zu vollbringen und es muß vollbracht werden.«

Welch mikroskopische Beschreibung des äußeren und inneren Zustands eines Verkannten, der Neues mitzuteilen hat. Wie bedeutsam als Schilderung gerade eines Menschen, der sich nicht wie etwa Feuerbach weltschmerzlich in Wehgefühlen einer verwöhnten Oberschicht ergehen will. Denn jetzt spricht ein moderner, gehärteter Mensch, der sich z. B. freiwillig ins Industrieproletariat begeben hatte, der die Entbehrungen des Daseins also aus erster Quelle kannte. Wie deutlich zeigt also diese Stimme wieder, daß es sich in unserm Buche nicht etwa um gesammelte *Sentimentalitäten* handelt. Wer hier keine echte Tragik zu sehen vermag, sondern nur gebündelte Wehleidigkeiten, viel zu ausführlich von uns registriert, steht auf dem Standtpunkt jenes satten Bürgertums, das meint, genug getan zu haben, wenn es im bezug auf längst anerkannte Künstler seine renommistischen Bilderkäufe, ›gesammelten Werke‹ und Logenplätze redlich erstanden hat. Solche ›Überlegungen‹ werden in Gegenwart und Zukunft neues, vielleicht verschärftes Unrecht in die Welt setzen und, ohne es zu merken, Verkenner ersten Ranges werden, so sehr sie auch nach *rückwärts* hin bedauern mögen. Erst wer den Willen hat, jene Verkennungstragik in Zukunft zu vermindern (ganz wegzudenken ist sie niemals), versteht den Hauptsinn dieser Arbeit.

Man mache sich klar, daß damals van Goghs Publikum eigentlich aus einem einzigen Menschen bestand. »Du bist augenblicklich der Einzige, der sich darum kümmert, was ich tue ...«, schreibt er dem Bruder. »Doch Andere finden es verkehrt und töricht«, muß er im nächsten Brief hinzusetzen, »daß Du Dich mit mir abgibst ...« 1882 heißt es ferner: »Da ich eine Kraft in mir fühle, die sich in Folge der Umstände nicht so entwickeln kann, wie sie es wohl ohne diese Hemmungen tun würde, bin ich oft elend ... Damit ist nicht so leicht fertig zu werden, wie es anfänglich den Anschein hatte.« Immer wieder scheint sich jenes Verkanntwerden an van Goghs Schaffen selber zu rächen: In einem anderen Briefe »sagte ich, ich hätte manchmal das Gefühl, als säß ich in einer Art Arrest oder Gefängnis – nun damit meine ich nur, manche Dinge, die ich gern tun möchte, muß ich unterlassen, weil sie nur dann möglich wären, wenn ich sie bezahlen könnte ...«

»Wenn ich schreibe, daß es die Illustrierten Blätter nicht richtig anfangen, so ist das trotzdem kein Grund für mich, nicht daran mitzuarbeiten. Nur fürchte ich, man wird, was ich mache, nicht geeignet finden; hätte das nun seinen Grund in wirklichen Fehlern, so würde ich mich bemühen, sie zu überwinden ...« Ein weiterer Brief an den geliebten Bruder nunmehr vom Jahre 1883 ist wichtig. »Zuweilen kann ich mir kaum vorstellen, daß ich erst 30 Jahre alt bin. – Ich fühle mich so viel älter. Vor allem fühle ich mich älter, wenn ich daran denke, daß ich von den Meisten, die mich kennen, für ein mißratenes Subjekt gehalten werde, und dann ist mir, als könnte das wirklich aus mir werden, wenn sich nicht noch Einiges zum Guten wendet; und wenn ich denke, daß es so werden könnte, dann fühl ich das mit einer Deutlichkeit, daß es mich vollkommen niederdrückt.«

Die große innere Einsamkeit des Vorauseilenden spricht aus weiteren Mitteilungen des Jahres 1888. »Es wird mir zwar schwer, eine Freundschaft aufzugeben – aber wenn ich in ein Atelier komme und dann innerlich denken muß: sprich nur über alltägliche Dinge, berühre keine wichtigere Frage und sage diesem oder jenem nichts von Deinem eigentlichen Gefühl in der Kunst – dann werde ich dadurch melancholischer, als wenn ich ganz fortbliebe.« Die Not hört niemals auf, in seinen eigentlichen Schaffensprozeß einzugreifen. Wobei dauernd zu erinnern wäre, daß wir die *äußere* Armut niemals schildern würden, wenn sie nicht Ausdruck kulturellen Mißverstehens wäre. Hätte sich doch äußere Not, wären die Neuerer schneller anerkannt worden, bei deren bescheidenen Ansprüchen leicht beheben lassen. »Aber es hat etwas Trauriges, wenn man denkt, dieses oder jenes würde ich so und so machen können, wenn man nicht durch die Kosten gehemmt wäre.« Diesmal beschreibt der Maler nun einen solchen äußeren Zustand bis ins einzelne. Eine Woche lang war er ohne jeden Pfennig. »Außerdem war mein Zeichenmaterial verbraucht. Ich verhandelte mit Smulders über eine Partie Zeichenpapier, das ich mir auch geholt habe, obgleich die Ausgabe jetzt nicht angebracht war, doch ich mußte es haben wie anderes Material, wie z. B. Druckerschwärze und lith. Kreide. Auch mußte ich verschiedene Sachen zahlen und anderes für den Haushalt einkaufen. Ferner mußte ich Modelle bezahlen, die ich doch inzwischen hatte nehmen müssen, um weiter arbeiten zu können.«

Nun heißt es wieder ganz grundsätzlich, dem helfenden Bruder zugesprochen: »Was meine finanziellen Verhältnisse anlangt, so wisse, daß mir alles, was Du einigermaßen entbehren kannst, unbedingt nötig ist wie die Luft, und daß meine Produktivität davon abhängt . . .« Derartige Bekenntnisse eines der bedürfnislosesten Menschen sollten sich alle romantischen, lebensfernen Schwärmer merken, welche nachträglich immer wieder mitteilen, daß ein Genie durch ›Äußerliches‹ nicht tangiert werde. Jede der monatlichen Sendungen des Bruders, von denen van Gogh ganz allein leben mußte, bedeuteten »Modell – Atelier und Brot; jede Einschränkung hat etwas wie Ersticken oder Ertrinken zur Folge . . .« Jener Tersteeg aber pflegt bei Betrachtung neuer Bilder immer wieder mitzuteilen, sie seien nicht verkäuflich, Verkäuflichkeit aber müsse Hauptsache bleiben. »Das scheint mir, deutlicher ausgedrückt, zu besagen, Du bist etwas Mittelmäßiges und wenn Du Dich nicht unterwirfst . . ., dann bist Du anmaßend.«

Plötzlich schreibt sogar Theo: »Was die Zukunft anlangt, so kann ich Dir wenig Hoffnung machen.« – »Wenn Du dabei ausschließlich ans Finanzielle denkst«, antwortet Vincent, »so will ich den Kopf nicht hängen lassen; muß ich es aber auf meine Arbeiten beziehen, dann weiß ich nicht recht, womit ich's verdient habe . . . Du sagst, die Abzüge seien etwas mager in der Wirkung . . . mein Leben ist zu trocken und zu mager . . . schon um der Arbeit willen hätten wir etwas mehr essen müssen, aber dazu reichte es nicht . . . Ich bereue beinahe, daß ich wieder zu malen anfing . . . Denn ohne Farbe gehts ja nicht, und Farbe ist teuer . . . Sieh Theo, meine einzige Hoffnung bleibt, daß Du den Mut nicht verlierst . . .«

»Wenn ich die Geschichte dieses oder jenes Malers lese, sehe ich, daß sie alle Geld nötig hatten und elend wurden, wenn sie nicht vorwärts kommen konnten . . . Millet und die andern, die uns vorangegangen, habens durchgesetzt – bis zum Gerichtsvollzieher, ja manche haben sogar im Gefängnis gesessen, andere mußten immerfort umziehen, hierhin und dorthin, aber ich bemerke nicht, daß sie deshalb aufgehört hätten.« – »Und sieh«, heißt es in einem weiteren Brief an Theo, »es ist jetzt so (anno 83), daß die Möglichkeit zu arbeiten davon abhängt, ob es gelingt, meine Sachen unterzubringen . . . Kurz, mein lieber Kerl . . . der allgemeine Stand der Angelegenheiten macht mir mehr Angst als ich ertragen kann . . .« – »Meine Kräfte sind nämlich draufgegangen – es ist ja nicht normal, daß ich müde werde, wenn ich ein Stückchen von hier bis zur Post gegangen bin.« – »Meine Konstitution wäre kräftig genug, wenn ich nicht allzulange hätte fasten müssen; es hieß ja immer, entweder fasten oder weniger arbeiten . . . Wie soll ich das aushalten? Den Einfluß von alldem sehe ich so klar und deutlich an meiner Kraft . . .«

Nun folgt ein dritter grimmiger Einzelfall, durchaus wieder als Folge der dauernden Abweisungen anzusehen, die Vincents Arbeiten erfuhren. »Heut morgen kommt ein Mann zu mir, der vor drei Wochen eine Reparatur an meiner Lampe machte und dem ich zugleich einiges irdene Geschirr abgekauft, das er mir selber aufgedrungen hatte. Er machte mir Vorwürfe, weil ich kürzlich seinen Nachbarn bezahlt hätte, ihn selber aber nicht, und dies mit Lärmen, Fluchen und Schimpfen. Ich sage, ich werde ihn zahlen, sobald ich Geld bekomme, daß ich's im Augenblick aber nicht kann. Das ist Öl auf sein Feuer. Ich ersuche ihn wegzugehn, endlich schiebe ich ihn zur Türe hinaus, aber (er wollte es vielleicht gerade darauf ankommen lassen) der packt mich beim Nacken und wirft mich gegen die Mauer, daß ich lang am Boden liege.«

Immer wieder wünscht sich van Gogh nur soviel Bewegungsfreiheit, daß er das Malen durchführen kann. Gelegentlich aber wird er an sich selber irre. »Ist es eigentlich nicht besser, wenn ich mir gerade heraus sage: Du darfst Deine Arbeit noch nicht für wirklich reif halten, denn denjenigen, die sie sehen, erscheint, was Du willst und beabsichtigst, noch bei weitem nicht verständlich, da sie sich tatsächlich mehr oder weniger davor entsetzen.« Auch in anderer Hinsicht will er gelegentlich nachgeben. »Auf jeden Fall werde ich keine ernsthafte Bestellung ausschlagen, gleichgültig was man haben will, sei es in meinem Geiste oder nicht ...« Er glaubt von seinen Zeichnungen, sie hätten nur als Serien Sinn. »Eine Zeichnung von mir wird auch in späteren Zeiten durch sich selbst nicht völlig befriedigen.« Aber auch aus Drenthe 1883 klagt Vincent seinem Bruder. »Es steht augenblicklich so mit mir, daß ich Kredit nötig hätte, Vertrauen und etwas Wärme ... Und außerdem hege ich in diesen Tagen düstere Gefühle wegen der Zukunft, auch wegen des elenden Zustandes meiner Ausrüstung mit Malgerät, wegen der Unmöglichkeit, die notwendigsten und nützlichsten Dinge so zu tun, wie sie getan werden müßten ... Ich schätze Deine Treue nicht gering, im Gegenteil, eher frage ich mich selbst, ob ich Dich nicht bitten soll: laß mich fahren, denn ich komme nicht ans Ziel.«

Die viel zitierte, angebliche Unabhängigkeit des Genies gegenüber den Meinungen der Zeitgenossen wird wieder einmal kräftig widerlegt. »Ich bin – wenn ichs auch anders wünschte – sehr empfindlich gegenüber dem, was man über meine Arbeit sagt und gegenüber der Art, wie man sich zu mir selber verhält. Wenn ich auf Unglauben stoße, allein stehe, dann entbehre ich ein gewisses Etwas – und das bricht meine Tatkraft.« Man beachte immer wieder, daß derartige Eingeständnisse von einem der bestimmtesten, sich bis zum Trotze steigernden Gestalter der neueren Malerei stammen. Herzzerreißend zu sehen, wie er in diesen Jahren bedeutsamer Werke vermeint, daß sein gesamtes Tun erfolglos bleiben werde. Der Umgang mit »Gebildeten« wird ihm immer unerträglicher. »Isoliertheit ist elend genug und eine Art Gefängnis ... Ich für mein Teil finde es oft angenehmer unter Menschen, die dies Wort überhaupt nicht kennen, z. B. unter Bauern, Webern usw. ...« Im gleichen Jahr muß er seinem Bruder gegenüber feststellen: »Du hast noch keine einzige meiner Arbeiten verkauft – weder für viel noch für wenig – und hast es eigentlich auch noch nicht versucht ...« – »Es muß mehr animo in mein Leben geraten, will ich mehr brio in meinen Pinsel bekommen ... Im Augenblick hat es viel mehr Bedeutung, für 5 Gulden zu verkaufen, als 10 Gulden durch Protektion zu erhalten ...«

1884, als er schon eigene Ausdruckskraft entwickelt hat, glaubt er (durch Fehlurteile anderer immer wieder ins Schwanken gebracht), er habe noch einmal den holländischen Maler Mauve zu weiterem Studium nötig, »um mir etwas Mut zu geben, der mir entschwindet, wenn man allzulange nörgelt.« Daß sich das Jasagen und Zugreifen wie gegenüber aller neuen Formung auch hier immer wieder verzögert, beklagt ein weiterer Brief. »Ich kann Dich nicht verstehen, wenn Du sagst, ›vielleicht finden wir später auch in den *gegenwärtigen* Dingen einmal etwas Schönes‹. Wenn ich an Deiner Stelle wäre, hätte ich soviel Selbstvertrauen und selbständige Meinung, daß ich wüßte, ich kann schon *jetzt* sehen, was in einer Sache steckt oder nicht.«

1885 schreibt er zur Geschichte der Verkennung: »Ich erinnerte mich wieder mal, daß ich von Delacroix las, 17 seiner Bilder wurden zurückgewiesen ... Ich dachte heute wieder, daß sie doch äußerst tapfere Kerle waren, die Bahnbrecher ... Die Leute werden (bei mir) natürlich von Unfertigkeit reden, oder von Häßlichkeit usw., aber nach meiner Meinung muß man die Sachen dennoch sehen lassen.« Auch zu einem anderen großen Vorgänger zitiert er Fehlurteile der Zeitgenossen. »Du schreibst, die Stimmung des Publikums, nämlich der Gleichgültigkeit den Werken Millets gegenüber ... ist nicht ermutigend ... Was die allgemeine Sympathie betrifft, so habe ich vor Jahren in Renan gelesen ..., daß, wer wirklich Gutes und Nützliches zustande bringen will, nicht mit dem Urteil und der Wertschätzung der Allgemeinheit rechnen« darf. Im folgenden Brief heißt es geradezu, »mich dünkt, was man auch tut, wird kritisiert und erregt Ärgernis, gerade in dem Maße, als es gefühlt und erlebt ist.« »Doch zugleich überwindet es auf die Dauer die Kritik«, fügt er immerhin sich selber überredend hinzu.

»Was Durand-Ruel betrifft, so hat auch er die Zeichnungen nicht für der Mühe wert gehalten – laß ihn doch nun mal dieses Bild sehen. Laß es ihn häßlich finden, aber zeig es ihm, damit sie sehen, daß wir Energie in unserm Streben haben. Du wirst jedoch hören: quelle croûte! ... Millet, de Croux und viele Andere haben Vorbilder an Charakterfestigkeit gegeben und sich durch Vorwürfe von sale, grossier, boueux und puant etc. so wenig stören lassen, daß es eine Schande wäre, wenn man auch nur zweifelte.« Sowie Vertrauen auf die Umwelt durchbricht, glaubt er, »ein gewisser Teil des Pariser Publikums wird sich auf die Dauer von der Konvention nicht narren lassen, wie verführerisch sie auch sei, vielmehr wird das, worin noch aller Staub der Hütten und des Feldes sitzt (ich weiß selbst nicht warum und wodurch) einzelne sehr treue Freunde finden.«

»Wenn man die Gemeinplätze, die im Ansehen stehen und wie Totschläger über Kunst urteilen, indem sie die Delaroches unserer Tage verhimmeln und die Andersgesinnten verdächtigen, wenn man, sage ich, gewisse Behauptungen *umkehrt,* dann erst atmet man in reinerer Luft.« Doch sein Malerfreund Rappard habe ihm wieder »so von oben herab und voller Beleidigungen geschrieben.« Rückblickend sagt er dann: »Wer war es gewesen, der im Lichte gestanden und Millet abgewiesen hatte? Die Kunsthändler, die sogenannten Kenner usw.!« Der Maler übersieht hier aber, daß auch das weitere gebildete

Publikum in den jeweils gestrigen, weil bereits *gefestigten* Kulturanschauungen und Formen verharrt.

Auch mit einem anderen Beurteiler, dem Maler Wenkebach aus Utrecht, hat Vincent Schwierigkeiten. Dieser habe lange nichts gesehen, durch Geschwätz gegen das Neue jedoch sich den Kopf verdrehen lassen. Aber einst werde »aus dem gegenseitigen Gehechel vielleicht ein Bauernkrieg gegen *jene* Art von Malern entstehen, wie man sie augenblicklich noch in allen Jurys antreffen kann, die, wenn sie könnten, die Anschauungen, deren Bahnbrecher Millet war, auch jetzt noch aufhalten würden.« – »Wenn heutzutage Kenner vor einem Bilde von Benjamin oder vorm Empfang eines Kardinals von irgendwelchem Spanier stehen, ist es üblich, mit tiefsinniger Miene von glänzender Technik zu reden; sobald aber dieselben Kenner vor ein Motiv aus dem Bauernleben oder vor eine Zeichnung von Raffaelli treten, dann werden sie mit gleicher Miene die Technik *kritisieren.*« Hier sieht van Gogh sehr deutlich die Relativität und geistesgeschichtliche Bedingtheit aller Urteile über *Technik und Mache.*

Immer noch wirkt damals auch die Überschätzung der Historienmalerei. »Soviel ich weiß, gibt es keine Akademie, in der man einen Grabenden, einen Säer ... oder eine Näherin malen oder zeichnen läßt, aber in jeder Stadt von geringer Bedeutung ist eine Akademie mit Auswahl von Modellen für geschichtliche, arabische, Louis XV., mit einem Wort für alle Figuren, nur nicht für solche, die in Wirklichkeit vorkommen.« Seinen Gegensatz zum Impressionismus empfindet er damals noch nicht. Aber das ältere Lager der offiziellen Kunstschulen quält ihn immer wieder. »Teile Serret mit, ich wäre verzweifelt, wenn meine Figuren gut wären, sag ihm, daß ich sie nicht akademisch korrekt haben will ... Sag ihm, daß ich die Figuren von Michelangelo prachtvoll finde, wenn seine Beine auch entschieden zu lang, die Hüften, die Hintern zu breit sind. Sag ihm, daß in meinen Augen Millet und l'Hermitte wahre Maler sind, weil sie die Dinge nicht so malen, wie sie sind, trocken analysierend ... Sag ihm, daß mein größtes Verlangen ist, solche Unrichtigkeiten machen zu lernen, solche Abweichungen, solche Umwandlungen, Änderungen der Wirklichkeit ..., daß es – wenn man so will – Lügen werden möchten, die aber wahrer sind als buchstäbliche Wahrheit.« Hier äußert er im Vorübergehen bereits das Programm eines Expressionismus. Wie begreiflich, daß 1885 solche Malerei noch nicht verstanden werden konnte.

Vorübergehend lebt er noch mal im Landpfarrhause seines Vaters. »Ich habe in diesen letzten 14 Tagen sehr große Last von seiten der ehrwürdigen Herrn Pastoren gehabt, die mir zu verstehen gaben ..., ich dürfte mich mit Leuten unter meinem Stande nicht zu gemein machen ... Diese sollten sich nicht mehr von mir malen lassen ... Der Pastor ging soweit, daß er den Leuten Geld versprach, wenn sie sich nicht mehr malen ließen.« Man fühlt hier deutlich, wie jeder Neuerer von Unheimlichkeiten geradezu umwittert erscheint, so daß man es für gut befindet, ihn von anderen Menschen gänzlich abzusperren. Worauf will dieses Neue hinaus, könnte es nicht Unheil stiften?

1885 meldet er wieder, »eine fatale Sache ist es für mich, daß sie behaupten, ich hätte keine Technik«. Anderswo zitiert er Goncourts Ausspruch über

Chardin. »Il faut se jetter dans une condition subalterne ou mourir du faim.« Zwischendurch erfolgten wieder abschlägige Bescheide. »Dieser Tage erhielt ich einen Brief von Leurs über meine Bilder. T. und Wisselingh hätten sie gesehen und nichts für geeignet gefunden«. Im selben Jahr stellt er wieder fest, es ist »außerordentlich schwer, bei der Arbeit zu bleiben, wenn man nicht verkauft und seine Farben buchstäblich von dem bezahlen muß, was allein für Essen, Trinken und Wohnen knapp gerechnet nicht zuviel wäre . . . Dennoch baut man Reichsmuseen für Hunderttausende und ähnliche Dinge, aber die Künstler krepieren derweilen.« Welch umfassender Druck des bestehenden Historismus lag auf einem solchen Gestalter, der dem Sichtbaren einen erregend neuen Ausdruck zu geben versuchte.

Vincent siedelt nun für einige Zeit nach Antwerpen über, um dort Modelle der Akademie benutzen zu können. Auch hier überwiegen Enttäuschungen. »Ich hatte ein Bild vom Steen gemacht und bin damit zu Kunsthändlern gegangen, zwei waren nicht zuhause, einer fand es nicht gut und einer lamentierte auf gräßliche Weise, daß 14 Tage buchstäblich niemand seinen Laden betreten habe.« Im Dezember 1885 schreibt er: »Wenn ich etwa 50 Köpfe zusammenbringe, habe ich eine Aussicht Arbeit zu bekommen. – Ich will dann nämlich versuchen, bei einem Photographen angestellt zu werden . . .« In den letzten Tagen dieses Jahres gesteht er, daß seine Eßlust »zu lange eingeschränkt war – ich konnte, als ich das Geld von Dir erhielt, kein Essen mehr vertragen . . .« Dabei scheint er noch immer von robuster Gesundheit. Alle Einnahmen wirft er in seine Malerei. »Du wirst wahrscheinlich nicht begreifen, aber es ist so, wenn ich Geld bekomme, ist, wenn ich auch gefastet habe, mein größter Hunger nicht auf Essen, sondern auf Malen gerichtet, und dann gehe ich gleich auf die Modelljagd, und das halte ich durch, bis alles aufgebraucht ist.« In der Antwerpener Akademie entsteht natürlich bald Erregung über die fremde Formenwelt van Goghs, obgleich der seltsam späte »Schüler« alles tut, um nirgends aufzufallen. »Der Lehrer Siebert hat ausdrücklich einen zu sich kommen lassen und ihm gesagt, wenn er nochmal in dieser Manier zu arbeiten wage, würde das so aufgefaßt werden, als wolle er den Lehrer narren. Ich halte es nicht für unmöglich, daß, wenn auf die Dauer Andere unwillkürlich kräftigere Schatten hinsetzten, Verladt (ein zweiter Lehrer) oder ein Anderer mit mir eine Auseinandersetzung suchen würde, auch wenn ich systematisch auswiche, was ich geflissentlich tun werde . . .« Bald muß er wieder mitteilen, er sei »buchstäblich erschöpft . . ., aber ich habe auch hier in einer Art gelebt, bei der ich nichts fürs Essen hatte, weil mich die Arbeit zuviel kostete . . .«

Inzwischen ist van Gogh nach Arles übergesiedelt. Gauguin tritt wie ein großer, dunkler Dämon in Sicht. Van Gogh bewundert ihn übermäßig. Aber mit Gauguins äußerer Geltung steht es nicht besser. »Er möchte wissen, ob Du was von ihm verkauft hast . . . Er ist so darauf angewiesen . . ., daß er sich entschließen würde, vom Preise seiner Bilder noch weiter herunterzugehen.« Van Gogh wünscht »aus vielen Gründen sehr, ein kleines Häuschen zu besitzen, das im Falle der Erschöpfung dienen sollte, die armen Pariser Droschkengäule wiederherzustellen, nämlich Dich und mehrere von unsern Freunden, die armen Impressionisten ... Ich glaube an die absolute Notwendigkeit einer neuen Kunst in Farbe, Zeichnung und im ganzen Leben selber ...« – »Der Maler der Zukunft, das ist ein farbiger, wie es ihn noch nie gegeben hat, noch nie. Manet hat ihn vorbereitet. Aber Du weißt selber, schon die Impressionisten haben stärker in der Farbe gearbeitet als Manet. Vom Maler der Zukunft kann ich mir nicht vorstellen, daß er so in kleinen Kneipen lebt, mit ein paar falschen Backzähnen arbeitet und dann in Zuavenbordelle geht wie ich.«

Inzwischen leuchtet die Kraft des südfranzösischen Sommers. Aber Siegesgefühle und dunkle Zweifel greifen immer wieder ineinander. »Ich glaube an den Sieg Gauguins und der andern Künstler, aber ... selbst wenn man ein oder zwei Bilder verkaufen könnte, so wäre es noch die gleiche Geschichte. Gauguin kann beim Warten entmutigt krepieren wie Méryon. Es ist schlimm, daß er nicht arbeitet.« Dazwischen immer wieder Selbsttröstungen. »Er sagt, wenn die Matrosen einen schweren Pack schieben oder einen Anker lichten, dann singen sie alle zusammen, um sich zu halten.« Immer unabweisbarer und deutlicher wird für van Gogh nun jene Vorstellung, Maler verwandter Gesinnung müßten sich *zusammenschließen,* um gemeinsam dem Verkennungsdruck zu widerstehen.

Einmal berichtet er als außerordentlich, daß ihm der Farbenhändler Tanguy für ein Bildnis 20 Fr. bezahlt habe. Selbst mit der *Farbenskala* stehen die Wirtschaftssorgen in direkter Verbindung. »Wenn ich mehr Geld hätte, würde ich mehr ausgeben, um noch reichere Farbenwirkungen zu versuchen.« Auch im strahlenden Süden Frankreichs reagiert man nicht auf seine Malerei. »Als ich hierher kam, hoffte ich, man könne hier den einen oder anderen zum Sammler bilden, aber bis jetzt bin ich nicht einen Zentimeter ins Herz der Leute eingedrungen. Vielleicht jetzt Marseille, aber das ist womöglich auch nur leere Hoffnung.« Dieselben Enttäuschungen kommen weiter aus dem Norden. »Keine Antwort von Russel ..., immer eisiges Schweigen über meine Arbeiten ...« Im Juni 1888 glaubt er aber, »die Zeit, in der wir leben, ist eine wahre und große Wiedergeburt der Kunst. Die faule und offizielle Überlieferung liegt zwar noch obenauf, im Grunde ist sie aber ohnmächtig und nichtig. Die neuen Maler, einsam und arm, werden wie die Irren behandelt und zum Schluß werden sie es auch noch wirklich ...« (welche Vorahnung!) »Je mehr ich aus dem Leim gehe, kränker, brüchiger werde, desto mehr werde ich Künstler, ein Schöpfer in dieser großen Wiedergeburt der Kunst, von der wir sprechen.«

Wie hat sich später, im 20. Jahrhundert, der Geschmack gerade in *Paris* gewandelt! 1888 aber konnte van Gogh noch schreiben: »Wie dumm, daß die Pariser keinen Geschmack an derben Sachen, an Monticelli usw. gewinnen.« Vincent malt einen Bauern in seiner neuen gesteigerten Auffassung. »Ich setzte den schrecklichen Mann mit voller Glut der Ernte ins volle Mittagslicht. Darum die orangenen Blitze wie rote Feuer. Darum die Töne von altem Gold, die in den Finsternissen funkeln.« Gleich aber kommt dem Maler eine düstere Ahnung. »Die guten Leute werden in dieser Steigerung nichts anderes als

Karikatur erblicken.« Einer der folgenden Briefe an den Bruder äußert die Vermutung: »Wenn man kitschig wie Bouguereau malte, dann würden sich die Leute nicht schämen, sich porträtieren zu lassen; aber ich glaube, ich verlor die Modelle darum, weil man fand, es sei schlecht gearbeitet . . . Da fürchten denn die netten Frauenzimmer sich bloßzustellen und daß man sich über ihr Bild lustig mache . . .« Natürlich erklingt gegen diese neue Malerei auch der übliche Vorwurf der Dekadenz, der in der neuesten Geistesgeschichte immer hervortritt, wenn neue Formen ans Licht wollen. Van Gogh wehrt sich mit Recht hiergegen und sieht in seiner Kunst eine neue *Kräftigung* der Form.

Unter dem steten Druck ›verdrängt‹ er nun manchmal seinen Wunsch, anerkannt zu werden. »Eines Tages zu Ruhm zu kommen, das ist, wie wenn man beim Rauchen einer Zigarre das brennende Ende in den Mund nimmt.« Der Einsame schildert ironisch seine Umgebung. »Diesen Nachmittag hatte ich ein sehr gewähltes Publikum. 4 oder 5 Zuhälter und ein Dutzend Straßenjungen fanden es besonders fesselnd, zuzusehen, wie die Farbe aus den Tuben kommt. Nun, dieses Publikum ist wohl der Ruhm?« Ganz abseitig verlaufen in Arles die heftigsten Arbeitsprozesse. »Heute von 7 Uhr morgens bis 6 Uhr abends habe ich gearbeitet, ohne mich zu rühren, außer um ein paar Bissen zu essen, 2 Schritte von meinem Platz . . .« Auch eine angeblich moderne Literaten- und Künstlergesellschaft Südfrankreichs, die Filiberes, nimmt nicht die geringste Notiz vom wichtigsten Bewohner ihres Bezirks.

Inzwischen aber ist die große Katastrophe hereingebrochen. Sein Überfall auf Gauguin, den bewunderten Freund, ist erfolgt und die grausige Selbstverstümmelung hat stattgefunden. Ein erschreckender Aufruhr ist in dem kleinen Ort entstanden. Man muß aber diese furchtbaren Ausschreitungen Vincents als Wirkung schizophrener Krankheit deuten. Schwerlich hat man in ihnen Folgen des Dauerdruckes einer Verkennung zu sehen. Alles aber zieht nun weitere, wenn auch rein *menschliche* Verkennungen nach sich. »Eine Anzahl hiesiger Leute richtete eine Adresse an den Bürgermeister (es waren mehr als 80 Unterschriften), in der sie mich als einen Menschen bezeichneten, der nicht würdig sei in Freiheit zu leben . . . Der Polizeikommissar oder der Direktor (der Irrenanstalt) ordneten daraufhin an, mich von neuem zu internieren . . . Du begreifst, daß es für mich ein furchtbarer Schlag ins Gesicht war, als ich sah, daß es hier soviel Menschen gibt, die feig genug waren, in Masse sich gegen einen Einzelnen zu erheben, noch dazu gegen einen Kranken . . .« Wie enttäuschend für einen, der »wirklich alles versucht hatte, mit diesen Leuten gut Freund zu sein . . .«

Schließlich aber ergibt er sich ins Schicksal eines Irrenhausbewohners. »Du wirst sehen, daß die Bilder, die ich in dieser Zeit machte, ruhig sind, nicht schlechter als die anderen . . . Als Einziges verlange ich, daß Leute, deren Namen ich nicht einmal kenne, sich nicht um mich kümmern, wenn ich dabei bin zu malen, zu essen, zu schlafen oder mal ins Bordell zu gehen; aber sie mischen sich in alles . . .« »Diese wiederholten und unerwarteten Aufregungen können, wenn sie andauernd wiederkehren, die vorübergehende Bewußtseinsstörung in eine chronische verwandeln.« Menschliches Mißverstehen nun hüben und drüben. Denn einerseits hatte van Gogh ja nur sich selber verwundet, niemals aber einem jener Kleinbürger auch nur ein Haar gekrümmt. Andererseits verstand er nicht deren Furcht, daß Vincents Ausbrüche sich einmal gegen sie selbst richten könnten.

Nun folgen wiederholte Selbstverängstigungen. Während früher die *Umstehenden* ihn mißverstehen, unterschätzt er nun seine eigenen künstlerischen Kräfte. Keine Wahnideen treten dabei hervor. Es ist durchaus erlaubt, das nun einsetzende, gänzliche Verzagen auf das vergangene, so viel Jahre alte Trommelfeuer bürgerlicher Fehlurteile zurückzuführen. »Niemals kann ich nach einer so erschütternden Vergangenheit ein überragendes Gebäude errichten.« In einem weiteren Brief vom Frühjahr 1889 heißt es: »Nochmal mit diesem Malerleben wie bisher anfangen, im Atelier abgetrennt sein, von früh an ohne Möglichkeit sich zu zerstreuen als in ein Café oder Restaurant zu gehen, mit all der Kritik der Nachbarn usw. ... ich kann das nicht mehr aushalten.«

Van Gogh gerät nun in den Zustand einer letzten eisigen Vereinsamung. Noch einmal aber schlagen die Flammen letzter Lebenslust in ihm empor. »Für Augenblicke, wo gleichsam die Wogen sich brechen an stumpfen Klippen der Verzweiflung, braust ein Sturm wie von Sehnsucht aus mir hervor, irgendeine Sache zu umarmen, irgendeine Frau, eine Art Haushenne. Aber schließlich muß man das nehmen wie es ist, eher als Wirkung hysterischer Überreizung, denn als Vision einer richtigen Wirklichkeit.« Nachdem er sich am Ende gänzlich dem Schauerlichsten, das es geben kann, einem Irrenhausleben, angepaßt hat, ja sich, nachdem er wieder frei ist, nach dieser Geborgenheit sogar *zurücksehnt,* tritt der groteske Umstand ein: auch diese letzte Zuflucht will an wirtschaftlichem Mangel scheitern. »Jetzt versichere ich Dir, ich kenne kein Spital, wo man mich umsonst beherbergen will, selbst wenn ich die Unkosten der Malerei auf mich nehme und meine ganze Arbeit dem Spital überlasse.« Tragisch, ja tragikomisch Vincents Vorstellung, daß nun eine Art Irrenhaus jene Malereien begehren soll, die vorher alle Gesunden und Gebildeten abgelehnt hatten.

»Wenn ich ohne Deine Freundschaft wäre«, schreibt er dem Bruder, »würde man mich ohne Skrupel zum Selbstmord treiben, und wie feige ich auch bin, ich würde es schließlich tun ... Sie wollen mir nicht erlauben, außerhalb der Anstalt zu malen und mich nicht unter 100 Fr. aufnehmen.« Da taucht plötzlich ein letzter, unheimlicher Plan empor, freilich um sofort wieder zu versinken. »Wenn ich mich 5 Jahre der Fremdenlegion verpflichte, so könnte ich mich damit besser aus der Affäre ziehen. Denn wenn ich einerseits eingeschlossen bin und andererseits nicht arbeiten darf, so genese ich schwerlich.«

Von allen Seiten her zermürbt, werden die Zweifel an seinem gesamten Werk immer größer. »Als Maler werde ich nie etwas Großes bedeuten, das spüre ich absolut ... Ich möchte sehr gern versuchen, wenn ich da unten mich besser auskenne, Krankenwärter zu werden, allmählich irgendetwas zu arbeiten, die erste beste Beschäftigung aufzunehmen.« Dies schreibt er in dem Augenblick, als seine Malereien ihren Höhepunkt erreicht haben. Jetzt zweifelt er auch am *Stil* seiner Kunst. Er möchte in eine ältere Zone seiner Malerei zurücksinken, eine Zone, die er mit Mühe überwunden hatte. »Und ich sag Dirs noch einmal bei meinem Rückzug: Bedenken wir, wenn wir zu alt werden, um noch unter die Jungen zu zählen, was wir einst liebten, Millet, Breton, Israels, Whistler, Delacroix, Leys.« Es klingt – nunmehr in innerster Selbstverkennung –, als wollte er angstvoll sein ganzes Lebenswerk zurücknehmen, seine eigenste Farben- und Formenwelt, die flammend über jene gedämpftere Malerei hinausgegangen war.

Die Hauptbeklemmungen aber kommen nun aus dem Abgrund des nahenden Wahnsinns. Schwerlich sind sie noch aus den Abweisungen abzuleiten, die dieses hart geprüfte Leben erfahren hatte.

»Wenn ich mich mit aller Kraft auf Arbeit werfe, ist's gut, aber ich bleibe immer verrückt.« Ergreifend schließlich, wie er plötzlich diese grausigste aller Lebenszonen zu *bejahen* sucht, um sich vor ihr zu retten. Selbst mit dem Unüberwindbaren glaubt er fertig werden zu können. »Weil ich die Wirklichkeit des Lebens der Wahnsinnigen und der verschiedenen Irren in dieser Menagerie sehe, verliere ich die vage Furcht, die Angst vor dieser Sache . . .« »Und obwohl man beständig Schreie, fürchterliches Heulen wie von Tieren in einer Menagerie hört, so kennen sich trotzdem die Leute hier gut untereinander, und einer hilft dem andern, wenn er in eine Krise fällt. Wenn ich im Garten male, besuchen sie mich, um zuzusehen, und ich versichere, sie sind zurückhaltender und höflicher und lassen mich mehr in Ruhe als z. B. die guten Bürger von Arles.« – »Zuerst erschrak ich vor all dem und geriet in Verzweiflung, wenn ich denken mußte, daß eine Menge Malersleute wie Troyon, Marchal, Méryon, Jundt, M. Maris, Monticelli und viele andere auf diese Weise endigten.«

Von der Oberschicht dauernd mißachtet, klammert er sich nun wieder an den *einfachen* Menschen, dem er schon früher hatte dienen wollen. Er glaubt besonders jetzt, »daß das Volk, das die Farbendrucke bezahlt und sentimental barbarische Drehorgellieder hört, auf dem rechten Wege und vielleicht ernsthafter ist als gewisse Boulevardmenschen, die in den Salon gehen.« Er findet es auf einmal gut, daß der Bruder seine Bilder nicht »auf der Ausstellung Gauguins und der Anderen« zeigt. »Zureichende Gründe habe ich, mich davon fern zu halten, ohne sie zu beleidigen, solang ich noch nicht geheilt bin . . . Wenn man aber in Cafés ausstellt, schlägt man Lärm, was, ich leugne nicht, geschmacklos ist, und ich habe mir dies Verbrechen zweimal aufs Gewissen geladen, als ich im Tambourin und der Avenue Clichy ausstellte, ohne die Störung zu bedenken, die ich 81 tugendhaften Menschenfressern der guten Stadt Arles und ihrem fabelhaften Bürgermeister verursachte.« Theo scheint ihm in diesem Augenblick – trotz aller Hilfsbereitschaft in seinen verlorenen Briefen – mitzuteilen, daß »das Streben nach Stil oft die anderen Qualitäten störe.«

Indessen meldet van Gogh, daß ihn draußen auf dem Felde eine neue Krise überfallen habe, mitten im Arbeiten. Der Trübsinn überkommt ihn mit immer unerbittlicherer Gewalt, »und gerade je mehr die Gesundheit normal wird.« Bald will er nur noch Varianten nach Millet machen, bald sogar gänzlich verstummen. »Aller abergläubische Spuk, den man hier über Malerei schwätzt, macht mich nur noch melancholischer, um so mehr als darunter immer ein Gramm Wahrheit ist ... Wenn Du Gauguins letzten Brief sähst, wärst Du gerührt, wie geradeaus er denkt, was für ein tapferer, fast unbewegter Mensch er ist. Welch Unglück! Bei Pissarro und Guillaumin die gleiche Sache. Wie schlimm, wie schlimm!«

In einem letzten Brief sagt van Gogh zusammenfassend und ergeben: »Ich fühle mich am Ende, so steht meine Rechnung. Ich fühle, das ist mein Schicksal; ich nehme es an, es wird sich nicht mehr verändern.«

Am 29. Juli 1890 löscht er sein gemartertes Leben aus. Hochsommer strotzt. Das Gelände Südfrankreichs flammt unter blauendem Himmel.

Der Kreis der Verstehenden war immer noch winzig. Als 1891 der Bruder Theo, der treue dauernde Helfer, ebenfalls erloschen war, wurden 200 Gemälde in dessen Nachlaß geschätzt, und zwar auf 2000 Gulden. Also bewertete man noch damals jedes Original auf etwa 10 Gulden. Soll man es tragisch, komisch oder verächtlich nennen, daß dieselben Bilder etwa dreißig Jahre später geradezu Unsummen erzielten?

Noch 1905 soll sich das Amsterdamer Rijksmuseum geweigert haben, Malereien des größten modernen holländischen Malers auch nur als Leihgabe aufzunehmen. In London aber soll man noch 1910 mitleidig gelächelt haben, als dort die erste größere Ausstellung der Werke stattfand. Heute leuchten die großen Sonnenblumen machtvoll in der National Gallery.

Gauguin

Gauguins Arbeiten werden etwas weniger befehdet als diejenigen van Goghs, obgleich sie vielleicht noch neuartiger im Formenwesen waren. Radikaler noch als sein Freund brach er mit der Vorstellungswelt des Impressionismus. Er wollte keine duftige, leicht improvisierte, ins Licht sich auflösende, blonde Farbengebung, sondern eine blockmäßig verfestigte, gleichnishafte, dunkelglühende Form. Statt des dynamischen Ausdrucks suchte er das statische Gefüge. Er ging hiermit so drastisch über Vorläufer wie Puvis de Chavannes hinaus, daß das Entsetzen seines Publikums aufs äußerste gestiegen wäre, wenn nicht zwei Umstände mildernd gewirkt hätten. Zunächst gab er seinen Bildern einen *dekorativen* Ausdruck, welcher einigermaßen versöhnend wirkte. Vor allem aber rettete ihn öfters das gegenständlich *Exotische* seiner Werke. Denn man glaubte damals, zu exotischen Vorwürfen gehöre auch jene außereuropäisch erscheinende Formen- und Farbwirkung. Doch läßt sich genugsam belegen, daß auch in diesem Fall die innere Form zuerst bestand und dann erst eine entsprechende Gegenstandswelt an sich heransog.

Trotzdem hatte auch Gauguin genügend Verkennungen zu ertragen. Sein Leben verlief höchst seltsam. Nachdem er als anerkannter Bankbeamter, mit Frau und Kindern bedacht, hohe Einnahmen besitzt, Bilder sammelt und sich nur sonntags als Laienmaler betätigt, wirft er mit 35 Jahren dies gänzlich gesicherte Dasein weg. Er verläßt Frau, Kinder und Beruf, um sich allein der Kunst zu widmen. Von diesem Augenblick an sinkt er beinah ins Proletariat hinunter. Welches Entsetzen bei der verwöhnten Familie und bei seinen Freunden! Die Not verläßt ihn nun nur noch vorübergehend, denn mit so neuartigen Formen – hier liegt wieder das Verkennungsmotiv – ließ sich zunächst so gut wie nichts verdienen. Daß es ihn aber nach neuen Werten hinzog, bewies schon die Gemäldesammlung seiner gesicherten Zeit. Sie enthielt nur Bilder von damals noch verkannten Malern, von Daumier, Manet, Monet, Renoir, Cézanne.

Bereits als Bankbeamter hatte er im ›Salon‹ 1876 ausgestellt, ebenso bei den Impressionisten 1880, 81 und 82. Seine Arbeiten wurden umstritten, doch von J.-K. Huysmans vorübergehend bewundert. Am besten fand man wieder mal diejenigen Bilder, in denen seine eigentliche Linie noch nicht erreicht war. Verkäufe aber – wahrhaftes Zeichen wirklicher Anerkennung – mißlangen beinah gänzlich. Wo wirklicher Gestaltungsdrang in ihm wühlte, sah seine Frau nur »Malerlaunen und eine fixe Idee«. Als er von ihr getrennt war, hauste er in Paris mit seinem Söhnchen in wirklichem Elend. »Gegenwärtig liegt Clovis (der Sohn) in seinem kleinen Bett, das ich gemietet habe, und ich auf einer Matratze mit Reisedecke. Nachts frieren wir und ich besitze keinen Sou, um richtige Decken zu kaufen ...« Bald begann das Kind zu kränkeln, während sich die Mutter in völliger Verkennung der Bedeutung Gauguins nach Dänemark zurückgezogen hatte. Der einstens wohlgeborgene Bankbeamte muß Plakatankleber werden. »Als der Kleine Blattern bekam, hatte ich 20 Centimes in der Tasche und wir aßen seit 3 Tagen trockenes Brot auf Kredit.« Gauguin, tüchtig wie er ist, wird bald eine Art Plakatinspektor. Er möchte auch seine anderen Kinder aus Dänemark zu sich nehmen. In dieser Zeit ist er auf der Impressionistenausstellung von 1886 mit 19 Bildern und einer Holzplastik vertreten. Aber »die Geldsorgen entmutigen mich vollkommen.« – »Mein Ruf als Künstler wächst von Tag zu Tag, aber in der Wartezeit können manchmal 3 Tage ohne Essen vergehen, und das untergräbt nicht nur meine Gesundheit, sondern auch meine Arbeitskraft.« Man sieht wieder einmal den direkten Zusammenhang zwischen Verkennung und künstlerischer Leistungsfähigkeit, jene Verbindung, welche von soziologischen Optimisten so oft bestritten wird.

Im Jahre 1887 entflieht er plötzlich nach Panama. In urtümlicheren Zonen glaubt er neue Kraft und Einfachheit der Formen finden zu können. Da er Mittel nur für die Überfahrt besitzt, muß er in Panama das Geld zur Weiterreise erst verdienen, und zwar als Kanalarbeiter. »Wenn ich 150 Piaster ... beiseite gelegt habe (eine Sache von 2 Monaten), werde ich nach La Martinique reisen. Von 5½ Uhr morgens bis 6 Uhr abends muß ich den Boden bearbeiten, bei tropischer Sonne und bei Regen, nachts von den Mücken aufgefressen ...« Es ist ergreifend, welche Qualen sich ein derartiger Gestalter auferlegt, blindlings angezogen von der Wucht seiner Bestimmung. Und dennoch ist an solchen Peinigungen auch die Verkennung durch die Zeitgenossen schuld. War doch Gauguin bereits in Paris – und dies in Zeiten höchsten Wohlstandes dieser Weltstadt – mit so bedeutenden Werken in die Öffentlichkeit getreten, daß es ihm besser hätte gehen müssen, wären die Aufnahmeorgane des gewählteren Publikums für seine neue Formenwelt entwickelter gewesen.

Auch auf Martinique hatte Gauguin schließlich Unglück, der Freund, ebenfalls ein Maler, erkrankt, und Gauguin selbst wird vom Fieber gepackt. Enttäuscht kehrt er zurück und lebt von 1888 bis 90 wieder in Frankreich. Dort schreibt er seiner sehr bürgerlichen Frau nach Dänemark, die Kunst sei seine *Zukunft,* die Zukunft seiner Kinder und seines Namens, typische, durch die Verkennungsängste bedingte Vertagungen. »Ich weiß wohl, daß Ihr erst dann an mich glauben werdet, wenn ich regelmäßig verkaufe, aber das ist eine Meinung, die man vorm Publikum geheimhalten muß.«

Der Kunsthändler Theo van Gogh ermöglicht dem Maler nun einen Aufenthalt in der Bretagne. Aber der Kreis der Anerkennenden bleibt noch ganz klein und abgezirkelt. In Pont-Aven malt Gauguin ein Bild für die Kirche: ›Kampf Jakobs mit dem Engel‹. Er *verschenkt* das Werk, trotzdem wird es zurückgewiesen, zuerst vom Pfarrer dieses Ortes, danach vom Pastor des benachbarten Nizon. Wie sollte auch Gauguin bereits von Landpfarrern gewürdigt werden, wenn ihn noch nicht einmal die beweglichen Pariser verstanden. Später kauften einige Malerfreunde das Bildnis der Wirtin von Pont-Aven, die Gauguin gemalt, deren Raum er ausgestaltet und zum Mittelpunkte einer ganzen Künstlerkolonie gemacht hatte. Als man der Frau das Bildnis *schenken* wollte, wurde es ebenfalls abgelehnt, weil einige vornehme Gäste die Wirtin dringend gewarnt hatten. »Ich weiß wohl, man wird mich immer weniger verstehen ..., für die große Masse werde ich ein Rätsel sein, für einige wenige ein Dichter, aber früher oder später erobert das Gute seinen Platz. Jawohl, ich bin Optimist, doch täuschen Sie sich, wenn Sie glauben, dieser Optimismus sei einer des Geldes. Ich mache mir keine Illusionen ...«

Als er 1888 mit Vincent van Gogh im Süden Frankreichs zusammenlebt, verkennt er seinerseits den Kameraden, während Vincent Gauguins Arbeiten sehr bewundert. Sie empfinden Welt und Landschaft sehr verschieden. »Es ist sonderbar«, schreibt Gauguin, »Vincent sieht hier (in der Provence) etwas Daumierhaftes, ich selber sehe im Gegenteil eine Mischung von farbigem Puvis und japanischer Kunst«. Das mußte bald zu gegenseitiger Verkennung führen, die aber bei van Gogh durch dessen Begeisterungsfähigkeit zunächst zurückgehalten wurde. »Vincent bewundert Baudet, Daubigny, Ziem und den großen Rousseau, alles Leute, die ich nicht riechen kann. Dagegen verabscheut er Ingres, Raffael, Degas, alles Leute, die ich bewundere ... Er ist Romantiker, ich selber aber neige eher zum Primitivismus. Hinsichtlich der Farbe sucht er das Zufällige des pastosen Auftrages (wie es bei Monticelli der Fall), ich meinerseits aber verabscheue den Mischmasch der Technik.« –

»Vincent besaß schrankenlose Bewunderung für Meissonier und einen tiefen Haß gegen Ingres. Degas brachte ihn zur Verzweiflung, und Cézanne war nur ein Aufschneider. Wenn er aber an Monticelli dachte, weinte er.« Man sieht hier einen Augenblick in die glühende Lavamasse eines Mißverstehens hinein, wie sie zwischen zwei Neugestaltern der Malerei selber brodelt. »Zwischen zwei Wesen, ihm und mir, der *eine* ganz Vulkan, der andere ebenfalls kochend, aber innerlich, bereitete sich in gewissem Sinne ein Kampf vor.« Man weiß, wie dieser innere Kampf endigen sollte, dieser Kampf, bei welchem Gauguin der ruhig Rücksichtslose war, van Gogh aber der in Wahnsinnsausbrüchen Verbrennende. Auch mit anderen Modernen gibt es Mißverständnisse, »sie sollen (mit der Revue Indépendante als Sitz ihrer Propaganda) einen Feldzug gegen uns beginnen. Man wird da Degas, besonders aber Gauguin, Bernard usw. als schlimmer wie Teufel hinstellen, vor denen man sich wie vor Pestkranken hüten müsse.«

1889 findet die Weltausstellung auf dem Champs de Mars statt. Gauguin wird nicht zugelassen, obgleich gerade seine Schau die fesselndste gewesen wäre, die man damals den Zeitgenossen an moderner Malerei hätte bieten können. Nur äußerst inoffiziell durfte Gauguin mit seiner Schar im Café Volpini ausstellen, das immerhin dem Ausstellungsgelände noch angehörte. Man nannte sich Groupe Impressionniste et Synthétiste, was beim weiteren Publikum ein doppeltes Gruseln hervorrief. War doch der erste Begriff noch kaum verstanden und der zweite voll unheimlichen Dunkels.

In diesem Jahr aber schreibt Gauguin an Bernard: »Was kümmert Sie die Neigung der Idioten und Neider ... Was sollte ich dann erst sagen, bin ich doch von anderen nichts weniger als verwöhnt worden, und trotzdem gedenke ich immer weniger verständlich zu werden.« Im gleichen Jahre spricht er von Cliquen, »die vor meinen Bildern Geschrei vollführen.« – »Ja wir Künstler, Sucher und Denker sind bestimmt, unter den Schlägen der Welt zugrunde zu gehen, aber nur als Materie zugrunde zu gehen.« Im gleichen Jahr gesteht er, alle Welt lasse ihn im Stich. Selbst van Goghs Bruder könne nichts mehr für ihn tun, da er an die Entschlüsse seiner Firma gebunden bleibe, diese entscheidende Pariser Kunsthandlung ihn aber ganz mißachte. »Der einzige, der sich bis heute meiner angenommen hat, ist auch gezwungen aufzugeben ...«

Jetzt will er nach Tonking auswandern. »Die ganze Bitterkeit, dieser Haß, der sich infolge der erneuten Rückschläge, die mich bedrücken, in mir ansammelt, machen mich krank, und gegenwärtig besitze ich kaum Kraft und Willen zur Arbeit ...« Ein Aufsatz in Kunst und Kritik sei geradezu idiotisch. Der Kritiker Fénéon stelle da fest, Gauguin ahme Anquetin nach, den dieser aber überhaupt nicht kannte. Wie oft gesellen sich zu den Qualitätsverkennungen solche der geschichtlichen Lage. Der Literat beklagt sich ferner über die exotischen Formen einer Eva. »Es scheint«, antwortet Gauguin, »daß Eva nicht das Negeridiom sprach, aber du lieber Gott, welches Idiom sprach sie denn, sie und die Schlange?«

Der eingekreiste Maler will nun selber zum Angriff vorgehen und entwirft einen Aufsatz, der die Bilderankäufe des Louvre befehden und die damalige

Kunstkritik angreifen soll. In dieser Zeit aber muß Gauguin sogar feststellen, »ich habe auch alle Impressionisten älterer Richtung gegen mich ...« Man sieht, wie sich dieser damals Neueste bereits wieder von den einstigen Neuerern abhebt. – »Von Paris erhielt ich Nachricht über das Geschrei, das man um meine letzten Gemälde macht.« – »Entweder Mittelmäßigkeit, der alle Welt zulächelt, oder das Talent eines Neuerers, man hat die Wahl, soweit man Willensfreiheit besitzt ... Angriffe gegen Originalität sind ganz natürlich bei denen, die nicht gestalten und sich nicht anstrengen können ... Was mich anlangt, so bleibt von allen Anspannungen dieses Jahres nur das Geheul von Paris zurück, das hierher dringt und mich derart entmutigt, daß ich nicht mehr zu malen wage und meinen alten Leib bei Nordwind an den Gestaden des Pouldu spazieren führe ...« Wieder einmal spürt man, wie sehr Verkennungen auf den Arbeitsprozeß selber einwirken und um wieviel Werke sie uns Nachlebende wahrscheinlich bringen. Obgleich die Großen sich fast niemals gänzlich werfen lassen, treten doch entsprechende Ausfälle ein. Jedes nicht geschaffene Werk eines Bedeutenden aber bleibt ein Verlust für die Menschheit. Erzeugt die Verkennung aber keine *Ausfälle,* so kann sie vorübergehende Senkung der *Qualität* hervorrufen. Gerade Gauguin bezeugt auch diesen zweiten, meistens abgestrittenen Vorgang. »Mechanisch mache ich einige Studien. Doch die Seele ist nicht dabei, sie betrachtet traurig das gähnende Loch vor sich, das Loch, durch das ich meine trostlose, der väterlichen Stütze beraubte Familie sehe. Seit letztem Januar (das ist seit einem Jahre) habe ich für 925 Fr. verkauft. Mit 42 Jahren davon leben und noch Farben davon kaufen usw., das muß die tüchtigste Natur in ihrer Arbeit beeinträchtigen ... O wenn ich wie Cézanne soviel besäße, den Kampf führen zu können, ich würde ihn mit Lust unternehmen ... Aber heute welch Elend, welche Schwierigkeiten! Ich erkläre mich für besiegt, besiegt durch die Geschehnisse, die Menschen, die Familie, aber nicht durch die öffentliche Meinung. Diese ist mir gleichgültig und ich verzichte auf Bewunderer.« Auch hier spürt man, wie direkt alle Verkennung auf den *Arbeitsprozeß* bezogen wird, welchen sie fast unmöglich machen kann. Daß seine Gemälde und Bildhauerarbeiten alle Welt nur erschrecken, berichtet Gauguin noch im Jahre 1889. In dieser Zeit muß er sogar Theo van Gogh, der doch zu ihm gehalten hatte, durchaus ermahnen, nicht »auf Degas und alle Welt zu hören«, welche also damals immer wieder abgeraten haben dürften. Die interessierte Umwelt war erst bis zum Impressionismus vorgedrungen, gegen den Gauguin aber bereits einen scharfen Gegensatz darstellte.

1890 berichtet der Maler einem Freunde, es werde nun auch schwierig werden, nach Tonking auszuwandern, »denn das sind Stellen, die man nur solchen gewährt, die in Frankreich Dummheiten begehen, die eine Kasse plünderten oder sich mit Dirnen ruinierten ... Es gibt Augenblicke, in denen ich mich frage, ob es nicht besser wäre, sich eine Kugel durch den Kopf zu schießen ... Ich war noch nie so entmutigt wie gegenwärtig. Ich versage mir das Rauchen, was für mich eine Qual ist. Ich wasche im geheimen einen Teil meiner Wäsche, kurz, mit Ausnahme der üblichen Kost bin ich von allem abgeschnitten. Was soll man da anderes tun als warten wie die Ratte auf einem Faß im Wasser?«

Gauguins Unglück aber bleibt weiterhin, der Zeit immer um einige Längen voraus zu sein. »Wenn ich ein bißchen Geld hätte, würde ich den Kampf in Kopenhagen neu beginnen. Man hat soeben eine Ausstellung von Werken, die vor 5 Jahren zurückgewiesen wurden, veranstaltet und ich hatte bei Presse und Malern großen Erfolg.« Beim neuen Auszug in die Ferne will er ›das Atelier der Tropen‹ schaffen. Vorher reist er noch mal nach Dänemark zur kühl entfremdeten Frau und den Kindern. Wahrscheinlich fällt in diese Zeit eine seltsame Ausstellung seiner Werke in Kopenhagen, die schnell veranstaltet, aber dann sofort verboten wurde. »Am Eröffnungstage unternahm ich erst nachmittags, einen Blick hineinzuwerfen. Mein Erstaunen aber war groß, als man mir bei Ankunft mitteilte, die Ausstellung sei bereits mittags geschlossen worden.«

Immer noch fehlen die Mittel zur Ausfahrt nach Tahiti. Der Maler beschließt eine Auktion seiner Werke im Hotel Drouot in Paris. Octave Mirbeau schreibt ein Vorwort zum Katalog, von Mallarmé darum gebeten. Und die Auktion findet Ende Februar 1891 statt. Die 30 Bilder erbringen zusammen 1700 Fr. Den weitaus höchsten Preis erzielt jenes Gemälde vom Kampfe Jakobs mit dem Engel, welches einst von den Pastoren mit Entrüstung zurückgewiesen worden war. Teils Wartezeit, teils soziologischer Schichtenwechsel erklären hier das Schwinden der Verkennung. Ende März gibt man ein Abschiedsbankett im Café Voltaire, natürlich nur von seiten eines kleinen, sehr modernen Kreises der Weltstadt. Unter den Anwesenden befinden sich Eugèn[e] Carrière, Odilon Redon, Mallarmé (den Gauguin ganz besonders liebte), Moréas, Charles Morice. Schon glaubt man, Gauguins Lebenslauf habe endlich einen Wendepunkt erreicht, doch immer neues Elend häuft sich. Obgleich seine Werke allmählich etwas weniger mißverstanden werden, da ja die Zeit hier immer heilend wirkt, nimmt die Lebensmisere des Malers kein Ende. Die neuen Freuden auf Tahiti werden dauernd dadurch gedämpft, daß niemand in Paris folgerichtig die Interessen des in der Ferne Weilenden verficht, während ihn selber die Not bedrängt.

Das Motiv der Verkennung spielt hierbei nur noch eine untergeordnete Rolle, trotzdem wir es bis ganz ans Ende zu verfolgen haben. Ein Mißverstehen seiner Lage sprach schon aus dem Verhalten seiner Frau. »Denke nicht«, antwortet er ihr, »ich sei egoistisch und lasse Euch im Stich. Die mir Vorwürfe machen, wissen nicht, was alles in der Natur eines Malers liegt. Warum uns Pflichten aufzwingen, die den ihren ähnlich sind. Wir zwingen ihnen die unsrigen ja auch nicht auf«. Schon im März 1892 schreibt er aus der Ferne: »Ich spreche nicht vom Kampf als Maler, obgleich auch dieser nicht wenig zählt, sondern vom Kampf ums Leben ohne die geringste Chance! Manches Mal frage ich, warum mich das nicht zerbricht, sosehr höre ich es krachen.« Selbstbewußt aber heißt es dann weiter: »Ich allein bin logisch, drum finde ich nur wenige, die mir lange folgen. Der arme Schuffenecker, der mir vorwirft, ich sei eigensinnig in meinem Wollen! . . . Meine Handlungen, meine Bilder stoßen im Augenblick auf Widerstand, aber zuletzt wird man mir Recht geben ... Ich muß leben, um meine Aufgabe bis ans Ende zu führen. Und ich kanns nur, wenn ich mir immer wieder Illusionen schaffe, indem ich mir im Traume Hoffnungen forme. Wenn ich hier Tag um Tag mein trocknes Brot mit einem Glas Wasser genieße, gelange ich dazu, mir einzubilden, es sei ein Beefsteak ... Versichern aber kann ich, daß, was ich mache, noch von niemand gemacht worden ist ...«

Ende Dezember 1892 überblickt er von Tahiti aus das Jahr. »Von Paris bin ich nach einem Siege weggefahren, einem kleinen, aber einem Sieg. Seit 18 Monaten habe ich keinen Sou aus meiner Malerei gezogen, d. h. ich habe weniger verkauft als vorher. Der Schluß ist leicht zu ziehen ... Allerdings werde ich einige Bilder mitbringen. Aber dann? Diese Bilder sind fortschrittlicher, mit anderen Worten, noch weniger verkäuflich als früher.«

1893 schreibt er bitter, »es geht heute eine ganze, junge Clique in meinen Fußstapfen und gedeiht, sagt man. Da sie jünger ist, mehr Trümpfe in der Hand hat und geschickter erscheint, werde ich vielleicht an die Wand gedrückt werden. Um das einzuholen, rechne ich auf die neue Etappe in Tahiti. Sie dürfte sich von meinen bretonischen Studien abheben, und so wird man wieder einige Zeit brauchen, um mir auf diesem Weg zu folgen.« Hier sieht man, daß das dauernde Vorauseilen einen Neuerer derart vereinzelt, daß selbst die engste Schülerschaft nachklappt, während die weitere Menschheit noch viel später erst nachhinkt. Aus diesen Erscheinungen ergeben sich Verkennungen verschiedenen Grades, je nach dem geistigen Standort, von dem aus sie erfolgen.

Im gleichen Jahr wird Gauguin aber auch mitgeteilt, wie sehr inzwischen seine Gruppe an Ansehen gewonnen habe. Und seine Frau in Kopenhagen hat wieder mal viele Bilder verkaufen können, wobei sie sich dafür entschuldigt, daß sie die eingenommenen 850 Fr. natürlich für sich selbst verbrauchen muß. Inzwischen meldet Gauguin, er hätte sich unterdessen auf den Marquesas oder in Raiateat zum Residenten ernennen lassen können, wäre er in leidlichen Verhältnissen gewesen.

Im Juni 1893 kehrt er noch mal nach Europa zurück. Ende August geht er mit 4 Fr. in der Tasche in Marseille an Land. Im September meldet er nach einer neuen Kopenhagener Ausstellung: »Meine Werke aus Tahiti hatten bei den Künstlern moralischen Erfolg, aber beim gewöhnlichen Publikum war das Ergebnis nicht ein Centime.« Im November zeigt Durand-Ruel in Paris 24 Bilder und 2 Plastiken, beinah alles aus Tahiti. Die Schau erregt gewaltiges Aufsehen, hat aber materiell ganz wenig Erfolg. Vielleicht schrecken verhältnismäßig hohe Preise die Kauflustigen ab. Vor allem aber spielt wiederum Verkennen mit. Denn Gauguins Form- und Farbenbildung hatte sich inzwischen radikalisiert, indem sie noch weit folgerichtiger »abstrahierte«. Wie sehr seine Ziele denen des damaligen Publikums entgegenstanden, deutet ein Brief von 1894 an. In Brügge Bilder von Memling sehend, vergleicht er diese mit Rubens und empfindet die ganze Weiterentwicklung an der »Pforte zum Naturalismus« als glatten *Abstieg.* Wenn ihm heute viele Kenner darin zustimmen, so war das 1894, in der Epoche also des ausklingenden modernen Realismus, eine tollkühne Vorläufermeinung, die natürlich weitere Verkennungen nach sich zog.

Als Gauguin 1894 beim Direktor der Beaux-Arts vorspricht, um an einen Auftrag zu erinnern, den man ihm nach seiner Rückkehr hatte geben wollen, sagt ihm dieser »Kenner« als Sprachrohr der breitesten Menge damaliger Interessenten: »Ich kann Ihre Malerei, die mich empört und die ich nicht verstehe, keinesfalls unterstützen. Ihre Kunst ist zu revolutionär, als daß es nicht einen Skandal bei unseren Beaux-Arts gäbe.«

Wiederum beschließt der Enttäuschte, Europa den Rücken zu kehren. Wiederum – wir sind nunmehr im Jahre 1895 – läßt der Maler eine Auktion im Hotel Drouot veranstalten, um Reisemittel in die Hand zu bekommen. Sein Freund August Strindberg soll diesmal den Katalog einleiten. Leider lehnt dieser – wenn auch mit Bewunderung – ab: »Ich komme Ihrer diesmal ganz von Tahiti geprägten Kunst nicht nahe. Ich kann sie nicht verstehen und ich kann sie nicht lieben . . . Mein Herr, sagte ich im Traum, Sie haben eine neue Erde und einen neuen Himmel erschaffen. Aber ich fühle mich in Ihrer Schöpfung nicht wohl.« 49 Gemälde umfaßt diese Auktion, dazu Zeichnungen und Holzschnitte. Köstliches Material liegt ausgebreitet. Trotzdem ergibt sich wieder nur ein Mißerfolg. Nur weniges wird wirklich verkauft, das übrige muß der Maler zurückerwerben, wobei er nur noch Geld zusetzt. Sein Abschiedsbrief an die europäischen Küsten – hinüber auch zur innerlich so entfernt lebenden, dänischen Frau nach Kopenhagen – klingt demütig und trotzig zugleich. »Kaum 47 Jahre alt«, schreibt er der Gattin, »will ich nicht mehr in Not geraten, doch stehe ich dicht davor. Wenn ich am Boden läge, niemand würde mir aufhelfen. Deine Worte ›Du mußt allein mit Dir fertig werden‹, haben einen tiefen Sinn. Ich nehme sie an.«

Bald ist er zum zweitenmale in Tahiti angesiedelt. Diesmal näher an der Landstraße, welche zur Hauptstadt führt. Er haust in einer großen tahitianischen Hütte, ganz einsam auf dem Lande, mit überwältigendem Ausblick auf die Berge. Vom riesigen Einheitsraum aus Bambus teilt ein durchlaufender mächtiger Vorhang ein Schlafzimmer ab. »Am Boden Matten und mein alter Perserteppich . . . Jede Nacht überfallen Teufelsmädchen mein Bett. Gestern mußte ich mit dreien funktionieren . . . Dies ist die Vorderseite der Medaille. Die Kehrseite ist weniger beruhigend . . . Mit anderen Guthaben zusammen schuldet man mir (in Frankreich) im ganzen 4300 Fr. Ich erhalte nicht mal einen Brief.« – »Einige können meine Flucht als verbrecherisch beurteilen. Wissen Sie aber, wieviel Leiden es in einer schlechten Ehe gibt? . . .« 1896 fühlt er sich wieder am Ende der Kräfte. Was habe er mit seinen großen Ausstellungen erreicht? »Eine vollkommene Niederlage. Feinde, und das ist alles. Das Unglück verfolgt mich ohne Unterlaß mein Leben lang. Je älter ich werde, desto tiefer sinke ich . . . Ich habe soeben ein Bild gemalt, das ich für besser halte als alles frühere: eine nackte Königin liegt auf grünem Teppich, eine Dienerin pflückt Früchte, zwei Greise streiten über den Baum der Erkenntnis, Strandhintergrund . . . Wozu soll ich das Bild senden, da es ja so viele gibt, die nie verkauft werden, auch wenn sie großes Geschrei verursachen. Dieses wird noch größeres Geschrei hervorrufen.« Immer wieder stehe er ohne Mittel da. »Meine Frau wird meine Bilder verkaufen und sich mit dem Gelde Butterbrote streichen ... Kein Mensch hat mich je protegiert, denn man hält mich für stark und ich war zu stolz ... Ich bin nichts als ein Gestrandeter.«

Schließlich schlägt Gauguin eine Gesellschaft von 15 Personen vor, die ihm ein regelmäßiges Monatsgeld senden und dafür Anspruch auf seine Bilder haben soll. Aber auch dies kommt nicht zustande. Der Pariser Kritiker Mauclair, Förderer der Impressionisten, findet Gauguins Arbeiten abstoßend, roh und brutal. Und Schuffenecker behauptet, alles Elend läge allein an Gauguins mangelnder Vorsorglichkeit, an fehlendem Geselligsein, hierbei gänzlich das Mißverstehen der Zeitgenossen übersehend. Erst ein zweiter Teil jenes Unglücks entsprang tatsächlich Gauguins eignen Lebensfehlern, ein dritter Teil aber dem Egoismus auch der Verstehenden, welche ihn damals teils zu niedrig, teils gar nicht bezahlten. »Man bedenke, daß ich in Frankreich, wo ein intensives Geschäftsleben herrscht, wo ich Beziehungen, Freunde, Bewunderer und ernste Garantien wie Bilder und Skulpturen besitze, keinen Kredit finden konnte!«

1897 berichtet er: »Es gibt übrigens hier wie in Frankreich eine Partei, die mich für einen Unruhestifter hält, und wie überall - hier noch mehr als anderswo - wird einer, der sich in Geldverlegenheit befindet, sehr übel behandelt. Ich spreche wohlverstanden nur von den Europäern.« - »Viel Feinde habe ich, bin geradezu dazu bestimmt«, meint er im gleichen Jahre. »Nun aber weckt man sie jedesmal auf, wenn ich ausstelle, sie fangen dann alle zu bellen an, um den Liebhaber abzuschrecken, indem sie ihm den Kopf verdrehen.«

Ein neues Bild heißt ›Der Traum‹ und ist ganz unwirklich. »Man wird sagen, all das liegt abseits der Malerei«, schreibt der Maler gleich dazu, denn er kennt nun die begrenzte Vorstellung eines älteren Realismus einschließlich Impressionismus gegenüber einer neuen, das *Geheimnis* suchenden Kunst. Auch wurde Gauguin wiederholt entgegengehalten, van Gogh und Cézanne seien die *alleinigen* Urheber neuester Malerei, während er doch einen ganz selbständigen Einsatz nach der antidynamischen Seite hin hatte. »Morgen werde ich zum Schüler von Bernard und Sérusier werden, in der Plastik von Paco« (der eher ein Schüler Gauguins war). In solchen Sonderverkennungen der bloßen geschichtliche *Anordnung* sprach sich natürlich (wenn auch nur indirekt) wieder eine gewisse Mißachtung seines Werkes aus. 1897 klagt ein Brief aus dem angeblichen Tropenparadies: »Ich weiß nicht, was aus mir werden soll mit meinen Schulden und ohne einen Sou. Alle Tage Reis und Wasser, das kann mir keine neuen Kräfte geben. Ich habe Schwindelanfälle, Fieberattacken und meine beiden Füße, die mich heftig schmerzen, zwingen mich, im Bett oder auf einem Stuhl zu sein. Ich habe keine Gedanken, keine Arbeit mehr und bin völlig hoffnungslos ...« Die Bilder haben teilweise durch den Ferntransport gelitten, aber schon durch eine neue Materialbehandlung konnten sie wie unfertig erscheinen. »Sie machen mir sehr ernste Vorwürfe, ich behandle die Materie nicht sorgfältig genug.« Bald schreibt er, gleichgültig geworden, »da meine Bilder unverkäuflich sind, mögen sie von jetzt an unverkäuflich bleiben. Und es wird ein Augenblick kommen, da man glauben wird, ich sei ein Mythos oder vielmehr eine Erfindung der Presse.« »Ich glaube, daß alles über mich gesagt wurde, was zu sagen war, und alles, was nicht zu sagen war. Ich wünsche einzig und allein Schweigen ... Auf alle Fälle wird die Gesellschaft mir nicht vorwerfen können, ich hätte ihr mittels Lügen viel Geld aus der Tasche gelockt. Wenn ich die untergebrachten Arbeiten zusammenzählen wollte, die Zahl der verschenkten Bilder wäre größer als die der verkauften.«

Der Maler hat inzwischen, glutvoll idealisierend wie in seinen Bildern, das Tropenparadies auch literarisch beschrieben. Ende 1897 meldet er, von der Revue Blanche den ersten Teil von ›Noa Noa‹ erhalten zu haben, »natürlich aber keinerlei Geld«. Im Februar 1899 berichtet er ganz ruhig von einem Selbstmordversuch durch Arsenik, einsam in den fernen Bergen, wo sein Körper, wie er ausdrücklich feststellt, von Ameisen aufgezehrt worden wäre. Da aber treffen Gelder ein und können seine Gläubiger befriedigen.

In einem Brief wehrt er sich gegen die üblichen Vorwürfe der Verzeichnung und Unform, welche antinaturalistischen Kunstwerken gemacht zu werden pflegen. »Ich höre manchmal, der Arm ist zu lang usw. Ja und nein. Vor allem nein in Anbetracht, daß Sie sich in gleichem Maße, wie Sie ihn verlängern, auch von der Wirklichkeit entfernen, um nun zur Fabel zu gelangen, was gar kein Übel ist. Selbstverständlich muß das ganze Werk den entsprechenden Stil und Willen atmen. Wenn Bouguereau einen Arm zu lang machen würde, was würde ihm dann noch übrig bleiben, da seine Vision ... nur in jener stupiden Präzision besteht, die uns an die Kette der materiellen Wirklichkeit schmiedet?«

Inzwischen hat er Schreibarbeiten und mechanische Zeichnungen übernehmen müssen, die ihm, ausgehend von einem Artillerieaufseher, zugeteilt werden. »Ich habe also aufgehört zu malen ...« Das alles nur, weil ihn die Bilderhändler und Käufer in Frankreich nicht bezahlen, also entweder verkennen oder übel ausnutzen. Als er vom Tode Mallarmés hört, schreibt er zusammenfassend nieder: »Wieder einer, der als Märtyrer der Kunst gestorben ist ... Die Gesellschaft ist unverbesserlich. Man könnte meinen, sie täusche sich absichtlich über den Wert der Menschen, während sie noch leben«. Den Kunsthändler Vollard empfindet er als schamlosen Ausnutzer, der die Bedeutung und den Zukunftswert seiner Bilder genau durchschaue, so daß hier keine Rede von Verkennung sei.

Wenn einmal Geld einläuft, kann Gauguin wieder eine Periode des Schaffens einlegen und ist in diesen Zeiten durchaus glücklich. Dann verwandelt sich die tropische Szenerie auch wirklich in ein Noa-Noa-Paradies. 1899 antwortet er wohlwollend einem Kritiker im Mercure, »der nichts versteht, aber gute Absichten hat«: »Wir Maler nehmen die Widerwärtigkeiten des materiellen Lebens an, ohne uns zu beklagen, aber wir leiden darunter, *weil sie uns an der Arbeit hindern.*« Der Kritiker, halb in früheren Bildanschauungen verbleibend, schätze gerade diejenigen Malereien, die Gauguin selber als unbedeutend ansehen müsse. In dem großen Gemälde ›Woher kommen wir‹ (von 1897/98) sehe man leider eine verstandesmäßige Allegorie statt Darstellung eines Traumes, wiederum *älteren* Vorstellungen verhaftet. Auch seien die Forderungen, alles einzelne fertig ziselieren zu müssen, bei neuer Malerei nicht mehr am Platze. »Zaubert das nur Andeutende nicht gerade das *Geheimnis* hervor?«

Ein Freund befindet, bestenfalls vom Standpunkt eines van Gogh aus, Gauguins Malereien seien zu wenig pastos hingestrichen. Gauguin verschweigt die inneren Gegengründe seines Empfindens, das auf Flächenstetigkeit ausgehe: »Ich sage nicht nein, und manchmal habe ich große Lust dazu, aber es wird mir immer unmöglicher, da ich mit den Ausgaben für Farben rechnen muß.« Hier wird, fast bis ins Unwahrscheinliche hinein, die Wirkungskette angedeutet, welche spätere Optimisten immer wieder übersehen: Verkennung bringt schlechte Zahlung, diese bringt Wirtschaftsdruck und dieser kann wieder eine Stilverschiebung nach sich ziehen.

1899 muß Gauguin wieder schriftlich gegen falsche, geschichtliche Ableitungen kämpfen, die noch das mindeste ihm zugefügte Unrecht darstellen. Er stamme von Cézanne, van Gogh und Bernard. Andere finden seine Malerei zu roh und erblicken in ihr bloße Papuakunst. Sie verkennen das dekorative Raffinement, das in seinem Primitivismus steckt. Vom Impressionismus her gesehen konnte man diese »blockmäßige« Malerei als rauh empfinden. Diese Verkennung sollte sich später in eine entgegengesetzte verwandeln, wie wir das so oft erleben. Nachdem seit etwa 1906 die ›Brücke‹ mit weit rauheren Formen aufgetreten war, obgleich diese zunächst an den Exotismus Gauguins angeknüpft hatten, empfand man nun die Formung des Franzosen als elegisch-elegant und dekorierend. Auch Schiller – um in kühnem Sprunge zu zitieren – hatte man einst allzu wild und später allzu glatt gefunden.

Ende 1899 wird Gauguin mitgeteilt, gewisse Händler spekulierten jetzt bereits mit seinem Namen, seine Werke erzielten gute Preise auf Auktionen, Degas und Rouard stritten sich um seine Bilder. Bald erntet der Maler seine Saat, bald aber sitzt er wie auf abgemähtem Felde. Wie es aber in jedem schöpferischen Leben geht, die eigentliche Verkennung tritt allmählich zurück, und äußere Ausnutzung begibt sich an deren Stelle.

Inzwischen empfindet Gauguin, Tahiti sei schon allzu zivilisiert. Er sehnt sich nach ursprünglicher gebliebenen Zonen, um sich nochmals zu verjüngen. So beschließt er jetzt, nach den Marquesas umzusiedeln. Man könne dort auch weit beweglicher der Jagd obliegen. Vor allem aber will er seine Malerei noch einmal radikalisieren. Hierbei möchte er 1901 drei Perioden seiner Kunst unterscheiden, und stößt bei dieser Einteilung des eignen Lebens auf eines der Verkennungsgesetze. Als er nämlich seine frühe, die bretonische, Periode verlassen habe, sei diese einst verpönte plötzlich als lieblich empfunden worden, weil er inzwischen in Tahiti zu strengeren Formen übergegangen sei, die aber nun ihrerseits Schrecken erregt hätten. Von seiner neuesten, der Marquesas-Periode aus, die noch folgerichtiger verfahren solle, werde man nunmehr die *Tahitizeit* als süß bezeichnen, jeweils also vor der letzten Epoche erschreckend und die vorletzte preisend. – Dasselbe erzählte mir Franz Marc von seiner eignen Entwicklung. Diese Erscheinung erklärt sich aus dem Wesen verspäteter Anpassung des Publikums, der ja das gesamte Verkennungsproblem entstammt.

Die letzten Briefe von Tahiti enthalten aber noch einige Gestaltungsfragen, mit denen er weiteres Mißverstehen seiner Malerei vertreiben will. Man hatte Gauguin vorgeworfen, daß die ›Ideen‹ seiner Bilder sich im Gegensatze zu Puvis de Chavannes nicht deutlich genug offenbarten. »Puvis macht seine Idee deutlich, aber *malt* sie nicht«, erwidert Gauguin. »Puvis wird ein Bild ›Reinheit‹ nennen und um dies zu verdeutlichen, eine mädchenhafte Jungfrau mit einer Lilie in der Hand malen ... Gauguin wird unterm Titel ›Reinheit‹ eine Landschaft mit klaren, durchsichtigen Wasserläufen malen ohne jede Trübung durch zivilisierte Menschen, vielleicht mit einer Figur ... Zwischen Puvis und mir liegt eine ganze Welt.« Hiermit weist die neue Kunst jene Vergleiche mit älteren Gestaltungsweisen zurück, Vergleiche, die zu Verkennungen führen müssen.

»Die Formen sind rudimentär? Das muß so sein. Die Ausführung ist gar zu einfach? Das muß so sein. – Viele Leute sagen, ich könne nicht zeichnen, denn meine Form ist von besonderer Art. Wann begreift man endlich, daß Ausführung, Zeichnung und Farbe mit der Dichtung *übereinstimmen* müssen?« In einem anderen Schreiben heißt es zusammenfassend und noch mal alles Mißverstehen abwehrend: »Man muß in der Malerei im Grunde mehr die Suggestion als die Beschreibung anstreben, wie es übrigens die Musik macht.« Besonders beargwöhnt werden zwei Zeitschriften, die der Maler in den Tropen vorübergehend herausgibt. Er nennt sie ›Les Guepes‹ und ›Le Sourire‹ und kritisiert hier die Zustände der Verwaltung und Mission zugunsten der unverbildeten Eingeborenen.

Im August 1901 erfolgt nun die Übersiedlung nach den Marquesas, zuerst für kurze Zeit nach Fatu Hiwa, dann nach der Insel Hiwa Oa (Dominica). »Ein geräumiges Atelier mit einem Winkel fürs Bett ... das Ganze auf einem zwei Meter hohen Pfahlunterbau. Hier ißt, schreinert und kocht man. Eine Hängematte, um vor Sonne geschützt Siesta zu halten, erfrischt vom Meereswinde her, welcher durch Kokosbäume gemildert, aus dreihundert Meter Entfernung herüberkommt.« Gauguin findet herrliche Modelle und beginnt sofort zu arbeiten. »Das ist die Ruhe, die ich brauche, fern von allen Beamten Tahitis ... Für ein gewöhnliches Huhn zahle ich 60 Centimes und von Zeit zu Zeit für ein 20 Kilo schweres Schwein 6 bis 7 Fr.« Nur noch selten und wie aus der Ferne rollt leise der Donner europäischer Ärgernisse übers Meer. »Man hat mein Buch Noa Noa ohne mein Wissen gedruckt.« Weiter aber wurmen jene kulturellen Verspätungen. »Fayet begeistert sich für Cézanne ..., aber immer dasselbe: jetzt wo die Bilder teuer sind, jetzt da es zum guten Ton gehört ...« Die alten Kritiker erscheinen Gauguin beinahe besser als die neuen, die Halbwahres im Tone neuer Bestimmtheit aufsagen und weiter falsche Ableitungen seiner Malerei unternehmen. Er wehrt sich besonders gegen Herleitung aus van Gogh, mit dem seine Kunst auch wirklich wenig gemein hat. An den Mercure sendet er einen Aufsatz, der beweisen soll, daß die Malerei nicht das geringste von Kritikern und Schriftstellern zu erwarten habe. Auch schreibt er hier gegen alle Dogmatik, wie sie nach seinem Tode mit den nun schnell sich ablösenden Ismen hervorwuchern sollte. Dieser wichtige, vorausschauende Aufsatz wird ganz verkannt und vom Mercure glatt abgelehnt. Der Text soll nun in einen Gesamtband von Gauguins Erfahrungen und Erinnerungen wandern, den er einem Freund einsendet, damit ihn dieser zum Druck befördere. Hier erfolgt nun weitere Verkennung: man läßt die äußerst aufschlußreiche Handschrift liegen. Erst 15 Jahre später erscheint sie als ›Vorher und Nachher‹ in deutschem Verlag.

Der Mißachtung Gauguinschen Formenwesens entsprach eine Unterschätzung der Eingeborenenkunst. Erst nach bewußtem Aufnehmen der modernen Abstraktionen wußte man ja die Ausdruckskraft der Urbevölkerungen künstlerisch zu genießen. Jene Gestaltungsweisen waren zuvor nur gegenständlich und als ethnographische Kuriosa geschätzt worden. »Man scheint in Europa keine Ahnung zu haben«, mußte Gauguin noch niederschreiben, »daß die Maori auf Neuseeland und den Marquesas eine einzigartige dekorative Kunst besitzen . . . Die Verwaltung hat keinen Augenblick daran gedacht, auf Tahiti ein Museum ozeanischer Kunst einzurichten, was ein leichtes gewesen wäre. Alle diese Leute, die sich doch gebildet nennen, sind nicht imstande gewesen, den Wert marquesanischer Kunst auch nur zu ahnen.« – »Jede Frau macht hier ihr Kleid, flicht ihren Hut, schmückt ihn mit Bändern auf eine Weise, daß jede Modistin in Paris solch ein Modell gebrauchen könnte. Sie stellt einen Blumenstrauß mit ebensoviel Geschmack zusammen wie es die Geschäfte auf dem Boulevard Madeleine tun.« Ebenso war es damals noch nötig, daß Gauguin die Schönheit dieser *Menschen* anpries. »Die Arme laufen in ungewöhnlich aristokratische Hände aus. Dafür sind die Füße breit und kräftig . . . Und die schöne Brust mit den rosa Brustwarzen, dem Korsett so widerstrebend . . . Eine jagende Diana mit breiten Schultern und schmalen Lenden . . .«

»Um wieder auf marquesanische Kunst zu kommen, sie ist nun dank den Missionaren verschwunden. Die Priester haben festgestellt, daß Holzschnitzen und Schmücken Fetischismus sei, der den Christengott beleidige . . . Die junge Generation lernt von der Wiege an fromme Lieder in einem unverstandenen Französisch singen, den Katechismus herunterleiern und weiter nichts . . . und trotzdem zwingt man sie, es lebe die Republik, es lebe der Gouverneur zu rufen. Am 14. Juli haben sie 400 Fr. in die Kasse zu zahlen, außer den Steuern und 30 000 Fr. für Strafen.« Man spürt, wie ernst Gauguin nicht etwa nur sein eigenes, sondern das Verkennungsproblem einer ganzen Rasse nahm. Trotzdem wäre die neue Insel ein Altersparadies für den Maler geworden, wäre er nicht in schlimmen Zwist mit der europäischen Verwaltung geraten. Der künstlerische Exotismus besteht hier seine tiefste menschliche Probe. Der Maler schützt die dunklen Einwohner gegen sinnlose Eingriffe und Betrügereien der europäischen Polizei. Deren Mitglieder halten jedoch grausam zueinander: Gauguin wird durch einen üblen Richter zu 1000 Fr. Strafe und 3 Monaten Gefängnis verurteilt. »Es bedeutet meinen

Ruin und die völlige Zerstörung meiner Gesundheit.« Zugleich hat er Schulden an eine Handelsgesellschaft abzuzahlen, und aus Paris kommen keine Einnahmen, obwohl Vollard dort Bilder verkauft. »Alle diese Sorgen drücken mich«. Wenige Wochen nach dieser letzten, einsamen Klage stirbt Gauguin, wahrscheinlich an einer Herzkrankheit.

Der protestantische Pfarrer von Altuana, der gegenüber seiner Hütte hauste und den Maler einige Male gepflegt hatte, zeichnet einen letzten Bericht auf. »Er war tot, rief sein Kamerad, der alte Tioka. Und während er es sagte, biß er kräftig in die behaarte Kopfhaut seines Freundes, ein für die Marquesas sehr charakteristisches Mittel, jemanden ins Leben zurückzurufen.« »Gauguin ist tot, wir sind verloren! Ua mate Gauguin, ua pete enata!« Dies seien die Ausrufe vieler verzweifelter Marquesas gewesen. Man fühlt hier ergreifend, daß Gauguin sich nicht nur in künstlerischen Träumen, sondern auch im wirklichen Leben mit einem ursprünglicheren und elementareren Sein verbunden hatte, sich dauernd gegen leer gewordene Überlieferungen und veraltete Formen europäischer Zivilisation wehrend.

Die letzte aller Verkennungen Gauguinschen Wollens lag aber wohl darin, daß sich ein katholischer ›Orden der Christlichen Lehre‹ und der katholische Bischof der Marquesas umgehend dieses ausgesprochen heidnischen Leichnams bemächtigten und ihn beiseite brachten, um ein pompöses Begräbnis feiern zu können.

Am 9. Mai 1903 ging dies vor den erstaunten Augen dunkler Eingeborener rauschend in Szene.

Hodler

Der junge Hodler kämpft energisch um sein Malerdasein. Er bewirbt sich oft um die Preise der Genfer Société des Arts, die aus dem Vermächtnis von Diday und Calame gestiftet wurden. Wiederholt erringt er diese Auszeichnungen. Aber seine Bilder gefallen so wenig, daß entgegen allem damaligen Brauch nicht ein einziges für die städtischen Kunstsammlungen angekauft wird. Hodlers kraftvoller, großformiger Bildaufbau erregt Entsetzen, denn er hebt sich entscheidend von allem damals Üblichen ab. Schneidend scheidet er sich von der älteren Genremalerei, deren Ausläufer noch immer nachwirken. Hodler gibt die Menschen nicht in ehrpußligem, trautem Beieinander, sondern in seltsam vergrößertem Rhythmus. Aber auch vom Impressionismus her, der den moderneren Gemütern damals vorschwebte, war Hodlers Kunst nicht zu begreifen. Denn sie verwandelte die lichte Farbenwelt dieser Kunst, die sie allerdings weitgehend in sich aufgesogen hatte. Sie baute sie in stählerne Gerüste der Zeichnung ein, alles weiche, mollige Geflimmer, das die französische Malerei erwarten ließ, nun ehern hartmachend.

So scheiden sich sofort die Beobachter. Neben einer für ihn eintretenden Gruppe stehen dauernd Empörte, bestenfalls laue Spötter. Die Genfer Presse läßt einen fatalen schulmeisterlichen Ton hören, der, wie auch die Kritiker wechseln, mindestens bis Ende der 80er Jahre – also auch dem reifen Manne gegenüber – durchgehalten wird. Es ist jener Ton, der sich immer ergibt, wenn veraltete optische und Gefühls-Einstellungen einer neuen Formauffassung gegenübertreten. »Man sieht auf der Ausstellung einige Bilder, die allgemeines Aufsehen erregen. Das Publikum bleibt vor ihnen stehen, ergeht sich in Ausrufen und Gelächter, die für den Künstler wenig Wohlwollen bedeuten. Indessen verraten, wie einige Kenner sagen, diese Bilder wirkliches Talent ... aber darf man das Talent selbst in seinen Verirrungen bewundern?« Die ausgestellten Bildnisse seien häßlich. Es wird der übliche, nach rückwärts zielende Rat gegeben, Hodler möge die großen alten Meister ansehen und sie gut kopieren. Sie hätten immer das Schöne gesucht, selbst wenn abstoßende oder häßliche Dinge vorkämen. Dieser bekannte Einwand beruht natürlich darauf, daß jede geschichtlich ältere Form des Häßlichen nachträglich als schön empfunden wird, während eine neue Form des Schönen zunächst immer als häßlich gilt.

Tscharner bemerkt 1877 zu derselben Ausstellung: »Hodler erregt durch seine kecke Pinselführung und rücksichtslose, realistische Richtung mehr Aufsehen wie Bewunderung.« Als 1878 das ›Turnerbankett‹ erscheint, wird es im Journal de Genève als »schnell und auf gut Glück zusammengepfuschtes« Bild erledigt. Der Maler habe sich offenbar keine Rechenschaft über die Summe von Arbeit gegeben, die für ein Bild solcher Ausmaße nötig sei. Damit waren nicht etwa die wirklichen Gebrechen dieses Bildes, sondern seine abweichenden Methoden der Gestaltung überhaupt gemeint.

Hodlers Bewerbungen um die Ausmalungen im Genfer Theater bleiben gänzlich erfolglos. Er ist damals sehr arm. Eine ausgehobene Schranktür, auf zwei Stühle gelegt, mit Kleidungsstücken notdürftig bedeckt, muß in dieser Zeit ein Bett ersetzen. Man glaube aber ja nicht, daß ihn nur die Presse abgelehnt habe. Überhaupt ist unsre fortlaufende Darstellung der Verkennungen nicht als ein Dauerirren allein der literarischen Kritik aufzufassen. Wir zitieren diese nur deshalb öfter, weil sich ihr Niederschlag besser erhalten hat, also weniger Brief- und Tagebuchaufzeichnungen der Beurteiler vorliegen. Je näher wir aber der Gegenwart kommen, desto mehr kennen wir die Ablehnung neuer Formen auch durch die mündliche Meinung. Die anonyme, mündliche Ablehnung ist im Falle Hodler weit radikaler gewesen als dies in unserm Kurzbericht erscheinen mag. Nur hat eben die mündliche Entrüstung den Vorzug, sofort in Schall und Rauch aufzugehen.

Hodler war damals tief verstimmt über das Mißverstehen aller Beobachter, schwer bedrückt durch Armut, dumpf ringend mit Zweifeln an der üblichen sozialen Weltordnung. Man überschätzt die Kraft selbst dieses stämmigen Alemannen, wenn man etwa glaubt, alles sei spurlos an ihm vorübergegangen. Tief dringt es in die Stimmung seiner Bilder der 80er Jahre ein.

Im Genevois heißt es 1880 über die ›Überfahrt‹: »Hier und da findet man in den Bildern Hodlers Stücke, die von einem Maler sind. Der Rest ist von einem mißleiteten Schüler, der seine orthographischen Fehler für Originalität hält.« In dieser Zweiteilung des Urteils erkennt man die damalige kunstgeschichtliche Lage: seine Farbengebung duldet man allenfalls, die Art des *Aufbaus* aber, worin gerade das Neue lag, gilt als Mißgestalt schlechthin. Als 1881 das ›Gebet im Kanton Bern‹ erscheint, werden dem Maler wiederum alle seine Schwächen vorgehalten. Wider Willen nur stellt man zugleich Ergriffenheit fest. »Wenn er doch nur die Dinge schön statt häßlich sehen könnte.« Obgleich diese Arbeit mit so heimatlichem Thema zum Ankauf für die städtische Kunstsammlung empfohlen wird, lehnt die entscheidende Kommission durchaus ab, unter dem fadenscheinigen Vorwand, daß der Maler zu jung sei.

Von der ersten Fassung des ›Müllersohn und Esel‹ heißt es nach redlichen Belobigungen: »Le malheur c'est, que M. Hodler voit laid.« Man sieht, soviel Verkrampfungen auch frühen Hodlerarbeiten eignen, jedenfalls nicht, wie sehr er alles Übliche, das man übermäßig pries, überragte. 1885 entbrennt ein literarischer Streit um Hodler und seinen Freund Ihly. Die zünftige Kritik des Journal de Genève hält sich vornehm beiseite und behauptet, Hodler verdiene weder soviel Schmach noch soviel Ehre, aber er sei ein Opfer seines Systems. Als seine Freunde 1885 eine Sonderausstellung durchsetzen, werden wieder alle Einwände gegen diese Kunst hervorgeholt, obgleich sie schließlich doch empfohlen wird. Hier haben wir jene mildere Form des Verkennens: man ahnt bereits von Ferne die Bedeutung eines Ganzen, ohne sich diesem doch entscheidenden Erlebnis wirklich hinzugeben. Zöge man nämlich alle notwendigen Folgerungen aus ihm, so würde man nicht mehr an jenen Einzelforderungen haften, die man aus älterer Überlieferung weiter mit sich schleppt und die nun einen wirklichen, neuartigen Vollgenuß verhindern. 1886 nennt das Journal ›Das mutige Weib‹ eines der »denkbar häßlichsten Exemplare des weiblichen Geschlechts.« Zugleich heißt es aber, »welche Kraft der Zeichnung«. Wieder fühlt man jene Spaltung, von der wir eben sprachen. Dieselbe Aufteilung des inneren Empfanges tritt bei dem Bilde ›Vom Sturm überrascht‹ hervor. Bewegung, Modellierung, Ausdruck seien außerordentlich. Aber was für Fehler, welche Verbrechen gegen den Geschmack. Ob das noch Realismus sei, wenn man alles übertreibe. Sei derjenige ein Naturalist, der die Farbpalette derart beschränke, daß man meine, er wolle Fresken malen?

Man sieht damals noch nicht, daß die realistischen Gegenstände oder Einzelmittel Hodlers gar nicht auf eine Wirklichkeitsmalerei zielten, sondern einer Monumentalgestaltung dienen wollten. »Wenn das aber alles gewollt ist, wie einige sagen, so sagen wir Herrn Hodler nur eines: eilen Sie sich, anders zu wollen.« So heißt es eigenwillig gegenüber dieser neuen Großformung. Das Publikum hat dem jungen Künstler schon lange genug Kredit gegeben, es erwartet ein Werk, das weniger den Geschmack und den gesunden Menschenverstand beleidigt. Wenn Hodler noch länger zögert, so muß die Kritik ihn endgültig jenen zwar ehrlichen und begabten, aber unfähigen Künstlern zuzählen, unfähig, ihr Temperament zu beherrschen. »Man beachte die üblichen Kategorien Geschmack und gesunden Menschenverstand. Wie irrational, zeitbedingt und wandelbar sind doch jene sogenannten Grundfesten aller künstlerischen Beurteilung.«

1887 findet die große Gesamtausstellung im Berner Museum statt, wo etwa 60 Bilder (in nicht gerade eindrucksvoller Aufmachung, z. T. ohne Rahmen) die Anerkennung der Vaterstadt erobern sollen. Ein gänzlicher Mißerfolg. Der einzige, der öffentlich für Hodler eintritt als vielleicht erster im deutschen Sprachgebiet, war J. V. Widmann im Bund. Als Hodler 1888 im Concours Diday für das ›Moderne Rütli‹ nicht etwa den 1., sondern nur den 3. Preis erhält, war doch immerhin kein damaliger Schweizer für dieses Thema so geeignet, weshalb auch hier ein Fehlurteil vorlag. Das Journal de Genève schreibt damals: »Entschieden macht man sich ein wenig über uns lustig. Er ist gegen das Interesse der Künstler, eine solche Kunst durch eine Preiserteilung zu ermutigen, man sollte sie vielmehr entmutigen.«

1891 erlebt Hodler den schärfsten Zusammenstoß mit dem Genfer Publikum, zugleich danach aber auch das Umfallen der öffentlichen Meinung. In der dortigen Ausstellung hängt eine Landschaft und ›Die Nacht‹. Dieser ›Nacht‹ gegenüber erhebt sich ein derartiger Entrüstungssturm, daß – man sollte es nicht für möglich halten – auf Veranlassung der städtischen Behörden das gewaltige Bild entfernt werden muß, und zwar aus Gründen sogenannter öffentlicher Sittlichkeit. Dieser Fall muß als eine der köstlichsten Blamagen der neueren Kunstgeschichte registriert werden. Denn hier vereinigt sich ein gänzlich veralteter Formensinn mit muffigstem Muckertum, um eines der bedeutendsten Kunstwerke mindestens seiner Zeit und des Landes tunlichst zu vernichten. Die Gegnerschaft Hodlers hatte alle Gründe der Moral herbeigeholt, um den Maler unmöglich zu machen. Wie es nach derartigen Erregungen des gesamten Philistertums aber zu gehen pflegt, wußte man selbst in der ziemlich prüden Stadt Calvins sehr bald nicht mehr, warum man sich eigentlich so furchtbar aufgeregt hatte.

Von den Kunststätten des Auslandes war es zuerst Paris, wo Bilder Hodlers Anerkennung fanden. 1897 hat Hodler dann in München für ›Die Nacht‹ die große goldne Medaille erlangt, eine jener Dekorationen, mit denen das oft verkennende 19. Jahrhundert so verschwenderisch umsprang. Wirklichen Gesamterfolg findet er dann 1904 auf der Ausstellung der Wiener Sezession, wo auch Hans von Marées und bereits Edvard Munch mit großen Auswahlsammlungen vertreten sind, so daß die Überwindung sowohl des Naturalismus als auch des Impressionismus dort gleich in einem mächtigen Dreiklang ertönt. Die Entwürfe zur ›Marignanoschlacht‹ wurden von der Züricher Landesmuseumskommission abgelehnt. Der damalige Museumsdirektor nimmt in der Neuen Züricher Zeitung heftig gegen Hodler Stellung, bei welchem jedes Komponieren fehle. Man beruft sich im 19. Jahrhundert, besonders in Demokratien, gern aufs öffentliche Gewissen, auf das Empfinden des Volkes, nicht berücksichtigend, wie gestrig dieses Gewissen meistens ist, wenn es den Werken eines Neuerers gegenübertritt, und nicht beachtend, wie sehr sich dies Empfinden durch jene Vorauseilenden ja gerade nach einigen Jahrzehnten wandeln soll, wie wenig es also als feste, gleichsam übergeschichtliche Größe angesprochen werden darf.

In der gleichen führenden Schweizer Zeitung melden sich viele Sprecher für und wider Hodler. Natürlich ließ sich manches gegen jenes noch unausgereifte Werk vorbringen. Aber die Gesichtspunkte der Gegner waren gänzlich verfehlt und verkannten den Sinn dieser Arbeit vollkommen. »Widerlich realistisch dargestellte, rohe Szenen, Jammerbilder, blutrünstige Ungeheuerlichkeiten, krankhaft gezierte Machwerke« sind Ausdrücke, die damals fallen. Man wisse überhaupt nicht, ob diese Gestalten tragisch oder komisch gedacht seien. Es handle sich um frivole Experimente einer schwunglosen und armen Kunstauffassung. Auch die Stadtchronik findet das alles »einfach scheußlich«. Ein alter Mann erhebe »statt des rechten Armes ein dreiknieiges Ofenrohr zum Schwur, eine Jammerfigur, die lautes Lachen erregt.«

Über den ›Tell‹ schreibt man nicht minder entrüstet. »Ich nenne diese blauweiße Fratze mit dem weitgeöffneten Maul und den ausgebreiteten Armen ein Monstrum, einen Unsinn, den die Originalitätssucht, die verstiegene Manier ausgebrütet hat.« Hodler zählte schon beinah 45 Jahre, als diese Verkennungen seines Monumentalstils sich ereigneten. Hodlers kraftvolle, in dur ertönende Farbengebung sei aus der »Kinderfarbenschachtel«. Er verstehe nicht, perspektivisch zu zeichnen und stelle seine Figuren nur nebeneinander. In diesen Worten zeigt sich besonders deutlich, wie man gerade die neue Abstraktion verkennt, welche sich mit Hodler im außerfranzösischen Teil der damaligen europäischen Malerei zeigt. Hatte man doch auch Marées verkannt, der in gedämpfterer Farbengebung bereits zuvor mit jenem Antinaturalismus begonnen hatte.

Auch vom ›Schwingerzug‹, allerdings einer wenig reifen Arbeit Hodlers, hatten die Gegner mindestens unter falschen Gesichtspunkten gesprochen. Man ging viel zu sehr von der bräunlich gedämpften älteren Malerei des 19. Jahrhunderts aus. »Entweder leidet der Maler an einer Krankheit der Netzhaut, oder er hat sich in eine bedenkliche Manier der Farbengebung hinein verrannt, neben welcher der verpönte Galerieton sich noch eher als Natur bezeichnen läßt« (Ansicht des Kritikers Frey). »Ein Zerrbild echter Schweizerart«, wettert ein andrer nunmehr vom vaterländischen Gesichtspunkt aus. Eine Generation später übertrieb man nach der entgegengesetzten Seite hin, wenn man nun plötzlich glaubte, bei Hodler »überall echte Kernigkeit des Schweizer Volkes« bewundern zu müssen. Man spürt hier deutlich, wie schnell die Idealbilder schwanken, welche sich die Völker von sich selber machen. Und wie sehr diese inneren Leitbilder wiederum von denjenigen Formen abhängen, welche die Künstler gleichsam vorformen. Und es zeigt sich immer wieder, in welch grotesker Weise jene Vorformer zuerst dafür gelästert, dann (manchmal sogar übermäßig) gepriesen werden. Denn heute gilt Hodler auch beim spießbürgerlichsten Schweizer bereits als eine Art Nationalheros, soweit er vaterländische Stoffe formte.

Die Erinnerungen Fritz Widmanns an Hodler bestätigen in mancher Hinsicht unsre Eindrücke. Widmann wundert sich, daß sein Vater, der doch für

Hodler schrieb, solang er als Kritiker tätig war, doch dauernd Einwände parat hatte, die uns heute als veraltet erscheinen. Sind es doch nicht etwa Vorbehalte, die wir heute gegen Hodler bereit hätten. Als unfertig gelten die Bilder. »Mehr Fleiß in der Ausführung«, mehr »Sinn für harmonische Schönheit« werden gefordert. Auch hier werden die Eingesandt und Stimmen aus dem Publikum erwähnt, mit denen man den Maler in die Kunst des 19. Jahrhunderts zurückbiegen wollte, möglichst sogar in die Malerei Lenbachs, den er besonders haßte. Zur ›Kommunion mit der Unendlichkeit‹ zitiert Widmann die damals übliche Meinung. »Das ein religiöses Bild?, höre ich viele meiner Leser erstaunt fragen. Ist denn Tollheit Religion? Dieses nackte Frauenzimmer in seltsam gedrehter Stellung und dahinter der ungeheure grüne Gemüsehügel bedeutet vielleicht – da Künstler oft gar bizarre Phantasien haben – den Untergang der Welt durch Spinat. Diese Frau ist der letzte Mensch; sie ringt die Hände entsetzt über diese noch immer ansteigende Masse Spinat, die bereits alles Lebendige verschlungen hat ...« Das ist nicht Widmanns eigne Ansicht, doch er findet diese sehr verständlich. Deshalb heißt es nun gewunden: »Aber daß sein Gemälde kein schönes Bild ist, ja daß man sogar froh ist, die Augen davon abzuwenden, muß ich ebenso bestimmt aussprechen.« Die Malerei »muß auch durch Aufbieten der in ihrem Wesen liegenden Mittel, zu denen unter anderm schönes Kolorit gehört, den Beschauer gewinnen, ihn so stimmen, daß er gern auf die Gedanken des Künstlers eingeht.« Unter Schönheit des Kolorits waren hier eben die auf moll gestimmten, tonigen Verbindlichkeiten des 19. Jahrhunderts gemeint, während doch Hodler klare Farbgegensätze in dur suchte, jedenfalls gerade *hierin* seine Schönheit lag. Von der ›Anbetung‹ heißt es: »Die unter Blumen kniende Frühgeburt in Badhosen aber gehört zu jenen Rosenkreuzerischen Abwandlungen moderner Dekadenz, die man mit dem schärfsten Besen aus unserm Künstler eben hinausfegen sollte«. Widmann berichtet weiter, daß sich in Bern alle Kollegen fernhielten und die meisten nur in Spott ergingen. Einer machte seinen weiteren Umgang mit dem Sohne Widmanns davon abhängig, daß dieser den verrückten Hodler fallenlasse. Die Entsetzten nannten ihn Bluthodler, womit sie wohl seine Radikalität bezeichnen wollten. Widmanns Mutter mußte ein Hodlerbild, das sie erworben hatte, in eine Gartenlaube verbannen, so groß war die immer wiederkehrende Entrüstung der Besucher des Hauses.

Vom Streite um die Landesmuseumsfresken berichtet der jüngere Widmann, wie sich angstvoll Herr Konsul Angst gegen die Erwerbung des Bluthodler stemmte, wie ferner Prof. Rahn und Gerold Vogel sich gegen diese Malerei wehrten.

Als mit Hodler später über Stipendienwesen gestritten wurde, war er trotz alles hier hervortretenden Verkennens junger Talente dennoch für solche Einrichtung. Er meinte, wenn sie ausnahmsweise mal den Richtigen träfe, so werde er vor Entmutigung und wirtschaftlicher Verzweiflung bewahrt. Man weiß, wie sehr er selber unter beidem einst gelitten hatte.

Ganz verspätet sind einige Entrüstungen von 1913. Hans Friedrich wettert noch immer gegen die Münchner 11. Internationale Kunstausstellung, wo

Hodler zu reich vertreten gewesen (»Kunstjakobinertum«). Er sei auch ganz unschweizerisch. Das Luzerner ›Vaterland‹ sagt, »Hodler ist im letzten Grunde heute schon überlebt.« A. W. de Beauchair meint im Luzerner Tagblatt desselben Jahres: »Bei Hodler wirkt alles, von der Haarspitze bis zur verknaxten Zehe abstoßend, unwahr, unkörperlich, häßlich . . . Wir sind nicht so blöde, auf direktes Nichtkönnen hereinzufallen . . . Er ist weder Figurenmaler noch Landschafter, er ist nicht Staffeleibildkünstler noch tüchtiger Wandmaler. Auf keinem Gebiete hat er uns bisher irgend etwas geschenkt, das ihm auch nur *ein* Lorbeerblatt eintragen dürfte . . . Hodlers Produkte werden von der Bildfläche verschwinden, sobald die Suggestion aufhört, die sein Nimbus großzog und umspinnt«. Man spielt Böcklin gegen ihn aus, den man zu seiner Zeit aber ebenfalls befehdet hatte. Eine Eingabe im Bundesrat protestiert gegen eine Jury, »welche in der Hauptsache allein den Interessen einer absolut extremen Kunstrichtung dient.« Immer wieder mag sich der nachträgliche Beurteiler zusammenstellen, was alles im Augenblicke des Hervortretens als ›extrem‹ gegolten hat. Selbst wenn man diesem Maler nicht zustimmt, wird man die damaligen Meinungen als Fehlurteile brandmarken müssen, wenn man hört, daß Hans Beatus Wieland und Ernst Hodel ihm als die Überragenden gegenübergestellt wurden, die vorschwebenden Ideale also ganz schwächlich waren. Hodlers gewaltiger ›Aufbruch der Studenten‹ (in Jena) galt als »völlig mißglückt, charakter- und kraftlos«. Ich habe als junger Student aber noch den Aufruhr miterlebt, den diese Leistung einer großformigen Malerei verursachte.

THEORETISCHER TEIL

Die Mißverstandenen

Verschiedene Arten des Verkanntwerdens

Man kann die Verkennungsphänomene im großen ganzen von außen betrachten, d. h. von den *Urteilenden* her, die den neuen Werken entgegentreten. Wir hatten aber zu zeigen, welche Wirkungen ein Trommelfeuer von Fehlurteilen auf die Schöpfer der betreffenden neuartigen Werke selber ausüben mußte. Hier lassen sich drei Reaktionsformen denken, und sie finden sich denn auch in der Geistesgeschichte.

Die erste Möglichkeit für den Schaffenden ist, daß er die Verdammung seines Werkes überhaupt kaum erfährt. Dies ist der glücklichste Fall. Er tritt in den frühen Jahrhunderten häufiger ein als später, weil selbst noch im 17. und 18. Jahrhundert bei dem geringen Umfang des damaligen Zeitschriftenwesens der *formulierte* Widerhall eines neuartigen Werkes überhaupt gering ist. Das war ein Segen für das innere Schaffen noch etwa der Musiker des 18. Jahrhunderts. Denn die Kultur hat höchstes Interesse daran, die wahrhaft Großen im Reiche des Geistes und der Künste in dieser Hinsicht naiv, mindestens *unbefangen* zu erhalten. Die Großen ahnen – das ist ja gerade der bedeutsame, geheimnisvolle Vorgang in ihnen – selber am besten, was der nächsten Menschheitszukunft nottut (wenn man sich dieser zu teleologischen Formel bedienen darf). Es war also für einen J. S. Bach, um irgendein Beispiel herauszugreifen, höchst bedeutsam, daß er nicht in die Feuilletons gezerrt wurde.

Denn hier kommen wir auf einen weiteren wichtigen Umstand: das *mündliche* Fehlurteil einzelner Aufnehmender wirkt weniger hemmend als das gedruckte Wort, das im Scheincharakter seiner Objektivation (als ob es für ewig eingemeißelt stände) mindestens an der *Oberfläche* die Lebensstruktur auch des originellen Menschen beunruhigen kann. Von dieser Oberfläche aus kann es dann aber wie ein Gift, wenn auch nur zu kleinen Dosen, ins Innere schleichen, um auf Umwegen dann den ganzen, großartig »naiven« Organismus und Furor dieser Menschen anzugreifen. Dann entsteht z. B. die bekannte Erscheinung der eignen »gemilderten« Zweitfassungen, die wir später wieder mühsam in die frischeren Urfassungen zurückverwandeln müssen. Vergleiche Goethe, Schiller, J. Burckhardt, Ibsen, Brahms, Bruckner, Spitteler usw.

Die mittelalterliche Verfassung, wo der Künstler wie ein Handwerker gehalten, der Maler, wenn sein Städtchen keine Sonderzunft besaß, sogar in die Sattlerinnung eingeordnet wurde, hatte Vor- und Nachteile. Ihr größter Vorzug war, daß eine künstlerische Arbeit wie ein Stück Handwerk genommen wurde. So irrig das im Grunde ist, so sehr war doch der Meister dadurch behütet, öffentlich abgeurteilt zu werden. Denn ein Stück Handwerk wird ja nicht als geistesgeschichtliches Ereignis mit bedeutungsvollem Für und Wider bombardiert, selbst wenn man bereits einen Ansatz von Pressewesen besessen hätte. Das Handwerk geht in aller Stille in den großen Fundus der bestehenden Leistungen ein.

Die große zweite Möglichkeit ist nun, daß der Schaffende negative Kritik erfährt, schärfstens erfährt, ihr aber ein großes Dennoch entgegensetzt. Aus dieser Quelle entspringt zunächst das Verbissene, Fanatische, das den nachmittelalterlichen Genies schon außen aufgeprägt erscheint. Beispiel hierfür vor allem Michelangelo und Beethoven. Woher sollte das Ungelöste, gigantisch Verkrampfte, Berserkerhafte mindestens einer *Gruppe* der Genialen kommen, wenn nicht aus diesen ewigen Reibungen, die dem Durchschnittsmenschen vollkommen erspart bleiben? Wer formal oder inhaltlich im Gestern oder Heute lebt, hat diese Spannungen niemals zu ertragen. Wer aber einsam schon im großen Morgen haust, der härtet sich beizeiten. Es wäre andernfalls nicht einzusehen, warum sich im Bereiche derer, die ihrer Zeit voraus sind, besonders viel unleidliche Gesellen finden. Von der Sphäre homo ludens aus, wo, wie Huizinga zeigte, das tiefste Element geistigen Schaffens einer Art Spielbetrieb entspringt, wäre jene Verdüsterung niemals zu begreifen. Denn das eine ist sicher: den *Großen* im Reiche der Künste und des Geistes fällt das Spiel des Komponierens, Malens, Denkens immer leicht, ob ihr Arbeitsprozeß nun mehr stockend, additiv (Beethoven, Lessing) oder mehr fließend, synthetisch (Mozart, Goethe) vor sich geht. Alle waren ja Meister der bloßen Improvisation, falls diese gelegentlich gefordert wurde. Erst wenn nach Herstellung des ludus, des tiefen Spiels, die »Anderen« nicht *mitspielen* wollen, weil eben auf einmal die Spielregeln kühn und neu werden, entsteht jene dauernde Abwehrspannung, die auf den Gesichtern so vieler Neuerer zu lesen ist.

Glücklicherweise finden sich unter denen, die mit dem großen Dennoch durchkommen, gelegentlich auch strahlende, sieghafte Gesichter, wie etwa bei Gluck, den großen Gegentyp hierin, obgleich er wie Beethoven genügend Mißverstehen zu ertragen hatte. Nach der Dilthey-Nohlschen Typenlehre sind es vor allem die sogenannten »Monisten«, welche (wie Mozart, Schubert, Goethe) verhältnismäßig wohlig durchkommen, während die »Dualisten« (wie Schiller, Beethoven, Tolstoi), andrerseits der dritte Typ, die Dämoniker (wie Grünewald, Shakespeare, Herder, Kleist), psychologisch (nicht so sehr in ihrer Sache) stärker von den Angriffen der Nichtmitgehenden durchwühlt werden. Doch geht diese Einteilung nicht völlig auf, zeigt Mischungen und Übergänge.

Immerhin scheint sich instinktiv jeder Typus der Umwelt gegenüber anders einrichten zu wollen. Obgleich alle unterm Nichtverstandenwerden leiden, panzert sich mit Schroffheit hiergegen vorwiegend nur der *Dualist* (Michelangelo, Beethoven, Hebbel). Er vereinsamt, macht nicht die geringsten Außenkompromisse, weist die Fehlurteilenden herrisch zurück, lebt in ewigem, ja überbetontem Hader mit der rückwärts gekehrten Umwelt und neigt zum ethisierenden Melancholiker. Der Stolz kann hier geradezu *Manier* der Abwehr werden.

Der *monistische* Typus, der die Gegensätze des Daseins noch als Harmonie zu nehmen weiß, läuft geschmeidiger durch die Zeiten und eckt weniger an.

Es handelt sich um den irdisch Gewandten, der sich hier mit der Weltläufigkeit seiner Lebensführung beweglich auf die große Umgebung einstellt, sie von außen weitgehend in seine Absichten hinein zu manövrieren weiß. Hier wäre der »Direktor aller Künste«, Raffael, der Hofmann und Diplomat Rubens, der Kultusminister und Hofmann Goethe zu nennen. Auch der Grandseigneur Richard Wagner, oft verschuldet und weit über seine Verhältnisse hinaus lebend, trotz Weltschmerzes ein Propagandagenie, das es blendend versteht, die einflußreiche Umwelt für seine völlig neuen Formen zu interessieren. Früh schon durchschaut dieser Typus, daß auch der *Originelle* auf die große Umwelt angewiesen bleibt, gerade der Neutöner, falls er auch nur im geringsten zum Zuge kommen will. So findet dieser Menschenschlag instinktiv eine äußere Angleichung an diese Umwelt, so wenig er innerlich seine Sache verrät. Bedeutende Architekten sind oft dieser Art, da sie besonders vielfältig an politische und geschäftliche Händel gebunden bleiben.

Aber dieser harmonische Typus kennt auch eine entgegengesetzte Weise des Durchkommens. Schubert, Jean Paul und Bruckner, die ihm ebenfalls zurechnen, behalten in ihrer Genialität etwas Naives, ärmlich Bescheidenes, sie *ducken* sich äußeren Verhältnissen gegenüber, so wenig sie (sonst wären sie ja nicht genial) ihre inneren Forderungen fallenlassen. Ein Sichkindlichstellen wird hier gelegentlich zur Schlaubergerei, mit der man sich entweder äußerlichem Gefeiertwerden oder dauernder Kritik *entziehen* will. Diese Menschen stehen ganz gern in der Ecke, wie etwa Schubert, der sich verkriecht, als man, nach großem Applaus für einen Sänger, endlich auch ihn, den wirklichen Liedschöpfer, ein bißchen hervorziehen will, wobei er sich als bloßen Klavierbegleiter vorstellt. Das untertänigste Erstaunen Bruckners über manche Belobigungen gehört hierher, die kindlich verwunderte Freude über kleinste Anerkennungen.

Der dritte, der *dämonische* Grundtypus, der das ganze Leben als dumpf abrollenden, abgründigen Prozeß empfindet, lebt meistens als in sich verknäulter Sonderling, mißtrauisch abseits der Gesellschaft hausend wie Villon, wohl Grünewald, wahrscheinlich Shakespeare, sicher Strindberg. Sein Beiseite hat einen gänzlich anderen Sinn und Ausdruck, weder den der Bescheidenheit des Monisten, noch den des ethischen Stolzes, der sich beim Dualisten findet. Die Dämoniker sind in sich selber zerrissen. Nur schwer finden sie Abnehmer der Gesellschaft und der Höfe, wie es innerhalb dieses Typus Breughel und Goya gelang. Ihre Beziehungen zur geltenden Außenwelt bleiben dann immer etwas krampfhaft, ja gespenstisch: nicht aus dem Ethos des Neuen heraus, sondern aus Mißtrauen gegen den Lebensprozeß schlechthin.

Die Fehlurteile nun nimmt jede dieser Menschenarten in einer anderen Weise auf, die ihm einigermaßen entspricht. Ein Beethoven verachtet kräftig die Zurückgebliebenen als pöbelhaft und beinah unmoralisch. Ein Wagner sucht sie möglichst geschmeidig zu benutzen. Ein Schubert sieht möglichst lange scheu an ihnen vorüber. Ein Villon, Grünewald, Breughel, Strindberg wird sie im Grunde dauernd fürchten, mißtrauisch katzenhaft umschleichen, wobei er vielleicht vorgibt, die Fehlurteile wären ihm gleichgültig.

Eine Sonderform, die erschreckendste Art, mit der der kühne Neuerer auf den Fehlempfang seiner Werke reagiert, liegt in der selbstverzehrenden Wirkung, die wir etwa bei Kleist antreffen. Die Verkennung trägt hier bekanntlich entscheidend bei, ein ganzes Leben zu zerstören. Man behaupte nicht etwa, nur *private* Mißhelligkeiten und Verstrickungen hätten Kleist dahingerafft. Bei Menschen seines Ausdrucksdranges spielt die hier gänzlich fehlende Bestätigung und Resonanz von außen eine entscheidende Rolle. Erst diese Ohnmacht in der Sphäre des *objektiven* Geistes warf seine auch subjektiv zerrüttete innere Existenz vollkommen zu Boden. So kann man durchaus behaupten, daß er ein Opfer jener (hier klassizistischen) Vorurteile seiner Zeit wurde, sein Tod also nicht nur in die Geschichte der nervösen Reizsamkeit und der Liebeskonflikte gehört, sondern weitgehend Folge jenes von uns beschriebenen Phänomenes ist.

Man glaube aber ja nicht, daß an der sonstigen Gruppe des »Dennoch« das frühe Mißverstandenwerden spurlos vorübergehe, weil alle diese Großen doch *Sieger* geblieben seien. Eine der erschreckendsten Stellen in der gesamten neueren Geistesgeschichte, in dichtester Verbindung mit unserer Frage des kritischen Frühempfangs und seinen Folgen, ist für mich das Bekenntnis Beethovens, dieses trotzigsten, selbständigsten Menschen der neueren Kunst überhaupt. Er gesteht, daß er nur selten habe niederschreiben und herausgeben können, was ihm als Allerhöchstes vorgeschwebt habe. Und Goethe sagt: Wäre das Publikum gebildeter, so könnten wir immer wahr sein. Daß ferner ein derart gegen Fremdeinflüsse abgekapselter Geist wie Kant behauptet, er habe in seinen Schriften nie die Unwahrheit gesagt, aber sich oft nicht getraut, *alles* zu sagen, ist ein Zeichen, daß das entgegengesetzte Meinen der Umstehenden auch an einem *selbständigen* Geist nicht spurlos vorübergeht, und zwar *an seiner Produktion selber,* nicht etwa nur an deren beigeordnetem Lebensgefühl. Man kann also zusammenfassen, daß auch bei denen, die sich keineswegs werfen ließen, viele ihrer *sublimsten* Gedanken und Formungen überhaupt nicht ausgelebt wurden, soweit die Schöpfer - bewußt oder nur ahnend - empfanden, daß sie mit ihren *äußersten* Formulierungen auch noch den *letzten* Faden der Zusammenhänge mit ihren Zeitgenossen, auf die sie doch wirken wollten, zerreißen würden. Man behalte also im Auge, was alles vielleicht in der Menschheitsgeschichte ungeformt geblieben ist!

Eine letzte Gesamtart der Ablehnungswirkung, die wir nicht mehr in sich abstufen, findet man, wenn selbst den revolutionärsten Formen weitgehend gefolgt wird, so daß schon verhältnismäßig stetige Gesamtaufnahme neuen Lebensgefühls und Formengutes gesichert erscheint, plötzlich beim Publikum aber eine Art Ermüdung eintritt, weil man sich hier, um mitzukommen, schon allzulange seelisch überanstrengt hatte. Dann erfolgt wie aus heiterem Himmel ein plötzlicher Rückschlag, mit dem man von der hochgespannten in die mittlere Lage zurückstrebt. Nicht *jede* mittlere Lage kann aber als Entspannung dienen. Es muß diejenige Mittellage sein, welche bereits durch den vorletzten Stil konventionsbildend werden konnte. Ich denke an die jäh in Wien einsetzende Rossini-Begeisterung, welche den alternden Beethoven, der schon breitere Gefolgschaft gefunden hat, plötzlich vollkommen in den Schatten stellt, weil Rossinis Formenwelt nicht nur etwas vom Biedermeier und der einfacheren Romantik Webers vorwegnahm, sondern auch noch an den durchsichtigeren Louis-seize-Stil der Haydn und Mozart irgendwie anzuknüpfen schien. Schumann sagte später von dieser typischen Menschheitslage: »Der Schmetterling flog dem Adler in den Weg.« Rossini selber hatte, was selten in diesem bezeichnenden Zusammentreffen vorkommt, ein wirkliches Gefühl für die Tragik solchen Geschehens, als er Beethoven in dieser Lage aufsuchte und berichtete: »Als wir die wacklige Treppe herabstiegen, fühlte ich über den Besuch bei diesem großen Mann, da ich an seine Verlassenheit, an seinen Mangel dachte, solche Wehmut, daß ich zu weinen begann.«

Was ist der große Mensch in bezug auf Anerkennung?

Geschichtsphilosophisches Denken hat den schöpferischen Menschen in verschiedener Weise zu deuten versucht. Betrachten wir einige dieser Deutungen auf unsre Fragestellung hin.

Zunächst einmal hat man gesagt, der große, Neues bringende Einzelmensch wäre nur ein Sammelausdruck der Neigungen seiner Zeit. Er sei es, der auszusprechen wisse, was die Zeitgenossen schon dunkel *vorgefühlt* hätten, ohne es formulieren zu können. – Unsre Verkennungsstudien haben ausführlich bewiesen, wie irrig diese Ansicht ist. Spräche der jeweilige Neutöner nur aus, was dunkel schon in den Mitlebenden raunte, wie wären dann die dauernden Befehdungen und Anpöbelungen möglich, die der glückliche Finder des angeblich bereits gesuchten Gutes über sich ergehen lassen muß? Streiten die Mitmenschen doch schwerlich gegen ihre *eignen* geheimen Wünsche. Die ganze Theorie paßt nur auf einen winzigen Kreis des jeweiligen Publikums, nur auf die wenigen nämlich, die jenem Neugestalter dann auch sofort *zujubeln.* Sie allein empfinden vielleicht innerhalb jenes modernen Lebensgefühls, das nun auf einmal beglückende *Formung* gewinnt. Solches seltene, geheime Tendieren des Publikums aber verallgemeinert vorzustellen, ist nichts als ruchloser Optimismus. Wir müssen ertragen lernen, daß die Menschenleben im allgemeinen nicht so panharmonisch aufeinander passen. Wenn wir jene Dauerspannungen, wie sie zwischen den Schaffenden und den nur Aufnehmenden nun einmal existieren, von vornherein nicht sehen, werden wir auch niemals daran arbeiten können, sie durch geschichtliche Einsicht auf ein Mindestmaß herabzusenken.

Mit jener ersten Theorie ist eine zweite nicht zu verwechseln. Diese behauptet nur, daß die Struktur eines Großen durchaus keine Selbstgestaltung darstelle, in ihrem Ausdruck vielmehr geschichtlich von weither bedingt sei. Gemeint ist etwa der bekannte Satz: auch ohne Michelangelo (falls dieser etwa früh verunglückt wäre), wäre im italienischen 16. Jahrhundert das Formgepräge des Barock hervorgequollen, wie aus gewissen Stadien vorheriger Entwicklung geschlossen werden könne. Stellt man sich auf den Boden *dieser*

Theorie, die weithin trägt, wenn sie dann auch die Einzelnuance, die das Frühbarock nun wirklich annahm, nicht erklären kann (es hätte ja auch *anders* ausfallen können), so erhält unsre Verkennungsfrage ein besonderes Gewicht. Tragen nämlich die Stilentwicklungen wirklich gewisse Logik der Abfolge in sich, so wird es doppelt töricht, sich gegen das grundsätzlich Neue zu sperren. Man kann dann nur versuchen, ihm eine andre individuelle *Anfangsnuance* zu geben. Es werden dann aber alle Aufbäumungen gegen das Ganze eines neuen Stiles geradezu zur Farce. Unsre Aufklärung über das Narrenspiel des Verkennens erhielt dann höchste Dringlichkeit, ja eine gigantische Bedeutung, die geradezu volkspädagogisch ausgemünzt werden müßte.

Will man im Gegensatz hierzu aber einer dritten Theorie anhangen, die den Erreger des Neuen als primär, als *Vorläufer* betrachtet, so fällt aufs Leben der Genies ein wahrhaft tragisches Licht. Sie erscheinen dann als diejenigen, die grundsätzlich die *andre* Meinung haben müssen, dauernd gezwungen, Bestehendes zu zerstören, um Raum für Neues zu schaffen. Dann aber wird auch wirkliches Zerstören nicht mehr *negative* Arbeit heißen dürfen, wie dies bei konservativen Menschen so beliebt ist. Man wird jede Kritik, jeden Abbau am Überalterten *positiv* nennen müssen, was viele Menschen ungern hören. Den Neugestaltern sollte man dann doppelte Rücksicht entgegenbringen. Je schneller wir uns ihrer Sache unterwerfen, in ihre geistige Gefolgschaft treten, desto schneller verjüngt sich die Kultur. Alle Verkennungen sind aber hier so übel, weil sie Verfall, Auflösung, Zerrüttung da wittern, wo meistens etwas vorliegt, das uns später sehr beschwingt. Auch bei *dieser* Ansicht vom außerordentlichen Menschen wird jede Belehrung über die Verkennungsfrage dringend.

Man hat ferner behauptet, das Genie sei dem *Wahnsinn* benachbart, stelle jedenfalls immer einen gefährdeten Lebenstyp dar, schon wegen der dauernden Hochspannungen, in denen es seinem Werk und der Mitwelt gegenübersteht. Heute wissen wir, daß der wirkliche Wahnsinn, in welchem Hutten, Hölderlin, Schumann, Hugo Wolf und Nietzsche versanken, durch vererbte oder erworbene Körperkrankheit bedingt war. Trotzdem gehören manche bedeutsame Neuerer einer Menschenart an, von der man sagen darf, sie stehe auf der Kippe, wandle am Abgrund entlang, lebe bis zum Exzesse übersteigert. Kretschmer behauptet vom medizinischen Standpunkt aus, vielleicht sogar zu allgemein: »Genie ist, rein biologisch gesprochen, eine seltene und extreme Variantenbildung menschlicher Art. Solche extremen Varianten zeigen vielfach in der Biologie eine geringe Stabilität ihrer Struktur, eine erhöhte Zerfallsneigung . . .«. Solchen Erscheinungen gegenüber nimmt nun die Verkennung, die uns hier allein angeht, wieder *anderen* Charakter an. Sie kann nun zu jenem Schreckensschrei des Publikums werden, der den nervösen Nachtwandler und Seiltänzer zum Absturz bringt. Kleist scheint, wie wir erwähnten, ein Opfer der Zeitgenossen geworden zu sein, da man annehmen kann, daß es ihm sonst vielleicht gerade noch gelungen wäre, sein vertracktes Privatleben auszubalancieren. Hier entspringt für die Mitlebenden eine neue Schattierung der Verantwortung. Wieder nicht etwa nur aus Gründen einer Nächstenliebe, sondern aus wohlverstandenem Egoismus. Haben die Mitlebenden doch selbst Interesse daran, sich diese sonderbaren Menschen zu erhalten, deren Früchte anfänglich so bitter schmecken, später aber als höchst genußreich eingehen.

Daß das Geniale *immer* aus gebrechlichen Menschen erwachse, dürfen wir aber schwerlich behaupten. Es wäre eine vorschnelle Verallgemeinerung in moll. Nur *einen* Typus des Genialen dürfen wir uns derart vorstellen, der dann aber besonderer Schonung bedarf.

Eine entgegengesetzte Anschauung behauptet umgekehrt: der Geniale ist immer Ausdruck einer Überkraft und umfassenden, inneren Gesundheit. Wieder eine zu frühe Verallgemeinerung, diesmal in dur ertönend. Wieder aber dürfen wir uns ruhig einen *Sondertypus* des Genialen in dieser Art vorstellen. Doch ist diese Gruppe bei weitem nicht so häufig, wie man denken möchte. Händel und Goethe sind vielleicht diesen wohlproportionierten Seelen zuzurechnen. Hier schadet dann die Frühverkennung verhältnismäßig am wenigsten. Hier dürften die Verkenner am meisten nur gegen ihr *eigenes* Interesse wüten. Trotzdem wissen wir, wie selbst der Gigant Händel durch Mißverstandenwerden und Intrigen bis zur Verzweiflung gebracht wurde. Und wir wissen, daß der reife, eigentlich wohlwollende Goethe vorübergehend wie zu Eis gefror, wenn er in seinen Grundregungen verkannt wurde.

Eine letzte Art des Genialen, und zwar die häufigste, dürfte gegeben sein, wenn man die Eigenschaften der beiden vorigen Typen vermischt, also das gewagt Exzentrische mit dem Gesunden verbunden denkt. Der bedeutende Mensch ist sehr oft eine Kreuzung dieser Möglichkeiten. Für die Verkennungsfrage ergibt sich hieraus, daß er in mancher Hinsicht schwer, in andrer wieder äußerst leicht verwundbar bleibt. Seine verletzlichste und schwächste Stelle liegt oft gerade da, wo Hornhäute den Durchschnittsmenschen schützen, während dieser wieder leicht verletzlich bleibt an Punkten, die beim Genialen gänzlich unempfindlich sind. Einiges geschichtliche Wissen von diesen Sonderumständen kann da zur Schonung führen, womit wieder beiden Parteien geholfen wäre.

Wir schaden ihm und uns, wenn wir den Erneuerer der Formenwelt an Stellen seines Privatlebens verzärteln, wo er unsres Beistandes nicht bedarf, dann aber aufs rüdeste mit ihm umspringen, wo er auf einfühlende Augen und Ohren angewiesen wäre.

Verkannte Jugend oder verkannte Reife eines Gestalters

In andrer Richtung sind zwei Arten des Verkennungsphänomens zu unterscheiden. Sie bilden ein Crescendo an Schwierigkeiten für die Schaffenden. Gedenken wir zuerst der Fehlurteile gegenüber einer *Jugendphase* des Gestalters. Die Verkennung tritt hier äußerst selten hervor, obgleich man denken sollte, daß der Erzeuger in seiner Sturm- und Drangperiode doch am ehesten Anlaß dazu böte. Obgleich etwa Goethes verhältnismäßig früher ›Götz‹ als Shakespeareomanie und rohe, verbindungslose Szenenfolge gelästert wurde, war auch *dieser* Meister schon vorher wohl empfangen worden. Der junge Rembrandt wurde ebenfalls freudig begrüßt. Desgleichen der frühe Michelangelo. Zu äußerlich wäre, wenn man sich denken würde, diese Urteilsempfänger hätten in ihrer Jugendlichkeit eventuelle Verkennungen nur nicht *gemerkt.* Wir müssen auch hier geistesgeschichtlich verfahren. Da zeigt sich denn, daß die meisten Großen im Sinne der gegebenen Überlieferung anheben und erst *allmählich* eine eigne kühne Linie finden, mit der sie auffallen. Es gibt im Anfang - auch beim Genie - meistens gar keinen Grund, mißverstanden zu werden. Michelangelo beginnt nahe noch der Manier des Quercia, Verrocchio, Donatello, also des Quattrocento. Tizian fast im Sinne Bellinis, Rembrandt sachgenau die äußere Umwelt abbildend, Goethe harmlos nach Art der Rokoko-Lyrik, Beethoven seinem Lehrer Haydn gemäß, so daß nirgends ein Bruch mit den gegebenen Formungsmitteln vorlag, die ihrerseits lange zuvor auch einmal neu gewesen, inzwischen aber schon zu einer Konvention geworden waren. Brahms' erste Sinfonie ist wohl sein kühnstes Werk, aber sie zählt ja schon als opus 68.

Die frühe Form der Kritik wird also nur einsetzen, wenn schon die *Anfänge* eines Meisters in eine kühne Formperiode fallen, die ihrerseits - als eine Art Sturm und Drang - *soeben* eingesetzt hatte, ohne noch ins Bewußtsein der Zeit gedrungen zu sein, von jenem Anfänger aber sofort aufgenommen worden war.

Eine zweite, häufigere Art der Verkennung aber tritt dem *reifen* Gestalter entgegen. Es ist kein Zufall, daß Rembrandt mit seinen frühen Hervorbringungen wohlhabend wird, aber als vollkommen verarmter Mann stirbt, der Bankrott anmelden mußte, als sein Stil spezifisch geworden war und er die Umwelt vor ganz neue Formen gestellt hatte. Auch Michelangelos Einsamkeitsgefühle brachen auf der Höhe seines Lebens hervor. Das »Unglück« der großen Meister ist, daß sie meist gerade im *Scheitelpunkte* ihrer Lebensbahn zu derart neuen Anschauungs- und Ausdrucksformen gelangen, so daß nun das Publikum zurückweicht, das bisher willig mitgegangen war. Man denke an den günstigen Empfang von Wagners ›Rienzi‹ und an das *Mißverstehen,* das seinem reiferen Stil etwa im ›Tristan‹ *entgegendröhnt.* Man entsinne sich der unauffälligen, konventionellen Schreibweise des jungen Nietzsche, in dem sich ein geistig eleganter Privatdozent und Kulturhistoriker ankündigt, bis der Revolutionär durchgebrochen ist und nun geradezu Abscheu erregt.

Zeitgenössische oder nachträgliche Ablehnung?

In dieser Arbeit betrachten wir, wie sich die Menschheit neuen Werten gegenüber zunächst verschließt, so daß die neuen Gehalte vorerst wirkungslos bleiben. Wir hätten aber auch *entgegengesetzter* Erscheinungen zu gedenken. Wenn nämlich einmal *neue* Wahrheiten oder Ausdrucksgefüge sofort durchschlagen, dann zünden sie heftiger und setzen den Empfänger kraftvoller in Brand, als dies ältere Werke vermögen, die zwar edel und bleibend erscheinen, aber durch ähnliche, bereits *bekannte* Hervorbringungen bald der üblichen Abstumpfung unterliegen, welche das Wiederholen gewisser Reize im Empfänger auslöst.

Wir behandelten in unserm geschichtlichen Teil allein die *Frühverkennung.* Aber es gibt auch eine Spätverkennung. Sie entsteht besonders durch Reizabstumpfung vielleicht hoher, aber zu viel *wiederholter* Formen, durch Selbstverständlichwerden einer an sich bedeutsamen Aussage. Oder durch Strukturverwandlung der Empfängerschicht, die inzwischen vielleicht in andre Empfindungen hineinwuchs. Goethe streift diese Frage, als er auf etwa 40 Jahre zurückschauend, die Lebensarbeit Winckelmanns beleuchtet. »Was ein solches Werk leistet (er meint die Arbeit Winckelmanns), wird vielleicht am besten in den ersten Augenblicken anerkannt: das Wirksame desselben wird empfunden, das Neue lebhaft aufgenommen; die Menschen erstaunen, wie sie auf einmal gefördert werden; dahingegen eine kältere *Nachkommenschaft* mit eklem Zahn an den Werken ihrer Meister und Lehrer herumkostet.«

Goethe selber erlebte nacheinander drei verschiedenartige Wirkungen seiner Arbeiten. Erstens die junge, gänzlich unverbrauchte Früh*begeisterung;* man erinnere sich nur, wie sehr der ›Werther‹ zündete. Daneben aber erfuhr er auch die übliche Früh*verkennung,* von der die Literaturgeschichten nur weniger berichten, weil gerade bei Goethe der Lebenston auch aller Nachbetrachtung gern auf Vollkommenheit gestimmt wird. Wir haben im entsprechenden, geschichtlichen Kapitel hierüber absichtlich breit berichtet. Goethe erfuhr als drittes aber auch jene Spätverkennung. Sie setzte hauptsächlich mit dem »Jungen Deutschland« noch während seines Lebens ein, um gegen 1900 im Naturalismus neu zu erwachen.

Wie unterscheiden sich nun solche Ablehnungen voneinander? Die frühe, wo man ein Werk (einen Gestalter, ja sogar einen gesamten Stil) sofort beim Ersterscheinen verachtet, von einer späteren, wo nach langem Einleben des Publikums, vielleicht sogar nach mehreren Generationen, das Werk Verabschiedung erfährt? Im ersten Falle sprechen die Abweisungen meist von »bloßem Chaos«, von Ungestaltung überhaupt, so daß man zwischen den Zeilen spüren kann: das innere Gefüge, das hinter dem betreffenden Werke steht, wurde überhaupt noch nicht wahrgenommen, geschweige denn verstanden oder genossen. Deshalb sind alle *Frühablehnungen* äußerst summarisch, monoton, abwechslungsarm, so daß wir uns oft genierten, sie so ausführlich auszubreiten. Wir mußten es aber tun, um darzulegen, daß diese uns heute so unwahrscheinlich vorkommenden Abweisungen wirklich vorhanden waren, aus sehr *verschiedenen* Parteien kamen, auch nicht etwa ganz vereinzelt auftraten, erdrückt durch eine Majorität von Zustimmungen.

Spätere Abweisungen aber zeigen oft alle Merkmale sogenannten *Verstehens,* d. h. Bezogenheit auf eine bestimmte, uns als Lebensgefühl des Beurteilten glaubhaft erscheinende Grundgestalt, die man, falls sie nun doch verfemt wird, nicht mehr dumpf beschimpft, sondern deutlich macht, ja gliedernd umschreibt. Überhaupt ist nun die Tonart der Ablehnung etwas gehaltener geworden. Sie weiß genauere Gründe vorzubringen, ganz gleich, ob wir diese Gründe annehmen oder nicht. Wir sagen dann, die Abweisung habe Struktur bekommen, auch wenn wir die vorgebrachte Meinung nicht teilen. Wir erkennen ferner, daß die Gegenargumente nun nicht so sehr gegen den gesamten *Stil* gehen, dem jene Erscheinung angehörte, als vielmehr sich um die Qualitätsfrage innerhalb jenes Stiles zu kümmern beginnen. Doch werden wir an andrer Stelle nachweisen, wie schwer die beiden letzten Begriffe auseinanderzuhalten sind, wie sehr sie bei Verkennungen immer wieder vermengt werden, so sehr man dies nun auch vermeiden möchte.

Verfrühte und verspätete Gestalter

Das Übersehen, Mißverstehen und Fallenlassen bedeutender Künstler tritt auch in zwei ganz anderen Fällen ein. Erstens werden die Allzufrühen, die *Eröffner* neuer Möglichkeiten und Stile verkannt, weil die von ihnen vorgeformten Reizstrukturen der Kunst (oder die Ordnungssysteme ihres Denkens) noch völlig fremd sind; weil es der Mitwelt nicht gelingt, die jeweils große (später, in zeitlicher Verkürzung klein erscheinende) innere Umstellung zu vollziehen, die nötig wäre, um hier mitgehen zu können. Dieser ersten Art gehörten die meisten der von uns vorgebrachten Fälle an.

Eine zweite Erzeugergruppe aber hat ebenso unter Fehlurteilen zu leiden. Es sind zu *spät* geborene Gestalter. Wir meinen hier natürlich nicht die Epigonen, die vorbearbeitetes Formengut in abschwächender Weise wiederkäuen. Wir meinen mit den Spätgeborenen nur die Bedeutenden, die weniger durch grundsätzlich neue Bildmittel hervorragen als vielmehr durch äußerste Steigerung geschichtlich bereits bekannter Ausdrucksmöglichkeiten. Wir pflegen von ihnen zu sagen, ihre Bedeutung läge nicht in den Formungsmitteln, die bei ihnen ja unoriginell seien, sondern »in der Qualität allein«, also in der Vergeistigung an sich vielleicht fast abgebrauchter Formen.

Bei feinerer Betrachtung erweist sich solche Unterscheidung aber als unhaltbar: alles dualistische Ansetzen von Formungsmitteln einerseits und Qualität andrerseits ist nur ein grobes Provisorium unsrer Sprache. In Wirklichkeit kann jeder Vergeistigung etwa einer Farbengebung, Linienanordnung oder musikalischen Tonführung ihr entsprechendes, sinnliches Konkretum zugeordnet werden, wenn wir auch im Einzelfalle selten so weit mit unsrer nachträglichen Erkenntnis kommen. Im feineren Sinne gibt es also kein Auseinanderfallen von Stil und Sonderqualität. Wenn ein Barockmeister hundert Jahre nach Eröffnung des Barock eine Sonderqualität aufweist, so hat er – in diesem personellen Sinne – auch einen Sonderstil. Da wir leider aber für Individual- und Allgemeinstil dasselbe Wort verwenden, entsteht hier leicht ein Scheinproblem, wie so oft bei ungenauer Terminologie. Nur im Sinne des *Allgemeinstils* also können wir behaupten, daß nicht nur verfrühte, sondern auch verspätete Meister verkannt werden. Es geschieht dies eben, wenn man sich schon zu sehr an eine herrschende Allgemeinmanier gewöhnt hatte und nun zu klagen beginnt: »Jetzt, wo wir dieser Art bereits müde werden, kommt noch mal einer, der unsre Aufmerksamkeit erregen möchte.«

Bachs zeitgenössische Verurteilung rechnet hierher, wie wir gezeigt haben. Nur im Sinne dieses gröberen Allgemeinstils, nicht nach Art des Individualstils, war er – auch rein formal betrachtet – bereits gestrig und veraltet, als er hervortrat.

Diese *»verspäteten«,* nur scheinbar konservativen Gestalter muß man aber fast genau so gegen das zeitgenössische Verkanntwerden in Schutz nehmen wie die mehr ins Auge fallenden *verfrühten* Formengeber.

Gestalter, Nachgestalter, Epigonen

Es gibt auf seiten der Gestalter Menschen, die das Radikale, Abenteuerliche, Neue vollbringen, und andrerseits Naturen, die das Ausgewogene, Perfekte, Vollendete formen. Beide Arten sind sinnvoll. Die ersteren leben, um der Geistesgeschichte immer wieder Durchbrüche zu ungeahnten Möglichkeiten zu verschaffen, ganz gleich, ob es in Politik, Wissenschaft oder Kunst sei. Die anderen existieren, um aufgebrochenen Möglichkeiten letzte Reife und Harmonie zuzuführen. Am längsten gelten wohl diejenigen, bei denen man niemals recht weiß, welchem dieser beiden Typen sie eigentlich zugehören, weil sie von Antrieben des Aufruhrs und der Harmonie gleich stark durchsetzt sind. Aber auch diese *höchsten* werden verkannt. Wir konnten z. B. an Goethe zeigen, daß dann die gar nicht vordringlichen Elemente des Revolutionären einseitig angestarrt, die vorhandenen Harmonisierungsfaktoren zunächst überhaupt kaum empfunden werden, obgleich sie vielleicht sogar übermäßig im Spiele sind. Hier ergibt sich dasjenige Vorurteil, das in Goethe abgründige Zwischenstufigkeit (wie etwa in den ›Wahlverwandtschaften‹) erblickt, merkwürdigerweise aber nicht die inneren Befriedungen und Wohligkeiten seiner Form. In Beethoven spüren die Mitlebenden dann nur Titanisches, nicht aber den gefestigten formalen Zugriff. In Dostojewski sieht man dann (wie das der Zeitgenosse Nietzsche tat) allein die schneidende Psychologie, nicht aber die duldende Sanftmut gegenüber Groß und Klein, Gut und Böse. In der modernen Kunst empfindet man dann nur Formzertrümmerung, aber nicht die Drastik eines neuen Fügungswillens.

Wir haben allen Grund, gerade die großen künstlerischen und kulturellen Revolutionäre möglichst unbefehdet durchzulassen. Dächten wir sie aus der Gesamtgeschichte weg, so ergäbe sich ein unendliches Wiederkäuen, ein Auf-der-Stelle-Treten, Wiederholen vorgegebener Möglichkeiten, nur noch in leisesten Variationen bis ins Unendliche weiterführend. Die Malerei z. B. des 19. Jahrhunderts, vielleicht gar nicht »erledigt«, ließe sich noch lange fortsetzen, nur ist die Frage, ob der Menschheit damit gedient wäre. Solche Kunst verliert dann von Jahrzehnt zu Jahrzehnt an jenem geheimen, elektrischen Elementarreiz, der uns auch sublimste Regungen wahrhaft ins Gebein fahren läßt. Ein fruchtbarer Hochspannungszustand fehlt allem allzu Gewohnten. Es ist wie im Erotischen: dauernde Alltagsvertrautheit der Partner erzeugt zwar geschwisterliche, den Lebenshaushalt fördernde Verbundenheiten, raubt aber jenen elementaren seelischen Schwung, mit dem uns jedes originelle *Kunstwerk* überfallen sollte. Gerade solche Werke und Zonen aber hatten es – beim allgemeinen Frühempfang durch Unverständige – besonders schwer.

Wenn eine neue Kunstform, obgleich sie höchst bedeutsam ist als Thema und in ihrem Vorhaben, zunächst überhaupt nicht ziehen will, so sehen wir oft, daß sie, ein zweites Mal, bei anderen Gestaltern und in leiser Variation auftauchend, nun unerwartet von der Menschheit aufgenommen wird. Wir glauben dann, es sei jene geringe *Abwandlung* der vorgeformten, bereits bekannten Sache, die das Ganze nun plötzlich annehmbar mache. »Weise« Kritiker oder Geschichtsschreiber pflegen dann mitzuteilen, *jetzt* eben sei erst das Tüpfelchen aufs i geraten, nun erst sei eben jener letzte Reiz, auf den es ankomme, hinzugetreten. So werden ausschmückende Zweitgestalter höher gewertet als die originalen Schöpfer, was ja auch in der Wissenschaftsgeschichte immer wieder vorkommt. In Wahrheit liegt hier aber wieder eine Verkennung vor. Natürlich kann mitspielen, daß den Betrachtern der Aufstieg zur *ersten* großen, steilen Leistung durch die zweite übergänglicher gemacht wurde, so daß jetzt auch schwächlichere Gemüter mitzukommen pflegen. Vor allem aber hat sich das Publikum nun selber verwandelt: man *gewöhnte* sich inzwischen an jenen steileren Erstanblick, die Zeit des Erschreckens vor seiner Eigenart ist nun verstrichen. Der Former zweiter Hand wird dann auf Kosten des wahrhaft Originellen emporgelobt, indem man die Änderung ins Objekt verlegt, statt sie in die veränderte Entwicklungskurve der Aufnehmenden einzuzeichnen. Erst nach Generationen stellen sich solche Verhältnisse wieder richtig. Auf diese Weise erlebte ein Dichter wie Paul Heyse bei Lebzeiten einen ungestörteren Ruhm als etwa Goethe. So erreichte der einebnende Teniers größeres Ansehen als der aufwühlende Adriaen Brouwer, von dem sein Bestes stammte. So erntete der abhängige van Dyck durch Generationen mehr Bewunderung als der originelle Rubens, von dem er sich ins Elegante abstieß. So berauschte Gavarni mehr als der stärkere Daumier.

Wir betrachteten in diesem Bande nur die Fehlurteile nach unten hin, d. h. die *Unter*schätzungen. In einem zweiten Bande aber könnte man auch Mißurteile nach *oben hin* sammeln, d. h. aufzeigen, wie kleinere Geister und Zweitgestalter meist von den Zeitgenossen *über*schätzt wurden. Wie erhob man einst einen Geibel über einen Hebbel! Solche Zweitgeister, die dem Trägheitsgesetz menschlichen Aufnehmens friedlich entgegenkommen, zeigen nur kleine, harmlose Neuerungen in der Harmonisierung ihrer Gebilde, noch eben einen Hauch der Abwechslung und Reizerfrischung mit sich führend. Ganze Generationen, ja Zeitalter, können zur bloßen *Nachgestaltung* herabsinken, obgleich sie von den Zeitgenossen reich bestaunt werden. Erst aus der Ferne, wenn ihre Nuancen gleichgültig wurden, wird dann das Abgeleitete, die größere Dünne solcher Geister wieder sichtbar. Selbst ein so wenig auf Originalität pochender, so milder Mensch wie Goethe offenbarte dieses Problem ganz schonungslos. 1826 sagt er zu Eckermann: »Das ganze Unheil entsteht daher, daß die poetische Kultur in Deutschland sich so sehr verbreitet hat, daß niemand mehr einen schlechten Vers macht. Die jungen Dichter, die mir ihre Werke senden, sind nicht geringer als ihre Vorgänger, und da sie nun jene so hoch gepriesen sehn, so begreifen sie nicht, warum man sie nicht auch preist. Und doch darf man zu ihrer Aufmunterung nichts tun, eben weil es jetzt solcher Talente zu hunderten gibt und man das Überflüssige nicht befördern soll, während noch so vieles nützliche zu tun ist. Wäre ein einzelner, der über alle hervorragte, so wäre es gut, denn der Welt kann nur mit dem Außerordentlichen gedient sein.« Hierin liegt eine Aufforderung, die könnerischen *Zweitgestalter* streng, die steileren *Erstschöpfer* aber mit höchster Achtung zu empfangen. In der Geschichte zeitgenössischer Aufnahme finden wir jedoch das umgekehrte Verhältnis.

Wie schwer der Schritt von jener wichtigen Einsicht zu entsprechendem Handeln ist, zeigt Goethe selber, der in seiner Umgebung manchen schwachen Gestalter liebevoller schützte als etwa die wenigen Originellen neben sich und Schiller. Jean Paul, Hölderlin, Kleist mißversteht er trotz jenes tiefen Vorsatzes. Diese Disharmonie zwischen Einsicht und Ausführung liegt kaum an Willensschwäche, privatem Egoismus oder Lieblosigkeit ihres Trägers, wie man so oft behauptet. Sie ergibt sich vor allem aus der Verzahnung der Qualitäts- mit der Stilfrage, wie wir dies in einem Sonderkapitel erörtern werden. Wenn Goethe die ganze Formungsart, den *Stil* Kleists nicht bejahen kann, kann er auch seine *Qualität* nicht fühlen.

Ein Sonderfall des Zweitgestalters liegt vor, wenn wir sehen, wie hinter jedem Einzelgroßen ein Heer von direkten Nachläufern wartet, manchmal auch hinter einer hohen Gesamtepoche. Fruchtbar ist dies nur, wenn auch diese Nachfolger gerade noch so individuell auftreten, daß wir noch lange nicht von Epigonen, sondern nur von Schülern (Schule im geistesgeschichtlichen Sinn) zu sprechen brauchen.

Ein zweiter Sondertypus ist gegeben, wenn ein bewußt ausgleicherisches System zugrunde liegt. Manche nämlich schließen sich einer neuen, noch wenig erkannten Richtung an, schalten sie aber bewußt ins Kunstgewerbliche um, erzeugen nur den äußeren Gesamteffekt, ohne den inneren Spannungsgehalt zu bemühen, der hinter einer neuen Richtung steht. Dies Konziliante bloßer Ästheten wird dann natürlich leichter von den Zeitgenossen aufgenommen. – Ein dritte Art dieser zwischenschalterischen Geister, die es zunächst leicht haben, huldigt einem virtuosen Eklektizismus, hier und dort etwas nehmend oder gebend, gefällige Tränkchen brauend, sich von der soeben genannten Weise durch äußere *Vielfältigkeit* unterscheidend. »Wer vieles bringt, wird manchem etwas bringen«, meinen solche und passen sich bald hier, bald dort vernehmlich an, sind nirgends »festgelegt« und ziehen niemals letzte Folgerungen. Sie bleiben »angenehm« vieldeutig, diesmal mehr aus Geschäftigkeit als etwa abgleichender Methodik.

Weiterhin hat es natürlich derjenige leicht, der später reiner *Epigone* getauft wird. Er stellt einen vierten Typus des Nachgestalters dar. Er empfindet überhaupt nur noch in alten, vorgeprägten, »schon bewährten« Formen. Ihm jubelt unter Umständen sogar die breiteste Masse zu, denn hier braucht sich kein Aufnehmender mehr umzustellen. Hier wird allein – in bloßen Wiederholungen, in breitem Wiederkäuen – kundgetan, was man schon oft vernommen hatte. Im entsprechenden Publikum heißt es nun: »Er endlich spricht haargenau das aus, was in mir selber vorgeht.« Von hier wird noch mal deutlich, daß *schöpferische* Gestaltung gar nicht *vertraut* erscheinen wird, sondern in entfernte, ungeahnte Dimensionen vorstößt. Gerade darin liegt ja ihre steigernde Bedeutung. Alle tiefere Kunst muß zunächst fremd erscheinen. So wirkt sie auch, solange sie noch nicht durch ständiges Wiederholen ihre Erregungskraft einbüßte, was natürlich auch hohen Kunstwerken durch Mißbrauch widerfahren kann.

Sollten wir selbst im reinen *Epigonentum* noch irgendeinen kärglichen Nebensinn finden wollen (welchen Trostes der wahrhaft Originelle eigentlich bedarf), so könnte dieser Sinn vielleicht in der unendlichen Abstufung des *Publikums* liegen, das man sich immer wieder viel zu gleichförmig vorstellt. Wenn nämlich die obersten geistigen Schichten längst verdaut haben, haben die unteren vielleicht an einer Sache noch nicht einmal zu kauen begonnen. Insofern kann für breitere Massen noch bewegend sein, was den anderen bereits das große Gähnen erregt.

Je homogener aber die Interessensphären, desto glücklicher eine Gesamtkultur. Sonst wird sich ereignen, daß die führende Schicht nicht nur an Vorläuferproblemen, sondern bereits an so *vorausgreifenden* Aufgaben arbeitet, mit so anderen Erkenntnissen (und anderen Verkennungen) beschäftigt ist, daß nun das Band zwischen den Zeitgenossen gänzlich abreißt, weshalb dann unten Rückwärtslerei und oben Snobismus entsteht. In gewissen Grenzen aber sei man darauf gefaßt, daß die Geistigeren bereits in der Epoche ihrer *Kinder* leben, während die anderen noch im Zeitalter ihrer Großväter hausen. Als vorübergehende Nahrungsmittel der letzteren mag dann ein edleres Epigonentum seinen Teilsinn behalten.

Keinesfalls aber schließe man hier jene beliebte Lehre an, die da sagt, daß Natur und Geschichte eben keine Sprünge machen, womit man meint, jene Zurückgebliebenen *müßten* sich entsprechend lang bei allen älteren Stadien aufhalten, sie könnten naturgesetzlicherweise keines davon *verkürzt* durchlaufen. Läge hier eine geschichtliche Notwendigkeit vor, so wäre es niemals möglich, eine in diesem Sinne auseinanderfallende Gemeinschaft zu größerer kultureller Einheitlichkeit zu bringen, erziehungsbedürftige Zurückbleiber gewisse Teilstrecken wieder aufholen zu lassen, sowenig sie auch die jeweils Vordersten einer Kultur erreichen können, die sich ja inzwischen ebenfalls weiterbewegten.

Verheerend wird ein Epigonentum aber, wenn es den gesamten kulturellen Raum erfüllt und nun aus allen Ecken Fehlurteile branden läßt, neben denen nichts andres mehr aufkommen kann. Diese Gefahr ist immer gegeben, wenn die nur Konservierenden eine Urteilsmacht über solche bekommen, die ins dunkle Unbekannte einer Zukunft vorstoßen wollen. Die höhere Art gilt dann – vom Epigonenstandpunkt her begreiflich – als Nichtgestaltung, Ungeformtheit überhaupt, bestenfalls als »interessantes Chaos«.

Die Mißverstehenden

Das Genie verkennt selber

Immer wieder mag uns wundern, daß das Genie genauso Fehlurteile wie der Durchschnittsmensch geliefert hat. Wir verzeichneten sie an Ort und Stelle. Entstammen sie einem gewöhnlichen Beurteiler mehr seiner Kleinheit, die das Große nicht zu umfassen vermag, so wachsen sie beim *Bedeutenden* aus seiner teleologischen Struktur, in der sich alles auf die eigenen großen Zwecke ausrichtet, wodurch kein Raum für die berühmte *Allgerechtigkeit* verbleibt. Der Große ist zu sehr mit Schaffenstendenzen erfüllt, auf deren Ziel hin er auch alle Umwelt beäugt, als daß er Ausgewogenheit im *Urteil* besitzen könnte, die vielleicht einem Nurbetrachter eignet. Abhängigkeit von ihren Zeitströmungen aber haben Schöpfer und Betrachter gemein. Ob groß oder klein: der *Gotiker* kann schwer aus seiner Gotik heraus, wenn er den ersten Renaissancemeister verstehen soll.

Immer wieder zeigten wir, wir bedrückend ein schlechter Frühempfang seiner Werke auch auf den *selbstsicheren* Kopf zu wirken vermag, ja wie er hierdurch - natürlich nur auf inneren Umwegen - dahin gebracht werden kann, seine geheimsten Regungen, welche herauszustellen größte Unbefangenheit erfordert, ein wenig abzuschleifen oder umzufälschen (ganz unbewußt natürlich meistens). Wenn nun ein Studienrat oder Alltagskritiker Kleist gegenüber kundtut, seine Arbeiten taugten nichts, so wird das wenig auf sich haben. Wenn aber Goethe einem Kleist mitteilt, bei ihm sei nichts zu holen, so kann das jenen Neuerer, ist er auch sonst belastet, geradezu in den Tod treiben. Freilich ist der mißverstehende Große mit seiner eigenen Leistung *entschuldigt,* während kleine Gaffer zur Verzeihung ihres Aburteilens nichts ins Treffen führen können.

Seltener als anderswo treten auch beim Genialen untergeordnete, ja schäbige Motive des Mißverstehens auf. Vergessen wir niemals, daß die ethische Größe der Duldsamkeit eine Sonderqualität darstellt, die bei den bedeutenden Komponisten, Malern, Architekten, Dichtern, Denkern, Staatsmännern durchaus nicht immer anzutreffen ist. Setzt man nämlich Gerechtigkeit als höchsten Lebenswert an, so bleiben sie alle noch bloße, wenn auch vehemente *Spezialisten* am gesamten Menschentum.

Jedenfalls erinnere man sich der Fälle, die wir im geschichtlichen Teile auszubreiten hatten. Lessing gibt unglaubliche Fehlurteile über Goethe ab. Goethe über Kleist, C. D. Friedrich, Beethoven, Schubert. Schiller über Hölderlin. Grillparzer über Beethoven und den späten Goethe. Haydn über Beethoven, Wagner über Brahms, Brahms über Bruckner. Solches Mißverstehen erfolgt nicht etwa nur, wenn Bedeutende ihr Sondergebiet überschreiten, wenn also Goethe und Grillparzer über Musik reden. Auch nicht etwa nur, wenn sie über Gestalter einer anderen, vielleicht *jüngeren* Generation urteilen. Auch die Gleichzeitigen verkennen sich heftig. Z. B.: Leonardo verkennt Michelangelo und Michelangelo Leonardo.

Zu rascherem Verstehen könnte hier höchstens die *Handwerkskenntnis* der Arbeitsgenossen führen, welche um die Mühen der Herstellungsprozesse weiß. *Gegen* eine schnelle und gerechte Aufnahme aber wirkt immer wieder jene scharfe Individualisierung dieser hochgezüchteten Gestalter, die, um Kunstwerke schaffen zu können, nicht allzu *geweitet,* nicht allzu gerecht im Urteil sein dürfen, vielmehr konzentrischen Eigendruck brauchen. Deshalb ist innige *Verbündung* gleichbedeutender Zeitgenossen immer so unendlich selten, nicht nur in individualistischen Epochen.

Gelingt diese Verbündung einmal, so müssen wir sie aufs höchste bewundern. Die Gemeinschaft Goethe-Schiller als Verbrüderung zweier absoluter Gegenfüßler bleibt eines der *äußersten* Beispiele der Menschheitsgeschichte. Ruht sie doch nicht einmal auf einer umgekehrten, gegenseitig schützenden *Verzeichnung,* die bei Freundschaften mit literarischer Rückversicherung stattfindet, wo jeder den anderen möglichst *angeglichen* sehen muß, wenn eine Harmonie bestehen bleiben soll.

Individualpsychologische Triebfedern des Verkennens

Man kann versuchen, die wichtigsten Triebfedern, die zu kulturellen Fehlurteilen führen, bloßzulegen. Wir möchten sie hier sozusagen nach ihrem ethischen Gehalt abstufen. Die Einzelmotive, an die wir hier erinnern, brauchen aber nicht gesondert zu wirken, sie können sich weitgehend verbinden. Ferner sind jene Triebfedern meist nicht bewußt, werden vielmehr abgestritten, wenn man sie im Einzelfalle bloßlegen möchte. Sie durchsetzen aber die ganze neuere Empfangsgeschichte kultureller Güter.

Auf der untersten Stufe steht ein geheimer Geschäftsneid. Hier wurmt den weniger Erfolgreichen, ein Neurer könne ihm seine wirtschaftlichen Gewinne abjagen, deren Sicherstellung ihm entscheidend bleibt. Die hier entstehende Angst kann überkritisch machen und unbewußt verführen, an einer Neuerscheinung kein gutes Haar zu lassen. Je schäbiger die Motive, desto weniger werden sie natürlich eingestanden. Solche Menschen genieren sich vor sich und anderen, und so transponieren sie flugs den bloßen Wirtschafts-Kalkül in Bereiche des objektiven Geistes um. Man sollte aber denken, wenn sowieso ein Neuerer verkannt wird, also zunächst gar keine Erfolge genießt, wäre dies schäbigste aller Verhältnisse ausgeschlossen, da ohnehin die älteren Kunstrichtungen äußerlich erfolgreicher bleiben, wie wir oft haben zeigen können. Man täusche sich aber nicht über die Gier und Lebensangst mancher Kreaturen: schon die bloße Möglichkeit, drüben könne ein Aufstieg erfolgen, bringt gewisse Naturen in Erregung, läßt sie wie Spinnen vom Mittelpunkte ihrer Netze aus alles Neue mißtrauisch belauern. Ist der Träger älterer Richtung auch noch arm geblieben, so können wirtschaftliche Neidregungen noch heftiger auftreten, alle unsachlichen, vorausgreifenden Abwehrbewegungen verstärkend.

Einen Grad höher steht schon der Ehrgeiz. Der bloße *Geltungsdrang* ist eine der umfassendsten Erscheinungen. Wir sehen noch kaum genügend, wie sehr dieser Drang alles Leben durchsetzt und in welchen tausendfältigen Verkleidungen er sich unkenntlich zu machen sucht. Eine Tiefenpsychologie wird allmählich alle Umwegigkeiten der Menschennatur, mit der sie hier ans Ziel zu kommen sucht, entlarven müssen. Die ganze Psychoanalyse, soweit sie *erotische* Phänomene untersucht, ist nur ein kleiner Ausschnitt aus jenem allgemeinen Geltungsstreben, mit dem man, wenn alles erst wirklich durchbewiesen ist, auf ein wahrhaftes Grundgesetz geraten wird. Dieses Grundgesetz ist so verbindlich für den Menschen (auch den sanftmütigen, dulderischen) und ebenso vereinheitlichend vor allem wie die Newtonsche Gesetzlichkeit der Himmelsmechanik für den Kosmos.

Mancher wird gerne hungern, wenn er nur der *angesehenere* Gestalter bleibt. Ein grauenhaftes Mißtrauen kann von hier aus gegen diejenigen walten, die unser Ansehen vielleicht imstande wären, demnächst ganz zu überstrahlen. Von solchem Mittelpunkte vitalen Seins aus werden wahrscheinlich die meisten Verkennungen, ohne daß wir es wissen, mitgespeist. Ja, es erhebt sich die Frage, ob man diesen Umstand nicht als Hauptquell ansehen sollte, von dem wir alle weiteren Verkennungsmotive direkt oder indirekt ableiten. Wäre es doch möglich, daß die geradezu verwegene »Sicherheit«, mit der die Menschen in ihren so zeitlich und individuell bedingten Ansichten verharren, selbst nachdem ein gewisses geschichtliches Sehen der neueren Bildung einsetzte, nur aus diesem unglaublichen Grundumstand erklärt werden kann.

Ein andres Motiv liegt vor, wenn ein wirklich anständiger Mensch, ein Biedermann, gar redlich glaubt, eine neue Sache sei zwar interessant, größer als seine eigne, sie werde aber zu »edel«, zu weltfern und zu kühn sein. Die Menschheit sei ihr nicht gewachsen, weshalb man besser eine eigne, kleinere Angelegenheit darreiche, gediegene Speise gleichsam, mit der sich niemand den Magen verderbe. So standen z. B. manche Haydnianer dem unübersehbaren Beethoven gegenüber. Man fühlt dann zwar die kommende Überstrahlung, glaubt aber ehrlich daran, daß das grandiose Phänomen weit eher Gefahren als Förderungen für die Welt enthalte. In diesem Zwielicht von Bewunderung und Furcht befand sich auch der grundehrliche Grillparzer gegenüber Beethoven, wie wir in seinen 6 Punkten aufzeigten. Merkwürdige Zwittermotive erscheinen hierbei: bestenfalls ein echter Dualismus, übleren-falls eine innere Spaltung, in der man sich hätte entscheiden müssen, die Neuerscheinung entweder nicht grandios zu nennen oder aber dem wirklich Großen zu *vertrauen* und nicht schulmeisterlich zu betonen, daß auch wahrhaft Bedeutendes der Menschheit gefährlich werden könne.

Anders wieder ist ein Verkennen aus Gründen der *seelischen Ökonomie* der Urteilsträger. Jeder Mensch findet bekanntlich Erweiterungs- und Umbaumöglichkeiten in sich vor, besonders in der Jugend, sonst gäbe es ja nirgends individuelle Entwicklung. Die Wachstumsknoten brechen bei den meisten Menschen aber nur wenige Male auf, am kräftigsten wohl in der Pubertät, mit der man deshalb auch die geistigen Umstellungen späterer Jahre zu vergleichen pflegt. Wenn sich nun der Vorrat an inneren Entwicklungsmöglichkeiten auszuschöpfen beginnt, schaltet sich automatisch ein unbewußter Bremsvorgang ein, ein Sichabschließen nach außen hin. Plötzlich ist man des »ewig Neuen«, der Veränderungen müde, alles Erfühlen ferner Zonen nun einstellend. Der Mensch ist ein endliches Wesen, muß seine Möglichkeiten überschauen, will sie ordnen, muß mit ihnen handeln können, so daß er immer zu Abschlüssen seines Gesichtskreises drängt, was wir dann optimistisch *Formung* nennen. Ein großer Mensch unterscheidet sich vom kleineren unter anderem dadurch, daß er *viele* Umschwungsmöglichkeiten besitzt. Aber auch bei ihm sind diese Wandlungen begrenzt. Wenn Goethe einen Kleist verkennt, so liegt das an seiner anderen Grundgestalt. Wenn Goethe aber einen Jean Paul belächelt, so hat das wohl vor allem jene genannten Ordnungsgründe. Man kann das daraus schließen, daß sich Goethe hier selber öfters häutet, und als er am ›Westöstlichen Diwan‹ arbeitet, plötzlich den pluralen Perspektivismus Jean Pauls zu schätzen beginnt. Jedenfalls liegt dieser Verkennungstypus nicht in einer Angst, schon gar nicht in der Angst vorm Kleinbefundenwerden durch das Neue, sondern in einer Freude am Abschluß, am Gerundeten, am eignen Fertigwerden.

Ein letztes Motiv für Verkennung in den Künsten ruht in einem vorschnellen Rationalismus. Manche Menschen vertrauen zu wenig ihrer Intuition, die für die Künste doch entscheidend bleiben müßte. Leuchtet ihnen etwas Neues schon halbwegs ein, paßt aber nicht in ihre Theorien vom Wesen der Gestaltung, so verschließt sich plötzlich ihr Gefühl, mit dem sie sich schon weiter vorgetastet hatten. Da aber, besonders den Künsten gegenüber (wenn nicht auch sonst überall), die Theoriebildung, als umständliches Ordnen und Beweisen bloßer Erlebnisse, der Intuition nur *nacharbeiten* kann, also immer hinterherhinkt, kann jene Hemmung eine gefährliche Bremse, ein wirkliches Hintanhalten unsres Wirkens werden.

Ein bezeichnendes Beispiel liegt in folgendem vor. Ein großer Kunsthistoriker pflegte zu sagen: Rodin ist viel bedeutender als Hildebrand, aber er ist kein Bildhauer, also zu verwerfen. – Uns interessiert hier weder der Aussagende noch das Verhältnis der Bedeutung dieser beiden Meister, vielmehr nur der Typus des Urteils. Wenn wir Rodin für den Größeren ansehen, so tun wir das doch auf Grund seiner Skulpturen (da er hier nicht als Zeichner gemeint ist). Wenn er sich aber in *Skulpturen* größer ausdrückt, liegt dann nicht eine Verkennung in jenem Nachsatz, welcher behauptet, hier sei keine Bildhauerei mehr gegeben? Man war hier gefühlsmäßig schon auf richtigem Wege, kehrte aber wegen einer verengenden Theorie der Plastik wieder um: Schichten-Problem der Form von Marées-Hildebrand, mit der doktrinären Behauptung, man dürfe um eine Plastik nicht herumgetrieben werden, was doch nur für *einen* Typus Plastik, sogar nur für den Nebentypus gilt.

Wir haben hier versucht, die Hauptbeweggründe des Verkennens im Sinne eines Crescendo an menschlicher Anständigkeit anzuordnen. Bei jedem Einzelfall darf man sich wieder fragen, wieweit sich diese Motive verbinden können. Besteht eine Hoffnung, daß sie sich im Laufe der Geschichte vermindern werden oder daß sie sich verschieben in der wünschenswerten Richtung jenes Crescendo?

Gradweise Bewegtheit der Aufnehmenden

Alles Leben verläuft zwischen zwei Polen. Den einen können wir als ewige Ruhe, den anderen als ewige Bewegung vorstellen. Keiner der beiden äußersten Zustände wäre auf die Dauer möglich.

Ohne Wechsel und Veränderung würde das Leben veröden. Auch das Köstlichste unterliegt bei ewiger Wiederholung den Gesetzen der Abstumpfung. Die beste Tonfolge J. S. Bachs wird, wie wir schon erwähnten, unaufhaltsam wiederkehrend, zu Gleichgültigkeiten oder sogar zu Qualen führen. In dieser Grundtatsache ruht ja ein Hauptansatz zum Entstehen nicht nur aller Moden, sondern auch sämtlicher Stilwandlungen. Kann man doch sehr wohl fragen, warum denn eigentlich, wenn ein Höhepunkt etwa der Kunst erreicht sei, dieser Stil nun nicht verharre. (»Verweile doch, du bist so schön.«) Die ewige Neuerungssucht des Menschen ist nicht nur etwas Lästiges: ihr entspringt auch die tiefsinnige Rastlosigkeit all der Seinsweisen (nicht nur des Europäers), welche in riesiger, chorischer Musik an uns vorüberrauschen, die Geschichtlichkeit alles Daseins überhaupt erst ermöglichend.

Andrerseits könnten in ewiger Veränderung, sozusagen in Dauerrevolution, weder Bünde zwischen Einzelmenschen, noch Gemeinschaften, noch Organisationen, noch Systeme, noch Stile überhaupt entstehen, die ja alle jenseits geschichtlicher Bewegung und Individuation - ein Beharren voraussetzen. Alle Empfänger großer Ereignisse und Leistungen können wir nun auf einer Achse zwischen jenen Polen anordnen, etwa in drei Bezirken.

Wir können mehr den veränderungssüchtigen (fortschreitenden, fortschrittlichen) Mitmenschen, oder den mittleren, oder den starr verharrenden, konservativen vor uns haben. Diese drei Gruppen werden sich im Frühempfange neuer Werke der Kunst und Wissenschaft durchaus verschieden verhalten. Nehmen wir die Wirkung Goethes. Bettina und Schiller mögen den fortschreitenden Typus der Beurteilung darstellen, der zu allen Verschiebungen, die Goethes Sachfindung, Handlung, Bild- und Sprachführung bringen, sofort begeistert ja sagt. Herder (wahrscheinlich nur, weil er der Ältere war), Frau von Stein, der Herzog mögen den zweiten, den mittleren Zuschauer ausmachen, der wohlwollend zustimmt, aber doch seine Reserven behält, weil ihm jeder kräftigere Schritt der Entwicklung in unbekanntes Land zu radikal erscheint, so daß man nur *teilweise* folgt. Die Urteile der anderen Kritiker, die wir in unserm Goethekapitel ausführlich zitierten, mögen dann die dritte, die unbewegliche, reaktionäre Gruppe darstellen.

Auch Beethoven gegenüber finden wir diese Zonen des Zeiturteils. Bettina und E. T. A. Hoffmann seien hier als diejenigen genannt, die die Radikalismen Beethovens sofort verstehen. Der Adel und die gebildeten Musikliebhaber Wiens stellen die mittlere Gruppe dar, die weite Strecken mitgeht, dann aber doch Rossini verfällt, dem »ausgeglicheneren« Konkurrenten Beethovens. Die meisten anderen Kritiker zeigen dann die starr im Hergebrachten verharrende Haltung.

Auch bei Wagner finden wir diese Bereiche, ohne sie hier freilich zensieren zu wollen. Liszt ist in der vordersten Zone der Neuerungsfreudigen, Schumann, der wohlwollende Einfühler, rechnet höchstens zur mittleren Schicht, die nur sehr bedingt ja sagt (sein zweites, nicht sein erstes ablehnendes Urteil über ›Tannhäuser‹). Bülow gehört insofern hierher, als er nach bewegter Frühbegeisterung dann doch in die etwas konservativeren Bahnen eines Brahms einbiegt (nicht nur wegen der persönlichen Schwierigkeiten, die inzwischen entstanden waren). Hanslick rechnet zur dritten, zur konservierenden Zone, in höchst präziser Form doch nur Verflossenes vertretend.

Soziale Typen und deren Grenze

Man kann nun weiter fragen, wie sich solche Abstufung menschlicher Dynamik auf die verschiedenen soziologischen Strukturen verteilt. Hier gibt es aber wenig feste Zuordnungen. *Kirche und Priester* waren im Mittelalter äußerst fortschrittlich, Träger neuester Ideen, Einarbeiter neuester Kunstformen, was man seit über hundert Jahren nicht mehr sagen kann. Der *Adel* spielt noch über das Barock hinaus die Rolle schnellen Ergreifens neuer Regungen, nicht nur in der Architektur, sondern auch in der Musik, wo ja auch die Erstaufnahme Beethovens von ihm getragen war. Das *Bürgertum* hat nicht erst im 19. Jahrhundert entscheidende Bedeutung im Kulturempfang innegehabt, womit aber keinesfalls gegeben ist, daß es diese Rolle behalten müsse. Jede Schicht kann jene drei Stadien durchlaufen, jede kann schließlich von einem beweglichen Förderer der Kulturerweiterungen zum starren Hemmschuh dieser werden. Zurückbleibende Schichten vermögen wohl nur vorübergehend wieder aufzusteigen. Soweit sie sich wieder Muße und somit Bildungsmöglichkeiten erobern, können sie vorübergehend wieder Pionier im Frühempfange kulturell verjüngender Werke werden. Die Zukunft wird zeigen, ob das *Arbeitertum* führend im Kulturprozesse werden wird, nachdem notwendige Bildungsvorbereitungen systematisch und generationenlang gewirkt haben.

Wenn sich bei den jeweils führenden sozialen Schichten der Jahrhunderte die verschiedensten Grade der kulturellen Beweglichkeit zeigen, so ist hiermit noch nicht gesagt, daß gewisse Stile des jeweiligen Ausdrucks nicht dennoch gewissen Wirtschafts- und Sozialformen entsprechen. Sowohl die Arten der Kunstwerke selber als auch die verschiedenen Möglichkeiten des vorgefundenen Publikumsgeschmackes und somit seiner eventuellen Abwehren und Fehlurteile können sich in geheimer Abhängigkeit von herrschenden Wirtschafts- und Sozialformen befinden. Ein entsprechender Unterbau der Kunstgeschichte selber, gar der Empfangsgeschichte ist noch wenig versucht worden, mindestens in Mitteleuropa. Auch werden solche Beziehungen schwerlich so direkt und simpel sein, wie diejenigen Forscher gemeint haben, die diesen soziologischen Unterbau der Kunstgeschichte überhaupt ablehnen. Wir bedauern, in unsrer Arbeit entsprechende Rückführungen nicht einbezogen zu haben, die einmal versucht werden müssen. Man wird einmal herausbringen müssen, unter welchen sozialen Umständen z. B. teils bei den Bestellern und Auftraggebern der Künste, teils beim weiteren Publikum schneller oder langsamer zugegriffen wird, wenn neue Ausdrucksformen auftauchen. Was wir Publikum nennen, wird man in Schichten zerlegen müssen, um zu sehen wieweit die Unterschiede im Empfang des Neuen hier soziologisch bedingt sind. Dabei wird es sich nicht um ein Gewebe von lauter gleichzeitigen Verknüpfungen handeln, sondern es werden gewisse Faktoren bald vorausgehen, bald gleichzeitig liegen, bald nachfolgen.

Solche Probleme sind z. B. äußerst fesselnd für die Renaissance, wo doch bedeutendste Neuerer der Malerei, Plastik und Architektur sehr schnell zu großen und offiziellen Aufgaben herangezogen wurden. Es ist die Frage, ob die damalige Freude an neuen, die Entwicklung erweiternden Formen, die sich nicht nur in den Künsten, sondern auch im Denken zeigten, nicht sehr verzweigte Wurzeln hat. Die damalige, eigentlich seltsame Tatsache von wirtschaftlicher Macht der »mittelalterlichen« Kirche, die also noch immer Riesenaufgaben stellen konnte, verbunden mit Entstehung des bürgerlichen Frühkapitalismus, der Oberschicht großen Luxus erlaubend, die Macht der Stadtrepubliken und die mögliche Muße der Oberschicht, die sich dem allem Mittelalter überlegenen Denken der Antike neu hingibt, ohne die überlieferte Macht der Kirche aber zu zertrümmern: solches und anderes scheint im Zusammenhange einen äußerst vielfältigen und günstigen Boden für Aufnahme nun neuer Formen anhand beibehaltener Thematik abgegeben zu haben.

Wenn sich dann in der holländischen Kunst des 17. Jahrhunderts nur noch kleine Zimmerformate der Malerei finden, und die Themen wechseln, aber seltsame Wohligkeit ausstrahlen, das Leben auf dieser Erde nun reichlich real auskostend, so wäre hierfür das Fehlen der ecclesia militans nunmehr in zweifachem Sinne zu zitieren. Und ein behäbiger Wohnstil des kapitalistischen Bürgertums, das sich dort inzwischen restlos durchgesetzt hatte, wäre zu nennen. Der große koloniale Wohlstand dieses Landes und das Nochfehlen eines modernen technischen Industrialismus etwa mit entwickelter Farbenfotografie mag jene seelische Haltung bedingt haben, die diesen wohligen Realismus hervorbrachte. Zum Beispiel in der abschildernden Landschaftsmalerei, die sich nächstens wohl restlos zugunsten einer ganz frei umsetzenden Malerei verflüchtigen wird, wenn erst einmal ein neuer Industrialismus die Farbenfotolandschaft vervollkommnet. Wenn der Wirklichkeitshunger und die Sacherinnerungsfreude *damaliger* Menschen teilweise maschinell befriedigt worden wäre, wie zum Beispiel gegen Ende des 19. Jahrhunderts (wenigstens in

Schwarzweiß), wäre über die holländische Malerei des 17. Jahrhunderts vielleicht eine Abnehmerkrise hereingebrochen. Damit aber auch mehr Mißverstehen und mehr Ablehnen als man zu erleben brauchte, verglichen etwa mit den Nöten der Malerei des 19. und 20. Jahrhunderts. Die Künste befriedigen bei der Masse zunächst ein nur *gegenständliches* Bedürfnis. Die spezifischen Feinheiten der Malerei werden ja doch nicht von allen erkannt, die Bilder erwerben.

Für Shakespeares phantasievolle Drastik war entscheidend, daß er als Schauspieler und Dichter nicht von den höfischen, feinen Herrn abhing, weil sein Theater eine Art Gemeinschaft unter Selbstversorgung darstellte, mit der er sich zwischen die eigentliche Volkskunst und die höfische Erzeugung stellen konnte, woraufhin er eine verhältnismäßig breite Auswahl von Abnehmern seiner Dramen fand, die sonst wahrscheinlich weit mehr verkannt worden wären.

Ein falscher Einwand gegen das Aufsuchen solcher Zusammenhänge wäre, wenn man der Kirche, dem Adel, dem Bürgertum, der Arbeiterschaft eine jeweils *festbleibende* soziale Rolle zuordnen wollte und dann richtig feststellte, daß der Bürger von 1300, 1500, 1700 und 1900 doch ganz verschiedenen Geschmack gezeigt habe, nun aber folgernd, daß also ein soziologischer Unterbau der Geschmacksgeschichte und somit Empfängerzone überhaupt abwegig sei. Natürlich wird man alle entsprechenden Untersuchungen verfeinern müssen. Aber der Bürger der genannten Zeiten ist ja auch *wirtschaftlich* ganz verschieden gestellt, einmal noch an naturalwirtschaftlichen Restbeständen und kirchlichen Organisationen, später am Hochkapitalismus und durchtechnisierter Industrie teilnehmend.

Die kunstgeschichtliche, um 1800 herumgruppierte Folge Rokoko, Sturm und Drang, Klassizismus, Frührealismus kann man der ganz anderen Folge: höfische Wirtschaft, Französische Revolution, Restauration, Frühindustrialismus zuordnen. Auch die Empfangsweisen werden davon abhängen, welche Rollen hierbei die entscheidenden Publikumszonen spielen.

Oft werden solche Beziehungen aber ihre Grenze finden, weniger vielleicht noch in der Produktion als im Empfang. Breughels ganz unhöfische Kunst wird gerade vom Kaiser Rudolf II. begeistert gesammelt. Und Goyas grausam revolutionäre Stimmung, mit ihren graphischen Zyklen schwerster Anklagen gegen alle Machthaber, wird vom konservativen gleichzeitigen Königshause Spaniens geschätzt, wo dieser Mensch Hofmaler ist.

Beethovens aufrührerische Dramatik findet ihre früheste Pflegestätte gerade bei der etwas müden Adelskaste Wiens.

Nur im großen Gesamtverlaufe der Menschheitsgeschichte wird man also die wirtschaftsgeschichtlichen Ableitungen durchführen können. Im Kleinen und Einzelnen zeigt sich dann aber die unerhörte Vielfalt der Überschneidungen und Schattierungen des menschlichen Lebens. Einzelindividuen und ganze Menschengruppen können in bezug auf gewisse Regionen des augenblicklichen Lebens äußerst morgig, in andrer Hinsicht aber mehr als gestrig auftreten. Ich sah die Wohnungseinrichtung eines der größten, exakten Wissenschaftler unsrer Zeit. Es war wie bei seiner Großmutter, obgleich er auf seinem Forschungsgebiete ein Mann geradezu kommender Generationen ist.

Auch wäre es Unsinn, etwa bei Goethe nach entsprechenden wirtschaftlichen Umbrüchen suchen zu wollen, wenn wir seine künstlerischen Veränderungen zu erklären beabsichtigen, wie sie sich in der (bereits erwähnten) bei ihm verlaufenden Folge von ausgehendem Rokoko, Empfindsamkeit, Sturm und Drang, Klassizismus, Romantik zeigen. Wohl aber kann man – wenigstens weitgehend – diese verschiedenen Ausdruckswellen soziologisch erklären, die ja nicht alle von ihm selber stammen und nacheinander an ihn heranbranden, ihn mehr oder weniger mit sich spülend. Ein bekannter Satz heißt nun: Nur die Konstanz der sozialen Struktur verbürgt eine gewisse Konstanz des Geschmackes. Bereits das eine Beispiel Goethe kann diesen Satz widerlegen, falls man ihn auch im Kleinen, gar im Bereich individuellen Lebens beweisen wollte. Höchstens ganz im Großen der Gesamtentwicklung eines Kulturkreises ist er gültig. Selbst hier kann bei verhältnismäßigem Beharren einer Sozialstruktur ein Geschmackswechsel eintreten, wie dauernd von den eigentlichen Moden, aber auch den Moden der Künste selber bewiesen wird.

Die letzte Grenze dieser Betrachtungsart ruht aber in folgendem. Wir können nicht mehr so sicher glauben, wie es der hierin zu individualistische Kreis um Zola tat, daß die Kunst die Natur wiedergäbe, »gesehen durch das Temperament des Gestalters«, wenn man unter Temperament sein äußeres naturales Sein versteht. Wir wissen heute, wie weit die Kunst eines Menschen bedingt ist durch überindividuelle, geistesgeschichtliche Strömungen, die diesen Menschen mit sich ziehen, ohne daß er es merkt. Wir wissen aber auch, daß noch im individuellsten Kerne der Kunst einer Person etwas im Spiele ist, das dem eignen Sosein entgegensteht: ein Wunschtraum, ein Komplementär, eine Sehnsucht, die gerade Ergänzung und *Gegensatz* zum vorgegebenen, biologischen Ich bedeutet. In ähnlicher Weise kann ein Gestalter, gerade weil er soziologisch so und so gelagert ist (und ihm dies gleichsam langweilende Selbstverständlichkeit wurde), nun *konträre* Regungen hervorbringen. Denn gerade die Künste stellen denjenigen Sonderbereich des gesamten Menschseins dar, in welchem die Phantasie (also die Welt der Ergänzung zum wirklichen Sein) am freisten, rein spielend ausschwingt.

Um nun zu ergründen, wo gegenüber großen Erscheinungen Fehlurteile vorliegen und wo nicht, möge man sich, so ist vorgeschlagen worden, nur die soziale Struktur der Urteilsträger genau ansehen. Dann werde man gleich Bescheid wissen, ob man ihnen Glauben schenken solle oder nicht. – Man kann diesen Vorschlag aber nur annehmen für die soziale Gerichtetheit eines Kunstwerks, nicht aber für dessen künstlerische Qualität und somit seinen menschlichen (im Gegensatz zum soziologischen) Gehalt. Die erste Anhängerschaft eines großen Gestalters kann sozial und auch sonst gänzlich verschroben sein, ohne daß jene umstrittenen Werke dies zu sein brauchten. Aus dem unangenehmen Gebaren der Wagnerianer kann man nicht ohne weiteres einen Nichtwert dieses Musikers oder seiner Werke ableiten. Aus den sozial und menschlich schwimmenden, unbestimmten, ausgleicherischen Ansichten der Goetheaner kann man nicht ohne weiteres auf Wert oder Nichtwert Goethescher Lyrik schließen. Umgekehrt kann ein prachtvoll gesunder Menschenverstand (eine sozial sinnvoll und zeitgemäß denkende Existenz, so sympathisch sie in ihrer sonstigen Lebenshaltung sein mag) die blödesten Ansichten über aktuelle Kunstwerke haben. E. T. A. Hoffmann hat gegenüber Beethoven sehr schnell das Richtige gewittert, sowenig wir uns sonst seiner spukhaften Lebensleitung anvertrauen würden. Ebenso hat einst Bettina hier sofort kraftvoll ins Schwarze getroffen, während ihre sozialen Untersuchungen (›Dies Buch gehört dem König‹) doch in mildem Dilettantismus an allen Kernfragen vorbeischießen.

Was nun die Künstler des Zeitabschnittes anlangt, den wir allein behandelten, so wäre festzustellen, daß sich ihr Ansehen gegen Ausgang des 18. Jahrhunderts zu heben beginnt. Ihre soziale Stellung verbessert sich im allgemeinen. Man denke an die bürgerliche Achtung, die Schiller, vor allem aber Goethe entgegengebracht wird. Seit der Romantik sehen viele im Künstler geradezu den obersten Menschen überhaupt. In Frankreich und England ist diese Wandlung vielleicht sogar noch stärker zu verspüren. Am Schlusse dieser Entwicklung neigt der Künstler sogar zur Selbsthervorkehrung durch wallende Mähne, Sonderbarett und Sammetjacke, wenn auch hier gerade kompensierende Restbestände sozialer Minderwertigkeitsgefühle mitspielen mögen. Fotos von Richard Wagner sind hier bezeichnend. Der Schaffende tritt immer mehr ins Rampenlicht und seine Werke werden durch ein inzwischen angeschwollenes Pressewesen immer mehr besprochen. Mit dieser wachsenden Belichtung seiner Person, die uns vom Pole der Anonymität etwa des mittelalterlichen Schaffens auf den entgegengesetzten Pol treibt, wächst aber neuen Werken gegenüber nicht nur das öffentliche Für, sondern auch das öffentliche Wider. Auch dies kann man an Wagner ablesen, der sofort größte Beachtung erfährt, wobei sich zunächst aber ein hitziges pro et contra so ziemlich die Waage halten. Für unsre Fragestellung ist hier allein von Bedeutung, daß die Hebung des sozialen Typus des Schaffenden nicht ohne weiteres einen besseren Frühempfang seiner Werke bedeutet, soweit sie neue Formen bringen. Wenn sich die Menschheit mehr zu einer Sache *äußert,* so ist noch nicht gesagt, daß sie sie schneller liebt.

Trotzdem wird man in jener sozialen Änderung einen Fortschritt erblicken müssen, sooft das von rückwärts gerichteten Romantikern auch bestritten wurde. Die Gesamtmisere des modernen Gestalters gründet keineswegs in der aufgehobenen Anonymität seines Schaffens. Sie beruht vielmehr darauf, daß die Künste nicht mehr wie im Mittelalter in ein einheitliches Kultursystem eingebettet sind, ein Strombett, das sie trug, bewegte und zugleich band, und das den Empfang veränderter Formen insofern erleichterte, als wenigstens die Inhalte oder Zwecke der künstlerischen Unternehmen ausgerichtet waren, so daß *formale* Neuerungen leichter mitschwammen, leichter als in späteren Jahrhunderten, die wir allein zu besprechen hatten.

Trotzdem also der Gestalter jetzt mehr beachtet ist, hängt er wegen der angewachsenen sozialen und wirtschaftlichen Zerklüftungen moderner Gesellschaft eigentlich in der Luft. Er wartet in Auftrag, Gegenständen und Resonanz auf die heute noch fehlenden Verbindungsfäden zu einer wahrhaft neuen Gesellschaftsordnung. Das kann sich durchaus einmal wieder ändern: wenn neu heraufgekommene Schichten einer inneren Bildung zuwuchsen, eine größere soziale Einheit kommender Gesellschaftsordnung erreicht und danach kulturell durchgeformt sein wird, also viele rückwärts neigende Sozialschichten und Kulturstrebungen verschwunden sein werden.

Auch nach Ausscheidung der negativsten sozialen Sperrungen aber würde jene ganz andre Spannung bestehen bleiben, die darin liegt, daß das Entwicklungstempo bedeutender Einzelmenschen schneller als das des Durchschnitts der Empfänger ist.

Typen der Fachkritik

Wenn man den Kritiker, diesen neueren geistesgeschichtlichen Typus Mensch, betrachtet, so muß man ihn vom »Kenner« unterscheiden, der allerdings mehr in den bildenden Künsten auftritt, während der Kritiker auch der Musik und Dichtung gegenüber Urteile abgibt. Die Urteile des Kenners drehen sich weitgehend um den Handelswert verkäuflicher Dinge, wie sie alte Malereien und Plastiken nun einmal sind. Der Kenner ist vor allem aber auch geschichtlich durchgebildet, damit aber auch nach rückwärts gebunden, weshalb seine eventuellen Fehlurteile meistens durch veraltende Wertungen entstehen. Sie müssen sich dann besonders rächen, wenn er Aussagen über Gegenwartswerke machen soll. Handelt es sich aber um den Kenner der *Techniken,* indem der Urteilende etwa selber Maler ist, also die Entstehungsprozesse der Bildhaut versteht, so sind seine eventuellen Fehlurteile bedingt durch die Vorstellung der Konstanz bestimmter, aus den Materialien und ihren Kombinationen gezogenen Wertungsweisen. Er vergißt dann immer, daß sich das Lebensgefühl dauernd ändert, durch welches wir ja gezwungen werden, den Begriff z. B. der »vollkommenen Ausführung« gänzlich zu relativieren. Stehen wir vorm Kunstwerk doch ganz anders als etwa vor einer Maschine, die wir an ihrem praktischen Zweck messen können.

Der *Kritiker* ist hiergegen gegenwartsbezogener, mindestens in seiner Tendenz, weshalb er vom Historiker mit Mißtrauen angesehen wird, das dieser zum Beispiel dem Kenner nicht entgegenbringt. Der Kritiker ist stärker abhängig von der sozialen Schicht, zu der er gehört, und er hält das Werten weniger immanent als der Kenner. Deshalb erliegt er leichter den geistigen Moden der Zeiten. Es können aber auch die *gestrigen* Moden sein, wodurch er allem wahrhaft Neuen, auch wenn es bedeutsam ist, entrüstet entgegentritt. Er wettert gern vom »Ewigkeitsstandpunkt« aus, nicht merkend, daß er ebenfalls höchst zeitbedingt einherredet, nur eben nun aus einer bereits *verfließenden* Zeitströmung. Wir haben viele derartige Fälle an Ort und Stelle festgenagelt und auf diese tragikomische Gebärdung hingewiesen.

Aber auch weiterreichende Voraussetzungen unterscheiden die geschichtlichen Haupthaltungen der Kritiker. Im 18. Jahrhundert verkennen sie meistens durch die rationalistische Lehrhaftigkeit damaliger Kunstbetrachtung. Wieviel spricht man da von »Verstößen gegen die Regeln«, diese besonders wenig in ihrer geschichtlichen Bedingtheit erkennend.

Im 19. Jahrhundert, nachdem sich für bildende Kunst und Dichtung naturalistischere Anschauungen durchgesetzt haben, begründet der Kritiker die meisten seiner Fehlurteile durch ein angeblich »falsches Verhältnis des betreffenden Werkes zur Natur«. Obgleich ein Young schon Mitte des 18. Jahrhunderts in seiner Schrift ›Über den Geist der Originalwerke‹ verkündet hatte, daß Genie und Kunst die Regeln in sich selber trügen, ja obgleich er bereits Vorgänger in dieser Meinung gehabt hatte, wird sie erst später, ja eigentlich niemals wirklich allgemein.

Seit Ende des 19. Jahrhunderts mit Erscheinen des bisweilen abwegigen, oft aber auch höchst sinnvollen L'art-pour-l'art-Grundsatzes (womit manches in den Künsten statt bloßer Assoziationszusätze wieder spezifisch wurde) verurteilt man aus angeblich »innerstem Gefühl« heraus. Man gabelt jetzt etwa gegenüber einer Premiere den Erfolg in einen äußeren und inneren. Das breitere Publikum scheint jetzt manchmal entmündigt. Mit der wachsenden Schnellebigkeit des industriellen Großstadtmenschen und der Feuilletons innerhalb der Zeitungen wächst eine gewisse Schnellbeweglichkeit einzelner Kritiker. Sie ist als Gegengewicht gegen das immer überragende Trägheitsmoment des breiten Publikums nur zu begrüßen.

Manche sehen im modernen Naturalismus vor 1900 einen besonders tiefen Einschnitt der Literatur und bildenden Künste, seit welchem sich immer mehr Menschen von der engen oder freieren Nachahmung *alter* Kunstformen losgesagt haben. Freilich hat das oft auch gesteigerte Fehlurteile bei denjenigen Genießern erzeugt, bei denen der Historismus weiterwirkte. Hatten die guten Kritiker sich seit dieser Zeit von den geschichtlichen Vorbildern frei gemacht, so lieferten die schlechteren gesteigerte Fehlurteile aus jener rückwärts gewandten Haltung heraus.

Neben diesen noch immer geschichtlichen Unterteilungen können wir für die Fachkritik vielleicht auch zeitlose Unterscheidungen treffen. Auch diese zeigen dann Sonderzüge, die bei Verkennungen wiederkehren. Das Abwehren kann z. B. einer mehr *lyrischen* Kritik entspringen, wenn ganz irrational, mehr dichterisch umkreisend kundgetan wird, daß einem ein betreffender Stimmungsgehalt eines Werkes mißfällt. Die Abwehr kann aber auch spürbar aus einer *normativen* Kritik stammen und ist dann viel gefährlicher. Sie will dann sagen (mindestens zwischen den Zeilen), wie es eigentlich ein für allemal hätte sein sollen, womit natürlich vielen Weiterentwicklungen nun doppelt der Weg verstellt wird.

Verwandt ist eine dritte Art, die *pädagogische* Kritik, mit der man über die Gestalter hinaus erzieherisch auf die Empfänger wirken möchte. Sie sagt vielleicht bedingt zu einem bedeutenden Werke ja, glaubt aber vor dessen Folgen warnen zu müssen. Manches vorliegende Formenwesen wird dann einem

Einzelmeister als bedeutsam zugebilligt, aber die einschränkende Behauptung vertreten, gerade diese Formen müßten einmalig bleiben. Als ob nicht zunächst alle Formengebung einmalig wäre, andrerseits doch aber von keiner Form (auch der zunächst entlegen und absonderlich erscheinenden) a priori behauptet werden darf, daß sie nicht schulebildend werden könne. Beliebt ist hier z. B. mitzuteilen, Rubens habe eine Formenwelt, die sich zur Schulebildung eigne, während diejenige Rembrandts hierzu nicht geschaffen sei. Die Geschichte der Malerei des 17. Jahrhunderts widerlegt diese Behauptung gründlich: auch Rembrandt hat, nur diese nicht organisierend, viele Maler seines Landes damals derart beeindruckt, daß deren Malereien und Zeichnungen zum Teil im Rembrandtopus, wie es noch etwa Bode aufstellte, so unabsehbar aufgegangen sind, daß wir sie künstlich wieder herauslösen müssen.

Auf etwas andre Weise wiederum verkennt die *programmatische* Kritik, wenn darunter diejenige verstanden werden soll, welche auf ein bestimmtes Ziel der Kunst von morgen hinauswill, etwa durch eine eben im Entstehen begriffene neue Richtung angeregt. Sie kann dann der jeweils neuesten Gruppe helfen, solange diese noch ans Licht strebt und durch das Schwergewicht aller Gestrigen verdunkelt wird. Diese Kritik aber wird nun dazu neigen, etwas alternde, aber durchaus noch bestehende Werte zu verachten, da diese bereits bekannter als jene neuen sind. Hier wird die menschliche *Neuerungssucht* zur Grundgefahr und zum Verkennungsmotiv, wie wir es zum Beispiel gegenüber Bach antrafen, als Zeitgenossen ihn mißachteten, weil er einer damals *älteren* Richtung angehörte.

Am wenigsten gefährlich wäre eine *historische* Kritik, wenn man sie als bloß geschichtliches *Verstehen* nehmen will, aus dem heraus die Sonderreize älterer, mittlerer und neuester, sämtlich noch lebender Manieren nur beschrieben und gedeutet würden, wie man bei alten Perioden der Kunstgeschichte überhaupt verfährt. Ein Vorgehen, das wir ja leider sofort aufgeben, sobald wir, hitzig werdend, in die Gefilde der Gegenwart eintreten. Mit dieser vielfältig »verstehenden«, die entsprechenden Lebensgefühle herantragenden Kritik würden die Empfänger ruhig auf ein neues Formenwesen und seine Existenzgrundlagen vorbereitet. Möglichst wenig Urteil würde gesprochen und somit Zeit für jenen Einarbeitungsprozeß, den alles Neue braucht, gewonnen. Freilich kann man hier einwenden, das kritische Element trete nun hinter dem einfühlenden überhaupt zurück, was wir an andren Stellen menschlicher Geschichte für gefährlich halten. Hier wäre es aber zu begrüßen, wenigstens während grundsätzlicher Umstellungen der Künste, in denen doch immer größte Gefahrenzonen für kulturelles Mißverstehen liegen.

Außerhalb dieser Reihung erinnern wir schließlich noch an eine Sonderart des Kritikers. Er stimmt, solange er noch selbst in innerer Jugend steht, also entwicklungsfähig ist, auch kühneren Formenänderungen zu. Später aber, »reif und abgeklärt« geworden, streitet er gegen diese neuen Formen. Dies scheint unsrer Theorie von der notwendigen Assimilationszeit, die ein neuartiges Werk brauche, zu widersprechen, wo die Bekehrungen doch in umgekehrter Reihenfolge verlaufen. Wir müssen also feststellen, daß unser Gewöhnungszeitgesetz nur gilt, wenn es nicht überschnitten wird von einer anderen, schon einmal aufgestellten Regel. Sie heißt: Manche Menschen und Zeiten sind nur *vorüberkehrend* kühn und erneuerungsfreudig, dann aber ermüden sie sofort und sinken in altgewohnten Trott zurück. Inzwischen ist nämlich dem Beurteiler vor seiner eignen Kühnheit angst geworden. Auch neigt die Altersphase vieler Einzelmenschen, wie sogar ganzer Kulturen, zu ähnlichen Rückwärtsbewegungen. Dann entstehen jene nun reaktionären, von uns bereits erwähnten Urteile, die den Neuerer direkt oder indirekt zu seinen »milderen und ausgeglicheneren« Zweitfassungen herunterdämpfen, zu Formen, die wir später wieder in ihre kraftvolleren Urfassungen zurückverwandeln müssen. Hiermit soll freilich keineswegs behauptet sein, daß *jede* Zweitfassung abschwächend wäre.

Snobismus der Aufnahme

Noch mag ein Wort über den Snob gesagt sein, diese seit mindestens dem 18. Jahrhundert bekannte Erscheinung, die unter verschiedenen Namen geht, wahrscheinlich viel älter ist, am besten aber dadurch gekennzeichnet wird, daß hier das Neue nur um des Neuen willen geschätzt wird. Der Snob will sich in Vornehmheit von jeder großen Masse absondern. Hier geht es also nicht um den erhöhenden Wert, man will anders sein als alle Mitmenschen, was allerdings durch betontes Anschlußnehmen an kulturelle Neuerungen leicht erreicht werden kann. Der Snob ist das völlig veräußerlichte Gegenstück zum echten Abenteurer des Geistes, jenem *kulturellen* Abenteurer, dessen Ruhelosigkeit im Suchen ihn ebenfalls zu immer veränderten Formen treibt, deshalb verhältnismäßig schnell zugreifen läßt, wenn wichtige neue Lebens-, Denk- und Kunstformen auftreten. Nur kurze Zeit und ganz von außen her kann aber jener faustische Mensch mit einem Snob verwechselt werden. Der faustische Mensch ist wichtiger Miteröffner und Wegebahner für das jeweils Neue, aber von innen her. Er spielt in der Geschichte aller Frühempfänge eine positive Rolle, weil er oft bis in höchstes Alter unverkapselt, ruhelos geöffnet bleibt, wo der Durchschnittsmensch sich längst inzwischen abgeschlossen hat, um bieder mit einem erworbenen Grundbestand von Kenntnissen und Formsystemen bis zum ruhigen Tode hauszuhalten. Während der faustische Mensch dem schöpferischen ziemlich nahekommt, indem er im Empfange dessen fruchtbares Gegenbild darstellt (wie die Matrize in die Patrize passend), ist der Snob ohne jeden Eigenwert. Dennoch wird aus folgenden Gründen zu hart über ihn geurteilt.

Da in einer umfassenden Gesamtverrechnung aller Geistesgeschichte das Beharrungsvermögen viel größer ist als das Veränderungsstreben, sozusagen die Schwere der Körper viel stärker als ihr Auftrieb, fällt alles Sein eher hinab, als daß es emporschwebte. Hier liegen ja die Grundschwierigkeiten, denen die Empordrängenden plötzlich gegenüberstehen, nachdem das Hervorbringen ihrer Werke ihnen womöglich leicht und nur ein höheres Spiel gewesen ist (homo ludens). Erst wegen jenes Trägheitsgesetzes der Geschichte haben es ja die großen Eröffner schwer. Weil gegenüber ihrem Weiter das Publikum nicht nachdrängt, erweist sich – in jener Gesamtverrechnung – schließlich doch als gut, daß jeweils eine kleine Gruppe derer lebt, die nicht das Alte um des Alten willen liebt, sondern (wie zum Ausgleich) das Neue um des Neuen willen schätzt, selbst wenn sie es gar nicht durchschaut.

Da alles Menschentum der Reizabstumpfung gegenüber den Anregungskörpern (Kunstwerken, Wissenschaftssystemen) unterliegt, bilden Snob und Bauer zwei äußerste Punkte auf einer Ermüdungsskala. Der Snob stumpft zu früh, der Bauer sozusagen zu spät ab. Zwischen diesen Polen liegt die normale Zone der Beweglichkeit und Neuerungsfreude, an der ja eigentlich alle Wesen teilhaben: von den Genüssen des Jahreszeitenwandels (weshalb die nichttropischen Zonen die produktiveren bleiben) bis zum grandiosen Wechsel der Stile (aber auch bis hinunter zum bloßen Wandel der Moden). Für die ruhelose, niemals aufhörende Veränderung der Stile bleibt die Abstumpfungstheorie durchaus eine wichtige Erklärung, wenn auch nicht die alleinige. Die Neuerungssucht des Snobs ist also nur schwächende Übertreibung eines an sich gesunden Urtriebes: der Rastlosigkeit aller Menschennatur. Behalten doch sowieso diejenigen, welche das Alte um des Alten willen schätzen, also genau wie der Snob den bloßen Assoziationswert für den Sachwert nehmen, zahlenmäßig das Übergewicht.

Da nun der Snob soziologisch meistens der Luxusschicht angehört und diese einen wichtigen Gleitboden für die Weiterbewegung mindestens der Künste, wenn nicht auch der Wissenschaften darbietet, wird der Snob oft, ohne es zu wollen, Vermittler höherer, nicht nur neuer Werte. Seine Arroganz und höhnische Abschließung gegenüber allen anderen (odi profanum vulgus et arceo) macht ihn zu jenem Geist, »der stets das Böse will und doch das Gute schafft«.

In der Wiener Adelsschicht um 1800 mag neben echtem Verstehen mancher Snobismus gewaltet haben, als man den rauhen Umstürzler Beethoven wie einen Löwen in die elegischen Salons einließ, um sich von allen Draußenstehenden abzuheben. Daß hier ein ganz Absonderlicher vorlag, ahnte man wahrscheinlich, schwerlich aber, daß hier Tiefenwerte für Jahrhunderte verwirklicht wurden. Was wäre aber Beethoven ohne diese Schicht gewesen? Wer kann heute sagen, ob sich nicht der selbstmörderische Fall eines Kleist wiederholt hätte, wenn Beethoven nicht eben doch von dieser Gesellschaftsschicht, obgleich sie ihn nicht voll verstand, weitgehend getragen worden wäre. Spricht er doch immer wieder von völliger Verzweiflung. Wie sehr bedurfte ein solcher Verschwender damals unerhörter, revolutionärer Gehalte eines ersten vorläufigen Echos. Dies war aber durch jene Luxusschicht gegeben, die schon manchen großen Neuerer vor letzter Vereinsamung bewahrt haben mag, ob er nun selber merkte oder nicht, daß er dieser Umgebung im tiefsten fremd blieb. Diese schmale Schicht fundiert den Großen oft auch wirtschaftlich. Sie untermauert ferner das Fundament seines ersten äußeren Ansehens, da bei ihr neben echten Ansätzen von Kultur eine ausgesprochene Energie gesellschaftlicher Urteilsprägung anzutreffen ist. Jedenfalls ist für die positive, geschichtliche Bewegtheit kulturellen Lebens der Bremsklotz des erstarrten Reaktionärs weit gefährlicher als die unfeste, etwas schlüpfrige Gleitschicht eines Snobismus, die sich unter die rollenden Räder kultureller Neuerungen legt.

Verfallsvorstellungen der jeweils eigenen Zeit gegenüber

Merkwürdig ist, daß sich so viele Zeiten, gerade wenn sie hochstehen, aus der nahen Sicht heraus äußerst zerspalten und verderbt vorkommen. Dieselben Epochen, die später als geschlossen, unter Umständen als vorbildlich betrachtet werden. Wie bei alten Bildern ist es hier: tritt man zu nahe heran, so enttäuschen sie durch tiefe Sprünge, beunruhigende Risse und schäbige Übermalungen. Betrachtet man sie aber in Entfernung, so schließen sich ihre Formen in köstlicher Einheit zusammen.

In der unausschöpflichen Periode spätmittelalterlicher deutscher Malerei schreibt Lucas Moser auf seinen Tiefenbronner Altar, daß es jetzt aus sei mit der Kunst und ihrer niemand mehr begehre. Aber die Malerei befand sich damals mitten im Aufstieg zu höchsten Höhen. Gegen Ende des Mittelalters wimmelt es, nicht nur bei Savonarola, an Untergangsweissagungen, wobei gerade die Künste als kulturzerstörend gelten. Man denke daran, wie noch Michelangelo auf der Höhe seines Lebens an der Kunst überhaupt verzweifelt.

Wenn nicht als Untergang, so empfanden sich Hoch-Zeiten mindestens als Verfall. Denn gerade in Blüteperioden folgen, wie aus Überfülle, die Stilansätze oft beunruhigend schnell aufeinander. Um 1520 hat kaum Botticelli eine Art kurviger (lateinischer) Spätgotik ausgewirkt, als in Italien bereits die Vollrenaissance durch Raffael und seine Schule entsteht. Zugleich aber treibt das Barock mit Michelangelo hervor, woraufhin bereits ein Rokoko in Correggios Kuppeln ans Licht will. Das alles wirkt damals auf viele Gemüter beängstigend.

Zur Zeit Rousseaus gerät das europäische Bewußtsein dann in [eine] neue Krise. Diesmal soll die *Wissenschaft* den Untergang der Kultur bedingen. In Deutschland wollen Gerstenberg, Claudius, Overbeck u. a. auf Grund von Heinses Anregungen und der Berichte G. Forsters auf der »glücklichen Insel« Otahaiti ein naturnahes Dichterparadies gründen und gleichsam von vorn beginnen. Auch Klopstock, F. L. Stolberg und Voß hatten sich diesen Plänen angeschlossen, die wieder bezeichnender Ausdruck von europäischen Untergangsgefühlen sind.

In der nun auftretenden Philosophie läßt die tiefsinnige Folge Kant – Fichte – Schelling – Hegel – Schopenhauer einen Denkstil nach dem anderen hervorquellen, bevor ein einziger noch Zeit gehabt hätte, wahrhaft ins Bewußtsein der Menschheit zu sickern. Auch hieraus entstanden teilweise Untergangsgefühle. Über die »Hast« solcher Perioden sind eine Fülle von Klagen aus jenen

Zeiten überkommen. Man behauptet in der neueren Geschichte dann, nur *kleinere* Gestalter erlägen modisch solchen Abfolgen. Auch ein Goethe, hieß es damals, habe aufs übelste alle Ismen der Kunst seiner Tage mitgemacht. Enderzeugnisse des Rokoko, Empfindsamkeit, Sturm und Drang, Klassizismus, Romantik, Frührealismus überstürzen sich hier für die Zeitgenossen aufs unheimlichste.

Hölderlin schreibt sich 1797, als die deutsche künstlerische Kultur einen ihrer Höhepunkte durchläuft, einen seltsamen Klagebrief von der Seele. »Altes und Neues! Kultur und Roheit! Bosheit und Leidenschaft! Egoismus im Schafspelz, Egoismus in der Wolfshaut! Aberglauben und Unglauben! Knechtschaft und Despotismus! unvernünftige Klugheit! unkluge Vernunft! geistlose Empfindung, empfindungsloser Geist! Geschichte, Erfahrung, Herkommen ohne Philosophie, Philosophie ohne Erfahrung, Energie ohne Grundsätze, Grundsätze ohne Energie! Strenge ohne Menschlichkeit, Menschlichkeit ohne Strenge! heuchlerische Gefälligkeit, schamlose Unverschämtheit! altkluge Jungen, läppische Männer! Man könnte diese Litanei von Sonnenaufgang bis um Mitternacht fortsetzen und hätte kaum ein Tausendteil des menschlichen Chaos genannt.« Welche Verkennung einer Zeit, die wir heute als stillgefestigt bewundern! Welche weitere Verkennung, wenn Hölderlin fürs Kommende, fürs 19. Jahrhundert dann unerhörten Aufstieg erwartet, für Deutschland ein stilles, politisches, ganz nach innen gekehrtes Treiben voraussagend.

Seltsam spiegelt sich die eigene Epoche auch in geistigen Schichten des damaligen Studententums. J. G. Rist berichtet über die Zeit von 1795 und 96 mit äußerst gemischten Gefühlen gerade über Jena, einen der Brennpunkte des damaligen Idealismus. »Es war eine gefährliche Zeit für Jünglinge von Geist und diese Jahre die gefährlichsten. Heftig aufgeregt und angezogen von allen Seiten, bewegte sich das Leben zwischen lauter Extremen; die Richtung fehlte, und wo sie sich feststellen wollte, da griff der gewaltige äußere Drang der Revolution und des Krieges zerstörend ein.« In einer anderen Schrift meint Rist: »Es war eine gewaltige, eine *chaotische* Zeit . . .« Wie bedenklich sieht hier jene Kunst und Kultur aus, die wir heute – ganz von weitem – als still gehärtet, allem Maßlosen entschieden abgewandt erachten, die wir neidvoll als ein Paradies geordneter Seelenverfassung bestaunen.

Am Ende des 19. Jahrhunderts sind die Untergangsgefühle nur gering. Der Auszug eines Gauguin nach Tahiti aber bezeugt (van Gogh hatte gelegentlich verwandte Pläne), daß manche an eine selbständige Vorwärtsentwicklung Europas auch damals kaum noch glaubten. Es wird sich erweisen müssen, ob die Vorstellungen des 20. Jahrhunderts vom kulturellen »Untergang des Abendlandes«, wie sie durch Spengler volkstümlich geworden sind, wieder auf bloßen *Krisen* beruhen, die aus der nahen Sicht heraus vergrößert erscheinen – oder ob sich die pessimistischen Voraussagen diesmal erfüllen.

Staat und Verkennung

Wir durften in bezug auf unsre Frage verschiedene Publikumszonen voneinander abheben. Wie verhalten sich persönliche Freunde des Künstlers, wie die Kollegen, wie die öffentliche Fachkritik, wie die gesamte Bildungsschicht überhaupt, wenn es gilt, ein neuartiges Werk aufzunehmen? Wir können nun weiter fragen, welche Bedeutung hat das Frühurteil des Staates? Vor allem handelt es sich hier um das Problem der Zensur.

In unseren geschichtlichen Einzelkapiteln konnten wir aufzeigen, welche Untaten hier gerade dem Staate anzukreiden sind. Die Frage nach dessen Einstellung zum neuartigen Kunstwerk bleibt äußerst aktuell. Ist doch anzunehmen, daß der liberalistische Staat eines kulturellen laissez faire für die nächsten Generationen mehr und mehr verschwinden wird, um einem totalitären Platz zu machen. Je durchgreifender der Staat aber arbeitet, desto mehr Gefahren ergeben sich für das Kunstwerk neuer Richtung.

Jenes Totale des Staates kann sich einerseits so auswirken, daß er sämtliche Wirtschaftsbezüge in die Hand nimmt, die Wildwirtschaft des Kapitalismus also durch einheitlich gelenkte Planwirtschaft ersetzt, durch eine Planwirtschaft, der niemand auszukommen vermag. Das Totale kann sich andrerseits darin zeigen, daß man sich in die Fragen des *Geistes* einmischt, so daß nun eine freie Forschung, eine unbevormundete Weiterentwicklung der Künste ausfällt. Dem zweiten Fall liegt eine romantische Staatsauffassung zugrunde, ganz gleich, ob sie nach rechts oder links hintreibt. Hier wird der Staat in seinen gesamten Befugnissen schwer überdeutet. Wir sind für eine weit nüchternere Auffassung, die im Staate vor allem die Formung bloßer *Wirtschaftsfragen* der Gemeinschaft sieht, wo zwar auch Institute der Erziehung, Forschung und Künste organisiert werden, in ihren Entschlüssen aber soweit als irgend möglich autonom bleiben (Staat als wirtschaftliche Geschäftsführung einer Menschengruppe, die sehr verschiedene Kulturzonen, Interessen, ja Sprachen haben kann, siehe Schweiz). Dann bezieht sich die neue Straffung, die neue Beaufsichtigung im wesentlichen auf Gebiete der bloßen Zivilisation, kaum aber auf die Kultur, wenn wir diese in Deutschland üblich gewordene Trennung beibehalten wollen. In der Zivilisation waltet dann das Organisierbare, in der schöpferischen Kultur aber der freie Wuchs des Geistes.

Dürfen wir uns dessen Richtung auch niemals losgelöst vom Nährboden seines wirtschaftlichen Gefüges vorstellen, so besteht doch ein gewaltiger Unterschied, ob jener geistige Wuchs organisch hervorgeht oder aber durch Diktat, durch Polizeiverbote erpreßt wird. Im ersten Falle haben wir einen positiven, im zweiten einen negativen Einfluß des Staates.

Veraltet ist die oft zu hörende Alternative: sollen die Vertreter des Geistes nun den kapitalistisch liberalistischen Staat des 19. Jahrhunderts wollen oder den neuen, bei dem man dann für eine Beaufsichtigung der Künste und Wissenschaften sein müsse. – Man kann Anhänger eines stark durchgreifenden Staates und zugleich eines laissez faire in Künsten und Wissenschaften sein. Können wir uns doch einen Staat denken, in dem sich beide Möglichkeiten vereinen. Im 19. Jahrhundert erlebten wir das umgekehrte Verhältnis: daß man das Kapital im Sinne jener individualistischen Wildwirtschaft rasen ließ, den Künsten gelegentlich aber ängstlich Zügel anlegte, z. B. ganz unpolitische Dichtungen verbot, unterm Deckmantel der Moral oder Staatserhaltung (vergleiche Grillparzer).

Die Sphären der Zivilisation und der Kultur sind allzusehr aneinander angenähert worden, besonders im 19. Jahrhundert, erst theoretisch, dann praktisch. Wir sind dafür, sie wieder mehr voneinander entfernt zu halten. In diesem Sinne möchten wir auch dem allzu verpönten L'art pour l'art gewisse Chancen belassen. Dies gelte fürs kollektive wie fürs private Leben. So geregelt und zugreifend man die Außenbezirke des Daseins halte, so unangetastet lasse man innere Regungen der Seele, besonders aber das freie Spiel der Künste. Mit solcher Einstellung würde die Menschheit auf weite Strecken hin am besten fahren. Nur dieser komplizierte *Doppelgriff* ist es, der beiden Sphären des Lebens gerecht werden kann. Hier mag auch Antwort auf die brennende Frage liegen: wo überhaupt mehr Kollektivismus und wo mehr Individualismus in einer gesunden Gesellschaft walten müsse.

So allein würde ein Leben hervorquellen, bei dem der Staat sich nur ein Mindestmaß von Verkennungen, von sinnlosen Zensurverboten zuschulden kommen ließe. Er würde höchstens in der Zone *politischer* Schriften Aufsicht führen. Bisher haben seine Hüter aber immer wieder voreilige Zuordnungen unternommen, zu viel politische Deutungen in neue Kunstformen hineingesehen, Tendenzen, die sehr gezwungen waren.

Courbet war politisch linksradikal. Lag dies aber wirklich in seiner *Kunst,* die doch so behäbige Breite des Lebens ausdrückte, so unkämpferische Schwere, so fülliges Genießen, wenn er wundersam faul, einen dunkelnden Wald, ein stehendes Reh, ein Stilleben oder das Rollen der Meeresbrandung auffaßte? Millets schicksalergebene Bauern wurden ehemals ganz linkspolitisch gesehen, obgleich er ein Gegner der Linken war. Wie schadet unser vorschnelles Deuteln hier überall, unser Zuordnungsbetrieb, alle Synthesenspielerei weit abgetrennten Seinsweisen gegenüber! Kann nicht ein politischer Reaktionär sehr kämpferische, ja grausam dynamisierende Malerei oder Musik hervorbringen, umgekehrt aber ein politischer Kämpfer die Kühe seiner Darstellung äußerst geruhsam grasen lassen? Wenn nun die Zensur Richtungen wittert, die höchstens in der *politischen* Existenz eines Künstlers, durchaus aber nicht in seinen Arbeiten selber liegen: wie sinnlos dann, diese Werke zu verbieten, statt etwa die politische Betätigung ihres Erzeugers.

Wenn nun der *Staat* aus solchen Grenzüberschreitungen oder aus solchen Überdeutungen heraus eingreift, so entstehen die gefährlichsten aller Fehlurteile. Besitzt doch er allein die Macht, ganze Ausstellungen zu schließen, ganze Manuskriptreihen zu vernichten. Er kann die Werke jedenfalls der Öffentlichkeit so vorenthalten, daß man von deren bedeutsamem, für die kommende Generation vielleicht entscheidendem Dasein überhaupt nichts erfährt. Hier liegt der enorme Unterschied zwischen staatlicher und privater Verkennung. Lehnt ein Privatverleger schärfstens ab, so kann der Schaffende bei einem anderen Glück finden. Höhnt ein Einzelkritiker, so jubelt vielleicht ein anderer zu. Die staatliche Zensur aber kann nach der Einreichung verhindern, daß überhaupt etwas an irgendeinen Verleger oder Kritiker gelangt.

Unsre bloße Überdeutungssucht (noch vor der eigentlichen Grenzüberschreitung) ist aber auch anderweitig gefährlich, hat auch *private* Verkennungen ausgelöst. Soll man z. B. den Gegensatz Brahms-Bruckner wirklich dem Gegensatze protestantisch-katholisch einordnen, entsprechende Fehlurteile nun womöglich auch noch konfessionell versteifend? Darf man hier gar mit dem Gegensatze Hamburg-Wien arbeiten? (Der ausladend schwelgerische Brahms »typisch Hamburg«?) – Wenn Wagner katholisch gewesen wäre, wie schnell hätten wir seine barock-sinnliche Pracht sofort »entsprechend« gefunden! Beethoven würden wir in seinem härteren Kämpfertum des musikalischen Ausdrucks dann als protestantisch absetzen, während er doch katholisch war. Ist etwa Bachs Musik protestantisch, Händels englisch, Beethovens Tonwelt gar wienerisch?

Dostojewskis Arbeiten eckten bei der damaligen russischen Regierung durchaus an, obgleich er ein geradezu verbohrter Zarenanhänger, ein panslawistischer Nationalist war, was nicht einmal zu seinen Romanen paßt. Wie lose sind doch solche Beziehungen, in denen wir, damit sich unser Verknüpfungstrieb austobe, so tiefe Zusammenhänge sehen wollen! Um 1900 galt der Naturalismus in Malerei und Dichtung als bezeichnend für politische Linksneigungen. Um 1930 galt er als Rechtsgerichtetheit, während nunmehr phantastische oder abstrahierende Kunst als Linksradikalismus zählte. Welche willkürlichen Verbindungen! Ein Richard Strauß galt einst als Hort politischer Aufrührer, heute rechnet er als Symbol politischer Reaktion. Beides doch wieder recht beziehungsarm. Wie gefährlich und Verkennung fördernd wird solches Spiel jedoch, sobald sich staatliche Machtstellen und Zensoren seiner bedienen.

Derart künstliche Zusammenspannung auseinanderliegender Gestaltungsflächen treten besonders in aufgeregten, revolutionären Zeiten auf, während allmählich gesicherte politische Systeme alle Zügel dann etwas lockerer lassen können. Trotzdem würde man sich täuschen, wenn man annähme, Verkennungen von seiten der Zensur hätten nur in revolutionären Perioden gewütet. Das reaktionäre Österreich des frühen 19. Jahrhunderts, wie es uns Grillparzers Klagen überliefern, steht als Hauptzeugnis *gegen* solche Annahme.

Nun hat man eine *tiefere* Verkopplung finden wollen, mit welcher, wenn sie zu Recht bestände, wirklich eine Regel aufgestellt wäre, nach der man es einem Staate zugestehen könnte, sich gegen Lebensgefühle zu schützen, die nicht zu seinem Zustande passen, ja ihn aufzuheben trachten. Man hat da nämlich einen gesetzlichen Zusammenhang zwischen dynamischen Stilen und Revolutionen finden wollen, was in der Tat eine große Entdeckung wäre. Aber auch hierauf dürfte sich eine eventuelle Zensurbehörde nicht verlassen. Schon beim Zurückgehen auf die Französische Revolution zerreißt dieser »notwendige« Zusammenhang. Die große politische Dynamik von 1789 bricht los, als die bildende Kunst gerade das Dynamische abschüttelt und sich in einen verfestigenden Zustand begibt. Gerade die alten Maler des herrschaftzentrierenden Barock sind damals die Konservativen, die neue Sachstrenge und Statik liegt bei den Vorwärtsdrängenden.

Man kann stille und tathafte Kunst unterscheiden. *Welcher* Tat die zweite aber zuneigt, kann nur von Fall zu Fall gesagt werden. Selbst die Gegensätze Vitalitätsbejahung und Sittenstrenge, soweit sie aus den Künsten ablesbar, kann man nicht den Gegensätzen Revolutions- und Reaktionszeit zugruppieren. Kann doch aus Sittenstrenge geradesogut eine Revolution wie eine Reaktion notwendig werden. 1789 verdammte man die konservative, vitale Kunst eines Boucher zugunsten einer Malerei der starren, römischen Tugendrepublik (David).

Beinahe jedes Lebensgefühl der Künste ist imstande, zeitweise Träger einer politischen Notrolle zu werden, d. h. sich einer neuen Wirtschaftstendenz zu verbinden. Zweitens können sich die merkwürdigsten Lebensgefühle untereinander in ein und demselben Individuum treffen (Dostojewskis christliche Duldsamkeit in den Romanen bei schroffstem Zarennationalismus seiner politischen Schriften). Drittens drückt Kunst, so total sie aufzutreten scheint, doch selten das *Ganze* eines Lebenswillens aus. Es kann ein absoluter Kämpfer und politischer Neuerer, sowie er malt, geruhsame Idyllen schaffen oder sich konservativster Bildmittel bedienen. Die Kunst wird Ausdruck mehr der seelischen Hintergründe bleiben, während die Politik (als Aufgabe der Tagesfragen und äußeren Verbesserungsmöglichkeiten) entscheidende *Vordergründe* des Lebens in Bewegung setzt und setzen soll, Vordergründe, deren Bedeutung freilich nicht zu unterschätzen ist.

Verwandte Staaten, d. h. ihre Führer, denken sich oft ganz entgegengesetzte »Entsprechungen« aus, auf die sie glauben schwören zu müssen. Hitlers und Mussolinis politische Systeme waren doch äußerst verwandt. Trotzdem sah der Faschismus den Futurismus der Malerei und neue konstruktive Architektur weitgehend als entsprechend an, während der Nationalsozialismus die Malerei des 19. Jahrhunderts wiederholen wollte, obgleich er dieses Jahrhundert politisch verdammte. Der russische Kommunismus hielt sich erst mehr an abstrakte, dann an inhaltliche Gestaltung der Malerei.

Eine Sonderrolle spielt hier die ausgesprochene Tendenzkunst. Arbeiten eines Masereel, eines Grosz (die eines Dix nur teilweise), wiesen nach bestimmter politischer Richtung. Sicher sind die Einwände des früheren Liberalismus unerlaubt, der behauptete, Tendenzkunst sei überhaupt keine echte Gestaltung. Auch C. D. Friedrichs Malerei war Tendenzkunst. Aber die Schaffenden zur Tendenzkunst pressen, einen geruhsamen Idylliker zum Ausdrucksaktivisten kommandieren zu wollen, bleibt unfruchtbar. Ähnliche Absichten müssen immer zu besonderen Fehlurteilen und Verkennungen führen.

Man könnte eine Skala konstruieren, auf der die gradweise Annäherungsmöglichkeit der Künste an politisch-wirtschaftlichen Tendenzen aufgezeigt würde. Roman und Drama kann leichter, Lyrik schon schwerer, absolute Musik am schwersten Tendenzkunst werden. Je inhaltlicher das Material, aus dem geformt wird, desto politisierender kann das Kunstgebiet ausfallen. Je abstrakter, desto weniger dürften jene Bindungen gelingen. Dieser Abstufung entsprechend wächst dann das Unrecht verkennender politischer Bevormundung. Manche Historiker glauben nun beruhigend feststellen zu dürfen, daß wir doch in allen Kulturen (in Ostasien, bei den Griechen und im Mittelalter) immer wieder sehen, wie sehr der Kunst, nicht nur der Bauordnung, staatliche Verbote auferlegt werden. Dieser Prozeß sei eben als ein ewiger, als ein notwendiger hinzunehmen. Welch irriger Schluß, aus vielleicht richtigen, geschichtlichen Feststellungen gezogen! Läge doch reiner Historismus vor, wenn wir uns verführen ließen, aus mehrmaligem Vorkommen eines geschichtlichen Zusammenhanges gleich dessen Notwendigkeit auch für die Zukunft abzuleiten. Diesen ganzen Typus des Schließens müssen wir uns gründlich abgewöhnen, ob es nun um Versklavung einer Menschenklasse durch die andre, um Kriegeführen oder Kunstverbote geht. Treten doch immer wieder *neue* Bedingungen auf, wissen wir doch gar nicht, welche Umstände im Menschheitsleben die bleibenden und welche die veränderlichen sind.

Stehen wir nun für oder gegen die Zensur von seiten des Staates? Vom Standpunkt unsrer Frage der Verkennung aus ist hier zu antworten, daß wir entschlossen *gegen* die Zensur stehen. Ist es für *Sachverständige* schon schwierig, vor neuartigen Werken aufnahmefähig zu bleiben, so wird dies den Spezialisten bloßer Wirtschaft beinah immer mißlingen. Sie aber werden es sein, die eigentliche Fachzensoren beeinflusssen, mindestens kontrollieren wollen. Wirtschaftliche Führer bleiben unzuständig in Fragen künstlerischer Phantasie und ihres Spielbereichs.

Sind wir nun gegen Zensur überhaupt, also auch gegen Zensur, wenn *freie Sachverständige* sie ausüben? Auch hier verneinen wir die Zensur, wenn auch weit zögernder nun. Begründen wir unser plötzliches Zögern. Wir sprachen hier immer vom Standpunkt der Verkennungsfrage aus, d. h. vom Schutze her, den schaffende große Neuerer brauchen. Das Problem kompliziert sich jedoch unter anderen Gesichtspunkten, z. B. wenn man nach dem Schutze der Leserschaft oder der Jugend fragt, dem Schutz vor Kitsch und Schund, den eine gewinnsüchtige, kulturlose Industrie millionenweise auf unschuldige Häupter ausgießen möchte. Werden sich hier aber Jugendbünde und Bibliotheken nicht allmählich selber helfen können? Wird nach erfolgreicher, langer Volksbildungsarbeit nicht einst ein Niveau erreicht werden können, auf dem gar kein Geschmack am Törichten mehr aufträte, so daß dann jenes ganze Zensurproblem in sich zusammensänke? Dies bleibt freilich vorerst eine bloße Hoffnung.

»Freie Selbstverwaltung der Künste« würde immerhin, wenn man ihr ein Zensieren und Verbieten anvertraute, auf Fachgenossen beruhen, wohl wieder auf bloßen Durchschnittsmenschen, die über einzelne, große Neuerer zu Gericht sitzen müssen. Wahrscheinlich täten sie es nach redlicher Beckmesserweise, wodurch die Gefahr der Verkennung wieder aufstehen würde, jener speziellen, unstaatlichen Gruppenverkennung, die sich noch immer mit Verboten ausrüsten kann.

Ein Machtstaat sollte so weise sein, sich mit Zensur zurückzuhalten, selbst wenn er jeden Einzelmenschen politisch aktivieren möchte. Würde dies doch am nachhaltigsten gelingen, wenn er den Individuen kleine Sondersphären beließe, mindestens als privates Ventil. Sonst verleidet man den Menschen auch ihre *politische* Tatkraft. Läßt man sie ihr *Idyll,* ihr *Privatventil* niemals benutzen, so kann sich ein gelegentlicher Überdruck gefährlichen Auspuff verschaffen. Was wäre harmloser als gewisse Farbengebung der Malerei, bestimmte Tonführung der Musik, die man sich freiest müßte wählen können, ohne daß auch hier noch streng gefordert, scharf befohlen würde? Welches Ventil wäre harmloser, gerade vom totalen Wirtschaftsstaate her gesehen?

Wie alles aber auch liege, geschichtlich gesehen hat die bisherige staatliche Zensur mehr Unheil als Heil gestiftet, wenn man gerecht ihr Für und Wider abwägt. Die schlimmsten Verkennungen lagen darin, daß den Zeitgenossen nicht einmal *sichtbar* werden konnte, was man ihnen eigentlich entzog. Sie vermochten nicht einmal zu protestieren, auch wenn sie es tapfer gewollt hätten. So mußte gerade vom Staate her manches bedeutsame Schaffen erstickt werden, im Keime schon, nicht etwa erst in seiner Auswirkung. So mußten viele Gestalter ihre Arbeiten abschwächen, wenn sie nach außen noch passierbar bleiben sollten. So konnten oft nicht einmal die engsten Freunde für ein neues Werk eintreten, wenn sie nicht hoher Strafe oder dem Tode verfallen wollten. Soll nun dem Staate überhaupt kein Einfluß verbleiben? Am besten wohl, er enthielte sich jeglicher Einmischung. Aber selbst wenn er manches protegierte, manches links liegen ließe, käme dies, wenn nun Verkennungen eintreten, niemals jenem Unheil gleich, das er stiftet, sobald sich die staatliche Verkennung des absoluten Verbotes durch Zensur bedient.

Sachgebiete der Verkennungen

Alle Sachgebiete können im Frühempfange Ablehnung erfahren, falls es sich um neue und ungewohnte Gebilde handelt.

Die *Architektur* behält hierbei, etwa der Malerei gegenüber, den Vorzug, fest in ein System *praktischer* Zwecke eingegliedert zu sein. Gewährt sie Schutz, sind ihre Einrichtungen benützbar, so wird sie meistens hingenommen, auch wenn sie ungewohnte Formen zeigt.

Mindestens gilt dies für das neue, bürgerliche Zeitalter, das wir allein behandeln. (Für das Mittelalter waltet eine ähnliche Schutzbeziehung zwischen Form und *Kultzweck.*) Unerwartete Formen als solche werden vielleicht gehöhnt, unter Umständen aber als bloße Zutaten zu einem sinnvollen Gesamtsystem genehmigt.

Neuartige Architekten erleben aber Schwierigkeiten, wenn sie jene Zweckzusammenhänge umgruppieren, selbst wenn sie sie praktischer gestalten. Gern fühlt sich dann der Schlendrian des Lebens, die bloße Gewohnheit, getroffen und tritt – zum Beispiel in der neueren Geschichte des Wohnbaus – mit der Vokabel »ungemütlich« hervor.

Jeder derartige Begriff bedürfte aber einer geschichtlichen Darlegung seiner Verwendung. Ist doch ein solches Urteilswort bei weitem nicht derart an entsprechende, durchgehende Zustände gebunden, als man etwa glauben möchte. Das Gefühl »gemütlich« oder ähnliches stellt sich verspätet, nach Wechsel des Wohnlichkeitsstils meist wieder her, sobald man sich im veränderten Neuen äußerlich und innerlich einlebte.»Ungemütlich« kann also durchaus eine bloße Verkennungsvokabel sein.

Aber auch als Außenbau kann es die architektonische Neugestaltung schwer haben, jenseits ihrer praktischen Funktion, sozusagen als riesige abstrakte Plastik, die man umschreiten darf. Das Äußere wird als Gemeinbesitz aller angesehen, während über das Innere ja nur diejenigen urteilen, die dort aus- und einzugehen haben. Es rechten nun wahrscheinlich alle, die täglich außen vorüberziehen, weil sie, mit gewissem Recht sogar, den gesamten Raum eines Stadtganzen als optischen Eigenbesitz betrachten, also neue Architektur eventuell als Verschandlung der eignen Gesamtraumsphäre ansehen. Man kann sich vorstellen, wie drastisch die Leute unter Umständen werden. Wenn der neue Bau nun noch etwa einen eignen älteren überschattet und diesen kümmerlich wirken läßt, erwachen sogar Rachegefühle.

Die *Malerei* unterliegt nicht so sehr der Meinung aller. Von vornherein ist sie – nicht nur im Norden – eine mehr interne Angelegenheit, die nur von denjenigen beurteilt wird, die in entsprechende Räume eindringen. Die allgemeine Volksmeinung äußert sich weniger, außer wenn diese Kunst in öffentlichen Bauten oder, wie in der neueren Geschichte, mit Ausstellungen hervortritt. Solange die Malerei sakral und ikonographisch gebunden war, wurde hier die Kritik neuer Gestaltungsweisen durch das Interesse an der geheiligten Sache aufgesogen. Welche scharfen Kämpfe aber entbrannten in der Malerei der letzten Jahrhunderte wegen neuer Form- und Farbgebung! Auch für die Farbgebung schweben jeder Epoche gewisse Harmonien vor, und es gibt groß Gezeter, sobald diese durch einen Neuerer verlassen werden. Ist ein Kulturkreis mehr auf *graphische* Werte eingestellt, so verkennt man neue Farbkraft heftiger, als wenn von vornherein in Farbigkeiten empfunden wird. Da nun die Malerei der neueren Jahrhunderte immer Nachgestaltung der äußeren Umwelt blieb, sollte man denken, die Kritik an dieser Kunst wäre immer durch ein Messen an der Natur entstanden, zumal die meisten Menschen das Ziel aller Malerei sowieso in Nachahmung der Außenwelt erblicken. Wäre dies der Fall gewesen, so wären aber die naturnäheren Entwicklungszonen besser empfangen worden als die abstrahierenden. Der Verlauf der Beurteilungen war aber anders, was wir in einem (Sonder)abschnitt zur Geschichte der Naturalismen zu erörtern haben.

Fesselnd wäre, einmal zu untersuchen, ob in der Geschichte neuerer Malerei unerwartete Harmonien und Stilisierungen der *Farbe* im ganzen weniger verkannt wurden als unerwartete Struktur und Stilisierung der *Form*.

Da die *Musik* nicht – nach der alten aristotelischen Definition der Künste – als Nachahmung der Natur bezeichnet werden kann, sollte man meinen, in *diesem* Bereiche freiester Gestaltung, wo überhaupt keine Rückbindung an andre Außenwirklichkeit erfolgt, wären neue Formungsweisen lustvoll empfangen worden, als sie die Monotonie des Hergebrachten durchbrachen. Trotzdem blieben beim Frühempfang auch größter Komponisten die Stimmen der Neinsager meistens im Übergewicht. Auch auf *diesem* Felde stoßen wir eben auf den Beharrungswillen, das geistige Trägheitsgesetz, nach welchem alle neuen Formen, solange sie noch nicht vertraut sind, als Zerstörung gewohnten Altbesitzes erscheinen, somit Entrüstung und Proteste weckend.

Die öffentliche, chorisch-gesellschaftliche Aufnahme nun, die das Publikum der Erstaufführung etwa einer Oper oder Sinfonie zuteil werden läßt, bringt den versammelten Zuhörern einesteils gewisse Gehobenheit und feierliche, innere Empfangsbereitschaft, die sich einzustellen pflegt, noch bevor der Vorhang aufgeht oder der Dirigent ans Pult tritt. Andrerseits vervielfacht gemeinsames Anhören die Leidenschaften, wenn es gilt, Demonstrationen für oder gegen ein neues Werk loszulassen.

Für unsre Frage wäre zu bedenken, daß entsprechende Aburteilungen von sinfonischen oder Opernerstaufführungen in ihrem Sammelfortissimo auf den Komponisten viel endgültiger und diktatorischer wirken müssen, als etwa Proteste vor Einzelbildern einer Ausstellung auf einen Maler wirken, Proteste, die ja fast niemals chorisch auftreten und die der Maler meist überhaupt nicht zu hören bekommt. Nehmen wir aber *gedruckte* Kritik, so wäre festzustellen, daß sie auch dann den Einzelaussteller selten in so zugespitzter Weise hernimmt.

Höchstens, wenn er eine Sammelausstellung bietet, wobei dann die Bewußtseinsstörung des *Malers* überwiegen mag, falls er sein Lebenswerk zeigte, nicht nur, wie der Musiker, eine einzige bedeutsame Arbeit.

Das größte Hindernis für einen positiven Frühempfang liegt bei der Musik wohl in der Unmöglichkeit, einen Ersteindruck nachträglich klären zu können. Bin ich nicht überzeugt, ahne andrerseits aber von ferne die Bedeutung etwa einer neuartigen Sinfonie, so wäre es nötig, sie in kürzesten Abständen wieder und wieder hören zu können, bis ihr Gesamtsystem erfaßt wurde. Diese entscheidende Möglichkeit ist aber beinah niemals gegeben (außer für Partiturenleser, also Fachmänner, die sofort wieder an das Werk herantreten können). Haben es doch die Veranstaltungen noch immer nicht soweit gebracht, eine schwierige Neuerscheinung am gleichen Abend sofort zu wiederholen, wie das eine Zeitlang Hans von Bülow zu tun pflegte. Vor ein fragliches Bild einer Ausstellung kann ich wiederholt hintreten, um es immer wieder (dazu noch aus dem Ganzen in die Teile gehend!) auf mich wirken zu lassen.

Dieser Grundunterschied im Frühempfange der verschiedenen Künste ändert sich erst durch die moderne Grammophonplatte (leider nicht durch unsre Radioprogramme), wo ich sofort noch einmal auflegen darf, im gleichen Sinne, wie ich besonders schwierige Kapitel eines Buches gleich noch ein zweites oder drittes Mal vornehmen kann.

Eine weitere Schwierigkeit für die Musik liegt darin, daß in der neuern Geschichte Europas keine einzige andre Kunst einen derart umfassenden Begleitprozeß theoretischer Lehren mit sich führt. Dieser Umstand ist für die Wandelbarkeit der Musik wahrscheinlich äußerst hindernd. Alle Kompositions- und Farbenlehren etwa für die *Malerei* sind ein Nichts, verglichen mit den Festlegungen, auf die sich die Musik durch Harmonie-, Kompositions-Kontrapunktgrundsätze eingelassen hat. So sehr sie hiermit fruchtbare Lehrschemata an die Hand bekam, so sehr hat sie durch diesen Umstand ihre Fortentwicklungsmöglichkeiten erschwert, besonders für ihre Frühaufnahme durch Fachgenossen, Kenner, Kritiker, die sich in jene Lehren zu verstricken pflegen. Sie beachten kaum, wie zeitbedingt die meisten dieser nachträglich entstandenen, verstandesmäßigen Kompositionslehren sind, welche immer erst verspätet der Entwicklung folgen. Die Dichtung hätte sich ebenfalls in entsprechende Netze begeben können, hat dies aber nur selten getan (Meistersinger und 17. Jahrhundert). Bei dem gewaltigen Bedürfnis, Abwehrurteile verstandesmäßig zu stützen (gerade um nicht undankbar und ungerecht zu erscheinen), haben nun jene Regeln ein Arsenal scheinsystematischer Abwehrwaffen hervorgebracht, mit denen man alle Weiterentwicklung der Musik in den entscheidenden Stunden der Geschichte attackierte. Musterbeispiel der grundgelehrte, beinah scharfsinnige Hanslick.

Viele Forscher sehen in diesem rationalen Begleitprozeß des Musizierens und Komponierens eine innere Notwendigkeit, welche aus dem Wesen der Musik selber hervorgehe. Wir hingegen erblicken darin mehr ein weit zurückreichendes, geschichtliches Werden, das sich ebenso gut auch einer anderen Kunst hätte bemächtigen können. Warum dies in Europa, im Gegensatz zu anderen Bereichen, nicht geschah, wäre durch ausführliche Frühanalyse der gesamten Geistesgeschichte dieses Europa zu erkären. *Alle* Künste lechzen zwecks Lehrbarkeit nach Bindungen. Da sich die Malerei an die Außenwirklichkeit der Gegenstände angesogen glaubte, trieb sie allerdings schwerer ein so abstraktes, dichtes, in sich hängendes Netz von kompositionellen und Farb-Regeln hervor. Die Musik aber schuf sich mangels Gegenstandsbindung nun ein rationales Schema, um in der wogenden Unendlichkeit der Formungsmöglichkeiten festen Boden zu behalten.

Warum trotz Regelzwang (Musik, chinesische Malerei usw.) oft die davon betroffenen Künste und Zeiten höchste Blüte treiben, gehört zu den noch unaufgelösten Geheimnissen des Lebens.

Die *Dichtung* bezieht ihre Schwierigkeiten gegenüber einem positiven Frühempfang aus folgenden Umständen. Jede höhere Sprache lebt nach drei verschiedenen Richtungen hin. Erstens ist sie Instrument der Alltagsverständigung für unser praktisches Handeln. In dieser Richtung wird sie von Menschen aller Stände und Altersstufen täglich gebraucht. Aus diesem Wurzelboden der Sprache aber wächst zweitens die Sprache für begriffliches, abstraktes Denken, welches ganz andre Bedürfnisse hat. Drittens besteht zur Erregung des Vorstellungslebens und der Gefühle die Sprache des Dichters. Alle drei »Sondersprachen« unterscheiden sich nach Ausgangspunkt, Form und Ziel weit heftiger, als man gemeinhin annimmt. Alle drei sind in dauernder Entwicklung. Die praktische Sprache möchte bis in die Syntax hinein immer kürzer und tathafter werden. Die denkerische immer abstrakter. Die dichterische immer üppiger, phantastisch-freier.

Wenn die dichterische Sprache in dieser Richtung nun durch einen neuen, wahrhaft originellen Gestalter in ihrem bisherigen Gefüge umgebogen wird (woraus sich später eine neue Gesamtentwicklung entfalten kann), so erregt dies bereits Mißmut und Befremden wie alles Neue. Sonderspannung aber entsteht dadurch, daß diese Änderungen vom Standpunkt der praktischen Sprache aus beurteilt werden, die sich vielleicht auch gerade weiterentwickelte, aber in entgegengesetzter Richtung. Weil aber alles Sprache ist, ja jeweils dieselbe Nationalsprache, glaubt man vom einen Zweig aus über den andern Gericht halten zu dürfen. So entstehen hier *verschärfte* Fehlurteile. Da sich jeder Mensch im Medium der vermeintlichen Gesamtsprache bewegt (in bloßen Ansätzen handhabt ja jeder alle *drei* Teile), glaubt er bei einem neuartigen Dichter eventuell nicht nur, dieser behandle die Sprache »seltsam oder unschön«, sondern »einfach *falsch*«. Die Kategorien richtig und falsch sind aber in der *künstlerischen* Sprache ganz anders als in den beiden weiteren. Denn selbst grammatische und syntaktische Seltsamkeiten sind – etwa in der Lyrik – möglich.

Obgleich alle höheren Sprachen – großgeschichtlich gesehen – im ewigen Flusse der Entwicklung bleiben, also in ständiger, leiser Verschiebung ihres Systems, kristallisieren sie immer Regeln aus. Diese formen sich als Grammatiken und werden zu Lehrzwecken gebraucht, obgleich es möglich wäre, wie unsre Kleinkinder und primitiven Völker zeigen, daß Menschen die Sprache durch usus, nicht aber durch ratio erlernten. Von solchen geschichtlichen Verhärtungen her entsteht wieder eine Sonderspannung den Neuerungen der Dichtung gegenüber, als deren Urbild wir immer die Lyrik nehmen können.

Was nun die realistischere, weniger frei gestaltende Dichtung, etwa den Roman, anlangt, so liegen die merkwürdigsten Fehlurteile darin, daß man oft an Stellen, die eine Abschrift des Lebens selber waren, mit der Begründung protestierte, diese Erzählung sei zu anstößig, ausgefallen oder zu *konstruiert*. Dieser Sondertypus des Fehlurteils ist äußerst interessant. Er zeigt, daß wir im Schlendrian unsres Sinnenlebens nur gewisse, ganz begrenzte Sachgehalte der unendlichen Lebensmöglichkeiten in unser Bewußtsein einlassen, daß also nur jeweils ein durch zeitliche Konvention bedingter Ausschnitt von Lebenskonstellationen in unser Gefühl eintritt, obgleich das Ganze des Daseins eigentlich immer vor unseren Augen liegt.

Wenn aber schon im *Alltag* nur eine Teilströmung dieser unterirdischen Flut ins Bewußtsein emporsteigt, so wird dann oben noch eine zweite konventionelle Auswahl getroffen, zugunsten desjenigen Bereiches nun, das man jeweils als »kunstfähig« ansieht. Durch diese doppelte Konventionalsiebung, die jeder, ohne es zu wissen, vornimmt, entstehen auch gegenüber *realistischeren* Bereichen der Dichtung jene Spannungen und Schrecken, die wir immer wieder, etwa bei der Geschichte des Romans, wahrnehmen, sowie ein neuer, eigner, großer Epiker auftritt, der mit veränderten *Sachgehalten* kommt, ganz abgesehen von einer neuen *Form* des Erzählens. Das gilt nicht nur von Jean Paul bis James Joyce.

Auf dem streng rationalen Gebiet der *Wissenschaft* sollten eigentlich Verkennungen nur in geringstem Maße stattfinden, weil man sich ja in dieser Zone dem leidenschaftslosen Denken zu überlassen hat. Der Sinn aller Wissenschaften liegt ja gerade darin, Gefühl und Willen auszuschalten, welche in den beiden anderen Sprachgebieten angespannt werden sollen, das Gefühl in der Kunst, der Wille in der praktischen Tatsprache. Wie weit entfernt aber ist die Wissenschaft noch von solchem Entwicklungsziel, selbst wenn wir ihre höchste Struktur, etwa die mathematische Physik, nehmen. Überall toben noch - wenn auch in der Physik am wenigsten, in den Geisteswissenschaften am meisten - die Subjektivitäten, ja die Leidenschaften. Deshalb wird auch diese Gesamtzone, soweit sie umstürzlerisch Neues gebiert, jeweils mit Fehlurteilen des Erstempfanges geradezu überschüttet.

Sie sind in einem Sonderbande auszubreiten, den wir nachfolgen lassen werden.

Einige Bemerkungen mögen über die Schwierigkeiten auch der Wissenschaft gehört werden. Auch im Denken herrschen ja Konventionen, Stile und Moden. Da erscheint es bereits als Zumutung, wenn eine *neue* wissenschaftliche Entdeckung oder gar Methode anderen Forschern auch nur nahelegt, das überkommene Denkschema zu verlassen. Die Geschichte der Wissenschaft ist im Gegensatz zur Geschichte der Künste eine einzige riesige Diskussion, in der sich jeder auf seinen nächsten Vorgänger und Mitarbeiter bezieht, aus dessen Bau er vielleicht Steine herauslöst, die sich als nicht mehr haltbar erweisen. Der hiervon Betroffene würde nun vielleicht zustimmen und sich von seinem Gegner überzeugen lassen, daß jene Einzelteile ausgewechselt werden müssen. Aber er fürchtet nun eben, daß damit sein ganzes Forschungsgebäude ins Wanken gerate, unter Umständen sogar vorm Abbruch stehe. Dieser spezifische Vorgang hat wenig Entsprechendes in der Geschichte der Künste. Die Überschattung eines Kunstwerks durch ein neuartiges ist eben eine viel einfachere Art der Ablösung, denn die Kunstwerke beziehen sich nicht so verzahnend aufeinander. Die Verzahnung der Wissenschaft ist zwar fördernd für die Stetigkeit der Denkentwicklung als solcher, nicht aber für einen guten Frühempfang des neuartigen Wissenschaftlers durch seinen Fachgenossen. In der Wissenschaft handelt es sich nicht so sehr um Überstrahlung einer Theorie durch die andre wie bei der Kunst, sondern um wahr oder falsch, wobei die neue Form die alte *tötet,* was bei Kunstwerken durchaus nicht der Fall zu sein braucht. Man kann sich nun vorstellen, wie sehr gerade die Wissenschaftler für ihre Ansicht kämpfen werden. So wird denn hier besonders leidenschaftlich verkannt.

Solche Stauungsprozesse erfolgen natürlich ganz indirekt und unter inneren Verdrängungen, so daß der von uns bloßgelegte, etwas primitiv klingende Zusammenhang meistens gar nicht bewußt wird. Die Stetigkeit des Sichbeziehens bringt hier also eine Unstetigkeit der inneren Bereitwilligkeiten mit sich, die ganze Schärfe wissenschaftlicher Kämpfe, das hier besonders zähe Verfemen neuer Regungen bedingend. Die Kategorien schön und unschön, ausdrucksvoll und ausdruckslos, die bei den Künsten gelten, werden im Sinne Schillers fast als Möglichkeiten nur des schönen *Spiels* genommen. Somit werden hier Abweichungen als bloße Subjektivitäten noch einigermaßen zugestanden. Die sich ausschließenden Gegensätze wahr und falsch aber »gehen ums Heiligste«. Dazu kommen die metaphysischen Verwurzelungen. Obgleich sie eigentlich ins exakte Denken gar nicht wirklich eingehen, werden sie nicht etwa als untergründige Privatmeinungen des Forschers hingenommen. Die immanenten oder bereits herausgearbeiteten Metaphysiken spielen leider im Kampfe noch immer die Rolle säkularisierter, religiöser Gewißheiten, transsubjektiver Letztgegebenheiten, die sie ja gar nicht sind, wenn man ihnen mit neuen Denkmitteln, etwa der Logistik, zu Leibe rückt. Bei Künstlern, in Kunstwerken verhärten sich die Metaphysiken ja nicht zu wissenschaftlichen Sätzen. Die Wissenschaft hat also Sonderschwierigkeiten für den Frühempfang.

Die *Technik* als das äußerlichste Menschheitsgebiet kann als die einzige Zone betrachtet werden, in der sich eine ziemlich stetige, wenn auch unregelmäßige Aufstiegslinie menschlichen Tuns feststellen läßt. (Wir sprechen hier nicht von den wüsten *Anwendungen* dieser Technik.) Man behauptet mit Recht, daß es sehr fraglich sei, ob wir in den *Künsten* irgendwie über die besten Höhlenzeichnungen, die alten Ägypter, Chinesen oder Griechen hinausgekommen seien, wenn wir auch durchaus *anders* wurden. Oft hört man ähnliche Meinungen auch in bezug auf die Technik. In der ägyptischen Technik handle es sich bereits um heutige Probleme. Ganz unsinnig ist dies aber. Die alte Astrologie ist kindlich gegen das moderne astrophysikalische Weltbild, die alte Technik ein winziger Ausschnitt aus den umfassenden heutigen Möglichkeiten mit Elektrizität, Radio, Fernsehen usw. Es bleibt ja der einzige (in dieser Richtung allerdings nicht zu unterschätzende) Vorzug der durchrationalisierten Lebensgebiete, verhältnismäßig viel *Addierbarkeit* ihrer Ergebnisse zu ermöglichen, so daß hier wirklich beinah eine Stufe auf der anderen aufbaut, während die irrationale *Kunst* – wenigstens innerlich – gleichsam immer wieder von vorne anfangen muß.

Aus diesem Grunde sollte man nun denken, daß in der Geschichte der Technik (die in bezug auf unser Problem erst in einem kommenden Bande aufgerollt werden soll) langwierige Verkennungen des jeweils Neuen kaum vorkämen. Hat man hier doch rationale Nachrechenbarkeit und Leichtigkeit des Sichbewährens vor sich. Ob ein *Kunstwerk* tief greift oder nicht, kann generationenlang, ja jahrhundertelang bestritten werden, weil hier alle Kategorien der Bewährung irrational und subjektiv bleiben. Ob aber eine *Maschine* ihren Zweck erfüllt oder nicht, kann objektiv festgestellt werden.

Wenn nun aber auch die Geschichte der Technik voll hemmender Fehlurteile, voll sinnlosen Abwinkens, voll Hohn gegenüber den Eröffnern neuer Möglichkeiten war, so hat das teils seine Sondergründe, teils aber waltet auch hier ganz einfach jene menschliche Trägheit, die phantasielos nicht früher zustimmen will, als sie Erfolge, ja bei der Technik den baren Profit wittert, wenn nicht sogar bereits eingeheimst hat.

Wenn nämlich eine Erfindung gemacht wurde, so ist ja meistens erst sozusagen deren Partitur gegeben, sie selber ist noch nicht erklungen. Wenn es wahr ist, daß Edison bei Vorführung seiner ersten Grammophonplatte eine schallende Ohrfeige als angeblicher Bauchredner und Betrüger bekam, so wäre das nur die erste Etappe einer technischen Verkennung: soweit man die Sache selber, welche bereits funktioniert, als bloßen Taschenspielertrick, also für noch gar nicht existent ansieht.

Eine zweite Leidensstation für den Erfinder kann dann erreicht werden, wenn man zwar an das Ergebnis glaubt, es aber für unzulänglich hält, wie es die erste krächzende Grammophonplatte (hier immer nur als Symbol genommen) auch wirklich war. Man mißtraut dann der weiteren Entwicklungsmöglichkeit dieses Dinges.

Eine dritte Leidensstation für den vorauseilenden Techniker bildet sich, wenn nun keine Industrialisierungsmöglichkeit nachfolgt, ohne die das Objekt doch ein teurer Sonderling bleiben muß, nach welchem niemand fragen wird.

Eine vierte Leidensstation liegt vor, wenn man den Gegenstand nicht industrialisieren *will,* weil dadurch eine andere Industrie veralten und somit zugrunde gehen würde, was der Egoismus der hier interessierten Gruppe natürlich unbedingt verhindern möchte.

Dabei haben wir die Schwierigkeiten des Patentwesens ausgeschlossen, die heute schon an früher Stelle auftauchen. Man sieht jedenfalls, daß auch in der Entwicklung der Technik Tore teils der Dummheit, teils der Bosheit geöffnet bleiben, damit man bremsend in die Werkstatt und den Schaffensprozeß eines genialen Erfinders eingreifen könne. Was also der bedeutende Ingenieur an rationaler Grundlage und Bewährungsdurchsichtigkeit voraushat, geht ihm auf dem langen Wege bis zur Industrialisierung unter Umständen wieder verloren, auf all denjenigen Zwischenstationen, auf denen sich hier Verkennungen und Fehlurteile einzuschleichen pflegen.

Stilstufen der Verkennungen

Mutmaßliche Verkennung in den großgeschichtlichen Kulturstufen

Wahrscheinlich verkennt man alles Neue schon so lange, als die Menschheit lebt. Doch scheint durch die Kulturgeschichte in dieser Hinsicht ein, wenn auch höchst unregelmäßiges, Crescendo zu laufen. Aber wir ruhen hier ganz auf Vermutungen, da die Kunst- und Kulturerforschung sich bisher mehr mit den Objekten als mit deren Resonanz befaßte. Wenn aber *Wirkungen* der Künste untersucht wurden, dann waren es mehr diejenigen, die von Gestalter zu Gestalter laufen, also auf Seite der Sender, nicht aber der Empfänger. Je mehr aber eine Kulturwissenschaft reift, desto stärker wird sie auf Bezogenheiten und Spannungen *zwischen* diesen beiden Kulturschichten achten müssen. Eine Gesamthistorie des Leidens der Neuerer mit ihrem völligen Strukturwandel zu schreiben, wäre eine grandiose Aufgabe. Wir betrachten unsre Arbeit als Vorbereitung zu einer wirklichen »Stilgeschichte des Kulturempfanges und der Kulturabwehr der Menschheit«, die später soziologisch zu unterbauen wäre.

Blicken wir einmal in frühere Zeiten hinüber, bevor wir zur neueren Geschichte zurückkehren. Wir sind hier freilich ganz auf Vermutungen angewiesen, besonders wenn wir der *frühesten* Epoche gedenken, formte sich damals doch kein schriftlicher Niederschlag der Empfindungen aus. Vergleiche mit den Außenseitern heutiger Primitiver, soweit diese zu neuen Kulturansätzen gelangen, nutzen hier nicht viel, wissen wir doch nicht, wie weit wir die Verhältnisse übertragen dürfen.

In Zeiten des *Zaubers* und der *Magie* war man derart an geheime Kräfte gewöhnt, die von bestimmten Gegenständen ausgingen, in die sie projiziert wurden, daß man sich ihnen völlig unterwarf. Das Leben der Gesellschaft war so umständlich und fest geordnet, daß es kaum Raum für Neuerungen der Bräuche ließ, weshalb diese Frühkulturen ja so stationär dastehen. Dem Ungewohnten wurde ausgewichen, oder es wurde beschworen und möglichst zerstört. Wenn überhaupt jemand auf neue kulturelle Regungen kam, so konnten sie nur einbezogen werden, falls sie sich umwegigen und komplizierten Deutungen aus dem Gesamtsysteme anpassen ließen. Gelang solch indirekte und abstrakte Rezeption aber nicht, so war deren Erreger zum Tode, zur Ausstoßung oder zu fürchterlichen Qualen verdammt, wobei er aber selber kaum gemeint war, sondern das ihn treibende Geschehen. Wie unter solchen unpersonalen Vorstellungen damalige Ängste und Leiden des Betroffenen ausgesehen haben mögen, ist schwer zu rekonstruieren. Jedenfalls trug hier die Verkennung ganz anderen Charakter als in späteren Epochen, sowohl bei den Verkennern als auch bei den Verkannten.

Auf der nächsten Stufe, der *religiösen,* muß das Mißverstandenwerden andere Grundzüge besessen haben. Es handelt sich nun um eine transzendentale Einstellung. Gott ist jetzt nicht mehr mit den Dingen eins, sondern steht hinter ihnen im Unendlichen. Mit solcher Entfernung und bloßen Zusammenfassung lockert sich die Bedeutungsbesetzung der Objekte und Zusammenhänge ein klein wenig. Wenn ein Drüben nicht angerührt wird, können sich im Hier gewisse Akzentverschiebungen erleichtern. Sind auch die Bindungen von Hier und Dort noch streng genug, so nimmt das Leben jetzt doch mehr Entwicklung an. Wir sind nun in den Zeitläuften, wo wir von Stilwandlungen im engeren Sinne reden können. Indem die geschichtlichen Rückungen und Verschiebungen nun ein wenig schneller aufeinanderfolgen, hat es sicher auch mehr Verkennungsstoff gegeben. Noch ist jede dritte Neuerung in den Künsten vielleicht des Teufels, aber das kulturelle Leben verliert die allererste Starre. Solang sich Maler, Bildhauer und Dichter gegenständlich an das gegebene, ikonographische Sachgerüste aller Heilsvorstellungen halten, können sie nun etwas freier figurieren, ja in Form und Farbe, je mehr wir mindestens dem Ende dieser Gesamtperiode entgegengehen, immer schneller neue Regungen durchsetzen. Erneuerern der Sprache gegenüber findet man noch immer genügend Halt an der erwarteten *Sache.* Obgleich formal gemeinte Klagen nicht gänzlich fehlen, werden die Formen als solche doch viel weniger betont empfangen als etwa heute. Freilich ist hiermit auch anzunehmen, daß sie weniger *genossen* wurden. Die thematische Konstanz, die mit dem überall durchgreifenden kirchlichen System gegeben war, schützte jedenfalls verkannte Maler oder Bildhauer davor, gänzlich beiseite geschoben zu werden. Braucht doch der aufnehmende, genießende Mensch meistens eine Konstante, wenn er die Variable des Formens durchpassieren lassen soll. Vielleicht beruht das fortschrittliche Vertrauen etwa des italienischen Quattro- und Cinquecento auf diesem Zusammenhang, wo die in ihrem Glaubens- und Machtsystem noch immer gefestigten Päpste so kühne Formenneuerungen zulassen. Der Schaffende selber ist in dieser Epoche noch religiös. Soweit er seine formalen Neuerungen, ja sein ganzes Lebenswerk weniger auf Zeitgenossen denn auf Gott bezieht, kann ihm ein Mißverstandenwerden von Mensch zu Mensch verhältnismäßig wenig anhaben. Ein solcher Vertikalbezug des Gewissens hat in Verkennungsfragen andere Bedeutung, gibt einen stärkeren Halt als unser punktuelles Gewissen des modernen Menschen.

Mit diesem beginnt eine dritte Periode auch für unser Problem. Der Halt des Schaffenden kreist nur noch in sich selber. Statt jener Vertikalverankerung ist höchstens eine Horizontalbeziehung eingetreten: zum Mitmenschen auf gleicher Ebene des irdischen Lebens. Alles andere ist weggefallen. Indem die religiösen Themen nicht mehr die Formveränderungen beschützen, nun jeder jedes malen kann, sehen sich die Empfänger eines entscheidenden Lebenspfeilers beraubt. Sie wanken und zetern nun beinah bei jeder Neuerung. Wir wollen gar nicht, wie Neuromantiker dies tun, die dritte, nun entstehende Epoche als *Abstieg* bezeichnen. War es doch gut, daß die Menschheit begann, sich allmählich auf den Mitmenschen zu beziehen, alle Transzendentalphantome fallenlassend. Trotzdem war ihr hiermit eine neue Tragik auferlegt. Der Schaffende wurde ungebundener, individueller in künstlerischer

Hinsicht. Je mehr er aber im tiefsten Sinne irdisch wurde, desto drastischer mußte jetzt alle Kritik auf ihn wirken, in jener horizontalen Ebene des Mitmenschen, auf den er nun allein bezogen war. Er konnte, wenn mißverstanden, sich nun nicht mehr mit jenem Vertikaltrost beruhigen: Gott wird mich schon verstehen. War diese Dimension doch ausgelöscht. Solange sich das Empfinden der dritten Periode noch nicht gefestigt hatte (wie viele stehen noch heute *zwischen* den beiden letzten Epochen!), konnte ein *individuelles* Gewissen hier wenig ersetzen, denn es mußte nun winzig, es mußte so armselig erscheinen wie nur ein unterster Punkt jener riesigen Senkrechten, die der Religiöse aufgerichtet sah.

So ist denn das Verkennungsproblem in der jüngeren Vergangenheit weit aktueller und gewichtiger geworden. Und man wird nun verstehen, warum wir in unserm geschichtlichen Teil gerade neueste Jahrhunderte herausgegriffen haben.

Mißverstehen von Naturalismus und Stilisierung

Kommt man in den Bereich der neueren Geschichte, den wir allein behandelten, wo Malerei, Plastik, Literatur näher an die äußere Wirklichkeit heranrücken und verhältnismäßig realistischer werden, so könnte man glauben: alle hemmenden Erscheinungen des Mißverstehens werden mehr bei *abstrahierenden* Kunstphasen eintreten, soweit sie auch in dieser neueren Periode vorkommen, während naturnahe leichter verständlich bleiben. Das Mißverstehen erscheint aber auch innerhalb rein *naturalistischer* Neuerungen.

Für Musik ist der problematische Begriff eines Naturalismus überhaupt kaum anwendbar, höchstens negativ in der Programmusik. Für Dichtung, Malerei und Plastik aber tritt er in dieser Periode immer deutlicher hervor. Hier zeigt sich jedoch, wie wenig mit dem Satze auszumachen ist, daß auch in den Künsten »Natur eben Natur bleibe«. Dann müßten ja die Naturalismen untereinander viel verwandter sein als etwa die Abstraktionsepochen unter sich. In Wirklichkeit ist dieser Unterschied nur gering. Würde man eine Strukturgeschichte des neueren Gesamtnaturalismus europäischer Malerei wagen, so würde man finden, wie scharf sich der hochmittelalterliche Naturalismus und der von 1500 unterscheiden, der niederländische des 17. Jahrhunderts, der klassizistische eines David oder Ingres, der des 19. Jahrhunderts, der impressionistische und der der Neuen Sachlichkeit. Die Naturalismen haben sich sozusagen selber untereinander verspottet, wie man nachträglich feststellen kann.

So ergibt sich in bezug auf unsre Fragestellung, daß, wenn das Publikum anfangs große Naturnähe fordert, dieser Begriff der Naturnähe immer schon geistesgeschichtlich gefärbt ist: es fordert dann den jeweils *älteren* Naturalismus, den man bereits durchlebt hatte. Niemals würden die Beschauer etwa vorgreifen zugunsten eines Naturalismus, der erst sozusagen in der Luft liegt.

Was alles übrigens als Naturalismus, als strikte Nachahmung der Außenwirklichkeit, empfunden werden kann, ist ebenfalls nur aus der jeweiligen Vorstufe zu verstehen. Als eines der rätselhaftesten Glieder der geschichtlichen Kette aller Fehlurteile erscheint uns der Vorwurf, der einem Giotto gemacht wurde, als seine eigene Zeit ihn eher zu wild, zu naturkraß empfand, während wir ihn heute doch als Inbegriff architektonischer Gehaltenheit feiern. Solcher Widerspruch löst sich erst auf, wenn man sich die Relativität aller geschichtlichen Standpunkte verdeutlicht. Vom bewegten Figuralrealismus des 18. oder 19. Jahrhunderts aus muß Giotto als ein Wunder weiser Abstraktion und architektonischer Bindung erscheinen. Vom Standpunkt aber der konservativen Sienesen und der direkten Vorgänger Giottos aus, die alles in lineare Verfestigung brachten, die Raumvorstellungen restlos in die Fläche preßten, konnte ein Giotto bereits als drastisch raumausgreifend, als körperlich und naturüberladen erscheinen.

Selbstverständlich mißt die Menschheit naturvolle Malereien auch an der Natur selber, die ja ihrerseits eine Gegebenheit bleibt. Aber das Betrachten der Außenwelt ist ja, soweit es ästhetisch bleibt, wiederum von Kunstformen abhängig, so ungern wir uns dies auch eingestehen. Der »Kenner«, von dem ja die meisten überlieferten Fehlurteile gegenüber neuen Formen stammen, versteht unter Naturnähe schlechthin den Naturalismus der letzten oder vorletzten Kunstperiode, nicht aber die Natur selber. So wimmelt es in der Geschichte naturnachahmender Malerei, Plastik und Dichtung genauso an Vorwürfen gegenüber den jeweiligen Neuerern wie auf dem Gebiete ausgesprochener »Stilisierung«.

Einige Bemerkungen zur Aufnahme des *literarischen* Naturalismus im 19. Jahrhundert seien erlaubt. Zola hat in den 70er Jahren seine wichtigsten Romane geschrieben. Obgleich er in Frankreich schon in gewissen Kreisen durchgedrungen ist (1888 bewarb er sich schon um einen Sitz in der Akademie), verkennt zur gleichen Zeit (1886) ein Tennyson die neuen Möglichkeiten in ›Locksley Hall sixty years after‹, in einer Schrift, die heute großes kulturgeschichtliches Interesse hat. Wir müssen uns die damalige Lage klarhalten: Den neuen Standpunkt vertreten Zola, Henry James, Tolstoi (›Anna Karenina‹ 1874), Ibsen (›Brand‹ 1869) und andere. Gottfried Keller, der milde Meister eines Überganges aus idyllischen zu realistischeren Gefilden, nennt Zola »einen ganz gemeinen Kerl«. Der Naturalismus seinerseits verkennt den historischen Roman und die Ballade; aber nicht nur einen Geibel und Heyse, wo es wenig zu verkennen gibt, sondern auch einen Schiller. Er zieht dafür aber Mörike, Hebbel und Kleist ans Licht, deren Tonart, so unvergleichbar sie auch war, nun als weniger umwegig, als erdnaher empfunden wird.

Das Nachklappen der Zeiturteile, das Ablehnen neuer Natürlichkeit erblickt man bis in kleinste Einzelheiten. Als man im armen Deutschland 1867 für Ferdinand Freiligrath sammelt, dessen Rhythmen ja einer älteren Zeit angehörten, also schon vertraut waren, bekommt man 180 000 M. zusammen. Als man 1897 im reich gewordenen Deutschland für Liliencron sammelt, erreicht man nur 1000 M. In diesen Zahlen drückt sich der Unterschied zwischen einer gewohnten und einer noch unvertrauten Formengebung aus, denn Liliencrons Lyrik enthielt viel Elemente einer *neuen* Unmittelbarkeit. Dabei war die (oft sogar übertriebene) Forderung der Naturnähe eigentlich *immer* gestellt worden. Natürlich am meisten für die *bildenden* Künste. Wurde mit ihr aber, wie etwa im Falle Courbet, Ernst gemacht, so gab es einen Skandal, der um »Grundsätzliches« tobte.

Im 19. Jahrhundert wurden die Naturalismen mehr der politischen Linken, die Stilisierungsneigungen mehr der Rechten zugeordnet, teils von den neuen Gestaltern selber, teils von den Befehdenden. Im 20. Jahrhundert änderte sich dies. Die Abstrahierungsversuche der nun folgenden Antirealismen wurden mehr der Linken zugerechnet.

Es zeigt sich hier, wie verschiedenartig jeweils *neue* Möglichkeiten des künstlerischen und politischen Lebens sich verbünden können, besonders im Abwehrkampfe. Solange eine Richtung noch befehdet wird, neigt sie natürlich – wenig Einzelschaffende ausgenommen – zur *revolutionären* politischen Partei.

Empfang verschiedener Stilstufen untereinander

Die Hauptentscheidung über den Empfang neuartiger Werke hängt aber nicht nur davon ab, welche sozialen Schichten urteilen, ob es ferner die engeren Freundes- oder die weiteren Kreise sind, ob es sich endlich mehr um Fortschrittliche oder Reaktionäre handelt. Es kommt vor allem auf die Formtendenzen der Empfänger an, die man wieder von deren Lebensgefühl ableitet. Hoffentlich darf man aus diesem Lebensgefühl auch weiterhin die verschiedenen Kunst- und Denkweisen erschließen, wie dies z. B. in sehr verschiedener Form die Dilthey- und die Lamprechtschule taten. Doch ist die hier bestehende Voraussetzung heutiger Geisteswissenschaft nicht ganz gesichert.

Künstlerische Strukturen können sublimierter Niederschlag des bestehenden Lebensgefühls ihrer Träger sein. (Dann aber brauchen sie, da die Gestalter oft vorauseilen, durchaus nicht »Lebensgefühle der *Zeit*« zu spiegeln.) Es ist aber, wie wir auch anderweitig zu erinnern hatten, nicht ganz klar, wann ein Kunstwerk (falls man es vereinfacht derart formulieren will) das Lebensgefühl des Künstlers ausdrückt, wann aber das Werk umgekehrt einem geheimen *Ergänzungsdrang,* einer Sehnsucht nach »*Gegensatz* zum eignen Ich« entspringt. In letzterem Falle würde es sagen, was dem Künstler gerade *mangelt* (somit erst recht auch der betreffenden Zeit gerade *fehlt*). Nennt man ersteres das Lebensgefühl, so könnte man das zweite vielleicht als Idealitätsgefühl bezeichnen, weil es doch eine Schicht des Seins betrifft, die von der anderen abzuheben wäre.

Bleiben wir aber auf dem Boden üblicher Geschichtswissenschaft, so gibt es ein romanisches, ein gotisches Lebensgefühl, eines der Renaissance, des Barock usf. Dann erhebt sich die entscheidende Frage: wie wird etwa ein eröffnender Renaissancemeister empfangen? Er wird etwa um 1900, wo vielleicht moderner Realismus waltet, ganz anders empfunden werden als etwa um

1500, wo die Zeitgenossen noch letzte Ausläufer der Gotik erwarten. Der moderne Realismus um 1900 wird in der Renaissance (besonders in der italienischen) vor allem »Ausgewogenheit und Harmonie« bestaunen. Die Zeit um 1500 aber wird die Renaissance vor allem als verschärften, plastischen Wirklichkeitsgehalt, als eine Art gesteigerten Realismus empfangen, bewundernd oder erschreckend.

Eine gotische Plastik sieht, von der romanischen Zeit her gesehen, ganz anders aus, als von der Renaissance oder dem Barock her betrachtet. Mit dem romanischen Stil verglichen, erscheint sie als bewegungssüchtiger Naturalismus, mit dem Barock verglichen als asketisch transzendierende Idealität. Es kommt ganz auf den geistesgeschichtlichen Ort an, aus dem ein Kunstwerk betrachtet wird, um die ganz andersartige Freude zu empfinden oder - in unsrer Geschichte der Verkennungen - jenen ganz andersartigen Schrecken nacherleben zu können, den sein Erscheinen auszulösen vermag. Besonders die großen Stileröffner werden von dieser Tatsache betroffen. Nur aus *diesen* Gesichtspunkten heraus werden wir jeweils die merkwürdig befangenen Ersturteile, soweit sie uns erhalten sind, geistesgeschichtlich verstehen und erklären können.

So mußte Rembrandt, wie schon in anderem Zusammenhang zu sagen war, um 1640 als krasser Verist erscheinen, während wir heute das Beseelte seiner Menschenauffassung betonen. So mußte Raphael Mengs, weil er, dem machtvoll schweifenden Barock entgegen, einige raffaelische Elemente wiederaufnahm, dem Zeitgenossen Winckelmann als originell erscheinen, bereits als die ersehnte Annäherung an »edle Einfalt und stille Größe«. Heute aber müssen wir Mengs als süßlichen Eklektiker empfinden, da wir inzwischen ganz andre Anforderungen an Reinheit der Form und Farbe stellen lernten, nachdem wir Werke der Romantiker und Nazarener erlebten.

Auch der Ramdohrstreit um C. D. Friedrich, in dem wir noch heute den damaligen Empfang dieses tiefsinnigen Landschafters nachfühlen können, wird erst durch diese Gesichtspunkte verständlich. Jeder konservative Zeitgenosse Friedrichs lebte durchaus noch in Nachklängen des rhetorischen, verbindlich aufrauschenden Landschaftsbarocks. Während wir heute Friedrichs vertiefte Naturdichte spüren, mußte dieser Maler einst als hintergründig, als gesucht, als künstlich kargmachend erscheinen.

Wir selber täuschen uns gewaltig, wenn wir glauben, wir würden heute - in »geschichtlich so aufgeklärten Zeiten« - Gegenwartserscheinungen nicht wieder verkennen. Es ist wahrscheinlich, daß die tiefsten Kunstwerke unsrer eigenen Tage wieder als »gesucht« erscheinen werden. Auch hier wird dann vielleicht durch Deutung des älteren, konventionellen Gegenwartsstandpunktes, aus dem heraus geurteilt wurde, dieses geschichtliche Rätsel aufgelöst werden können.

Gesetzmäßigkeiten der Verkennung zwischen den Stilen?

Man kann versuchen, die Abwandlungen der Stile zu typisieren, indem man archaische Phasen (Knospe), reifere einer Klassik (Blüte) und üppig reiche eines Barock (Überblüte) unterscheidet. Man kann dann diesen Dreierverlauf in der Antike finden, sich wiederholend im Mittelalter, noch einmal wiederkehrend zwischen etwa 1500 und 1800, vielleicht auch im 19. Jahrhundert vorliegend. Am deutlichsten immer an den bildenden Künsten abzulesen, aber auch für andre Lebensäußerungen geltend. Es wäre möglich, daß diese Dreierfolge mehr bedeutet als eine bloß der Biologie entnommene Analogie. Möglich, daß sie in der Natur des Geisteslebens selber gründet. Das Leben eines Kulturkreises beginnt dann mit sparsamen Reizstreuungen, geht wegen Abstumpfung dann zu volleren über, aus weiter folgender Abstumpfung zu noch volleren, bis letztere als Überladung empfunden werden, ein weiteres Crescendo zwar noch möglich wäre, aber als Grenzüberschreitung gefühlt wird. Das Primitive aber wurde inzwischen derart vergessen, daß es eines Tages wie eine Offenbarung wirkt, nun Neuentdeckung erfährt, als Überraschungsmoment jetzt wieder aufgenommen und ausgekostet. Auf neuer Ebene kann sich dann jene Dreierfolge wiederholen, wobei sie freilich nun recht anders aussieht.

Könnte man dieser rhythmischen Abfolge oder einer ähnlichen trauen und sie bereits als Gesetzmäßigkeit buchen, so würde sich die Zahl der Hauptverkennungsmöglichkeiten verringern, die sonst unendlich vielartig erscheinen möchte. Könnte man nämlich annehmen, daß die entscheidenden Meister zugleich stilistische *Eröffner* sind, indem sie jeweils *neue* Mittel der Form erbringen, so träten sie erstens mehr am *Anfang* jeder Phase auf. Zweitens wären die Verkennenden dann jeweils dem Ende der vorhergehenden Phase zuzurechnen. Hinter den variablen Faktoren des Verkennens würde dann ein konstanter, immer wiederkehrender Rhythmus einer Abfolge der Fehlurteile sichtbar.

Für den Empfang durch die Mitlebenden würde dann z. B. in geschichtlicher Folge gelten: Struktur 2 könnte nur von 1 verkannt werden, niemals aber von Struktur 3, weil letztere dann noch gar nicht in Sicht getreten wäre. Um ein andres Beispiel zu geben: Diejenige Art des Erschreckens, die erfolgen müßte, wenn ein Barockmeister (3) plötzlich vor den Blicken eines Archaisten (1) auftaucht, könnte überhaupt nicht stattfinden, soweit wir nur nach dem Empfang von wirklichen *Zeitgenossen* fragen. Ebenso könnte niemals die Lage entstehen, daß ein Barockmensch (3) vor der soeben auftauchenden zeitgenössischen Klassik und Renaissance (2) erschräke, denn auch diese zeitgenössische Abfolge fände nicht statt. Für die Zeitgenossenproblematik, die wir allein behandeln, fiele auch *diese* Konstellation aus.

Diese Vereinfachungen gälten nur bei jener Dreigliederung, wobei nur benachbarte Zustände im Sinn einer Vorwärtsrichtung zusammentreffen dürfen. (Umkehr des Ablaufes findet ja nicht statt.) Daß ein Archaismus aus einer weit früheren Dreierfolge auch einer eben bestehenden Klassik zur Beurteilung vorliegen kann, ist etwas anderes und gehört nicht mehr zu unsrer Untersuchung des zeitgenössischen Empfanges von Neuerungen.

Diese wohltuende Vereinfachung, ja Typisierungsmöglichkeit aller denkbaren Fehlurteile des Frühempfanges, die mit solchen Erörterungen in Sicht träte, hält aber nicht recht stand, und zwar aus drei Gründen. Erstens marschieren jene drei typischen Zustände nicht immer sauber gesondert in der Geschichte vorwärts, sondern laufen als Unter- und Oberströmung oft gleichzeitig nebeneinander her (Vielfältigkeit ein und derselben Zeit). Zweitens ist jene »typische« Folge zwar einige Male beobachtet, aber noch keineswegs als Gesetzmäßigkeit gesichert worden. (Manche modernen Historiker pflegen freilich alle mehrmals beobachteten Folgen gleich als Gesetzmäßigkeit zu buchen.)

Drittens aber fehlt jene andre Regelmäßigkeit, die darin läge, daß die wahrhaft Bedeutenden auch immer Stileröffner seien. Es kann jemand zwar vorwärts greifen, Unerhörtes, Niedagewesenes bringen, doch in den äußeren stilistischen Mitteln *beharren* oder sogar rückwärts zielen.

Um einige Große zu nennen: Breughel ist - mindestens in seinen Bildern mit Stückungsrhythmus - wenig beteiligt an der Eroberung des Einheitsraumes, der damals das Neue war. Er verharrt weitgehend noch 1560 in spätmittelalterlichen Bildformen. J. S. Bach gehört stilistisch eher der älteren, vergehenden Stufe der Musikgeschichte an, in einer Zeit, als vorläuferhaft schon vereinfachende Formen ans Licht wollen, als deren reiferer Vertreter später Haydn angesehen werden kann. Ingres bleibt zeichnerisch im Klassizismus hängen, als dieser bereits veraltet und längst (mit Constable, Turner, Géricault) ein malerischer Naturalismus hervorgetreten war. Und doch werden wir deshalb Ingres nicht einen kleinen Epigonen nennen.

In solchen Fällen kann dann eben eintreten, daß sich nicht nur die »ältere« Phase gegen die »neue« empört, sondern sich umgekehrt eine »neue« Phase über eine »ältere« entrüstet, also nicht der »Fortschreitende« gelästert wird, sondern gerade der Konservative, womit sich jene angebliche Gesetzmäßigkeit sehr kompliziert, wenn nicht gar aufhebt.

Zusammenfassend kann man - stark vereinfachend - wahrscheinlich sagen, daß innerhalb jeder der drei anfangs genannten Grundhaltungen so verschiedenartige Gruppierungen der dort gegebenen Elemente möglich ist, daß immer wieder neuer Ausdruck erscheint, auch wenn die eine Haltung im Ganzen bereits abwirtschaftete und eine neue sich schon weithin durchsetzt. Dann kann sich ereignen, daß ein zurückbleibender Meister durch Umordnung älterer Gestaltungsmittel, ohne die ältere Stilphase zu verlassen, derart verblüffenden, ja abenteuerlichen Eindruck hinterläßt, daß er aus zwei Gründen abgelehnt wird: einmal, weil er noch der alten Stilstufe angehört, an der man sich bereits ermüdet hat, die man also loswerden will; zugleich aber, weil er wie Breughel und Bach innerhalb der älteren Manier so eigene Wege geht, daß er als absonderlich herausfällt.

Rezeptionen und Verkennungen

Die Geschichte der Fehlurteile, von der hier zu berichten war, entspringt aus einer Geschichte der Reizbarkeiten neuerer Kulturzonen gegenüber neuesten.

Der Kampf ums Dasein zwischen älteren und neu entstehenden Richtungen ist leidenschaftsgeladen, führt er doch oft bis zu Verwünschungen und Wutausbrüchen, wie wir im geschichtlichen Teile aufzeigen konnten. Das Gegenstück zu unsrer Geschichte der »Lebensangst vor allem Neuen« wäre eine ebenfalls zu schreibende Geschichte der »unbegründeten Neigung zu allem Alten«.

Nicht nur in Epochen wie dem Historismus des 19. Jahrhunderts, auch in spontaneren Zeitläuften erscheint gelegentlich jene verzehrende Liebe zu längst verklungenen Jahrhunderten, mit denen man verschmelzen möchte. Wir sprechen von den Renaissancen und Rezeptionen, welche ja immer wieder in der Menschheitsgeschichte auftraten, ganz gleich ob rückbezogen auf den Gehalt der griechischen oder der römischen Antike, auf altes Germanentum, Altchina oder Indien, auf Ägypten oder primitive Negerkunst. Man kann da beinah von einer *Dauerrezeption* älterer Gehalte reden, die sich – mit kurzen oder längeren Pausen – durch die europäische Geschichte hinzieht. Für Renaissancen mit dem Inhalt *Antike* erinnern wir nur an die karolingische, an die ottonische, die des späten Mittelalters, des Quattro- und des Cinquecento, der sich eine des 17., danach des 18. Jahrhunderts anschließt, obgleich man sie dann Klassizismus nennt.

Man gedenke ferner der Aufnahme *ostasiatischen* Formengutes, im Barock und dann ganz andersartig in der zweiten Hälfte des 19. Jahrhunderts. Man erinnere sich ferner, wie Nazarener und Präraffaeliten sich auf die italienische Malerei der Frührenaissance stürzen, wie aber dann die Malerei der zweiten Hälfte des 19. Jahrhunderts (Substanznaturalismus) mit den ganz andern Spaniern und Niederländern des 17. Jahrhunderts eins zu werden sucht.

Manchmal zeigen sich solche Erscheinungen auch in Einzelpersonen. Rousseau holt beinah primitive Zeiten, vor allem aber die römische Tugendrepublik wieder hervor. Schopenhauer baut zwar, im stetigen Flusse der Philosophiegeschichte, manches von Kants Lehren um, vollzieht aber mit seiner Antiwillensethik zugleich Rückgriffe in den entlegenen Buddhismus. Tolstois Lehre ist eine einzige Rezeption des Neuen Testaments, mitten ins moderne Leben hineingestellt. Hier wurde überall, wenn auch nur in der führenden Schicht, das Alte genauso blind bewundert, wie sonst das Neue gehaßt. Die zeitliche Entfernung der verehrten Erscheinung verleiht eine besondere Tiefenweihe und erzeugt wahrhafte Verklärung eines ehemaligen Gehaltes. Die dicht aufsitzenden *neuesten* Tagesmöglichkeiten scheinen uns zu bedrücken. Ist es nicht wirklich leichter, etwas *Entferntes* zu verehren, als ganz nahestehende, dauernd vor uns hintretende Erscheinungen zu lieben, denen man schwer, wenn man es wollte, ausweichen könnte? Kennen wir dies ja aus der Individualpsychologie, wo z. B. Ehegatten in Dauerreibung leben, während sich dieselben Partner, wenn sie entfernter voneinander hausen würden, vielleicht in engster Freundschaft befänden. Außerdem treten die Neuerscheinungen expansionssüchtiger, propagandistischer auf, während *ältere* Kulturen zunächst nur abwartend dazustehen scheinen, gleichsam um schüchtern festzustellen, ob sie vielleicht noch einmal drankommen.

Bei einer Gesamtverrechnung beider entgegengesetzten Kulturprozesse würde sich aber zeigen, daß aus den erwähnten Gründen die neuen originalen Prozesse hilfsbedürftiger als die Rezeptionen sind, da der heutige Durchschnittsmensch eher dazu neigt, sich nach rückwärts zu bemühen und Überlieferungen zu hüten. Freilich müssen wir hier zwischen Vergangenheit und Tradition unterscheiden. Man kann zwar die Vergangenheit verlassen, wahrscheinlich aber – im feineren Sinne gesehen – niemals die Tradition verlieren. Denn es zeigt sich nachträglich immer (das ist gerade ein Ergebnis unserer Untersuchungen), daß man trotz noch so tollem Geschrei und Verkennungsgezeter die geschichtliche Kontinuität niemals verliert, obgleich das anfangs immer so aussieht. Macht doch weder die Natur noch die Geschichte Sprünge im eigentlichen Sinne.

Man sollte also vermuten, daß kaum Verkennungen stattfinden, wenn eine Renaissance älteren Formengutes einsetzt. Aber auch hier erleben wir größte Fremdgefühle, was wohl folgende Gründe hat. Erstens brauchen ältere Gehalte, während sie auch theoretisch in vieler Munde sind, dem Publikum sinnlich nicht im geringsten vertraut zu sein, so daß die Menschen schwer erschrecken, sobald sie mit diesen Formen in *lebendige* Berührung kommen. Zweitens können sich die Zeitgenossen von jener Vergangenheit ein *anderes* Bild gemacht haben, als ihnen nun auf einmal dargeboten wird. Drittens kann, wie das beim größeren Publikum sich zeigen wird, das alte Phänomen überhaupt fremdgeblieben sein, indem es zunächst nur bei einer kleinen Elite bekannt war. Viertens kann sich die sogenannte öffentliche Meinung gerade von jener Erscheinung abwenden, in einem Ressentiment geradezu, während sie Fortschrittlichen soeben wieder aktuell geworden ist, und zwar von einer Seite her, von der sie bisher niemals gesehen wurde. In letzterem Falle erscheinen dann jene bekannten Proteste des großen Publikums, die da heißen: »Und das soll die Antike sein! Die haben unsre Neuerer ja überhaupt noch nicht verstanden!«

Vor allem aber ist in standhaltenden Rezeptionen der eigne Einsatz der Künstler bedeutend, wie z. B. zwischen 1300 und 1600 in Italien (sonst würde es sich ja um bloßes Epigonentum handeln). Dies löst beim Publikum dann besondere Verkennungen aus. Kommt doch der Widerspruch hauptsächlich aus der eben vorausgegangenen, noch am Leben befindlichen Kunst. Wenn eine Spätgotik aber gegen eine nun einsetzende Renaissance protestiert, so ist es ziemlich gleich, ob im Neuen das zeitlich entlegene Formengut der Antike mitschwingt oder nicht. Aber auch letztere wird dem spätgotischen Formgefühl zuwider sein.

Daß wir in der Renaissance selber, ebenso um 1800, soviel *schöpferische* Regungen finden, liegt wohl daran, daß sich das Rückwärtsblicken hier mit dem Glauben an einen *Aufstieg* verbindet, nicht aber aus Romantik, Wehmut und Resignation der eignen Zeitgefühle stammt. Um 1800 ist die einsetzende Rückwärtsbewegung solange gesund, als sie noch immer vom Fortschrittsglauben des 18. Jahrhunderts unmerklich genährt ist. Sonst können Renaissancen und Rezeptionen bedenkliche Krisen- und Verlegenheitsprozesse werden, in welchen den selbständig gebliebenen, eigenzeitlichen Köpfen ein schweres Leben bevorsteht.

Verteidiger des Mißverstehens

Über angebliche Steigerung der Gestalter durch den Verkennungsdruck

Eine beliebte Meinung behauptet nun, das anfängliche Mißverstehen bedeutender Gestalter halte die Menschheit nicht im geringsten auf. Hier liege nicht die mindeste Schädigung vor: weder die Empfänger- noch die Senderschicht verliere dadurch. Diese Behauptung verwandelt sich öfters sogar in eine gefährlichere: Wenn wir Bedeutende verkennen, so steigern wir sogar deren innere Kraft, die sich an Widerständen überhaupt erst voll entzündet. Wir täten geradezu ein gutes Werk, stamme doch die innere Haltbarkeit gewichtiger Arbeiten vor allem aus jenem Außendruck, der die Gestalter immer wieder zur Selbstprüfung treibe, zu immer weiterem Ernste der Verinnerlichung.

Schwer ist es, bei so umfassender Frage der obersten Menschheitszonen das Für und Wider zu verrechnen. Gewiß kann solcher Gegendruck eines streikenden Publikums immer erneute Selbstprüfung des Gestalters auslösen, damit der Neuerer sich innerlich versichere, ob er, da doch niemand auf ihn reagiere, sich nicht etwa verrannt habe und ins Verschrobene geraten sei. Solche Kontrolle von außen braucht aber nur der *mittlere* Erzeuger. Auch bedarf ihrer der bloße Virtuose oder der skurrile Kopf. Wahrhaft bedeutende Menschen, von denen wir allein zu handeln haben, sind aber so »gesund«, bleiben auch bei noch so entlegenen, ja grotesken Wirkungen so sehr im Mittelpunkte allen Lebenssinnes, daß sie jener gut gemeinten Ermahnungen niemals bedürfen. Was bei wahrhaft Bedeutenden als neuerungssüchtig erscheinen könnte, ist nur Ausdruck jener Tatsache, daß sie die überlieferten, vom Publikum erwarteten Formen nicht etwa »umgangen« haben: sie hatten diese Formen längst meist so restlos in sich aufgenommen, daß Neues nun mit innerer Notwendigkeit hervorbrach. Bedeutende Menschen sind schwer durch äußere Erfolge zu verführen und von ihrer Sache auch nur um Haaresbreite abzudrängen. Anders als virtuose Gemüter, die mit allen Wässerchen gewaschen, sich in sämtlichen Lagern zurechtzufinden wissen. Das Genie bedarf von allen Menschheitsstufen am wenigsten jener Bremseinwirkung von außen, jener Ermahnung zur Bedachtsamkeit, mit der es empfangen zu werden pflegt. Wenn es seine Bahn mit astronomischer Notwendigkeit dahinzieht, so ist das nicht dem Gegendruck von außen zu verdanken, sondern der eignen inneren Unbeirrbarkeit.

Es ist vielmehr anzunehmen, daß manche Großen noch weit reichere Strahlung ausgeworfen hätten, wäre bei Lebzeiten nicht dauernd gegen sie gearbeitet worden. Sie hätten schon mengenmäßig noch mehr hervorgebracht, denn sie schufen meistens leicht. (Beethovens mühseliges Vornotieren spricht nicht dagegen, denn er improvisierte grandios, wenn man ihm am Instrumente Lust machte.) Aber auch qualitativ hätten sie wohl *noch* sublimeres Leuchten ausgesandt, wären sie nicht manchmal durch allgemeines Kopfschütteln auch »verständigster« Zuhörer ein wenig angekränkelt geworden. Nur in technischen Nebendingen können die Großen von Kleineren lernen. Da das Genie auf seinem Felde vollkommener dasteht als alle andren, wirken deren brave Ermahnungen nur komisch, zumal hinter ihnen doch meistens nur veraltete Überlieferungen lauern.

Das alles gilt bereits dem selbstgewissen, männlichen Typus gegenüber, wie er durch Michelangelo und Beethoven bezeichnet wird. Es gibt aber auch eine nervenschwache, übersensible Art bedeutenden Schaffens, die leichter irritiert werden kann. Menschen, die sehr labil sind und auch nachgeben, falls ihnen, etwa schon in ihrer Frühentwicklung, penetrantes Mißverstehen gegenübertritt. Ist hier zudem der Körper hinfällig, so kann das sogar zu Verzweiflungsanfällen führen, die doch schwerlich günstigen Keimboden für gute Werke darbieten. Hat der Betreffende aber wirtschaftliche oder andre Ausweichmöglichkeiten, so läßt er womöglich (natürlich *dieser* Typus nur) frühzeitig sein Talent verfallen.

Verwandte Art zeigt das Genie der »Richtung des geringsten Widerstandes«. Das sind unscharfe, aber derart vielseitige Naturen, daß sie überhaupt nur nach derjenigen Seite hin Gezweig hervortreiben, an der ihnen keine feindliche Wand gegenübertritt. Man kann dann niemals wissen, ob nicht überhaupt nur Nebenäste keimten, viel umfassendere Wuchsmöglichkeiten aber unentfaltet blieben, was wir nur nicht bemerken, weil bei bedeutenden Menschen auch Nebenzweige meistens strotzen. Hier könnte sich nur mühselig eine Tiefenpsychologie vortasten, eine Psychologie früher Jugendphasen bedeutender Wesen, falls man ergründen wollte, welche ganz anderen und volleren Einsätze vielleicht gegeben waren, die nur nicht zur Entwicklung kamen.

Viele Menschen meinen, große Anlagen seien nur dann vorhanden gewesen, wenn dann auch wirklich große Werke hervortraten. Sie kommen sich mit solcher Ansicht sehr »männlich-realistisch« vor und glauben, mit dieser Meinung bloßen Hypothesen und Phantastereien den Weg verlegen zu können. (Wieviel Verkennungen gehen überhaupt unter dem Titel »männlich-realistisch«!) Es gibt aber genügend Gründe, die uns nahelegen, daß die Natur, die in der Tier- und Pflanzenwelt so überaus verschwenderisch vorgeht, auch hier eine Fülle von Keimen ausstreut, die später gar nicht aufgehen. In jener unweiblichen, unpflegerischen Ansicht wartet die Gefahr, daß wir uns einer feineren, beobachtenderen Erziehung entschlagen, die viel mehr zur Entfaltung bringen könnte. Man denke allein an die Erzählerphantasie der Kinder, dieser Surrealisten. Tolstoi behauptet, ihre Geschichten seien reicher als seine eigenen gewesen. Durch einseitige Verstandesbildung der Schule verschwindet das, nachdem (*auch* eine Verkennung, diesmal der Fruchtbarkeit der *Phantasie* fürs spätere Leben) man den Kindern immer wieder sagt, sie sollten doch »wahrhaftiger und genau« reden.

Der *ausweichende* Begabungstypus gilt natürlich als der schwächliche, soweit ihn weniger Motoren des Ehrgeizes und Willens treiben. Daß es sich deshalb bei ihm gar nicht verlohnte, ist aber oft nur eine Verkennung. Gerade *dieser* Typus hat trotz seiner Unfestigkeit oft etwas Rührendes und Reines, gerade weil er gar nicht von seiner Mission überzeugt ist. Zeigen sich doch hinter so schillernden Gefühlen wie »Mission« oft grausige Mischungen leidlich objektiver und zugleich schäbiger, personeller Expansionsregungen.

Noch einer letzten Art haben wir hier zu gedenken: des geradezu pathologischen Typus bedeutender Menschen (der seine Kräfte sowieso schon unnütz aufreibt), wie er etwa in Kleist und in van Gogh vorliegt. Wie entscheidend der Verkennungsdruck gerade hier zermürben kann, brauchen wir nicht weiter auszumalen.

So bleibt anzunehmen, daß in der Menschheitsgeschichte größere Möglichkeiten parat liegen, die aber durch falsche Erziehung, hemmendes Milieu und schließlich radikale Frühverkennung verkümmern (etwa durch allgemeines, energisches Abwinken der Verwandten, Freunde und Lehrer bereits im höheren Schulalter). Der Satz, daß ein Genie sehr selten sei, besagt noch lange nicht, daß die *Anlage* zum Genie genauso selten wäre. Es sei denn, daß wir unter Genie von vornherein nur denjenigen außerordentlichen Menschen verstehen, dem es *gelungen* ist, sich durchzusetzen.

Um 1800 hatte man für diese Dinge weit feineres Gefühl als gegen 1900, wo man robuster glaubte urteilen zu müssen. Hölderlin schreibt, er begreife, »daß auch die Größten ihre Größe nicht allein ihrer eignen Natur, sondern auch der glücklichen Stelle danken, in der sie tätig und lebendig mit der Zeit sich in Beziehung setzen konnten.« Und Goethe legt die gleiche Meinung aufs breiteste in ›Dichtung und Wahrheit‹ dar. Heute tritt noch immer die Ansicht hervor, wir hätten überhaupt keinen Grund, ökonomisch mit den Lebenskräften der Menschheit umzugehen, weder mit durchschnittlichen noch mit höheren geistigen Gaben. Eigentlich kann man darauf verzichten, die Einstellung zu analysieren, die hier im Hintergrunde wartet. Wenn überhaupt das Haushalten mit Fähigkeiten und Kräften einen Wert hat, so gerade in der obersten Zone der Menschheit. Behält es doch einen doppelten Sinn, den höheren Menschen zu letztem Aufblühen zu bringen: die produktive Schicht wird sich dann voller entfalten, die Empfängerschicht aber wird vielseitiger angestrahlt werden, somit zu schnellerem Wachstum selber gelangen. In den besten Zeiten der Antike oder der Musik des 18. Jahrhunderts antwortete dem hohen Niveau der Formgeber eine verhältnismäßige Höhe des Durchschnitts, wobei sich beide Schichten gegenseitig steigerten.

Wir bestreiten zwei üblich gewordene optimistische Sätze. Der eine lautet: Das Neue hat es zwar immer schwer, aber das Große unter diesem Neuen setzt sich eben doch gleich durch. Unsre gesammelten Materialien widerlegen diesen Lehrsatz. Und auch die andre Behauptung ist irrig. Sie sagt: die Anfangsverkennung kann das Große nur verzögern, schließlich aber kommt es doch zur allseitigen Auswirkung, wie ja gerade unsre gesammelten Fehlurteile bewiesen hätten, die später in ihr Gegenteil verwandelt würden. – Wir sehen selbst diesen gedämpfteren Satz noch für zu optimistisch an. Nicht *alles* Gute setzt sich durch! Wir halten umgekehrt nachträglich meist denjenigen Teil gewisser Möglichkeiten für gut, der sich eben durchgesetzt hat, hierbei immer wieder vergessend, wieviel wichtige Regungen, Gestaltungsmöglichkeiten und Erkenntnisse durch Mißverstehen (meist ganz *ungewollte* Verkennung) bereits im *Keime* erstickt werden, sozusagen noch unter der Erde verfaulend.

Falsch wäre auch der alte Satz: Kümmern wir uns nur um sogenannten *objektiven* Geist, nicht aber um seine psychologischen Begleitumstände! Eine gefährliche Aufforderung, weil metaphysisch transzendierend. Sie verkennt die Dreizonigkeit unsrer Kultur: daß nämlich unterm sogenannten objektiven Geist die Region der Produzenten als Lebewesen besteht und daß darunter dann die Zone der Empfängerschicht liegt, mit der die Erzeuger zusammenhängen, alles existent, alles Geschichte machend, im guten oder bösen Sinne. Die dauernden Verbindungen dieser Schichten zu leugnen, hieße die zarteren Ansätze einer Soziologie der Kunstwissenschaft zertreten. Viele Verkennungsfragen erhalten, den Behütern nur des objektiven Geistes gegenüber, einen besonderen Ernst an denjenigen Stellen, wo vom direkten Einfluß der Fehlurteile auf die Produktion gesprochen werden mußte. »Könnten Geist und Bildung ein Gemeingut werden, so hätte der Dichter ein gutes Spiel; er könnte immer durchaus wahr sein und brauchte sich nicht zu scheuen, das Beste zu sagen.« (Goethe)

Denken wir schließlich daran, daß auf einsamen Neuerern, welches Gebiet sie auch bearbeiten mögen, oft sowieso schon sozialer Überdruck lastet. Diese Sinnierer sind meistens derart auf ihre eigne Sache konzentriert, daß sie sonstige wichtige Zusammenhänge mit ihren Zeitgenossen schwer vernachlässigen. Sie sondern sich oft gesellschaftlich aus, wodurch sie weiteres Mißtrauen erregen. Sie vernachlässigen *soziale* Zeitpflichten, weil sie meist in der Zukunft leben, was der Gegenwartler ihnen mit Recht verargt. So gelten sie leicht als rein negierend, ja verabscheuungswürdig, und eine schwüle Atmosphäre ballt sich um sie. (Vergleiche Robert Mayers Verzweiflungsanfälle.) Solchem ganz allgemeinen Drucke, der oft auf den Genialen preßt, nun noch frischfröhlich den sehr speziellen Verkennungsdruck hinzufügen zu wollen, etwa in der Hoffnung, daß dies den Einsamen noch *steigern* werde, das heißt denn doch, die Kräfte der Gattung homo sapiens überschätzen!

Beispiel einer optimistischen Beurteilung des Verkennungsdruckes

Paul Ernst befaßt sich in einem Aufsatz ›Künstlerelend‹ in seinem ›Credo‹ mit jenen von außen kommenden Hemmungen, deren Wurzeln meist in Verkennungen liegen. Wir zitieren seine Ansichten im Zusammenhang nur, weil sie immer wieder zu vernehmen sind und abgewiesen werden müssen.

»Wenn man mit den Künstlern selber – wohlgemerkt mit den wirklichen, mögen sie schon ihre Stellung haben oder noch um ihre Stellung ringen – über die Frage sprechen würde, so würden sie einstimmig antworten: Nein, mir kann die Gesellschaft nichts helfen (!); macht sie doch den Versuch, so schadet sie nur, denn der Natur der Sache nach stärkt sie nur die Mittelmäßigkeit, welche die eigentliche Feindin des bedeutenden Menschen ist. Und mag das Verhältnis noch so günstig sein, mag *ein* Bedeutender, dem geholfen wurde, auf 99 Mittelmäßige kommen; besser wäre, es gehen alle hundert zugrunde (!) . . . Im eigentlichen Kampf ums Dasein ist der Mittelmäßige sicher stärker als der Bedeutende, deshalb wird er ihm, auch ohne gesellschaftliche Unterstützung, zunächst immer den Vorsprung abgewinnen, und es gibt keinerlei Möglichkeit, ihn zu bekämpfen. Aber eines gibt es doch, worin der Bedeutende stärker ist: er geht nicht so leicht zugrunde durch die materielle Not. Deshalb ist das Künstlerelend vorteilhaft für die Bedeutenden (!), es befreit sie von einem Teil ihrer schlimmsten Feinde . . . Was zugrunde geht, geht an sich selbst zugrunde (!) und die materielle Not, die von den Menschen so hoch eingeschätzt wird, gehört zu den geringsten und ungefährlichsten Feinden des Künstlers . . . Ein solcher Mensch ist doch nicht zu bemitleiden, auch wenn er hungert. Ich glaube, es gibt keine größere Heiterkeit . . . wie bei diesen bedauerten Menschen (!) . . . Und mit dem Leben des Kriegers muß man das Leben des Künstlers vergleichen: beide sind allein auf ihre Persönlichkeit gestellt, beiden ist daher beständige Jugend beschieden, die stolz auf die Verphilisterung der anderen herabschaut . . . Der Künstler . . . hat das höchste soziale Glück, außersozial zu sein (!), und an seiner Lage sozial herumzuarbeiten, würde nichts bedeuten, als den Künstler gänzlich unmöglich zu machen und an seine Stelle den Philister zu setzen.«

Wir heben uns folgendermaßen gegen solche Anschauungen ab. Der Künstler ist wie jeder andre Mensch soziologisch eingegliedert und bestimmt. Auch *seine* Nervenkräfte sind begrenzt, vor allem aber ist es seine körperliche Ausdauer. Mozart wurde mit seinem verfrühten Tode ein Opfer frühen Virtuosendrills, weniger des späteren Unterrichtens, vor allem schließlich ungenügender Ernährung, schlechtester Pflege bei dauernden Wirtschaftsnöten. Bei Schuberts vorzeitigem Tod sind ähnliche Umstände im Spiel. Auch sie gehen wieder auf Verkennung seiner wahren Bedeutung durch die Zeitgenossen zurück. Gesicherte wirtschaftliche Stellung eines Gestalters braucht aber kein Philisterium zu erzeugen. Raffael, Tizian, Rubens, Goethe, Bachofen (letzterer mehrfacher Millionär) konnten geborgenes Wohlleben führen, ohne in ihrem Schaffen auch nur im geringsten zu verspießern. Jene Angst vor entstehendem Philisterium ist immer nur gegenüber Gestaltern zweiter oder dritter Güte am Platze. Daß Anerkennung und wirtschaftliche Geborgenheit die Kunst des Erzeugers aufhebe, ist ein grotesker Irrtum, ist Ausdruck eines sklavenhalterischen Kapitalismus, der Interesse daran hat, sich Geistige recht billig kaufen zu können.

Daß nun aber die äußeren und inneren Bedrückungen jene Schaffenden immer so »heiter« gestimmt hätten, wie dieser individualistisch-optimistische, den Künstler märchenhaft isolierende Genialitätsbegriff meint, das dürften die vielen von uns zitierten Selbstberichte doch wohl restlos widerlegt haben. Dabei ist materielle Not von uns nur dann als schaffenshemmend angesetzt worden, wenn sie zu Ablenkungen führte, zu Überbürdung auf Nebengebieten oder zerrüttend in die Gesundheit eingriff.

Ganz irrig wäre zu behaupten, bei hoher Qualität bestehe kein Interesse an der Quantität der Hervorbringungen; es sei sozusagen gleichgültig, ob Mozart, ob Schubert eine oder hundert Sinfonien hinterließe. – Man könnte dann ja auch behaupten, es sei im Grunde einerlei, ob wir ein einziges Mal im Leben oder öfter durch einen großen Kunstgenuß erregt würden. Hier ist noch nicht einmal berücksichtigt, daß sich das Genie in jeder Sinfonie, jedem Roman, in jedem Bauwerk wieder anders ausdrückt, so daß nicht eine einzige Arbeit die anderen vertreten könnte.

Wie seltsam aber nun zu glauben, die Großen wollten hemmende Not und Verkennung ertragen, wenn sie nur durch allgemeine Ausrottung auch der Konkurrenz die minderen Gestalter um sich loswürden. Nein, der Bedeutende möchte sein Inneres ungestört verobjektivieren. Dies ist wahrscheinlich seine einzige Lust. Mit minderen Kollegen, die neben ihm schwätzen, malen, musizieren, bauen, traut sich der Große immer noch fertig zu werden, auf weitere Zeitdauer seines eignen Wirkens hin gerechnet. Wollen wir wirklich einen Genialen für 99 Minderwertige aufopfern, wenn nur die große Vernichtungsflut diese mit wegschwemmt?

Weiterhin zu glauben, alle Hemmung sei nur Selbstaufhebung, heißt wieder, den bedeutenden Menschen außerhalb seines Milieus stellen, d. h. in einen luftleeren Raum heben, was allen geschichtlichen Erfahrungen doch widerspricht. – Und der Vergleich mit dem Krieger? Hier handelt es sich doch um robustes Durchführen von einfachen Befehlen, die von oben kommen und an denen nicht zu deuteln ist. Das sublime, schutzbedürftige Tun des genialen Neuerers ist aber mit abgründigen Ungewißheiten durchsetzt, mit Zweifeln und inneren Kämpfen, welche zarteren und geistigeren Charakter tragen.

Gegen den Einwand, alle Verkennungen träfen etwas Richtiges

Die stärkste Form, den Verkennungsdruck zu verteidigen, liegt nun darin, daß man behauptet, die sogenannten Fehlurteile hätten immer etwas Richtiges getroffen, das wir nur in späterer Begeisterung vergäßen oder zudeckten. Man werde zu jenen Urteilen zurückkehren, wenn erst die zeitliche Entfernung groß genug geworden sei. Dann würden wir die Fehler auch der *Bedeutenden* erkennen. Außerdem seien alle Urteile gleichberechtigt, wenn sie gefühlt und unverlogen wären. Die damaligen Empfänger seien doch keine Irren gewesen, nur Kinder ihrer Zeit und Überlieferung, genauso wie wir eben auch. – Wir brauchen hiergegen gar nichts einzuwenden, wenn wir unter einem Geschmacksurteil allein die Angabe der Färbung des Wohlgefühles oder Mißbehagens verstehen wollen, das eben ein Mensch vor einem Kunstwerk hatte. In diesem Sinne ist ja über Urteile überhaupt nicht zu rechten, sie sind nichts andres als psychologische Befunde. Auch ist es durchaus möglich, daß wir einige Kunstwerke, die wir heute hochhalten, eines Tages wieder ablehnen. Wenn aber ein Frühurteil behauptet (und darum handelte es sich meistens), besagte Neuerscheinungen würden in wenigen Jahren verlacht werden oder gar vergessen sein, obgleich sich dann Generationen und die verschiedensten Völker begeistern, so liegt eine ganz einfach zu kontrollierende Fehlaussage vor, die wir ablehnen müssen.

Sicher ist in vielen Fällen die schwache Stelle mancher Gestalter gleich anfangs aufgedeckt worden. Gewisse Klagen der Zeitgenossen über scholastische Künstlichkeiten Bachs, über Uferlosigkeiten der Goetheromane, über abrupte Wendungen bei Beethoven, über Schwelgerbombast bei Wagner mögen zu Recht bestehen. Das gleiche gilt für manche Philosophen: die großen Menschenkenner unter ihnen waren oft systematisch oder erkenntnistheoretisch dürftig, die großen Logiker oft seelenkundlich äußerst mager. Dennoch hatte man diese Werke *verkannt,* als man behauptete, sie würden äußerst schnell veralten. Meist wurden sie im ersten Schrecken viel zu sehr »von außen« angesehen. So wurde eine zwar vorhandene, aber untergeordnete Eigenschaft meist vor die Hauptgewichte geschoben. Wir stellten hier z. B. fest, wie man in Rembrandt zuerst einen kalten Realisten und unerbittlichen Konstatierer sah, spätere Generationen aber den beseelten Versteher alles Menschlichen in ihm verehrten. Dieselbe Umkehr vollzog sich gegenüber Dostojewski. Vor allem übersehen die Frühurteile aber meistens den *Rang* neuer Werke, wenn sie sie ganz gemütlich neben solche stellen, die dann sofort vergessen werden.

Sicher gibt es Werke, denen gegenüber man sich dem Anfangsurteil wieder nähern wird. Vielleicht werden Spätere von einem Wagner wieder sagen, er hätte knapper, weniger weitschweifend und weniger pathetisch formulieren sollen. Kaum aber werden sie sich dann in Deckung mit dem Frühurteil befinden. Werden sie doch schwerlich glauben, beim ›Tristan‹ vor einem bloßen Chaos und Gebrüll zu stehen, sondern eher vor einer milden, weichen, sogar überorganisierten Form. Auch Bruckner wird man einst wieder Einwände machen, niemals mehr aber den Anfangsvorwurf bloßer Roheit und zu *schrillen* Gefühlslebens. Vielleicht wird man Cézanne einmal wieder einen Manieristen nennen, schwerlich aber Ungeschlachtes in ihm finden. Das Lebensgefühl der Menschheit hat sich seit dem 19. Jahrhundert nämlich gekräftigt.

Noch weniger werden sich Früh- und Spätmeinung in Deckung befinden, wenn wir etwa an Mozart denken, bei dem die Zeitgenossen über entsetzliche Häufung von Dissonanzen klagten, bei »schwierigeren« Notenstellen geradezu an Schreib- oder Stichfehler glaubend. Zu solchem Urteil wird man niemals wieder auch nur in *äußere* Beziehung treten. Auch wird schwerlich wieder behauptet werden, Goethes Lyrik sei zu *abrupt,* selbst wenn man sich von ihr abkehren sollte. Sollten gegen Mozart oder Goethe wieder Vorwürfe erhoben werden, so eher von umgekehrter Richtung her. Müssen wir doch zwischen bloßer Veränderung und wirklichem Wachstum unsres Lebensgefühls unterscheiden. Im ersten Falle kehrt das Urteil teilweise zurück, im zweiten aber schwerlich. Unsre Empfindungswelt kann sich kräftigen und zugleich verfeinern. Letzteres ist leichter rückgängig zu machen als ersteres.

Daß anfängliche »Verkennungen« immer das Richtige getroffen hätten, sucht man nun mit dem Hinweis zu erhärten, alle Kunstwerke zeigten ja enorme Übertreibungen und *Einseitigkeiten,* auf die man damals eben gleich den Finger gelegt habe. Doch erweist sich hier, daß man damals nur äußere Einzelheiten antippte, ohne das Ganze zu verstehen, aus dem heraus die Sonderheiten ja erst sinnvoll werden. Es fehlt in Anfangsurteilen meistens die Bezogenheit auf Lebensgefühl, Grundgestalt und Ethos eines Werks, dem alle Einzelheiten doch nur dienen. Später kehrt man schon deshalb schwerlich zum Ausgangspunkt des Frühurteils zurück, weil das Ganze inzwischen irgendwie einmal verstanden war, nun aber, wenn überhaupt noch mal, als *Einheit* verabschiedet wird, was natürlich ein *verändertes* Urteil bedingt. Was nun die Einseitigkeiten der Großen anlangt, so wird etwa gezeigt, daß ein melancholischer Kontrapost bei Michelangelo niemals den Ton der Heiterkeit ermöglichte, daß Grecos kurviges Flackern niemals gehaltene Festigkeit ausdrücken konnte, daß Rembrandt niemals gereinigte Farbe entfaltete, Wagner niemals schlicht gewesen sei und Brahms in monotonen Klagelauten verharrte. So bleibe doch, sagt man, die frühe Entdeckung bestehen, daß die Großen eigentlich nur eine einzige Möglichkeit hätten, die sie dauernd wiederholten.

Frühurteile sehen aber diese Ausschließlichkeiten nur auf ihre *Grenzen* hin, Späturteile aber genießen sie in ihrem Sinn. Beginnt man endlich doch überhaupt einzusehen, daß alle wahren Kunstwerke Entscheidungen darstellen, in denen andre Setzungen zwar mitschwingen, aber alle eindeutig nach einer Lebensseite hingerissen. Handelt es sich beim Kunstwerk doch gar nicht um die beliebte »Allseitigkeit«. Wie deutlich empfindet man dies, wenn man gleich nacheinander etwa einen Mozart und einen Bruckner hört, gerade aber dadurch beschwingt wird, das Leben zuerst als beherrschbar, als klar, als durchsichtig und heiter zu empfinden, um beim andern Meister plötzlich zu erfahren, daß es auch als uns beherrschend, als triebdunkle, schweifende Unendlichkeit angesehen und ausgekostet werden kann. Solche Gegensätze nun im Sinne der Frühurteile als bloße »Übertreibungen« und »Einseitigkeiten« aufzufassen, ist im Spielbereich der Künste völlig sinnlos. Liegt doch das Köstliche gerade darin, daß Mozart und Bruckner *extreme* Haltungen zeigen, Möglichkeiten, die uns aus der biederen Mitte unsres Alltagslebens jagen und uns nacheinander auf verschiedene Pole schicken.

Wie unsinnig es ist, hier einengende Begrenzungen zu wittern, wie das die Frühurteile meistens tun, geht aus dem geschichtlichen Versuch hervor, den das 18. Jahrhundert mit Raphael Mengs und Genossen brachte. Hier versuchte man tatsächlich, eine standhaltende Kreuzung aus früheren Malerschulen herzustellen, aus jeder Gutes nehmend, alles zu einer Einheit bringend, somit alle »Einseitigkeiten« aufhebend, wie sie die Frühurteile eilig anzukreiden wissen. »Einseitige Manieren« sind aber nicht ein Mangel des Künstlertums, sondern seine Grundlage. Aus jenen Mischungsversuchen entstand nur ein verblasener Durchschnitt, ein blutarmes Nichts. Fassen wir aber Kunstwerke mehr als Wagnis, mehr als folgerichtige Entscheidungen denn als Harmonisierung (gar als Harmonisierung vorausgegangener Möglichkeiten) auf, so wird auch unser Frühempfang weit weniger mißraten.

Andere Menschen verteidigen die Frühurteile aus einer seltsamen, aber höchst verbreiteten Mystik des Ersteindruckes, der eben immer der beste sei. Natürlich kann der erste Eindruck der »elementarste« sein, weil am wenigsten noch von grübelnden Erwägungen abhängig. Wir haben da noch nicht einmal Selbsturteile formuliert, die uns sofort geheimnisvoll binden, erst recht nicht Fremdurteile dann, die alle wieder auf unser Empfinden zurückstrahlen. Man höre nach Abschluß eines Konzerts einmal in sich hinein, um zu erfahren, wie schnell, was wir für unser spontanstes Eigenempfinden halten, nunmehr von Regungen guter Nachbarn durchsetzt wird, ohne daß wir es merken. Das alles mag zunächst für Hegung jenes Ersteindruckes sprechen, den man prozeßhaft, ruhig, ungestört in sich nachwirken lasse. Dennoch ist jede Feierlichkeit und Mystik gegenüber Ersteindrücken zu vermeiden, mit der sich viele Menschen sehr durchseelt und tief vorkommen. Obgleich man allen Schnellformulierern, allen Blitzurteilern ausweichen möge, ist doch aufs deutlichste festzustellen, daß auch ein langsames, dumpfes, gemächlich hervorquellendes Ersturteil ganz und gar irregehen kann. Denn die unzähligen Fehlurteile, die wir aufwiesen, waren ja nicht immer vorschnelles Intellektgebräu oder rationales Einflüsterungsergebnis. Sie waren, besonders in Privatbriefen, oft Ausdruck ruhiger, innerster Abwehr: Tiefensperrung der untersten Triebschicht, die sich bedroht, ja angeekelt fühlte, wo sie heute jubiliert. Wir können also neuartigen Werken gegenüber einen alten Spruch umkehren: »Der erste Eindruck ist der *schlechteste*.«

Man poche hier nicht auf seine »innere Stimme«. Einer der verhängnisvollsten Irrtümer unsrer Kultur, in engster Verbindung mit unserm Thema stehend, liegt ja in folgendem. Auf einen einseitigen Rationalismus schon des 18. Jahrhunderts ist ein schwelgerischer, vertrauensseliger Irrationalismus ins Kraut geschossen, welcher nun dauernd behauptet: »Wie leicht können Verstand und ratio irren, während wir auf unser *Gefühl* doch bauen können!« Diese dualistische Scheinweisheit lebt nicht allein in »besseren« Schichten, sie ist auch Glaubensgrundsatz simpelster Gemüter. Man glaubt mit ihr sehr lebensnah zu sein, hält aber nur eine duale *Konstruktion* in Händen, nicht sehend, daß man doch auf *beiden* Seiten fehlgehen kann. Ist doch unser ganzes Buch nicht nur eine Chronik *intellektueller* Irrungen, sondern vor allem der Irrungen des menschlichen *Gemütes,* des Ethos, des Gewissens auch in inhaltlicher Hinsicht. Aus »heiligstem Gefühl heraus« glaubte man einst Sonaten Beethovens und Lyrik Goethes als schmutzig abweisen zu müssen. Für bloße

Vergangenheit könnte uns dies fast gleichgültig sein, wenn es sich nicht heute und morgen wiederholte.

Könnte man die Menschheitsfieberkurve eines rationalen Meinens über die entsprechende des irrationalen Werthaltens zeichnen, durch die Jahrtausende hin, so würde man finden, daß die untere Kurve zwar anders, aber genauso zackig verläuft als die obere. Jede sogenannte »instinktive« Ablehnung einer neuen Kunstform ist generationsgeschichtlich bedingt. Jedes irrationale Tiefenurteil auch eines gefühlssicheren Wesens kann vom Kulturhistoriker nachträglich datiert, also auf seine zeitgebundenen Bestandteile hin zerlegt werden. Somit ist es einem guten Forscher nachträglich möglich, sogar bloße Affekte nach ihrer Färbung zu datieren, das heißt, in ihrer zeitlichen Bedingtheit zu entlarven.

Selbst im Kleinsten kann man erkennen, was es mit dem hochtrabenden Satze von der angeblichen Unwandelbarkeit unsres Gefühlslebens auf sich habe. Man sollte einen seelisch reichen Menschen einer reichen Zeit mal bitten, vom 5. bis zum 80. Jahre aufzuzeichnen, welches jeweils sein Lieblingsbild gewesen. (Hat er kein Verhältnis zur Kunst, so nehme man etwas anderes.) Überall würde sich zeigen, wie sehr auch bloßes *Gefühlsleben* sich wandelt: wieviel Reaktionen man also *zurücknehmen* muß, besonders aber Ersteindrücke großen, neuartigen Kunstwerken gegenüber.

Wertungsfragen überhaupt

Das Wertungsproblem

Unsre Erörterungen über das Verkennen setzen voraus, daß wir vom *seltenen* Einzelmenschen handeln. Denn das Phänomen Verkennung würde sonst ins Uferlose führen. Stündlich werden Millionen Menschen verkannt, stündlich Leistungen mißverstanden, vom Handwerk aufwärts bis in die geistigsten Bezirke. Um diesen riesigen, disharmonisch dahinrauschenden Strom von Mißverständnissen kümmert sich der Historiker wenig. Hier würde höchstens die Gesetzmäßigkeit im ganzen fesseln, wie beim Physiker das Fallgesetz und nicht der einzelne fallende Tropfen. Für unser Problem sind aber die Wertsetzungen wichtig, welche die Naturwissenschaft ja überhaupt nicht kennt. Unser Thema handelt nur von den vielformigen Spitzenleistungen des homo sapiens, womit man in die Nähe des Genieproblems rückt. Nur in dieser Hochzone kann uns die Frage des Mißverstehens fesseln, soviel umfassender eine Gesamtgeschichte dieser Erscheinung wäre.

Hier türmen sich nun große Schwierigkeiten auf, falls man eine exaktere Geschichtswissenschaft erstrebt. Sind unsre späteren Wertungen *gesichert?*

Können wir eine Hochschätzung, die bereits mehrere Generationen überdauerte, nun wirklich als weiterhin haltbar ansehen oder gar, wie schwelgerische Metaphysiker gleich weiterschließen, als Ewigkeitsphänomen ansetzen? Auf die Frage dieses Buches bezogen: wer behält nun eigentlich recht, wenn wir in *ganz* großen Zeiträumen rechnen, wir oder vielleicht gerade der »Verkennende«? Um ein Beispiel zu bilden: Wenn Goethe gewisse Erscheinungen des Mittelalters (etwa der Malerei oder Plastik), die wir heute hoch bewerten, als grimassierend empfand, besteht dann nicht etwa die Möglichkeit, daß die Welt einmal zu jener »veralteten« Wertung zurückkehrt, also Goethe, wenn auch nach langen Zwischenzeiten, recht behält? Wenn ferner J. Burckhardt einigen Seiten des Barock, die wir heute bewundern, zögernd, ja ablehnend gegenüberstand, treten heute nicht bereits Menschen auf, welche in diesem Stile wieder naturalistische Rhetorik wittern, nachdem nunmehr das Mittelalter und seine Ausläufer als viel bedeutsamer empfunden wurden? Gilt dieselbe Schwierigkeit nicht auch gegenüber großen Einzelkünstlern und ihrer Bewertung?

Es besteht hiergegen zunächst mit Recht die Meinung, daß allmählich immer mehr *Arten* der Größe in unseren Gesichtskreis treten, bis wir schließlich einmal alle Formen des Bedeutenden überhaupt erkannt, gewertet und nun – wie in einem riesigen Museum – in unser sicherndes Bewußtsein aufgenommen haben. Bei näherem Zusehen zeigt sich aber, daß zwar viel Neues in unsern Gesichtskreis tritt (der stets von Wertungen unsrer *eignen* Zeit beleuchtet wird), daß aber manches, das lang als bleibend angesehen wurde, eines Tages auch wieder versinkt.

Das Quantum dessen, das wir für bedeutend halten, bleibt nicht etwa im ganzen immer gleich groß, wie manche vorschnell harmonisierende Denker meinen. Es wächst aber auch nicht immer weiter, wie besonders Historiker vermuten. Diese können sich mit ihrem Glauben meist nur auf die letzten Jahrhunderte berufen, oder gar nur aufs Zeitalter des Historismus, der bekanntlich im 18. Jahrhundert die Antike neu hervorholte, im 19. Jahrhundert dann die Renaissance, dann das späte, schließlich das frühe Mittelalter, ferner Altindien, Japan, China, Mexiko, schließlich die ganze Negerplastik, ja sämtliche Volkskünste der sogenannten Unterschichten. Nachdem diese verschiedenen Bezirke in unserm Wertbewußtsein emporstiegen, können sie aber auch wieder versinken. Trotzdem sie alle äußerlich bekannt bleiben, kann ihre Hochschätzung vorübergehen. Neue Bereiche werden eines Tages aber nicht mehr auftreten, da die Zahl möglicher Entdeckungen keineswegs unendlich ist und man den Erdball nunmehr übersieht, ein Finden neuer Kulturen auf anderen Sternen vorerst aber schwerlich anzunehmen ist.

Man pflegt es sich nun freilich bequem zu machen mit der Vorstellung: groß bleibt groß, ganz gleich, um welche Epoche und Struktur es sich handelt. So einfach ist das leider nicht. Der Menschenfresser hat einmal als groß gegolten, weil diese Regung mit den tiefsten Kultbedürfnissen seiner Epoche verbunden war. Von diesem absichtlich kraß gewählten Beispiel führt leider eine Verbindung bis hinauf in die sublimsten ästhetischen Gefühlswelten der

Künste. Doch erörterte ich diese Problematik in einer anderen Arbeit. Hier schlage ich nur vor, statt von Ewigkeitsphänomenen immer nur von »Wertungen mit längerer Dauer« zu reden, wobei absichtlich im dunkeln bleibe, ob es sich um ein Standhalten für nur wenige oder viele Generationen handelt. Denn die Geltungszeiten großer Kulturwerke sind bald kürzer, bald länger, wie man später in Tabellen einmal aufs anschaulichste wird zeigen können.

Wenn wir also in diesem Buche von Verkennung oder Mißverstehen sprechen, so heißt das immer nur »in bezug auf unsre noch übliche Wertungsweise«. Wir haben für diejenigen Objekte, die wir hier behandeln, nicht einmal die Möglichkeit, die Wertgefühle, aus denen wir unsre Urteile ziehen, wahrhaft lange zu erproben, weil wir ja nur die *neuere* Geistesgeschichte behandeln, von den frühesten der zitierten Fälle also nicht weiter als dreihundert Jahre entfernt sind. Oft besteht zwar die Ansicht, daß eine solche Spanne bereits als äußerste Bewährung gelten könne. Doch wäre man noch ein kleinräumiger Spezialist, wenn man diesen geschichtlichen Zeitraum schon als letztes Ganzes nähme. Man wäre ein seltsamer Mathematiker, wenn man $300 = \infty$ ansetzen wollte, obgleich wir mit unsern beliebten »Ewigkeitsphänomenen« dauernd derart verfahren. Ähnlich, wie wir z. B. immer von der »Welt« reden, wenn wir nur das Pünktchen unsrer Erde in ihr meinen.

Arten der Wertung der Kunst

Einem älteren Kunstwerk oder sonstigen Kulturgut können wir erstens einen *geschichtlichen* Wert geben. Dabei kann man entweder mehr an dessen Bedeutung für die Gesamtentwicklung der Kunst denken oder mehr an die Beziehung zur hervorbringenden Zeit. In letzterem Falle wird dann vielleicht auch festgestellt, was sagten einst die Schaffenden und Zeitgenossen zu diesem Werk?

Eine zweite Wertungsart aber stammt aus der Zeit des Forschers selber. Mit ihr sagt man, was das Gebilde uns selber bedeutet. Diese Wertungsweise wird meist als objektive angesehen, was natürlich ein Trugschluß ist. Denn es handelt sich wieder nur um Wertung aus einer Zeit, diesmal der (ja schon im genauer definierenden Sinne) sofort vergehenden Gegenwart. Und diese ist wieder aufgespalten, indem es ja verschieden empfindende Parteien gibt, die über ein und denselben Gegenstand sehr unterschiedlich urteilen.

Um diesen Schwierigkeiten zu entgehen, pflegt man eine dritte nun als »wahrhaft *objektive*« Wertung anzusetzen, da sich die anderen offenbar als subjektiv erweisen. Der Geschichtsschreiber behauptet dann, es müsse doch eine »in der Sache selber angelegte Wertung« geben, welche dem Flusse der Zeiturteile dann endlich entzogen wäre. Bei genauerem Nachdenken wird diese überzeitlich-objektive Wertung aber zum bloßen Phantom. Sie verblaßt sehr schnell zum bloßen Wunschtraum, der niemals Tageswirklichkeit werden kann. Denn niemals kann das Urteilen dem Strome der Zeit entsteigen.

Mit dieser dritten Art müssen wir einen Glauben zerstören, der aus dem religiösen Empfinden stammt, in den Metaphysiken aber fortlebt. Die meisten Leute erschrecken seltsam, wenn man darlegt, Werte seien bloß Gefühle, mit denen der Mensch auf bestimmte Dinge, Zustände oder Verhaltungsweisen reagiere. Daß also auch das höchste Kunstwerk seinen Wert gänzlich verlöre, wenn unser Stern erkalten würde und die Menschheit ausgelöscht wäre, obgleich das Kunstwerk aber noch bestände. Noch findet man solche Vorstellungen schauerlich: man kann sich ein Verschwinden der Menschen zwar denken, wehrt sich aber gegen das Vergehen der Werte. Noch immer glaubt man, wenn das Kunstwerk selber bestehen bliebe, wäre doch auch sein Wert noch da. Denn man vergißt immer wieder, daß der Wert als eine Gefühlsbeziehung zwischen Mensch und Sache anzusehen war, bei Konstanz des Wertes also ein bleibender Betrachter angenommen werden müßte. Nur der Religiöse bleibt hier folgerichtig, wenn er über der erloschenen Erde dann noch einen Gott vermutet. Von hier aus kann man geschichtlich auch die gar nicht so selbstverständliche Erscheinung erklären, daß wir dauernd wünschen, Hochwerte möchten beharren, ja ewig sein, obgleich wir doch bereits lernen mußten, daß die Aufnehmenden und ihre Kultur sich dauernd ändern. Wenn aber ein bestimmtes Kunstwerk von späteren Generationen, weil sie sich eben wandelten und nun andre innere Bedürfnisse besitzen, nicht mehr als wertvoll *empfunden* wird, auch von den Besten dieser späteren Zeit: warum soll dann das Werk noch wertvoll sein? Was soll da »Wert an sich« überhaupt heißen? Wie sollte eine solche Aussage dann noch verifizierbar sein?

Mit vagen Spekulationen, die einen Ausdruck haben mögen, aber keinen denkerischen, theoretischen Gehalt besitzen, haben unsre Erörterungen nichts zu tun. Wir wollten in unserem geschichtlichen Teil nur den gewaltigen Unterschied zwischen dem Fühlen zweier Lager ein und derselben Zeit aufweisen, z. B. zeigen, wie sehr das Empfinden Beethovens von dem seiner Zeitgenossen abstach. Zweitens wollten wir dartun, wie sehr hier unser heutiges Empfinden von dem damaliger Beurteiler abweicht. Also haben wir die Wertung 1 und 2 zum Objekte, arbeiten aber nicht mit Wertung 3, der wir uns eben entschlagen müssen.

Geht man vom bloßen Zensieren zu fülligeren Sinnsetzungen über, so wiederholen sich die erörterten Fragen, die sozusagen dann nur ins Mehrdimensionale überspringen, während sie sich zuvor nur in der Fläche hielten.

Einschränkung des Wertungsproblems

Hat die Frage des Mißverstehens nun überhaupt noch einen Sinn? Kann man nun überhaupt noch sicheren Boden gewinnen und Verstehen und Mißverstehen, wovon wir doch handeln, unterscheiden? Im übertragenen Sinne schon. Wir lassen uns, da wir möglichst geschichtlich bleiben wollen, nicht auf die hier aufbrechenden erkenntnistheoretischen Fragen ein. Wir konstatieren hier nur, um alles auf ein bescheidenes, aber unangreifbares Maß zurückzuführen: daß wir gegenüber Neuerungen kurzlebige Ersturteile vergleichen mit länger anhaltenden Zweiturteilen, welche die unsrigen selber sind. Der Unterschied beider Urteile besteht dann (wenn man vorsichtig bleiben will) zunächst nur in der Dauer und der Ausbreitung solcher Urteile, an die sich durch Zeit und Raum allmählich mehr und mehr Menschen angeschlossen haben.

Von der neuesten denkerischen Schule aus, die größte logische Subtilität erweist (Carnap und andre Anhänger der Logistik von Russell-Whitehead), erhebt sich immer deutlicher die Feststellung, daß man nicht von einem »objektiven Sinngehalt« eines Kunstwerks als Gegebenem ausgehen kann. Es gibt vielmehr soviel »Sinn« eines Kunstwerks, als die Empfänger, Sinnsetzer gibt, die man natürlich nach psychologischen Typen und nach Zeiten zusammenzuziehen vermag. Die Frage nach dem *»objektiven* Sinn« und *»objektiven* Wert« wird zum bloßen Scheinproblem, wie die größere Frage nach der Realität der Welt überhaupt, weil hier nichts verifiziert werden kann, nicht nur heute, sondern grundsätzlich und niemals. Vielleicht kann auch niemals festgestellt werden, ob wir ein Kunstwerk überhaupt verstanden haben oder nicht, was übrigens bereits aus einem verfeinerten Behaviorismus folgern würde.

Das Thema unsres Buches wäre durch solchen Zweifel aber nicht etwa aufgehoben, wenn man sich eben entschlösse, dann unsre schon angebotene Minimalformel anzunehmen, nach welcher der Ehrgeiz absoluten Urteilens entschwindet, wir also bereit sind, den Gegensatz von Mißverstehen und Verstehen nötigenfalls auf den bescheideneren zurückzuführen, nach welchem wir bereits zu Rande kommen, wenn uns gelingt, *den Unterschied zwischen kurzlebigen Frühurteilen, die sich vereinzeln, und andrerseits verbreiteten, langlebigen Spät-urteilen deutlich zu machen und jeweils diese Diskrepanz geistesgeschichtlich zu erklären.*

Ausdrücke wie »groß, bedeutend« können wir trotzdem beibehalten. Wir nennen nachträglich Werke, Meister, Zeiten bedeutend, wenn sie sich lange in der Höchstschätzung verschiedener Zeiten befanden. Nur so können wir die Aussage »bedeutend« nachprüfen. Weitere Ausführungen hierzu später. Diese freilich mehr noch quantitativ klingende neue Bestimmung steckt aber schon in vielen älteren übersubjektiven Definitionen. Auch das Wort »Verkennung« könnte man noch retten. Verkannt wurden dann diejenigen Werke, von denen man z. B. sagte, sie würden morgen oder übermorgen vergessen oder mißachtet sein, während sich doch durch Generationen hin ihre Wirkung nur steigerte. Solches Motiv bloßer Voraussage liegt gar nicht ferne, weil es in den meisten Fehlurteilen entweder wirklich ausgesprochen wurde oder im geheimen mitschwang. Nur auf solche Weise können wir wieder feststellen (verifizieren), wann sich ein Urteil nachträglich als Verkennung oder deren Gegenteil entpuppt. Wie sollte sonst überhaupt irgend etwas hierüber ausgemacht werden können?

Ob ein Kunstwerk im Anfang »verstanden« wurde oder nicht, kann entweder niemals oder nur in derart reduziertem Sinne festgestellt werden. Nennt ein Frühurteil den reifen Rembrandt schneidend, grausam und karikaturenhaft in seinem Ausdruck (was öfter vorgekommen ist), so kann man schwerlich zur wirklichen Entscheidung das Kunstwerk selber befragen, das ja nicht wirklich zu antworten vermag oder jedem Befrager wieder andre »Antwort« gäbe. Man darf dann nur sagen: warten wir ab, ob hier die spätere Menschheit noch schneidend grausame Empfindungen haben wird. Ob sie sich nicht vielmehr liebevoll verstehend angerührt findet. Trifft letztere Prognose ein, so nennen wir die frühe Meinung Fehlurteil oder Verkennung und sagen nun, Rembrandt wurde im Anfang mißverstanden.

Solche Rückführungen und Umsetzungen wirken – ich weiß es – äußerst mager. Aber im ursprünglichen, verfetteten Zustande bleiben alle Behauptungen unverifizierbar.

Die Kunstforschung hat weitgehend die großen Individuen herausgearbeitet. Aber auch die Stammeskonstanten und Gesamtstrukturen ganzer Kulturkreise erhellt. Vor allem aber Generations- und Stilgeschichte getrieben. Auch eine überzeitliche Typologie psychologischer Grundformen, die immer wiederkehren, wurde versucht, meist allerdings vorschnell, weil aus verhältnismäßig kleinen Zeiträumen gleich auf ewige Dauer geschlossen wird. Menschlich am fesselndsten aber wäre eine Erfassung nach ganz andrer Richtung hin, nach *Qualitätsstufen*. Hier läge die brennendste Frage der Geisteswissenschaften: die Strukturmerkmale des Hohen und Tiefstehenden jenseits aller Stil- und Typenunterschiede herauszuarbeiten. Um es gleich wieder verifizierbar auszudrücken: Welche Strukturmerkmale zeigen diejenigen Werke, die nicht nur Jahre, sondern Jahrhunderte bejubelt werden?

Relativierung ist keine Auflösung der Kunstwissenschaft

Wenn uns die verschiedenen Standpunkte, aus denen die Menschheit jeweils urteilte und aburteilte, eine Relativierung aufdrängen, indem wir immer die geschichtlichen Bedingtheiten und bloßen Teilbedeutungen aufweisen, so geschieht dies nicht etwa, um das Ganze einer Kunstwissenschaft aufzulösen. Im Gegenteil: nur durch weitgehende Relativierung kann auch hier (wie in der Physik) ein ungefähres Ganzes des Kunsturteils erhalten bleiben. Bei absolutistischem Geltungsanspruch der vielen Lehrmeinungen der Epochen, Stile und Richtungen würde die Urteilsbildung ja gerade in bloße Teilwahrheiten, in Gültigkeiten für höchstens einzelne Jahrhunderte zerlegt werden, ganz zu schweigen von jenen Atelierdoktrinen, die sich immer wieder als ein Ganzes empfinden.

Nach solchen Teilurteilen wäre nämlich Rembrandt erledigt, weil er, was durchaus stimmt, beileibe nicht die ganze Spannkraft von warm und kalt der Farbe ausbreitete, sondern sich nur der mittleren und warmen Farbstufen bediente. Nach anderem solchen Teilurteil, soweit es nun vom Impressionismus bedingt ist, wäre Dürer ein guter Stecher, aber ein übler Maler, ja die eigentliche Malerei begänne erst im 17. Jahrhundert. Nach wieder anderem Sonderurteil, wenn es umgekehrt etwas von Neuer Sachlichkeit herkommt, bringt das ganze niederländische 17. Jahrhundert bloße Erweichung der Farbe gegenüber etwa dem 15. und bedeutet der spätere Impressionismus samt Gefolgschaft ein bloßes Skizzieren.

Auch die Historiker hängen oft von solchen Sonderlehren ab, ja sogar von Atelierdoktrinen. Nur müssen letztere bei ihnen schon Patina angesetzt haben (nicht zu wenig, aber auch nicht zu viel). Manches vom Grundunterschiede der Wickhoff-, der Wölfflin- und der Burger-Schule (wenn Burgers Leben nicht so früh verlöscht wäre) entspräche in den Wertungen (die sonstigen Qualitäten dieser Forscher setzen wir nicht in Vergleich) den Gegensätzen der vorausgegangenen Richtungen des Impressionismus vom ausgehenden 19. Jahrhundert (Wickhoff), des Neuklassizismus von Marées-Hildebrand (Wölfflin) und des Expressionismus (Burger).

Denken wir also immer an die Bezogenheiten, wenn wir ein Ganzes der Kunstgeschichtsschreibung retten wollen. Aber auch, wenn es gilt, die Fehlurteile zu erklären, die eine Richtung über die andre abgibt.

Der Irrtum der Riegl-Schule

Nun mag man gewissen früheren Sätzen gegenüber einwenden wollen: Werturteile seien überhaupt nur an Einzelmeister oder -werke, niemals aber an ganze Stile heranzutragen. Das Aburteilen von Einzelmeistern habe unter Umständen Sinn, niemals aber das Verneinen ganzer Stile. Diese seien wertfreie Hülsen, welche (vereinfacht ausgedrückt) nur durch Einzelgestalter eine positive oder negative Füllung erhielten. Es habe keinen Sinn, den bloßen Stil bereits wert- oder unwertgesättigt zu fassen. Infolgedessen könne gegenüber einem Gesamtstil auch keine Verkennung stattfinden, und vieles in früheren Abschnitten Erörterte sei also ein Scheinproblem.

Durch gewissen Einfluß Hegels hat Alois Riegl, einer der bedeutendsten Kunsthistoriker, diese Lehre in der Kunstgeschichte ausgeprägt, wenn auch nicht begründet. Sie hat inzwischen manche Gefolgschaft gefunden, obgleich sie eigentlich noch kaum praktisch durchgeführt wurde. Sie ist vereinfacht auch im Gespräch der Laien immer wieder anzutreffen. Für das Problem unsrer Arbeit ist sie wichtig, denn es könnte, falls sie zu Recht bestände, keine Verkennung eines gesamten Stiles stattfinden, d. h. ein Mißverstehen seines überindividuellen Ausdruckssystems. Es gäbe nur hohe und niedrige Einzelmeister, aber nicht hohe und niedrige Stile und Epochen. Jeder Gesamtstil, jede Gesamtkultur einer Epoche (behauptet man) sei doch gewachsen und somit notwendig, unterliege in ihrem Kommen einer geschichtlichen Gesetzmäßigkeit, sei also eigentlich nicht zu zensieren. So etwa das System der Riegl-Schule.

Riegl schaltete hierdurch die Kategorie des Verfalls der Stile als sinnleer aus. Er erreichte damit allerdings, daß die sogenannten Verfallszeiten nicht mehr lieblos beiseite geschoben, sondern genauso rege wie andre Epochen untersucht wurden, wodurch der Kunstgeschichte eine neue Ebenmäßigkeit erobert wurde. Indem er ferner unter Hegels Einfluß den Begriff eines anonymen Kunstwollens einführte, das sich jenseits seiner Träger seine Bahn erzwinge, erreichte er entgegen dem bloßen Herausgreifen fesselnder Individuen größte Einheitlichkeit im Betrachten ganzer Epochen. Beide Vereinheitlichungen waren aber mit erkenntnistheoretischen Irrtümern erkauft.

Die irrige metaphysische Vorstellung eines objektiven Geistes, der die Einzelwesen wie von oben oder immanent unheimlich lenkt, will ich andernorts für die Kunstgeschichte widerlegen. Wenn die Gotik angeblich einen Meister regiert, wenn der Kulturkomplex Italien oder Deutschland den einzelnen in Schranken hält, in geistigen Ausdrucksgrenzen, die er nicht überspringen kann, so liegt doch immer nur ein tausendfältiges, höchst kompliziertes Zusammenwirken von ganz realen, durch die Jahre verteilten, bewußten oder unbewußten Einzeleinflüssen einzelner Individuen vor, deren tausendfältige Verrechnung wir nur meist nicht vollziehen können. Für unsre Untersuchung aber geht uns allein die andre Frage an: ob die Vorstellung etwa J. Burckhardts, daß z. B. das Barock ein Verfallsstil sei (falls er das so vereinfacht ausgesagt hätte), eine sinnleere Vorstellung überhaupt darstelle.

Wie erklären hiergegen, daß man Wertungen entweder überhaupt nicht zulassen oder aber genau so an Gesamtstile, Epochen, ja ganze Kulturen herantragen darf, als man sie Einzelmeistern gegenüber gebraucht. Entweder ist eine wertfreie Geschichtsschreibung möglich, dann muß sie auch gegenüber Einzelschöpfern gehandhabt werden. Oder man tritt wertend an die Geistesgeschichte heran, dann aber sind, wie J. Burckhardt das tat, genauso Einzelmeister wie ganze Stile zu werten. Wenn es grundsätzlich möglich ist, zu sagen, Pieter Breughel ist ein größerer Maler als Hans Thoma, so ist es ebenso grundsätzlich möglich, zu behaupten, die Malerei des 16. Jahrhunderts ist bedeutender als die des 19. oder die Gotik größer als das Barock.

Erkenntnistheoretisch ist auch der beliebte Einwand unhaltbar, man dürfe die Gesamtstile überhaupt nicht miteinander *vergleichen,* sie seien viel zu heterogene Größen. – Auch Individuen könnte man, muß hier geantwortet werden, ja als »Welten für sich« empfinden. Man darf entweder nichts vergleichen oder alles. Alles, sowie man jeweils die Beziehungsebene deutlich hält.

Wertende und wertfreie Geschichtsbetrachtung sind zwei Anschauungsarten (nicht aber zwei Gegenstandsbereiche), die an Klein- und Großkomplexe herangetragen werden können. Keineswegs sind sie durch den Unterschied dieser Komplexe bedingt. Riegl will mit Recht eine Gesetzmäßigkeit des Werdens finden, was aber nichts zu tun hat mit der Wertungsfrage als Begleitmotiv. Einen gesetzmäßigen Verlauf kann ich trotzdem als einen (gesetzmäßigen) Auf- oder Abstieg ansehen. Um in ein anderes Gebiet zu springen: Biologie und Medizin brauchen, um Krankheitsprozesse exakt zu erforschen (die sogar fürs Wesen der Gesundheit aufschlußreich werden können), den Unterschied zwischen gesund und krank keineswegs aufzuheben.

Wenn also die Riegl-Schule eine wertende Betrachtung wollte, so war es unlogisch und willkürlich, die Stile auszunehmen. Wenn man umgekehrt eine neue, wertfreie Geschichtsbetrachtung erstrebte, so blieb man unlogisch auf halbem Wege stehen, denn auch die Individuen können wie die Stile als gesetzmäßig Werdendes, andererseits als etwas Unvergleichliches angesehen werden. Die Erscheinung Gotik wertungsfrei zu charakterisieren, dürfte genauso schwierig sein, wie die Erscheinung Rembrandt in diesem Sinne zu behandeln. Wir stehen in unsrer Arbeit keineswegs auf dem Boden der Nichtbewertung, der noch kaum betreten wurde. Wir finden es aber ebenso voreilig, wenn, im Sinne Rickerts, Geisteswissenschaft gleich Wertwissenschaft gesetzt wird. Wir halten eine wertungslose Wissenschaft von geistigen Erzeugnissen immerhin für möglich, eine in diesem Sinne »objektive« Geisteswissenschaft.

Genauso vorschnell erscheint uns die andre Festlegung: nur die Naturwissenschaft könne eine Gesetzeswissenschaft sein. Wenn sich auch beinah sämtliche Gesetzmäßigkeiten, die die *Geschichts*wissenschaft erbracht zu haben glaubt, als brüchig erweisen, indem man einige große Wiederholungen des Geschehens gleich für Gesetzmäßigkeit nimmt, so bleiben dennoch Möglichkeiten. Ist doch unsre Geschichtswissenschaft erst etwa 200 Jahre alt. Niemand aber hätte sich im Mittelalter träumen lassen, daß aus der magiehungrigen Alchemie später einmal eine mathematische Physik werden würde. Im gleichen Sinne glauben wir heute, daß wir aus unsrer bewegten und bewegenden, ja leidenschaftlichen Teilnahme am Geistigen niemals eine wertungsfreie, objektive Geisteswissenschaft werden aufbauen können, eine Wissenschaft, in der die Wertungen Objekt, aber nicht mehr Subjekt sind. Sollte sich dies dennoch ereignen, so wird nicht nur das Barock oder die Gotik, wie Riegl das grundsätzlich wollte, objektivierend behandelt werden, wie man in der Zoologie Käferflügel oder in der Botanik Staubgefäße beschreibt: auch das Rembrandtopus, ja das einzelne Rembrandtbild und seine typische Struktur würde dann gleichen Sinnes zu fixieren sein.

Der Schrecken, den solche Aussicht besonders seit etwa 30 Jahren zu erregen pflegt, gehört vielleicht selber unter die Verkennungen, hier nicht mehr einer Kunst, sondern der strengeren Formen wissenschaftlichen Denkens. Dieser Schrecken ist vielleicht unberechtigt, weil man das Wertgefühl des einzelnen lebenden Menschen von der Kunst hiermit doch keinesfalls aufheben will, auch in der praktischen Erschließungsarbeit eines Kunstwerks (Führung zum Genusse) niemals ausschalten möchte, im Gegenteil als Kostbarstes zu *wecken* bestrebt sein kann. Nur im abgetrennten, schmalen, esoterischen Bereich einer strengen Kunstwissenschaft (die den Liebhaber so wenig angeht wie den erfüllten Wiesenschlenderer die spezielle Botanik), wird dies alles vielleicht einmal anders werden, anders als Rickert mit seiner alleinigen Wertbetonung und als Riegl mit seiner willkürlichen Halbentleerung der Wertsetzung meinten. Von der Entscheidung dieser Frage scheint unsre Erörterung der Verkennungsphänomene durchaus abhängig zu sein, weil sie ja Wertungen vergleicht, frühe und späte gegenüber ein und demselben, also unveränderten Objekt. Unsre gesamte Abhandlung bleibt insofern auf altem Boden, als sie sich erkühnt, Erkennen und Verkennen zu unterscheiden, was wiederum Wertung voraussetzt.

Auch auf dem Felde der Wertungsfreiheit aber bliebe unser Problem weitgehend bestehen. Wir würden dann die verschiedenen Wertungen nur als geschichtliche, psychologische Akte vergleichen. Es würde dann nicht mehr das Kunstwerk verkannt, sondern sozusagen die Wirkung, die es später ausgelöst hat. Der Ausdruck »verkennen« (mit seinem Gegensatz »erkennen«) klingt überhaupt zu intellektuell (zu sehr nach Forschung, bei der es sich um wahr oder falsch handelt), während hier doch nur Wertungsreaktionen bezeichnet werden, wobei eigentlich nur die Entscheidung »zukunftsgültig oder nicht« gefällt werden sollte. Wie dann umzuformen wäre, erörterten wir im Kapitel über Wertrückführung.

Verkennung des Stiles oder der Qualität in diesem?

Wir wollen hier den Zusammenhang der Beurteilung von Stil und Qualität ausdrücklich betonen, weil wir in einem anderen Kapitel sagten, daß eine Lehre von den Strukturmerkmalen des Hohen und Niedrigen, des Tiefsinnigen und Flachen in den Künsten (ja im Leben überhaupt) wichtiger als unsre immer wieder betriebene Stilgeschichte wäre. Wir haben damit nicht behaupten wollen, das eine sei durchs andre auszurotten. Es muß ein Ineinandergreifen von beiden Seiten her betrieben werden. Wenn wir nämlich die Struktur der Fehlurteile untersuchen, so finden wir die Fehlkritiken bald mehr nach der einen, bald nach der anderen Seite hin irren. Innerhalb jener (erkenntnismäßig vielleicht fragwürdigen) Zweiteilung von Stil und Qualität, die wir aus praktischen Gründen vorläufig beibehalten, finden wir Fehlurteile, welche zeigen, daß man nicht einmal die Absichten eines Gesamtstils verstanden hatte, geschweige denn den individuellen Tiefgang, der irgendwo mit seinen Mitteln gegeben war. So bleibt es denn sehr nützlich, erst mal den Organismus Gotik deutlich zu machen, bevor man den Tiefenwert eines seiner Gestalter aufweist (so wenig bei einem lebendig Aufnehmenden der Zugang entsprechend verläuft). Wenn man eine Sprache als solche, so kann man provisorisch sagen, nicht beherrscht, wird man auch die in ihr gegebenen Gehalte nicht erjagen. So war z. B. auch mein absichtlich distanziertes Buch über die Neue Gegenständlichkeit der Malerei gemeint (Magischen Realismus nannte ich diese Zone), dem einige den Einwand machten: es interessierten doch überhaupt keine Zonen, sondern nur deren gehaltvolles Einzelwerk, man solle also nicht Stile oder Ismen umschreiben, sondern nur die wenigen bedeutsamen Einzelarbeiten, die daraus hervorgingen. Ich hielt aber das eine für den Lebensboden des andern und fand gerade hier, daß expressionistische Aburteiler eines nachexpressionistischen Stiles selbstverständlich auch einen Großen, falls er auf neuem Boden wüchse, verwerfen würden. Derart innig scheinen mir beide Verkennungsarten ineinander verfilzt zu sein.

Obgleich sich also beim Mißverstehen beide Zonen meist verschmelzen, kann man sie nachträglich theoretisch (oder in praktischen Hilfsgriffen) auseinandernehmen, mehr nach der einen oder anderen Seite hin aufklärend. Ob mehr dasjenige verkannt wird, was wir den allgemeinen *Stil* eines Werkes nennen, oder ob es sich mehr um den *Gehalt* darin handelt, können wir aus Folgendem erkennen. Wenn eine scharfe Abwehr gegen ein neues Werk und einen neuen Gestalter einsetzt, wir aber sehen, daß das Lebensgefühl des Verkennenden eigentlich sogar *verwandt* ist, dann liegt immer das *stilistische* Fehlurteil vor. Es sind von der Psychologie her manche weltanschauliche Typenlehren versucht worden. Erinnern wir nur an die bereits erwähnte von Dilthey-Nohl. Danach findet sich jenseits aller Stilstufen ein monistischer, ein dualistischer und ein dämonischer Ausdruckstypus immer wieder. Wenn nun Goethe als monistischer Typ den dämonischen Kleist mißversteht, so liegt das auf ganz andrem Felde, als wenn Goethe den Mitmonisten Jean Paul mißachtet. Im ersten Falle wird das zeitgenössische Fehlurteil mehr auf weltanschaulichem Boden liegen, im zweiten mehr auf Feldern des Stiles. Derselbe Unterschied würde bestehen, wenn der weibliche Leonardo mehr den männlichen Michelangelo als den ebenfalls weiblichen Raffael verurteilt. Wie sehr es überhaupt nicht nur auf Qualität, sondern auch auf »Richtung« ankommt, kann man an folgendem zeigen. Wenn heute jemand genau im Bachschen Stile komponierte, sogar auch dessen Höhe erreichte, so hätte dieser Mensch dennoch geringe Bedeutung. Nicht nur der Geschichtsschreiber in uns würde hier enttäuscht entweichen, weil er sofort die historisierende Nachempfindung entlarven könnte, auch ein bloßer Gegenwartsmensch würde sich wahrscheinlich kühl verhalten. Wenn dies nicht aus purem Snobismus geschähe, so kann es nur dadurch erklärt werden, daß es eben nicht allein auf Qualität ankommt, wie man so gerne überall behaupten hört, sondern auch auf Zeitgefühl. Dies drängt heute dunkel nach ganz *andrer* Richtung.

Wertgefühl und Theorie

Eine weitere Erscheinung innerhalb der Geschichte der Urteilsbildung ist folgende. Die Künste sind im Grunde irrationale Gebilde, die weder auf rationalem Wege erzeugt wurden, noch rational aufgenommen werden sollen. Wenn nun der Urteilende in Abwehrstellung gerät, so möchte er nicht subjektiv erscheinen, sondern seinem Mißfallen objektive Formen geben. Obgleich wir aber über wirkliche Formgesetze sehr wenig wissen, man also eine eventuelle Ablehnung vielleicht ruhig in *irrationaler* Weise belassen und als bloße Behauptung hinstellen sollte, treten – nicht seit der Renaissance erst – überall in der Urteilsgeschichte theoretische Stützungsversuche hervor. Von den Proportionsbüchern, den Anweisungen über Farbengebung, den Harmonie-, Kontrapunkt- und ganzen Kompositionslehren erweist sich aber immer wieder: sie gelten alle nur, solange das Lebensgefühl gilt, aus dem ihre Formenwelt geboren wurde. (Genauer gesagt, gelten sie jedesmal etwas länger.) Plötzlich aber kommt ein Genie, das über alle diese Lehren hinausgeht oder sie völlig umbiegt. Und dies Genie bleibt nicht etwa vereinzelt, sondern wird Anfangspunkt zunächst einer neuen Schule, später eines ganzen Stils. Die denkerischen Leitlinien, die vorher für alle Urteilsbildung ausgegeben worden waren, erweisen sich nun als theoretische Verbrämungen eines bloßen Diktates. Es zeigt sich dann immer wieder, wieviel Verstandesarbeit hierbei vertane Bemühung war, auf allen Gebieten, wo es sich um so zarte, andererseits so starke Wandlungen des Lebensgefühls handelt.

Auch bei den Verkennungen sind dauernd diese *theoretischen* Verkrustungen im Spiele, obgleich man im Grunde nur sagen wollte, daß einem eine Arbeit neuen Stils einfach mißfalle. Auf den scheintheoretischen Gehalt dieser verstandesmäßig fundierten, bloßen Abwehrgesten hatten wir an Ort und Stelle immer wieder hinzuweisen.

Nicht nur beim Publikum, auch auf seiten der Künstler selber und bei deren Lagerbildung, entstehen überall Schlagworte und Schlagtheorien, die von aktiven Gemütern geprägt werden, damit man möglichst schnell seinen Mißmut gegenüber neuen, noch fremden Bildungen abreagieren könne. Diese konservativen Abwehrformeln werden wenig kontrolliert, lange weitergegeben und sofort von anderen Gegnern neuer Werte übernommen. Denn diese befinden sich ebenfalls in Affektstellung, nicht in der Verfassung ruhigen Überschauens. Diese Theorieansätze der Ateliers und Schulen unterscheiden sich weit weniger, als man denken sollte, von denen der Kritiker und des Publikums. So kommen jene abwechslungsarmen, sehr einseitigen Abwehrparaden zustande, die wir so breit vorführen mußten. Sie stehen, wie wir ausführlich zeigen konnten, sehr dürftig dem Reichtum gegenüber, den sie niedermachen wollen, sind aber eine so verbreitete Erscheinung der Kulturgeschichte, daß sie sehr wohl einer zusammenfassenden Betrachtung wert waren (schon damit man in Zukunft die jeweilige Gefahr endlich im Auge behalte).

Wir stoßen dabei auf die verschiedensten Dosierungen. Erstens Verkennungen als bloß triebmäßig auftretende, streitende Abwehrgesten (wahrscheinlich die ehrlichsten, in diesem Sinne besten Formen). Zweitens gedanklich leise durchsetzte Begründungen. Drittens geschlossene Theorien der »wissenschaftlichen Widerlegung« einer Kunstform.

Bei den Abwehrversuchen gegenüber neuer Wissenschaft (im Gegensatz zu neuen Kunstformen) steht es umgekehrt. Hier wird die beste Abwehr diejenige sein, die rational ganz durchgeformt auftritt. Innerhalb der wirklichen Kämpfe der Wissenschaft aber zeigt sich nun, daß sich hier oft gerade umgekehrt *subjektive* Elemente affektmäßig vordrängen, zu vorschnellem Absprechen gegenüber wichtigen Neuerungen führend. Hier hätte man gerade gut getan, sine ira et studio sich gänzlich seiner ratio hinzugeben, womit man eine Unzahl bremsender Mißverständnisse hätte vermeiden können.

Theoretische Fundierung sollte also bei den Wissenschaften so kraftvoll als möglich betrieben, bei Geschmacksurteilen der Künste soweit als möglich ausgeschaltet werden. Man sollte künstlerische Fragen mehr im künstlerischen Sinn beantworten, also auch formal auf *intuitive* Weise. Es ist meist gefährlich, einen irrationalen Wertgehalt zu transponieren in die Tonart der Theorie mit ihren neuen, rationalen Sonderforderungen. Gefährlicher noch ist freilich das unbewußte, noch weniger durchschaute Transponieren jener Regungen in die Tonart einer *Metaphysik.* Ist im ersten Falle der theoretische Gehalt, der hier gemeint wurde, leicht zu gefährden, so ist dieser im zweiten Falle, also für den metaphysischen Teil, grundsätzlich unmöglich. Hier werden nicht nur geschichtlich vorbereitete, überlieferte Gefühlssetzungen als selbstverständlich Letztgegebenes, als ewige Gültigkeiten eingeschmuggelt, Elemente, die sich nachträglich als Voraussetzungen eines bloßen Zeitgeschmackes entlarven lassen. Es werden auch Elemente eingeführt, die sich theoretisch überhaupt nicht aussprechen lassen. Doch haben wir hier die neueste, noch nicht üblich gewordene Definition der Metaphysik zugrunde gelegt. Mit der Absicht wissenschaftlicher Begründung des Kunsturteils lieferte das zweibändige Werk Max Nordaus einen geradezu grotesken Schlußakkord der von uns besprochenen Periode. Wir könnten *neuere* Werke zitieren, nehmen aber absichtlich dies ältere vor, weil wir immer erst nach ein bis zwei Generationen unsre Urteilsverhärtungen einzusehen pflegen. Das merkwürdige Buch erschien am Ende des 19. Jahrhunderts, nannte sich ›Entartung‹ und versprach einen »Versuch wirklich wissenschaftlicher Kritik, die ein Werk nicht nach den sehr zufälligen, sehr grillenhaften und mit dem Temperament und der Stimmung des einzelnen Lesers wechselnden Emotionen beurteilt, welche es erweckt, sondern nach den psycho-physiologischen Elementen, aus denen es entstanden ist«. Das nicht unoriginelle Buch mit seinem teilweise begrüßenswerten Thema hat sich unsterblich blamiert. Es hat Urteile über Zola, Verlaine, Poe, Wagner, Flaubert, Ibsen, Tolstoi abgegeben, die völlig zeitbefangen blieben und überall Entartung witterten, wo nur Umschaltung der Werte vorlag. Damit hat es sich selber als Entartung entpuppt, hohe Werte, nur weil sie neu und ungewohnt waren, als krankhaft empfindend, ganz nach dem schwächlichen (sich aber immer besonders gesund dünkenden) Schema des Verkennens. Es hat einen unhaltbaren Rationalismus gepredigt, wenn es vermeinte, rational ableiten zu können, wo in der Geistesgeschichte hohe Werte liegen und wo nicht. Und es hat sich erkenntnistheoretisch geirrt, wenn es glaubte, es wäre möglich, hier aus »psychologisch-physiologischen Elementen« zu urteilen, aus denen das Werk entstanden wäre. Alles typische Verkennungen selber, weshalb wir sie allein vermerken.

Wir selber schützten uns gegen Bedenken von seiten wahrhaft strenger Wissenschaft in dem Kapitel, in dem wir unsre eignen, noch zu absolutistisch klingenden, weil in veralteter Sprache bisheriger Geisteswissenschaft geprägten Formulierungen auf andre, relativere Behauptungen umschalteten. Nordau aber hielt in den Künsten bereits den gesamten Realismus für absolut krankhaft, erst recht den zeitgenössischen Symbolismus. Alles, was damals dem bloßen Epigonentum des 19. Jahrhunderts entrinnen wollte, wird nicht etwa als unvollkommen angesehen, sondern schrill als Ausdruck ausbrechenden Wahnsinns gedeutet. Über die Grundlagen der Wissenschaften äußert sich der Verfasser oft vernünftig, den Künsten aber will er denselben rationalen, nüchternen Bau aufzwängen, wie ihn die Wissenschaften brauchen. So verfehlte er alle damaligen Verjüngungserscheinungen, indem er sie für

Vergreisungen ansprach. Glücklicherweise pflegt das wirkliche Leben über jene »festgestellten Todesgefahren« so leicht hinwegzukommen wie etwa die Weiterentwicklung der Technik auf ihrem ganz anderen Boden. Zeigt diese Technik später doch, wie belanglos auch hier die »wissenschaftlichen« Entsetzensschreie waren, z. B. gegenüber frühen Eisenbahnen, wo man einst hochtrabend weissagte, nach wenigen Fahrten in solchem »Wahnsinnstempo« werde jeder Reisende im Nervensanatorium oder Irrenhaus landen (railway-spine, railway-brain).

Warum ein Zweifeln an überlieferten Werten fruchtbar ist

Die meisten Menschen halten noch immer ein Zweifeln an überlieferten Werten für eine abbauende, also unfruchtbare Tätigkeit, für ein Vorgehen, dem wir allein Zerstörungen zu danken hätten. Sie sagen, man solle den Menschen zu einem *überlieferungsgläubigen* erziehen, welchen Vorschlag wir für gefährlich halten.

All unser Meinen, auch das religiöse und metaphysische, stammt ja nur aus dem Menschen und seiner Beschränktheit. Wie wertvoll bleibt es deshalb, gegen unser bedingtes Urteilen, gegen das nachfolgende Heiligen unsres Denkens immer wieder zweifelnd vorzugehen. Aus Zweifeln ergeben sich fruchtbare Fragen. Aus Fragen entwickeln sich wichtige Kontrollvorgänge. Aus Nachprüfungen folgern Abstoßungen schal gewordener Ansichten, und – nun erscheint das Fruchtbare des ganzen Vorgangs – Platz für Besseres wird frei.

Den Gläubigkeitsrittern und Zweifelsverängsteten ist ein Grunderlebnis niemals gekommen: daß der Mensch ein dauernd verknüpfendes, deutendes, konstruierendes Wesen bleibt. Daß ihm diese Tätigkeit so notwendig wie Atmen ist. Daß es also schwerlich an Deutungs- und Glaubenssystemen in der Weltgeschichte *fehlen* wird, sondern umgekehrt an rechtzeitiger *Ausscheidung* veralteter Gläubigkeiten mangelt. Liegt uns doch immer wieder nahe, alles »von Urzeiten her Überlieferte« als das Erprobte, Standhaltende anzusehen, wie dies z. B. Romantiker, ja romantische Züge allen Lebens in uns dauernd vollziehen. Wie oft aber sind alte magische oder religiöse Weltdeutungen nur chorische *Subjektivitäten.* Wenn sie sehr lange leben, so braucht dies nicht im mindesten zu heißen, daß man einst wahr gesehen, klar geschlossen hatte. Das Unvergängliche gewisser alter Bräuche und Anschauungen braucht nur in ihren künstlerischen Zügen und in den soziologischen Zwängen zu liegen, die hinter diesen Anschauungen walten. Und in der Trägheit des Menschengeschlechts, das eben nur in seinen höchsten Exemplaren zweifelt, weil es im großen ganzen mit Fertigfabrikaten von Weltanschauungen bedient werden will.

Ein Zeitalter beginnt ja nicht als tabula rasa, als ein leeres Blatt, auf dem sich nur ganz langsam und empirisch das Sein der Umwelt niederschlüge. Der frühe, magische Mensch unterscheidet sich vom späteren gerade dadurch, daß seine Anschauungen restlos bedeutungsbesetzt auftreten. Alles, aber auch alles in der Natur, in und am Menschen hat einen Sinn, an welchem nicht gerüttelt werden darf. Der moderne Romantiker ist eigentlich ein Rückfall in diese ältere Lage. Er sieht in der Bedeutungsbesetztheit, jenseits der Frage, ob wahr oder falsch, ob verifizierbar oder nicht, einen Wert schlechthin. Der wahrhaft entwickelte Mensch wird aber gerade vieles *offenhalten,* Umfassendes in der Schwebe lassen. Gerade er (nicht der Romantiker) ist in dieser Hinsicht Irrationalist, indem er immer wieder anmerkt, was alles wir noch gar *nicht* wissen. Gerade die *Wissenschaft* ist es, die sich hier irrational gegenüber dem Gesamtleben verhält. Gerade sie kennt ihre Grenzen, was aber wieder erst durch Zweifel möglich wurde. Der zweifels-, ja denkfeindliche Romantiker wird in seinem Ganzheitswahn, in seiner Sucht, vorschnell auch alles Letzte zu umfassen, gerade rational-dogmatisch werden, wenn er sich auch in seiner neueren Entwicklungsphase immer *gegen* Rationalismus und Dogmentum wendet.

Er beruft sich dauernd auf seine Intuition. Diese ist in einiger Hinsicht aber dem Vorgehen der Primitiven verwandter, als man glauben sollte. Beide schalten äußerst wenig erfahrungsfreudige Kontrollvorgänge ein. Dann rächt sich freilich, daß die Kunst des intuitiven Zweifelns unentwickelt blieb. Es entsteht im Nacheinander der Generationen ein gewaltiges Taumeln der Meinungen, ein größeres Hin- und Herschwanken der Grundansichten, als es bei Kontrollbeteiligung des Zweifels nötig gewesen wäre.

Irrig ist die übliche Entgegensetzung: Gläubigkeit sei intuitiv, Zweifeln sei rational. Ereignen sich doch Grundzweifel an den Wurzeln überlieferter Vorstellungen, die streng intuitiv genannt werden müssen. Bevor wir nämlich einen Fehler *beweisen* können oder auch nur in diese Absicht geraten, kann dunkel ein Grundgefühl auftauchen und uns zuflüstern, daß hier etwas nicht stimmen könne. Ist doch jedes genauere Fragezeichen meist erst Folge einer neuen Intuition. Wie töricht also, die vielgepriesene »Ahndung« nur drüben, nicht aber auch hüben walten zu sehen. Gläubigkeit entpuppt sich oft als bloßes, chorisches Hangen in einer geweihten Überlieferung.

Wenn man alle magischen Kulte einmal im Zusammenhang erblicken könnte, danach alle Religionen mit ihren enormen Widersprüchen gegeneinander, schließlich jene Überfülle philosophischer Systeme, die die Menschheit im Laufe der Zeiten ausheckte, so könnte man wirklich nicht klagen über zu wenig Angebote des Glaubens. Handelt es sich doch auch in der Philosophie um viel mehr bloße Gläubigkeit, als man bisher angenommen hat. Sonst könnten sich auch hier die verschiedenen Systeme nicht derart widersprechen. Wären sie wirklich transsubjektiv und wissenschaftlich durchgeformt, so würde ein Leibniz nicht behaupten, daß die bestehende Welt die beste aller denkbaren Welten sei, während ein Schopenhauer das Gegenteil zu seinem Ausgangspunkte macht. Woraufhin die nachhinkende Philosophiegeschichte so Bericht erstattet, als könne ein derartiger Streit nicht mal *geschlichtet* werden, während doch beide Behauptungen als falsch, ja geradezu grotesk auszuscheiden wären.

Bei solcher Fülle letztlich subjektiv, also unverbindlich bleibender Angebote des bloßen Glaubens wird es immer billiger und unbedeutender, sich hier an weiteren, bloßen *Möglichkeiten* zu beteiligen. Die Menschheit hat in dieser Richtung an Phantasie und Intuition genug geleistet. Wir wollen endlich wissen, welche 999 von den 1000 Systemen auszuscheiden sind; welches *eine* aber standhält oder als ein wahres anzusehen wäre. Das zu entscheiden, bedarf aber einer Kultur genialen Zweifelns, als Ansatz zur richtiggestellten Frage und Verifizierungskontrolle. Welch dürftige Einbildungskraft muß man besitzen, wenn man die Hypothesenphantasie als solche bereits derart bestaunt, daß man den Zweifel lebenshemmend findet. Ist es der Zweifel doch, der durch das Urwaldgestrüpp, das Überwuchern geradezu tropischer Systemgewächse hindurchhaut, mit scharfem Messer, Luft zu schaffen für gesünderes und stärkeres Blühen. Wer den Zweifel mißachtet, hat niemals den schlichtenden Sinn des Denkens erfahren. Er kennt nur *eine* Art der Intuition und spürt niemals, daß eine entgegengesetzte in uns bereitsteht. Beide aber sind so notwendig wie Ein- und Ausatmung der Kreatur, die nicht ersticken will.

Vom magischen zum religiösen, zum metaphysischen, zum modernen Menschen läuft ein einziges Crescendo an Kontrollfähigkeit, also jener verachteten Gegenintuition und der daraus entwickelten Methoden. (Alle vorhandenen Gegenbewegungen sind Rückschritte.) Diesem Crescendo entspricht ein riesiges Decrescendo an allgemeiner Lebensangst. Die Angst vorm Zweifler aber trifft mit der allgemeinen Lebensangst zusammen. Man sehe endlich im Roden nicht mehr einen Zerstörungsvorgang.

Wo verbinden sich nun diese losgetrennt erscheinenden Fragen mit unserm Verkennungsproblem? Sie münden in unser Thema an derjenigen Stelle ein, wo sich aufzeigen läßt, daß alles anfängliche Mißverstehen neuer Regungen der Künste und des Empfindens einer falschen Sicherheit entspringt: jener kurzsichtigen Festigkeit und Gläubigkeit, welche kein einziges Gebilde der Kultur anders vorstellen kann, als es die geheiligte Überlieferung entfaltete oder als es die eignen, zeitbedingten Gemütsbedürfnisse herbeiwünschten. Statt aber ein Neugebilde nur privatim abzulehnen, gehen solche Menschen nun »mit weltanschaulichem Rüstzeug« und »aus der Kraft eines Ethos« gegen alles Ungewohnte vor. Sie empfinden sich immer wieder als »Erhalter unvergänglicher Werte«, als »Erretter der Kultur«, alles Neue als »Auflösungserscheinung« verdammend. Sieht man doch im Zweifel an überlieferten Werten von vornherein Kulturuntergang. Weil solche Leute in Hochgebieten schon ausgestalteter Kultur grundsätzlich niemals roden, suchen sie dann auch jede Neupflanzung zu hindern. In der Kritik, in unbequemen Revolutionen und Umstürzen erblicken sie niemals natürliche und gesunde Lebensprozesse.

Der Gegenstand im Verhältnis zu seiner Wertungsgeschichte

Man pflegt noch immer die Geschichte der Künstler fast nur vom Werke und dessen Sphäre her zu sehen. Dies ist aber einseitig. Je tiefer der »gesichert« erscheinende Begriff der Einfühlung erkenntnistheoretisch durchdacht wird, auf desto mehr Schwierigkeiten stößt man hier. Man meint, es sei in guten Beurteilungen einer Sinfonie, Malerei oder Dichtung doch klar, daß man hier »aus dem Wesen des betreffenden Werkes heraus« geurteilt habe, im Gegensatz zu anderen Fällen, wo doch »offen zutage liege, wie sehr hier eine Fremdmeinung dem Werke aufgepreßt wurde«, statt daß man »es selber zum Reden gebracht« hätte.

Gegen diese naive Auffassung sollte immer deutlicher werden, wie schwierig es ist, ein transsubjektives Kriterium zu finden, um festzustellen, wann nun ein Kunstwerk aus sich heraus verstanden und wann es fehlgedeutet wurde. Eine Verifizierbarkeit gegenüber verschiedenartigen Aussagen der Empfänger, eine exakte Entscheidung ist vielleicht überhaupt nicht möglich.

Nützt es doch wenig, wenn ich nachweisen kann, meine Faustdeutung treffe mit einem etwa nachträglich entdeckten Briefe Goethes zusammen, wo uns der Dichter selber mitteilt, was er mit der besprochenen Stelle sagen wollte. Nach neuerer Tiefenpsychologie liegt kaum noch Grund vor, Goethes bewußte Absicht, wie sie etwa in einem Bericht an einen Freund ausgesprochen wurde, gleichzusetzen mit dem Gehalte, der sich in der Dichtung selber ausformte. Der vielbelachte Ausdruck »Hier irrt Goethe« kann für eine nicht mehr rationalistische Tiefenpsychologie einen geradezu abgründigen Sinn erhalten.

Ferner pflegt man zu sagen, die Teile eines Kunstwerks müßten zueinander passen, wenn man entscheiden wolle, ob richtige oder falsche Deutung vorliege. Warum aber, müssen wir hier entgegnen, kann der Dichter des ›Faust‹ nicht einmal inkonsequent gewesen sein? Ist doch auch der große Gestalter nicht geradezu ein Gott. Auch läßt sich sehr darüber rechten (und es ist über den ›Faust‹ einst enorm in dieser Richtung gestritten worden), was man im Kunstwerk überhaupt *»folgerichtig«* nennen wolle.

Ein weiteres Kriterium der Sicherung unsrer Deutungen soll darin liegen, daß sie dem Geiste und den anderen Strukturäußerungen der besprochenen Zeit, Gruppe, Kulturzone oder Entwicklungsstufe entsprechen müsse. Aber auch dieses Kriterium hält oft nicht stand. Können wir nachträglich doch jene Umkreise so verzeichnet, so falsch gedeutet haben, daß dann eben alles künstlich zueinander paßt. Fällt aber umgekehrt die gedeutete Sondererscheinung aus allem kunstgeschichtlichen Zusammenhang heraus, so braucht das wieder nichts gegen die eventuelle Richtigkeit unsrer Deutung zu sagen. Wäre es doch möglich, daß wir an dieser Stelle gerade auf ein Element gestoßen wären, mit dem der Künstler seiner Zeit oder seinen eignen sonstigen Gefühlen weit vorauseilte. Es sind innerhalb der Geschichte des Interpretierens ein und derselben Erscheinung schon so viel tiefgreifende, jeweils als »richtig« ausgeschriene Deutungen gegeben worden, daß es sehr wohl möglich wäre, daß wir die neueste für *objektiv* halten, bloß weil sie unserm Lebensgefühl entspricht.

Die sogenannte Frage geschichtlicher Objektivität wird also immer dunkler und schwieriger und der Begriff der Einfühlung oft nur ein psychologistischer Deckname, der sich bei erkenntnistheoretischer Analyse als optimistischer Wunschtraum entpuppt. So wird auch immer begreiflicher, daß man als

Historiker (außer wenn man tathaft die Beschauer oder Leser vor irgendeinem großen Kunstwerk in eine bestimmte Tiefenschwingung versetzen will) neben den Kunstwerken selber nun immer mehr deren *Wirkungsweisen* darstellen möchte. Es stellt sich immer mehr Interesse an einer Großgeschichte der *Resonanzen* ein, jener Resonanzen, die bedeutsame Einzelwerke, ganze Lebensleistungen, ja ganze Stile - in einer sich dauernd verändernden Nachwelt - erfahren haben, aus welchem Problemkreis unsre Arbeit entsprang.

Eine andre beliebte Vereinfachung liegt vor, falls wir etwa glauben, kleine Werke seien vieldeutig, weil eben *unbestimmt* gegeben, bedeutende Kunstwerke aber durch ihre letzte Intensität, durch ihre »absolute« Durchschlagskraft derart bezwingend, daß sie dem Streit der Meinungen entrückt würden. Die aufgeführten Frühkritiken dieses Buches werden auch *diese* friedliche Behauptung gründlich widerlegt haben. Würde man gegenüber einem bedeutenden Werke die gesamte Geschichte seiner späteren Interpretationen schreiben, was nicht meine Aufgabe war, so würde man erfahren, wie sehr gerade die größten Werke voll abgründigen Tiefsinns und inneren Reichtums bleiben, so daß jedes Geschlecht etwas anderes als deren Kerngehalt ansprechen kann. Die Geschichte der wissenschaftlichen Ausdeutung der großen Meister bleibt stärkstens von der Zeit des Ausdeuters abhängig, was nicht der Fall wäre, wenn sogenannte »naive Elementarbeeindruckung« und »geisteswissenschaftliche Interpretation« so vornehm auseinanderfielen, wie wir Historiker meinen. Leider ergibt sich, daß eine gute, aber noch immer »journalistische« Deutung und eine des Historikers - vom *höchsten* Standpunkt aus gesehen - weniger auseinanderliegen, als man meistens meint. Freilich wird das nur deutlich, wenn man die wissenschaftlichen Exaktheitsansprüche aufs höchste steigert.

Eine Wirkungsgeschichte Raffaels, Shakespeares, Kants, Hegels kann uns über die Vieldeutigkeit dieser Erscheinungen aufklären, jener Deutungen, die sich jedesmal als exakte und nunmehr endgültige Erkenntnis vorkamen. Wir meinen hier nicht das anwachsende Bekanntwerden von Dokumenten, das sich allerdings meßbar steigert. Wir meinen den Vergleich der Letztdeutungen, bei deren Kette es durchaus fraglich bleiben kann, ob man den behandelten Erscheinungen wirklich näher gekommen ist. In hochmütiger Sicherheit wird sich hier nur wiegen, wer aus der ewigen Veränderung unsrer Standpunkte nichts gelernt hat und daraus keine Folgerungen für das Morgen zieht. Um diese Gefahren zu vermeiden, hatten wir an einer wichtigen Stelle unsrer Arbeit unser Problem so abgemindert: daß wir, statt Verkennen gegen Erkennen abzusetzen, eventuell nur noch kurzlebige, wenig verbreitete Ersturteile mit längerlebigen, weiter verbreiteten Zweiturteilen vergleichen wollten, nicht aber hochtrabend mit »ewigen«, allgemein gültigen, »notwendigen«, und wie die Ausdrücke alle heißen, mit denen Wertende sich selbst vergotten möchten.

Der Ruhm und seine Problematik

Sachwirkung, Personenwirkung, Bildungswirkung, Schulebildung und ihr Tempo

Der Diederichs-Verlag hatte vor langer Zeit allen Exemplaren seiner Bücher einen Zettel beigelegt, auf dem der Leser niederschreiben sollte, wie er zur Anschaffung gekommen sei. Ein erstaunlich hoher Lesersatz hatte auf persönliche Empfehlung hin gekauft. 1926 machte der Leipziger Buchhändlerbörsenverein ähnliche Erhebungen. Auf bloß 195 Fälle, wo man auf gedruckte Kritik hin zugegriffen hatte (160 Fälle, wo die Kritik allein ausschlaggebend war), kamen 391, nach denen ein persönlich Bekannter das Buch mündlich empfohlen hatte. Ferner gaben rund ein Drittel der Käufer an, daß sie schon andre Schriften des Verfassers kannten.

Für Untersuchung der Ausbreitungsprozesse und der erreichten Wirkungsbreiten bestimmter Gestalter und künstlerischen Bereiche überhaupt fehlen noch systematische Forschungen. Sie wären entscheidend für die von uns befürwortete Wirkungsgeschichte ganzer Kulturen, die wir der Kunstgeschichte angliedern möchten, endlich von Sendern zu Empfängern übergreifend. Nachdem so viel über die Werke selber ergründet wurde, fragt sich ja, ob es nicht fesselnder wäre, nun einmal die fruchtbar machende (oder ergebnislose) *Wirkung* dieser Werkströme zu erforschen, als etwa sich dauernd weiter um ihre Quellpunkte zu kümmern, d. h. mit unerschöpflicher Neugier in den Biographien der Künstler herumzusuchen. Die *Wirkung* des ›Werther‹ ist viel interessanter als etwa die Frage, auf welche Personen in Goethes Leben die Gestalten zurückgehen. Hat sich doch eine Psychologie als höchst naiv erwiesen, welche glaubte, man brauche nur das intime Leben eines Dichters zu durchschnüffeln, um seine Arbeiten zu verstehen. Wir wissen heute, daß nicht einmal der bewußte Ausspruch Beethovens, der da sagt, was er mit einer Sinfonie gewollt habe, mit dem, was diese Sinfonie geworden ist, zusammenzugehen braucht. Wir wissen seit der Tiefenpsychologie (wie wir bereits erklärten), daß Goethes eigne Faustdeutung von der der späteren Kenner so weit abliegen kann, wie bloße Absicht und praktisches Ergebnis im Leben überhaupt (so daß der muntre Ausspruch »Hier irrt Goethe« seine gesamte Komik verlieren dürfte). Somit treibt alle Biographik und individuelle Lebenserforschung viel weiter von der Ergründung der Werke weg, als man noch meistens meint. Die Erforschung der bildenden Künste ist sich dieser Tatsache vielleicht am ehesten bewußt geworden; freilich noch nicht in strenger Folgerichtigkeit, wenn man kausale oder sonstwie »bündige« Erklärungen (vom Leben auf das Kunstwerk hinführend) da zu lesen bekommt, wo sie noch lange nicht liegen. Die Musikgeschichte arbeitet in dieser Hinsicht noch besser. Die Literaturgeschichte wird – trotz guten Willens – am meisten zu Verschleifungen verführt, weil das Formmaterial Sprache – bei etwa einer Dichtung und einem Autorenbrief darüber – dasselbe ist. Das deckt dann vorschnell die möglichen Abgründe zu. Abgründe bestehen aber schon deshalb, weil wir noch nicht einmal wissen, wann überhaupt ein Dichter aus seinem naturalen Lebensgefühl, wann aber aus einem Ergänzungstrieb heraus formt (»Sehnsucht«), so daß, was wir aus seinem Leben erklärend als Analogie ansprechen, gerade das Gegenteil sein kann.

Für die *Aufnahme* neuer Werke sind nun mehr Niederschläge, als man gemeinhin denkt, vorhanden. Nur sind sie mühsamer zu sammeln als etwa die eignen Vorformungen und Nachmeinungen eines Künstlers, die wir so schön, in seine Lebensgeschichte verpackt, in den Biographien vorfinden. Wir sagten nun schon früher einmal, daß jedes bedeutende Werk Kreise der Wirkung um sich zieht, wie ein Stein Wellen erregt, wenn er ins Wasser fällt. Diese Wellen bewirken meist auch Wellen im Verkennen. Zunächst befaßt sich ein engster Kreis mit dem Werk, annehmend oder ablehnend. Dieser Ring schlägt einen zweiten um sich, indem sich jener erste weiter äußert. Früher, als noch wenig schriftliche oder gar gedruckte Mitteilung im Spiele war, handelte es sich um eine geographisch-stetige Ausweitung. Aber hier schon verläßt uns jenes Bild vom Wellenring. Denn die Wirkung eines Verfassers geht nicht von einer einzigen Stelle aus, sondern vom Buch, das ja versandt wird, kann also sofort exzentrisch in entlegene Ecken eines Landes springen, falls dort entgegenkommende Geistigkeit wartet. Ja das Werk kann schnell über den Erdball ausgreifen, soweit in andern Ländern seine Sprache verstanden wird oder sofort Übersetzungen entstehen. Wir bekämen also, falls wir graphisch (etwa trickfilmisch) eine Wirkung darstellen wollten, ein zackiges Ausspringen jeweiliger Wirkungsumrisse. Die Abstraktion des Buchdruckes, von der Literatur und Wissenschaft bis zur Musikpartitur, bedingt diese geographische Freiheit, ermöglicht dies direktere Treffen dahin, wo äußere oder geistige Empfangsbereitschaft überhaupt besteht. Ähnlich zackig ausgreifend verläuft dann auch die Reichweite eventuell einsetzender Verkennungen und Fehlurteile.

Bei Malerei oder Architektur geht der entsprechende Ausbreitungsprozeß des Urteils etwas anders vor sich. Er ist zunächst geographischer gebunden, da man die Originale an Ort und Stelle sehen muß. Erst in neuster Zeit springen auch da Wirkungen sofort in entlegene Bezirke, seitdem man durch die Presse überallhin Abbildungen fluten läßt. Eigentlich wäre ein wirkliches Urteil hier erst nach Kenntnis des Originales möglich. Aber das Meinungergreifen und Fehlurteilen wartet bekanntlich nicht auf Volleindrücke, sondern rechtet sofort auch gegenüber Ersatzbildern.

Vom so entstehenden Werkruhm kann man den *Personenruhm* abtrennen. Er seinerseits weist verschiedene Formen auf. Die eine geht vom leiblich-geistigen Gesamtgebaren eines Gestalters aus, schlägt erste, kleine Kreise durch die engsten persönlichen Freunde, die einen Schaffenden aus vielen Gesprächen, Handlungen und sonstigen Reaktionen kennen. Ruhm und Verkennung kann hier sogar ein Mensch erfahren, der niemals etwas schuf, aber durch sein Gesamtgebaren imponierte. Malt, schreibt, komponiert jener Mensch aber, so geht der Personenruhm bald in den Werkruhm über. Umgekehrt kann ein zuerst entstehender bloßer Werkruhm danach erst auf den Träger überspringen, sich nun in Personenruhm verwandelnd. Entsprechend können auch die Negativprozesse, die des Verkennens, verlaufen.

Wenn der Personenruhm und -reiz, der niemals weit ausgreifen kann, da er enger an die Orte des Trägers gebunden bleibt, zuerst besteht, dann werden leicht die zugehörigen Werke eher über- als etwa unterschätzt. Man versteht bisweilen erst, warum eine Sache so bewundert wird, nachdem man ihren Träger persönlich kennenlernte. Solcher Ruhm ist aber meist von kurzer Dauer. Andrerseits kann er neuen Gestaltungsformen, die sonst wohl verkannt würden, als geheime Hilfskraft dienen, bis sie sich aus sich selber halten können.

Normalerweise aber entsteht zuerst ein Werkerfolg, wonach man auf eine Person aufmerksam wird, dieser nun Kredit gewährt, daraufhin vielleicht auch eines ihrer Werke gutheißt, das nicht wirklich stark war. So kann man die geschichtliche Regel aufstellen: Der Werkruhm erzeugt den Personenruhm, woraufhin der Personenruhm den Werkruhm überhöht. 1774 heißt es, ›Clavigo‹ ist »von einem Schriftsteller, der neulich durch einen Götz von Berlichingen . . . seine Erscheinung gemacht« hat. Das ist zunächst echter, sachlicher Werkruhm, während manche Goethesche Nebenwerke in späteren Zeiten umgekehrt von seinem inzwischen eingetretenen Namensruhm gezehrt haben.

In gewissen Perioden wie um 1800, wenn nämlich Ästhetisches und Individuelles sich besonderer Lebensbetonung erfreuen, wird der Personenruhm geradezu *kultiviert.* Man schreibt den Dichtern Briefe, auch wenn man sie niemals persönlich kennenlernte. Man will Inschriften ins Stammbuch fischen, pilgert zu den Verfassern, um sie genauestens anzublicken, wobei man unendliche Tränen vergießt, viele Umarmungen vollzieht und Küsse austauscht.

Die Wirkung, vielleicht auch die Befehdung eines Künstlers ist unpersönlicher geworden, seitdem alles mit allem zusammenhängt, sich nicht mehr deutlich abgetrennte Kleingemeinden bilden. Trotzdem ist der Personenruhm, der sinnliche Zusammenhänge sucht, gar nicht unmöglich geworden. Durch Radio kann die persönliche Stimme und Vortragsart eines Dichters, durch Fernsehen bald seine leibliche Gesamterscheinung und Bewegung wirken, im großen fast so direkt, wie einst im kleinen innerhalb jener geistigen Besuchs- und Anhängerzirkel, natürlich ohne den intimen Lebenston.

Eine weitere Art des Umsichgreifens wäre die *Schulebildung.* Man darf zwei Schulbegriffe unterscheiden, den äußeren, personalen (»er war mein Lehrer«), bei dem oft gar keine Wirkungsspuren bleiben; und den geistesgeschichtlichen (»er beeinflußte mich«), der keine persönliche Verbindung vorauszusetzen braucht, immer aber eine Werkbeziehung. Ebenso können nun die Reibungen und sich daraus ergebenden Verkennungen zwischen geistesgeschichtlichen Schulen einer Kunst oder Wissenschaft aus *persönlichen* Gegensätzen oder solchen der inneren *Gerichtetheit* stammen. Im ersten Falle sind die Verkennungen kurzlebig, schneller zu durchschauen und ziehen nur kleinere Kreise.

Neben der aktiven Tätigkeitszone »Schule« steht aber, in anderen Formen ausgreifend, die passive Aufnahmezone der *Geschmacks*gruppen und Empfängercliquen, die sich an ihre sozialen oder Berufskreise oder an ihre Rezensenten halten, sich ihrerseits gegenseitig verachtend und verkennend. Bei allem aber bleiben wir immer in den kleineren Bezirken der sogenannten Eliten der Empfänger, wie sie sich auch um führende Zeitschriften gruppieren.

Können sie noch als lose Gemeinschaften angesehen werden, so steht ihnen schließlich jenes unendliche Meer der »gesamten Öffentlichkeit« gegenüber. In dieser arbeitet die Wirkung einer Sache erst, soweit sie nun volkstümlich zu werden beginnt. Sie wird nun als Genußmittel hingenommen, noch später läuft sie in den Tätigkeitsprozeß der Volkskunst ein, wo sie nun ein reizvolles Nachleben entfalten kann, bis zur Unkenntlichkeit verändert, vereinfacht, aber auch gekräftigt. »Gesunkenes Kulturgut« hat man dies einseitig genannt. Alles das ist reine Sachwirkung.

Mit dieser ist aber, besonders in den Oberschichten, die bloße *Bildungs*wirkung verbunden. Hier spricht vor allem der *Ruf* eines Gegenstandes, nicht mehr genügend das Objekt selber. Man *muß* jetzt diese Sache kennen, weil es als Bildungspflicht empfunden wird, zum guten Tone gehörend. Aus der damit entstehenden Sachentfernung kann dann ein neuer Personenruhm »erblühen«, wie er vielleicht früher, ziemlich am Anfang der gesamten Wirkungszeit überhaupt, gestanden hatte. Man interessiert sich aufs neue für den Erzeuger der Werke und findet es vornehm, sein Leben intim zu durchschauen, was zum Schluß nochmal von seinen Arbeiten abzuführen vermag. Dann gilt z. B. Goethes Leben als interessanter als sein Gesamtwerk, wie wir das heute oft erleben.

An eine Wirkungssystematik hätten sich nun *Tempo*untersuchungen anzuschließen. Man wird solche vielleicht sehr äußerlich finden, »materialistisch«, wie man zu sagen pflegt. Doch hängen Äußeres und Inneres aufs engste zusammen, wenn das die Dualisten auch bestreiten mögen. Man müßte Tabellen anlegen, welche zeigen, in welcher Schnelligkeit kunstgeschichtliche Stile entstanden und verblühten (Romanik, Gotik, Renaissance usw.). Dann sollte man einzeichnen, welche wechselnde Zeitdauer deren bloße Teile brauchten (Früh-, Hoch- und Spätgotik usw.). Dann müßte man die Länge der Entwicklungsstadien der Einzelmeister messen. Auch die Individualtempi sind ja verschieden. Zu gewissen Zeiten und bei bestimmten Menschen läuft alles sehr schnell: Goethe mit der Folge von Rokoko, Empfindsamkeit, Sturm und Drang, Klassizismus, Romantik. Und Picasso mit dem Nacheinander von lyrischer Gegenständlichkeit (Blaue Periode), Kubismus, Klassizismus, Surrealismus.

Besonderer Unterschied besteht aber zwischen dem Entwicklungstempo des Durchschnittsmenschen und dem des Gestalters, woraus ja eben die meisten Verkennungen fließen. Bereits in *dieser* Hinsicht ist der Bedeutende ein Sonderfall, über den man sich immer wieder wundern wird. Manche glaubten sogar, der Bedeutende müsse bereits vor seinem Erscheinen des öfteren gelebt haben, da man sich sonst weder die Dichte seiner Erlebnisse noch deren schnelle Entwicklung erklären könne. Man müsse eine steigernde Rückerinnerung an seine bereits früher verwirklichte Lebensbahn annehmen. Wir brauchen kaum zu sagen, wie sehr derartig ferne Träume gerade die Erscheinung verkennen, von der wir zu handeln haben.

Je schneller sich die Manier eines Gestalters wandelt, desto mehr Verkennungen werden auftreten, was eben aus dem größeren kulturellen Beharrungsvermögen der Menge folgert. Zeigen doch die Volkskünste nur langsamste Bewegung. Sie deshalb aber übergeschichtlich, ungeschichtlich zu nennen, wäre romantische Übersteigerung. Sie sind keine stehenden Gewässer. Ihre geschichtliche Bewegung ist nur tiefsinnig träge, fast unmerklich, im Gegensatze zum schnell vorüberrauschenden Fluß kultureller Regungen der »Oberschichten«, wo deshalb fast allein Verkennungen stattfinden.

Entstehung des Ruhmes

Diese Frage ist 1917 im Buche gleichen Titels (›Genesis des Ruhmes‹ von Julian Hirsch) einer Untersuchung unterworfen worden, zugleich als »Beitrag zur Methodenlehre« der Geschichte. Unser Thema der Anfangsverkennung ist sozusagen Vorspiel einer langwierigen Oper, die als weitere Beurteilungsgeschichte nun zu folgen hätte. Den ersten Akt würde dann die Ruhm*entstehung* bilden, deren Ergründung sich jenes Buch widmete. Ein zweiter Akt müßte die Höhenzonen des Ruhms behandeln, wobei sie in ihren Schwankungen zu untersuchen wären. Ein dritter Akt wäre dann dem Ruhmesverfall zu widmen, falls man ganz große Zeitstrecken vor sich hätte und wissen könnte, ob eine dem Menschheitsbewußtsein entschwindende Größe nun ein für allemal versinken wird. Andernfalls müßte der dritte Teil verkürzt dem zweiten eingegliedert werden, im Sinne eines breiten Wellentales innerhalb der Ruhmeszone selber.

Bei Betrachtung der Ruhmentstehung konnten wir aufweisen, welche Verzögerungen durch die Fehlurteile eintreten und wie sich diese hemmend oft bis an den Tod des Schaffenden hinziehen. Gerade der Tod aber hebt manche Verkennungen auf. Man sollte denken, dies liege nur an der inzwischen verstrichenen Zeit, während welcher der Anpassungsprozeß des Publikums vonstatten ging. Es spielt aber etwas ganz Geheimnisvolles mit: Weihe durch plötzliches Entschwundensein des Aufrührers; transzendierendes Abrücken, beginnende Objektivierung. Schon vor Jahrhunderten wurde festgestellt, daß körperliche Nähe eher ruhmmindernd als anerkennungssteigernd wirke. Vor allem aber scheint hier unterirdisches Nachleben uralten Totenkultes stattzufinden, sowenig uns solcher Zusammenhang jemals bewußt wird. Wie sehr hier dunkle Mächte in uns walten, mag schon das Wort »de mortuis nil nisi bene« zeigen, ein Grundsatz, dem wir alle doch mit heiliger Scheu noch huldigen. Nur von hier aus ist er zu verstehen, denn eine andere Kultur könnte ebensogut, ja mit weit höherer Berechtigung, das ganz entgegengesetzte Gebot aufstellen: »Über die *Lebenden* nur Gutes; die Toten aber kann ja nichts mehr stören.« In einer derart *anderen* Kultur würden sich auch die Verkennungserscheinungen gänzlich verlagern.

Auffallende Todesarten wie Ermordung oder Selbstmord, vor allem *tragische* Todesumstände entsenden weitere Fäden ins Gewebe des Ruhmesteppichs, der nun allmählich feierlich unter dem Gestalter ausgebreitet wird. Alles zunächst mit wenig sachlichem Zusammenhang der Wertwelt. Eine Art geistige Heiligenverehrung schließt sich nun meistens an, säkularisierte Abwandlung altkirchlicher Stimmungen. Die Unerbittlichkeit, mit der ein weiterhin Ablehnender später von »Eingeweihten« abgetan und ausgeschieden wird, erinnert dunkel, wie von ferne an religiöse Verfemungen.

Der moderne Geniekult drängt sich in dem Augenblicke der Geschichte vor, als der Heiligendienst seine letzte mittelalterliche Vollkraft einzubüßen beginnt. Auch weltliche Legenden fehlen nun nicht mehr, die vom geschichtlichen Leben jener Gestalter weit abweichen. Um die Bedeutenderen wuchern solche Anekdoten, sobald sie Klassiker geworden sind. Weihe bekommt nun auch, was nur ganz äußerlich mit deren Leistungen zusammenhängt. Reliquienkult tritt hinzu. Von einem schmutzigen, zerbeulten Hute Napoleons oder einer seidenen, geblümten Weste Goethes scheint magischer Zauber auszugehen. Spürt eine Menschenmenge, daß sich die Kenner verehrend um jemand scharen, so bekommt dieser Vorgang etwas Geheimnisvolles, auch wenn man gar nicht merkt, welche innere Sache er vertritt. Doch ist dies der Kulturübertragung günstiger als Gleichgültigkeit und Hohn, mit welchen zuvor andre Gruppen dem schlechthin Fremdartigen entgegentraten.

Überhaupt geistern seltsame Schwaden von Licht und Schatten durch die Räume, wenn im Helldunkel und Zwielicht der Geschichte der Ruhm entsteht. Sogar Unterwerfungswünsche treten hervor, wie sie durch unsre Kirche – im guten und im bösen Sinn – entwickelt wurden. Das Gemeinschaftsgefühl von unten sucht plötzlich einen Turm, einen geistigen Herrscher, der alles zusammenfassen und überragen möge. Neben dunkleren erscheinen auch lichtere Züge, z. B. wenn aus zeitlosem Drang derselben oder andrer Menschen nun wieder ein Bedürfnis aufblüht, wirklich zu lieben, wahrhaft zu bewundern. Sehen doch schwärmerische Naturen in der Begeisterungsfähigkeit überhaupt den wichtigsten Zug des Lebens, vergessend, welch schädliche, ja *gefährliche* Begeisterungen es auch gibt.

Daneben gaukeln wieder vagere Vorstellungen. Ein Vortragssaal wird Humboldthalle genannt, woraufhin der Komplex »Humboldt« für viele schon geheimnisvoll raunt, falls sie in dieser Halle Erleuchtungen, wenn auch in andrer Richtung, erfuhren. Seelische Übertragungen finden statt, Versuche werden unternommen, irgendwelche Gehalte schlagwortartig oder personal zusammenzufassen. Ein Mensch des 19. Jahrhunderts heißt »Gründer des deutschen Reiches«, wodurch schon Kinder Bismarck Anbetungsgefühle entgegenbringen, ohne daß sie noch etwas über ihn wüßten. Aber auch später, wenn man vernommen hat, wie viele *verschiedenartige* Faktoren das deutsche

Reich in Wirklichkeit gründeten, Bismarck bleibt nun alleiniges Kernstück, an das sich alle Phantasie herankristallisiert. Unser Bedürfnis nach Individualruhm bringt im 19. Jahrhundert den Denkmalkult hervor, wo man das Lobenswerte in leiblicher Statur aufstellt, während es vor- und nachher mehr in Form abstrakter Erinnerungsplatten verewigt wurde. Personenmuseen steigern diesen Kult, Jubiläen fanfaren zu seinen Gunsten. Die Presse mischt sich mit »vergeistigter« Reklame ein. Ehrfurcht ganz kindlicher Gemüter vorm gedruckten Wort wirkt unterstreichend. Reiseführer mit ihren Sternchen tun Wunder für die Ruhmerhöhung von Aussichten, aber auch von Geburtshäusern der Leute, deren wahre Bedeutung dem Bewunderer vielleicht ganz dunkel bleibt. Wer im Konversationslexikon steht, wird vielen sofort eine Erscheinung vorgegenständlicher Verehrung. »In fremde Sprachen übersetzt« ist manchem eine Mitteilung, die Schauer über den Rücken jagt, auch wenn der Inhalt entsprechender Werke unbekannt bleibt. Selbsterziehung und Schule wirken nicht allein durch Wissensanreicherung, sondern schon vorempirisch und vorrational in ihrem Gesamtgebaren.

Die vorformende Macht unserer Museen und Pantheons kann ebenfalls zum Bestaunen einer Sache oder eines Menschen jenseits inhaltlichen Verständnisses führen. Sensationsbedürfnis und bloße Neugier lassen immer neue Züge an die Objekte des Ruhmes heranschießen. Auch die sympathisierende Haltung dessen, der eine Biographie schreibt, kann wahre Wunder an unbewußter *Entfernung* des Objektes erzeugen, wenn er ein Künstler ist, wenn er, im eignen Verehrungsbedürfnis, alle bewunderungswürdigen Züge seines Helden so auswählt und verfugt, daß sie ein begeisterndes Bild in begeisternder Sprache ergeben. Solche Züge können sich dann, weil sie ein suggestives, überwirkliches Ganzes bilden, auch gegen Warnung der Spezialforschung von Buch zu Buch fortpflanzen. Ja man kann jene Spezialforscher selber etwas einnebeln, so daß sie, ohne Fremdmaterialien einzumischen, exakte Bruchstücke eines Lebens nach der suggerierten Richtung hin ausdeuten. Liegt doch der gewaltig angeschwollenen Biographik von vornherein ein Verehrungsbedürfnis zugrunde, und zwar individualistischen Charakters. Was im 19. Jahrhundert die Steindenkmäler waren, sind heute die geschichtlich dargelegten Lebensläufe.

Der Glaube an das Urteil der Nachwelt (vergleiche unser Sonderkapitel) als einer automatisch gerechter werdenden Betrachtung, je weiter man sich vom Gegenstande entferne, ist sehr verbreitet. Er drückt sich unter anderem auch darin aus, daß eine geschichtliche Arbeit über die jüngste Vergangenheit, etwa die Ereignisse, die man noch selber miterlebte, als unwissenschaftlich gilt. Als ob es nicht vor allem auf die Methode ankäme, mit der man auch dichter aufsitzenden Ereignissen und Personen naht. Als ob nicht beim entfernteren Gegenstande die Wahrnehmungen und Wirklichkeitsgegebenheiten immer blasser würden. Als ob nicht innere Entfremdung der Zeitumstände, ferner die Ruhmesballung, die sich wie ein Fremdkörper um das ursprüngliche Phänomen herumlegt, ebenso hindernd werden könnten. Mit dem Entfernungs- und geheimen Totenkult mag schließlich auch zusammenhängen (was wieder anfängliche Verkennungen des *Neuen* begünstigt): daß wir alles Alte, weit Zurückreichende mit instinktivem (oder meistens doch nur Bildungs-) Schauer betrachten. Wie gefährlich, wenn wir das weit Zurückliegende dann a priori hochwerten, mit der beliebten Folgerung, je älter ein Brauch, eine Anschauung sei, desto gerechtfertigter und fruchtbarer müsse sie sein (romantische Lebensauffassung).

Von ähnlichen Fragen hat eine Ruhmespsychologie zu handeln, deren negative Ouvertüre das Thema unsres Buches ist. Das oben erwähnte Werk von Hirsch bearbeitet diese Fragen in beachtenswertester Form, obgleich wir nicht in jedem Punkt zustimmen. Es schildert übrigens auch eine Ruhmesspaltung, den Unterschied des germanistischen und des katholischen Goethebildes. Dem ersten Bilde schade das Dogma der Unfehlbarkeit Goethes, dem zweiten das Dogma der Unfehlbarkeit kirchlicher Anschauungen. Höchst interessant ist ferner das protestantische und katholische Lutherbild, ferner die deutsche und französische Bismarckbiographik. Im Gesamtergebnis faßt jenes Buch das ganze Volumen eines Ruhmes als gigantische Lawine auf, die von dem verhältnismäßig kleinen, rollenden Stein ursprünglicher Tatbestände stamme, wobei der saubere Sachhistoriker alle Emballage mühsam wieder abzuwickeln habe. Jenes Buch hat das Verdienst, auf deutschem Boden das Weiterwirken nachträglicher, selbständiger Ruhmfaktoren hell ins Licht gesetzt zu haben. Aus einem allzu naiven »Realismus«, der die Nachwirkung einer Person sozusagen für die Person selber nahm, verfällt diese Arbeit aber in die entgegengesetzte Übertreibung. Man hat zum Abschluß das Gefühl, daß jeder *beliebige* abbröckelnde Stein eine derartige Lawine hätte auslösen können. Das ist doch aber nicht der Fall. Die innere Größe des Gesamtgebildes ist schon im *Erreger* jener Legenden gegeben, was in jener Untersuchung als entscheidendes Motiv fehlt. So gipfelt Hirschs Arbeit in einigen Sätzen, die wir abweisen möchten. Er sagt: »Shakespeare ist zu einem wichtigen Faktor des deutschen Geisteslebens geworden, nicht weil er eminent war, sondern weil er als eminent erschien.« Wir würden lieber sagen: Obwohl Shakespeares Wesen nicht gleichzusetzen ist mit dessen Interpretationen und Nachwirkungsweise, ist die Art seiner Wirkung abhängig von der Art seiner Werke.

Eine andre Zusammenfassung lautet: »Für den Kulturhistoriker ist es fast belanglos, ob die Raffaelschen Bilder oder die Shakespeareschen Dramen oder die Wagnerschen Opern eminent sind oder nicht; wichtig ist für ihn nur, daß sie als eminent erscheinen«. Für uns wäre auch diese These abzuändern. Sie heißt dann (da man doch Shakespeares Werke selber zur Kulturgeschichte rechnen dürfte): Wichtig für den Kulturhistoriker ist nicht nur, ob jene Werke eminent sind oder nicht, sondern auch, ob sie eminent erscheinen.

Sogar die bloße Existenzfrage wird dem Verfasser ein Scheinproblem. »Man bedenke, wie belanglos für ihn (den Kulturhistoriker) die Kontroverse ist, ob Buddha oder Christus gelebt haben oder nicht.« – Wir würden auch hier umformen: »Selbst wenn sie nicht gelebt haben, bleibt ihre »Nachwirkung« von selbständigem Interesse. Ob sie aber lebten oder nicht, bleibt ebenso eine

Frage von geschichtlicher Bedeutung.« Interessiert man sich nur für die Legende und Weiterwirkung, so bleibt selbst dann jene Wirklichkeitsfrage des Vorbildes wichtig: um nämlich entscheiden zu können, wie weit Mythen und Legenden Urschöpfungen oder nur freie Varianten und Umformungen geschichtlicher Gegebenheiten sind, was zu entscheiden selbst für Erforschung der bloßen Volks*phantasie* von Bedeutung wäre.

Wenn der Verfasser von der »Eminenz« etwa Shakespeareschen Ruhmes spricht und ihn gegen die angebliche Nichteminenz Shakespearischer Werke selber abhebt (Entsprechendes ist ja in seinen Ruhmverfolgungen Tendenz), so müßte er den Beweis der Nichtgröße jener Werke und Ruhmerreger wenigstens andeutungsweise führen, denn er stellt über deren Grundlagen eine ungewöhnliche Behauptung auf. – Auch von unseren eigenen Untersuchungen könnte man fordern, daß sie die Größe der beurteilten Werke selber beweisen. Wir entschuldigen dieses Fehlen weniger mit der Raumfrage (es gäbe einen zweiten Band) als mit dem Bekanntsein dieser (nämlich unsrer eignen) Spätteile, während niemandem die These selbstverständlich sein dürfte, daß der Anlaß Michelangelo, Goethe, Beethoven klein gewesen sei und nur ihr Ruhm ein davon unabhängiges Großes darstelle, entsprechend jenem Bilde von der Lawine.

Ruhmverzögerung und Ruhmunsicherheit

Zu diesem Thema machte schon Schopenhauer kraftvolle Gesamtbemerkungen. Wir wollen einige anführen, soweit sie uns unveraltet erscheinen. Andre wollen wir zitieren, um sie zu verbessern.

»Die Schriftsteller kann man einteilen in Sternschnuppen, Planeten und Fixsterne. Die ersteren liefern die momentanen Knalleffekte: man schauet auf und ruft ›sieh da‹, und auf immer sind sie verschwunden. Die zweiten, also die Irr- und Wandelsterne, haben viel mehr Bestand. Sie glänzen, wiewohl bloß vermöge ihrer Nähe, oft heller als die Fixsterne und werden von Nichtkennern mit diesen verwechselt. Inzwischen müssen auch sie ihren Platz bald räumen ... Die dritten allein sind unwandelbar, stehn fest am Firmament, haben eignes Licht, wirken zu einer Zeit wie zur anderen ...«

Oft ist mit dieser Folge ein Crescendo aller Anfangsverkennung gegeben. Ob aber später die Wirkung der dritten Geistigkeit derart über Zeit und Raum gesichert ist, wie der statische Idealismus von 1800, selbst in der Schopenhauerischen Umkehrung nun auch aufs Böse hin, noch glaubt, ist inzwischen eine Frage geworden; und zwar vom folgerichtigen geschichtlichen Denken her, das in jener Zeit erst eben beginnt. Ob der Ruhm eines Shakespeare konstant bleibt (vergleiche die Äußerungen von Voltaire, Friedrich dem Großen, Tolstoi bis Langenbeck), muß abgewartet werden. Beim Ruhme Raffaels kann schon heute etwas gezweifelt werden. Will man ganz nüchtern und exakt bleiben, worauf ja Schopenhauer entscheidenden Wert legt (worin gerade der Reiz seiner Feststellungen ruht), so brauchte man doch mehrere Jahrtausende

Wirkungsgeschichte, um bündige Aussagen über Ruhmeskonstanz machen zu können.

Die Schwankungen sieht er ja selber. »So mußten auch Shakespeares Dramen nach seinem Tode denen von Ben Johnson, Massinger, Beaumont und Fletcher Platz machen und diesen auf 100 Jahre räumen. So wurde Kants ernste Philosophie durch Fichtes offenbare Windbeutelei, Schellings Eklektizismus und Jakobis widrig-süßliches und gottseliges Gefasel verdrängt, bis es zuletzt dahin kam, daß ein ganz erbärmlicher Scharlatan Hegel Kanten gleich, ja hoch über ihn gestellt wurde.« Obgleich wir glauben, daß diese Urteile, die zunächst selber wie Verkennung schmecken, wieder mehr Geltung erreichen dürften, wäre über eine Dauerwirkung etwa Kants noch wenig gesagt, wenn man selbst weiterhin einige Wellenberge gegen einige Wellentäler seiner Wirkung zeigen könnte. Haben wir doch nicht mal 200 Jahre seiner Anerkennung hinter uns, ein Winziges im Raume der »Ewigkeit«. Kann man doch bei kleineren Beobachtungsstrecken nie wissen, ob eine Wellenbewegung stetig oder verebbend ist. Auch bei *groß*geschichtlichem Verebben kommt ja ein Ruhm noch oft nach oben, bevor er endgültig versinkt. Ein Beispiel, zu dem wir hier inhaltlich keine Stellung nehmen, ist die katholische Kirche. Ihr Ruhm ist seit dem ausgehenden Mittelalter oft geschmälert worden (Wellental), worauf ein neues Erblühen ihrerseits eintrat (Wellenberg), so daß man sie nun als »Ewigkeitsphänomen der Menschheit« preisen möchte. Dennoch könnte ihre Erscheinung, großgeschichtlich gesehen, ein durch ein Jahrtausend sich hinziehendes, wellenförmiges Verebben und Ausklingen darstellen.

Auch der schopenhauerische Fixstern-Charakter geschichtlicher Höchstformungen muß also historisiert werden. Somit aber das *gesamte* Phänomen des Ruhmes, nicht nur das seiner beiden unteren Schichten.

Zur bloßen Erstverzögerung stellt Schopenhauer gute Beispiele auf. »Nach hundert Jahren hatte aber Kopernikus noch nicht den Ptolemäus verdrängt. Bako von Verulam, Cartesius, Locke sind äußerst langsam und spät durchgedrungen. (Man lese nur d'Alemberts berühmte Vorrede zur Enzyklopädie.) Nicht weniger Newton. Man sehe nur die Erbitterung und den Hohn, womit Leibniz das Newtonsche Gravitationssystem bekämpft ... Hume, obschon er sehr früh aufgetreten war und durchaus populär schrieb, ist bis zu seinem 50. Jahr unbeachtet geblieben. Kant, wiewohl er sein ganzes Leben hindurch geschrieben und gelehrt hatte, wurde erst nach seinem 60. Jahre berühmt.«

Die Lage der Künstler findet Schopenhauer grundsätzlich günstiger. Ihr Ruhm setze sich schneller durch, da ihr Publikum nicht nur aus Fachleuten, sondern einem viel weniger cliquenhaften, also weiteren Kreise des Menschlichen bestehe. Schopenhauer übersieht aber, daß, was hierdurch tatsächlich gewonnen wird, wieder verlorengeht durch die vorrationale Ausdrucksweise der Künste, die von Gemüt zu Gemüt fluten muß, ohne sich der logischen Verstandesschritte bedienen zu können, mit denen man drüben doch wenigstens teilweise bezwingen kann. Indem Schopenhauer diesen Grundunterschied der Zonen ausschaltet (wir erörterten ihn im Kapitel »Sachgebiete«), muß er denn unverbunden hinzufügen: »Dennoch, was galten Mozart und Beethoven bei ihren Lebzeiten? Was Dante? Was selbst Shakespeare? . . . Alle Portugiesen sind noch stolz auf den Camoens [Camões], ihren einzigen Dichter: er lebte aber von Almosen, die ein aus Indien mitgebrachter Negerknabe abends auf der Straße für ihn einsammelte«.

So müsse beinah jedem Neuerer »nachher zumute werden wie einem Feuerwerker, der sein lange und mühsam vorbereitetes Erzeugnis endlich mit Enthusiasmus abgebrannt hat und dann erfährt, daß er damit an den unrechten Ort gekommen und sämtliche Zuschauer die Zöglinge der Blindenanstalt gewesen seien«. Köstlich steigernd heißt es weiter: »Und doch ist er so immer noch besser daran, als wenn er ein Publikum von lauter Feuerwerkern gehabt hätte; da in diesem Falle, wenn seine Leistung außerordentlich gewesen, sie ihm den Hals hätte kosten können.«

Alle Ruhmverweigerung wird nun weiterhin erklärt. »Die Quelle alles Wohlgefallens ist die Homogenität.« »Also wird der Platte, Seichte, Verschrobene, in bloßen Worten Kramende nur dem Platten, Seichten, Verschrobenen und dem bloßen Wortkram seinen aufrichtigen, wirklich gefühlten Beifall zollen.« Auch hier müssen wir noch weit geschichtlicher denken, nicht so starr groß und klein als zeitlosen Gegensatz gegenüberstellen. Wenn nämlich das Große eine Zeitlang eingewirkt hat, so daß seine Formensprache und das Ungefähr seiner Richtung bereits allgemein vertraut klingt, kann auch der Kleinere den Großen plötzlich weitgehend verstehen, jedenfalls in sich aufnehmen, wenn auch niemals produktiv weiterbilden. Wenn Schopenhauers Erklärung richtig wäre, könnte es keine Frühverkennungen zwischen gleichzeitigem Groß und Groß geben. Die Fälle Raffael-Michelangelo, Goethe-Kleist, Schiller-Hölderlin, Wagner-Nietzsche, die doch so häufig sind, kämen dann überhaupt nicht vor.

Sicher spielt bloße Autorität eine Rolle, aber dieses inzwischen entstandene Bildungsdiktat ist es doch nicht allein. Die Gefühls- oder Gedankenwelt neuer Werte ist unterdessen Gewohnheit geworden, so daß es nun auch dem Schwächling gelingt, sich fühlender in ihr zurechtzufinden. Schopenhauer meint zwar prachtvoll skeptisch: was für Meinungen würden auch heute »über Homer, Shakespeare und Goethe ergehen, wenn jeder nach dem urteilte, was er wirklich an ihnen hat und genießt, und nicht vielmehr die zwingende Autorität ihn sagen ließe, was sich ziemt, so wenig es ihm auch von Herzen gehen mag.« So schätzenswert wieder diese nüchterne Erkenntnis gegenüber bloßer Bildungsmache bleibt, so sehr übersieht sie doch, daß oft auch Kleineren ein späteres, echtes Sichbeheimaten im wahrhaft großen Formengute gelingt. Ein Teiltrost, den wir uns nicht rauben lassen wollen.

Die Rolle der bloßen äußeren Autorität in Urteilsfragen sieht Schopenhauer übrigens durchaus nicht pessimistisch. Er meint, wenn es den späteren Autoritätendruck nicht gäbe, ständen die Dinge noch weit schlimmer. Er erblickt eine Staffelung von unteren zu oberen Autoritäten, die der Ruhm eines Gestalters passieren müsse, bis er gesichert sei. »Bis dahin kann das größte Genie, auch nachdem es seine Proben abgelegt hat, so dastehen, wie ein König stände unter einer Schar seines eigenen Volkes, die ihn aber nicht persönlich kennt und daher ihm nicht Folge leisten wird, wann seine obersten Staatsdiener ihn nicht begleiten.« »Daher stockt der Fortgang am leichtesten im Anfang; weil die oberen Behörden, deren nur wenige sein können, am häufigsten fehlen: je weiter hingegen abwärts, an desto Mehrere zugleich ist der Befehl gerichtet; daher er nun nicht mehr ins Stocken gerät.« Wie umwegig und gewaltsam Anerkennungen vor sich gehen können, wie wenig sie auf direkter Werterkenntnis beruhen, hat Schopenhauer deutlich gesehen. »Denn zunächst ist die Wirksamkeit eines Schriftstellers dadurch bedingt, daß er den Ruf erlange, man müsse ihn lesen.«

Schopenhauer gibt dann dem Ruhmanwärter selbst verschiedene Belehrungen. »Da nun den Weg zur Unsterblichkeit aus so vielen Millionen selten auch nur *einer* geht, so muß er notwendig sehr einsam sein, und wird die Reise zur Nachwelt durch eine entsetzlich öde Gegend zurückgelegt, die der Lybischen Wüste gleicht, von deren Eindruck bekanntlich Keiner einen Begriff hat, als der sie gesehn. Inzwischen empfehle ich zu dieser Reise vor allem leichte Bagage; weil man sonst zu vieles unterwegs abwerfen muß.« Er rät ferner, sich möglichst allein zu halten. »Die Verehrung verträgt nämlich nicht die Nähe; sondern hält sich fast immer in der Ferne auf; weil sie bei persönlicher Gegenwart des Verehrten wie Butter an der Sonne schmilzt.« Petrarca sage, »daß sämtliche Gelehrte seiner Zeit die Maxime hätten, alle Schriften gering zu schätzen, deren Verfasser ihnen auch nur ein einziges Mal zu Gesichte gekommen wäre.«

Den allgemeinen Zustand der Frühverkennung hält er für ewig. »Man denke nicht, daß es sich mit diesem Gange der Dinge jemals bessern werde. Die elende Beschaffenheit des Menschengeschlechts nimmt zwar in jeder Generation eine etwas veränderte Gestalt an, ist aber zu allen Zeiten dieselbe.« Wir wagen nicht, diese pessimistische Grundbehauptung zu unterschreiben und wüßten nicht recht, warum alle diese Mitteilungen so willensmäßig niedergeschrieben wären – gerade von einem Schopenhauer mit der Anti-Willensmetaphysik –, wenn im geheimen doch nicht daran geglaubt würde, daß ein Problem aufzeigen, ein Anfang zu seiner Teillösung werden könnte. Wir wollen hier weder in den Rationalismus verfallen, der da sagt, Erkennen ist entgiften schlechthin; noch in einen dualistischen Mystizismus, der zwischen Erkennen und Sein auch nicht die zarteste Diosmose für möglich hält.

So glimmen denn auch bei Schopenhauer mitten in der Nacht seiner Gedanken unwillkürliche Lichter auf, ohne die selbst *er* nicht leben kann oder will. Stellt er (der Pessimist) doch selber ein köstliches (optimistisches) Crescendo der Dummheit auf, bis sie sich überstürze, in sich zusammenbrechend, woraufhin für Verkanntes freie Bahn werde. ». . . wo Täuschung und Betrug durch den günstigen Erfolg dreist gemacht, immer weiter und weiter getrieben werden, bis die Entdeckung unvermeidlich eintritt. So wächst auch im Theoretischen, mittels der blinden Zuversicht der Dummköpfe das Absurde immer höher, bis es endlich so groß geworden, daß auch das blödeste Auge es erkennt. Daher soll man zu dergleichen sagen: je toller desto besser!«

Das ist ein Trost, die Vorgänge der *Außenwelt* betreffend. Für den schöpferischen Neutöner selber hat Schopenhauer ebenfalls einen Lichtblick. Es »ist das echte große Verdienst im Stande, seinen Ruhm bei der Nachwelt zu antizipieren. Ja wer einen wirklich großen Gedanken erzeugt, wird schon im *Augenblicke der Konzeption desselben* seines Zusammenhanges mit den kommenden Geschlechtern inne, so daß er dabei die Ausdehnung seines Daseins durch Jahrhunderte fühlt und auf diese Weise wie *für* die Nachkommen so auch *mit* ihnen lebt.«

Der Glaube an das Urteil der Nachwelt

Wir konnten die Problematik des *Frühurteils* ausführlich aufzeigen. Wie steht es nun mit dem *Nachwelturteil?* Welche Voraussetzungen müssen vorliegen, damit wir ihm einigermaßen vertrauen dürfen? Diese von uns schon oft gestreifte Frage müssen wir nun beantworten. Wir werden sehen, daß auch das Urteil der Nachwelt auf schmaler Basis ruht, soweit man glaubt, von hier aus ohne weiteres auf Unvergänglichkeit des Wertes einer Sache schließen zu dürfen. Wir müssen hier vielen Ansichten abwinken, obgleich wir sie nachfühlen können. Hauptsächlich von bildender Kunst werden wir dabei reden, doch läßt sich beinah alles auch auf andre Künste übertragen. Da ist z. B. die metaphysische Konstruktion, die der Religiöse vorfindet oder sich erbaut, und die dann auch bei denjenigen Menschen fortlebt, die bereits andrer Einstellung angehören. Man glaubt, daß eine Wertwelt *an sich* existiere, auch ohne den Menschen, wie wir schon im Kapitel über Wertrückführung erörterten. Nach solchem Glauben wird die Bedeutung einer Sache irgendwie gesichert bleiben, selbst wenn die Nachmenschheit sich ganz von ihr entfernte, ohne jemals wieder darauf zurückzukommen, ja wenn homo sapiens überhaupt ausstürbe und Menschen andrer Sterne die Wertung nicht übernähmen. – Das alles ist natürlich Märchenwelt, dichterisch von Phantasiegehalt, denkerisch aber unvollziehbar und der Wirklichkeit nicht entsprechend.

Abzuwinken ist auch andren Konstruktionen, die immer noch eine Rolle spielen. Wir müssen sie nacheinander ausscheiden, bevor wir auf die wenigen Stellen stoßen, auf denen sich ein schmaler Glaube ans Nachwelturteil aufbauen läßt. Man sagt: wenn später nur die »richtige Haltung« gegenüber einem Kunstwerk eingenommen werde, so werde sich dies schon erschließen, sich uns hingeben. Ein fast erotischer Vergleich. Aber ein Lebewesen kann kaum mit einem Kunstwerk verglichen werden, denn letzteres ändert seine Zuständlichkeit nimmer.

Von Einfühlung sollte man eigentlich nur sprechen, wenn man mit einem *Lebewesen* eins wird, den Prozeß der vollen Aufnahme eines Kunstwerks aber anders nennen. Man könne, sagt man nun, aufs Urteil der Nachwelt bauen, wenn sie nur das zu beurteilende Werk geruhsam auf sich wirken lasse, jedes eigne latente Kunstwollen aber ausschalte, alles vergessend, was sie einst »gelernt« habe. – Hier hat man wenigstens die falschen Gleichnisse vom »Entgegenkommen des *Kunstwerks«* fallengelassen und sich nur um die Aufnehmenden gekümmert, auf die es ja allein ankommt. Doch vergesse man nicht, daß wir uns töten müßten, wenn wir unser Lebensgefühl und das unsrer Zeit ganz in uns löschen wollten. Auch können wir schwerlich »vergessen«, was wir gelernt haben, wenn wir darunter alle irrationalen Kultureinflüsse verstehen, die wir allmählich in uns aufnahmen. Wie wenig ist jene Neutralität möglich, besonders, wenn es ans Werten geht. Wie naiv wär es zu glauben, J. Burckhardt sei einfühlungsschwächer gewesen, bloß weil er den späten Rembrandt ablehnte. Er war ein Einfühlungsgenie, aber die letzte, jeweils unausrottbare Seinsschicht seiner Zeit antwortete aus ihrer Tiefe anders auf »späten Rembrandt«, als wir es heute tun. Es liegt kein Grund vor, anzunehmen, daß die Wertungen, die heute unsre besten Kunstkenner vollziehen, sich nicht wieder ebenso verschieben werden, sobald sich die Zeiten wieder wandeln. Das Sichernde, das man der Einfühlung beilegt, besonders etwa seit 1900, wird wieder abzutrennen sein, jedenfalls für die Wissenschaft. Man wird das Einfühlen in Zukunft nur als psychologischen *Begleitprozeß* wirklicher Erkenntnis betrachten dürfen, als *möglichste* Losgelöstheit von andern Objekten und kategorischen Willensspannungen. Wenn nämlich zwei gleichstarke Einfühler zu *verschiedenen* Deutungen und Urteilen kommen, wie das die Geisteswissenschaft doch immer wieder zeigt, brauchen wir dann nicht, um etwas entscheiden zu können, ein Verfahren jenseits aller Einfühlung?

Auch mit dem *Ganzheitskriterium* kommen wir nicht durch, wenn wir uns fragen, ob ein Nachwelturteil standhalten wird. Wenn jemand, was wir durchaus möglich finden, dem Barock den letzten Höchstwert – etwa im Gegensatze zur Gotik – abspräche, so kann das natürlich daran liegen, daß er sich beim Barock an bloße Teile hält, nicht aber aus dem Ganzen urteilt. Wie aber, wenn hüben und drüben ein Ganzheitliches miteinander verglichen wird? Fällt etwa das Problem vergleichender Wertung der *Gesamtstile* aus? Wir haben das schon im Kapitel gegen Alois Riegl verneint. Hier wollen wir nur darauf hinweisen, daß auch *ganzheitliche* Betrachtungsweisen (welche doch überhaupt selbstverständlich sein müßten) keineswegs aus letzten Subjektivitäten, aus personaler, vor allem aber zeitlicher Gebundenheit des Urteilens herauszuführen brauchen.

Vollends naiv bliebe der Glaube, daß *Liebe* der Nachwelt zu einem Kunstwerk, wirkliche Liebe, standhaltende Urteilsbildung verbürge. Wir brauchen uns mit dieser Behauptung kaum zu befassen, denn wir wissen, daß Liebe bald sehend, bald aber auch blind zu machen pflegt.

Eine weitere Urteilssicherung der Nachwelt wäre die *historisierende.* Sie sagt etwa, man müsse ein Werk ganz aus der Haltung seiner eigenen Epoche oder des dazugehörigen Volksgeistes verstehen, wenn man zu standhaltender Bewertung kommen wolle. Als ob jene Geistigkeit eine gegebene Größe wäre. Sie ist ja umgekehrt das x der Gleichung, das der Historiker – und eigentlich nur dieser – aus den Kunstwerken am Ende zu erschließen hofft. Hätten wir aber die hervorbringende Geistigkeit wirklich gefunden, wir hätten auch dann nur in geschichtlicher (vielleicht entwicklungsgeschichtlicher), nicht aber in ästhetisch-kritischer Hinsicht sicheres Feld gewonnen. Denn jene erzeugende Gefühlswelt selber wäre ja nun wieder zu bewerten.

Auch aus der natürlichen Struktur der *Materialien und Werkstoffe,* welche die Formgebung stark bedingen, kann keine Übersubjektivität eines Nachwelturteils gesichert werden, wie das weitgehend Semper und Anhänger des Bauhauses dachten. Denn von zwei materialgerechten Lösungen kann eine ganz flach, die andre aber äußerst tief sein.

Auch die schönen Lehren von der »Notwendigkeit aller Teile«, von »innerer Einheit bei größter Mannigfaltigkeit« usw. sind sämtlich zeitgebunden. Denn für einen Archaisten ist ein Barock übermannigfaltig (sozusagen übermontiert). Und die hier gewiß vorliegende Einheitlichkeit ist viel zu umwegig und schweifend.

Auch gewisse äußere Begleiterscheinungen einer Gestaltung können unser Nachwelturteil schwerlich sichern. So hört man noch immer die Meinung, daß man z. B. keinen bleibenden Wert eines Kunstwerks vorfinde, wenn es seine Erzeuger mit theoretischen *Programmen* begleiten. Immer sei das ein Zeichen der Schwäche, mindestens aber gestalterischer Unsicherheit, von außen schon anzeigend, daß es sich hier nicht um letzte Höhe handle. – Auch hier liegt eine viel zu kurz gegriffene Kausalbeziehung vor. Nach dieser Theorie müßten uns nämlich, im Gegensatz etwa zu Shakespeare, alle Hervorbringungen von 1800 (Goethe, Schiller) verdächtig werden, wo dauernd programmatische Überlegungen nebenher gehen. Kann doch ein theoretischer Begleitvorgang Zeichen sowohl der Schwäche als auch des Reichtums sein, letzteres, wenn der rationale Nebenvorgang den Grundprozeß nicht anfrißt, vielmehr nur als Zusatz fungiert. Große Renaissancemeister bieten Beispiele, wie künstlerisches Tun sich mit rationalem Grübeln verbindet, aber auf verschiedenen Sachgebieten arbeitend, woraus natürlich weniger Störung entsteht. (Leonardo als Maler und Ingenieur.) Aber sie bieten auch Beispiele für jenes doppelte Losgehen auf ein und dieselbe Zone (Dürer und Leonardo als Maler und Grübler über Formgebung zugleich).

Vor allem strebt das Theoretisieren gar nicht immer nach eigner Sicherstellung, sondern ist, besonders in neuerer Zeit, sozusagen pädagogisch nach außen gerichtet; mehr dem in veralteten Lehren steckenden *Publikum* zugewandt als etwa dem eignen Ich des Gestalters, was dann erst recht nicht als Unsicherheit des Künstlers gedeutet werden darf. Wir sagen dies alles nur, um ganz summarisch anzudeuten, wieviel gefährliche Trugschlüsse parat liegen, wenn man das Nachwelturteil sicherstellen möchte.

Will man dies nun etwa mit *entwicklungs*geschichtlichen Vorstellungen tun, so darf man natürlich nicht dem Schema vertrauen, daß die Vergangenheit über wichtige Werke und Zonen noch ziemlich töricht geurteilt habe, die Gegenwart schon richtiger denke, woraufhin sich in Zukunft das Urteil noch weit mehr verbessern werde. Diese Vorstellung von einem *automatischen* Crescendo der Urteilsverfeinerung beruht auf vorschnellem Rationalismus, in unterirdischem Zusammenhange mit der Fortschrittsidee als einer *stetigen* Aufwärtsbewegung stehend. So wenig eine automatische Verbesserung der kulturellen Objekte gesichert ist, so wenig gesichert ist auch eine stetige Aufwärtsbewegung der Urteile über diese.

Soll nun wirklich eine einigermaßen standhaltende Nachweltmeinung entstehen, so darf erstens kein entgegengesetzes *Empfinden* samt seinen alles verschlingenden kulturellen Moden herrschen, weil dann die Menschen keines ruhigen Urteils fähig wären. Ein bloßes Abwechslungsbedürfnis, aber auch ein echtes neues Fühlen würde sonst einen älteren, noch notwendigen, unausgeschöpften Wert unkenntlich werden lassen.

Ferner dürfen die vielen *Suggestionen,* die in jeder kulturellen Lage mitschwingen, nicht von falscher Stelle her kommen. Sage dem Durchschnittsmenschen in möglichst weihevollem Tone, Goethe sei unüberbietbar, so wird er dies finden. Wird demselben Durchschnittsindividuum umgekehrt immer wieder hingeflüstert, Goethes Werke seien lau und mittelmäßig, er solle nur ja darauf achten, so wird von jenen Werken wahrscheinlich *dieser* Eindruck mitgenommen. Aus solchen Gründen ist es so gefährlich, Nachteiliges über Menschen auszustreuen, die gleich darauf in einer Gesellschaft auftauchen sollen. Niemand wird nun Gutes an diesen Leuten erblicken, das verhältnismäßig Üble aber wird übersteigert werden. Nach ähnlichem Schema verlaufen teilweise leider auch die Späturteile über wichtige, frühere Werke, Menschen oder ganze Kulturzonen.

Selbst die Forderung der *Distanz* kann hier trügen. Oft werden wir allmählich wirklich ruhiger, gerechter. Oft aber setzen wir zeitliche und seelische Entfernung in naiver Weise gleich. Wir wissen aber aus der Kunstgeschichte, daß *zeitlich* ganz verschiedene Formen wie Barock, Frühgriechisch, frühes Mittelalter, schließlich die Kunst der Primitiven nacheinander leidenschaftsbetont »wiederentdeckt« und dann von zeitlich ganz entfernter Menschheit wieder wild umstritten werden können. Stammen die Nachweltsurteile doch nicht von vorsichtig abwägenden Historikern her, sondern zuerst von Kreisen, die für einen »verwandten« Zustand zeitgenössischer Künste kämpfen. Um vielleicht abgebrauchtes Formengut der vorigen Generation endlich abwerfen zu können, stürzen sie sich mit Kampfeswonne auf »entsprechende« Formensysteme entlegener Zeiten, diese mit voller Wucht ins Wertungsgetümmel moderner Meinungen hineinreißend. So kann die Hitzigkeit, obgleich sie nun ganz andre Gründe hat als ehemals (als jene Werke eben erst hervortraten), doch beinah gleichen Grad erreichen. Seelische Verwandtschaft wird die alte und die neue Art der Erregung aber nur dann zeigen, wenn die vorhergehende Stufe modernen Lebens mit der den alten Werken vorausgegangenen zufällig große Ähnlichkeit besitzt, was nur ganz selten vorkommen dürfte. Abklärend wirkt immerhin, daß ins Gewebe der Urteilsbildung jetzt des Geschichtlers Stimme mit einschießt, wenn sie auch keineswegs entscheidend wird. So wenig objektiv auch der Historiker ist, so sehr auch er vom Lebensgefühl seiner Zeit getragen wird (Beispiele für Fehlwertungen der Historiker sind ja Legion), so sehr wirkt er doch mäßigend. Tritt er *neuen*

Gegenwartswerten zwar besonders hemmend gegenüber, so fördert er doch das Urteil der Nachwelt. Er ist durch seine Schulung doch wenigstens gradweise zu wirklicher Gerechtigkeit erzogen, die er auch leidlich walten läßt, wenn die Objekte ferner gerückt sind.

Wir kommen nun endlich in die Zone, wo ein gewisses, wenn auch spärliches Vertrauen zum Urteil der Nachwelt ruhen kann. Das Späturteil wird *dadurch* sicherer, daß sich allmählich mehr und mehr Menschen beteiligen, während sich um Ersterscheinungen und Neuerungen nur ein beschränkter Kreis von Interessierten kümmert. Ist ein Gegenstand aber allgemeiner Bildungsstoff geworden, so steht er vor einem ganz breiten Forum und kann nicht mehr durch enge Fachgenossen oder bloße Spezialisten abgeurteilt werden. Er wird nun beinah vor der ganzen Menschheit sichtbar, und die meisten haben nun nicht mehr verkrampfende Unruhe, die dem Neuen gegenüber so besonders hemmte. Man muß hier jenen berühmten consensus omnium ins Auge fassen. Besser aber spräche man vom »Zusammenklang aller *Verständigen*«, deren Kreis nun ebenfalls gewachsen ist.

Manche Denker allerdings mißtrauen auch hier, indem sie kundtun, wie wenig das *Einigsein* der Menschheit über die Richtigkeit ihres Urteils aussagt, wie doch gerade Edelstes oft nur von wenigen erkannt wird. (Für einen Nietzsche würde der consensus geradezu verdächtig sein.) Will man das Urteil über längst Vergangenes derart beargwöhnen (nur jeweiligen Gegenwartsbewertungen gegenüber würde ich hier zustimmen), so bleibt denn gar nichts andres übrig, als die Frage nach richtiger Spätwertung überhaupt auszuschalten, jede Wertung aber, jeweils bezogen auf ihren Aussager, gleich sinnvoll zu finden. Im *anderen* Falle aber darf man dem consensus der Verständigen, und zwar nur gegenüber älteren Werken, doch wohl einiges Vertrauen schenken. Jedenfalls kann das »Urteil der Geschichte« entweder überhaupt nichts ausmachen oder nur durch diesen Zusammenklang der Zuständigen. Hier allein gründet die so selbstverständlich klingende, in Wahrheit höchst kühne Kategorie der »Fehlurteile« (die man bei andrer Einstellung ruhig in sich aufheben möge).

Von der größeren Zahl der Urteilenden ist die länger dauernde *Zeit* des Urteilens als vielleicht bessere Sicherstellung abzuheben. Es ist ein Unterschied, ob eine Erscheinung eine Generation lang bewundert wird oder anhaltend durch einige Jahrhunderte hindurch. Ganz abgesehen davon, daß sich in letzterem Falle noch mal die Zahl der Zustimmenden vermehrt, nicht mehr freilich als consensus der Gleichzeitigkeit, sondern des Nacheinanders. Dies Nacheinander ist weit höher einzuschätzen, weil das Urteil nun die Übersättigungs-, Abstumpfungs- und Ermüdungserscheinungen, die auch *bedeutenden* Dingen gegenüber eintreten, bereits überdauert hat, was doch wohl immer als ein Zeichen des Gewichtes einer Sache angesehen werden darf.

Noch sichernder ist aber folgendes. Da sich bei weiten Zeitspannen das Lebensgefühl der Beurteiler generationsmäßig wandelt, tritt jede Generation innerhalb eines derartigen Urteilsjahrhunderts (wie wir in anderem Abschnitt erörterten) von anderen Gesichtspunkten an den Gegenstand heran. Wenn er *dies* übersteht, ohne zu veralten, so kann das als Zeichen echter innerer Vielfalt angesehen werden. Es ist das noch mehr möglich, wenn inzwischen geradezu Gegenströmungen eintraten, denen es nicht gelingen konnte, den wichtigen Gegenstand mit sich auf Nimmerwiedersehen wegzuschwemmen. Besonders spricht für ihn, wenn nicht nur dasjenige Publikum, das einer neuen, davon ablenkenden Strömung vielleicht ganz abwartend gegenübersteht, sich weiter interessiert, sondern die Anhänger und Propagandisten eines sehr ablenkenden Neuen selber von Ehrfurcht erfüllt bleiben. Doch muß man auch hier eine Einschränkung berücksichtigen. Werden nämlich die ablenkenden, urteilenden Neuerer selber allzu scharf attackiert, so müssen sie den Außendruck mit Gegendruck beantworten. Sie verlieren dann jede Duldsamkeit und tadeln grundsätzlich alles andere, um überhaupt erst ihren eignen Raum zu schaffen. Eine Intoleranz, die natürlich verengend wirkt, aber für das Kommende ihren Funktionswert besitzt. Diese Leute dürfen dann nur mit Vorsicht gegen den abgeurteilten, wertvolleren älteren Gegenstand zitiert werden.

Bach ist von den *verschiedensten* Seiten her kontinuierlich gepriesen worden. Die Entdeckergeneration nach 1800 (Mendelssohn usw.) empfand in ihm vor allem die seelische Würde. Die nächste Generation behauptete dann aber (Schumann), gerade die Romantik habe hier ihren Stammvater, indem man nun den abenteuerlichen Reichtum origineller *Einfälle* bestaunte. Die folgende Zeit bewunderte an Bach dann die architektonische *Strenge,* bis ihn danach ein Schweitzer sogar als Ahnen vertiefter *Programmusik* pries. Alle aber, was hier entscheidend bleibt, in gleicher Weise hingerissen.

Man kann dasselbe vielleicht von Shakespeare sagen, den mindestens die Realisten wie Phantasten, Menschenkenner wie Pathetiker in gleicher Weise priesen, wieder durch verschiedene Zeiten hindurch. Auch Menschen wie Kant und Goethe wurden in dieser Weise stetig umkreist. Im großen wäre hier ägyptische Kunst, Altchina und die griechische Antike zu nennen. Sie alle zeigten, wie zerklüftete Gebirgsmassive, jeder neuen Generation eine andre erstaunliche Ansicht. Infolgedessen können wir diese Zonen wohl als besonders dauerhaft ansehen.

Geltungsdauer der Großen

Unsre Arbeit handelt nur von den letzten Jahrhunderten. Für die Frage, wann bedeutende Gestalter den Höhepunkt ihrer Geltung erreichen, wären aber weiter zurückliegende fesselnder, weil hier der Zeitraum ihrer Wirkungsmöglichkeit bereits umfassender wurde und wir gewaltige Kurven des Auf- und Niederziehens kennen. Nehmen wir vier etwas ältere Gestalter beträchtlichen Formates: Grünewald und Raffael um 1500, Shakespeare um 1600 und Rembrandt aus dem 17. Jahrhundert.

Grünewald kann zu Lebzeiten bereits gewisse Achtung besessen haben, wenn wohl auch schwerlich der dämonische Sondersinn seiner Werke voll empfunden wurde. Wir wissen darüber wenig und werden kaum Entscheidendes erfahren. Gewisser Einfluß, den er in die zeitgenössische Malerei ergießt, und dieser war gering, sagt wenig über seine damalige Gesamtgeltung. Diese kann schmal gewesen sein, auch wenn in eine dünne Schicht der damals Schaffenden etwas von seiner Sonderart durchsickerte. Immerhin rechnet eine zeitgenössische Nachricht von Melanchthon, die nur ganz wenig Namen aufzählt, ihn genau schon zu den damals Großen, wie wir es heute tun würden. Sandrart im 17. Jahrhundert aber weiß schon den Namen nicht mehr, obgleich noch manche Bewunderung nachhallt. Erst gegen 1900 wird eigentlich Grünewald »entdeckt«, als nach Ablauf des so entgegengesetzten Rokoko, Klassizismus und milden 19. Jahrhunderts mit Cézanne und van Gogh alles Dämonische ein neu bewertetes Bereich wurde. Wie dies in den sozialen Krisen vom Ausgang des Mittelalters hervortrat, so auch in der neuen, entsprechenden Krisenzeit des Spätkapitalismus. Geht doch in Deutschland im Laufe des 20. Jahrhunderts eine geradezu polare Umstellung vor sich. Würde man um 1850 einen gebildeten Deutschen gefragt haben, welche Malerei er als höchstes Kulturgut bezeichnen würde, so hätte er Raffaels milde ausgewogene, harmonisierende Sixtina genannt. Wenn man heute diese Frage wiederholte, so würde ihr absolutes Gegenteil genannt werden, der phantastische, abgründige Isenheimer Altar. Größere Spannung zwischen zwei Gestaltungszonen, obgleich sie ja genau gleichzeitig liegen, ist aber überhaupt kaum denkbar, weshalb denn Grünewald im Höhepunkt der Raffaelverehrung notwendig als verschroben und abstrus zu gelten hatte, kaum von winziger Minderheit beachtet.

Raffael aber, vielleicht der einzige Maler, der, wegen seiner Ausgeglichenheit, seit seinen eignen Tagen ohne Unterlaß in internationaler Geltung blieb, rückt etwa seit 1900 unserm Gegenwartsbewußtsein immer ferner, ein Prozeß, den viele Kenner, die ihn natürlich weiter bewundern, ableugnen möchten. Hier zeigt sich, daß selbst ein sogenannter Ewigkeitswert, eine Schätzung, die schon »alle Schwankungen des Zeitgeistes überdauert« hatte, zuletzt (und zwar bei größter geschichtlicher Sichtbarkeit) noch in den Hintergrund geraten kann. Wir befinden uns hier an einer schon früher besprochenen Stelle unsrer Verkennungsphänomene. Treten diese zunächst meistens am Anfang auf, solange eine Form noch ungewohnt, so können sie doch am Ende wiedererscheinen, wobei wir allerdings die Frage meiden wollen, ob das dann noch Verkennung sei. Im Anfang stehen die Werke im dunklen Abgrund absoluten Fremdgefühls. Dann aber steigen sie in astronomischer Bahn empor, erleben das volle Licht ihrer Geltung und stehen im Zenit ihres Ruhms. Trotzdem kann diese eherne Geltungskurve wieder fallen. Sie mögen, nun eben am entgegengesetzten Ende, wieder versinken, nunmehr ins Dunkel eines Übergewohntseins, einer spannungslos gewordenen Selbstverständlichkeit. Ein solches Lebenswerk kann aber auch entschwinden, ohne zuviel betrachtet worden zu sein und somit Übersättigung gebracht zu haben. Kann doch von vornherein von veränderter Zeit und sozialer Struktur ein verändertes Reizsystem in Form und Farbe verlangt werden.

Man darf hier also gar nichts über die *Zukunft* aussagen. Nur *erhoffen* können gewisse Menschen, daß harmonisierende Wohligkeit immer einmal wieder aktuell werde. Fragt sich nur, ob dann nicht eine *andre* Art harmonisierenden Glücksgefühles dran ist. Wollen wir nämlich hohes Menschenwerk nicht geradezu vergöttern, so können wir von keiner Leistung behaupten, sie müsse Zeit und Raum überdauern. Befinden wir uns mit solchen Wünschen doch, tiefenpsychologisch gesehen, in einem profunden, weil kraftladenden Trugschluß: Jede wahrhafte Tiefendimension des Empfindens setzt sich uns in eine Breitendimension der Zeit um, von der Liebe zum Weibe, die wir unbewußt und elementar als »ewig« erleben, bis zum Grundgefühle des Geltens höchster Gestaltungen, die wir ebenfalls als dauernd wirksam sehen möchten. Da die Geschichtswissenschaft noch keine Gesetzeswissenschaft ist, dürfen wir uns aber nicht einmal Teilprophezeiungen erlauben. Auch überblicken wir viel zu kleine Zeiträume, um aus einer *mehrmaligen* Wiederkehr auf eine dauernde schließen zu dürfen. Wir sollten also unsre Konstanzwunschträume und Beharrungsmetaphysiken nicht allzu kühn ins Unbeweisbare vorauseilen lassen.

Ein entgegengesetzter Irrtum tritt ein, wenn man, was auch oft vorkommt, von einer vielleicht seit Jahrhunderten vor Augen liegenden Sache, die noch niemals bewegend auf die Menschheit einwirkte, a priori behauptet, hier könne nichts Gewichtiges gegeben sein, sonst hätte sich ja längst eine Resonanz gezeigt. Mindestens in den Künsten wären solche Schlüsse gefährlich. Grünewalds Werke standen jahrhundertelang in geringerer äußerer Verborgenheit als manche andre Gestaltungen, die man aufs mühseligste ausgraben mußte, ohne daß aber Grünewalds Stunde gekommen war. Und dennoch stieg auf einmal seine Geltungskurve steil empor, als es kaum noch erwartet wurde.

Zur Wirkungs- und Verkennungskurve Shakespeares besitzen wir die Arbeit über ›Shakespeare und der deutsche Geist‹ von Gundolf. Auch hier schätzten selbst die Propagandisten des Dichters jeweils etwas anderes an ihm. Voltaire um 1750 liebt ganz andre Züge als etwa Schlegel um 1800 oder als das späte 19. Jahrhundert. Würden wir die zugehörige Gegenmelodie der Shakespeare*bekämpfungen* aufweisen, vom Puritanismus über Friedrich den Großen bis zu Tolstoi, Langenbeck und den Surrealismus, wir würden für unsre Verkennungsstudien eine verwickelte Kette von Urteilen bekommen. Wir würden auch schwer verstehen, warum der Lebensrealist Voltaire darüber klagt, daß der Gestaltungsrealist Shakespeare im ›Hamlet‹ so vulgär sagen lasse: »keine Maus hab ich rascheln hören«. Voltaire meint wörtlich: »So mag ein Soldat auf der Wachstube antworten, aber nicht auf dem Theater vor den höchsten Personen der Nation, die sich nobel ausdrücken und vor denen man sich ebenso ausdrücken muß.« Ist es nicht wunderlich, daß am Anfang der Shakespearebetonung derartiges steht, am Ende aber eher die entgegengesetzte Klage etwa Hans Rothes laut wird, daß alle Übersetzungen die Lebensdrastik des Dichters nicht *direkt* genug ausdrückten?

Auch Rembrandts Geltungsgeschichte könnte geschrieben werden und seine verschiedenartige Verkennung hierin ein umfassendes Kapitel ausmachen.

Natürlich gab es wie bei allem Außerordentlichen auch hier gewisse faszinierte Menschen. Die Kulturgeschichte hätte aber festzustellen, wann diese Schätzung äußerst dünn war und wann sie allgemeine Breite annahm. Diese finden wir erst mit Entstehung des Naturalismus des 19. Jahrhunderts, während zu Lebzeiten Rembrandts auf kurzes Preisen seiner unausgesprochenen Frühwerke hin ein ziemliches Beiseiteschieben seiner reifen Arbeiten stattfand, was man schon aus Rembrandts anfänglicher Wohlhabenheit und späteren Verelendung erschließen darf. Obgleich er im 18. Jahrhundert immerhin eine gewisse Nebenrolle spielt, ist doch bezeichnend, daß z. B. der kunstverständige Lord Chesterfield seinem Sohne davon abrät, billig einige Rembrandts zu erwerben, da dieser Maler ja nur Karikaturen schaffe (schwerlich also jemals einen Kapitalwert darstellen werde). Und noch im 19. Jahrhundert neigt man dazu, die Hochschätzung nun des späten Rembrandt nur für eine vorübergehende Mode zu halten (J. Burckhardt). Die Angst zaghafter Gemüter, einer neuen Regung nachzugeben, bloß weil sie »wieder mal nur neue Mode« sein könnte, ist so lebenshemmend und gefährlich, weil sie so vielen Schaffenden entgegentritt, so verschiedenartig auch die Abwehrworte lauten. Man muß die hier vorliegende Problematik endlich durchschauen: daß auch tiefere Menschen vieles für bloße Mode halten, was echte geistige Stilumschaltung ist, und umgekehrt vieles für eingreifende geistige Wende nehmen, was später als bloße Mode gilt. Die hochmütige Scheidung beider Begriffe, die angeblich -auch im statu nascendi der Künste - so »selbstverständlich« sei (wie nachträglich zu sagen allerdings nicht schwierig sein dürfte), bleibt eben für die jeweilige Gegenwart eines der härtesten Probleme. Hätten hier nicht auch intuitive Köpfe immer wieder fehlgegriffen, wir hätten höchstens die Hälfte der Materialien aufzufinden gehabt, die wir in dieser Arbeit ausbreiten mußten.

Erhoffte Ausrichtung der Urteile nach Größe hin

Dem bedeutenden Individuum gelingt es, den geistigen Raum menschlicher Kultur im Kampfe gegen die Umwelt umzuformen: den seelischen Zustand der Menschheit zu verändern, zu erweitern und zu erhöhen. In dieser Dreiheit verläuft das Schaffen jedes größeren Menschen unbewußt.

Unter bloßem *Verändern* verstehen wir hier ein einfaches Grundgeschehen: daß es die Besseren, noch vor aller Gerichtetheit, zunächst überhaupt treibt, irgendwie einzugreifen, sich nicht mit bloßem Aufnehmen bestehenden Kulturgutes zu begnügen. Dies ist gar nicht so selbstverständlich, als es uns betriebsamen, dauernd tätigen Europäern erscheinen mag. Nicht nur ein kultivierter Asiate, sondern jeder umfassend Umschau Haltende könnte ja, besonders was die Künste anlangt, fragen: wozu denn überhaupt Neues schaffen, wo die menschliche Kultur bereits so viel Gehalt verdichtete, daß wir nur am gegebenen Überfluß zu trinken brauchen, um wahrhaft menschlich zu werden? Gelingt es doch kaum einem einzigen, alle wenn auch noch so fragmentierte Köstlichkeit alten Kulturbereiches in sich aufzunehmen. Nicht mal dem Schauenden, dem Allverstehenden gelingt dies, sobald er selber wichtig wird in seiner Gattung. Er arbeitet dann dauernd am Gruppieren jener Befunde. Entweder durch künstlerische Synthese, welche dann vorgegebenen Gehalten durch Konfrontierung und Umstellung einen neuen Gesamtsinn verleiht. Oder durch wissenschaftliches Ordnen, womit man ein Gesetz zu finden sucht. Indem man seine Überschau oder Erkenntnis niederlegt, *verändert* man aber bereits die bestehende Welt, die vorher diesen Überblick noch nicht besaß.

Hält nun der neue Durchblick stand, wird er aufgenommen, unsre Einsicht irgendwie vergrößernd, so ist bereits die zweite Dimension, die der *Erweiterung* berührt. Werden andre Werte hierdurch nicht ausgestoßen, so sagen wir, die Kultur habe einen neuen Ring angesetzt. Noch deutlicher wird dies, wenn jenseits bloßer Kontemplation ein wirklicher Künstler, Denker oder Staatsmann selber formt. Eine als verengend empfundene, menschliche Lage wird nun durch ihn gesprengt, das Dasein als »reicher« bezeichnet.

Größe ist aber erst gegeben, wenn wir jene veränderte und erweiterte Lage nun auch als *erhöht* bezeichnen können, wenn wir eine *höhere* Stufe des Anschauens, Fühlens, Denkens oder Tuns betreten haben. Betrachtet man nun die Geschichtsphilosophen und Historiker, so unterscheiden sie sich dadurch, daß sie eine Dimension der andren unterordnen und somit ihre Wertungen vereinfachen. Der Moralist sieht nur die dritte Dimension, den *Aufstieg* des menschlichen Geschlechts und verliert die Freude an bloßen Erweiterungen, die doch auch ihren Sinn besitzen. Der Vitalist wieder bejubelt die *Veränderung* als solche. Als ob jemals ein wertvoller Mensch durch jenes bloße Rumoren der Geschichte befriedigt werden könnte. Andrerseits wird wieder von Forschern der zweiten und dritten Dimension, die entweder erasmisch still erweitern oder tolstoisch steil emporreißen wollen, der Teilsinn des bloßen *Erneuerns* übersehen. Man unterschätzt dann die Abstumpfungserscheinungen allen Lebens, die biologische Bedeutung des Wanderns gegenüber dem Lagern oder senkrechten Aufwärtsschnellen. Die bloße Motorik des Daseins bleibt aber eine wichtige Grunderscheinung, wie der Vitalismus und die »Lebensphilosophie« richtig gesehen haben. Deren Erkenntnis sollte nie wieder versinken, so falsch es auch war, den Sinn menschlichen Lebens in dieser ersten Dimension allein zu sehen.

Die Verkennungen richten sich nun gegen jede dieser Dimensionierungen. Oft spricht im Fehlurteil nur die Verschnupfung des Trägen gegen die geschichtliche Bewegtheit überhaupt: das Verharrenwollen in bequemer Ruhelage, aus der die großen Neuerer uns aufscheuchen, ganz gleich noch, wohin sie uns treiben. Oft aber kann die zweite Erscheinung eintreten, daß eine echte *Erweiterung* in Kunst, Wissenschaft und Politik vorliegt, aber nur als *Verschiebung* aufgefaßt und nun in Fehlurteilen bagatellisiert wird. Am häufigsten verkennt man aber in der dritten Dimension, obgleich sie die wichtigste bleibt. Was in der Geistesgeschichte Fortschritt oder Rückschritt bedeutet, wird häufig geradezu verwechselt. Am übelsten aber ist es, die Fortschrittsidee überhaupt auslöschen zu wollen. Seit etwa 1900 belächelt jeder dritte Denker mitleidig die menschliche Fortschrittsidee und wittert nicht nur in ihrer äußerlichen und banalen Fassung, vielmehr bereits in ihrer intuitiven *Ausrichtung* einen üblen Rationalismus. Wie soll man dann erreichen, daß im Augenblicke des Entstehens neuer Kunst und Erkenntnis aus jener wichtigsten Sicht geurteilt werde, die uns Menschen aufgegeben ist: zu erspähen, ob die eben hervortretenden Formen ab- oder aufsteigende sind? Hier treten wir an den Punkt unsrer Arbeit, wo der Forscher hinter Kühle und möglichster Objektivität seiner Darlegungen höchste Bewegung verbirgt. Der ganze Jammer der Menschheit packt uns hier. Aus solcher Perspektive gesehen, ist homo (sapiens?) noch *vor* den Anfängen wahrer Kultur (nicht nur in punkto Völkermorden), falls unter wirklicher Kultur das Gegenteil von jener erweichenden Philosophie verstanden werden muß: Ausrichtung auf eine *Höherstafflung* und *Sublimierung* der Menschheit. Hüllen wir uns hier in Trauer über die unkonstruktive Philosophie der letzten Generationen, die sich mehr und mehr in duldsamer »*Geschichte* der Philosophie« auflöste. Betrauern wir auch eine neue existentiale Mystik, die in dunklen, angeblichen Grundproblemen herumwühlt, ohne in Sicht treten zu lassen, wo nun die höheren und tieferen Stadien des menschlichen und geschichtlichen Seins liegen. Beklagen wir ferner das allgemeine Herumstaunen und Allverstehen, dem sentimentales Allverzeihen auf dem Fuße folgt.

Wenn die Historiker nicht glauben wollen, daß ihre Forschung eine wertungsfreie Wissenschaft über gesetzmäßige Abläufe werden könne, warum benutzen sie diese Freiheit nicht, Geschichte im Sinne schärfster *Kritik* zu schreiben, jener großräumigen Kritik, die den Aufstieg der Menschheit im Auge behält? Warum gilt dies als unvornehm? Ließe solche Kritik doch immer, aufs feinste abstufbar, die großen Wertbezogenheiten spüren, deretwegen uns Geschichte meistens interessiert, solange sie keine Gesetze erarbeitet. Als ob eine »Kultur des Verstehens«, welche die Geschichtsschreibung des 19. Jahrhunderts eroberte, jenes andere ausschlösse! Als ob man die geradezu gigantischen Torheiten, die Jahrtausende dauernde Schiefstellung menschlicher Probleme aus falsch verstandener »Ehrfurcht vor dem Leben« verhüllen müßte! Man fürchtet, vom heutigen Tage abhängig zu werden. Aber unterliegt der Historiker, der seine Wertungen »vornehm immanent« hält, mit ihnen also Verstecken spielt, nicht genau derselben Gefahr? Trotz mancher Verfeinerung des 19. Jahrhunderts war die Geschichtsschreibung des 18. bedeutender in dieser Hinsicht. Besonders eine Geschichte der Philosophie sollte einmal als unerbittliche Folge denkerischer *Irrtümer* gefaßt werden. Hier interessiert doch ganz besonders jene Grundfrage, wieweit man nun eigentlich nahe oder fern der Wahrheit war: sowohl was die Sachhaltigkeit anlangt, als auch in bezug auf rein formales Schließen, von der einfachen Logik des Aristoteles zur überholten Kants, bis zur enormen Logistik von Russel[l]-Whitehead. Difficile est satiram non scribere. Sollte aber eine Abhandlung oder Dissertation einmal in dieser scharfen Art vorgehen, sie würde – von unsern Kathedern mit dem milden Immanenzideal des Standpünktelns – wahrscheinlich abgewiesen werden. Dabei hätte jener Versuch doch nur den höchsten Maßstab heutigen Denkens angelegt.

Alle Geschichtsschreibung könnte neue Würze erreichen, wenn ihr Bezugssystem strenger und deutlicher gehalten würde. Während wir alten Zeiten gegenüber zu duldsam-einfühlerisch bleiben, treten wir neuen Kunst- und Denkformen umgekehrt zu schroff entgegen, wodurch wir viele Fehlurteile liefern.

Über zweierlei Kulturbegriffe

Die Menschheit ist geneigt, den Stand jeweiliger Kultur einer Familie wie der Bach, eines Stammes wie der Thüringer, einer Nation wie der deutschen, einer Zeit wie des Barock, einer Kulturregion wie des Abendlandes nach den großen *Werken* zu beurteilen, welche jeder dieser Lebenskreise hervorbrachte. Man fragt dann: bauten diese Leute bedeutend, schufen sie gewaltige Musikwerke oder Ethiken, erdachten sie umfassende Wissenschaftssysteme? Immer handelt es sich hier um den Bereich des aus dem Lebensprozesse Abgeschiedenen und Ausgeformten. Sphäre des objektiven Geistes nennt man seit Hegel diese Zone. Der hier zugrundeliegende Kulturbegriff geht ganz auf Leistung, auf Hervorbringen transsubjektiver, bleibender Gebilde aus. Sie leben zwar nicht ewig, wie man einst dachte, sind ebenso sterblich wie der Mensch, überdauern ihn jedoch für länger. Hier schwebt eine Kultur vor, die so einseitig vom *Werke* ausgeht, daß sie dies fast in luftleeren Raum versetzt. Der Erzeuger hat dann seine Arbeit entweder »für Gott« oder zugunsten einer Metaphysik getan. Er ist dazu vorhanden, die unabsehbare Dauersinfonie der Objektivationen fortzusetzen und zu steigern. Jedes Einzelwerk wird dann als Rinnsal, zum Meere jenes objektiven Geistes fließend, angesehen und allein von hier aus gewertet. Die Literatur- wie Kunstwissenschaft ist öfters dabei zu ertappen, wie sie ein Werk, ein ganzes Zeitalter bloß noch als *Vorstufe* irgendeiner späteren Werkwelt analysiert. Das alles kann man einem einzigen Kulturbegriff zuordnen.

Einen ganz andren Kulturbegriff bekommen wir aber, wenn wir von allen Werken feststellen, daß sie nur Sinn besitzen, wenn sie auf *Menschen* bezogen werden, den Hervorbringer mit eingeschlossen. Man kann da erstens fragen, was etwa ein Goethe mit dem ›Faust‹ für sich selber erwirkte, etwa für seinen inneren Frieden oder seine Selbststeigerung. Diese Beziehung aber ist nicht so fesselnd, weil sich der Künstler schon in bloßer Imagination weitgehend steigern könnte, auch wenn er seine Phantasiegebilde gar nicht niederschrieb, malte oder meißelte. Interessanter bleibt festzustellen, was seine Werke seinen *Zeitgenossen* bedeuten. Schließlich aber, was seine Arbeiten uns *heute* sind. Alle diese Fragen führen zu einem *neuen* Kulturbegriff, der sich mit dem zuvor erörterten nicht deckt. Denn nun wird nicht mehr von einem Selbstsinn der Werke gesprochen, sondern allein nach ihrer *Wirkung* gefragt. Es wird nicht mehr Hervorbringung, sondern Aufnahme erforscht. *Beide* Sphären aber gehören eigentlich zur vollen Kultur. Ja erst das Wieder-in-sich-Zurücknehmen alles Gestalteten vollendet wohl, wie einen komplizierten Kreislauf, den eigentlichen Kulturprozeß. Was würde es nützen, wenn selbst die köstlichsten Werke entständen, man aber etwa festzustellen hätte, daß sie nicht nachgefühlt, genossen und verstanden wurden. Wir müßten dann von einer Nichtkultur sprechen, trotz des Daseins von vielleicht enormen Objektivationen.

Wir sehen also, daß Schaffen und Aufnehmen zusammengehören wie Aus- und Einatmen des Menschen. Selbst der einzelne lebt am vollsten, wenn in ihm beide Prozesse arbeiten. Erst im Zusammenhange aber machen sie das wirkliche Leben einer Gesamtkultur aus. Das abendländische, einseitig auf Aktivismus und Leistung abgestellte Ethos hat jenen rückläufigen Prozeß zu wenig beachtet und kultiviert. Auch die Literatur-, Musik- und Kunstgeschichten haben ihn zu wenig verfolgt. Sie haben meist vergessen, das einstige Empfindungsleben zu rekonstruieren. Dies kann nur von einer *Resonanz*geschichte der Künste, nicht von der Geschichte der Künste selber ausgehen. Und hier ist Unabsehbares nachzuholen. Läuft doch neben der gigantischen, dauernden Hervorbringung von Werken ein ebenso gigantischer Aufnahmeprozeß einher, dessen Flutungen zu ergründen ein neues Gebiet der Kunstwissenschaft werden wird. Noch verhältnismäßig wenig sind diese Erscheinungen im Zusammenhange erforscht. Eine neue Geisteswissenschaft läßt sich hier aufbauen: die Sonderkunde von Begeisterungen, Aufschwüngen, aber auch von Abwehren, Kritiken, alles nun auf seiten der Nichtschaffenden beobachtet. Vielleicht ist diese Arbeit schwerer als die früher geleistete, weil ihr weniger schriftlicher Niederschlag zugrundeliegt. Sie setzt unter anderem die unabsehbare Masse von Brief- und Gesprächsaufzeichnungen der Zeit voraus. Nur vorläufig bezeichneten wir sie als Angelegenheit einer zweiten Kultur, weil wir darlegen wollten, wie tiefgreifend immerhin der Betrachtungsunterschied ist. In Wahrheit gehören, wie wir schon betonten, beide Kulturmöglichkeiten natürlich zusammen.

Wir selber arbeiteten hier im Sinne des zweiten Kulturbegriffs, innerhalb unsrer Wirkungsgeschichte aber (woran wir nochmal erinnern) nur wieder deren einen Teil aufzeigend: nur das große contra, die Sträubungen, die Widerspenstigkeiten des anfänglichen Nichtverstehens untersuchend. Eine Geschichte des Zustimmens als Gegenmelodie wäre ebenfalls zu schreiben. Wenn wir sie unterließen, so wollten wir nicht etwa sagen, der Neutöner sei nur noch von Verrat umstellt gewesen.

Weil mit dem zweiten Kulturbegriff, der nicht mehr aus der Leistungsethik hervorgeht, zu wenig gearbeitet wurde, konnte der grimmige Überdeuter Schopenhauer nun geradezu den ersten vergessen, wenn er folgendes niederschrieb, das als Motto unsres ganzen Buches angesehen werden könnte. »Dennoch geben den richtigen Maßstab für den intellektuellen Wert eines Zeitalters nicht die großen Geister, die in demselben auftreten ..., sondern ihn gibt die Aufnahme, welche ihre Werke bei ihren Zeitgenossen gefunden haben: ob nämlich ihnen ein baldiger und lebhafter Beifall ward, oder ein später und zäher, oder ob er ganz der Nachwelt überlassen blieb.«

Doppelseitige Verpflichtung?

Es lag uns fern, diese ganze Arbeit als eine Verherrlichung des Genies auf Kosten des gewöhnlichen Sterblichen aufzufassen. Die Tiefebene ist ebenso real wie der Gipfel. Von höchstem Standpunkt aus ist die Aufnehmerschicht genauso notwendig wie die der Gestalter. Oft haben die Bedeutenden behauptet, ihnen sei die Meinung der Mitmenschen vollkommen gleichgültig, und alles Schaffen bedeute ein bloßes egozentrisches Müssen. Dennoch wollen sie mindestens auf eine spätere Menschheit einwirken. Hat doch sogar ein immer wieder so herrisch sich Absondernder wie Beethoven gestanden, er wolle Feuer aus den Seelen der Männer schlagen. Bei Erörterung dieser Frage wird meist der Fehler gemacht, daß man eine Alternative zwischen beiden Möglichkeiten, der des Ego- und des Altrozentrischen ansetzt, während doch beides zugleich besteht, sowie man einen vollen Gestalter untersucht.

Bestehen bleibt aber in diesem Verhältnis, daß sich der Durchschnittsmensch durch Aufnahme des Kunst- oder Gedankenwerks zu dessen Schöpfer *emporentwickeln* möge, nicht aber, damit Zusammenhang entstehe, der Große sich umgekehrt zum Kleinen hinunterbücken soll. Dieser Lebensbezug, ebenfalls notwendig, ist Angelegenheit allein des Erziehers, nicht aber des Denkers oder Künstlers. Trotzdem hat man immer wieder für eine umgekehrte Anpassung gesprochen. Hierbei ließ man sich entweder durch ein weichmütiges Befriedungsstreben verführen oder flachte gar das Problem der Geschäfte wegen ab, in die das Schaffen ja verflochten bleibt. Oder es redeten von vornherein nur Größen zweiten Ranges, bei denen der Gegensatz zwischen der Magie des Sprechers und den Angesprochenen allerdings von Anfang an gering ist.

Gar nicht in Frage kommt der Ausspruch: »Ich nehme mir ein Beispiel am Fisch, ich schwimme mit dem Strom.« (Churchyard zur Zeit Shakespeares.) In der Gegenwart hat Arnold Ben[n]ett, einer der erfolgreichsten englischen Romanschreiber kalt behauptet, jeder Anspruch des Dichters sei eine konventionelle Lüge. Die Wahrheit sei, »daß ein Künstler, der vom Publikum Anerkennung auf Grund einer bedingungslosen und restlosen Annahme seiner Forderung verlangt, entweder ein Gott oder ein eingebildeter, weltfremder Narr ist ... Der kluge Künstler wird bei aller Selbstachtung gewisse Vorurteile seines Publikums respektieren.« Er weist auf die sexuelle Prüderie seines Landes hin. Shakespeare (!) und Richardson nennt er als Beispiele des Kompromisses. Er hätte Byron hinzufügen können, der trotz größten Selbstbewußtseins sein Publikum im Auge behielt. Er hätte sogar der kirchlichen Maler des Mittelalters und Barocks gedenken können, die thematisch und einzelgegenständlich vom Auftraggeber her genau gebunden waren. Ben[n]ett empfiehlt dann, die Mitwelt zuerst mit einer guten konventionellen Arbeit zu fesseln und danach erst in kühnere Bahn emporzureißen.

Richtig an solcher Ansicht ist höchstens, daß sowieso der Gestalter meist nahe einer Konvention einsetzt, um sich dann erst aus ihr emporzuarbeiten. Nicht aber, daß er aus diesem Umstand einen bewußten Fang machen dürfe.

Richtig mag ferner sein, daß gewisse thematische Bindungen die Kunst gar nicht herabzudrücken *brauchen*. Richtig ist außerdem, daß derjenige Gestalter, der keinen einzigen Mitmenschen, auch nicht den differenziertesten oder den vorgestellten Kommenden, ansprechen wollte, ein vereinsamter, inzüchtiger Narr wäre. Vom wirklichen Künstler aber darf nur verlangt werden, daß er in diesem Hinblick seine geheimsten geistigen Organe reinigt, ihnen dann aber selbst vertraut. Nach außen hin und auf die Mitmenschheit bezogen: daß er alles, was er formen muß, nun auch wirklich verobjektiviert, mit höchster Klarheit der Mittel, so daß fast keine Restbestände hinter der Gestaltung liegen bleiben. Das ist nicht etwa ein rationalistisches Kunstziel. Denn wenn ein Maler wie Breughel etwa das Abgründige, das Dunkle und Rätselhafte geben wollte, dann schlüge jene Forderung nach Klarheit seiner Bildmittel nur dahin um, daß jede Stelle seiner Zeichnung, Farbenregung, Raumbildung eben restlos an jenes *Geheimnis* heranführe, dem der Mensch der Alltagszwecke auszuweichen sucht. In diesem Sinne kann – um nun auch der Wissenschaften zu gedenken – klarer sein, in einer Frage zu endigen, als die überlieferten Scheinantworten aufzutischen.

Im Reiche des Geistes gibt es keine Demokratie. Die großen Gestalter sind hier führende Schicht. Dieser Schicht zu verfallen, sich nicht gegen sie in Vorurteilen zu verhärten, ist die höchste Chance des eigenen Glücks auch der Aufnehmenden. (Die Unterordnung des Publikums erfolge natürlich nicht etwa unter die gesamte Lebenswirklichkeit jener Gestalter, sondern nur in der Zone ihrer Werke.) Dies ist keine veraltete, geistesaristokratische Marotte. Auch die Empfängerschicht kann dabei nur gewinnen, während die schöpferische Schicht bei umgekehrter Rücksichtnahme nur verlieren würde. Es liegt hier also weder eine Tragik noch eine geschichtliche Antinomie vor, wie man behauptet hat, sondern nur eine natürliche Rangordnung. Diese ist immer gegeben, wenn man nachweisen kann, daß bei richtiger Einordnung *beide* Schichten besser fahren. Eine Umkehrung widerspräche auch den Gesetzen des *Wachstums*. Die Lebensprozesse sind nicht in umgekehrter Richtung ablesbar.

Es muß hier nochmal jenes Tiefenunterschiedes zwischen zivilisatorischem und kulturellem Wirken gedacht werden. Alles Zivilisatorische, das sich deshalb mit Recht der Organisationen bedient, suche den direktesten und breitesten Bezug zum Mitmenschen. Alles Kulturelle, worunter hier die sublimeren Binnenregungen des Seins verstanden werden, suche Vollkommenheit *in sich*, ohne direkten Wirkungsbezug. Diejenigen bedeutenden Werke, die auf die zweite Weise entstanden, haben dann gerade am längsten die Menschheit bewegt. Dieser Gestaltungszug war auch gemeint, wenn von der vieldeutigen *»Zweckfreiheit«* der Künste und Erkenntnisse geredet wurde.

Daß man sich wenig auf den Mitmenschen bezog, drückte sich im frühesten Menschheitszeitalter magisch aus, im religiösen später als »Verantwortung nur gegenüber Gott«, im metaphysischen als Transzendenz des Zieles, im modernen Leben schließlich als Faszination für das Vollkommene schlechthin, ganz gleich, wer es vernehme und wohin es uns führe. Die höchsten

Gestaltungen der Menschheit ereignen sich wie die des Liebeslebens, wenn keine Zweckzerfällungen mehr stattfinden, wenn einmal das Ganze seelischer Kräfte geheimnisvoll flammt.

Hier lag einer der Brennpunkte, an welchem sich die Gedanken dieser Arbeit entzündeten. Von hier aus verliert unsre Verkennungsklage ihre letzte Sentimentalität, die sonst durchaus bestehen bliebe. Sonst könnte man ja mit Recht bekunden: Lassen wir die Gestalter doch ruhig einige Jahrzehnte warten; warum müssen wir uns beeilen?

Man sollte in der Kultur, mindestens in den Künsten, mehr das Irrational-Dämonische betonen, während man in der Zivilisation das Ethisch-Rationale suchen sollte. Warum man die Mehrseitigkeit des Lebens derart auseinanderfächern möge, soll hier nicht begründet werden. Für unser Problem aber wäre dies insoweit wichtig, als alle Kunstwerke, soweit sie noch neu sind, sowieso mehr einen irrational-dämonischen Eindruck hinterlassen (wie wir das ausführlich belegen konnten), selbst wenn sie geradezu ethisch-rational gemeint waren. Hat doch das ausgesprochene Ethos, solange es noch neu war, meist unheimlich gewirkt. Je mehr wir uns auf diese Seite einstellen, desto eher besteht gewisse Möglichkeit, den Verkennungsprozeß ein wenig zu verkürzen. Des grundsätzlichen Unterschiedes zwischen großen, zunächst einsamen Gestaltern und dem Publikum wollen wir uns aber bewußt bleiben. Nichts liegt uns ferner, als diesen Gegensatz, den wir für ewig halten, verschleiern zu wollen. Daß wir das Genie nicht hinunternivellieren möchten, etwa mit der Forderung, es solle sich nach seinen Zeitgenossen richten und volkstümlich bleiben, sagten wir schon. Daß wir aber auch nicht glauben, man könne das Publikum nun ohne weiteres zu ihm hinaufheben, sei noch ausdrücklich festgestellt. Unser Überblick über die Fehlurteile sollte beitragen, die vorliegende Problematik zwischen Genie und Durchschnitt genauer zu beleuchten. Durch solche Erkenntnis aber möge sich die ewige, hier vorliegende Dissonanz ein wenig verringern, d. h. die Fremdheit oder sogar Störungsabsicht von seiten der Empfängerschicht etwas vermindern.

Wir sagen nur »um ein Geringes« und setzen diese Worte vor jeden Verkürzungsversuch menschlichen Übels, weil wir an paradiesische Zustände nicht glauben. Jeder reif gewordene Gestaltungsdrang, auch dem eigenen Selbst gegenüber, muß, wenn er nicht ins süß Romantische hinüberschwelgen will, mit jener einschränkenden Wortfolge arbeiten. Sonst liegen nur optimistische Idealbilder vor. Wir glauben weder wie Leibniz, daß diese Welt die beste aller denkbaren Welten sei (die phantasieloseste Behauptung, die jemals ein phantasievoller Denker aufstellte), noch glauben wir, daß man die beste aller denkbaren Welten *herzustellen* vermag. Ein großer Pädagoge aber sagte einst, nur ein geringer Prozentgehalt im Menschen sei erziehbar, um dann köstlich paradox fortzufahren: man möge also um so schneller mit der Erziehung beginnen.

Wir glauben keineswegs, daß bald nach Aufweisung unsres Problems das Publikum dem neu erscheinenden Genie nun brausend in die Arme sinken werde, was sogar eine erschreckende Vorstellung wäre. Auch die Distanz hat ihre Fruchtbarkeit. Es ist aber zwischen drei Formen einer Distanz zu unterscheiden. Eine des panischen *Erschreckens* und der Abwehrwut ist unfruchtbar. Sie bewirkt dem Schöpferischen gegenüber schwere Störung und Erfolgverzögerung. Beim Empfänger haßvolle Verkrampfung gegen Hochwerte der Gegenwart und nächsten Zukunft, womit er sich selber schädigt und um Erkenntnis, Erweiterung, Selbststeigerung und Genuß betrügt.

Eine zweite Distanz ist die der stumpfen *Gleichgültigkeit* gegen alle Neuerungen, aus einem Publikumsgefühl entspringend, das sich von vornherein sagt: es werde sich ja doch nur wieder um neue Moden handeln, und man möge diese Schaffenden ruhig arbeiten lassen, sie würden rasch genug abtreten müssen. Habe man doch immer wieder sehen können, wie schnell sich sogar *hohe* Stile auflösen. – Solche Distanz aus Stumpfung, Abgebrühtheit, Lauheit, Dekadenz muß schwächend auf die Menschheit wirken, ja sie vermag gefährlicher als der aktive Haß zu werden, der ja in aktive Teilnahme umschlagen kann (Saulus-Paulus-Problem).

Die dritte Distanz ist diejenige, die wir erzeugen wollen: daß man erkenne, daß Genie und Wahnsinn nichts weniger als identisch sind, daß aber das Genie zunächst gar leicht als wahnsinnig *erscheint,* mindestens als verschroben, ex-zentrisch, übertrieben, jedenfalls im Augenblicke seines Hervortretens. Daß wir aber, nach Zwischenzeiten der Assimilation, jenes Verschrobene als stark, jenes Ex-zentrische als zentrisch, das Übertriebene als intensiv, alles Zuweitgehende sogar eher als zu vorsichtig empfinden. Mit dieser dritten, der *fruchtbaren* Distanz möge deutlich werden, daß der machtvolle Neuerer immer unheimlich erscheinen muß; daß man eher Mißtrauen haben soll, wenn seine Leistungen uns sofort sehr vertraut vorkommen, wir gleich das wohlige Gefühl empfinden, hier liege unsere innere Heimat. Dann haben wir es nämlich nur mit ausgleichenden, zweitrangigen Gestaltern zu tun.

Würde sich diese Einsicht festigen, so würde man bedeutsamen Neuerungen gegenüber nicht mehr so siegesgewiß zum Endurteil schreiten, man würde sie weit zögernder umkreisen. Um sich gesellschaftlich nicht zu blamieren? Nein, aus einem tieferen Fremdgefühl heraus, aus Ehrfurcht vorm Dunklen, Undurchsichtigen jeder großen künstlerischen Neuerung.

Die vielen Verwandlungen und Pubertäten, die der machtvolle Mensch erlebt, wird der Durchschnitt niemals erleiden, sind sie doch Zeichen höherer Vitalitätsform. Wohl aber können wir die Mitmenschen entweder mehr dahin erziehen, daß sie sich vorschnell festigen, oder aber dahin, daß sie möglichst lang elastisch bleiben. So sehr sich nun der Mensch im Soziologischen und Politischen auch festigen möge, so offen halte er sich im Kulturellen.

Trotzdem erkennen wir einen gewissen »Schutz vor Überflutung durch zuviel Neues« durchaus an. Wir verstehen, daß der Mensch Deiche gegen jene Überschwemmungen baut, um sein individuelles Seinsbereich zu wahren. Wir behaupten aber, daß diese Dämme an Stellen gezogen werden, wo weitere Bewässerung nur höhere Fruchtbarkeit bringen würde. Erstens tritt jener Abwehrschutz meistens altersmäßig viel zu früh hervor: die Abkapselung sollte erst später erfolgen, so wenig man sie einem Greis versagen mag. Zweitens erscheint sie bereits auf bloßen Randgebieten des Lebens, wo noch lange kein seelischer Binnenhaushalt gefährdet wäre. Es schadet z. B. nicht, wenn ein soziologisch und moralisch gefestigter Mensch sich sehr geöffnet gegenüber gewagten *Kunstformen* hält. Im Gegenteil wär dies ein Ausgleich gegen jene positive Selbstbeschränkung. Wenn umgekehrt jemand sehr gefestigt wäre als schaffender Künstler, so würde nur entspannend sein, wenn er fremden Regungen auf anderen Gebieten zugängig bliebe. Alles nicht etwa als Kernauflösung seines eigenen Ichs gedacht, sondern sogar als Kernverstärkung, indem der Druck des Neuen das eigene Innere festigen mag. Fast alle Bereiche aber, die wir als Fehlurteile zitierten, gehören Betätigungsfeldern an, auf denen offen zu bleiben den Urteilern geradezu Pflicht gewesen wäre. Muß nicht z. B. ein Musikkritiker anerkennungsfähig gegenüber positiven Neuerungen der Musik bleiben? Worin läge sonst noch seine Bedeutung? Und wo läge überhaupt noch der Wert des kontemplativen Menschen, von dem wir hauptsächlich zu handeln hatten, wenn nicht in gewisser Reichweite und Nichtverkapselung (falls überhaupt das bloße Schauen im größeren Lebensgefüge noch einen Sonderwert behalten soll)? Wenn aber wahrhaft Eigenschöpferische selber verkannten, so haben wir das unter anderen Gesichtspunkten betrachtet.

Eine Individualstruktur jedenfalls, die sich allein kraft Abschließung erhält, erscheint uns ebenso bedenklich wie ein Ethos, das nur durch striktes Ausweichen vor der Versuchung bestehen könnte.

Man könnte nun folgern wollen: jeder vollere Mensch müsse also bis zur Stunde seines Todes dem Großen aller Gebiete offen bleiben. Wir streichen hierbei aber »aller Gebiete« und »bis zum Tode.« Die grotesken Fehlurteile, die wir zu zitieren hatten, gehörten weder den fremden Fächern der Verkenner noch deren Greisenphase an.

Wenn wir zugestehen, jeder Mensch müsse sein *eigenes* Bereich in Ordnung halten dürfen, so nur, wenn wir diesen Ordnungsbegriff lebensbewegt, entwicklungsmöglich nehmen. »In Ordnung« ist ein Kulturempfänger nur dann, wenn er sein individuelles Sein mit allem Wertvollen durchdrungen hat, das seinen Betätigungs- und Schaugebieten während seiner Vollebendigkeit begegnet. Andernfalls wird man ihn schwerlich ein kulturell geformtes Wesen nennen. Unser Ordnungsbegriff flutet also weder ins Unendliche aus (so daß man sich von jeder Neuerung überschwemmen lassen müßte), noch verlangen wir zeitlich, daß sich der Siebziger mit den Errungenschaften der eben auftretenden Zwanziger auseinandersetze. Wir haben bei den zitierten Fehlurteilen niemals gezetert, wenn ein Astrophysiker große Neuerungen der Musik mißverstand oder ein Greis einen Jüngling. Daß übrigens die Vorwärtsgehenden und die Zurückbleibenden »in ganz verschiedenen Zeiten leben«, wie zur Entschuldigung oft gesagt wird, sei hier nur zugegeben, wenn dieser Ausdruck bildlich gemeint ist. Existieren sie ja *neben-* und nicht nacheinander.

Die Menschheit fährt auch auf seiten der Nichtgestalter, die sich nur wärmen wollen, am besten, wenn sie die Flamme des Geistes, die immer wieder in anderen Farben aufglüht, nicht abdeckt, nicht mit der Asche grauer Vorurteile überschüttet, so daß sie vorübergehend flackert oder zu erlöschen droht. Wird diese Flamme doch der Trost aller Umstehenden und Frierenden werden!

Editorische Notiz

Grundsätzlich ist anzumerken, daß es sich bei der vorliegenden Neuausgabe dieses 1948 zuerst veröffentlichten Textes *nicht* um eine textkritische Edition handelt.

Um die Authentizität des vorliegenden Textdokumentes sowenig wie möglich zu beeinflussen, ist die redaktionelle Bearbeitung mit äußerster Behutsamkeit erfolgt.

Im einzelnen ist hier folgendes zu berücksichtigen:

Schreibweisen von Wörtern bzw. Wortgruppen, die in der Originalausgabe in verschiedenen Fassungen auftauchten (z. B. »sodaß« neben »so daß«), sind nach den gültigen Regeln der deutschen Rechtschreibung in der neuesten DUDEN-Ausgabe vereinheitlicht.

Unterschiedliche Schreibweisen von Werktiteln (z. B. Beethovens ›Eroika‹ neben ›Eroica‹), die die Originalausgabe verzeichnete, wurden nach der heute üblichen Schreibung (Brockhaus-Enzyklopädie) vereinheitlicht. Alle anderen Werktitel sind so belassen, wie sie die Originalausgabe aufführt. Die Werktitel (dazu zählen Opern, Gemälde, Dramen, literarische Schriften etc.) sind stets in einfache Anführungen gesetzt.

Publikationsorgane wie Zeitschriften und Zeitungen werden einheitlich ohne jegliche Anführungen zitiert.

Schreibweisen von Eigennamen sind – da diese in verschiedenen Zeitepochen variieren können – in der Form beibehalten, wie sie in der Originalausgabe aufgeführt wurden (z. B. Richard Strauß statt Richard Strauss). In einigen Fällen war nicht eindeutig auszumachen, ob es sich bei den in der Originalfassung angeführten Namensschreibweisen um Satzfehler oder nicht handelte. Hier sind Ergänzungen seitens der Redaktion – z. B. fehlende Buchstaben – jeweils durch eckige Klammern gekennzeichnet.

Zitate sind grundsätzlich – sowohl was die Rechtschreibung als auch die Interpunktion anbetrifft – exakt so belassen, wie sie in der Originalausgabe abgedruckt worden sind.

Wörter und Textpassagen, deren besondere Hervorhebung Franz Roh beabsichtigte, sind jeweils *kursiv* gesetzt.

Darüber hinaus sind Rechtschreibung und Interpunktion nach der Originalausgabe übernommen.